HISTÓRIA DAS CRENÇAS E DAS IDEIAS RELIGIOSAS

História das crenças e das ideias religiosas

VOLUME I Da Idade da Pedra aos mistérios de Elêusis
VOLUME II De Gautama Buda ao triunfo do cristianismo
VOLUME III De Maomé à Idade das Reformas

Mircea Eliade

HISTÓRIA DAS CRENÇAS E DAS IDEIAS RELIGIOSAS

VOLUME II

De Gautama Buda ao triunfo do cristianismo

Tradução:
Roberto Cortes de Lacerda

8ª reimpressão

ZAHAR

Para Christinel

Tradução autorizada da primeira edição francesa,
publicada em 1978 por Payot, de Paris, França

Esta obra foi anteriormente publicada no Brasil por Zahar Editores em 1979.
O texto da edição atual foi revisto pelo tradutor a partir da reimpressão francesa de 2004.

*Grafia atualizada segundo o Acordo Ortográfico da Língua Portuguesa
de 1990, que entrou em vigor no Brasil em 2009.*

Título original
Histoire des croyances et des idées religieuses - volume II

Capa
Dupla Design

Preparação
Angela Ramalho Vianna

Indexação
Nelly Praça

Revisão
Eduardo Farias
Eduardo Monteiro

CIP-Brasil. Catalogação na publicação
Sindicato Nacional dos Editores de Livros, RJ

E39h
v.2

Eliade, Mircea, 1907-1986
História das crenças e das ideias religiosas, volume II: de Gautama Buda ao triunfo do cristianismo / Mircea Eliade; tradução Roberto Cortes de Lacerda. - 1ª ed. - Rio de Janeiro: Zahar, 2011.

Tradução de: Histoire des croyances et des idées religieuses, v. II.
Inclui bibliografia e índice
ISBN 978-85-378-0683-8

1. Religião - História. 2. Religiões - História. I. Título.

11-1579

CDD: 291
CDU: 2-9

EDITORA SCHWARCZ S.A.
Praça Floriano, 19, sala 3001 — Cinelândia
20031-050 — Rio de Janeiro — RJ
Telefone: (21) 3993-7510
www.companhiadasletras.com.br
www.blogdacompanhia.com.br
facebook.com/editorazahar
instagram.com/editorazahar
twitter.com/editorazahar

Sumário

Nota do tradutor

Os vocábulos gregos obedeceram ao seguinte critério de transliteração:

GREGO	TRANSLITERAÇÃO EM PORTUGUÊS
α	a
β	b
γ	g
δ	d
ε	e
ζ	z
η	ê
θ	th
ι	i
κ	k
λ	l
μ	m
ν	n
ξ	x
ο	o
π	p
ρ	r
σ, ς	s
τ	t
υ	u
φ	ph
χ	kh
ψ	ps
ω	ô

Espíritos e iota subscrito:

῾ (espírito forte) sobre vogal = h (ἁ = ha)
sobre o rô = h (ῥ = rh)

᾿ (espírito fraco) sobre vogal: não transliterado

ͺ (iota subscrito) sob vogal = i (ᾳ = ai).

Os acentos do grego (agudo, grave e circunflexo) foram substituídos pelos de mesmo nome em português:

γραμματεὺς τῆς πόλεως = grammateùs tês póleôs.

Sempre que um acento agudo incide sobre as vogais longas η ou ω, optamos pela manutenção do acento circunflexo referente à quantidade:

κοινή = koinê
ψυχή = psukhê
Λητώ = Lêtô

Lista de abreviaturas

Anet	J.B. Pritchard. *Ancient Near Eastern Texts Relating to the Old Testament* (Princeton, 1950; 2ª edição, 1955)
Ar Or	*Archiv Orientálni* (Praga)
ARW	*Archiv für Religionswissenschaft* (Freiburg/Leipzig)
BJRL	*Bulletin of the John Rylands Library* (Manchester)
Befeo	*Bulletin de l'École Française de l'Extrême-Orient* (Hanói/Paris)
BSOAS	*Bulletin of the School of Oriental and African Studies* (Londres)
CA	*Current Anthropology* (Chicago)
HJAS	*Harvard Journal of Asiatic Studies*
HR	*History of Religions* (Chicago)
IIJ	*Indo-Iranian Journal* (Haia)
JA	*Journal Asiatique* (Paris)
Jaos	*Journal of the American Oriental Society* (Baltimore)
JAS	*Journal of the Asiatic Society, Bombay Branch*
Jies	*Journal of Indo-European Studies* (Montana)
JNES	*Journal of Near Eastern Studies* (Chicago)
JRAS	*Journal of the Royal Asiatic Society* (Londres)
JSS	*Journal of Semitic Studies* (Manchester)
OLZ	*Orientalistische Literaturzeitung* (Berlim/Leipzig)
RB	*Revue Biblique* (Paris)
REG	*Revue des Études Grecques* (Paris)
RHPR	*Revue d'Histoire et de Philosophie Religieuses* (Estrasburgo)
RHR	*Revue de l'Histoire des Religions* (Paris)
SMSR	*Studi e Materiali di Storia delle Religioni* (Roma)
VT	*Vetus Testamentum* (Leiden)
W.d.M.	*Woerterbuch der Mythologie* (Stuttgart)

Prefácio

Circunstâncias imprevistas atrasaram a impressão do volume II deste livro. Aproveitei a demora para completar a bibliografia de certos capítulos, mencionando os trabalhos publicados em 1977 e no início de 1978. As bibliografias são de extensão desigual, pois tive de multiplicar as informações referentes a questões menos familiares aos não especialistas (por exemplo, as religiões proto-históricas da China, de celtas, germanos e trácios; a alquimia; a apocalíptica; o gnosticismo etc.).

A fim de não aumentar as proporções do livro, transferi para o próximo volume as seções dedicadas às religiões do Tibete, Japão e Ásia central e setentrional. Por conseguinte, tive de dividir o volume III em duas partes: a primeira, da irrupção do islã e da voga do tantrismo até Gioacchino da Fiore e os movimentos milenaristas dos séculos XII e XIII; a segunda, do descobrimento das religiões mesoamericanas até as teologias ateístas contemporâneas.*

Cumpre-me agradecer aos meus amigos e colegas, professores Paul Ricœur e André Lacocque, e ao sr. Jean-Luc Pidoux-Payot, que tiveram a gentileza de ler e rever os diferentes capítulos deste volume II. Ainda desta feita a obra não teria sido levada a termo sem a presença, o carinho e a dedicação de minha mulher.

MIRCEA ELIADE
Universidade de Chicago

* A segunda parte não foi publicada. Mircea Eliade morreu em 1986, sem haver concluído a redação. (N.E.)

XVI. As religiões da China antiga

126. Crenças religiosas na época neolítica

Tanto para o historiador da cultura quanto para o historiador das religiões, a China constitui privilegiado tema de pesquisas. Os mais antigos documentos arqueológicos remontam ao sexto e ao quinto milênios. Em certos casos, pelo menos, podemos acompanhar a continuidade das diferentes culturas pré-históricas e até determinar sua contribuição para a formação da civilização chinesa clássica. Por outro lado, assim como o povo chinês descende de múltiplas combinações étnicas, sua cultura constitui uma síntese complexa e original em que se pode perceber a contribuição de várias fontes.

A primeira cultura neolítica é a de Yang-chao, cujo nome deriva da aldeia onde se encontraram, em 1921, vasos de argila pintada. Uma segunda cultura neolítica, caracterizada por uma cerâmica negra, foi descoberta em 1928, nas proximidades de Lung-chao. Contudo, só depois de 1950 foi possível classificar todas as fases e perfis das culturas neolíticas, graças às inúmeras escavações efetuadas nas três décadas subsequentes. Com o auxílio da datação por carbono radiativo, a cronologia foi radicalmente modificada. Em Pan-p'o (na província de Chensi), desenterrou-se o mais antigo sítio pertencente à cultura Yang-chao; a datação com carbono 14 indica ~ 4115 ou ~ 4365. O sítio foi ocupado, no quinto milênio, durante 600 anos. Pan-p'o, no entanto, não representa o primeiro estágio da cultura Yang-chao.[1] Segundo Ping-ti Ho, autor da mais recente síntese sobre a pré-história chinesa, a agricultura praticada no sexto milênio era uma invenção local, tal como a domesticação de certos animais, a cerâmica e a metalurgia do bronze.[2] Ora, ainda recentemente explicava-se o desenvolvimento das culturas neolíticas e da Idade do Bronze chinesa pela difusão da agricultura e da metalurgia a partir de um ou de vários centros do Oriente antigo. Não nos cabe tomar partido nessa controvérsia. Parece certo é que, na China, determinadas tecnologias foram inventadas ou radicalmente modificadas. É também provável que a China proto-histórica tenha recebido muitos elementos culturais de origem ocidental difundidos através da Sibéria e das estepes da Ásia central.

Os documentos arqueológicos podem nos informar sobre certas crenças religiosas; seria porém inútil concluir que essas crenças representam todo o sistema religioso das populações pré-históricas. A mitologia, a teologia, a estrutura e a morfologia dos rituais dificilmente se deixam decifrar com base apenas no material arqueológico. Assim, por exemplo, os documentos religiosos revelados pelo descobrimento da cultura neolítica de Yang-chao referem-se quase totalmente às ideias e crenças relacionadas ao espaço sagrado, à fertilidade e à morte. Nas aldeias, a casa comunal acha-se situada na parte do centro, cercada de pequenas habitações semienterradas. A orientação da aldeia, tanto quanto a estrutura da habitação, com seu lameiro central e o buraco para dar saída à fumaça, indicam uma cosmologia compartilhada por muitas sociedades neolíticas e tradicionais (cf. §12). A crença na sobrevivência da alma é ilustrada pelos utensílios e alimentos depositados nas sepulturas. As crianças eram enterradas perto das habitações, em grandes urnas munidas de uma abertura na parte de cima, a fim de permitir que a alma saísse e retornasse.[3] Em outras palavras, a urna funerária era a "casa" do morto, ideia amplamente expressa no culto dos antepassados na Idade do Bronze (época Chang).

Os vasos de argila pintados de vermelho e decorados com o "tema funerário" (*death pattern*) são interessantes.[4] Três motivos iconográficos – o triângulo, os quadrados e o caurim – encontram-se exclusivamente nos vasos funerários. Ora, esses motivos são solidários de um simbolismo bastante complexo, que associa as noções de união sexual, nascimento, regeneração e *re*nascimento. Pode-se presumir que essa decoração assinale a esperança da sobrevivência e de um "renascimento" no outro mundo.

Um desenho onde aparecem dois peixes e duas figuras antropomorfas representa provavelmente um ser sobrenatural ou um "especialista do sagrado", feiticeiro ou sacerdote.[5] Mas ainda não se chegou a uma interpretação definitiva. Os peixes sem dúvida têm uma significação ao mesmo tempo sexual e relativa ao calendário (a estação da pesca corresponde a um momento particular do ciclo anual). A distribuição das quatro figuras pode sugerir uma imagem cosmológica.

Segundo Ping-ti Ho (p.275s.), as sociedades da época Yang-chao observavam as regras da descendência matrilinear. Em contrapartida, o período seguinte, o de Lung-chao, indica a passagem para uma sociedade patrilinear, caracterizada pela predominância do culto dos antepassados. No rastro de outros pesquisadores, Ho interpreta certos objetos de pedra, e a sua reprodução nos vasos pintados, como símbolos fálicos. Tal como Karlgren, para quem o pictograma *tsu*, que designa o "ancestral", tinha por origem o desenho de um falo, Ho vê na multiplicidade dos emblemas fálicos a importância adquirida pelo culto dos antepassados.[6] O *death pattern*, como acabamos de ver, contém certamente um simbolismo sexual. Carl Hentze, no entanto, explica os diversos objetos e desenhos "fálicos" como representações de uma "casa da alma"; algumas peças de cerâmica de Yang-chao reproduzem modelos de pequenas choupanas – que são ao mesmo tempo urnas funerárias – comparáveis às peças análogas da pré-história europeia e à choupana dos mongóis. Essas "casinhas da alma", copiosamente atestadas na pré-história da China, são as precursoras da "tábula dos antepassados" das épocas históricas.[7]

Em resumo, as culturas de Yang-chao e de Lung-chao revelam crenças específicas às outras civilizações neolíticas: solidariedade entre vida, fertilidade, morte e pós-existência, e portanto a concepção do ciclo cósmico ilustrado pelo calendário e atualizado pelos ritos; a importância dos antepassados como fonte do poder mágico-religioso; o "mistério" da conjugação dos contrários (provado também pelo *death pattern*), crença que de algum modo antecipava a ideia da unidade/totalidade da vida cósmica e que será a ideia dominante nas épocas posteriores. Importa acrescentar que grande parte da herança neolítica se conservou, com inevitáveis modificações, nas tradições e práticas religiosas das aldeias.

127. A religião na Idade do Bronze: o deus do Céu e os antepassados

Nossas informações são sensivelmente melhores a partir da dinastia dos Chang (~ 1751-1028). Ela corresponde grosso modo à proto-história e ao começo da história antiga da China. A época dos Chang apresenta como características a metalurgia do bronze, o aparecimento dos centros urbanos e das cidades-capitais, a presença de uma aristocracia militar, a instituição da realeza e os primórdios da escrita. No que se refere à vida religiosa, a documentação é bem farta. Dispomos, em primeiro lugar, de rica iconografia, ilustrada sobretudo por magníficos vasos rituais de bronze. Por outro lado, os túmulos reais informam-nos sobre certas práticas religiosas. Mas são principalmente as inúmeras inscrições oraculares, gravadas em ossos de animais e em carapaças de tartaruga, que constituem uma fonte preciosa.* Finalmente,

* Trata-se de um método divinatório bastante difundido na Ásia setentrional: fazia-se a pergunta, aqueciam-se os ossos ou as carapaças, e os adivinhos interpretavam as formas das trincaduras. Depois, gravavam-se ao lado dessas trincaduras a pergunta e a resposta.

algumas obras posteriores (*O Livro das odes*, por exemplo), a que Karlgren chama "*free Chou texts*",[8] contêm muitos materiais antigos. Acrescentemos, porém, que essas fontes apenas nos esclarecem sobre certos aspectos da religião dos Chang, em primeiro lugar sobre as crenças e rituais do clã real; tal como acontecia na época neolítica, a mitologia e a teologia permanecem em grande parte desconhecidas.

A interpretação dos documentos iconográficos nem sempre é certa. Concorda-se em reconhecer certa analogia com os motivos atestados na cerâmica pintada de Yang-chao,* e, ademais, com o simbolismo religioso das épocas posteriores. Hentze (*Bronzegerät, Kultbauten*, p.215s.) interpreta a conjunção dos símbolos polares como ilustrações de ideias religiosas relacionadas à renovação do tempo e à regeneração espiritual. Igualmente importante é o simbolismo da cigarra e da máscara *t'ao-tieh*, que sugere o ciclo dos nascimentos e renascimentos: a luz e a vida emergindo das trevas e da morte. Também notável é a união das imagens antagônicas (serpente de penas, serpente e águia etc.), ou, em outras palavras, a dialética dos contrários e a *coincidentia oppositorum*, tema central para os filósofos e místicos taoistas. Os vasos de bronze representam urnas-casas.[9] Suas formas derivam quer da cerâmica, quer de protótipos de madeira.[10] A admirável arte animalista revelada pelos vasos de bronze teve por modelo, muito provavelmente, gravuras entalhadas em madeira.[11]

As inscrições oraculares revelam-nos uma concepção religiosa ausente (ou inapreensível?) nos documentos do neolítico, em especial a preeminência do deus supremo celeste, Ti (senhor) ou Chang-ti (o senhor do alto). Ti comanda os ritmos cósmicos e os fenômenos naturais (chuva, vento, seca etc.), concede a vitória ao rei e assegura a fartura das colheitas; ou, ao contrário, provoca os desastres e envia as doenças e a morte. Prestam-lhe duas espécies de sacrifícios: no santuário dos antepassados e ao ar livre. Mas, como acontece com outros deuses celestes arcaicos (cf. o nosso *Traité d'histoire des religions*, §14s.), seu culto deixa transparecer certo declínio da primazia religiosa. Ti mostra-se distante e menos ativo que os antepassados da estirpe real, diminuindo o número de sacrifícios que lhe são oferecidos. Mas só ele é invocado quando se trata da fecundidade (a chuva) e da guerra, as duas principais preocupações do soberano.

Seja como for, a posição de Ti continua a ser suprema. Todos os outros deuses, assim como os antepassados reais, lhe são subordinados. Somente os antepassados do rei têm capacidade de interceder junto a esse deus; por

---

* A salamandra, o tigre, o dragão etc., ainda usados na iconografia e na arte popular chinesas, são símbolos cosmológicos já atestados no fim do neolítico. Cf. Carl Hentze, *Bronzegerät...*, p.40s., 55s., 132s., 165s.

outro lado, só o rei pode comunicar-se com seus antepassados, pois o rei é "o homem sem par".[12] O soberano fortalece sua autoridade com a ajuda dos antepassados; a crença no poder mágico-religioso desses antepassados legitimava o domínio da dinastia Chang. Os antepassados, por seu turno, dependem das oferendas de cereais e do sangue e da carne das vítimas que lhes são trazidas.[13] É inútil supor, como pensam certos estudiosos,[14] que, como o culto dos antepassados era tão importante para a aristocracia reinante, ele passou a ser progressivamente adotado por todas as camadas sociais. O culto já se achava bem implantado e com grande popularidade na época neolítica. Como acabamos de ver (p.18), integrava o sistema religioso (articulado em torno da noção do ciclo antropocósmico) dos mais antigos agricultores. Foi a preeminência do rei, cujo primeiro antepassado se supunha descender de Ti, que conferiu função política a esse culto imemorial.

O rei oferece duas séries de sacrifícios: aos antepassados; e a Ti e aos outros deuses. O serviço ritual estende-se às vezes por 300 ou 360 dias. A palavra "sacrifício" designa o "ano", uma vez que o ciclo anual é concebido como um ofício completo. Isso vem confirmar a importância religiosa do calendário, que assegura o retorno anual das estações. Nos grandes túmulos reais perto de Anyang, encontraram-se, ao lado de esqueletos de animais, numerosas vítimas humanas, provavelmente imoladas para acompanhar o soberano em sua viagem ao outro mundo. A escolha das vítimas (companheiros e serviçais, cães, cavalos) sublinha a importância considerável da caça (caça ritual?) para a aristocracia militar e o clã real.[15] Muitas das perguntas conservadas pelas inscrições oraculares referem-se à oportunidade e às possibilidades de êxito das expedições do rei.

Da mesma forma que as habitações, os túmulos compartiam o mesmo simbolismo cosmológico e desempenhavam a mesma função: representavam as casas dos mortos. Uma crença análoga poderia explicar o sacrifício humano quando da construção de edifícios, sobretudo templos e palácios. As almas das vítimas asseguravam a perenidade da construção; pode-se dizer que o monumento erguido servia de "novo corpo" para a alma da vítima.[16] Mas os sacrifícios humanos eram também efetuados com outros objetivos, a cujo respeito não dispomos de boas informações; é de supor que se visava à renovação do tempo ou à regeneração da dinastia.

A despeito das lacunas, é possível decifrar os traços gerais da religião na época dos Chang. A importância do deus celeste e do culto dos antepassados é indiscutível. A complexidade do sistema sacrifical (solidário de um calendário religioso) e das técnicas divinatórias pressupõe a existência de uma classe de "especialistas do sagrado", adivinhos, sacerdotes ou xamãs. Por fim, a iconografia revela-nos a estrutura de um simbolismo ao mesmo tempo cosmológico e soteriológico, ainda pouco esclarecido, mas que parece antecipar as principais concepções religiosas da China clássica.

128. A dinastia exemplar: os Tcheu

Em 1028 a.C., o último rei Chang foi derrotado pelo duque de Tcheu. Este, numa proclamação famosa,[17] justificava sua revolta contra o rei pela ordem que recebera do senhor celeste de pôr termo a um domínio corrompido e execrável. Trata-se do primeiro enunciado da célebre doutrina do "mandato do Céu". O duque vitorioso tornou-se rei dos Tcheu, inaugurando assim a mais longa dinastia de toda a história da China (~ 1028-256). Para o que nos propomos, seria inútil resumir seus momentos de grandeza, suas crises e a decadência.[18] Basta-nos lembrar que foi do século VIII ao século III a.C., apesar das guerras e da insegurança geral, que se expandiu a civilização chinesa tradicional e que o pensamento filosófico alcançou seu apogeu.[19]

No princípio da dinastia, o deus celeste T'ien (Céu), ou Chang-ti (o senhor do alto), apresenta os traços de um deus antropomorfo e pessoal. Mora na Ursa Maior, no centro do Céu. Os textos põem em destaque sua estrutura celeste: ele tudo vê, observa e ouve; é clarividente e onisciente; seu decreto é infalível. T'ien e Chang-ti são invocados nos pactos e contratos. Mais tarde, a onisciência e a onividência do Céu são celebradas por Confúcio e por muitos outros filósofos, moralistas e teólogos de todas as escolas. Para estes últimos, porém, o deus do Céu vai progressivamente perdendo sua natureza religiosa; torna-se o princípio da ordem cósmica, o garantidor da lei moral. Esse processo de abstração e de racionalização de um deus supremo é frequente na história das religiões (cf. Brahman, Zeus, o deus dos filósofos na época helenística, no judaísmo, no cristianismo e no islamismo).

No entanto, o Céu (T'ien) continua a ser o protetor da dinastia. O rei é "filho de T'ien" e "regente de Chang-ti".[20] É por essa razão, em princípio, que só o rei está qualificado para lhe oferecer sacrifícios. É ele o responsável pelo desenvolvimento normal dos ritmos cósmicos; em caso de desastre – seca, prodígios, calamidades, inundações –, o rei submete-se a ritos expiatórios. Uma vez que todo deus celeste governa as estações, T'ien também exerce uma função nos cultos agrários. Por isso, o rei deve representá-lo nos momentos essenciais do ciclo agrário (cf. §130).

O culto dos antepassados prolonga em grande parte as estruturas estabelecidas na época dos Chang. (Entretanto, as informações de que dispomos referem-se apenas aos rituais praticados pela aristocracia.) A urna-casa é substituída por uma tábula, que o filho depositava no templo dos antepassados. Quatro vezes por ano, realizavam-se cerimônias muito complexas; faziam-se oferendas de carne cozida, cereais e licores, e invocava-se a alma do antepassado. Este último era personificado por um membro da família, em geral um dos netos do morto, que distribuía as oferendas. Cerimônias análogas são bastante comuns na Ásia e em outros lugares; um ritual que punha em cena o representante do morto era praticado, muito provavelmente, na época dos Chang, ou mesmo já durante a pré-história.*

As divindades ctonianas e seus cultos têm longa história, sobre a qual estamos modestamente informados. Sabe-se que, antes de ser representada como mãe, a Terra era considerada uma força criadora cósmica, assexuada ou bissexuada.[21] Segundo Marcel Granet, a imagem da Terra-Mãe aparece a princípio "sob o aspecto neutro do lugar santo". Um pouco mais tarde, "a terra doméstica foi imaginada sob a aparência de uma força materna e nutridora".[22] Nos tempos antigos, os mortos eram sepultados no recinto doméstico, no lugar onde se conservavam as sementes. Ora, a guardiã das sementes continuou a ser, durante muito tempo, a mulher. "No tempo dos Tcheu, os grãos destinados a semear o campo real não eram de modo algum guardados no quarto do filho do Céu, mas nos aposentos da rainha" (ibid., p.200). Somente mais tarde, com o aparecimento da família agnática e do poder senhorial, o solo se converteu num deus. Na época do duque de Tcheu, havia inúmeros deuses do solo, hierarquicamente organizados: deuses do solo familiar, deus da aldeia, deuses do solo reais e senhoriais. O altar ficava em local descoberto, mas continha uma tábula de pedra e uma árvore – relíquias do culto original consagrado à Terra na qualidade de força cósmica. Os cultos campestres, articulados em torno das crises sazonais, representam provavelmente as primeiras formas dessa religião cósmica, pois, como acabamos de ver (§130), a Terra não era considerada unicamente uma fonte da fertilidade agrária. Por ser uma força complementar ao Céu, revelava-se parte integrante da totalidade cósmica.

Importa acrescentar que as estruturas religiosas que acabamos de evocar não esgotam a rica documentação sobre a época dos Tcheu (materiais

* Os retratos de homens com os braços levantados, gravados em relevos de argila, representam provavelmente antepassados ou sacerdotes de um culto ancestral (cf. Hentze, *Funde in Alt-China*, p.224 e prancha XL). Esse motivo iconográfico é atestado no neolítico e na época Chang (ibid., fig. 29, 30). Um excelente exemplo da "folclorização" do tema do ancestral é ilustrado por uma caixa de bronze do meado da época dos Tcheu: sobre a tampa estão representados, em estilo ingenuamente naturalista, um homem e uma mulher sentados de frente um para o outro; ibid., pranchas XLIII e 228.

arqueológicos e sobretudo grande quantidade de textos). Completaremos a exposição apresentando alguns mitos cosmogônicos e as ideias metafísicas fundamentais. Lembremos por enquanto que ultimamente os pesquisadores vêm concordando em salientar a complexidade cultural e religiosa da China arcaica. Tal como sucede com tantas outras nações, a etnia chinesa não era homogênea. Além disso, nem sua língua, nem sua cultura, nem sua religião constituíam inicialmente sistemas unitários. Wolfram Eberhard destacou a contribuição dos elementos étnicos periféricos – tai, tunguses, turco-mongóis, tibetanos etc. – à síntese chinesa.[23] Para o historiador das religiões, essas contribuições são preciosas: ajudam-no a compreender, entre outras coisas, o impacto do xamanismo setentrional sobre a religiosidade chinesa e a "origem" de certas práticas taoistas.

Os historiógrafos chineses estavam conscientes da distância que separava sua civilização clássica das crenças e práticas dos "bárbaros". Ora, entre esses "bárbaros", encontram-se muitas vezes etnias que foram parcial ou totalmente assimiladas e cuja cultura acaba por constituir parte integrante da civilização chinesa. Vamos lembrar apenas um exemplo, o dos Tch'u. Seu reino já se achava estabelecido por volta de ~1100 a.C. No entanto, os Tch'u, que tinham assimilado a cultura dos Chang, eram de origem mongol, e sua religião era caracterizada pelo xamanismo e pelas técnicas do êxtase.[24] A unificação da China sob a dinastia dos Han, embora provocasse a destruição da cultura dos Tch'u, facilitou a difusão de suas crenças e práticas religiosas por toda a China. É provável que muitos de seus mitos cosmológicos e práticas religiosas tenham sido adotados pela cultura chinesa; quanto a suas técnicas extáticas, voltamos a encontrá-las em certos círculos taoistas.

129. Origem e ordenação do mundo

Nenhum mito cosmogônico *stricto sensu* se conservou. Porém, podemos identificar na tradição historiográfica e em diversas lendas chinesas os deuses criadores, evemerizados e secularizados. Dessa maneira, conta-se que P'an-ku, um antropomorfo primordial, nasceu "no tempo em que o Céu e a Terra eram um caos semelhante a um ovo". Quando P'an-ku morreu, sua cabeça "converteu-se num pico sagrado, seus olhos transformaram-se no Sol e na Lua, a gordura, nos rios e nos mares, os pelos e cabelos, nas árvores e nos outros vegetais".[25] Reconhece-se a essência do mito que explica a Criação pelo sacrifício de um ser primordial: Tiamat (cf. §21), Purusa (§75), Ymir (§173). Uma alusão do *Chu-King* prova que os antigos chineses conheciam outro tema cosmogônico, atestado em numerosos povos e em níveis diferentes de cultura: "O augusto senhor (Huang-ti) incumbiu Tch'ong-li de cortar a comunicação entre a Terra e o Céu, a fim de que cessassem as descidas [dos deuses]."[26] A interpretação chinesa do mito – especialmente dos deuses e espíritos que desciam à Terra para oprimir os homens – é secundária; a maior parte das variantes exalta, ao contrário, o caráter paradisíaco da época primordial, quando a extrema proximidade entre Céu e Terra permitia que os deuses descessem e se misturassem aos seres humanos, e que os homens subissem ao Céu escalando uma montanha, árvore ou escada, ou ainda deixando-se carregar pelas aves. Como resultado de certo acontecimento mítico (um "erro ritual"), o Céu viu-se brutalmente separado da Terra, cortou-se a árvore ou o cipó, ou aplanou-se a montanha que tocava o Céu. No entanto, certos seres privilegiados – xamãs, místicos, heróis, soberanos – são capazes de, em êxtase, subir ao Céu, restabelecendo assim a comunicação interrompida *in illo tempore*.[27] Voltamos a descobrir, ao longo de toda a história da China, o que se poderia denominar a nostalgia do Paraíso, ou seja, o desejo de reintegrar, pelo êxtase, uma "situação primordial": aquela representada pela unidade/totalidade original (*huen-tuen*) ou o tempo em que era possível encontrar diretamente os deuses.

Finalmente, num terceiro mito, trata-se de um casal irmão-irmã, Fu-hi e Niu-kua, dois seres de corpo de dragão que costumam aparecer na iconografia enlaçados pelas caudas. Por ocasião de um dilúvio, "Niu-kua reparou o Céu azulado com pedras de cinco cores, cortou as patas de uma grande tartaruga a fim de erguer quatro pilares nos quatro polos, matou o dragão negro (Kong-kong) para salvar o mundo, amontoou cinzas de junco para deter as águas transbordadas".[28] Relata outro texto que, após a Criação de Céu e Terra, Niu-kua modelou os homens com terra amarela (os nobres) e lama (os pobres e miseráveis).[29]

Podemos também decifrar o tema cosmogônico na tradição historicizada de Yu o Grande. No reinado do imperador (mítico) Yao, "o mundo ainda não estava em ordem, as vastas águas corriam de maneira desordenada e inundavam o mundo". Ao contrário de seu pai, que, para dominar as águas, construíra diques, Yu "cavou a terra e fez com que [as águas] escorressem para os mares, perseguiu serpentes e dragões, obrigando-os a se instalar nos pântanos".[30] Todos esses motivos – a Terra recoberta de água, a multiplicação das serpentes e dos dragões – têm uma estrutura cosmogônica. Yu exerce o papel de um demiurgo e herói civilizador. Para os letrados chineses, a ordenação do mundo e a fundação das instituições humanas equivalem à cosmologia. O mundo é "criado" quando, expulsando as forças do mal para os quatro horizontes, o soberano instala-se num "centro" e conclui a organização da sociedade.

Mas o problema da origem e formação do mundo interessava a Lao-tsé e aos taoistas, o que implica a antiguidade das especulações cosmogônicas. Lao-tsé e seus discípulos vão buscar ensinamentos nas tradições mitológicas arcaicas, e o fato de que o essencial do vocabulário taoista – *huen-tuen*, tao, yang e yin – seja compartilhado pelas outras escolas prova seu caráter antigo e panchinês. Ora, como veremos nas p.32-3, a origem do mundo segundo Lao-tsé retoma, numa linguagem metafísica, o antigo tema cosmogônico do caos (*huen-tuen*) como totalidade semelhante a um ovo.[31]

No que se refere à estrutura e aos ritmos do Universo, existe perfeita unidade e continuidade entre as diversas concepções fundamentais, desde os Chang até a revolução de 1911. A imagem tradicional do Universo é a imagem do centro atravessado por um eixo vertical zênite-nadir e enquadrado pelos quatro orientes. O Céu é redondo (tem a forma de um ovo) e a Terra é quadrada. O Céu cobre a Terra como uma esfera. Enquanto a Terra é representada como a estrutura quadrada de um carro, um pilar central sustenta o pálio, redondo como o Céu. A cada um dos cinco números cosmológicos – quatro orientes e um centro – correspondem uma cor, um sabor, um som e um símbolo particulares. A China está situada no centro do mundo, a capital encontra-se no meio do reino, e o palácio do rei no centro da capital.

A representação da capital e, em suma, de toda cidade como "centro do mundo" não difere, de forma alguma, das concepções tradicionais atestadas no antigo Oriente Próximo, na Índia antiga, no Irã etc.[32] Tal como nas outras civilizações urbanas, também na China as cidades se desenvolveram a partir de um centro cerimonial.[33] Em outras palavras, a cidade era, por excelência, um "centro do mundo", já que tornava possível a comunicação com o Céu e com as regiões subterrâneas. A capital perfeita deveria situar-se no centro do Universo, onde se ergue uma árvore maravilhosa denominada madeira ereta (*Kien-mu*); essa árvore liga as regiões inferiores ao mais alto Céu; "ao meio-dia, nada daquilo que perto dela se mantém perfeitamente ereto pode dar sombra."[34]

Segundo a tradição, toda capital deve possuir um *Ming t'ang*, um palácio ritual que é ao mesmo tempo *imago mundi* e calendário. O *Ming t'ang* é edificado sobre uma base em forma de quadrado (= a Terra) e é recoberto por um telhado redondo de colmo (= o Céu). Durante o ano todo, o soberano circula sob esse telhado; colocando-se no oriente exigido pelo calendário, inaugura sucessivamente as estações e os meses. As cores das suas vestes, as iguarias que come, os gestos que faz acham-se em correspondência perfeita com os diferentes momentos do ciclo anual. Ao cabo do terceiro mês estival, instala-se o soberano no centro do *Ming t'ang*, como se fora o eixo do ano.[35] Tal como os outros símbolos do "centro do mundo" (a árvore, a montanha sagrada, a torre de nove andares etc.), o soberano encarna de certo modo o *axis mundi* e efetua a ligação entre o Céu e a Terra. O simbolismo espaçotemporal dos "centros do mundo" acha-se amplamente difundido. É atestado em muitas culturas arcaicas, assim como em todas as civilizações urbanas.[36] Devemos acrescentar que, como a capital ou o palácio real, as mais humildes habitações primitivas da China são dotadas do mesmo simbolismo cosmológico: elas constituem, efetivamente, uma *imago mundi*.[37]

130. Polaridades, alternância e reintegração

Como já observamos (p.24), os cinco números cosmológicos – isto é, os quatro orientes e o centro – constituem o modelo exemplar de uma classificação e ao mesmo tempo de uma homologação universal. Tudo o que existe pertence a uma classe ou a uma rubrica bem delimitada e, por conseguinte, comparte os atributos e virtudes próprios às realidades grupadas nessa classe. Temos pela frente uma elaboração audaciosa do sistema de correspondências entre macrocosmo e microcosmo, ou seja, da teoria geral das analogias que exerceu importante papel em todas as religiões tradicionais. A originalidade do pensamento chinês consiste em haver integrado esse esquema macrocosmo-microcosmo num sistema de classificação ainda mais vasto, o do ciclo de princípios antagônicos mas complementares, conhecido pelos nomes yang e yin. Os sistemas-paradigmas articulados com base em diferentes tipos de bipartição e polaridade, de dualidade e alternância, de díades antitéticas e de *coincidentia oppositorum*, encontram-se em todas as partes do mundo e em todos os níveis de cultura.[38] A importância do par de contrários yin-yang prende-se não apenas a ter servido de modelo de classificação universal, mas, além disso, a ter sido desenvolvido numa cosmologia que, de um lado, sistematizava e validava numerosas técnicas do corpo e disciplinas do espírito e, de outro, incitava a especulações filosóficas cada vez mais rigorosas e sistemáticas.

O simbolismo da polaridade e da alternância encontra-se, como vimos (§127), profusamente ilustrado na iconografia dos bronzes da época Chang. Os símbolos polares acham-se dispostos de uma forma que lhes ressalta a conjunção: por exemplo, a coruja, ou outra figura que simbolize as trevas, é dotada de "olhos solares"; ao passo que certos emblemas da luz são assinalados por um sinal "noturno".[39] Segundo Carl Hentze, o simbolismo yin-yang é atestado pelos mais antigos objetos rituais, muito tempo antes dos primeiros textos escritos.[40]

Observa Marcel Granet que, no *Che-King*, a palavra yin evoca a ideia de tempo frio e encoberto, e aplica-se ao que é interior, enquanto o termo yang sugere a ideia de exposição ao Sol e de calor. Em outros termos, yang e yin indicam aspectos concretos e antitéticos do tempo.[41] Num manual de divinação, fala-se de "um tempo de luz" e de "um tempo de escuridão", antecipando as expressões de Tchuang-tsé: "um [tempo de] plenitude, um [tempo de] decrepitude... um [tempo de] refinamento, um [tempo de] acalmia... um [tempo de] vida, um [tempo de] morte" (Granet, *La pensée chinoise*, p.132). O mundo representa, pois, "uma totalidade de ordem cíclica [*tao*, *pien t'ong*], constituída pela conjugação de duas manifestações alternativas e complementares" (p.127). A ideia de alternância parece ter prevalecido sobre a de oposição. É o que mostra a estrutura do calendário. Segundo os filósofos, durante o inverno, "o yang, envolvido pelo yin, sofre, no fundo das fontes subterrâneas, sob a terra gelada, uma espécie de prova anual, de que sai vivificado. Foge da sua prisão no começo da primavera, ferindo o solo com o calcanhar: nesse momento, o gelo fende-se por si mesmo e as fontes despertam" (ibid., p.135). O Universo revela-se, pois, constituído por uma série de formas antitéticas que se alternam de maneira cíclica.

Existe uma simetria perfeita entre os ritmos cósmicos, regidos pela interação do yang e do yin, e a alternância complementar das atividades dos dois sexos. E porque se reconheceu uma natureza feminina em tudo o que é yin, e uma natureza masculina em tudo o que é yang, o tema da hierogamia revela uma dimensão tanto cósmica quanto religiosa. A oposição ritual entre os dois sexos exprime de fato, ao mesmo tempo, o antagonismo complementar das duas fórmulas de vida e a alternância dos dois princípios cósmicos, o yang e o yin. Nas festas coletivas da primavera e do outono, que constituem a pedra angular dos cultos pagãos arcaicos, os dois coros antagonistas, alinhados frente a frente, desafiam-se em versos. "O yang chama, o yin responde", "chamam os rapazes, respondem as moças". Essas duas expressões são intercambiáveis, assinalam o ritmo simultaneamente cósmico e social.[42] Os coros antagonistas enfrentam-se como a sombra e a luz. O campo onde se reúnem representa a totalidade do espaço, assim como a assistência simboliza a totalidade do grupo humano e das coisas da natureza (Granet, op.cit., p.143). E uma hierogamia coletiva coroava os festejos, ritual muito difundido no mundo. A polaridade, aceita como norma de vida durante o resto do ano, é abolida, ou transcendida, na união dos contrários.

"Um (aspecto) yin, um (aspecto) yang, eis aí o tao", está escrito num pequeno tratado.[43] A transformação ininterrupta do Universo pela alternância entre o yang e o yin manifesta, por assim dizer, o aspecto exterior do tao.

Mas, desde que se tente apreender a estrutura ontológica do tao, esbarra-se em inúmeras dificuldades. Lembremos que o sentido próprio do vocábulo é "caminho, via", mas ele significa também "dizer", donde o sentido de "doutrina". Tao "evoca antes de tudo a imagem de um caminho a seguir" e "a ideia de direção de conduta, de regra moral", mas também "a arte de pôr em comunicação o Céu e a Terra, as forças sagradas e os homens", o poder mágico-religioso do adivinho, do feiticeiro e do rei.[44] Para o pensamento filosófico e religioso comum, o tao é o princípio de ordem, imanente em todos os domínios do real; dessa maneira, fala-se do tao celeste e do tao da Terra (que se opõem mais ou menos como o yang e o yin), e do tao do homem (isto é, os princípios de conduta que, no caso do rei, tornam possível a sua função de intermediário entre o Céu e a Terra).[45]

Algumas dessas significações derivam da noção arcaica da unidade/totalidade original, em outras palavras, de uma concepção cosmogônica. As especulações de Lao-tsé sobre a origem do mundo são solidárias de um mito cosmogônico que relata a Criação a partir de uma totalidade comparável a um ovo. No capítulo 42 do *Tao-tö-king*, pode-se ler: "O tao gerou um. Um gerou dois. Dois gerou três. Três gerou os dez mil seres. Os dez mil seres carregam o yin em suas costas e abraçam o yang."[46] Percebe-se em que sentido Lao-tsé utilizou um mito cosmogônico tradicional, acrescentando-lhe, porém, nova dimensão metafísica. O "um" é o equivalente do "total"; refere-se à totalidade primordial, tema familiar a tantas mitologias. O comentário explica que a união entre o Céu e a Terra (isto é, "dois") deu origem a tudo o que existe, segundo um argumento mitológico igualmente bem conhecido. Contudo, para Lao-Tsé, "um", a unidade/totalidade primitiva, já representa uma etapa da "Criação", pois foi gerada por um princípio misterioso e inapreensível, o tao.

Em outro fragmento cosmogônico (cap.25), o tao é designado como "um ser indiferenciado e perfeito, nascido antes do Céu e da Terra. ... Podemos considerá-lo a mãe deste mundo, mas ignoro-lhe o nome; chamar-lhe-ei tao e, se for mister dar-lhe um nome, tal nome será o imenso (*ta*)".[47] O ser "indiferenciado e perfeito" é interpretado por um hermeneuta do século II a.C. como: "a misteriosa unidade do Céu e da Terra, que constitui, de maneira caótica (*huen-tuen*), a condição do bloco de pedra não trabalhado."[48] O tao é, portanto, uma totalidade primordial, viva e criadora, mas sem forma e sem nome. "O que não tem nome é origem do Céu e da Terra. O que tem nome é mãe dos dez mil seres", como está escrito em outro fragmento cosmogônico (cap.1, p.3-7). No entanto, a "mãe", que, nesse passo, representa o começo da cosmogonia, designa em outros trechos o próprio tao. "A divindade do vale não morre: é a fêmea obscura. A porta da fêmea obscura, eis a origem do Céu e da Terra."[49]

A inefabilidade do tao é também expressa por outros epítetos e por outras noções que prolongam, ao mesmo tempo em que a matizam, a imagem cosmogônica primeira, o caos (*huen-tuen*). Lembremos as mais importantes: o vazio (*hsü*), o "nada" (*wu*), o grande (*ta*), o um (*i*).[50] Voltaremos a alguns desses termos quando analisarmos a doutrina de Lao-tsé. Convém, porém, mencionarmos desde já que os filósofos taoistas, assim como os eremitas e os iniciados que buscam a longevidade e a imortalidade, procuraram restabelecer essa condição paradisíaca, particularmente a perfeição e a espontaneidade originais. Pode-se descobrir nessa nostalgia da situação primordial uma nova expressão do velho argumento agrário, que suscitava ritualmente a "totalização" por meio da união coletiva ("caótica") de rapazes e moças, representantes do yang e do yin. O elemento essencial, comum a todas as escolas taoistas, era a exaltação da condição humana primitiva, existente antes do triunfo da civilização. Ora, era justamente contra esse "retorno à natureza" que se levantavam todos quantos queriam instaurar uma sociedade justa e policiada, governada pelas normas e inspirada pelos exemplos de reis fabulosos e heróis-civilizadores.

131. Confúcio: o poder dos ritos

Pode-se dizer que, na China antiga, todas as tendências do pensamento religioso apresentavam em comum determinado número de ideias fundamentais. Citemos, em primeiro lugar, a noção do tao como princípio e fonte do real, a ideia das alternâncias regidas pelo ritmo yin-yang, e a teoria da analogia entre o macrocosmo e o microcosmo. Esta última era aplicada em todos os planos da existência e da organização humanas: anatomia, fisiologia e psicologia do indivíduo, instituições sociais, habitações e espaços consagrados (cidade, palácio, altar, templo, casa). Mas, enquanto alguns (em primeiro lugar, os taoistas) cuidavam que uma existência desenvolvida sob o signo do tao e em perfeita harmonia com os ritmos cósmicos era possível apenas *no começo* (ou seja, na fase que antecedeu a organização social e o desenvolvimento da cultura), outros consideravam que esse tipo de existência era realizável sobretudo numa sociedade justa e civilizada.

O mais célebre entre estes últimos, e o mais influente, foi certamente Confúcio (~ 551-479).* Vivendo num período de anarquia e injustiça, afligido pela

---

* O seu nome de família era K'ung; "Confúcio" é a versão latinizada de K'ung-fu-tzu, "mestre Kung".

miséria e pelo sofrimento geral, Confúcio compreendeu que a única solução era uma reforma radical do governo, efetuada por líderes esclarecidos e aplicada por funcionários responsáveis. Todavia, ele próprio não logrou obter um cargo importante na administração, e dedicou a vida ao ensino. Foi Confúcio quem primeiro exerceu a profissão de professor particular. Apesar do seu sucesso junto aos numerosos discípulos, pouco tempo antes de morrer estava convencido de que a sua missão fracassara redondamente. Entretanto, os discípulos conseguiram transmitir, de geração em geração, a essência do seu ensinamento. E, 250 anos depois de sua morte, os soberanos da dinastia Han (~ 206-220 d.C.) decidiram entregar aos confucionistas a administração do Império. Como consequência desse fato, a doutrina do mestre orientou os serviços públicos durante mais de dois mil anos.

Confúcio não é propriamente um líder religioso.[51] Suas ideias e sobretudo as dos neoconfucionistas são estudadas, em geral, nos compêndios de história da filosofia. Mas, direta ou indiretamente, Confúcio teve profunda influência na religião chinesa. Na verdade, a própria fonte de sua reforma moral e política é religiosa. Por outro lado, ele não rejeita nenhuma ideia tradicional importante, nem o tao, nem o deus do Céu, nem o culto dos antepassados. Além disso, exalta e revaloriza o papel religioso dos ritos e comportamentos costumeiros.

Para Confúcio, o tao foi estabelecido por decreto celeste: "Se o tao é praticado, isso se deve ao decreto do Céu" (*Luen yu* = *Analectos*, XIV, 38). Pautar a própria conduta pelo tao é conformar-se à vontade do Céu. Confúcio reconhece a preeminência do Céu (*T'ien*). Para ele, não se trata de um *deus otiosus*; *T'ien* interessa-se por cada indivíduo isoladamente e ajuda-o a tornar-se melhor. "Foi o Céu que produziu em mim a virtude (*tö*)" (V, 22), declara. "Com 50 anos, compreendi a vontade do Céu" (II, 4). Com efeito, o mestre acreditava estar incumbido pelo Céu de uma missão. Como tantos outros entre seus contemporâneos, cuidava que o caminho do Céu é exemplarmente ilustrado pelos heróis civilizadores Yao e Chun, e pelos reis da dinastia Tcheu, Wen e Wu (VIII, 20).

Confúcio declarava que se devem efetuar os sacrifícios e os outros rituais tradicionais, porque fazem parte da vida de um "homem superior" (*chün-tzu*), de um "fidalgo". O Céu gosta de receber sacrifícios; mas também lhe agradam um comportamento moral e sobretudo um bom governo. As especulações metafísicas e teológicas a propósito do Céu e da vida depois da morte são inúteis (V, 12; VII, 20; XI, 11). O "homem superior" deve preocupar-se primeiro com a existência humana concreta, tal como é vivida aqui e agora. No que se refere aos espíritos, Confúcio não lhes nega a existência, mas contesta-lhes a importância. Embora respeitando-os, recomenda o mestre, "conservai-os à distância. Nisso reside a sabedoria" (VI, 18). Quanto a devotar-se alguém ao serviço deles, indaga: "Se não sois capaz de servir os homens, como podereis servir os espíritos?" (XI, 11).

A reforma moral e política elaborada por Confúcio constitui uma "educação total", isto é, um método capaz de transformar o indivíduo comum em "homem superior" (*chün-tzu*). Qualquer pessoa pode tornar-se um "homem verdadeiro", desde que aprenda o comportamento cerimonial em conformidade com o tao, em outras palavras, desde que pratique corretamente os ritos e os costumes (*li*). Entretanto, a prática não é alcançada com facilidade. Não se trata, em absoluto, de um ritualismo exclusivamente exterior, nem, tampouco, de uma exaltação emotiva intencionalmente provocada quando se efetua o ritual. Todo comportamento cerimonial correto deflagra uma força mágico-religiosa temível.[52] Confúcio evoca o famoso soberano-sábio Chun: "portava-se de maneira muito simples, com gravidade e reverência, o rosto voltado para o sul (a postura ritual dos soberanos) – *e era tudo*" (isto é: os negócios do reino desenvolviam-se em conformidade com a norma; XV, 4). Porque o cosmo e a sociedade são regidos pelas mesmas forças mágico-religiosas ativas no homem. "Desde que se tenha um comportamento correto, não há necessidade de dar ordens" (XIII, 6). "Governar pela virtude (*tö*) é como ser a estrela polar: fica-se no mesmo lugar enquanto todas as outras estrelas a homenageiam girando em torno dela" (II, 1).

Um gesto efetuado segundo a regra constitui uma nova epifania da harmonia cósmica. É evidente que aquele que é capaz de tal comportamento já não é o indivíduo comum que era antes de ser instruído; seu modo de existência está radicalmente transformado; é um "homem perfeito". Uma disciplina que busca a "transmutação" dos gestos e dos comportamentos em rituais, *conservando-lhes, ao mesmo tempo, a espontaneidade*, possui sem dúvida uma intenção e uma estrutura religiosa.* Através desse prisma, pode-se comparar o método de Confúcio com os ensinamentos e as técnicas pelas quais Lao-tsé e os taoistas julgavam poder recuperar a espontaneidade inicial. A originalidade de Confúcio é ter buscado a "transmutação" em rituais espontâneos dos gestos e condutas indispensáveis numa sociedade complexa e altamente hierarquizada.

Para Confúcio, a nobreza e a distinção não são inatas: obtêm-se pela educação. Um homem torna-se um "fidalgo, um cavalheiro" pela disciplina e por certas aptidões naturais (IV, 5; VI, 5; etc.). A bondade, a sabedoria e a coragem

* Reconhece-se um esforço similar no tantrismo, na cabala e em certas práticas zen.

são as virtudes específicas da nobreza. A suprema satisfação encontra-se no desenvolvimento de suas próprias virtudes. "Quem é realmente bom nunca é infeliz" (IX, 28). Contudo, a verdadeira carreira para um fidalgo é a de governante (VII, 33). Para Confúcio, tal como para Platão, a arte de governar é o único meio de assegurar a paz e a felicidade da maioria dos indivíduos. Mas, como acabamos de ver, a arte de governar, como qualquer outro ofício, comportamento ou ato significativo, é resultado de uma instrução de tipo religioso. Confúcio venerava os heróis civilizadores e os grandes reis da dinastia Tcheu; eram eles os seus modelos exemplares. "Transmiti o que me ensinaram sem nada acrescentar de meu. Fui fiel aos antigos e os amei!" (VII, 1). Alguns estudiosos vislumbraram nessas declarações a nostalgia de uma época irremediavelmente terminada. E, no entanto, ao revalorizar a função ritual dos comportamentos públicos, Confúcio inaugurou um novo caminho: mostrou a necessidade e a possibilidade de recuperar a dimensão religiosa do trabalho secular e da atividade social.

132. Lao-tsé e o taoismo

Em sua obra *Che-Ki* ("Memórias históricas"), escrita em ~100 a.C., o grande historiador Sseu-ma Ts'ien relata que, quando Confúcio foi pedir informações sobre os ritos a Lao Tan (isto é, Lao-tsé) , disse-lhe este, entre outras coisas: "Elimina teu humor arrogante e todos esses desejos, esse aspecto presunçoso e esse zelo excessivo: tudo isso não traz qualquer vantagem para tua pessoa. Isso é tudo o que te posso dizer." Confúcio retirou-se consternado. Confessou aos discípulos que conhecia todos os animais – aves, peixes, quadrúpedes – e lhes compreendia os comportamentos, "mas, quanto ao dragão, não o posso conhecer: ele sobe ao Céu, acima da nuvem e do vento. Estive hoje com Lao-tsé; ele é como o dragão!"[53]

Esse encontro é sem dúvida apócrifo, tal como, aliás, o são todas as outras tradições registradas por Sseu-ma Ts'ien, mas exprime com simplicidade e humor a incompatibilidade entre os dois grandes pensadores religiosos. Pois, acrescenta o historiador, "Lao-tsé cultivava o tao e o *tö*; segundo sua doutrina, o homem deve procurar viver escondido e no anonimato". Ora, viver distante da vida pública e desprezar as honrarias era justamente o contrário do ideal do "homem superior" proposto por Confúcio. A existência "escondida e anônima" de Lao-tsé explica a ausência de qualquer informação autêntica relativa à sua biografia. Conforme reza a tradição, ele foi por algum tempo arquivista na corte dos Tcheu, mas, desanimado com a decadência da casa real, renunciou ao cargo e dirigiu-se para o oeste. Quando estava prestes a atravessar o passo do Hien-ku, redigiu, a pedido do guarda, "uma obra em duas partes, na qual expunha suas ideias sobre o tao e o *tö*, e que continha mais de cinco mil palavras; depois partiu e ninguém sabe o que foi feito dele". Após haver relatado tudo que soubera, Sseu-ma Ts'ien concluiu: "Ninguém no mundo poderia dizer se tudo isso é ou não verdadeiro: Lao-tsé era um sábio escondido."

O livro que contém "mais de cinco mil palavras" é o famoso *Tao-tö-king*, o texto mais profundo e enigmático de toda a literatura chinesa. Quanto a seu autor e à data em que foi redigido, as opiniões são divergentes e contraditórias.[54] Todos, porém, concordam em afirmar que o texto, tal como se apresenta hoje, não pode ter sido escrito por um contemporâneo de Confúcio, e data provavelmente do século III. Contém sentenças pertencentes a diversas escolas prototaoistas e determinado número de aforismos em versos que remontam ao século VI.[55] Contudo, apesar de seu caráter assistemático, o *Tao-tö-king* exprime um pensamento coerente e original. "Temos, pois, de admitir a existência de um filósofo que deve ser, se não o autor direto, pelo menos o mestre cuja influência foi, na origem, determinante. Não existe o menor inconveniente em continuar chamando-o de Lao-tsé."[56]

Paradoxalmente, o *Tao-tö-king* contém grande número de conceitos dirigidos aos soberanos e aos chefes políticos e militares. Tal como Confúcio, Lao-tsé afirma que os negócios do Estado só podem ser administrados com sucesso se o príncipe seguir o caminho do tao; em outros termos, se ele praticar o método *wu-wei*, o "não fazer" ou o "não agir". Porque "o tao permanece sempre inativo e não existe nada que ele faça" (37:1).[57] É por essa razão que o taoista jamais intervém no curso das coisas. "Se os senhores e os reis eram capazes, pela imitação do tao, de ater-se a essa atitude de não intervenção, os dez mil seres não demorariam a seguir-lhes o exemplo" (37:2). Como o verdadeiro taoista, "o melhor (dos príncipes) é aquele cuja existência se ignora" (17:1). Já que "o tao celeste triunfa sem lutas" (73:6), os meios mais eficazes para obter o poder são o *wu-wei* e a não violência.* "O dócil e fraco vence o duro e forte" (36:10; cf. 40:2, "a fraqueza é a função do tao").

Em síntese, tal como Confúcio, que propunha o seu ideal do "homem perfeito" tanto aos soberanos como a qualquer indivíduo desejoso de instruir-se, Lao-tsé convida os chefes políticos e militares a se comportar como taoistas,

* "Quem aspira ao poder e pensa obtê-lo pela ação, prevejo que há de fracassar" (29:1). "O bom comandante não é belicoso; o bom combatente não é impetuoso. Quem melhor derrota o inimigo é quem jamais toma a ofensiva. … É o que chamo de a virtude da não violência. É o que chamo igualar-se ao Céu. Igualar-se ao Céu era o mais alto ideal dos antigos" (68:1-2, 7).

ou, em outras palavras, a seguir o mesmo modelo exemplar: aquele proposto pelo tao. Mas é essa a única semelhança entre os dois mestres. Lao-tsé critica e rejeita o sistema confuciano, ou seja, a importância dos ritos, o respeito aos valores sociais e o racionalismo. "Renunciemos à beneficência, rejeitemos a justiça, o povo reencontrará as verdadeiras virtudes familiais" (19:1). Para os confucionistas, a beneficência e a justiça são as maiores virtudes. Lao-tsé, no entanto, vê nelas atitudes artificiais, portanto inúteis e perigosas. "Quando se abandona o tao, recorre-se à beneficência; quando se abandona a beneficência, recorre-se à justiça; quando se abandona a justiça, recorre-se aos ritos. Os ritos nada mais são que uma fina camada de lealdade e de fé e o início da anarquia" (38:9-14). Lao-tsé condena igualmente os valores sociais, por serem ilusórios e, em última análise, nocivos. Quanto à ciência discursiva, destrói a unidade do ser e estimula a confusão, atribuindo um valor absoluto às noções relativas.* "É por esse motivo que o santo se refugia na inação (*wu-wei*) e distribui generosamente um ensino sem palavra" (2:10).

No final das contas, o taoista persegue sempre um único modelo exemplar: o tao. No entanto, o tao designa a realidade última, misteriosa e inapreensível, *fons et origo* de toda Criação, fundamento de toda existência. Ao analisarmos sua função cosmogônica, assinalamos o caráter inefável do tao (cf. p.33-4). Na primeira linha do *Tao-tö-king*, lê-se: "Um tao de que se pode falar (*tao*) não é o tao permanente" (*Tch'ang Tao*, I: 1). Isso significa que o tao a que se refere Lao-tsé, o modelo do taoista, não é o *Tch'ang Tao* (tao permanente ou supremo).[58] Este, constituído pela totalidade do real, transcende as modalidades do ser e, portanto, é inacessível ao conhecimento. Nem Lao-tsé nem Tchuang-tsé tentam demonstrar a sua existência; como se sabe, essa atitude é compartilhada por muitos místicos. Provavelmente, o "obscuro mais profundo que a própria obscuridade" refere-se à experiência especificamente taoista do êxtase, que ainda voltaremos a estudar.

Lao-tsé fala, pois, de um tao "segundo", contingente; mas este também não se deixa apreender. "Eu escruto com o olhar e nada vejo... Escuto e nada ouço... Só encontro uma unidade indiferenciada. ... Por ser indiscernível, não a poderíamos nomear" (cap.14).** Mas certas imagens e metáforas revelam algumas estruturas significativas. Como já indicamos na p.27, o tao "segundo" denomina-se "a mãe do mundo" (cap.25 e 52). É simbolizado pela "divindade

* "Neste mundo, cada qual afirma que o que é belo é belo, e assim se institui o feio; e cada qual afirma que o que é bem é bem, e assim se institui o 'não bem'. 'Comprido' e 'curto' só existem comparativamente; 'alto' e 'baixo' são solidários" (2:1-2, 5-6).

** Outro trecho apresenta o tao como "um ser imperceptível, indiscernível", que "esconde no seu seio" as imagens, os seres, as essências fecundas e as essências espirituais (Capítulo 21).

do vale", a "fêmea obscura" que não morre.* A imagem do vale sugere a ideia de vazio e, ao mesmo tempo, de receptáculo das águas, de fecundidade, pois. O vazio está associado, por um lado, à noção de fertilidade e maternidade e, por outro, à ausência das qualidades sensíveis (modalidade específica ao tao). A imagem dos trinta raios que convergem para o oco do cubo da roda inspira um simbolismo particularmente rico: "a virtude do chefe que atrai para si todos os seres, da unidade soberana que ordena em torno de si mesma a multiplicidade", mas também o taoista que, "quando está vazio, vale dizer, purificado das paixões e dos desejos, acha-se plenamente habitado pelo tao" (Kaltenmark, p.55).

Ao conformar-se com o modelo do tao "segundo", o iniciado reanima e fortalece as suas virtualidades femininas, em primeiro lugar a "fraqueza", a humildade, a não resistência. "Conhece a masculinidade, mas prefere a feminilidade: serás a ravina do mundo. Sê a ravina do mundo e o *tö* supremo não te faltará, e poderás voltar à fase da infância" (28:1-2). Através de certo prisma, o taoista esforça-se por alcançar a modalidade do andrógino, o ideal arcaico de perfeição humana.[59] Mas a integração dos dois sexos facilita o retorno à fase da infância, ou seja, "ao começo" da existência individual. Ora, tal retorno possibilita a regeneração periódica da vida. Compreende-se melhor agora o desejo do taoista de reintegrar a situação primordial, aquela que existia "no começo". Para ele, a plenitude vital, a espontaneidade e a beatitude são concedidas tão somente ao início de uma "Criação" ou de uma nova epifania da vida.**

O modelo da integração dos contrários é ainda o tao; na sua unidade/totalidade, coexistem o yang e o yin. Ora, como já vimos (p.27-8), desde a época proto-histórica a hierogamia coletiva dos rapazes e das moças, representando o yang e o yin, reatualizava periodicamente a unidade/totalidade cósmica e social. Nesse caso, também, o taoismo se inspira nos comportamentos religiosos arcaicos. É importante acrescentar que a atitude dos taoistas em relação às mulheres contrastava radicalmente com a ideologia dominante na China feudal.

A ideia panchinesa do circuito cósmico desempenha um papel importante no *Tao-tö-king*. O tao "circula por todos os recantos do Universo, sem nunca

* A expressão *fêmea obscura* "evoca a fecundidade misteriosa do tao, embora também esteja relacionada com a ideia de vale ou de cavidade na montanha" (Kaltenmark, p.51). Sobre esse aspecto do tao, ver os artigos de Ellen Marie Chen, dando prioridade a "Nothingness and the mother principle in early Chinese taoism".

** Trata-se, evidentemente, de uma ideia comum, compartilhada por todas as sociedades tradicionais: a perfeição pertence ao início do ciclo (cósmico ou "histórico") e a "decadência" não demora a se fazer sentir.

ser detido" (cap.2). A vida e a morte dos seres também se explicam pela alternância do yang e do yin: o primeiro estimula as energias vitais, mas o yin traz o repouso. O santo, contudo, espera subtrair-se ao ritmo universal de vida e de morte; realizando o vazio no seu próprio ser, ele se posiciona fora do circuito. Nas palavras de Lao-tsé, "nele (no santo) não há lugar para a morte" (50:13). "Aquele que é munido de uma plenitude de *tö* pode ser comparado ao recém-nascido" (55:1). Os taoistas conhecem várias técnicas capazes de prolongar indefinidamente a vida e até de obter uma "imortalidade física". A busca da longa vida faz parte da busca do tao. Lao-tsé, porém, não parece ter acreditado na imortalidade física nem na sobrevivência da personalidade humana. O *Tao-tö-king* não é explícito sobre esse ponto.[60]

A fim de situar o problema no seu verdadeiro contexto, lembremos que a técnica taoista do êxtase é de origem e estrutura xamânicas.[61] Sabe-se que, durante o transe, a alma do xamã deixa o corpo e viaja pelas regiões cósmicas. Ora, segundo um caso referido por Tchuang-tsé, Confúcio encontrou um dia Lao-tsé "completamente inerte e já sem a aparência de um ser vivo". Após ter esperado algum tempo, dirigiu-lhe a palavra: "— Será que meus olhos me enganaram – diz ele – ou era a realidade? Por um instante, mestre, vosso corpo se assemelhou a um pedaço de madeira seca e parecíeis ter deixado o mundo e os homens e estar instalado numa solidão inacessível. — Sim – respondeu Lao Tan –, fui folgar na origem de todas as coisas" (cap.21). Como observa Kaltenmark (p.82), a expressão "viagem à *origem das coisas*" resume o essencial da experiência mística taoista. Essa viagem extática constitui um retorno "ao começo" de todas as coisas; libertando-se do tempo e do espaço, o espírito reencontra o eterno presente que transcende tanto a vida como a morte. Trata-se de uma revalorização e de um aprofundamento do êxtase xamânico. Durante o transe, o xamã liberta-se, por sua vez, do tempo e do espaço: voa para o "centro do mundo", retorna à época paradisíaca de antes da "queda", quando os homens podiam subir ao Céu e conversavam com os deuses. No entanto, a viagem de Lao-tsé à *origem das coisas* constitui uma experiência mística de outra ordem, pois transcende os condicionamentos que caracterizam a condição humana e, por conseguinte, modifica radicalmente o seu regime ontológico.

São poucas as informações de que dispomos sobre a vida de Tchuang-tsé, o segundo grande mestre do taoismo. Viveu provavelmente no século V a.C.; admitida essa hipótese, alguns de seus aforismos são anteriores à edição do *Tao-tö-king*. Como Lao-tsé, Tchuang rejeita não só as opiniões correntes, mas também a ciência discursiva. O único conhecimento perfeito é o conhecimento de ordem extática, já que não envolve a dualidade do real. É por essa razão que Tchuang-tsé identifica a vida com a morte: elas são as duas modalidades, ou os dois aspectos, da realidade última.[62] Esse tema da unidade vida/morte é continuamente retomado pelos autores taoistas.[63] Uma anedota célebre ilustra a concepção de Tchuang-tsé sobre a relatividade dos estados de consciência. "Houve um tempo em que eu, Tchuang Tcheu, sonhei que era uma borboleta, uma borboleta que esvoaçava, e sentia-me feliz; não sabia que era Tcheu. Súbito, despertei e fui eu mesmo, o verdadeiro Tcheu. E não soube se era Tcheu sonhando que era uma borboleta ou uma borboleta sonhando que era Tcheu."[64] Com efeito, no interior do circuito do *tao*, os estados de consciência são intermutáveis.

O santo que esvaziou seu espírito de todos os condicionamentos e emergiu na unidade/totalidade do tao vive num êxtase ininterrupto. Tal como para certos iogues, essa maneira paradoxal de existir no mundo traduz-se às vezes em termos extravagantes de onipotência divina. "O homem perfeito é puro espírito. Não sente o calor da savana em chamas, nem o frio das águas transbordadas; o raio que fende as montanhas e a tempestade que encapela o oceano não poderiam assustá-lo. Para ele, as nuvens são parelhas, o Sol e a Lua são montarias. Ele erra para além dos quatro mares; as alternâncias da vida e da morte não lhe dizem respeito e, ainda menos, as noções de bem e de mal."[65] Segundo certos autores taoistas, esses passeios extáticos são, na realidade, viagens anteriores.[66] Como acontece com outros povos dominados pelo xamanismo – os turco-mongóis, por exemplo –, as provações e as aventuras do xamã durante sua viagem extática inspiraram os poetas e foram exaltadas nos poemas épicos.[67]

133. As técnicas de longevidade

A terminologia chinesa distingue habitualmente o taoismo filosófico (*Tao-Kia*, literalmente "escola taoista") do taoismo religioso ou "religião taoista" (*Tao Kiao*, lit. "seita taoista").[68] Certos autores julgam essa distinção legítima e necessária; para eles, o taoismo de Lao-tsé e de Tchuang-tsé é uma "filosofia pura", que contrasta radicalmente com a busca da imortalidade física, objetivo central da "religião taoista".[69] Outro grupo de pesquisadores defende a unidade fundamental de todas as formas históricas do taoismo.[70] Na verdade, os "metafísicos" e os "místicos", bem como os iniciados que buscavam a imortalidade física, compartilhavam a mesma concepção paradoxal do tao e perseguiam o mesmo objetivo: reunir em sua pessoa as duas epifanias da realidade última (yang e yin, matéria e espírito, vida e morte). Contudo, a distinção entre o "taoismo filosófico" e a "religião taoista" é útil e pode ser mantida.

O objetivo último dos iniciados era alcançar a imortalidade física. O ideograma para o "imortal" (*hsien*), que representa um homem e uma montanha, sugere um eremita; no entanto, as formas de maior antiguidade representavam um homem dançando que sacode as mangas de sua roupa como um pássaro. O iniciado a ponto de obter a imortalidade era recoberto com penas de pássaro e brotavam-lhe asas das espáduas.[71] "Subir ao Céu em pleno dia" era a expressão consagrada à apoteose final do mestre. Uma segunda categoria era composta dos iniciados que viviam durante séculos numa espécie de paraíso terrestre: as ilhas maravilhosas ou a montanha santa K'uen-luen.[72] Voltavam de quando em quando ao mundo para transmitir as fórmulas de imortalidade física a certos neófitos dignos de recebê-la. Finalmente, a terceira categoria englobava aqueles que só depois da morte atingiram os paraísos terrestres. Essa morte era, no entanto, aparente: deixavam no ataúde um bastão, uma espada ou sandálias, aos quais haviam dado a aparência de seus corpos. A isso se chamava de "libertação do cadáver".[73] Os imortais eram às vezes representados com um crânio desproporcionalmente desenvolvido, sinal de que haviam armazenado no cérebro uma grande quantidade de energia yang.

Acham-se à disposição do iniciado várias técnicas de longevidade. Seu princípio fundamental consiste em "alimentar a força vital" (*yang-hsing*). Já que existe perfeita correspondência entre o macrocosmo e o corpo humano, as forças vitais penetram e saem pelos nove orifícios do corpo; é importante, pois, vigiá-las atentamente. Os taoistas distinguem no corpo três seções, denominadas campos de cinábrio:* o "campo" superior está localizado no cérebro, o segundo, perto do coração, e o terceiro, abaixo do umbigo. As práticas dietéticas têm um objetivo preciso: nutrir os órgãos de alimentos e ervas medicinais que contêm as "energias" que lhes são específicas. Cumpre lembrar que as regiões internas do corpo são habitadas não só por deuses e espíritos protetores, mas também por seres maléficos: os *três vermes*, que residem nos três campos de cinábrio, devoram a vitalidade do iniciado. Para livrar-se deles, o iniciado deve renunciar aos alimentos comuns (cereais, carne, vinho etc.) e nutrir-se de plantas medicinais e substâncias minerais capazes de matar os três demônios.[74]

Livrando-se dos três demônios interiores, o iniciado começa a alimentar-se de orvalho ou "sopros" cósmicos; inala não apenas o ar atmosférico, mas também as emanações solar, lunar e estelar. Conforme certas receitas, atestadas no século III d.C., deve-se absorver a emanação do Sol ao meio-dia (quando o yang se encontra no apogeu) e a da Lua (que contém o yin) à

* Lembremos que o cinábrio (sulfeto de mercúrio) era o elemento essencial para preparar o "elixir da imortalidade".

meia-noite. Mas é preciso sobretudo reter o sopro; mediante uma visão interior e concentrando o próprio pensamento, consegue-se visualizar o sopro e conduzi-lo pelos três campos de cinábrio. Se retivermos o sopro durante o tempo necessário a mil respirações, obteremos a imortalidade.[75]

Um processo especial denomina-se "respiração embrionária" (*t'ai-si*); trata-se de um "sopro" interior, em circuito fechado, parecido com o do feto no ventre materno.[76] "Voltando à base, retornando à origem, expulsa-se a velhice e regressa-se ao estado de feto."[77] A "respiração embrionária" não é, como o *pranayama* ióguico (cf. §143), um exercício preliminar à meditação. No entanto, essa prática torna possível certa experiência extática. Segundo o *T'ai-p'ing ching* (século III d.C.), por meio de uma visão interior, pode-se chegar a discernir os deuses residentes nos cinco órgãos. São, aliás, os mesmos deuses que habitam o macrocosmo. Pela meditação, o iniciado pode entrar em comunicação com eles e fazê-los visitar e fortalecer seu corpo.[78]

Outro método para se conseguir a longevidade compreende uma técnica sexual que é ao mesmo tempo um ritual e um meio de meditação. As práticas denominadas do "quarto de dormir" (*fang shung*) são extremamente antigas; tinham por objetivo aumentar a vitalidade e assegurar a longevidade e a procriação de filhos do sexo masculino. Mas a técnica taoista, a "via do yin" do imortal Yang-tcheng (século I d.C.), consiste em "fazer o esperma voltar, para que o cérebro se recomponha". Trata-se, na verdade, do mesmo ideal de ataraxia especificamente taoista: evitar a dispersão da energia vital. O iniciado deve efetuar o ato sexual sem emissão de sêmen. A retenção permite que o esperma misturado ao "sopro" circule no interior do corpo; mais exatamente, possibilita sua ascensão desde o campo inferior de cinábrio até o campo situado na cabeça, para revitalizar o cérebro. Normalmente, os dois parceiros tiram proveito desse rito. Um texto do século V d.C. esclarece que, pela "meditação perfeita, ... os homens e as mulheres poderão praticar o método da vida eterna". Por meio da meditação, os dois parceiros devem "perder a consciência dos seus corpos e a consciência do mundo exterior"; em seguida, depois de ter pronunciado algumas orações, o homem deve concentrar-se nos rins e a mulher, no coração. "É o método para não morrer."[79]

O imortal Jong Tch'eng Kong conhecia perfeitamente o método de "consertar e conduzir".

> Hauria a essência na fêmea misteriosa [cf. nota sobre a fêmea obscura neste capítulo]; seu princípio era que os espíritos vitais que residem no vale não morrem, pois através deles se conserva a vida e se nutre o sopro. Seus cabelos, que eram brancos, voltaram a ficar pretos; seus dentes, já caídos, tornaram a

crescer. Suas práticas eram idênticas às de Lao-tsé. Diz-se também que ele foi o mestre de Lao-tsé.[80]

Certos iniciados aplicam um método a que se deu o nome de "vampirismo" (Kaltenmark) e que foi condenado como não ortodoxo. A prática consistia em absorver a energia vital das mulheres com quem se tinham relações sexuais: "Essa energia, proveniente das próprias fontes da vida, proporcionava uma longevidade considerável."[81]

Um dos principais objetivos da técnica sexual taoista é misturar o sêmen com o sopro no campo de cinábrio inferior e ali formar, abaixo do umbigo, o "embrião misterioso" do novo corpo imortal. Alimentado exclusivamente do "sopro", esse embrião desenvolve-se num "corpo puro" que, por ocasião da morte aparente do iniciado, se destaca do cadáver e reúne-se aos outros imortais. A fim de "recompor o cérebro", deve o iniciado absorver grande quantidade de yin; é por essa razão que ele mudava diversas vezes de parceiro. Essa prática deu lugar, mais tarde, à "união dos sopros" coletiva, cerimônia muitas vezes criticada, sobretudo pelos budistas. Tal "orgia", porém, era rigorosamente ritual; tem origem, de fato, nas cerimônias agrárias da proto-história (cf. §130).

Pode-se descobrir nas práticas sexuais taoistas certa influência indiana, particularmente a do tantrismo da "mão esquerda", que havia elaborado um método ióguico para conseguir, ao mesmo tempo, suspender a respiração e conter a emissão seminal.[82] Tal como ocorria no tantrismo, a terminologia sexual taoista refere-se igualmente a operações mentais e a experiências místicas.

134. Os taoistas e a alquimia

Certos ritos e mitologias dos metalúrgicos, fundidores e ferreiros foram retomados e reinterpretados pelos alquimistas. As concepções arcaicas relativas ao crescimento dos minerais no "ventre" da Terra, à transformação natural dos metais em ouro, ao valor místico do ouro, assim como ao complexo ritual "ferreiros-confrarias iniciatórias-segredos de ofício", voltam a ser encontradas na doutrina dos alquimistas.

Os especialistas não estão de acordo sobre as origens da alquimia chinesa; ainda se discutem as datas dos primeiros textos que mencionam operações alquímicas. Tanto na China quanto em outros lugares, a alquimia é definida por meio de uma dupla crença: 1) na transmutação dos metais em ouro; 2) no valor "soteriológico" das operações efetuadas com o objetivo de alcançar esse resultado. As referências precisas a essas duas crenças são atestadas na China desde o século IV a.C. Admite-se em geral que Tsu Yen, um contemporâneo de Mêncio, é o "fundador" da alquimia.[83] No século II a.C., a relação entre o preparo do ouro alquímico e a obtenção da longevidade-imortalidade é claramente reconhecida por Liu An e por outros autores.[84]

A alquimia chinesa constitui-se, como disciplina autônoma, utilizando: 1) os princípios cosmológicos tradicionais; 2) os mitos relacionados com o elixir da imortalidade e os santos imortais; 3) as técnicas que visam, ao mesmo tempo, ao prolongamento da vida, à beatitude e à espontaneidade espiritual. Esses três elementos – princípios, mitos e técnicas – pertenciam ao legado cultural da proto-história, e seria um erro acreditar que a data dos primeiros documentos que os atestam nos informe também a sua idade. É evidente a solidariedade entre o "preparo do ouro", a obtenção da "droga da imortalidade" e a "evocação" dos imortais: Luan Tai apresenta-se diante do imperador Wu e afiança-lhe que pode operar esses três milagres, mas só logra "materializar" os imortais.[85] O mágico Li Chao-kiun recomenda ao imperador Wu da dinastia Han:

> Sacrificai ao forno (*tsao*), e podereis atrair seres (sobrenaturais); quando os tiverdes feito aparecer, o pó de cinábrio poderá ser transmudado em ouro amarelo; quando o ouro amarelo tiver sido produzido, com ele podereis fabricar utensílios para comer e beber e então tereis uma longevidade prolongada. Quando a vossa longevidade for prolongada, podereis ver os bem-aventurados (*hsien*) da ilha P'ong-lai, que fica no meio dos mares. Quando os tiverdes visto e houverdes executado os sacrifícios *fong* e *chan*, já não morrereis.[86]

A busca do elixir estava, portanto, associada à procura das ilhas remotas e misteriosas onde viviam os "imortais": encontrar os imortais era transcender a condição humana e participar de uma existência atemporal e beatífica.[87]

A pesquisa do ouro envolvia também uma investigação de natureza espiritual. O ouro tinha um caráter imperial: achava-se no "centro da Terra" e tinha relações místicas com o *chüe* (rosalgar ou sulfeto), o mercúrio amarelo e a vida futura (as "fontes amarelas"). É essa a maneira como é apresentado num texto de ~122 a.C., o *Huai-nan-tzu*, onde encontramos atestada também a crença numa metamorfose precipitada dos metais.[88] O alquimista, portanto, só faz acelerar o crescimento dos metais. Como o seu correspondente ocidental, o alquimista chinês auxilia a obra da natureza apressando o ritmo do tempo. O ouro e o jade, por participarem do princípio yang, preservam os corpos da corrupção. Pela mesma razão, os vasos de ouro alquímico prolongam a vida ao infinito.[89] Segundo uma tradição conservada no *Lie Hsien Ch'üan chuan* (As biografias completas dos imortais), o alquimista Wei Po-yang lograra preparar as "pílulas da imortalidade": tendo engolido, com um dos discípulos e com o seu cão, algumas dessas pílulas, deixaram a Terra em carne e osso e foram juntar-se aos outros imortais.[90]

A homologação tradicional entre o microcosmo e o macrocosmo relacionava os cinco elementos cosmológicos (água, fogo, madeira, ar, terra) aos órgãos do corpo humano: o coração, com a essência do fogo; o fígado, com a essência da madeira; os pulmões, com a essência do ar; os rins, com a essência da água; o estômago, com a essência da terra. O microcosmo que é o corpo humano acha-se, por sua vez, interpretado em termos alquímicos: "o fogo do coração é vermelho como o cinábrio, e a água dos rins é negra como o chumbo" etc.[91] Por conseguinte, o homem possui, no seu próprio corpo, todos os elementos que constituem o cosmo e todas as forças vitais que asseguram sua renovação periódica. Trata-se apenas de reforçar certas essências. Daí a importância do cinábrio, menos pela cor vermelha (cor do sangue, princípio vital) que pelo fato de que, exposto ao fogo, produz o mercúrio. Ele encerra, portanto, o mistério da regeneração pela morte (pois a combustão simboliza a morte). Disso resulta que o cinábrio pode assegurar a regeneração perpétua do corpo humano e, consequentemente, a imortalidade. O grande alquimista Ko Hung (283-343) escreveu que dez pílulas de uma mistura de cinábrio e mel tomadas durante um ano restituem a cor negra aos cabelos brancos e fazem com que os dentes caídos tornem a nascer; se continuarem a ser ingeridas por período superior a um ano, proporcionam a imortalidade.[92]

No entanto, o cinábrio também pode ser produzido no interior do corpo humano, através sobretudo da destilação do esperma nos campos de cinábrio (cf. p.37-8). Esses campos de cinábrio, região secreta do cérebro munida de um "quarto semelhante a uma gruta", são também conhecidos como K'uen-luen. Ora, K'uen-luen é uma montanha fabulosa do mar do Ocidente, morada dos imortais. "Para aí penetrar por meio da meditação mística, entra-se num estado 'caótico' (*huen*) semelhante ao estado primordial, paradisíaco, 'inconsciente' do mundo incriado."[93]

Convém não nos esquecermos sobretudo de dois elementos: 1) a identificação da montanha mítica K'uen-luen com as regiões secretas do cérebro e do ventre; 2) o papel atribuído ao estado "caótico", que, uma vez alcançado pela meditação, permite o ingresso nos campos de cinábrio, tornando assim possível a preparação alquímica do embrião da imortalidade. A montanha do mar do Ocidente, morada dos imortais, é uma imagem tradicional e muito antiga do "mundo em ponto pequeno", de um Universo em miniatura. A montanha K'uen-luen tem dois andares, formados por um cone reto sobre o qual se ergue um cone invertido.[94] Em outras palavras, tem a forma de uma cabaça, exatamente como o forno do alquimista e a região secreta do cérebro. Quanto ao estado "caótico" obtido pela meditação e indispensável à operação alquímica, é comparável à *matéria-prima*, a *massa confusa* da alquimia ocidental.[95] A *matéria-prima* não deve ser entendida apenas como uma estrutura primordial da substância, mas ainda como uma experiência interior do alquimista. A redução da matéria à sua condição primeira de absoluta indiferenciação corresponde, no plano da experiência interior, à regressão ao estágio pré-natal, embrionário. Ora, como vimos, o tema do rejuvenescimento e da longevidade pelo *regressus ad uterum* constitui um dos primeiros objetivos do taoismo. O método mais frequentemente usado é a "respiração embrionária" (*t'ai-si*), mas o alquimista consegue ainda retornar ao estágio embrionário através da fusão dos ingredientes no seu forno.*

A partir de certa época, a alquimia externa (*wai-tan*) passa a ser considerada "exotérica" e contrapõe-se à alquimia interna de tipo ioga (*nei-tan*), que, só ela, é declarada "esotérica". O *nei-tan* torna-se esotérico porque o elixir é preparado no próprio corpo do alquimista, por métodos de "fisiologia sutil", e sem a ajuda de substâncias vegetais ou minerais. Os metais "puros" (ou suas "almas") são identificados com as diversas partes do corpo, e os processos alquímicos, em vez de serem realizados em laboratório, desenvolvem-se no corpo e na consciência do iniciado. O corpo torna-se o cadinho onde o "puro" mercúrio e o "puro" chumbo, bem como o *semen virile* e o sopro, circulam e se fundem.

Ao se combinarem, as forças yang e yin geram o "embrião misterioso" (o "elixir da vida", a "flor amarela"), o ser imortal que acabará por evadir-se do corpo através do occipúcio e subir ao Céu (cf. p.37-8). O *nei-tan* pode ser considerado uma técnica análoga à "respiração embrionária", com a diferença de que os processos são descritos na terminologia da alquimia esotérica. A respiração é identificada com o ato sexual e a obra alquímica – e a mulher é assimilada ao cadinho.[96]

* Cf. texto citado em *Forgerons et alchimistes*, p.102. Esse "retorno ao útero" nada mais é que o desenvolvimento de uma concepção mais antiga e mais difundida, já encontrada em níveis arcaicos de cultura: a cura mediante um retorno simbólico às origens do mundo, isto é, pela reatualização da cosmogonia (ver *Aspects du mythe*, p.37s.). Os taoistas e os alquimistas chineses retomaram e aperfeiçoaram esse método tradicional: em vez de reservá-lo para a cura de diversas doenças, aplicaram-no antes de tudo para curar o homem do desgaste do tempo, vale dizer, da velhice e da morte.

Muitas das ideias e práticas que acabamos de apresentar nas duas últimas seções são encontradas nos textos escritos dos períodos Ch'in e Han em diante (~ 221 a.C.-220 d.C.); isso não implica necessariamente que fossem desconhecidas em épocas anteriores. Pareceu-nos oportuno discuti-las desde já, porque as técnicas de longevidade e, de certa maneira, a alquimia fazem parte integrante do taoismo antigo. Temos de acrescentar que, na época dos Han, Lao-tsé já estava divinizado e que o taoismo, organizado como instituição religiosa independente, havia assumido uma missão messiânica e inspirava movimentos revolucionários. Esses desenvolvimentos mais ou menos inesperados merecerão um estudo no volume III desta obra (Capítulo XXXV). No momento, basta lembrarmos que, já num texto de ~ 165 a.C., Lao-tsé era considerado uma emanação do caos primordial e assimilado a P'an-ku, o antropomorfo cósmico (§129).*

Quanto à "religião taoista" (*Tao Kiao*), foi fundada, por volta do final do século II d.C., por Tchang Tao-ling; depois de haver obtido o elixir da imortalidade, Tchang subiu ao Céu e recebeu o título de "senhor celeste" (*t'ieti shih*). Instaurou na província de Sseu-tch'uan uma "taocracia", na qual convergiam os poderes temporal e espiritual. O sucesso da seita muito deve ao talento de curandeiro do seu chefe. Como teremos oportunidade de ver (no volume III, Capítulo XXXV), trata-se, antes, de uma dramaturgia psicossomática, reforçada pelas refeições feitas em comum, quando se compartiam as virtudes do tao. A cerimônia orgiástica mensal, a "união dos sopros", colimava o mesmo objetivo (cf. p.38-9). Ora, uma esperança similar de regeneração pelo tao caracteriza outro movimento taoista, a seita de *T'ai-p'ing* (A grande paz). Já no século I d.C., o fundador do movimento apresentou ao imperador uma obra de intenção escatológica. O livro, ditado por espíritos, revelava os meios suscetíveis de regenerar a dinastia Han. Esse reformador inspirado foi executado, mas seu messianismo continuou a influenciar os fiéis. Em 184, o líder da seita, Chang Chüeh, proclamou a iminência da *renovatio* e anunciou que o "Céu azul" devia ser substituído pelo "Céu amarelo" (por essa razão os fiéis ostentavam turbantes amarelos). A revolta que ele desencadeou quase pôs abaixo a dinastia. Finalmente, a revolta foi sufocada pelas tropas imperiais, mas a febre messiânica prolongou-se por toda a Idade Média. O último líder dos "Turbantes Amarelos" foi executado em 1112.

* "Lao-tsé transformou seu corpo. Seu olho esquerdo converteu-se na Lua; a cabeça converteu-se na montanha K'uen-luen, a barba converteu-se nos planetas e nas casas astrais; os ossos converteram-se em dragões; a carne converteu-se nos quadrúpedes; os intestinos converteram-se nas serpentes; o ventre converteu-se no mar etc." (texto traduzido para o francês por Maspero, *Le taoïsme*, p.108).

NOTAS

1. Ping-ti Ho, *The Cradle of the East*, p.16s.
2. Ibid., p.43s., 91s., 121s., 177s.
3. Ibid., p.279s. Encontram-se práticas e crenças análogas em certas culturas pré-históricas do Oriente Próximo e da Europa oriental.
4. J.G. Anderson, *Children of the Yellow Earth*, p.315; Kwang-Chih Chang, *The Archaeology of Ancient China*, p.103; cf. Hanna Rydh, "Symbolism in mortuary ceramics", passim.
5. Boa reprodução no livro de Ho, p.154, fig.9.
6. Ho, op.cit., p.282; cf. B. Karlgren, "Some fecundity symbols in Ancient China", p.18s.
7. Hentze, *Bronzegerät, Kultbauten, Religion im ältesten China der Shangzeit*, p.49s., 88s.; id., *Das Haus als Weltort der Seele*, p.23s., e figuras 10-12. Encontra-se nessas obras um grande número de paralelos, colhidos nas culturas associadas, histórica ou morfologicamente, à civilização arcaica chinesa.
8. Bernard Karlgren, "Legends and cults in Ancient China", p.344.
9. Hentze, *Das Haus als Weltort der Seele*, p.14s., e passim.
10. Li Chi, *The Beginnings of Chinese Civilization*, p.32.
11. Ibid., p.35.
12. A expressão: "Eu, homem sem par" (ou, talvez, "Eu, o primeiro homem") é atestada nas inscrições oraculares; cf. David N. Keightley, "Shang theology and the genesis of Chinese political culture", p.213, nota 6.
13. Como observa Keightley (p.214s.), o culto dos antepassados destacou a linhagem real como fonte da autoridade religiosa e política. A doutrina do "mandato do Céu", que costuma ser considerada uma invenção da dinastia Tcheu, mergulha suas raízes na teologia dos Chang.
14. Por exemplo, Ho, *The Cradle of the East*, p.320.
15. Li Chi, op.cit., p.21s. O autor chama atenção para os motivos animalistas (tigre, cervo) nas decorações dos vasos de bronze (p.33). Acrescentemos que se trata de animais emblemáticos, munidos de um simbolismo cosmológico e iniciatório muito complexo.
16. Cf. Eliade, *De Zalmoxis à Gengis-Khan*, p.182s.
17. O texto foi conservado no *Chu-King*; tradução inglesa de Karlgren, *The Book of Documents*, p.55.
18. Recordemos algumas datas importantes: o período dos Tcheu ocidentais, que durou até ~771 a.C., foi seguido pelo período dos Tcheu orientais (~771-256). De ~400 a ~200, travaram-se guerras ininterruptas: é a época dos reinos combatentes, que chegou ao fim com a unificação da China sob o governo do imperador Huang-ti.
19. Foi durante essa época que se redigiram ou editaram os "Livros clássicos". Como observa Hentze (*Funde in Alt-China*; p.222), assiste-se, sob o governo dos Tcheu, a uma dessacralização progressiva da escrita. A função primordial da escrita – regular as relações Céu-Terra e deus-homens – é substituída por preocupações genealógicas e historiográficas. Por fim, a escrita converte-se em meio de propaganda política.
20. Cf. *Chu-King*, p.428. Os Tcheu eram tidos como descendentes de um antepassado mítico, Heu-tsi (príncipe Millet), celebrado no *Che-King* (poema 153) por lhes haver

"dado o trigo e a cevada por ordem de Deus". Acrescentemos que os sacrifícios humanos, atestados nos túmulos reais da época Chang, desapareceram completamente sob a dinastia dos Tcheu.

21. Cf. Eliade, "La Terre-Mère et les hiérogamies cosmiques" (*Mythes, rêves et mystères*), p.225.
22. M. Granet, "Le dépôt de l'enfant sur le sol" (*Études sociologiques sur la Chine*), p.201. "Quando se deposita sobre a Terra o recém-nascido ou o moribundo, cabe a ela pronunciar-se sobre a validade do nascimento ou da morte. ... O rito de depositar alguém sobre a Terra implica a ideia de uma identidade substancial entre a raça e o solo" (ibid., p.192-3, 197-8).
23. Ver *Kultur und Siedlung der Randvölker Chinas* e os dois volumes de *Lokalkulturen im alten China*.
24. Cf. John S. Major, "Research priorities in the study of Ch'u religion", esp. p.231s.
25. Textos traduzidos para o francês por Max Kaltenmark, "La naissance du monde en Chine", p.456-7: Ver também Norman Girardot, "The problem of Creation mithology...", p.298s.
26. Henri Maspero, *Les religions chinoises*, p.186-7. Mais tarde, interpretou-se esse episódio pelas desordens provocadas como resultado das "possessões" por espíritos; cf. Derek Bodde, "Myths of ancient China", p.389s.
27. Cf. Eliade, *Mythes, rêves et mystères*, p.80s.; *Le chamanisme*, p.215s.
28. *Lie Tseu* (século III a.C.), traduzido por Kaltenmark, op.cit., p.458.
29. *Houai-nan tseu* (século III a.C.), traduzido por Kaltenmark, ibid., p.459.
30. Mêncio, traduzido por Kaltenmark, p.461.
31. Ver N.J. Girardot, "Myth and meaning in the Tao Te Ching", p.299s.
32. Cf. Eliade, *Le mythe de l'éternel retour*, p.23s.
33. Paul Wheatly, *The Pivot of the Four Quarters*, p.30s., 411s.
34. Marcel Granet, *La pensée chinoise*, p.324.
35. Granet, op.cit., p.102s.; cf. *Danses et légendes de la Chine ancienne*, p.116s. Parece que essa estação ritual no centro do *Ming t'ang* corresponde "a um período de isolamento durante o qual os chefes antigos deviam confinar-se no ponto mais profundo da sua morada". Os seis ou doze dias "eram gastos em ritos e em observações que permitiam que se prognosticassem ou determinassem a prosperidade da criação de animais e o sucesso das colheitas" (*La pensée chinoise*, p. 107). Os doze dias constituíam uma prefiguração dos doze meses do ano vindouro – concepção arcaica, atestada no Oriente Próximo e em outros lugares; cf. *Le mythe de l'éternel retour*, p.78s.
36. Cf. Eliade, "Centre du monde, temple, maison", p.67s.
37. Cf. R.A. Stein, "Architecture et pensée religieuse en Extrême-Orient".
38. Cf., de nossa autoria, o estudo "Remarques sur le dualisme religieux: dyades et polarités" (*La nostalgie des origines*, p.249-338).
39. Cf. Carl Hentze, *Bronzegerät, Kultbauten, Religion im ältesten China der Shangzeit*, p.192s.
40. Cf. Hentze, *Das Haus als Weltort der Seele*, p.99s.
41. *La pensée chinoise*, p.117s.
42. Cf. Granet, *Danses et légendes de la Chine ancienne*, p.43; *La pensée chinoise*, p.141.
43. O *Hi ts'eu*, citado por Granet, *La pensée chinoise*, p.325. É a mais antiga das definições eruditas do tao.
44. Max Kaltenmark, *Lao tseu et le taoïsme*, p.30; cf. Granet, *La pensée chinoise*, p.300s.

45. Kaltenmark, op.cit., p.33. "É esse tao que representa o ideal de Confúcio, que proclamava: 'Quem de manhã ouviu falar do tao, de noite, pode morrer tranquilo'" (ibid.).
46. Trad. franc. Kaltenmark, "La naissance du monde en Chine", p.463. Esse esquema das procriações em série é utilizado por quase todas as escolas filosóficas, de *Yi-king* até os neoconfucionistas; cf. Wing-tsit Chan, *The Way of Lao Tzu*, p.176; Norman Girardot, "Myth and meaning in the *Tao Te Ching*", p.311s.
47. Trad. franc. Kaltenmark, *Lao Tseu*, p.39.
48. *Houai-nan-tseu*, citado por Girardot, "Myth and meaning in the *Tao Te Ching*", p.307. Também para Tchuang-tsé, a condição primordial de perfeita unidade se perdeu quando o imperador Huen-Tuen – isto é, o "caos" – foi perfurado a fim de que tivesse, como todos os homens, um rosto provido de sete orifícios; mas o "caos" sucumbiu no sétimo dia, depois da sétima perfuração; cf. James Legge, *The Texts of Taoism*, I (SBE, v. XXXIX), p.267.
49. Cap.6, trad. franc. de Kaltenmark, p.50.
50. Cf. Girardot, p.304.
51. Mas, bem cedo, Confúcio viu-se investido das virtudes e dos atributos específicos aos heróis civilizadores; ver alguns exemplos in Granet, *La pensée chinoise*, p.477s.
52. Esse aspecto foi oportunamente salientado por Herbert Fingarette, *Confucius – the Secular as Sacred*.
53. *Mémoires historiques*, trad. franc. Chavannes; cf. Max Kaltenmark, *Lao Tseu*, p.17.
54. Distinguem-se, pelo menos, quatro posições: 1) Lao-tsé é a mesma pessoa que o Lao Tan do século VI e, portanto, pode ter recebido a visita de Confúcio; 2) Lao-tsé viveu no período dito das "Primaveras e Outonos" (por volta de 774-481), mas não é o autor do *Tao-tö-king*; 3) viveu na época dos reinos combatentes (*c.* 404-221), mas não se pode ter certeza de que haja escrito o *Tao-tö-king*; 4) não é uma personagem histórica. Cf. Wing-tsit Chan, *The Way of Lao Tzu*, p.35s.; Jan Yün-Hu, "Problems of Tao and *Tao Te Ching*", p. 209 (o autor apresenta as mais recentes interpretações de Fung Yu-Lan sobre Lao-tsé e o taoismo antigo, p.211s.)
55. Cf. Max Kaltenmark, *Lao tseu*, p.19s.
56. Ibid., p.22. Encontra-se a mesma situação em outras literaturas tradicionais: a obra, atribuída a certo sábio ou contemplativo, é geralmente continuada e enriquecida pelos discípulos. Em certo sentido, o autor, ao celebrizar-se, tornava-se "anônimo".
57. Salvo indicação em contrário, citamos a tradução de Max Kaltenmark. A versão inglesa de Wing-tsit Chan, *The Way of Lao Tzu*, é valiosa pelas notas e comentários que apresenta; a de Arthur Waley, *The Way and Its Power*, distingue-se pela qualidade literária.
58. "Ou melhor, o misterioso (*Hiuang*), ou, melhor ainda, o *obscuro mais profundo que a própria obscuridade*, pois não há o menor limite para o aprofundamento do mistério" (Kaltenmark, p.45).
59. Ver Eliade, *Méphistophélès et l'androgyne*, p.128s.
60. Kaltenmark, op.cit., p.82; cf. Ellen Marie Chen, "Is there a doctrine of physical immortality in the *Tao te Ching*?".
61. Cf. Granet, *La pensée chinoise*, p.501s.; Eliade, *Le chamanisme*, p.350s.
62. O leitor poderá ver alguns exemplos patéticos no cap.18.
63. "Eu e este crânio", diz Lie-tsé a um de seus discípulos, "sabemos que não há verdadeiramente vida e que não há verdadeiramente morte". "A morte e a vida são uma ida e volta: quem sabe se estar morto aqui não é estar vivo lá?" Trad. franc. Henri Maspero, *Le taoïsme*, p.240.

64. Trad. franc. Maspero, ibid. Tcheu é o seu nome pessoal.
65. *Tchouang-tseu*, cap.2, trad. franc. Kaltenmark, op.cit., p.117-8.
66. "Pela contemplação interior, logramos nos satisfazer em nós mesmos" (*Lie-tseu*, 4; trad. de Kaltenmark, p.118).
67. Cf. Kaltenmark, p.120; M. Eliade, *Le chamanisme*, p.325s. (folclore e literatura xamânica na China), p.177s. (poesia épica tártara de estrutura xamanista).
68. Segundo Sivin, essa distinção é produto da historiografia moderna; cf. "On the word 'taoist'", p.304s.
69. Ver, *inter alia*, A.C. Graham, *The Book of Lieh-tzu*, p.10s.; 16s.; Heerlie G. Creel, *What is Taoism?*, p.1-24.
70. Os mais importantes são Maspero, Granet, Kaltenmark e Schipper. Ver a crítica dessas duas posições in Norman Girardot, "Part of the way", p.320-4.
71. Sobre as relações entre as asas, a penugem, o voo mágico e o taoismo, ver M. Kaltenmark, *Le Lie-sien tchouan*, p.12s. Sabe-se que a pena de pássaro é um dos símbolos mais frequentes do "voo xamânico"; cf. Eliade, *Le chamanisme*, s.v., "voo mágico".
72. Trata-se da imagem exemplar dos territórios paradisíacos, subtraídos ao tempo e acessíveis apenas aos iniciados. Segundo o historiador Sseu-ma Ts'ien, vários reis dos séculos IV e III a.C. enviaram expedições em busca dessas ilhas sobrenaturais (*Mémoires*, III, p.436-7).
73. Ver alguns exemplos in Maspero, *Le taoïsme*, p.84-5.
74. Cf. Maspero, *Le taoïsme*, p.98s.
75. Maspero, "Les procédés de 'nourrir le principe vital' dans la religion taoïste ancienne", p.203s.; id., *Le taoïsme*, p.107s.
76. Cf. Maspero, "Les procédés ...", p.198s.; Eliade, *Le yoga*, p.71s. Acrescentemos que a respiração "profunda e silenciosa" do êxtase assemelhava-se à respiração dos animais durante a hibernação, e sabe-se que a espontaneidade e a plenitude da vida animal constituíam, para os chineses, o modelo por excelência de uma existência em perfeita harmonia com o cosmo.
77. O prefácio do tratado *Formules orales de la respiration embryonnaire*, trad. franc. Maspero, "Les procédés ...", p.198.
78. Sobre o panteão taoista que habita o corpo humano, ver Maspero, *Le taoïsme*, p.116s., 137s.; cf. M. Strickmann, "The longest taoist scripture", p.341.
79. Cf. Maspero, "Les procédés...", p.386-7. Ver um fragmento desse texto reproduzido nessa mesma obra, p.388.
80. Max Kaltenmark, *Le Lie-sien tchouan*, p.55-6.
81. Kaltenmark, op.cit., p.57.
82. Ver *Le yoga*, p.253s.; cf. volume III da presente obra (Capítulo XXXIX).
83. Ver H. Dubs, "Beginnings of alchemy", p.77; cf. Joseph Needham, *Science and Civilization in China*, v.V: 2, p.12.
84. Needham, op.cit., p.13.
85. Edouard Chavannes, *Les mémoires historiques de Ssu-ma Ts'ien*, v.III, p.479.
86. Ibid., v.III, p.465.
87. A busca dos imortais que habitam as ilhas remotas ocupou os primeiros imperadores da dinastia Tsin (219 a.C.; Ssu-ma Ts'ien, *Mémoires*, v.II, p.141, 152; v.III, p.437) e o imperador Wu, da dinastia Han (em 110 a.C.: ibid., v.III, p.499; Dubs, op.cit., p.66).
88. Fragmento traduzido por Dubs, p.71-2. É possível que esse texto provenha da escola de *Tsu Yen*, ou até do próprio mestre, contemporâneo de Mêncio, século IV (ibid.,

p.74). A crença na metamorfose natural dos metais é bastante antiga na China; ver sobretudo Joseph Needham, *Science et civilisation*, v.III, p.636s.

89. Ver os textos citados in M. Eliade, *Forgerons et Alchimistes* (2ª ed., 1977), p.96s.

90. Lionel Giles, *Chinese Immortals*, p.67s. A "imortalidade corporal" era habitualmente obtida mediante a absorção de elixires preparados em laboratório; cf. Needham, op.cit., V, 2, p.93s.

91. Texto citado in *Forgerons et Alchimistes*, p.99.

92. James R. Ware, *The Nei P'ien of Ko Hung*, p.74s. O cinábrio como droga de longevidade já é mencionado no primeiro século antes da nossa era na coletânea de biografias lendárias dos imortais taoistas, *Lie-sien tchuan*. Depois de ter absorvido o cinábrio durante alguns anos, certo mestre "ficou semelhante a um adolescente", outro "foi capaz de deslocar-se voando" etc.; cf. Max Kaltenmark, *Le Lie-sien tchouan*, p.271, 146-7 etc.

93. Roef Stein, *Jardins en miniature d'Extrême-Orient*, p.54. Ver também Granet, *La pensée chinoise*, p.357s.

94. Sobre a proto-história desse simbolismo, cf. Carl Hentze, *Tod, Auferstehung, Weltordnung*, p.33s., 160s.

95. Ver *Forgerons et Alchimistes*, p.130s. e volume III da presente obra.

96. Cf. R.H. van Gulik, *Erotic color prints*, p.115s.

XVII. Bramanismo e hinduísmo: as primeiras filosofias e técnicas de salvação

135. "Tudo é sofrimento..."

A expansão do bramanismo e, alguns séculos mais tarde, do hinduísmo, acompanhava de perto a arianização do subcontinente indiano. É provável que os brâmanes tenham chegado ao Ceilão ainda no século VI a.C. Entre o século II a.C. e o século VI da nossa era, o hinduísmo penetrou na Indochina, em Sumatra, Java e Bali. É certo que, ao introduzir-se no sudeste da Ásia, o hinduísmo teve de incorporar muitos elementos locais.[1] Mas a simbiose, a assimilação e o sincretismo desempenharam papel similar na conversão da Índia central e meridional. Com suas peregrinações e viagens por regiões longínquas, os brâmanes haviam contribuído fortemente para a unificação religiosa e cultural do subcontinente. No começo da Era Cristã, esses "missionários" lograram impor às populações arianas e não arianas locais a estrutura social, o sistema de culto e a visão de mundo específicos aos Vedas e aos *Brahmanas*. Mas demonstraram, ao mesmo tempo, tolerância e oportunismo, assimilando grande número de elementos populares, marginais e autóctones.[2] Graças às homologações efetuadas em vários níveis (mitologia, ritual, teologia etc.), os complexos religiosos não bramânicos foram reduzidos, por assim dizer, a um denominador comum, e finalmente absorvidos pela ortodoxia. A assimilação das divindades autóctones e "populares" pelo hinduísmo continua a ser um fenômeno atual.[3]

A passagem do bramanismo ao hinduísmo é imperceptível. Como assinalamos, certos elementos especificamente "hinduístas" já estavam presentes no seio da sociedade védica (§64). Mas, visto que não interessavam aos autores dos hinos e dos *Brahmanas*, esses elementos mais ou menos "populares" não foram registrados nos textos. Por outro lado, o processo já atestado na época védica, em particular a perda de prestígio em que incorreram certos grandes deuses e sua substituição por outras figuras (cf. §66), prolongou-se até a Idade Média. Indra ainda conserva a sua popularidade na Epopeia, mas já não é o campeão e o orgulhoso chefe dos deuses de outrora: o darma (*dharma*) é mais poderoso que ele, e os textos tardios chegam a tachá-lo de covarde.[4] Em compensação, Vishnu e Xiva obtêm uma posição excepcional e as divindades femininas iniciam a sua notável carreira.

A arianização e a hinduização do subcontinente foram efetuadas durante as profundas crises testemunhadas pelos ascetas e pelos contemplativos da época dos Upanixades e sobretudo pela pregação de Gautama Buda. De fato, para as elites religiosas, o horizonte estava radicalmente transformado depois dos Upanixades. "Tudo é dor, tudo é efêmero!", proclamara Buda. Temos aí um *Leitmotiv* de todo o pensamento religioso pós-upanixádico. As doutrinas e as especulações, bem como os métodos de meditação e as técnicas soteriológicas, encontram sua razão de ser nesse sofrimento universal, pois só têm valor na medida em que libertam o homem da "dor". A experiência humana, qualquer que seja sua natureza, gera o sofrimento. Ou, nas palavras de um autor tardio: "O corpo é dor porque é o lugar da dor; os sentidos, os objetos [dos sentidos] e as percepções são sofrimentos porque conduzem ao sofrimento; o próprio prazer é sofrimento porque é seguido de sofrimento."[5] E Isvara Krishna, autor do mais antigo tratado sanquia, afirma que, na base dessa filosofia, está o desejo do homem de escapar à tortura dos três sofrimentos: a miséria celeste (provocada pelos deuses), a miséria terrestre (causada pela natureza) e a miséria interna ou orgânica.[6]

No entanto, a descoberta dessa dor universal não leva ao pessimismo. Nenhuma filosofia e nenhuma mensagem religiosa da Índia se aproximam do desespero. A revelação da "dor" como lei da existência pode, ao contrário, ser considerada a condição *sine qua non* da libertação; esse sofrimento universal tem portanto, intrinsecamente, um valor positivo, estimulante. Lembra continuamente ao sábio e ao asceta que só dispõem de um meio para chegar à liberdade e à beatitude: retirar-se do mundo, despegar-se dos bens e das ambições, isolar-se de todos. Por outro lado, o homem não é o único que sofre; a dor é uma necessidade cósmica. O simples existir no tempo, ter uma duração, implica dor. Ao contrário dos deuses e dos animais, o homem tem a possibilidade de transcender sua condição. A certeza de que existe um meio de alcançar a libertação – certeza comum a todas as filosofias e místicas indianas – não pode conduzir ao desespero nem ao pessimismo. O sofrimento é na verdade universal; mas, desde que saibamos como proceder para dele nos libertarmos, não é definitivo.

136. Métodos para o "despertar" supremo

A meta de todas as filosofias e técnicas meditativas indianas é "libertar"-se do sofrimento. Nenhuma ciência tem valor se não visar à "salvação" do homem.

"Afora isso [isto é, o eterno que reside no eu], nada merece ser conhecido" (*Svetasvatara Up.*, I, 12).[7] A "salvação" implica a transcendência da condição humana. A literatura indiana utiliza indiferentemente as imagens de ligadura, encadeamento, cativeiro, ou de olvido, embriaguez, sono, nesciência, para traduzir a condição humana; e, ao contrário, imagens de libertação dos laços e de rompimento do véu (ou de retirada de uma venda que cobria os olhos), ou de um despertar, de um recordar etc., para exprimir a eliminação (isto é, a transcendência) da condição humana, a liberdade, a libertação (*moksha*, *mukti*, nirvana etc.).

A *Chandogya Up.*, VI, 14, 1-2, fala de um homem conduzido para longe da sua cidade, de olhos vendados, e abandonado num lugar ermo. O homem põe-se a gritar: "Fui trazido até aqui, de olhos vendados; aqui fui abandonado, de olhos vendados!" Alguém lhe retira então a venda e indica-lhe a direção da sua cidade. Perguntando o caminho de aldeia em aldeia, o homem consegue voltar para casa. Da mesma forma, acrescenta o texto, aquele que tem um mestre competente consegue livrar-se das vendas da ignorância e atinge por fim a perfeição.

Quinze séculos mais tarde, Sankara (? 788-820) comentou admiravelmente esse passo da *Chandogya*. É certo que o famoso metafísico vedantino explica o apólogo através do prisma do seu próprio sistema, o monismo absoluto. No entanto, sua exegese limita-se a elaborar e a determinar a significação original. É assim que as coisas se passam, escreve Sankara, com o homem arrastado por sequestradores para longe do ser (para longe do *atman*-Brahman) e preso na armadilha desse corpo. Os sequestradores são as ideias falsas ("mérito, demérito" etc.). Seus olhos são vendados com a venda da ilusão, e o homem é amarrado pelo amor que o prende a sua mulher, ao filho, ao amigo, pelo sentimento de posse que não o deixa afastar-se de seus rebanhos etc. "Sou filho de fulano, sou feliz ou infeliz, sou inteligente ou parvo, sou piedoso etc. Como devo viver? Onde está o caminho para a libertação? Onde se encontra a minha salvação?" É assim que ele pensa, envolto numa rede monstruosa, até o momento em que encontra aquele que é consciente do verdadeiro ser (*atman*-Brahman), que é livre da escravidão, ditoso e, além disso, cheio de simpatia pelos outros. Com ele aprende o caminho do conhecimento e a fatuidade do mundo. Dessa maneira, o homem, que era prisioneiro de suas próprias ilusões, vê-se liberto de sua dependência para com as coisas mundanas. Reconhece, então, o seu ser verdadeiro, compreende que não é o vagabundo desorientado que acreditava ser. Ao contrário, compreende que, aquilo que o ser é, ele também é. Desse modo, seus olhos ficam livres da venda da ilusão criada pela ignorância (*avidya*), e ele é como o homem do apólogo que retorna à sua morada, isto é, que reencontra o *atman*, cheio de alegria e serenidade.[8]

A *Maitri Upanishad* (IV, 2) compara aquele que ainda está imerso na sua condição humana a alguém "ligado por correntes produzidas pelos frutos do bem e do mal", ou preso num cárcere, ou "embriagado pelo álcool" ("o álcool dos erros"), ou mergulhado nas trevas (da paixão), ou vítima de um passe de mágica ou de um sonho criador de fantasmagorias – e é por esse motivo que ele já não se recorda da "situação mais elevada". O "sofrimento" que define a condição humana é resultado da nesciência (*avidya*). Como o demonstra o apólogo de Sankara, o homem sofre as consequências dessa nesciência até o dia em que descobre que só aparentemente estava atolado no mundo. Tal como acontecia com o sanquia e a ioga, o eu nada tem a ver com o mundo (cf. §139).

Pode-se dizer que, depois dos Upanixades, o pensamento religioso indiano identifica a libertação com um "despertar" ou com a tomada de consciência de uma situação que existia desde o início, mas que não chegava a realizar-se. A nesciência – que é de fato uma *ignorância de si mesmo* – pode ser aproximada de um "esquecimento" do verdadeiro eu (*atman, purusa*). A gnose (*jnana, vidya*), suprimindo a ignorância ou rasgando o véu da *maya*, torna possível a libertação: a verdadeira "ciência" equivale a um "despertar". Buda é "o despertado" por excelência.

137. História das ideias e cronologia dos textos

Com exceção dos Upanixades antigos, todos os outros textos religiosos e filosóficos foram redigidos depois da pregação de Buda. Percebe-se às vezes a influência de certas ideias especificamente budistas. Muitas obras escritas nos primeiros séculos da Era Cristã procuram, entre outras coisas, fazer a crítica do budismo. Não se deve, porém, exagerar a importância da cronologia. Em geral, todo tratado filosófico* indiano apresenta concepções anteriores à data da sua redação, e quase sempre muito antigas. Quando, num texto filosófico, se encontra uma interpretação nova, isso não quer dizer que ela não tenha sido considerada antes. Se, às vezes, podemos fixar (aliás, de maneira bastante

* Convém esclarecer que o sânscrito não possui um vocábulo que corresponda exatamente ao termo europeu "filosofia". Um sistema filosófico especial denomina-se *darsana*, "ponto de vista, visão, compreensão, doutrina, maneira de ver as coisas" (da raiz *drs*, "ver", "contemplar", "compreender").

aproximada) a *data da redação* de certos escritos, e isso apenas desde os primeiros séculos da nossa era, é quase impossível estabelecer a *cronologia das ideias filosóficas* em si mesmas.[9] Em síntese, o fato de os escritos religiosos e filosóficos, solidários da tradição bramânica, terem sido redigidos alguns séculos depois de Gautama Buda não significa que reflitam concepções enunciadas na época budista.

Durante a sua aprendizagem, Gautama encontrara certos representantes das diferentes "escolas" filosóficas, nas quais se podem reconhecer as formas embrionárias do vedanta (isto é, a doutrina dos Upanixades), do sanquia e da ioga (§148). Para a finalidade do nosso estudo, seria inútil retraçar as etapas que separam esses primeiros esboços – atestados nos Upanixades e nos escritos budistas e jainistas – das suas expressões sistemáticas na época clássica. É suficiente indicar as transformações mais importantes e assinalar as modificações que alteraram radicalmente a orientação inicial. Mas não se deve esquecer que, após a época dos Upanixades, todos os métodos e soteriologias compartilham uma estrutura categorial comum. A sequência *avidya-karman-samsara*, a equação existência = dor, a interpretação da ignorância como sono, sonho, embriaguez, cativeiro – esta constelação de conceitos, símbolos e imagens era unanimemente aceita. O *Satapatha Brahmana* havia proclamado: "O homem nasceu num mundo fabricado por ele mesmo" (VI, 2, 2, 27). Pode-se dizer que os três darsanas solidários do bramanismo – vedanta, sanquia, ioga –, assim como o budismo, dedicam-se, em suma, a explicitar esse axioma e a elucidar as suas consequências.

138. O vedanta pré-sistemático

O termo *vedanta* (literalmente, "fim do Veda") designava os Upanixades; na verdade, estes últimos estavam colocados no final dos textos védicos.[10] A princípio, o vedanta designava o conjunto das doutrinas presentes nos Upanixades. Só progressivamente, e bastante tarde (primeiros séculos da nossa era), passou a ser a denominação específica de um "sistema" filosófico que se opõe aos outros darsanas, especialmente ao sanquia e à ioga clássicos. Quando analisamos as doutrinas upanixádicas, expusemos as ideias mestras do vedanta pré-sistemático. Quanto ao "sistema filosófico" vedantino propriamente dito, desconhece-se a sua história mais antiga. A mais velha obra que chegou até nós, os *Brahma-sutra*, atribuída ao *rishi* Badarayana, foi provavelmente redigida no começo da nossa era. Mas ela não era certamente a primeira, pois Badarayana cita os nomes e as ideias de numerosos autores que o precederam.

Por exemplo, ao discutir as relações entre os *atman* individuais e Brahman, Badarayana fala de três teorias diferentes, e lembra os nomes de seus mais ilustres representantes. De acordo com a primeira teoria, *atman* e Brahman são idênticos; afirma a segunda que *atman* e Brahman são, até a libertação, totalmente diferentes e separados; por fim, conforme o terceiro mestre vedantino, os *atman* têm essência divina, mas não são idênticos a Brahman (*Brahma-sutra*, I, 3, 21).

Ao discutir as teorias até então propostas, Badarayana tinha muito provavelmente por objetivo a articulação de uma doutrina que proclama Brahman como a causa material e eficiente de tudo o que existe, e, ao mesmo tempo, como fundamento dos *atman* individuais; essa doutrina admitia, no entanto, que os libertados continuam a existir eternamente como seres individuais autônomos. Infelizmente, a compreensão dos 555 aforismos que constituem os *Brahma-sutra* é bastante difícil sem o auxílio de comentários. Concisos e enigmáticos, esses sutras serviam mais como um compêndio; é provável que seu sentido fosse esclarecido por um mestre. Entretanto, os primeiros comentários foram esquecidos e por fim desapareceram, depois da interpretação genial dada por Sankara, por volta do ano 800 da nossa era. Conhecem-se apenas os nomes de alguns autores e certo número de citações.[11]

Entretanto, no *Svetasvatara* e na *Maitri Upanishad*, na *Bhagavadgita* e no *Mokshadharma* (o livro XII do Mahabharata), encontra-se um número suficiente de indicações relativas às grandes tendências do pensamento vedantino antes de Sankara. A doutrina da *maya* adquire uma importância de primeiro plano. São sobretudo as relações entre Brahman, a Criação e a *maya* que suscitam a reflexão. A concepção antiga da Criação cósmica como manifestação do poder mágico (*maya*) de Brahman cede o passo diante do papel devolvido à *maya* na experiência de cada indivíduo, em especial a de cegueira. No final, *maya* é assimilada à nesciência (*avidya*) e comparada ao sonho. As "realidades" multiformes do mundo exterior são tão ilusórias quanto os conteúdos dos sonhos. A tendência (já atestada no *Rig Veda*, X, 129) a totalizar o real em Deus, ou seja, no um/todo, conduz a formulações cada vez mais audaciosas. Se o ser é a eterna unidade/totalidade, não somente o cosmo, isto é, a multiplicidade dos objetos, é ilusório (*maya*), mas também a pluralidade dos espíritos. Duas gerações antes de Sankara, o mestre vedantino Gaudapada sustentava que a crença na pluralidade dos *atman* individuais era engendrada pela *maya* (cf. *Mandukya-karika*, II, 12 e 19). De fato, existe apenas um único ser, Brahman, e quando o sábio, por uma meditação de tipo ioga, apreende experimentalmente o seu próprio *atman*, "desperta" na luz e na beatitude de um eterno presente.

A identidade Brahman-*atman*, como vimos, constitui a descoberta mais importante dos Upanixades (§81). Contudo, depois das críticas dos doutores budistas, viram-se os mestres vedantinos forçados a fundamentar de maneira sistemática e rigorosa a sua ontologia, que era ao mesmo tempo uma teologia, uma cosmologia e, em suma, uma soteriologia. Nesse esforço por repensar a herança upanixádica e por expressá-la de acordo com as necessidades da época, Sankara continua a ser ímpar. No entanto, apesar da magnificência de sua obra e da considerável influência de seu pensamento na história da espiritualidade indiana, Sankara não esgotou as possibilidades místicas e filosóficas do vedanta. Durante vários séculos depois dele, numerosos mestres terão oportunidade de elaborar sistemas paralelos. Por outro lado, o vedanta distingue-se dos outros darsanas por não ter esgotado sua criatividade na época dos sutras e dos seus primeiros comentários. Desse modo, enquanto não se pode dizer que o essencial dos "sistemas filosóficos" sanquia e ioga já estava enunciado entre os séculos IV e VIII, o vedanta conhece seu verdadeiro desabrochar a partir de Sankara.[12]

139. O espírito segundo o sanquia-ioga

Muito antes da ordenação sistemática da "filosofia" sanquia, sua terminologia específica é atestada na *Katha Upanishad*,[13] ou seja, no século IV a.C. A *Svetasvatara Upanishad*, que provavelmente é mais recente, contém numerosas referências aos princípios sanquia-ioga e utiliza o vocabulário técnico próprio desses dois darsanas. Mas pouco se sabe da história das doutrinas sanquia até o aparecimento do primeiro tratado sistemático, o de Isvarakrishna (provavelmente no século V da nossa era). De qualquer forma, o problema interessa mais de perto à história da filosofia indiana. Para o que nos propomos, basta-nos afirmar que o sanquia pré-sistemático – tal como podemos reconstituí-lo, por exemplo, de acordo com certos trechos do *Mokshadharma* – é anunciado como a gnose da salvação por excelência, ao lado da ioga, disciplina eminentemente *prática*. Em resumo, o sanquia prolonga os Upanixades, insistindo no papel decisivo do conhecimento na obtenção da libertação. A originalidade dos primeiros mestres sanquia reside em sua convicção de que a verdadeira "ciência" pressupõe uma análise rigorosa das estruturas e dos dinamismos da natureza, da vida e da atividade psicomental, completada por um esforço no sentido de delimitar a modalidade sui generis do espírito (*purusa*).

Mesmo na época clássica, vale dizer, no período em que foram redigidos os primeiros tratados sistemáticos, os *Samkhya-karika* de Isvarakrishna e os *Yoga-sutras* de Patanjali, eram bastante próximos os quadros teóricos dos dois darsanas. Distinguem-se duas diferenças essenciais: 1) enquanto o sanquia clássico é ateu, a ioga é teísta, já que postula a existência de um senhor (Isvara); 2) enquanto, segundo o sanquia, o único caminho para alcançar a libertação é o conhecimento metafísico, a ioga atribui considerável importância às técnicas da meditação. As outras diferenças são desprezíveis. Por conseguinte, as doutrinas sanquia, das quais faremos um bosquejo, podem ser consideradas igualmente válidas para os quadros teóricos dos *Yoga-sutras* de Patanjali.[14]

Tanto para o sanquia como para a ioga, o mundo é *real* (não é *ilusório*, ao contrário do que é, por exemplo, para o vedanta). No entanto, se o mundo *existe* e *dura*, isso se deve à "ignorância" do espírito (*purusa*). As incontáveis formas do cosmo, bem como seus processos de manifestação e de desenvolvimento, só existem na medida em que o espírito, o eu, ignora a si mesmo e, em virtude dessa "nesciência", sofre e é escravizado. No exato momento em que o último eu tiver encontrado a libertação, toda a Criação será reabsorvida na substância primordial (*prakrti*).

Assim como o *atman* dos Upanixades, o *purusa* é inexprimível. Seus "atributos" são negativos. O eu "é aquele que vê (*saksin*, lit. "testemunha"), é isolado, indiferente, mero espectador inativo" (*Samkhya-karika*, 19). A autonomia e a impassibilidade do espírito são epítetos tradicionais, constantemente repetidos nos textos. Sendo irredutível, desprovido de qualidades, o *purusa* não possui "inteligência", pois não tem desejos. Os desejos não são eternos, não pertencem, portanto, ao espírito. O espírito é eternamente livre, sendo-lhe estranhos os "estados de consciência" e o fluxo da vida psicomental.[15]

Ora, essa concepção do *purusa* suscita dificuldades imediatas. Se, na verdade, o espírito é eternamente puro, impassível, autônomo e irredutível, como é possível que aceite deixar-se envolver na experiência psicomental? E como é possível tal relação? Examinaremos com mais proveito a solução proposta para esse problema pelo sanquia e pela ioga quando conhecermos melhor os vínculos que podem ser mantidos entre o eu e a natureza. Esclareçamos por enquanto que nem a *origem* nem a *causa* dessa situação paradoxal, isto é, esse estranho "vínculo" que liga o *purusa* à *prakrti*, foi alvo de um debate normativo no sanquia-ioga. A *causa* e a *origem* dessa associação entre o espírito e a experiência são dois aspectos de um problema que os mestres sanquia-ioga cuidam ser insolúvel, por superarem a capacidade atual da compreensão humana. De fato, o homem conhece e compreende pelo "intelecto", *buddhi*. Mas esse "intelecto", por sua vez, não passa de um produto – extremamente depurado, é verdade – da substância primordial (*prakrti*).

Sendo um produto da natureza, um "fenômeno", o *buddhi* só pode manter vínculos de conhecimento com outros fenômenos; em nenhuma hipótese ele poderia conhecer o eu, pois não poderia manter relações de espécie alguma com uma realidade transcendental. Só um instrumento de conhecimento que, de nenhum modo, envolvesse a matéria, poderia chegar a compreender a causa, bem como a origem dessa associação paradoxal entre o eu e a vida (isto é, a matéria). Ora, tal conhecimento é impossível na atual condição humana.

O sanquia-ioga sabe que a causa do sofrimento é a "nesciência", em outros termos, a confusão entre o espírito e a atividade psicomental. Mas não se pode determinar o momento preciso em que essa ignorância de ordem metafísica fez seu aparecimento, assim como é impossível fixar a data da Criação. É inútil querer encontrar solução para esse problema. Trata-se de um problema mal formulado, e, segundo um velho costume bramânico (cf. Sankara, *Vedanta-sutra*, III, 2, 17), observado várias vezes pelo próprio Buda, a um problema mal formulado responde-se com o silêncio.

140. O sentido da Criação: auxiliar a libertação do espírito

A substância (*prakrti*) é tão real e eterna como o espírito (*purusa*). Contudo, ao contrário do *purusa*, é dinâmica e criadora. Embora perfeitamente homogênea, essa substância primordial possui, por assim dizer, três "modos de ser" que lhe permitem manifestar-se de três maneiras diferentes, chamadas *gunas*: 1) *sattva* (modalidade da luminosidade e da inteligência); 2) *rajas* (modalidade da energia motora e da atividade mental); 3) *tamas* (modalidade da inércia estática e da obscuridade psicomental). Os *gunas* têm, portanto, por um lado, um caráter objetivo, já que constituem os fenômenos do mundo exterior, e, por outro, um caráter subjetivo, uma vez que sustentam, alimentam e condicionam a vida psicomental.

Desde quando sai de seu estado inicial de equilíbrio perfeito e assume especificações condicionadas por seu "instinto teleológico" (ao qual voltaremos), a *prakrti* apresenta-se sob a forma de uma massa energética denominada *mahat*, "o grande". Arrastada pelo impulso do "desenvolvimento" (*parinama*), a *prakrti* passa do estado de *mahat* para o estado de *ahamkara*, que quer dizer: massa unitária aperceptiva, desprovida ainda de experiência "pessoal", mas com a consciência obscura de ser um ego (donde a expressão *ahamkara*, *aham* = ego). Partindo dessa massa aperceptiva, o processo do "desenvolvimento" bifurca-se em duas direções opostas, uma das quais conduz ao mundo dos fenômenos objetivos, enquanto a outra leva ao mundo dos fenômenos subjetivos (sensíveis e psicomentais).

Por conseguinte, o Universo – objetivo ou subjetivo – é apenas a transformação de uma etapa inicial da natureza, *ahamkara*, quando, pela primeira vez, na massa energética surgiu um pressentimento do ego. Mediante um duplo processo de desenvolvimento, o *ahamkara* criou um duplo Universo: interior e exterior, esses dois "mundos" que têm entre si correspondências eletivas. Dessa maneira, o corpo do homem, assim como suas funções fisiológicas, seus sentidos, "estados de consciência" e até sua inteligência são, todos, criações de uma mesma e única substância: aquela que produziu o mundo físico e suas estruturas (cf. §75).

É oportuno observar a importância fundamental que o sanquia-ioga, como quase todos os sistemas indianos, atribui ao *princípio da individuação pela "autoconsciência"*. A gênese do mundo é um ato quase "psíquico". Os fenômenos objetivos e psicofisiológicos têm uma matriz comum, sendo que a única diferença que os separa é a *fórmula* dos *gunas*, com o *sattva* predominando nos fenômenos psicomentais, o *rajas* nos fenômenos psicofisiológicos (paixão, atividade dos sentidos etc.), enquanto os fenômenos do mundo material são constituídos pelos produtos cada vez mais densos e inertes do *tamas* (átomos, organismos vegetais e animais etc.).* Com esse fundamento fisiológico, compreende-se por que o sanquia-ioga considera toda experiência psíquica um simples processo "material". A moral ressente-se disso: a bondade, por exemplo, não é uma qualidade do espírito, mas uma "purificação" da "matéria sutil" representada pela consciência. Os *gunas* impregnam todo o Universo e estabelecem uma simpatia orgânica entre o homem e o cosmo. De fato, *a diferença entre o cosmo e o homem é apenas uma diferença de grau, e não de essência.*

Graças ao seu "desenvolvimento" progressivo (*parinama*), a matéria produziu formas infinitas, cada vez mais compostas, cada vez mais variadas. Acredita o sanquia que uma Criação tão vasta, uma construção de formas e organismos a tal ponto complicada, exige uma justificativa e uma significação exteriores a ela mesma. Uma *prakrti* primordial, informe e eternamente imóvel, pode ter um sentido. Mas o mundo, tal como o vemos, apresenta, ao contrário, um número apreciável de estruturas e formas distintas. A comple-

---

* O sanquia-ioga oferece também uma interpretação subjetiva dos três *gunas* quando lhes examina os "aspectos" psíquicos. Quando é o *sattva* que predomina, a consciência é calma, clara, compreensível, virtuosa; dominada pelo *rajas*, ela mostra-se agitada, incerta, instável; atormentada pelo *tamas*, é obscura, confusa, apaixonada, bestial (cf. *Yoga-sutra*, II, 15, 19).

xidade morfológica do cosmo é elevada pelo sanquia à categoria de argumento metafísico. Pois ensina-nos o bom senso que todo composto existe em função de outro composto. Assim, por exemplo, a cama é um conjunto composto de várias partes, mas essa articulação provisória das partes é efetuada em função do homem (*Samkhya-karika*, 17).

O sanquia-ioga revela, assim, o *caráter teleológico* da Criação; se a Criação não tivesse por missão servir o espírito, seria absurda, despida de sentido. Tudo na natureza é "composto"; tudo deve, portanto, ter um "superintendente", alguém que possa servir-se desses compostos. Esse "superintendente" não poderia ser a atividade mental nem os estados de consciência (também eles produtos extremamente complexos da *prakrti*). Temos aí a primeira prova da existência do espírito: "o conhecimento da existência do espírito pela combinação para proveito de outrem."[16] Ainda que o eu (*purusa*) seja encoberto pelas ilusões e confusões da Criação cósmica, a *prakrti* é dinamizada por esse "instinto teleológico" inteiramente voltado para a libertação do *purusa*. Porque, "desde Brahman até o último talo de erva, a Criação existe em proveito do espírito até que tenha atingido o conhecimento supremo" (*Samkhya-sutra*, III, 47).

141. Significado da libertação

Se a filosofia sanquia-ioga não explica a razão nem a origem da estranha associação que se estabeleceu entre o espírito e os "estados de consciência", ela tenta, não obstante, explicar a natureza da associação deles. Não se trata de relações *reais* no sentido próprio da palavra, como as que existem, por exemplo, entre os objetos exteriores e as percepções. Mas – e para o sanquia-ioga é a chave dessa situação paradoxal – a parte mais sutil, mais transparente da vida mental, isto é, a inteligência (*buddhi*) sob sua forma de pura "luminosidade" (*sattva*), tem uma qualidade específica: a de refletir o espírito. O eu, no entanto, não é alterado por essa reflexão e não perde suas modalidades ontológicas (eternidade, impassibilidade etc.). Da mesma forma que uma flor se reflete num cristal, assim a inteligência reflete o *purusa* (cf. *Yoga-sutra*, I, 41). Só um ignorante, porém, pode atribuir ao cristal as qualidades da flor (forma, dimensões, cor). Quando o objeto se move, sua imagem move-se no cristal, embora este permaneça imóvel.

O espírito sempre esteve envolvido nessa relação ilusória com a experiência psicomental, isto é, com a vida e a matéria. Isso se deve à ignorância (*Yoga-sutra*, II, 24), e durante todo o tempo em que a *avydia* se mantém, a existência lá está, em virtude do carma (*karman*), e com ela a dor. A ignorância consiste na confusão entre o imóvel e eterno *purusa* e o fluxo da vida psicomental. Dizer: "Eu sofro", "eu quero", "eu odeio", "eu conheço", e pensar que esse "eu" se relaciona ao espírito é viver na ilusão e prolongá-la. Isso significa que toda ação que parte da ilusão é ou a consumação de uma possibilidade criada por um ato anterior, ou a projeção de outro poder que é reivindicado, por sua vez, pela sua atualização, pela sua consumação na existência presente ou numa existência futura.

Eis aí a lei da existência: ela é transubjetiva como toda e qualquer lei, mas sua validade e sua universalidade encontram-se na origem do sofrimento que se abate sobre a existência. Para o sanquia, como para os Upanixades, só existe um caminho para obter a salvação: é conhecer adequadamente o espírito. E a primeira etapa na aquisição desse conhecimento salvífico consiste em *negar que o espírito tenha atributos*. Isso equivale a negar o sofrimento como nos dizendo respeito, em considerá-lo como um fato objetivo, exterior ao espírito, ou seja, *despido de valor*, de *sentido* (já que todos os "valores" e todos os "sentidos" são criados pela inteligência). A dor existe apenas na medida em que a experiência se relaciona com a personalidade humana considerada como idêntica ao eu. Mas, como essa relação é ilusória, pode ser facilmente suprimida. Quando o espírito é conhecido e conscientemente aceito, os *valores* são anulados; a dor já não é dor, nem não dor, mas um simples *fato*. Desde o instante em que compreendemos que o eu é livre, eterno e inativo, tudo o que nos acontece – dor, sentimentos, volição, pensamentos etc. – *já não nos pertence*.

O conhecimento é um simples "despertar" que mostra a essência do eu. Esse conhecimento não é obtido pela experiência, mas por uma espécie de "revelação": ele revela instantaneamente a realidade última. Consequentemente, como é possível que a libertação seja realizada com a colaboração da *prakrti*? O sanquia responde com o argumento teleológico: a matéria age instintivamente para libertar o *purusa*. Sendo a inteligência (*buddhi*) a manifestação mais sutil da *prakrti*, facilita o processo da libertação, servindo de degrau preliminar para a revelação. Desde o momento em que se realizou a autorrevelação, a inteligência, bem como todos os outros elementos psicomentais (e portanto materiais), que se atribuem injustamente ao *purusa*, retiram-se, destacam-se do espírito para serem reabsorvidos na substância, semelhantes sob esse aspecto a uma "dançarina que se retira depois de ter atendido ao desejo do senhor".[17] "Não há nada mais sensível que a *prakrti*; desde que disse de si para consigo: 'Eu sou reconhecida', ela já não se mostra aos olhos do espírito" (*Samkhya-karika*, 61). É a condição do "liberto em vida" (*jivanmukta*): o sábio ainda vive, porque lhe resta consumir o resíduo cármico (tal como a roda do oleiro continua a girar por causa da velocidade adquirida, mesmo depois de terminado o pote: *Samkhya-karika*, 67; *Samkhya-sutra*, III, 82). Mas quando, na hora da morte, abandona o corpo, o espírito (*purusa*) está completamente "liberto" (*Samkhya-karika*, 68).

Na verdade, o sanquia-ioga compreendeu que o espírito não pode nascer nem ser destruído, que não está nem escravizado, nem ativo (isto é, procurando ativamente a libertação); que não está nem sequioso de liberdade nem "liberto" (Gaudapada, *Mandukhya-karika*, II, 32). "Seu gênero é tal que essas duas possibilidades estão excluídas" (*Samkhya-sutra*, I, 160). O eu é puro, eterno e livre; não poderia ser escravizado, porque não poderia ter relações com outra coisa que não fosse ele mesmo. Mas o homem *crê* que o *purusa* está escravizado e *pensa* que ele pode ser libertado. Trata-se de ilusões da nossa vida psicomental. Se a libertação se nos apresenta como um drama, é porque nos colocamos através de um prisma humano. Na realidade, o espírito não passa de "espectador", assim como a "libertação" (*mukti*) nada mais é que uma *tomada de consciência* de sua liberdade eterna. O sofrimento aniquila-se por si mesmo desde que compreendamos que ele é *exterior ao espírito*, que só diz respeito à "personalidade" humana (*asmita*).

O sanquia-ioga reduz a infinita variedade de fenômenos a um único princípio, a matéria (*prakrti*) e faz derivar de uma única matriz o Universo físico, a vida e a consciência. Essa doutrina postula, no entanto, a pluralidade dos espíritos, ainda que, pela sua natureza, esses espíritos sejam essencialmente idênticos. O sanquia-ioga une, assim, o que pareceria tão diferente – o físico, o vital e o mental – e isola o que, sobretudo na Índia, parece único e universal: o espírito. Cada *purusa* acha-se, na verdade, completamente isolado, pois o eu não pode ter nenhum contato, nem com o mundo, nem com os outros espíritos. O cosmo está povoado desses *purusa* eternos, livres, imóveis; mônadas entre as quais nenhuma comunicação é possível.

Trata-se, em suma, de uma concepção trágica e paradoxal do espírito. Concepção essa que, aliás, foi vigorosamente atacada tanto pelos doutores budistas como pelos mestres vedantinos.

142. A ioga: concentração num único objeto

As primeiras referências precisas às técnicas da ioga aparecem nos *Brahmanas* e, principalmente, nos Upanixades. Mas já nos Vedas alude-se a certos ascetas e extáticos que dominam muitas práticas paraióguicas e gozam de "poderes maravilhosos" (cf. §78). Como o termo ioga não tardou a designar toda *técnica de ascese* e todo *método de meditação*, encontram-se vestígios das práticas ióguicas em todas as regiões da Índia, tanto nos meios bramânicos como entre os budistas e os jainas. No entanto, ao lado dessa ioga pré-sistemática e pan-indiana, vai-se constituindo progressivamente uma ioga-darsana, a ioga "clássica", tal como foi formulada mais tarde por Patanjali nos seus *Yoga-sutras*. Confessa esse mesmo autor (*Yoga-sutra*, I, 1) nada mais ter feito, em suma, do que recolher e publicar as tradições doutrinárias e técnicas da ioga. A respeito de Patanjali, nada se sabe. Ignora-se até se viveu no século II a.C, ou no terceiro ou mesmo no quinto século da nossa era. Dentre as receitas técnicas conservadas pela tradição, ele manteve aquelas que tinham sido suficientemente verificadas por uma experiência secular. No que se refere aos quadros teóricos e ao fundamento metafísico que Patanjali dá a essas práticas, é mínima a sua contribuição pessoal. Contenta-se em retomar, em suas linhas gerais, a doutrina sanquia, que é por ele ordenada num teísmo bastante superficial.

A ioga clássica inicia-se onde acaba o sanquia, pois Patanjali não crê que o conhecimento metafísico possa por si só conduzir o homem à libertação. O conhecimento apenas prepara o terreno para a conquista da liberdade: esta última é obtida mediante uma técnica ascética e um método de meditação. Para Patanjali, a ioga é "a supressão dos estados de consciência" (*Yoga-sutra*, I, 2). Esses "estados de consciência" (*cittavrtti*) são em número ilimitado. Todos eles, porém, fazem parte de três categorias, que correspondem, respectivamente, a três possibilidades de experiências: 1) os erros e as ilusões (sonhos, alucinações, erros de percepção, confusões etc.); 2) a totalidade das experiências psicológicas normais (tudo o que sente, percebe ou pensa quem não pratica a ioga); 3) as experiências parapsicológicas desencadeadas pela técnica da ioga, e acessíveis, é claro, apenas aos iniciados. O objetivo da ioga de Patanjali é abolir as duas primeiras categorias de experiências (oriundas, respectivamente, do erro lógico e do erro metafísico) e substituí-las por uma "experiência" enstática, suprassensorial e extrarracional.

Ao contrário do sanquia, a ioga atribui-se a tarefa de destruir, um depois do outro, os diferentes grupos, espécies e variedades de "estados de consciência" (*cittavrtti*). Ora, essa destruição não pode ser alcançada se não se começa por conhecer, por assim dizer, experimentalmente, a estrutura, a origem e a intensidade daquilo que está destinado à destruição. "Conhecimento experimental" quer aqui dizer: método, técnica, prática. Nada pode ser adquirido sem a atividade e a prática da ascese: trata-se de um *Leitmotiv* da literatura ióguica. Os livros II e III dos *Yoga-sutras* consagram-se mais particularmente a essa atividade ióguica (purificações, posturas corporais, técnicas respiratórias etc.). Os *cittavrtti* (literalmente, "turbilhões de consciência") não podem ser controlados e abolidos se não tiverem sido "experimentados" antes. Só pelas *experiências* se obtém a liberdade.*

A causa desses *vrtti* que constituem o rio psicomental é evidentemente a ignorância (*Yoga-sutra*, I, 8). Mas, para a ioga, a eliminação da ignorância metafísica não é suficiente para aniquilar os estados de consciência, porque, mesmo que os "turbilhões" atuais fossem destruídos, outros não demorariam a vir substituí-los, fazendo brotar imensas reservas das "latências" (*vasana*) enterradas no subconsciente. O conceito de *vasana* é de suma importância na psicologia ioga. Os obstáculos que essas forças subliminares erguem no caminho que conduz à libertação são de duas espécies: de um lado, os *vasana* alimentam sem cessar o rio psicomental, a série infinita dos *cittavrtti*; de outro, em virtude de sua própria modalidade específica (subliminar), os *vasana* são difíceis de controlar e dominar. Assim o iogue – mesmo quando tem em seu crédito uma prática prolongada – corre o risco de se ver desconcertado pela invasão de um poderoso rio de "turbilhões" psicomentais precipitados pelos *vasana*. Para que a destruição dos *cittavrtti* tenha êxito, é indispensável que o circuito subconsciente-consciência seja cortado.

O ponto de partida da meditação ioga é a concentração num único objeto, *ekagrata*. Esse objeto pode ser, indiferentemente, um objeto físico (o ponto entre as sobrancelhas, a ponta do nariz, um objeto luminoso etc.), um pensamento (uma verdade metafísica) ou deus (Isvara). O exercício *ekagrata* esforça-se por controlar as duas geratrizes da fluidez mental: a atividade sensorial e a atividade do subconsciente. É evidente que a concentração num único objeto só pode ser realizada através da execução de numerosos exercícios e técnicas, em que a fisiologia desempenha um papel de importância fundamental. Não seria possível alcançar o *ekagrata* se, por exemplo, o corpo estivesse numa postura cansativa ou simplesmente incômoda, nem se a respiração estivesse desorganizada, arrítmica. Por esse motivo, a técnica ioga compreende várias categorias de práticas psicofisiológicas e de exercícios espirituais, denominados *anga* ("membro"). Pode-se considerar que esses "membros" da ioga ao mesmo tempo formam um grupo de técnicas e são etapas do itinerário ascético e espiritual cujo último termo é a libertação. Os *Yoga-sutras* (II, 29) apresentam uma lista que se tornou clássica: 1) refreamentos (*yama*); 2) disciplinas (*niyama*); 3) posturas do corpo (*asana*); 4) controle da

* Por essa razão, os deuses (*videha*, "desencarnados") – que não têm experiências por não possuírem corpos – têm uma condição de existência inferior à condição humana e não podem alcançar a libertação completa.

respiração (*pranayama*); 5) emancipação da atividade sensorial em relação ao domínio dos objetos exteriores (*pratyahara*); 6) concentração (*dharana*); 7) meditação ióguica (*dhyana*); 8) ênstase (*samadhi*).

143. Técnicas da ioga

Os dois primeiros grupos de práticas, *yama* e *niyama*, constituem as preliminares inevitáveis a qualquer ascese. Existem cinco "refreamentos" (*yama*); *ahimsa* ("não matar"), *satya* ("não mentir"), *asteya* ("não roubar"), *brahmacariya* ("abstinência sexual"), *aparigraha* ("não ser avarento"; cf. *Yoga-sutra*, II, 30). Os "refreamentos" não proporcionam um estado ióguico, mas um estado "purificado", superior ao dos profanos. Paralelamente, o iogue deve praticar os *niyama*, isto é, uma série de "disciplinas" corporais e psíquicas. "O asseio, a serenidade, a ascese (*tapas*), o estudo da metafísica ioga e o esforço para fazer de deus (Isvara) o motivo de todas as suas ações constituem as disciplinas", escreve Patanjali (*Yoga-sutra*, II, 32).*

Somente com a prática do *asana* tem início a técnica ióguica propriamente dita. O *asana* designa a conhecida postura ióguica que o *Yoga-sutra* (II, 46) define como "estável e agradável". Trata-se de uma das práticas características da ascese indiana, atestada nos Upanixades e mesmo na literatura védica. O importante é manter o corpo *sem esforço* na mesma posição; somente depois de alcançada essa fase é que o *asana* facilita a concentração. "A postura torna-se perfeita quando desaparece o esforço para realizá-la", escreve Vyasa (*Yoga-sutra*, II, 47). "Aquele que pratica o *asana* deverá empregar um esforço que consiste em suprimir os esforços corporais naturais" (Vacaspati, ibid.).

O *asana* é o primeiro passo dado para abolir as modalidades específicas à existência humana. No plano do corpo, o *asana* é um *ekagrata*, uma concentração num só ponto: o corpo é "concentrado" numa só posição. Do mesmo modo como o *ekagrata* põe fim às flutuações e à dispersão dos "estados de consciência", assim o *asana* põe termo à mobilidade e à disponibilidade do corpo, reduzindo a multidão de posições possíveis a uma só postura, imóvel, hierática. Por outro lado, a tendência para a "unificação" e para a "totalização" é própria de todas as práticas da ioga. O objetivo destas é a superação

* "Asseio" significa também a purificação interior dos órgãos (na qual insiste sobretudo o hata-ioga). "Serenidade" implica "a ausência do desejo de aumentar as necessidades da existência". O *tapas* consiste em suportar os contrários, como o quente e o frio etc.

(ou a abolição) da condição humana, resultante da *recusa* de se conformar às inclinações naturais.

Se o *asana* ilustra a recusa a mover-se, o *pranayama*, a disciplina do sopro, é a "recusa" a respirar como faz o homem comum, ou seja, de maneira arrítmica. A respiração do homem profano varia quer segundo as circunstâncias, quer segundo a tensão psicomental. Essa irregularidade produz uma perigosa fluidez psíquica, e, por conseguinte, a instabilidade e a dispersão da atenção. Uma pessoa pode tornar-se atenta desde que se esforce nesse sentido. Mas o esforço, para a ioga, é uma "exteriorização". Por meio do *pranayama*, tenta-se, pois, suprimir o esforço respiratório: ritmar a respiração deve tornar-se uma coisa automática, de sorte que o iogue possa esquecê-la.

Um exegeta tardio, Bhoja, observa "que existe sempre uma ligação entre a respiração e os estados mentais" (*ad Yoga-sutra*, I, 34). Trata-se de uma observação importante. A relação que associa o ritmo da respiração aos estados de consciência foi provavelmente testada de modo experimental pelos iogues desde os tempos mais remotos. Ao que tudo indica, essa relação serviu-lhes de instrumento de "unificação" da consciência. Ao ritmar sua respiração e ao torná-la progressivamente mais lenta, o iogue pode "penetrar" – isto é, testar experimentalmente e com toda a lucidez – certos estados de consciência que, em vigília, são inacessíveis, em particular os estados de consciência que caracterizam o sono. O ritmo respiratório de um homem que dorme é mais lento que o de um homem acordado. Ao realizar esse ritmo do sono graças ao *pranayama*, o iogue pode entrar, sem que com isso renuncie à sua lucidez, nos "estados de consciência" próprios do sono.

A psicologia indiana conhece quatro modalidades de consciência: a consciência diurna, a do sono com sonhos, a do sono sem sonhos e a "consciência cataléptica" (*turiya*). Cada uma delas está relacionada a um ritmo respiratório específico. Pelo *pranayama*, vale dizer, prolongando cada vez mais a expiração e a inspiração – tendo como objetivo deixar um intervalo tão longo quanto possível entre esses dois momentos da respiração –,[18] o iogue pode passar sem descontinuidade da consciência do estado de vigília para as outras três modalidades.

O *asana*, o *pranayama* e o *ekagrata* conseguiram suspender a condição humana, pelo menos durante o tempo que o exercício leva para ser executado. Imóvel, ritmando sua respiração, fixando o olhar e a atenção num só ponto – o iogue está "concentrado", "unificado". Ele pode verificar a qualidade da sua concentração pelo *pratyahara*, termo que se traduz geralmente por "retraimento dos sentidos" ou por "abstração", mas que preferimos traduzir por "faculdade de libertar a atividade sensorial do domínio dos objetos exteriores".

Em vez de se dirigirem para os objetos, os sentidos "permanecem em si mesmos" (Bhoja, *Yoga-sutra*, II, 54). O *pratyahara* pode ser considerado a última fase da ascese psicofisiológica. Doravante o iogue já não será "distraído" ou "perturbado" pela atividade sensorial, pela memória etc.

A autonomia em relação aos *stimuli* do mundo exterior e ao dinamismo subconsciente permite ao iogue praticar a "concentração" e a "meditação". A *dharana* (da raiz *dhr*, "conservar firme, manter apertado") é de fato uma "fixação do pensamento num só ponto", que tem por objetivo a *compreensão*. Quanto à meditação ióguica, *dhyana*, é definida por Patanjali : "Uma corrente de pensamento unificado" (*Yoga-sutra*, III, 2). Vyasa acrescenta a seguinte glosa: "*Continuum* do esforço mental para assimilar o objeto da meditação, livre de qualquer outro esforço para assimilar outros objetos."

É inútil esclarecer que essa "meditação" ióguica difere totalmente da meditação profana. O *dhyana* permite "penetrar" os objetos, "assimilá-los magicamente". O ato de "penetração" na essência dos objetos é difícil de explicar; não o devemos conceber como uma imaginação poética nem como uma intuição de tipo bergsoniano. O que distingue a "meditação" ióguica é a sua coerência, o estado de lucidez que a acompanha e que não cessa de orientá-la. O "*continuum* mental", na verdade, jamais escapa à vontade do iogue.

144. O papel do deus

Ao contrário do sanquia, a ioga afirma a existência de um deus, Isvara (literalmente, "senhor"). Esse deus, evidentemente, não é criador. No entanto, Isvara pode apressar, em certos homens, o processo de libertação. O senhor mencionado por Patanjali é antes de tudo um deus dos iogues. Só pode acudir em auxílio de um homem que já tenha escolhido a ioga. Pode, por exemplo, fazer com que o iogue que o toma por objeto da sua concentração obtenha o *samadhi*. Segundo Patanjali (*Yoga-sutra*, II, 45), esse socorro divino não é consequência de um "desejo" ou de um "sentimento" – pois o senhor não pode ter nem desejo nem emoção –, mas é efeito de uma "simpatia metafísica" entre Isvara e *purusa*, simpatia que explica a correspondência das suas estruturas. Isvara é um *purusa* livre desde a eternidade, jamais atingido pelas "dores" e pelas "impurezas" da existência (*Yoga-sutra*, I, 24). Vyasa, comentando esse texto, esclarece que a diferença entre o "espírito liberto" e Isvara é a seguinte: o primeiro esteve outrora em relação (mesmo ilusória) com a existência psicomental, ao passo que Isvara sempre foi livre. Deus não se deixa atrair nem pelos ritos, nem pela devoção, nem pela fé em sua "graça"; contudo, sua "essência" colabora, por assim dizer, instintivamente com o eu que quer libertar-se por meio da ioga.

Seria cabível dizer que essa simpatia de ordem metafísica que Isvara mostra para com alguns iogues esgotou a capacidade que ele tinha de interessar-se pela sorte dos homens. Tem-se a impressão de que Isvara entrou no ioga-darsana, de certa forma, do exterior, pois o papel que ele desempenha na libertação não tem qualquer importância, uma vez que a *prakrti* se encarrega, por si só, de libertar os numerosos "eus" capturados nas redes ilusórias da existência. Patanjali, no entanto, sentiu a necessidade de introduzir deus na dialética da libertação, porque Isvara correspondia a uma realidade de ordem experimental. Como acabamos de dizer, certos iogues obtinham o *samadhi* pela "devoção a Isvara" (*Yoga-sutra*, II, 45). Propondo-se recolher e classificar todas as técnicas ióguicas, validadas pela "tradição clássica", Patanjali não podia desprezar toda uma série de experiências que somente a concentração em Isvara havia tornado possíveis.

Em outros termos, ao lado da tradição de uma ioga "mágica", ou seja, ao lado de uma ioga que não apelava para a vontade e as forças do asceta, havia outra tradição – "mística" –, na qual as etapas finais da prática ioga pelo menos se tinham tornado mais fáceis graças a uma devoção – mesmo muito rarefeita, muito "intelectual" – a um deus. Por outro lado, tal como pelo menos se apresenta em Patanjali e em seu primeiro exegeta, Vyasa, Isvara é desprovido não só da grandeza do deus criador e onipotente, como ainda do *páthos* peculiar ao deus dinâmico e grave dos diversos místicos. Isvara não passa, em suma, do arquétipo do iogue: um macroiogue; muito provavelmente, é o patrono de certas seitas ióguicas. Com efeito, esclarece Patanjali que Isvara foi o guru dos sábios das épocas imemoriais; porque, acrescenta, Isvara não está atado pelo tempo (*Yoga-sutra*, I, 26). Apenas os exegetas tardios, Vacaspatimishra (*c.* 850) e Vijnana Bhikshu (século XVI), é que atribuem a Isvara uma grande importância. Ora, eles viveram num momento em que a Índia inteira se achava imersa em correntes devocionais e místicas.[19]

145. *Samadhi* e os "poderes milagrosos"

A passagem da "concentração" à "meditação" não requer a introdução de nenhuma nova técnica. Da mesma forma, não há necessidade de nenhum exercício ióguico adicional para realizar o *samadhi*, desde o momento em que o iogue logrou "concentrar"-se e "meditar". O *samadhi*, a "ênstase" ióguica, é o resultado final e o coroamento de todos os esforços e exercícios espirituais do asceta.* O termo é empregado inicialmente com uma acepção gnoseológica: *samadhi* é o estado contemplativo no qual *o pensamento apreende imediatamente a forma do objeto*, sem o auxílio das categorias e da imaginação; estado em que o objeto se revela "em si mesmo" (*svarupa*), no que tem de essencial, e como se "estivesse vazio de si mesmo" (*Yoga-sutra*, III, 3). Existe uma coincidência real entre o *conhecimento* do objeto e o *objeto do conhecimento*; esse objeto não se apresenta mais à consciência nas relações que o delimitam e o definem enquanto fenômeno, mas "como se ele estivesse vazio de si mesmo".

Entretanto, mais do que "conhecimento", o *samadhi* é um "estado", uma modalidade enstática específica à ioga. Esse "estado" torna possível a autorrevelação do eu, graças a um ato que não é constitutivo de uma "experiência". Mas não é qualquer *samadhi* que revela o eu, e, por conseguinte, executa a libertação final. Quando o *samadhi* é obtido fixando-se o pensamento num ponto do espaço, ou numa ideia, a ênstase denomina-se "com apoio" ou "diferenciada" (*samprajnata samadhi*). Quando, pelo contrário, o *samadhi* é obtido fora de qualquer "relação", isto é, quando ele é simplesmente uma plena compreensão do ser, trata-se da ênstase "não diferenciada" (*asamprajnata*). O primeiro "estado" é um meio de libertação na medida em que torna possível a compreensão da verdade e põe termo ao sofrimento. Mas a segunda forma da ênstase (*asamprajnata*) destrói as "*impressões* (*samskara*) *de todas as funções mentais antecedentes*" (Vijnana Bhikshu) e consegue até *deter as forças cármicas* já desencadeadas pela atividade passada do iogue. Essa ênstase constitui efetivamente um "rapto", uma vez que é experimentada sem que a provoquemos.

Evidentemente, a "ênstase diferenciada" compreende várias etapas, pois é suscetível de ser melhorada. Nessas fases "com apoio" o *samadhi* aparece como um "estado" obtido graças a certo "conhecimento". Nunca se deve esquecer essa passagem do "conhecimento" ao "estado", porque é o traço característico de toda a "meditação" indiana. No *samadhi*, verifica-se a "ruptura de nível" que a Índia visa a realizar, e que é a passagem paradoxal do *conhecer* ao *ser*.

É quando chega a esse estágio que o iogue adquire os "poderes milagrosos" (*siddhi*) aos quais se dedica o livro III dos *Yoga-sutras*, desde o *sutra* 16. "Concentrando"-se, "meditando" e realizando o *samadhi* em relação a

---

* São os seguintes os sentidos do termo *samadhi*: união, totalidade; absorção em; concentração total do espírito; conjunção. Traduzem-no geralmente por "concentração"; mas, nesse caso, existe um risco de confusão com a *dharana*. É por esse motivo que preferimos traduzi-lo por ênstase, estase, conjunção.

certo objeto ou a toda uma classe de objetos, o iogue adquire certos "poderes" ocultos referentes aos objetos experimentados. Assim, por exemplo, "concentrando"-se nos resíduos subconscientes (*samskara*), conhece suas existências anteriores (*Yoga-sutra*, III, 18). Com o auxílio de outras "concentrações", obtém os poderes extraordinários (voar pelos ares; tornar-se invisível etc.). Tudo o que é "meditado" é – em nome da virtude mágica da meditação – assimilado, possuído. Na concepção indiana, a renúncia tem valor positivo. A *força* que o asceta adquire renunciando a um prazer qualquer ultrapassa de muito o prazer ao qual ele havia renunciado. Graças à renúncia, à ascese (*tapas*), os homens, os demônios ou os deuses podem se tornar de tal modo poderosos que se convertem em ameaça para o Universo.

A fim de evitar tal aumento de força sagrada, os deuses "tentam" o asceta. O próprio Patanjali alude às tentações celestes (*Yoga-sutra*, III, 51) e Vyasa dá as seguintes explicações: quando o iogue chega à última ênstase diferenciada, os deuses dele se aproximam e lhe dizem: "Vem e rejubila-te aqui, no Céu. Estes prazeres são desejáveis, esta jovem é adorável e este elixir acaba com a velhice e a morte" etc. Continuam a tentá-lo com mulheres celestes, com visões e audições sobrenaturais, com a promessa de transformar-lhe o corpo em "corpo de diamante", numa palavra, oferecem-lhe participar da condição divina (Vyasa, *Yoga-sutra*, III, 51). No entanto, a condição divina ainda está longe da liberdade absoluta. O iogue tem a obrigação de repelir essas "miragens mágicas", "desejáveis apenas para os ignorantes", e de perseverar em sua tarefa: obter a libertação final.

Logo que o asceta aceita utilizar as forças mágicas adquiridas, desaparece a possibilidade que ele tinha de adquirir novas forças. Segundo toda a tradição da ioga clássica, o iogue serve-se dos inúmeros *siddhi* para recuperar a liberdade suprema, o *asamprajnata samadhi*, e não para obter o domínio dos elementos. Na verdade, diz-nos Patanjali (III, 37), esses poderes são "perfeições" (sentido literal do termo *siddhi*) no estado de vigília, mas constituem obstáculos no estado de *samadhi*.*

* E, no entanto, a nostalgia da "condição divina" conquistada com violência, magicamente, não cessou de inquietar os iogues e os ascetas. Até porque existe, segundo Vyasa (*Yoga-sutra*, III, 26), uma grande semelhança entre certos deuses que habitam as regiões celestes (no Brahmaloka) e os iogues no estágio dos *siddhi*. De fato, as quatro classes de deuses do Brahmaloka têm, por sua própria natureza, uma "situação espiritual" que corresponde, respectivamente, às quatro do *samprajnata samadhi*. Por terem parado nesse estágio, esses deuses não alcançaram a libertação total.

146. A libertação final

Vyasa resume nos seguintes termos a passagem do *samprajnata* ao *asamprajnata samadhi*: mediante a iluminação (*prajna*, "sabedoria") obtida espontaneamente quando o iogue se encontra no último estágio do *samprajnata samadhi*, realiza-se o "isolamento absoluto" (*kaivalya*), ou seja, a libertação do *purusa* do controle da *prakrti*. Erraríamos em considerar essa maneira de ser do espírito como um simples "transe" onde a consciência seria esvaziada de todo e qualquer conteúdo. O "estado" e o "conhecimento" que esse termo exprime a um só tempo referem-se à ausência total de objetos na consciência, e não a uma consciência esvaziada de maneira absoluta, porque nesse momento a consciência se acha, ao contrário, saturada por uma intuição direta e total do ser. Como escreve um autor tardio, Madhava, "não se deve imaginar o *nirodha* [a cessação definitiva de toda experiência psicomental] como uma não existência, mas antes como o suporte de uma condição particular do espírito". É a ênstase da vacuidade total, estado condicionado que já não é "experiência" (porque ali não mais existe relação entre a consciência e o mundo), mas "revelação". O intelecto (*buddhi*), depois de cumprir sua missão, retira-se, destacando-se do *purusa*, e reintegra-se na *prakrti*. O iogue alcança a libertação: é um *jivan-mukta*, um "liberto em vida". Já não vive sob o domínio do tempo, mas num eterno presente, no *nunc stans* pelo qual Boécio definia a eternidade.

Evidentemente sua situação é paradoxal: pois ele está em vida, e portanto liberto; tem um corpo, e no entanto conhece a si mesmo, e por isso *é* o *purusa*; vive na duração e participa ao mesmo tempo da imortalidade. O *samadhi* é, por sua própria natureza, um "estado" paradoxal, pois esvazia e ao mesmo tempo enche à saciedade o ser e o pensamento. A ênstase ióguica situa-se numa linha bem conhecida na história das religiões e das místicas: a linha da coincidência dos contrários. Por meio do *samadhi*, o iogue transcende os contrários e reúne o vazio e o demasiado cheio, a vida e a morte, o ser e o não ser. A ênstase equivale a uma reintegração das diferentes modalidades do real numa única modalidade: a não dualidade primordial, a plenitude não diferenciada anterior à bipartição do real em objeto-sujeito.

Constituiria um erro grosseiro considerar essa suprema reintegração como um simples regresso ao indistinto primordial. A libertação não é assimilável ao "sono profundo" da existência pré-natal. A importância atribuída por todos os autores aos estados ióguicos de *sobreconsciência* indica-nos que a reintegração final faz-se nessa direção, e não num "transe" mais ou menos profundo. Em outras palavras, a recuperação pelo *samadhi* da não dualidade inicial traz esse elemento novo em relação à situação existente antes da bipartição do real em objeto-sujeito: o *conhecimento* da unidade e da beatitude. Existe "volta" à origem, mas com a diferença de que o "liberto em vida" recupera a situação originária enriquecida pelas dimensões da *liberdade* e da *transconsciência*. Ele se reintegra na plenitude primordial depois de haver instaurado este modo de ser inédito e paradoxal: a *consciência da liberdade*, que não existe em nenhum lugar do cosmo, nem nos níveis da vida, nem nos níveis da "divindade mitológica" (os deuses), que só existe no ser absoluto (Brahman).

Somos tentados a ver nesse ideal – a conquista consciente da liberdade – a justificativa oferecida pelo pensamento indiano ao fato, à primeira vista absurdo e cruelmente inútil, de que o mundo existe, de que o homem existe e de que sua existência no mundo é uma sequência ininterrupta de ilusões e sofrimentos. Porque, ao libertar-se, o homem funda a dimensão espiritual da liberdade e a "introduz" no cosmo e na vida, vale dizer, em modos de existência cegos e tristemente condicionados.

No entanto, essa liberdade absoluta era conquistada à custa de uma negação total da vida e da personalidade humana. Uma negação tão radical era a que Buda exigia para alcançar o nirvana. Mas essas soluções extremas e exclusivas não podiam esgotar os recursos do gênio religioso indiano. Como veremos, a *Bhagavadgita* apresenta outro método para obter a libertação, sem nem por isso renunciar ao mundo (§193-4).

NOTAS

1. Cf. Gonda, *Rel. de l'Inde*, v.I., p.268s. (com bibliografia).
2. Ibid., p.263.
3. Eliade, *Le yoga*, p.377s.
4. Ver as referências in Gonda, p.271, 275. Yama, senhor do reino dos mortos, adquire certo destaque; é, além disso, assimilado a Kala, o tempo (ibid., p.273).
5. Anirudha (século XV), comentando *Samkhya-sutra*, II, 1; cf. Eliade, *Le yoga*, p.23.
6. *Samkhya-karika*, I. Patanjali, autor da primeira obra sobre a ioga, por sua vez, escreve: "Tudo é sofrimento para o sábio" (*Yoga-sutra*, II, 15). Cf. *Le yoga*, p.23.
7. Ver outros textos citados in *Le yoga*, p.24s.
8. Cf. Eliade, *Aspects du mythe*, p.145s., sobre as analogias entre esse simbolismo indiano de cativeiro e de libertação dos laços e certos aspectos da mitologia gnóstica (ver também adiante, §229).
9. Cf. *Le yoga*, p.20s.
10. O termo já figura na *Mundaka Upanishad* (III, 2, 6) e na *Svetasvatara Up.* (VI, 22).
11. Ver H. de Glasenapp, *La philosophie indienne*, p.145s.
12. É por esse motivo que transferimos para o v.III da presente obra a apresentação dos diferentes sistemas do vedanta clássico.

13. Cf., por exemplo, II, 18-9, 22-3; III, 3-4, 10-1; VI, 7-9; etc.
14. Ver M. Eliade, *Le yoga*, p.21s.; Gerald J. Larson, *Classical Samkhya*, p.166s.
15. Ver os textos citados in *Le yoga*, p.28s.
16. *Samkhya-sutra*, I, 66; Vacaspati Misra in *Samkhya-karika*, 17; *Yoga-sutra*, IV, 24; cf. *Brhadaranyaka Up.*, II, 4s.
17. Essa comparação é muito frequente tanto no Mahabharata como nos tratados sanquia; cf. *Samkhya-karika*, 59, *Samkhya-sutra*, III, 69.
18. O ritmo da respiração é obtido por meio de uma harmonização dos três "momentos": a inspiração, a expiração e a conservação do ar. Com a prática, o iogue chega a prolongar por bastante tempo cada um desses momentos. Como o objetivo do *pranayama* é suspender a respiração pelo maior tempo possível, começa-se por prender o sopro durante 16 segundos e meio, e depois por 35 segundos, 50 segundos, três minutos, cinco minutos, e assim sucessivamente. A ritmização e a retenção do sopro exercem também um papel importante nas práticas taoistas, entre os místicos muçulmanos e nos métodos de oração utilizados pelos monges hesicastas. Cf. Eliade, *Le yoga*, p.68-75, 419-20.
19. Outro exegeta tardio, Nilakantha, afirma que deus, embora inativo, auxilia os iogues à maneira de um ímã. Nilakantha atribui a Isvara uma "vontade" capaz de predestinar a vida dos homens: pois "obriga aqueles a quem quer elevar a fazer boas ações, e aqueles a quem deseja eliminar a fazer más ações" (apud Dasgupta, *Yoga as Philosophy and Religion*, p.88-9). Estamos longe do papel modesto que Patanjali atribuía a Isvara!

XVIII. BUDA E SEUS CONTEMPORÂNEOS

147. O príncipe Sidarta

O budismo é a única religião cujo fundador não se declara nem profeta de um deus nem seu enviado, e que, além disso, rejeita até a ideia de um deus-ser supremo. Mas ele se proclama "desperto" (*buddha*), e, por conseguinte, guia e mestre espiritual. Sua pregação tem por objeto a libertação dos homens. É justamente esse prestígio de "salvador" que faz de sua mensagem soteriológica uma "religião", e não demora a transformar a personagem histórica Sidarta (Siddharta) num ser divino. Apesar, pois, das especulações teológicas e das fabulações dos doutores budistas, apesar de certas interpretações europeias que viram em Buda uma personagem mítica ou um símbolo solar, não nos assistem razões para negar sua historicidade.

A maioria dos pesquisadores concorda em admitir que o futuro Buda nasceu, ao que tudo indica, em abril-maio de 558 a.C. (ou, segundo outra tradição, em 567), em Kapilavastu. Filho de um régulo, Suddhodana, e de sua primeira esposa, Maya, casou-se aos 16 anos, deixou o palácio aos 29 anos, teve o "supremo e completo despertar" em abril-maio de 523 (ou 532) e, depois de haver pregado pelo resto da vida, faleceu em novembro de 478 (ou 487), aos 80 anos. Contudo, essas poucas datas e outros acontecimentos que vamos relatar adiante de forma alguma esgotam a biografia de Buda, tal como a compreendiam seus fiéis. Porque, depois de sua verdadeira identidade – a do desperto – ter sido proclamada publicamente e aceita por seus discípulos, sua vida transfigurou-se e recebeu as dimensões mitológicas próprias dos grandes salvadores. Esse processo de "mitificação" ampliou-se com o tempo, mas já vinha se desenvolvendo durante a vida do mestre. Ora, é importante levar em conta essa *biografia fabulosa*, pois *foi ela a criadora, tanto na teologia e mitologia budistas quanto na literatura devocional e nas artes plásticas.*

Dessa maneira, diz-se que o futuro Buda, o bodisatva (o "ser com despertar"), escolheu seus próprios pais quando era um deus no Céu dos Tusita. A concepção teria sido imaculada, com o bodisatva penetrando no flanco direito de sua mãe sob a forma de um elefante ou de uma criança de seis meses. (As versões antigas referem-se apenas ao sonho da mãe: um elefante entrando em seu corpo.) A gestação é igualmente imaculada, pois o bodisatva encontra-se num relicário de pedra preciosa e não no útero. Seu nascimento dá-se num jardim; a mãe agarra-se a uma árvore, e a criança sai por seu flanco direito.

Logo depois de nascer, o bodisatva dá sete passos em direção ao norte e lança o "rugido" do leão, exclamando: "Sou o mais excelso do mundo, sou o melhor do mundo, sou o primogênito do mundo; este é o meu último nascimento; de agora em diante não haverá para mim nova existência!"[1] O mito da natividade proclama portanto que, desde seu nascimento, o futuro Buda transcende o cosmo (atinge "o cimo do mundo") e elimina o espaço e o tempo (ele é efetivamente "o primeiro" e "o mais velho do mundo"). Numerosos milagres anunciam o acontecimento. Quando ele foi apresentado num templo bramânico, as imagens dos deuses, "levantando-se de seus lugares, caíram aos pés do bodisatva" e "cantaram um hino (em sua honra)".[2] A criança recebe do pai o nome de Sidarta ("fim atingido"). Ao lhe examinarem o corpo, os adivinhos reconhecem os 32 sinais fundamentais e os 80 sinais secundários do "grande homem" (*mahapurusa*), e declaram que ele se tornará um soberano universal (*cakravartin*) ou um Buda. Um velho *rishi*, Asita, voa desde o Himalaia até Kapilavastu, pede para ver o recém-nascido, toma-o nos braços e, compreendendo que ele se tornará Buda, põe-se a chorar, por saber que ele, Asita, não viverá para segui-lo.

Sete dias após o nascimento, Maya morre para renascer na condição de deus no Céu dos Tusita. Durante sete anos a criança é criada pela tia. Em seguida recebe a educação que é dada a todo príncipe indiano e distingue-se tanto nas ciências como nos exercícios físicos. Com 16 anos, desposa duas princesas dos países vizinhos, Gopa e Yasodhara. Decorridos 13 anos, esta última lhe dá um filho, Rahula. Esses pormenores, que embaraçam a tradição ascética budista, provavelmente são autênticos. Por outro lado, Sidarta desaparece do palácio pouco tempo depois do nascimento de Rahula, conformando-se ao costume indiano que só permite que se renuncie ao mundo após o nascimento de um filho ou neto.

Teceu-se todo um argumento em torno dessa grande partida. Segundo os textos mais antigos, teria Buda declarado a seus discípulos que foi meditando sobre a velhice, a doença e a morte que perdeu a alegria de viver e decidiu salvar a humanidade desses três males. A lenda apresenta o acontecimento de maneira mais dramática. Alertado pela profecia dos adivinhos, Suddhodana consegue isolar o jovem príncipe em seu palácio e em seus jardins de prazer.

Os deuses, no entanto, frustram o plano do pai, e, durante quatro incursões consecutivas nos jardins de prazer, no primeiro dia Sidarta encontra um velho decrépito apoiado a um cajado, no dia seguinte, um "doente macilento, lívido, ardendo em febre", e finalmente um morto conduzido ao cemitério. O cocheiro revela-lhe que ninguém pode escapar à doença, à velhice e à morte. Por fim, numa última incursão, o príncipe vê um monge mendicante calmo e sereno, e essa visão o consola, mostrando-lhe que a religião é suscetível de sanar as misérias da condição humana.

148. A grande partida

A fim de reforçar sua decisão de renunciar ao mundo, os deuses acordaram Sidarta no meio da noite para que ele contemplasse os corpos nus e desenxabidos das concubinas adormecidas. Ele então chamou seu escudeiro, Chandaka, montou a cavalo e, tendo os deuses adormecido a cidade, saiu pela porta do sudeste. A uma dezena de léguas de Kapilavastu, parou, cortou os cabelos com a espada, trocou suas roupas pelas de um caçador e mandou Chandaka de volta ao palácio com seu cavalo. Desde sua parada, havia dispensado os deuses que o tinham escoltado até aquele ponto. Daquele momento em diante, eles já não desempenharão papel algum na biografia fabulosa de Buda. Ele atingirá sua meta por seus próprios meios, sem qualquer assistência sobrenatural.

Transformado em asceta itinerante sob o nome de Gautama (nome de sua família no clã dos Sakya), dirigiu-se para Vaisali (Vesali, em língua páli), onde um mestre bramânico, Arada Kalama, ensinava uma espécie de sanquia pré-clássico. Bem depressa apropria-se dessa doutrina, mas, julgando-a insuficiente, deixa Arada e retorna a Rajagrha, capital do Magadha. O rei Bimbisara, seduzido pelo jovem asceta, oferece-lhe a metade do reino, mas Gautama rejeita essa tentação e torna-se discípulo de outro mestre, Udraka. Domina com a mesma facilidade as técnicas da ioga ensinadas por Udraka, mas, insatisfeito, deixa-o e, acompanhado de cinco discípulos, dirige-se para Gaya. Seu aprendizado filosófico e ióguico tinha durado um ano.

Estabeleceu-se num local aprazível, nas proximidades de Gaya, onde durante seis anos se entregou às mais severas mortificações. Chegou a alimentar-se apenas com um único grão de milhã por dia, porém, mais tarde, decidiu-se pelo jejum total; imóvel, reduzido quase ao estado de esqueleto, acabou por assemelhar-se à poeira. Após essas penitências atrozes, recebeu o título de *sakyamuni* ("asceta entre os Sakya"). Ao atingir o extremo limite da mortificação, quando só lhe restou a milésima parte de sua força vital, compreendeu a inutilidade da ascese como meio de libertação e decidiu quebrar o jejum. Tendo em vista o grande prestígio do *tapas* em toda a Índia, a experiência não foi inútil. O futuro Buda podia doravante proclamar que tinha dominado as práticas ascéticas como já havia dominado a filosofia (sanquia) e a ioga; da mesma forma como, antes de renunciar ao mundo, conhecera *todas* as voluptuosidades da vida de um príncipe. Nada do que constituísse a infinita variedade das experiências humanas lhe era a partir de então desconhecido – desde as beatitudes e as decepções da cultura, do amor e do poder até a pobreza de um religioso itinerante, as contemplações e os transes do iogue, passando pela solidão e pelas mortificações do asceta.

Quando Gautama aceita da parte de uma mulher piedosa a oferenda de arroz cozido, seus cinco discípulos, consternados, o abandonam e partem para Benares. Milagrosamente restaurado pelo alimento, Sakyamuni dirige-se a um bosque, escolhe uma árvore *pippala* (*asvattha*; *Ficus religiosa*) e senta-se ao pé dela, decidido a só se levantar depois de haver obtido o "despertar". No entanto, antes de recolher-se na meditação, Sakyamuni foi assaltado por Mara, "a Morte". Pois esse grande deus adivinhara que a descoberta iminente da salvação, interrompendo o ciclo eterno de nascimentos, mortes e renascimentos, poria fim a seu reino. O ataque é desfechado por um horripilante exército de demônios, espectros e monstros, mas os méritos anteriores de Sakyamuni e sua "disposição amistosa" (*maitri*) erguem à sua volta uma zona de proteção, e ele permanece inabalável.

Mara reivindica então o lugar debaixo da árvore, em virtude dos méritos que adquirira outrora, depois de um sacrifício voluntário. Sakyamuni também havia acumulado méritos no curso de suas existências anteriores, mas, como não dispusesse de testemunha, invoca a "mãe imparcial de todos os seres" e, com o gesto que viria a tornar-se clássico na iconografia budista, toca a Terra com a mão direita. A Terra mostra-se pela metade e apresenta-se como fiadora das palavras de Sakyamuni. Contudo, Mara, a Morte, é também Kama, Eros, em última análise, o espírito da vida – e é a própria vida que se vê ameaçada pela salvação com que o bodisatva se prepara para premiar o mundo. Então, inúmeras mulheres rodeiam o asceta, esforçando-se inutilmente por tentá-lo com sua nudez e seus múltiplos encantos. Vencido, Mara retira-se antes do cair do dia.*

* Mara, no entanto, não é irremediavelmente condenado, pois, num futuro distante, também se converterá e será salvo.

149. O "despertar". A pregação da lei

Essa mitologia do ataque e da tentação de Mara proclama a pureza moral absoluta de Sakyamuni. Ele pôde concentrar então todas as suas forças espirituais no problema central: a libertação do sofrimento. Na primeira vigília, percorreu os quatro estágios da meditação, que lhe permitiram abraçar, graças a seu "olho divino" (§158), a totalidade dos mundos e seu eterno devir, ou seja, o ciclo terrífico de nascimentos, mortes e reencarnações regido pelo carma. Na segunda vigília, recapitulou suas incontáveis vidas anteriores e contemplou em alguns instantes as existências infinitas dos outros. A terceira vigília constitui a *boddhi*, "o despertar", pois nela apreendeu a lei que tornou possível o ciclo infernal de nascimentos e renascimentos, a lei das 12 "produções em dependência mútua" (§157), e descobriu ao mesmo tempo as condições necessárias para suspender essas "produções". Desde então passa a possuir as quatro "nobres verdades": converte-se em *buddha*, o "desperto", no exato momento em que nasce o dia.

Buda permaneceu durante sete semanas na "área do despertar". Dentre os acontecimentos fabulosos conservados pela tradição, examinemos a última tentação de Mara: que o Bem-Aventurado entrasse imediatamente no *parinirvana* sem proclamar a doutrina da salvação que acabava de descobrir. Respondeu-lhe porém Buda que só entraria depois de haver constituído uma comunidade instruída e bem-organizada. No entanto, pouco tempo depois, Buda perguntou a si mesmo se valia a pena ensinar uma doutrina tão difícil. Foi a intervenção de Brahman e sobretudo a certeza de haver certo número de humanos suscetíveis de serem salvos que o fizeram se decidir. Dirigiu-se para Benares, onde, com seu "olho divino", percebeu os cinco discípulos que o tinham abandonado. Reencontrou-os num eremitério, no sítio da atual Sarnath, e anunciou-lhes sua conversão em Buda. Expôs-lhes as quatro nobres verdades sobre a dor, a origem da dor, a interrupção da dor e o caminho que conduz à cessação da dor (§156).

Essa primeira exposição constitui o "acionamento da roda da lei". Os cinco converteram-se e tornaram-se "santos" (*arhats*). Pouco tempo depois, deu-se a conversão do filho de um banqueiro de Benares, seguida das conversões dos outros membros da família. A comunidade (*samgha*) não demorou a contar com 60 monges (*bhikkhu*), e Buda enviou-os para pregar individualmente no país. Quanto a ele, dirigiu-se para Uruvilva, onde, com uma série de prodígios, logrou converter os três irmãos Kasyapa, brâmanes que veneravam especialmente o deus Agni. Buda falou em seguida aos mil discípulos de Kasyapa: demonstrou-lhes que o Universo inteiro está inflamado pelos fogos da paixão; eles aceitaram a doutrina e converteram-se em *arhats*.

Desde então multiplicaram-se as conversões. Em Rajagrha, Bimbisara, o jovem rei do Magadha, doou um eremitério a Buda e à comunidade. Ainda em Rajagrha, Buda converteu dois religiosos eminentes, Sariputra e Maudgalayana, e um asceta, Mahakasyapa, todos três convocados a desempenhar papel eminente na história do budismo. Algum tempo depois, o Bem-Aventurado cedeu ao apelo de seu pai e, com numeroso séquito de monges, dirigiu-se para Kapilavastu. A visita deu ensejo a muitos episódios dramáticos e a prodígios fabulosos. Buda conseguiu converter o pai e muitos de seus parentes. Entre eles, os primos, Ananda, seu principal "discípulo leigo", e Devadatta, que logo se tornaria seu rival.

Buda não se demorou em Kapilavastu. Retornou a Rajagrha, visitou Sravasti e Vaisali, e as conversões mais ou menos espetaculares se acumularam. Ao saber que o pai estava gravemente enfermo, tornou a ir para perto dele e o conduziu à santidade. A rainha, já viúva, pediu ao filho adotivo que a admitisse na comunidade. Embora ele recusasse, a rainha, com um séquito de princesas, todas desejosas de se tornar monjas, seguiu-o a pé até Vaisali. Ananda defendeu sua causa e Buda acabou por aceitá-la, depois de ter imposto às monjas regras mais rigorosas que as dos monges. Tratava-se, porém, de uma decisão tomada a contragosto, e ele anunciou que, ao admitir as mulheres, a lei que deveria durar mil anos somente subsistiria por 500 anos.

Em consequência dos milagres realizados por alguns de seus discípulos, Buda insurgiu-se contra a ostentação dos "poderes maravilhosos" (§159). No entanto, ele próprio foi levado a efetuar um dos maiores milagres, por ocasião da luta contra os "seis mestres", seus rivais: ora fez crescer uma enorme mangueira, ora passeou sobre um arco-íris, de oriente para ocidente, ou multiplicou ao infinito sua própria imagem nos ares, ou passou três meses no Céu de Indra a fim de pregar a sua mãe. Mas essas narrativas fabulosas não vão buscar sua origem na tradição primitiva: é portanto provável que a proibição dos *siddhi* e a importância atribuída à "sabedoria" (*prajna*) como meio de conversão façam parte do seu ensinamento original.[3]

Como era esperado, os mestres rivais, ciosos dos sucessos do Bem-Aventurado, esforçaram-se em vão por desacreditá-lo com calúnias odiosas. Mais graves foram as querelas mesquinhas entre os monges, como aquela que, nove anos depois do despertar, se deflagrou em Kausambi a propósito de um detalhe da regra monástica (tratava-se de saber se era necessário tornar a encher, depois de tê-lo utilizado, o cântaro de abluções das latrinas). O mestre tentou reconciliar os adversários, mas rogaram-lhe que não se preocupasse com tais assuntos, e ele deixou Kausambi.[4] No entanto, os leigos, indignados, recusaram-se a dar esmola aos monges que haviam sido responsáveis pela partida do Bem-Aventurado, e os recalcitrantes viram-se obrigados a ceder.

150. O cisma de Devadatta. Últimas conversões. Buda entra no *parinirvana*

As fontes só nos dão informações muito vagas sobre o período médio da carreira de Buda. Durante a estação das chuvas, ele prosseguia sua pregação nos *vihara* (mosteiros) próximos das cidades. O resto do ano, acompanhado dos discípulos mais chegados, viajava pelo país pregando a boa lei. Em 509 a.C., com 20 anos, seu filho Rahula recebeu a ordenação definitiva. As biografias narram certas conversões surpreendentes, como a de um *Yaksa* formulador de enigmas, ou a de um salteador célebre, ou ainda a de um rico mercador de Bengala, o que prova que a fama do mestre já havia ultrapassado as fronteiras das regiões onde pregava.

Quando Buda completou 72 anos (em 486 a.C.), seu invejoso primo, Devadatta, pediu-lhe que lhe entregasse a direção da comunidade. Diante da recusa de Buda, Devadatta tentou matá-lo, primeiro recorrendo a assassinos profissionais, depois procurando esmagá-lo com uma rocha ou incitando contra ele um elefante feroz. Devadatta havia criado um cisma com um grupo de monges, pregando uma ascese mais radical – mas Sariputra e Maudgalayana lograram reconduzir os extraviados, e, segundo diversas fontes, Devadatta teria sido tragado vivo no Inferno. Os últimos anos do Bem-Aventurado foram ensombrados por acontecimentos desastrosos, entre outros a ruína de seu clã, os Sakya, e a morte de Sariputra e de Maudgalayana.

Durante a estação das chuvas de 478, Buda, acompanhado de Ananda, instalou-se na "Aldeia dos Bambus" (Venugrama), onde caiu gravemente enfermo, acometido de disenteria. Superou a crise, e Ananda rejubilou-se, porque "o Bem-Aventurado não expiraria sem ter deixado suas instruções a respeito da comunidade". Buda, no entanto, respondeu-lhe que ensinara a lei integralmente, sem manter em segredo nenhuma verdade, como o fazem certos mestres; tornou-se um "velho débil", sua vida chegou ao termo, e daquele momento em diante os discípulos teriam de buscar na lei o socorro de que necessitassem.

Certas fontes,[5] porém, acrescentam um episódio significativo: após haver retornado a Vaisali, o Bem-Aventurado repousou no bosque sagrado de Capala, e por três vezes gabou diante de Ananda o encanto daquele lugar e a beleza variada "do continente da Índia", acrescentando que, se lhe fosse solicitado, Buda "poderia subsistir durante um período cósmico ou pelo resto de um período cósmico". Por três vezes, contudo, Ananda manteve-se em silêncio, e o mestre pediu-lhe que se afastasse. Mara então aproximou-se e lembrou-lhe sua promessa de entrar no *parinirvana* quando o *samgha* estivesse solidamente estabelecido. "Não te preocupes, ó maldoso", respondeu-lhe o Bem-Aventurado. "Não terás de esperar muito." Renunciou ao que lhe restava de vida, e logo a terra tremeu. Perguntou Ananda ao mestre a razão desse fenômeno insólito, e, ao ser informado, suplicou-lhe que sobrevivesse até o término do período cósmico. Mas Buda não poderia desrespeitar a promessa que acabava de fazer a Mara. "A culpa é tua, Ananda... Se tivesses implorado ao predestinado, ó Ananda, ele teria rejeitado teu pedido por duas vezes, mas na terceira teria aquiescido. Portanto, é realmente por culpa tua, ó Ananda."[6]

Pediu então ao discípulo que reunisse os monges que se encontravam em Vaisali, e os dois dirigiram-se para Papa. Lá, foram convidados pelo ferreiro Cunda para um jantar que comportava um "petisco de porco", prato de carne de porco ou de certo cogumelo de que os porcos são apreciadores. Esse prato provocou-lhe uma diarreia sanguinolenta, aparentemente o retorno da doença de que ele havia se restabelecido. Voltou no entanto a caminhar em direção a Kusinagara, capital dos *malla*. Extenuado depois de uma penosa marcha, Buda deitou-se sobre o flanco direito, entre duas árvores, num pequeno bosque, voltado para oeste, a cabeça virada para o norte, e a perna esquerda estendida para a direita. Ananda prorrompeu em soluços, mas o moribundo o consolou: "Chega, Ananda; para de te afligir e de gemer... Como pretender que o que nasceu não venha a morrer? É algo absolutamente impossível."[7] Louvou em seguida, diante de todos, a dedicação de Ananda e garantiu-lhe que alcançaria a santidade.

Advertidos por Ananda, uma multidão de *malla* comprimiu-se junto ao Bem-Aventurado. Depois de haver convertido um religioso, Subhadra, Buda convocou seus fiéis e perguntou-lhes se ainda tinham dúvidas sobre a lei e a disciplina. Todos se mantiveram em silêncio. Buda então pronunciou estas últimas palavras: "É a vós que me dirijo, ó monges mendicantes: a perecibilidade é a lei das coisas; não relaxeis vossos esforços!" Finalmente, na terceira e última vigília da noite, percorreu as quatro etapas da meditação e exalou o último suspiro. Era a noite da lua cheia de Karttika, novembro de 478 a.C. (ou 487, segundo outra tradição).

Como que para contrabalançar morte tão humana, os funerais de Buda suscitaram numerosas lendas. Durante sete dias, os *malla* honraram o morto, com música e danças, envolvendo-o em vários tecidos e depositando-o numa bacia de óleo, pois lhe foram concedidos os funerais de um rei *cakravartin*. Antes de ser cremado sobre uma fogueira de lenha olorosa, o corpo teria sido levado em procissão em Kusinagara. No entanto, a fogueira não pôde ser acesa antes da chegada do discípulo Mahakasyapa, que seguia a mesma rota que o mestre, com oito dias de intervalo. Como Mahakasyapa se tornara o principal líder da comunidade, era preciso que estivesse presente pelo menos à cremação do Bem-Aventurado. Segundo a lenda, os pés de Buda saíram do ataúde para que o grande discípulo pudesse venerá-los, tocando-os com sua fronte. A fogueira, então, acendeu-se espontaneamente. Por ter o Bem-Aventurado falecido no território dos *malla*, estes lhe carregaram os ossos. No entanto, os povos vizinhos reivindicaram a parte que lhes cabia, para erguer estupas. Os *malla*, de início, negaram-se a atendê-los, mas, sob ameaça de uma coalizão, acabaram por aceitar que os ossos fossem repartidos em oito lotes. Sobre as relíquias, a urna e os carvões da fogueira, ergueram-se estupas.

151. O meio religioso: os ascetas errantes

No começo do século VI, aproximadamente, a Índia gangética conheceu uma época de abundante atividade religiosa e filosófica que já foi comparada, e com razão, ao florescimento espiritual grego no mesmo período. Ao lado dos religiosos e místicos que seguiam a tradição bramânica, havia inúmeros grupos de *sramanas* ("aqueles que fazem esforços", páli *samana*), ascetas errantes (*parivrajaka*), entre os quais se encontravam iogues, mágicos, dialéticos ("sofistas") e até materialistas e niilistas, os precursores dos Carvaka e dos Lokayata. Certos tipos de ascetas errantes tinham suas origens nos tempos védicos e pós-védicos. Da maioria deles pouco sabemos além dos nomes. Suas doutrinas são mencionadas de maneira fragmentária nos textos budistas e jainas; por outro lado, combatidas não só por jainistas como por budistas, são quase sempre voluntariamente deformadas e ridicularizadas.

É provável, no entanto, que todos esses *sramanas* tivessem deixado o mundo desgostosos com a fatuidade da existência humana e com a doutrina implícita no ritualismo bramânico. Era o mecanismo das transmigrações e seu misterioso motor, o ato (*karman*), que os *sramanas* se esforçavam por compreender e dominar. Utilizavam meios múltiplos e variados, desde a extrema ascese, o êxtase paraióguico ou a análise empírica da matéria, até a metafísica mais abstrusa, as práticas orgíacas, um niilismo extravagante ou o materialismo vulgar. Os meios escolhidos dependiam, em parte, do valor atribuído ao agente condenado a transmigrar em virtude do carma:

tratava-se, porventura, de um organismo psíquico, perecível, ou de um "eu" indestrutível e imortal? Essencialmente, era o mesmo problema colocado pelos primeiros Upanixades (§80) e que permanecerá sempre no centro do pensamento indiano.

Os textos budistas e jainas indicam às vezes somente as doutrinas de certos religiosos, sem lhes mencionar os nomes. Assim, por exemplo, o Brahmajalasutta apresenta um extenso catálogo das doutrinas:

> Especulam alguns sobre os ciclos passados da duração, afirmando a eternidade do eu (*atta*, sânscrito *atman*) e do mundo, adquirindo por meio de uma disciplina psíquica (que já é a disciplina da ioga com *samadhi*) poderes maravilhosos, como lembrar-se das existências anteriores. Afirmam alguns ora uma eternidade, ora uma não eternidade, contrapondo, por exemplo, Brahman eterno a suas criações não permanentes. Alguns identificam o eu com o corpo e consideram-no, por conseguinte, não permanente. Alguns admitem a infinitude, outros a finitude do mundo. ... Os agnósticos fogem a todas as questões. Julgam alguns que o eu e o mundo são produtos sem causa. Outro grupo especula sobre os ciclos vindouros, pensando no devir do eu depois da dissolução do corpo. Esse eu pode ser consciente, ou mesmo com forma, sem forma ou ausência de forma, portanto estranho ao domínio da forma, finito ou infinito, experimentando sentimentos infelizes. Ou ele é inconsciente, ou nem consciente nem inconsciente, e dele tudo se nega etc. (Resumido por Filliozat, *L'Inde classique*, II, p.512.)

Esse catálogo é ainda mais precioso na medida em que certas doutrinas incriminadas serão retomadas e desenvolvidas por diversas escolas búdicas.

Além dessas doutrinas anônimas, as fontes conservaram os nomes de algumas seitas. Não demoraremos a examinar as mais importantes: os ajivikas, cujo principal mestre foi Maskarin Gosala, e os nigranthas (os "sem-lugar"), isto é, os jainas, os fiéis de Mahavira. Quanto aos mestres de Gotama, Arada Kalama e Rudraka, muito embora Buda os tenha ultrapassado em inteligência e em poder de concentração ióguica, tiveram considerável influência sobre seu método de meditação.

O *Saamannaphalasutta* (*Digha*, I, 47s.) cita, entre outros, os seis mestres rivais de Buda. Sobre cada um deles, somos informados de que é "chefe de comunidade", famoso "fundador de seita", respeitado como um santo, venerado por uma multidão, de idade avançada. Purana Kassapa, ao que parece, pregou a ausência de valor do ato: Ajita Kesakambala professava um materialismo próximo do materialismo dos carvakas; Kakuda Katyayana, a eternidade dos sete "corpos" (*kaya*, ou seja, os "corpos" da terra, da água, do fogo, do vento, o prazer, a dor e a vida) e Sanjaya, provavelmente o cepticismo, pois evitava toda e qualquer discussão. Os dois outros são Maskarin Gosala e Nigantha Nataputta, isto é, Mahavira; este último, citado apenas nas fontes budistas, a despeito de ter sido, entre os contemporâneos de Buda, a personalidade religiosa mais importante.

Em vários outros *sutta*, aparecem relatados os encontros com os *paribbajaka*, mas os textos dão mais ênfase às respostas do Bem-Aventurado que às doutrinas e aos costumes de seus interlocutores. Censura-lhes, por exemplo, a vaidade que ostentam em relação a sua própria ascese, o desprezo para com os outros, a crença de terem alcançado a meta e a satisfação que tiram desse fato, a exagerada opinião que têm sobre os próprios feitos etc.[8] Declara que aquilo que caracteriza o verdadeiro *samana* ou brâmane não é, de modo algum, sua aparência exterior, sua penitência ou mortificação física, mas a disciplina interior, a caridade, o autodomínio, a emancipação espiritual das superstições e dos automatismos.[9]

152. Mahavira e os "salvadores do mundo"

Embora fossem contemporâneos, percorressem as mesmas regiões e frequentassem os mesmos meios, Mahavira e Buda nunca se encontraram. Desconhecem-se as razões pelas quais Buda decidiu evitar o seu mais poderoso e original adversário, o único que conseguiu organizar uma comunidade religiosa que ainda subsiste em nossos dias. Observam-se algumas analogias entre as carreiras e as orientações espirituais dos dois mestres. Ambos pertencem à casta aristocrática militar (xátria) e demonstram a mesma tendência antibramânica, que já caracterizava os primeiros Upanixades; são, os dois, "heréticos" por excelência, pois negam a existência de um deus supremo e o caráter revelado dos Vedas, e denunciam a inutilidade e a crueldade dos sacrifícios. Por outro lado, possuem temperamentos distintos, e, afinal, suas doutrinas são inconciliáveis.

Ao contrário do budismo, o jainismo não se iniciou com a pregação de Mahavira. Este não passava do último de uma série fabulosa de *tirthamkara*, literalmente "fazedores de vau", em outras palavras, "abridores de caminho, anunciadores da salvação".[10] O primeiro, Rsabha, ou Adisvara, "o mestre primordial", teria vivido por enorme número de anos, inicialmente como príncipe, depois como asceta, antes de alcançar o nirvana no monte Kailasa. As biografias lendárias dos outros 21 *tirthamkaras* seguem de perto o mesmo modelo, que, aliás, nada mais é que a vida de Mahavira transfigurada em paradigma: são todos de origem principesca, renunciam ao mundo e fundam uma comunidade religiosa. Os historiadores concordam em reconhecer certa historicidade ao vigésimo terceiro *tirthamkara*, Parsva. Filho de um rei de Benares, teria deixado o mundo aos 30 anos, alcançado a onisciência e, depois de haver fundado oito comunidades, teria falecido, centenário, numa montanha, dois séculos e meio antes de Mahavira. Ainda em nossos dias, Parsva goza de uma posição excepcional no culto e na mitologia dos jainas.

Mahavira era filho de Sidarta, chefe de um clã nobre, e de Trisala, tendo certo parentesco com as famílias reinantes do Magadha. A lenda, porém, insere seu nascimento no contexto tradicional da natividade dos "salvadores do mundo": aquele que deveria ser o vigésimo quarto e último *tirthamkara* decide descer à Terra a fim de restaurar a doutrina e a perfeição moral das comunidades fundadas por Parsva. Encarna-se no seio de Devananda, esposa de um brâmane, mas os deuses ordenam que o embrião seja transportado para uma princesa do Magadha. Uma série de sonhos proféticos anuncia às duas mães o nascimento de um salvador-*cakravartin*. E, assim como aconteceu com Buda e Zaratustra, uma grande luz iluminou a noite do seu nascimento.

Recebeu a criança o nome de Vardhamana ("próspero") e, como Buda, desfrutou a vida de um príncipe, casou-se com uma jovem de nobre estirpe e dela teve um filho. Mas, quando morreram seus pais, contava ele 30 anos. Obtida autorização de seu irmão mais velho, Vardhamana distribuiu todos os seus bens, deixou o mundo e vestiu a túnica do asceta errante. Ao cabo de 13 meses, renunciou ao uso de roupa, e temos aí a primeira inovação que o separa da tradição transmitida por Parsva. Nu, "vestido de espaço", dedicou-se, durante 13 anos, ao mais rigoroso ascetismo e à meditação. Finalmente, depois de longas mortificações e de dois dias e meio de recolhimento, numa noite de verão, debaixo de uma árvore *sala*, à margem de um rio, obteve a "onisciência". Tornou-se, assim, um *jina* ("vencedor") – e seus fiéis adotarão mais tarde o nome de jainas; no entanto, é chamado sobretudo de Mahavira, o "grande herói". Durante 30 anos continuou a vida errante, pregando sua doutrina nas regiões da planície gangética conhecidas como Magadha, Anga e Videha. Na época da monção, como todos os outros religiosos, instalou-se Mahavira nos arredores de uma cidade. Morreu aos 72 anos, em Pava (perto da atual Patna). É ainda controvertida a data de sua "entrada no nirvana": 468 a.C., segundo alguns, 477, de acordo com Jacobi e Schubrig – de qualquer maneira, alguns anos antes do nirvana de Buda.

153. Doutrinas e práticas jainas

Quase nada se sabe sobre a personalidade de Mahavira. A mitologia que exalta sua natividade e certos episódios de sua carreira é, tal como aquela que se articulou em torno de Buda, a mitologia tradicional da Índia. O cânone jaina foi editado nos séculos IV-III a.C., mas certos trechos são muito mais antigos e talvez conservem as mesmas expressões utilizadas pelo mestre. O que parece caracterizar o ensinamento de Mahavira é o interesse pelas estruturas da natureza e a paixão que demonstra pelas classificações e pelos números. Já se disse que o número rege seu sistema (Schubrig). Efetivamente, fala-se de três espécies de consciência e de cinco espécies de conhecimento reto; sete princípios ou categorias; cinco espécies de corpos; seis tintas ou cores (*lesya*) que marcam o mérito e o demérito da alma; oito espécies de "matéria cármica"; 14 estádios de qualificações espirituais etc. Por outro lado, Mahavira distingue-se tanto de Parsva quanto de Buda por seu rigoroso ascetismo, que impunha aos adeptos a nudez permanente e numerosas proibições.

Mahavira nega a existência de um deus, mas não a dos deuses: estes gozam de certa beatitude, mas não são imortais. O cosmo e a vida não têm princípio e não terão fim. Os ciclos cósmicos repetem-se ao infinito. Infinito é também o número das almas. Tudo é governado pelo carma, com exceção da alma que se libertou. Um traço característico do jainismo, que põe em relevo sua estrutura arcaica, é o pampsiquismo: tudo o que existe no mundo possui uma alma, não só os animais, como ainda as plantas, as pedras, as gotas d'água etc. E uma vez que o respeito à vida é o primeiro e o mais importante mandamento jaina, essa crença no pampsiquismo faz surgir inúmeras dificuldades. Por essa razão é que, ao andar, deve o monge varrer diante de si, estando-lhe vedado sair depois do pôr do sol – a fim de não correr o risco de matar algum animalzinho.

Parece paradoxal que uma doutrina que postula o pampsiquismo e proclama o respeito absoluto à vida deprecie radicalmente a vida humana e considere o mais sublime dos exemplos o suicídio pelo jejum. O respeito à vida, isto é, a tudo quanto existe nos três reinos do mundo, não consegue em absoluto ressantificar a existência humana ou pelo menos conferir-lhe uma significação religiosa. Compartilhando o pessimismo e a negação da vida que se haviam manifestado com os Upanixades, o jainismo concebe tão somente uma beatitude espiritual e transcósmica (ver, no entanto, §190). A alma, liberta da "matéria cármica", projeta-se "como uma flecha" em direção ao cume do Universo; lá embaixo, numa espécie de empíreo, ela encontra-se e comunica-se com seus semelhantes, formando uma comunidade puramente espiritual, até mesmo divina. Pessimismo e "espiritualismo" acósmico que lembram certas escolas gnósticas (§228) e, com diferenças significativas, o sanquia e a ioga clássicos (§139s.).

O carma desempenha papel decisivo, pois cria a matéria cármica, espécie de organismo psicocorporal que se liga à alma e a obriga a transmigrar. A libertação (*moksha*) efetua-se pela cessação de qualquer contato com a matéria, vale dizer, pela *devolução* do carma já absorvido e da *suspensão* de qualquer novo influxo cármico. Como era previsto, a libertação é obtida por uma série de meditações e concentrações de tipo ióguico[11] que coroa uma vida de ascese e recolhimento. Naturalmente, só os monges e monjas podem esperar a libertação. Mas a vida monástica está aberta a toda criança de oito anos, desde que goze de boa saúde. Após alguns anos de estudo, o noviço é iniciado por um mestre e pronuncia os cinco votos: poupar toda e qualquer vida, dizer a verdade, nada possuir e nada adquirir, permanecer casto. Nessa ocasião, recebe uma tigela para esmolar, uma vassoura curta para varrer o caminho a sua frente, um pedacinho de musselina com o qual cobre a própria boca ao falar (provavelmente para evitar que um inseto seja engolido). A vida itinerante de monges e monjas, salvo durante os quatro meses de monção, imita em todos os pontos a vida de Mahavira.

Segundo a tradição, quando Mahavira morreu, havia, além de uma vasta comunidade leiga, 14 mil monges e 36 mil monjas. Os números provavelmente são exagerados; no entanto, o que mais surpreende é a grande maioria de mulheres entre os adeptos e na coletividade leiga, tanto mais que, segundo certos mestres jainas, as monjas não podiam alcançar a libertação, uma vez que não lhes era permitido praticar a nudez monacal. Todavia, o número elevado de mulheres – monjas ou leigas – é atestado pela mais antiga tradição. Acredita-se que Mahavira se dirigia sobretudo aos seus pares, membros da aristocracia nobre e militar. Pode-se presumir que as mulheres pertencentes a esses meios viam na doutrina de Mahavira, que mergulha suas raízes na espiritualidade indiana mais arcaica, um caminho religioso que lhes era recusado pela ortodoxia bramânica.

154. Os ajivikas e a onipotência do "destino"

Buda considerava Maskarin (Makhali) Gosala seu mais perigoso rival. Discípulo e companheiro de Mahavira durante vários anos, Gosala praticou a ascese, obteve poderes mágicos e tornou-se o chefe dos ajivikas. De acordo com as poucas alusões biográficas conservadas pelas escrituras búdicas e jainas, Gosala era um poderoso mágico. Matou um de seus discípulos com seu "fogo mágico"; no entanto, veio a morrer (provavelmente entre 485-484 a.C.) em decorrência de uma justa mágica travada com Mahavira e da maldição deste último.

A etimologia do termo *ajivika* permanece obscura. Atacadas pelos budistas e pelos jainas, as doutrinas e as práticas dos ajivikas dificilmente se deixam reconstituir. Afora algumas citações conservadas nos livros dos adversários, nada sobreviveu desse cânone. Sabe-se, entretanto, que se trata de um movimento bastante antigo, que precedeu em muitas gerações o budismo e o jainismo.

O que distinguia Gosala de todos os seus contemporâneos era seu rigoroso fatalismo. "O esforço humano é ineficiente", tal era a essência de sua mensagem. E o ponto capital de seu sistema estava contido numa única palavra: *niyati*, a "fatalidade", o "destino". Segundo reza um texto búdico, Gosala acreditava que

> não há causa, não há motivo para a corrupção dos seres, os seres se corrompem sem causa nem motivo. Não há causa para a pureza dos seres, os seres se tornam puros sem causa nem motivo. Não existe ato feito por si mesmo, não existe ato feito por outrem, não existe ato humano, não existe força, ... energia, ... vigor humano, ... coragem humana. Todos os seres, todos os indivíduos, todas as criaturas, todas as coisas vivas são sem vontade, sem força, sem energia, evoluem pelo esforço do destino, das contingências, do seu próprio estado. (*Samaññaphalasutta*, 54)

Em outras palavras, Gosala rejeita a doutrina pan-indiana do carma. Em sua opinião, todo ser devia percorrer seu ciclo através de oito milhões e 400 mil eões (*mahakalpa*), e, ao termo, a libertação produzia-se espontaneamente, sem esforço. Buda julgava criminoso esse determinismo implacável, e foi por essa razão que ele atacou Makhali Gosala mais do que a qualquer outro de seus contemporâneos: considerava a doutrina da "fatalidade" (*niyati*) como a mais perigosa das doutrinas.

Makhali Gosala ocupa uma posição original no horizonte do pensamento indiano: sua concepção determinista incitava-o a estudar os fenômenos naturais e as leis da vida.[12] Os ajivikas andavam completamente despidos, segundo um costume anterior ao aparecimento de Mahavira e de Makhali Gosala. Como todos os ascetas itinerantes, mendigavam seu próprio alimento e seguiam regras alimentares estritas; muitos punham fim à própria vida deixando-se morrer de fome. A iniciação na ordem apresentava um caráter arcaico: o neófito devia queimar as próprias mãos apertando um objeto ardente; era enterrado até o pescoço e tinha os cabelos arrancados um a um. No entanto, no que se refere às técnicas espirituais dos ajivikas, nada chegou até nós. É de se supor que possuíam suas tradições ascéticas e suas receitas de meditação; é o que nos sugerem certas alusões a uma espécie de nirvana, comparável ao Céu supremo das outras escolas místicas.[13]

NOTAS

1. *Maijhimanikaya*, III, p.123. Sobre o simbolismo dos sete passos, cf. M. Eliade, *Mythes, rêves et mystères*, p.149s.
2. *Lalita-vistara*, p.118s.; A. Foucher, *La vie du Bouddha*, p.55s.
3. No entanto, as biografias falam constantemente das viagens de Buda pelos ares.
4. O incidente é significativo; pode indicar que os detalhes da conduta monástica não eram regulados necessariamente por Buda, embora existam muitos exemplos que atestem o contrário, cf. J. Filliozat, *L'Inde classique*, v.II, p.485.
5. *Divyavadana*, p.200s. (já traduzido por E. Burnouf, *Introduction*, p.74s.), e outros textos estudados por Windisch, *Mara und Buddha*, p.33s. Cf. também Foucher, p.303s.
6. *Maha-parinibbana-sutta*, III, 40; apud trad. franc. Foucher, p.303. O episódio da fatal distração de Ananda foi inventado certamente com a finalidade de explicar a morte de Buda. Pois, da mesma forma como escolhera as circunstâncias de seu nascimento, Buda podia prolongar indefinidamente sua existência. Se não o fizera, não era por sua culpa. Todavia, nem a lenda nem a comunidade búdica estigmatizaram Ananda, o que prova tratar-se de um episódio interpolado por razões apologéticas.
7. *Maha-parinibbana-sutta*, V, 14.
8. *Udumbarika Sihanadasutta* (*Digha*, III, 43s.; Rhys Davids, *Dialogues of the Buddha*, III, 39s.).
9. *Kassapa-Sihanadasutta* (*Digha*, I, 169s., *Dialogues*, I, 234s.).
10. Mas, bem cedo, também os budistas proclamaram uma série considerável de budas.
11. Certas técnicas correspondem perfeitamente à tradição da ioga clássica, fixada mais tarde por Patanjali (§143). Por exemplo, a concentração (*dhyana*) consiste em fixar a atividade psicomental em "um único ponto".
12. Propôs uma classificação dos seres de acordo com o número de seus sentidos, esboçou uma doutrina das transformações no seio da natureza (*parinamavada*), baseando-se em observações precisas sobre a periodicidade da vida vegetal.
13. Por volta do século X, os ajivikas, como toda a Índia, aderiram à *bhakti*, e acabaram por confundir-se com uma seita vixenuíta, os Pancaratra: cf. A.L. Basham, *History and Doctrines of Ajivikas*, p.280s.

XIX. A MENSAGEM DE BUDA: DO TERROR DO ETERNO RETORNO À BEATITUDE DO INDIZÍVEL

155. O homem ferido por uma flecha envenenada...

Buda jamais aceitou dar a seu ensinamento a estrutura de um sistema. Não somente se recusou a discorrer sobre os problemas filosóficos como também não se pronunciou sobre vários pontos essenciais de sua doutrina, por exemplo, a conduta do santo que ingressa no nirvana. Esse silêncio não tardou a dar origem a interpretações divergentes e suscitou mais tarde o aparecimento de diversas escolas e seitas. A transmissão oral do ensinamento do Bem-Aventurado e a redação do cânone levantam numerosos problemas, e seria inútil esperar que se chegue um dia a resolvê-los de maneira satisfatória. Mas, se parece impossível reconstituir em sua integridade a "mensagem autêntica" de Buda, seria excessivo concluir que os mais antigos textos já apresentassem sua doutrina da salvação radicalmente modificada.

Desde a origem, a comunidade búdica (*samgha*) foi organizada por meio de regras monásticas (*vinaya*) que lhe asseguraram a unidade. Quanto à doutrina, os monges compartilhavam certas ideias fundamentais relativas à transmigração e à retribuição dos atos, às técnicas de meditação que conduziam ao nirvana e à "condição de Buda" (o que se denomina budologia). De mais a mais, já no tempo do Bem-Aventurado havia uma massa de leigos simpatizantes que, embora aceitasse o ensinamento, não renunciava ao mundo. Com sua fé em Buda, a generosidade que testemunhavam em relação à comunidade, os leigos adquiriam "méritos" que lhes asseguravam uma pós-existência em um dos diferentes "paraísos", seguida de uma melhor reencarnação. Esse tipo de devoção caracteriza o "budismo popular". Tem grande importância na história religiosa da Ásia em razão de mitologias, rituais e obras literárias e artísticas que suscitou.

Essencialmente, pode-se dizer que Buda se opunha tanto às especulações cosmológicas e filosóficas dos brâmanes e dos *sramanas* quanto aos diferentes métodos e técnicas de um sanquia e de uma ioga pré-clássicos. No que diz respeito à cosmologia e à antropogonia, que ele se nega a discutir, é evidente que, para Buda, o mundo não foi criado por um deus, nem por um demiurgo, nem pelo espírito mau (tal como pensam os gnósticos e os maniqueístas; cf. §229s.), mas continua a existir, ou seja, *é continuamente criado pelos atos bons ou maus dos homens.* Na verdade, quando a ignorância e os pecados aumentam, não só a vida humana se abrevia, mas o próprio Universo definha. (A ideia é pan-indiana, mas deriva das concepções arcaicas da decadência progressiva do mundo, que exige sua recriação periódica.)

No que tange ao sanquia e à ioga, Buda toma emprestada e desenvolve a análise dos mestres sanquias e as técnicas contemplativas dos iogues, rejeitando-lhes, porém, as pressuposições teóricas, em primeiro lugar a ideia do eu (*purusa*). Sua recusa em deixar-se arrastar a especulações de toda ordem é categórica, e acha-se admiravelmente ilustrada no célebre diálogo com Malunkyaputta. Queixava-se esse monge de que o Bem-Aventurado deixasse sem resposta problemas tais como: é o Universo eterno ou não? Finito ou infinito? É a alma a mesma coisa que o corpo, ou diferente? O Tathagata existe ou não existe depois da morte? Malunkyaputta solicita ao mestre que precise seu pensamento e, quando for o caso, reconheça que não sabe responder. Conta-lhe então Buda a história do homem ferido por uma flecha envenenada. Seus amigos e parentes trazem um cirurgião, mas o homem grita:

> Não permitirei que esta flecha seja extraída enquanto não souber quem me feriu, se foi um xátria ou um brâmane, ... a que família pertence, se é grande, pequeno ou de estatura média, de que aldeia ou de que cidade vem; não deixarei que ma retirem antes de saber com que espécie de arco atiraram em mim, ... que corda foi utilizada no arco, ... que pena foi usada na flecha, ... de que modo era feita a ponta da flecha.

O homem ia morrer sem saber essas coisas, prossegue o Bem-Aventurado, da mesma forma que aquele que se recusa a seguir a voz da santidade antes de resolver tal ou qual problema filosófico. Por que motivo se negava Buda a discutir essas coisas? "Porque isso não é útil, não está ligado à vida santa e espiritual, não contribui para a aversão ao mundo, para o desprendimento, a eliminação do desejo, a tranquilidade, a penetração profunda, a iluminação, o nirvana!" E Buda lembra a Malunkyaputta que ensinou apenas uma coisa: as quatro nobres verdades (*Majjhimanikaya*, I, 426).

156. As quatro "nobres verdades" e o "caminho do meio"

Essas quatro "nobres verdades" contêm o âmago do ensinamento de Buda. Pregou-as no seu primeiro sermão em Benares, pouco tempo depois do despertar, diante de seus cinco velhos companheiros (§149). A primeira verdade diz respeito ao sofrimento ou à dor (*dukkha*, em páli). Para Buda, como para a maioria dos pensadores e religiosos indianos posteriores à época dos Upanixades, *tudo é sofrimento*. Na verdade,

> o nascimento é dor, o declínio é sofrimento, a doença é sofrimento, a morte é sofrimento. Estar junto do que não se ama significa sofrer. Estar separado do que se ama, ... não ter o que se deseja, significa sofrer. Em suma, todo contato com (qualquer um dos) cinco *skandha* implica sofrimento. (*Majj.*, I, 141)

Esclareçamos que o termo *dukkha*, comumente traduzido por "dor" ou "sofrimento", tem um sentido muito mais amplo. Diferentes formas de felicidade e mesmo certos estados espirituais obtidos pela meditação são descritos como *dukkha*. Depois de ter feito o elogio da beatitude espiritual de tais estados ióguicos, Buda acrescenta que são "impermanentes, *dukkha*, e sujeitos a mudança" (*Majj.*, I, 90). São *dukkha* justamente porque são impermanentes.[1] Como veremos, Buda reduz o "eu" a uma combinação de cinco agregados (*skandha*) das forças físicas e psíquicas. E explica que o *dukkha* é, em última análise, os cinco agregados.[2]

A segunda nobre verdade localiza a origem do sofrimento (*dukkha*) no desejo, o apetite ou a "sede" (*tanha*) que determina as reencarnações. Essa "sede" busca continuadamente novos gozos: faz-se distinção entre o desejo dos prazeres dos sentidos, o desejo de perpetuar-se e o desejo de extinção (ou autoaniquilamento). Notemos que o desejo de autoaniquilamento é condenado com as outras manifestações da "sede". Na verdade, sendo ele mesmo um "apetite", o desejo de extinção, que pode conduzir ao suicídio, não constitui uma solução, porque não detém o eterno circuito das transmigrações.

A terceira nobre verdade proclama que a libertação da dor (*dukkha*) consiste em eliminar os apetites (*tanha*). Ela equivale ao nirvana. De fato, um dos nomes do nirvana é "extinção da sede" (*tanhakkhaya*). Finalmente, a quarta verdade revela as vias que conduzem à cessação do sofrimento.

Ao enunciar as quatro verdades, Buda aplica um método da medicina indiana que define em primeiro lugar a doença, depois lhe descobre a causa, em seguida decide a supressão dessa causa e finalmente apresenta os meios suscetíveis de suprimi-la. A terapêutica elaborada por Buda constitui, de fato, a quarta verdade; ela prescreve os meios de curar o mal da existência. Esse método é conhecido pelo nome de "caminho do meio". Ele evita os dois extremos: a busca da felicidade pelos prazeres dos sentidos, e a via contrária, a procura da beatitude espiritual por um ascetismo excessivo. O "caminho do meio" é também chamado o "caminho de oito membros", dado que consiste em: 1) concepção ou opinião correta (ou justa); 2) pensamento correto; 3) palavra correta; 4) atividade correta; 5) meios de existência corretos; 6) esforço correto; 7) atenção correta; 8) concentração correta.

Buda volta incansavelmente a lembrar as oito regras do "caminho", explicando-as de diferentes maneiras, pois se dirigia a ouvintes de origens variadas. Essas oito regras eram às vezes classificadas segundo o objetivo a que se destinavam. Assim, por exemplo, um texto do *Majjhimanikaya* (I, 301) define o ensinamento budista como: 1) comportamento ético (*sila*); 2) disciplina mental (*samadhi*); 3) sabedoria (*panna*, sânscrito *prajna*). O comportamento ético, fundado no amor universal e na compaixão por todos os seres, consiste de fato na prática das três regras (da segunda à quarta) do "caminho óctuplo", a saber, palavra justa ou correta, atividade correta, modo de vida correto. Numerosos textos explicam o que se entende por essas expressões.* A disciplina mental (*samadhi*) consiste na prática das três últimas regras do caminho óctuplo (da sexta à oitava): o esforço, a atenção e a concentração corretos. Trata-se de exercícios ascéticos de tipo ioga, sobre os quais insistiremos mais adiante, pois constituem a essência da mensagem búdica. Quanto à sabedoria (*prajna*), é o resultado das duas primeiras regras: concepção ou opinião correta, pensamento correto.

157. A impermanência das coisas e a doutrina do *anatta*

Meditando sobre as duas primeiras nobres verdades – a dor e a origem da dor –, o monge descobre a impermanência, portanto a não substancialidade (*anatta*, em páli) das coisas, e, ao mesmo tempo, a não substancialidade do seu próprio ser. Ele não se descobre perdido entre as coisas (como acontece, por exemplo, com o vedantino, o órfico ou o gnóstico), mas compartilhando suas modalidades de existência. Porque tanto a totalidade cósmica quanto a

* Por exemplo, a palavra justa significa a abstenção da mentira, da maledicência e da calúnia, de toda palavra violenta, injuriosa ou malévola, da tagarelice, enfim. A regra da atividade correta proíbe que o budista destrua a vida, roube, tenha relações sexuais ilegítimas etc. O modo de vida correto exclui as profissões nocivas aos outros etc.

atividade psicomental constituem um único e mesmo Universo. Recorrendo a uma análise impiedosa, Buda demonstrou que *tudo* que existe no mundo pode ser classificado em cinco categorias, "conjuntos" ou "agregados" (*skandha*): 1) o conjunto das "aparências" ou do sensível (que compreende *a totalidade das coisas materiais, os órgãos dos sentidos e seus objetos*); 2) as sensações (provocadas pelo contato com os cinco órgãos dos sentidos); 3) as percepções e as noções que delas resultam (isto é, os fenômenos cognitivos); 4) as construções psíquicas (*samskara*), compreendendo a atividade psíquica consciente e inconsciente; 5) os pensamentos (*vijnana*), ou seja, os conhecimentos produzidos pelas faculdades sensoriais e sobretudo pelo espírito (*manas*), que tem sua sede no coração e organiza as experiências sensoriais. Somente o nirvana não é condicionado, "construído", e, por conseguinte, não se deixa de forma alguma classificar entre os "agregados".

Esses "agregados" ou "conjuntos" descrevem de maneira sumária o mundo das coisas e a condição humana. Outra expressão célebre recapitula e ilustra de modo ainda mais dinâmico o encadeamento das causas e efeitos que rege o ciclo de vidas e renascimentos. Essa expressão, conhecida pelo nome de "coprodução condicionada" (*pratityasamutpada*, páli *paticcasamuppada*), comporta 12 fatores ("membros"), o primeiro dos quais é a ignorância. É a ignorância que produz as volições; estas, por sua vez, produzem as "construções psíquicas" (*samskara*), que condicionam os fenômenos psíquicos e mentais, e assim sucessivamente – até o desejo, em especial o desejo sexual que engendra uma nova existência e por fim conduz à velhice e à morte. Em essência, a *ignorância*, o *desejo* e a *existência* são interdependentes e bastam para explicar a cadeia ininterrupta de nascimentos, mortes e transmigrações.

Esse método de análise e classificação não foi descoberto por Buda. As análises da ioga e do sanquia pré-clássicos, como já as especulações dos *Brahmanas* e dos Upanixades, haviam dissociado e classificado a totalidade cósmica e a atividade psicomental em certo número de elementos ou categorias. Além disso, desde a época pós-védica, o desejo e a ignorância eram denunciados como as causas primordiais do sofrimento e da transmigração. Mas tanto os Upanixades como o sanquia e a ioga reconhecem, ademais, a existência de um princípio espiritual autônomo, o *atman* ou o *purusa*. Ora, Buda parece ter negado ou pelo menos passado em silêncio a existência de tal princípio.

Muitos textos, tidos como capazes de refletir o ensinamento original do mestre, contestam a realidade da pessoa humana (*pudgala*), do princípio vital (*jiva*), ou do *atman*. Num de seus discursos, o mestre declara "completamente insensata" a doutrina que afirma: "Esse Universo é esse *atman*; depois da morte, eu serei isso, que é permanente, que continua a ser, que não muda, e existirei como tal para a eternidade."[3] Compreendem-se a intenção e a função ascéticas dessa negação: *quando se medita sobre a irrealidade da pessoa, destrói-se o egoísmo em suas próprias raízes.*

Por outro lado, a negação de um "eu" sujeito das transmigrações, mas suscetível de libertar-se e de alcançar o nirvana, suscitava problemas. É por essa razão que em diversas ocasiões Buda recusou-se a responder às perguntas referentes à existência ou à não existência do *atman*. Dessa maneira, permaneceu ele em silêncio quando um religioso errante, Vacchagotta, o interrogou sobre essas questões. Mais tarde, no entanto, explicou a Ananda o sentido de seu silêncio: se tivesse respondido que havia um "eu", teria mentido; além disso, Vacchagotta teria colocado o Bem-Aventurado no rol dos partidários da "teoria eternalista" (ou seja, teria feito dele um "filósofo" como tantos outros). Se tivesse respondido que não existe "eu", Vacchagotta o teria tomado por um adepto da "teoria aniilista", e, ademais, Buda teria ainda aumentado sua confusão: "Pois ele teria pensado: antes eu tinha um *atman*, mas agora não o tenho mais" (*Samyutta Nikaya*, IV, 400). Comentando esse episódio famoso, Vasubandhu (século V d.C.) conclui: "Crer na existência do 'eu' é cair na heresia da permanência; negar o 'eu' é cair na heresia do aniquilamento na morte."[4]

Quando se nega a realidade do "eu" (*nairatmya*) chega-se a este paradoxo: uma doutrina que exalta a importância do *ato* e de seu "fruto", a *retribuição do ato*, nega o *agente*, o "comedor do fruto". Em outros termos, como diz um intérprete tardio, Buddhaghosa: "Só o sofrimento existe, mas não se encontra nenhum sofredor. Os atos existem, mas não se encontra ator" (*Visuddhimagga*, p.513). No entanto, certos textos são mais explícitos: "Aquele que come o fruto do ato numa certa existência não é aquele que fez o ato numa existência anterior, *mas não é um outro.*"[5]

Tais hesitações e ambiguidades refletem o embaraço provocado pela recusa de Buda em resolver certas questões controvertidas. Se o mestre negava a existência de um eu irredutível e indestrutível, era porque sabia que a crença no *atman* acarreta intermináveis disputas metafísicas e estimula o orgulho intelectual; em última análise, impede a obtenção do despertar. Como ele não se cansava de lembrar, pregava a eliminação do sofrimento e os meios de realizá-la. As inúmeras controvérsias em torno do "eu" e da "natureza do nirvana" encontravam solução *na experiência do despertar*: *eram insolúveis pelo pensamento e no nível da verbalização.*

No entanto, Buda parece ter aceitado certa unidade e continuidade da "pessoa" (*pudgala*). Num sermão sobre o fardo e o carregador do fardo, afirma: "O fardo são os cinco *skandha*, matéria, sensações, ideias, volições, conhecimento; o carregador do fardo é o *pudgala*, por exemplo, tal venerável religioso, de tal família, de tal nome etc." (*Samyutta*, III, 22). Recusou-se, porém, a tomar partido na controvérsia entre os "adeptos da pessoa" (*pudgalavadin*) e os "adeptos dos agregados" (*skandhavadin*): manteve-se numa posição "intermediária".* Contudo, conserva-se a crença na continuidade da pessoa, e não somente nos meios populares. Os *Jatakas* narram as existências anteriores de Buda, de sua família e de seus companheiros, e a identidade das personalidades deles sempre é reconhecida. E como compreender as palavras pronunciadas por Sidarta, mal acabara de nascer: "Este é o meu último nascimento" (§147), quando se nega a continuidade da "verdadeira pessoa" (mesmo quando se hesita em chamar-lhe o "eu" ou *pudgala*)?

158. A via que conduz ao nirvana

As duas últimas verdades devem ser objeto de uma meditação conjunta. Afirma-se, em primeiro lugar, que a suspensão da dor é obtida pela cessação total da sede (*tanha*), isto é, "do fato de se afastar [dessa sede], de renunciar a ela, de rejeitá-la, de libertar-se dela, de não se prender a ela" (*Majj.*, I, 141). Explica-se em seguida que as vias que conduzem à eliminação da dor são aquelas enunciadas no caminho óctuplo. Essas duas últimas verdades afirmam explicitamente: 1) que o nirvana *existe*, mas 2) só podemos *obtê-lo* por meio de técnicas especiais de concentração e meditação. Implicitamente, isso quer também dizer que toda discussão relativa à natureza do nirvana e à modalidade existencial do "nirvanado" não tem o menor sentido para quem não atingiu pelo menos o limiar desse estado indizível.

Buda não apresenta uma "definição" do nirvana, mas volta sempre a referir-se a alguns de seus "atributos". Afirma que os *arhats* (os santos libertados) "atingiram a felicidade inabalável" (*Udana*, VIII, 10), que o nirvana "é beatitude" (*Anguttara*, IV, 414), que ele, o Bem-Aventurado, "atingiu o imortal", e que os monges podem igualmente atingi-lo: "Vós vos mostrareis presente

* Os *pudgalavadin*, aliás, aproximam-se dos seus adversários, propondo uma definição paradoxal da pessoa: "É falso que o *pudgala* seja a mesma coisa que os *skandhas*; é falso que ele difira dos *skandhas*." Por outro lado, os "adeptos dos agregados" acabaram por transformar a "personalidade" numa "série" (*samtana*) de causas e efeitos cuja unidade, embora instável, não é descontínua, o que a faz assemelhar-se à "alma". Essas duas interpretações serão elaboradas pelas escolas posteriores, mas, na história do pensamento budista, o futuro pertence aos adeptos da alma-série. É verdade, no entanto, que as únicas escolas cujas escrituras possuímos e sobre as quais dispomos de melhores informações professam o *nairatmya*; cf. Vallée-Poussin, *Nirvana*, p.66s.

nesta vida, vivereis possuindo esse imortal" (*Majj.*, I, 172). O *arhat*, "nesta mesma vida, fortificado, nirvanado (*nibbuta*), sentindo a felicidade em si, passa o seu tempo com Brahman".[6]

Buda ensina, pois, que o nirvana é "visível aqui embaixo", "manifesto", "atual" ou "deste mundo". Mas insiste em que só ele, entre os iogues, "vê" e possui o nirvana. (Deve-se entender: ele e aqueles que seguem a sua via, o seu "método".) A "visão", denominada no cânone "o olho dos santos" (*ariya cakkhu*), permite o "contato" com o incondicionado, o "não construído", o nirvana.* Ora, essa "visão transcendental" é obtida por certas técnicas contemplativas já praticadas desde os tempos védicos e de que se encontram paralelos no Irã antigo.

Em suma, seja qual for a "natureza" do nirvana, é certo que só nos podemos aproximar dele seguindo o método ensinado por Buda. A estrutura ióguica desse método é evidente: comporta uma série de meditações e concentrações conhecidas há muitos séculos. Trata-se porém de uma ioga desenvolvida e reinterpretada pelo gênio religioso do Bem-Aventurado. O monge exercita-se primeiro em refletir incessantemente sobre sua vida fisiológica a fim de tomar consciência de todos os atos que até então efetuava de maneira automática e inconsciente. Por exemplo, "aspirando de modo prolongado compreende a fundo essa longa inspiração; expirando brevemente compreende etc. Exercita-se em ser consciente de todas as suas expirações, ... de todas as suas inspirações; e exercita-se em diminuir o ritmo de suas expirações ... e inspirações" (*Digha*, II, 291s.). Da mesma forma, esforça-se o monge por "compreender perfeitamente" o que faz quando anda, ergue o braço, quando come, fala ou cala-se. Essa lucidez ininterrupta confirma-lhe a friabilidade do mundo fenomenal e a irrealidade da "alma":[7] ela contribui sobretudo para "transmudar" a experiência profana.

O monge pode agora abordar com certa confiança as técnicas propriamente ditas. A tradição budista classifica-as em três categorias: as "meditações" (*jhana*, sânscrito *dhyana*), os "recolhimentos" (*samapatti*) e as "concentrações" (*samadhi*). Vamos primeiro descrevê-los de forma sucinta para em seguida tentar interpretar-lhes os resultados. Na primeira meditação (*jhana*), o monge, desvinculando-se do desejo, sente "alegria e felicidade", acompanhadas de uma atividade intelectual (raciocínio e reflexão). No segundo *jhana*, obtém a aquietação dessa atividade intelectual; por conseguinte, conhece a serenidade interior, a unificação do pensamento e "a alegria e felicidade" surgidas

---

* Deve-se, no entanto, fazer uma distinção entre o nirvana "visível", isto é, acessível durante a vida, e o *parinibbana*, que se realiza na morte.

dessa concentração. No terceiro *jhana*, desliga-se da alegria e permanece indiferente, mas em total consciência, e experimenta a beatitude no seu corpo. Por fim, na quarta fase, renunciando não só à alegria como à dor, obtém um estado de pureza absoluta, indiferença e pensamento desperto.[8]

Os quatro *samapatti* ("recolhimentos" ou "obtenções") buscam o processo de "purificação" do pensamento. Esvaziado de seus conteúdos, o pensamento concentra-se sucessivamente na infinitude do espaço, na infinitude da consciência, na "niilidade", e, no quarto *samapatti*, atinge um estado que "não é nem consciência nem inconsciência". Mas o *bhikkhu* deve ir ainda mais longe nesse trabalho de purgação espiritual, fazendo cessar toda percepção e toda ideia (*nirodhasamapatti*). Fisiologicamente, o monge parece estar num estado cataléptico, e diz-se que "ele toca o nirvana com seu corpo". Declara um autor tardio que "o *bhikkhu* que soube fazer essa aquisição nada mais tem a fazer".[9] Quanto às "concentrações" (*samadhi*), são exercícios ióguicos de duração mais limitada que os *jhana* e os *samapatti*, e servem sobretudo como treinamento psicomental. O pensamento é fixado sobre certos objetos ou noções a fim de obter a unificação da consciência e a supressão das atividades racionais. Conhecem-se diferentes espécies de *samadhi*, cada uma das quais persegue um objetivo preciso.

Praticando e dominando esses exercícios ióguicos, e outros mais, sobre os quais não nos podemos deter,* o *bhikkhu* avança na "via da libertação". Distinguem-se quatro estágios: 1) a "entrada no curso" é a etapa atingida pelo monge desembaraçado dos erros e das dúvidas, e que só renascerá sete vezes sobre a terra; 2) o "único retorno", o estágio daquele que reduziu a paixão, o ódio e a tolice, e que não terá mais que um único renascimento; 3) o "sem retorno", quando o monge se libertou definitiva e completamente dos erros, dúvidas e desejos; ele renascerá num corpo de deus e em seguida obterá a libertação; 4) o "merecedor" (*arhat*), purgado de todas as impurezas e paixões, dotado de saberes naturais e de poderes maravilhosos (*siddhi*), alcançará o nirvana no momento em que sua vida chegar ao fim.

159. Técnicas de meditação e sua iluminação pela "sabedoria"

Seria ingênuo acreditar que se poderiam "compreender" esses exercícios ióguicos, mesmo multiplicando as citações dos textos originais e elaborando seu comentário. Somente a prática, sob o controle de um mestre, é suscetível

* Lembremos as oito "libertações" (*vimoksa*) e os oito "estágios de domínio" (*abhibhayatana*).

de revelar-lhes a estrutura e a função. Isso era verdadeiro no tempo dos Upanixades e continua a sê-lo em nossos dias.

Consideremos, no entanto, alguns pontos essenciais:

1) Antes de mais nada, esses exercícios ióguicos são guiados pela "sabedoria" (*prajna*), isto é, uma perfeita compreensão dos estados psíquicos e parapsíquicos experimentados pelo *bhikkhu*. O esforço para tomar consciência das atividades fisiológicas mais familiares (respiração, marcha, movimentos dos braços etc.) prolonga-se nos exercícios que revelam ao iogue "estados" inacessíveis a uma consciência profana.

2) Tornadas "inteligíveis", as experiências ióguicas acabam por transmudar a consciência normal. De uma parte, o monge é libertado dos erros solidários da própria estrutura de uma consciência não iluminada (por exemplo, crer na realidade da "pessoa" ou na unidade da matéria etc.); de outra parte, graças a suas experiências supranormais, atinge um nível de compreensão para além de todo sistema nocional, e uma compreensão desse gênero recusa-se à verbalização.

3) Progredindo na prática, o monge encontra novas confirmações da doutrina, especialmente a evidência de um "absoluto", de um "não construído" que transcende todas as modalidades acessíveis a uma consciência não iluminada, a realidade evidente de um "imortal" (ou nirvana), a cujo respeito só se pode dizer que *existe*. Um intérprete tardio resume com muita propriedade a origem *experimental* (isto é, ióguica) da crença na *realidade* do nirvana.

> Sustenta-se em vão que o nirvana não existe pelo simples motivo de que não é objeto de conhecimento. Talvez o nirvana não seja conhecido diretamente da maneira como são conhecidas a cor, a sensação etc., e não seja conhecido indiretamente por sua atividade da maneira como são conhecidos os órgãos dos sentidos. No entanto, sua natureza e atividade ... são objeto de conhecimento. ... O iogue que entrou em recolhimento toma consciência do nirvana, de sua natureza, de sua atividade. Ao sair da contemplação, exclama: "Oh, o nirvana, destruição, calma, excelência, escapatória!" Os cegos, por não verem o azul e o amarelo, não têm o direito de dizer que os que enxergam não veem as cores e que as cores não existem.[10]

É provável que a mais genial contribuição de Buda tenha sido a articulação de um método de meditação no qual logrou incorporar as práticas ascéticas e as técnicas ióguicas a processos específicos de compreensão. Isso é confirmado também pelo fato de que Buda atribuía um valor igual à ascese-meditação de tipo ioga e à inteligência da doutrina. Mas, como era de esperar, as duas vias, que correspondem, aliás, a duas tendências divergentes do espírito, só raramente foram dominadas pela mesma pessoa. Muito cedo os textos canônicos tentaram conciliá-las.

> Os monges que se dedicam à meditação ióguica (os *jhain*) reprovam os monges que se agarram à doutrina (os *dhammayoga*), e vice-versa. Eles devem, ao contrário, estimar-se uns aos outros. Raros são, na verdade, os homens que passam o tempo tocando com o corpo (isto é, "realizando, experimentando") o elemento imortal (ou seja, o nirvana). Raros são também aqueles que veem a profunda realidade penetrando-a por meio da *prajna* (por meio da inteligência).[11]

Todas as verdades reveladas por Buda deviam ser "realizadas" à maneira ióguica, isto é, meditadas e "experimentadas". É por essa razão que Ananda, o discípulo favorito do mestre, embora ímpar no conhecimento da doutrina, foi excluído do Concílio (§185): pois não era *arhat*, vale dizer, não tinha uma "experiência ióguica" perfeita. Um texto célebre do *Samyutta* (II, 115) põe frente a frente Musila e Narada, cada um deles representando certo grau de perfeição búdica. Os dois possuíam o mesmo saber, mas Narada não se considerava de forma alguma um *arhat*, visto que não havia realizado experimentalmente o "contato com o nirvana".[12] Essa dicotomia teve continuidade e foi se acentuando durante toda a história do budismo. Certos intérpretes afirmaram mesmo que a "sabedoria" (*prajna*) é capaz de assegurar por si só a aquisição do nirvana, sem que seja necessário recorrer às experiências ióguicas. Adivinha-se nessa apologia do "santo seco", do libertado pela *prajna*, uma tendência "antimística", isto é, a resistência dos "metafísicos" aos excessos ióguicos.

Acrescentemos que o caminho para o nirvana – tal como, na ioga clássica, o caminho para o *samadhi* – conduz à posse dos "poderes miraculosos" (*siddhi*, páli *iddhi*). Ora, isso suscitava para Buda (como mais tarde para Patanjali) um novo problema. Porque, de um lado, os "poderes" são inevitavelmente adquiridos no decorrer da prática e constituem, por essa mesma razão, indicações precisas sobre o progresso espiritual do monge: é a prova de que este se está "descondicionando", de que suspendeu as leis da natureza na engrenagem das quais estava sendo triturado. Mas, por outro lado, os "poderes" são duplamente perigosos, uma vez que tentam o *bhikkhu* com um vão "domínio mágico do mundo" e, além disso, correm o risco de criar confusões entre os profanos.

Os "poderes maravilhosos" fazem parte das cinco classes de "altas ciências" (*abhijna*, a saber: 1) *siddhi*; 2) o olho divino; 3) o ouvido divino; 4) o conhecimento do pensamento de outrem; 5) a lembrança das existências anteriores). Nenhum desses cinco *abhijna* difere dos "poderes" suscetíveis de serem obtidos pelos iogues não budistas. No *Dighanikaya* (I, 78s.), Buda afirma que o *bhikkhu* em meditação é capaz de multiplicar-se, tornar-se invisível, atravessar a terra sólida, andar sobre a água, voar nos céus, ou de ouvir os sons celestes, conhecer os pensamentos das outras pessoas, recordar-se de suas existências anteriores. No entanto, não se esquece de acrescentar que a posse desses "poderes" traz em si o risco de desviar o monge de sua verdadeira meta, o nirvana. De mais a mais, a ostentação de tais "poderes" não servia de modo algum para propagar a salvação; outros iogues e extáticos podiam fazer os mesmos milagres; além disso, os profanos podiam acreditar que se tratava apenas de magia. É por essa razão que Buda proibia terminantemente que os "poderes miraculosos" fossem exibidos diante dos leigos.

160. O paradoxo do incondicionado

Se levarmos em conta a transmutação da consciência profana obtida pelo *bhikkhu* – e as estranhas experiências ióguicas e parapsicológicas que efetua –, compreenderemos a perplexidade, as hesitações e até as contradições dos textos canônicos no que se refere à "natureza" do nirvana e à "situação" do libertado. Foram abundantes as discussões para saber se o modo de ser do "nirvanado" equivale à extinção total ou a uma pós-existência beatífica indizível. Buda comparou a obtenção do nirvana à extinção de uma chama. Houve quem observasse, porém, que, para o pensamento indiano, a extinção do fogo não significa seu aniquilamento, mas a volta a um estado virtual.[13] Por outro lado, se o nirvana é o incondicionado por excelência, o absoluto, ele transcende não somente as estruturas cósmicas, mas também as categorias do conhecimento. Nesse caso, pode-se afirmar que o "nirvanado" não existe mais (quando se entende a existência como um modo de ser no mundo), mas pode-se também afirmar que ele "existe" no nirvana, no incondicionado, portanto, num modo de ser impossível de imaginar.

Foi com razão que Buda deixou esse problema em aberto. Porque somente aqueles que se engajaram na via e realizaram pelo menos certas experiências ióguicas, tendo-as oportunamente "iluminado" com a *prajna*, percebem que, com a transmutação da consciência, as construções verbais e as estruturas do pensamento são abolidas. Desemboca-se assim num plano paradoxal e aparentemente contraditório, no qual o ser coincide com o não ser; pode-se por conseguinte afirmar, ao mesmo tempo, que o "eu" existe ou não existe, que a libertação é extinção e simultaneamente beatitude. Em certo sentido, e apesar das diferenças entre o sanquia-ioga e o budismo, pode-se comparar o "nirvanado" ao *jivan-mukta*, o "liberto em vida" (§146).

Importa, no entanto, sublinhar que a equivalência entre nirvana e transcendência absoluta do cosmo, isto é, seu aniquilamento, é também ilustrada por muitas imagens e símbolos. Já aludimos ao simbolismo cosmológico e temporal dos "sete passos de Buda" (§147). Devemos acrescentar a parábola do "ovo quebrado", utilizada por Buda para proclamar que ele quebrou a roda das existências (*samsara*), em outras palavras, que transcendeu tanto o cosmo quanto o tempo cíclico. Não menos impressionantes são as imagens da "destruição da casa" por Buda e do "telhado fraturado" pelos *arhats*, imagens que traduzem o aniquilamento de todo mundo condicionado.[14] Quando nos lembramos da importância da homologia "cosmo-casa-corpo humano" para o pensamento indiano (e em geral para o pensamento tradicional, arcaico), avaliamos a novidade revolucionária do objetivo proposto por Buda. Ao ideal arcaico de "instalar-se numa morada estável" (isto é, de assumir certa situação existencial num cosmo perfeito), Buda opõe o ideal da elite espiritual que lhe era contemporânea: o aniquilamento do mundo e a transcendência de toda "situação" condicionada.

No entanto, Buda não tem de modo algum a pretensão de pregar uma doutrina "original". Repete em muitas oportunidades que segue "a via antiga", a doutrina atemporal (*akaliko*) partilhada pelos "santos" e pelos "perfeitos despertados" dos tempos passados.* Era outra maneira de sublinhar a verdade "eterna" e a universalidade de sua mensagem.

NOTAS

1. A escolástica budista fez distinção entre o *dukkha* como sofrimento ordinário, como sofrimento causado pela mudança, e como estado condicionado (*Visuddhimagga*, p.499; cf. Rahula, *L'Enseignement du Bouddha*, p.40). Como, porém, tudo é condicionado, tudo é *dukkha*.
2. Apud Rahula, p.41.
3. *Majj.*, I, 138.

---

* "Vi a via antiga, a velha via fundada por todos os perfeitos despertados de uma época. Eis a trilha que pretendo seguir" (*Samyutta-nikaya*, II, 106). Com efeito, "aqueles que em tempos passados foram santos, perfeitos despertados, todos esses seres sublimes, guiaram justamente os seus discípulos para tal fim, da forma como hoje são guiados por mim mesmo os discípulos; e aqueles que nos tempos futuros serão santos, perfeitos despertados, todos esses seres sublimes, não deixarão de guiar justamente os seus discípulos, da forma como hoje são justamente guiados por mim mesmo os discípulos" (*Majj.*, II, 3-4; cf. II, 112, III, 134).

4. Apud L. de la Vallée-Poussin, *Nirvana*, p.108.
5. Apud Vallée-Poussin, ibid., p.46.
6. *Anguttara*, II, 206; *Majj.*, I, 341 etc., apud Vallée-Poussin, p.72-3, que lembra o *Bhagavadgita*, V, 24: "Aquele que não encontra felicidade, alegria, luz senão dentro de si mesmo, o iogue identificado com Brahman, atinge o nirvana que é Brahman." Outro texto búdico descreve assim o santo libertado: "Desse monge, digo que não irá nem para leste, nem para sul, nem para oeste: ... já nesta vida é destacado, nirvanado, esfriado, identificado com Brahman (*brahmibhuta*)", apud Vallée-Poussin, p.73, nota 1.
7. Na verdade, o comentário *Sumangala Vilasini* tira da meditação sobre os gestos corporais a seguinte conclusão: "Dizem que é uma entidade viva que anda, uma entidade viva que repousa; mas porventura existe realmente uma entidade viva que anda ou que repousa? De fato, não." Quanto às expirações e às inspirações, o *bhikkhu* descobre que "estão fundadas na matéria, e a matéria é o corpo material, são os quatro elementos etc.". Cf. Eliade, *Le yoga*, p.173.
8. *Digha*, I, 182s., apud *Le yoga*, p.174-5. Cf. também *Majj.*, I, 276 etc. Sejam quais forem os progressos ulteriores do *bhikkhu*, o domínio dos quatro *jhana* assegura-lhe um renascimento entre os "deuses" que estão perpetuamente mergulhados nessas meditações.
9. Santideva (século VII d.C.), apud *Le yoga*, p.177.
10. *Samghabhadra*, apud Vallée-Poussin, ibid., p.73-4. Cf. *Visuddhimagga*: "Não se pode dizer que uma coisa não existe porque os tolos não a percebem."
11. *Anguttara*, III, 355, apud *Le yoga*, p.178.
12. Cf. *Le yoga*, p.180. Ver outros textos citados in L. de la Vallée-Poussin, "Musila et Narada", p.191s.
13. A.B. Keith destacou a mesma imagem nos Upanixades, e Senart na Epopeia; cf. Vallée-Poussin, *Nirvana*, p.146.
14. Ver os textos citados in *Images et symboles*, p.100s., e in "Briser le toit de la maison", passim.

XX. A RELIGIÃO ROMANA: DAS ORIGENS AO PROCESSO DAS BACANAIS (186 A.C.)

161. Rômulo e a vítima sacrifical

Segundo os historiadores antigos, a fundação de Roma deu-se por volta de 754 a.C., e os achados arqueológicos confirmam a validade dessa tradição: o sítio da urbe começou a ser habitado desde o meado do século VIII. O mito da fundação de Roma e as lendas dos primeiros reis são particularmente importantes para a compreensão da religião romana, mas essa súmula mitológica reflete também certas realidades etnográficas e sociais. Os acontecimentos fabulosos que presidiram o nascimento de Roma aludem: 1) a uma reunião de fugitivos de diferentes origens; 2) à fusão de dois grupos étnicos bem distintos. Ora, a etnia latina de onde proveio o povo romano é resultado de uma miscigenação entre as populações neolíticas autóctones e os invasores indo-europeus que desceram das regiões transalpinas. Essa primeira síntese constitui o modelo exemplar da nação e da cultura romanas. Efetivamente, o processo de assimilação e de integração étnica, cultural e religiosa perpetuou-se até o fim do Império.

Segundo a tradição referida pelos historiadores, Numitor, o rei de Alba, foi deposto por seu irmão Amúlio. Com o objetivo de consolidar o reino, Amúlio chacinou os filhos de Numitor e obrigou a irmã deles, Reia Sílvia, a se tornar vestal. Sílvia, porém, foi engravidada pelo deus Marte e gerou dois meninos, Rômulo e Remo. Abandonados às margens do Tibre, os gêmeos, miraculosamente amamentados por uma loba, foram recolhidos pouco tempo depois por um pastor e criados pela mulher deste. Ao chegarem à idade adulta, Rômulo e Remo conseguiram ser reconhecidos pelo avô e, depois de eliminarem o usurpador, recolocaram Numitor no trono. Contudo, deixaram Alba e decidiram fundar uma cidade no próprio local onde haviam passado a infância. Para consultar os deuses, Rômulo escolheu o Palatino, enquanto Remo se instalou em outra colina, o Aventino. Foi Remo quem percebeu o primeiro sinal de um augúrio, o voo de seis abutres. No entanto, Rômulo viu 12 abutres, e coube-lhe a honra de fundar a cidade. Traçou com o arado um sulco em torno do Palatino. A terra retirada representava os muros, o sulco simbolizava o fosso, e pusera-se de pé o arado para indicar a futura localização das portas. Querendo ridicularizar a terminologia extravagante do irmão, Remo atravessou com um só pulo o "muro" e o "fosso". Rômulo então avançou sobre ele e matou-o, gritando: "Assim pereça todo aquele que no futuro atravessar minhas muralhas!"[1]

O caráter mitológico dessa tradição é manifesto. Nela voltamos a encontrar o tema do abandono do recém-nascido presente nas lendas de Sargão, Moisés, Ciro e outras personagens famosas (cf. §58, 105). A loba, enviada por Marte para amamentar os gêmeos, pressagia a vocação guerreira dos romanos. O abandono e a amamentação pela fêmea de um animal feroz constituem a primeira prova iniciatória que o futuro herói tem de vencer. Ela é seguida pela aprendizagem do adolescente entre pessoas pobres e rudes, que lhe ignoram a identidade (por exemplo, Ciro). O tema dos "irmãos (gêmeos) inimigos" bem como o da eliminação do tio (ou do avô) também são amplamente difundidos. Quanto ao ritual da fundação da cidade por meio de um sulco (*sulcus primigenius*), já se apontaram paralelos em numerosas culturas. (De maneira inversa, uma cidade inimiga era ritualmente aniquilada quando se derrubavam seus muros e se traçava um sulco em torno de suas ruínas.[2]) Como em tantas outras tradições, a fundação de uma cidade representa, de fato, a repetição da cosmogonia. O sacrifício de Remo reflete o sacrifício cosmogônico primordial de tipo Purusa, Ymir, P'an-ku (cf. §75). Imolado no sítio de Roma, Remo garante o futuro ditoso da cidade, ou seja, o nascimento do povo romano e a ascensão de Rômulo à realeza.[3]

É difícil precisar a cronologia e sobretudo as modificações dessa tradição mitológica *antes* dos registros dos primeiros historiadores. Seu arcaísmo é inegável, e já se apontaram algumas analogias com as cosmogonias indo-europeias.[4] Mais instrutiva para o propósito do nosso estudo é a repercussão que teve essa lenda na consciência dos romanos.

> Desse sacrifício cruento, o primeiro que deve ter sido oferecido à divindade de Roma, o povo conservará sempre uma lembrança temerosa. Mais de 700 anos depois da fundação, Horácio ainda o considera uma espécie de pecado original cujas consequências deviam inevitavelmente provocar a ruína da cidade, incitando seus filhos a se chacinarem uns aos outros. Em cada momento crítico de sua história, Roma há de se interrogar com angústia, acreditando pesar sobre si uma maldição. Da mesma forma como, em seu nascimento, ela não estava em paz com os homens, também não o estava com os deuses. Essa inquietação religiosa pesará sobre seu destino.[5]

162. A "historicização" dos mitos indo-europeus

A tradição relata o povoamento da cidade por pastores da região e em seguida por banidos e vagabundos do Lácio. Para conseguir arranjar as mulheres, Rômulo recorreu a um estratagema: durante a festa que havia atraído as famílias das cidades vizinhas, seus companheiros lançaram-se sobre as jovens sabinas e as arrastaram para suas casas. A guerra que explodiu entre sabinos e romanos prolongou-se sem qualquer definição militar, até o momento em que as mulheres se interpuseram entre seus pais e os raptores. Com a reconciliação, muitos sabinos vieram instalar-se na cidade. Depois de ter organizado a estrutura política, criando o Senado e a Assembleia do Povo, Rômulo desapareceu durante uma violenta tempestade, e o povo proclamou-o deus.

Em que pese seu crime de fratricídio, a figura de Rômulo tornou-se e continuou a ser exemplar na consciência dos romanos: era ao mesmo tempo fundador e legislador, guerreiro e sacerdote. A tradição é acorde quanto a seus sucessores. O primeiro, o sabino Numa, dedicou-se a organizar as instituições religiosas; destacou-se principalmente pela veneração à *Fides Publica* – a Boa Fé, deusa que rege tanto as relações entre os indivíduos quanto as internacionais. Entre os reis que lhe sucederam, o mais célebre foi o sexto, Sérvio Túlio; seu nome está ligado à reorganização da sociedade romana, às reformas administrativas e ao crescimento da cidade.

Muito se tem discutido a veracidade dessa tradição, que acrescenta tantos acontecimentos fabulosos, desde a fundação de Roma até a deposição do último rei, o etrusco Tarquínio o Soberbo, e a instituição da República. É muito provável que as lembranças de certo número de personagens e acontecimentos históricos, já modificadas pelas pulsões da memória coletiva, tenham sido interpretadas e organizadas de acordo com uma concepção historiográfica particular. Georges Dumézil mostrou em que sentido os romanos "historicizaram" os grandes temas da mitologia indo-europeia (cf. §63); essa historicização foi de tal ordem que se pôde afirmar que a mais antiga mitologia romana, aquela anterior às influências etruscas e gregas, se encontra camuflada nos dois primeiros livros de Tito Lívio.

Dessa maneira, a propósito da guerra entre romanos e sabinos, Dumézil observa a espantosa simetria com um episódio central da mitologia escandinava, a saber, o conflito entre dois povos divinos, os Ases e os Vanes. Os primeiros agrupam-se em torno de Odin e de Thor. Odin, o chefe deles, é o deus-rei-mágico; Thor, o deus armado de um martelo, é o grande campeão celeste. Em contrapartida, os Vanes são os deuses da fecundidade e da riqueza.

Atacados pelos Ases, os Vanes resistem; mas, como diz Snorri Sturlusson, "ora um partido, ora outro, saía vencedor". Cansados de se revezar em vitórias incompletas e custosas, os Ases e os Vanes firmam a paz: as principais divindades vanes instalam-se entre os Ases, completando desse modo, graças à fecundidade e à riqueza que representam, a classe dos deuses agrupados em torno de Odin. Chega assim a termo a fusão dos dois povos divinos, e nunca mais haverá outro conflito entre os Ases e os Vanes (§174).

Georges Dumézil sublinha as analogias com a guerra entre romanos e sabinos. De um lado, Rômulo, filho de Marte e protegido de Júpiter, e seus companheiros, guerreiros temíveis, mas pobres e sem mulheres; do outro lado, Tácio e os sabinos, caracterizados pela riqueza e pela fecundidade (porque possuem mulheres). Esses dois partidos são de fato complementares. A guerra não chega ao fim depois de uma vitória, mas graças à iniciativa das esposas. Reconciliados, os sabinos decidem fundir-se com os companheiros de Rômulo, levando-lhes assim a riqueza. Os dois reis, tornados colegas, instituem cultos: Rômulo, apenas a Júpiter; Tácio, aos deuses relacionados com a fertilidade e o solo, entre os quais figura Quirino. "Nunca mais, nem sob esse reinado duplo nem mais tarde, se ouvirá falar de dissensão entre o componente sabino e o componente latino, albano, romuliano de Roma. A sociedade está completa."[6]

Sem dúvida, é possível, como pensam muitos estudiosos, que essa guerra acompanhada de reconciliação reflita certa realidade histórica, e precisamente a fusão entre os "autóctones" e os conquistadores indo-europeus.[7] No entanto, é significativo que os "acontecimentos históricos" tenham sido repensados e organizados segundo um esquema mitológico próprio das sociedades indo-europeias. A surpreendente simetria entre um episódio mitológico escandinavo e uma lenda histórica romana revela seu significado profundo quando se examina o conjunto da herança indo-europeia em Roma. Lembremos, em primeiro lugar, que a mais antiga tríade romana – Júpiter, Marte, Quirino – exprime a ideologia tripartida atestada entre outros povos indo-europeus: a função da soberania mágica e jurídica (Júpiter; Varuna e Mitra; Odin), a função dos deuses da força guerreira (Marte; Indra; Thor) e finalmente a função das divindades da fecundidade e da prosperidade econômica (Quirino; os gêmeos Nasatya; Freyr). Essa tríade funcional constitui o modelo ideal da divisão tripartida das sociedades indo-europeias em três classes: sacerdotes, guerreiros e criadores-agricultores (brâmanes, xátrias e vaixiás, para citarmos apenas o exemplo indiano; cf. §63). Em Roma, a tripartição social foi abolida bem cedo; pode-se, porém, vislumbrá-la na tradição lendária das três tribos.

Contudo, o essencial da herança indo-europeia foi conservado sob uma forma acentuadamente historicizada. As duas tendências complementares da primeira função – soberania mágica e soberania jurídica, ilustradas pelo par Varuna-Mitra – encontram-se nos dois fundadores de Roma: Rômulo e Tácio. O primeiro, semideus violento, é o protegido de Júpiter Ferétrio; o segundo, ponderado e sábio, instituidor dos *sacra* e das *leges*, é o devoto de *Fides Publica*. Seguem-se-lhes o rei exclusivamente guerreiro Túlio Hostílio e Anco Márcio, sob o reinado do qual a cidade abre as portas à riqueza e ao comércio de longo curso.[8] Em suma, os representantes divinos das três funções foram metamorfoseados em "personagens históricas", e precisamente na série dos primeiros reis romanos. A fórmula hierárquica original – a tripartição divina – foi expressa em termos temporais, como uma sucessão cronológica.

Georges Dumézil salientou outros exemplos de historicizacão dos mitos indo-europeus em Roma. Lembremos a vitória do terceiro Horácio sobre o trio de Curiácios, que é uma transposição da vitória de Indra e de Trita sobre o Tricéfalo. Ou a lenda dos dois mutilados, Cocles e Cévola (o "Ciclope" e o "Canhoto") e seu paralelo na dupla do deus Caolho e do deus Maneta dos escandinavos, isto é, de Odin e Thor.[9]

Os resultados dessas investigações comparativas têm uma importante consequência. Mostram, em primeiro lugar, que as origens da religião romana não devem ser buscadas nas crenças de tipo "primitivo",[10] pois a ideologia religiosa indo-europeia era ainda atuante na época da formação do povo romano. Essa herança compreendia não só uma mitologia e uma técnica ritual específicas, mas também uma teologia coerente e claramente formulada: basta que se leiam as análises que Dumézil faz dos termos *maiestas*, *gravitas*, *mos*, *augur*, *augustus* etc.[11]

A "historicização" dos temas mitológicos e dos argumentos mítico-rituais indo-europeus é também importante por outra razão. Esse processo revela um dos traços característicos do gênio religioso romano, especialmente sua tendência ametafísica e sua vocação "realista". Causa espécie o interesse apaixonado, religioso, dos romanos pelas realidades imediatas da vida cósmica e da história, pela importância apreciável que atribuem aos fenômenos insólitos (considerados como outros tantos presságios), e sobretudo pela séria confiança no poder dos ritos.

Em síntese, a sobrevivência da herança mitológica indo-europeia, camuflada na mais antiga história da cidade, constitui em si mesma uma *criação religiosa suscetível de nos revelar a estrutura específica da religiosidade romana.*

163. Caracteres específicos da religiosidade romana

A disposição ametafísica e o vivíssimo interesse (de natureza religiosa!) pelas *realidades imediatas*, tanto cósmicas como históricas, não demoram a aparecer na atitude dos romanos em relação a anomalias, acidentes ou inovações. Para os romanos, como também para as sociedades rurais em geral, a norma ideal manifestava-se na regularidade do ciclo anual, na sequência ordenada das estações. Toda inovação radical equivalia a um ataque à norma; em última análise, implicava o risco de um retorno ao caos (cf. concepção similar no Egito antigo, §25). De modo semelhante, toda anomalia – prodígios, fenômenos insólitos (nascimento de monstros, chuvas de pedras etc.) – denunciava uma crise nas relações entre os deuses e os homens. Os prodígios proclamavam o descontentamento ou até a cólera dos deuses. Os fenômenos aberrantes equivaliam a manifestações enigmáticas dos deuses; de certo prisma, eles constituíam "teofanias negativas".

Também Javé anunciava seus desígnios por meio de fenômenos cósmicos e acontecimentos históricos: os profetas não paravam de comentá-los, enfatizando as terríveis ameaças que eles anunciavam (cf. §116s.). Para os romanos, a significação precisa dos prodígios não era evidente; tinha de ser decifrada pelos profissionais do culto, o que explica a importância apreciável das técnicas divinatórias e o respeito mesclado de temor que desfrutavam os arúspices etruscos e, mais tarde, os *Livros sibilinos* e outras coleções oraculares. A divinação consistia em interpretar os presságios vistos (*auspicia*) ou ouvidos (*omina*). Somente os magistrados e os chefes militares estavam autorizados a explicá-los. Mas os romanos haviam guardado para si o direito de recusar os presságios (cf., *inter alia*, Cícero, *De divinatione*, I, 29). Certo cônsul que também era áugure fazia-se transportar numa liteira fechada, a fim de ignorar os sinais que poderiam vir a contrariar seus planos (ibid., II, 77). Uma vez decifrado o sentido do prodígio, procedia-se a lustrações e a outros ritos de purificação, pois essas "teofanias negativas" haviam denunciado a presença de determinada mácula, e era importante que ela fosse cuidadosamente afastada.

À primeira vista, o medo desmedido dos prodígios e das máculas poderia ser interpretado como um terror gerado pela superstição. Trata-se, no entanto, de um tipo particular de experiência religiosa, porque é por meio de tais manifestações insólitas que se estabelece o diálogo entre os deuses e os homens. Essa atitude diante do sagrado é consequência direta da valorização religiosa das realidades naturais, das atividades humanas e dos acontecimentos históricos, em suma, do *concreto*, do *particular* e do *imediato*. A proliferação dos ritos constitui outro aspecto desse comportamento. Já que a vontade divina se manifesta *hic et nunc*, numa série ilimitada de sinais e incidentes insólitos, importa saber que ritual será o mais eficaz. A necessidade de reconhecer até nas minúcias as manifestações específicas a todas as entidades divinas encorajou um processo bastante complexo de personificação. As múltiplas epifanias de uma divindade, assim como suas diferentes funções, tendem a distinguir-se como "pessoas" autônomas.

Em certos casos, essas personificações não chegam a libertar uma verdadeira figura divina. São sucessivamente evocadas, mas sempre em grupo. Assim, por exemplo, a atividade agrícola desenvolve-se sob o signo de certo número de entidades, cada qual regendo um momento particular – desde o revolvimento do alqueive e da lavoura com grandes sulcos até a colheita, o transporte e a armazenagem. Da mesma forma, como lembrava com humor santo Agostinho (*De Civitate Dei*, VII, 3), invocavam-se Vaticano e Fabulino para ajudar o recém-nascido a vagir e a falar, Educa e Polina para fazê-lo comer e beber, Abeona para ensiná-lo a andar, e assim por diante. Contudo, essas entidades sobrenaturais são evocadas apenas em relação com os trabalhos agrícolas e no culto privado. Carecem de verdadeira personalidade, e seu "poder" não ultrapassa a zona limitada onde atuam.* Morfologicamente, essas entidades não compartilham a condição dos deuses.

A medíocre imaginação mitológica dos romanos e sua indiferença com relação à metafísica são compensadas, como acabamos de ver, por seu interesse apaixonado pelo concreto, o particular e o imediato. O gênio religioso romano distingue-se pelo pragmatismo, pela busca da eficácia e sobretudo pela "sacralização" das coletividades orgânicas: família, *gens*, pátria. A famosa disciplina romana, a fidelidade aos compromissos (*fides*),[12] a dedicação ao Estado, o prestígio religioso do direito traduzem-se pela depreciação da pessoa humana: o indivíduo contava tão somente na medida em que pertencia a seu grupo. Só mais tarde, sob a influência da filosofia grega e dos cultos orientais da salvação, os romanos descobriram a importância religiosa da pessoa; mas essa descoberta, que terá consequências consideráveis (cf. §206), afetou sobretudo as populações urbanas.

O caráter social da religiosidade romana,[13] em primeiro lugar a importância atribuída às relações com o outro, é claramente expresso pelo termo *pietas*. Apesar de suas ligações com o verbo *piare* (apaziguar, apagar uma falta, conjurar um mau presságio etc.), a *pietas* designa a observação escrupulosa dos

---

* Além disso, mesmo nessas zonas limitadas, tais entidades não são importantes; cf. Dumézil, *La religion romaine archaïque*, p.52s.

ritos, mas também o respeito aos relacionamentos naturais (isto é, *ordenados segundo a norma*) entre os seres humanos. Para um filho, a *pietas* consiste em obedecer ao pai; a desobediência equivale a um ato monstruoso, contrário à ordem natural, e o culpado deve expiar essa falta com a própria morte. Ao lado da *pietas* com relação aos deuses, existe a *pietas* com os membros dos grupos a que se pertence, a cidade e finalmente todos os seres humanos. O "direito das gentes" (*ius gentium*) prescrevia os deveres mesmo com relação aos estrangeiros. Essa concepção desabrocha plenamente "sob a influência da filosofia helênica, quando se estabeleceu com clareza a concepção da *humanitas*, a ideia de que o simples fato de pertencer à espécie humana constituía um verdadeiro parentesco, análogo àquele que ligava os membros de uma mesma *gens* ou cidade e criava deveres de solidariedade, amizade ou pelo menos de respeito".[14] As ideologias "humanitaristas" dos séculos XVIII e XIX nada mais fazem do que retomar e elaborar, ainda que a dessacralizando, a velha concepção da *pietas* romana.

164. O culto privado: penates, lares, manes

Até o fim do paganismo, o culto privado – dirigido pelo *pater familias* – manteve sua autonomia e importância ao lado do culto público, efetuado por profissionais subordinados ao Estado. Ao contrário do culto público, que sofreu contínuas modificações, o culto doméstico, realizado em volta do lar, não parece ter mudado muito durante os 12 séculos da história romana. Trata-se certamente de um sistema cultual arcaico, pois é encontrado em outros povos indo-europeus. Tal como na Índia ariana, o fogo doméstico constituía o centro do culto: eram-lhe oferecidos sacrifícios alimentares quotidianos, flores três vezes por mês etc. O culto endereçava-se aos penates e aos lares, personificações mítico-rituais dos antepassados, e ao *genius*, espécie de "duplo" que protegia o indivíduo. As crises deflagradas pelo nascimento, pelo matrimônio e pela morte exigiam ritos de passagem específicos regidos por certos espíritos e divindades menores. Lembramos antes (p.109) as entidades invocadas em torno do recém-nascido. A cerimônia religiosa do casamento processava-se sob os auspícios das divindades ctonianas e domésticas (Tellus, a Terra, mais tarde Ceres etc.) e de Juno como protetora do juramento conjugal, e comportava sacrifícios e passeios ao redor do lar.

Os ritos funerários, que terminavam no nono dia após o enterro ou inumação, prolongavam-se no culto regular dos "pais defuntos" (*divi parentes*) ou manes. Duas festas eram-lhes consagradas: os *Parentalia*, em fevereiro, e os *Lemuria*, em maio. Durante as primeiras, os magistrados não ostentavam suas insígnias, os templos eram fechados, os fogos extintos sobre os altares, e não se contraía casamento (Ovídio, *Fasti*, II, 533, 557-67). Os mortos retornavam à Terra e se serviam do alimento depositado sobre os túmulos (ibid., II, 565-76). Mas era sobretudo a *pietas* que apaziguava os antepassados (*animas placare paternas*: ibid., II, 533). Como no antigo calendário romano fevereiro era o último mês do ano, ele compartia a condição fluida, "caótica", que caracteriza esses intervalos entre dois ciclos temporais. Estando suspensas as normas, os mortos podiam retornar à Terra. Era ainda em fevereiro que se desenrolava o ritual dos *Lupercalia* (§165), purificações coletivas que preparavam a renovação universal simbolizada pelo "ano-novo" (= recriação ritual do mundo).[15]

Durante os três dias dos *Lemuria* (9, 11 e 13 de maio), os mortos (*lemures*; etimologia desconhecida) retornavam e visitavam as casas de seus descendentes. A fim de apaziguá-los e de impedir que arrastassem consigo alguns vivos, o chefe da família enchia a boca de favas pretas e, enquanto as cuspia, pronunciava nove vezes as seguintes palavras: "Com estas favas redimo a mim e os meus." Finalmente, fazendo barulho com um objeto de bronze para amedrontar as sombras, repetia nove vezes: "Manes de meus pais, afastem-se daqui!" (ibid., V, 429-44). A recondução ritual dos mortos, depois de suas visitas periódicas à Terra, é uma cerimônia amplamente difundida no mundo (cf. as antestérias, §123).

Lembremos também outro rito relacionado aos manes: a *devotio*. Tito Lívio (VIII, 9-10) descreve-a minuciosamente a propósito de uma batalha contra os samnitas. Ao ver suas legiões prestes a serem derrotadas, o cônsul Décio "oferece" sua vida em troca da vitória. Guiado por um pontífice, recita palavras rituais, invocando enorme quantidade de deuses, a começar por Jano, Júpiter, Marte e Quirino e a terminar com os deuses manes e a deusa Tellus, a Terra. Com sua vida, Décio oferta aos manes e à Terra os exércitos inimigos. O ritual da *devotio* ilustra uma concepção arcaica do sacrifício humano como "homicídio criador". Trata-se, em suma, de uma transferência ritual da vida sacrificada em favor da operação que acaba de ser empreendida; no caso de Décio, a vitória militar. Invoca-se o panteão quase em sua totalidade, mas é a *oferenda aos manes* – ou seja, o autossacrifício de Décio e a imolação em massa dos samnitas – que salva o exército romano.

Desconhecem-se as representações do reino dos mortos próprias dos antigos habitantes do Lácio; as que nos foram transmitidas refletem a influência das concepções gregas e etruscas. É muito provável que a mitologia funerária arcaica dos latinos fosse um prolongamento das tradições das culturas neolíticas europeias. Por outro lado, as concepções do outro mundo compartilhadas pelos troncos rurais itálicos foram modificadas de modo bastante superficial pelas influências ulteriores, gregas, etruscas e helenísticas. Em contrapartida, os Infernos evocados por Virgílio no canto VI da *Eneida*, o simbolismo funerário dos sarcófagos da época imperial, as concepções de origem oriental e pitagórica da imortalidade celeste se tornarão extremamente populares em Roma e nas outras cidades do Império a partir do século I a.C.

165. Funções sacerdotais, áugures e confrarias religiosas

O culto público, sob o controle do Estado, era efetuado por certo número de oficiantes e confrarias religiosas. Na época da monarquia, o rei ocupava o primeiro posto na hierarquia sacerdotal: era o *rex sacrorum* ("rei do sagrado"). Infelizmente, pouco se sabe sobre a maneira como eram celebrados os ofícios. Sabe-se no entanto que, na *Regia*, a "casa do rei", praticavam-se três categorias de ritos: destinados a Júpiter (ou a Juno e a Jano), a Marte e a uma deusa da abundância agrícola, Ops Consina. Desse modo, observa com razão Georges Dumézil,[16] a casa do rei era o lugar de encontro, e o rei, o agente de síntese das três funções fundamentais que, como em breve veremos, eram administradas separadamente pelos *flamines maiores*. É lícito supor que, já na época pré-romana, o *rex* tinha a seu lado um corpo de sacerdotes, tal como o *rajan* védico dispunha de seu capelão (*purohita*) e o *ri* irlandês era secundado pelos druidas. Contudo, a religião romana caracteriza-se por uma tendência ao fracionamento e à especialização. Ao contrário da Índia védica e dos celtas, onde as funções sacerdotais eram intermutáveis e, por conseguinte, aptas a celebrar qualquer cerimônia, em Roma, cada sacerdote, cada colégio ou sodalidade tinha sua competência específica.[17]

Depois do *rex* vinham, na hierarquia sacerdotal, os 15 *flamines*, em primeiro lugar os flâmines maiores: os de Júpiter (*flamines Dialis*), de Marte e de Quirino. O nome deles vincula-se ao sânscrito *brahman*, mas os flâmines não formavam uma casta; além disso, não constituíam sequer um colégio; cada flâmine era autônomo e ligado a uma divindade da qual tirava seu nome. A instituição é por certo arcaica; os flâmines distinguem-se por seu costume ritual e por um grande número de proibições. Graças à paixão de antiquário de Aulo Gélio, conhecemos melhor o estatuto do *flamen Dialis*: não podia afastar-se de Roma e não devia usar nenhum laço (se um homem acorrentado penetrasse em sua casa, cumpria libertá-lo); não devia aparecer despido sob o Céu (ou seja, sob os olhos de Júpiter), nem ver o exército, nem montar a cavalo;

devia evitar o contato com as coisas impuras e os mortos ou com aquilo que evocava a morte etc. (*Noctes Atticae*, X, 15; cf. Plutarco, *Questões romanas*, 111).

Para os flâmines de Marte e Quirino, as obrigações e proibições eram menos severas. Não dispomos de informações diretas sobre os ofícios cultuais do *flamen Martialis*, mas é provável que atuasse no sacrifício do cavalo ofertado a Marte no dia 15 de outubro. No que se refere ao *flamen Quirinalis*, oficiava no curso das três cerimônias; as duas primeiras (os *Consualia* estivais, em 21 de agosto, e os *Robigalia*, em 25 de abril) estavam sem dúvida relacionadas com os cereais.[18]

São poucas as informações que temos sobre a origem do colégio pontifical. Segundo uma referência de Cícero (*De domo sua*, 135, e *De haruspicum responsis*, 12), podemos deduzir que o colégio compreendia, além dos *pontifices*, o *rex sacrorum* e os flâmines maiores. Contra a opinião de Kurt Latte,[19] Dumézil demonstrou a antiguidade dessa instituição. Ao lado do *flamen Dialis*, o *pontifex* desempenhava, no círculo sagrado do rei, uma função complementar. Os flâmines exerciam seus ofícios de certa forma "fora da história"; efetuavam regularmente as cerimônias prescritas, mas não tinham o poder de interpretar nem de resolver situações inéditas. A despeito de sua intimidade com os deuses celestes, o *flamen Dialis* não traduzia a vontade do Céu, responsabilidade afeta aos áugures. Por outro lado, o colégio dos pontífices, mais precisamente o *pontifex maximus*, de quem os outros eram apenas o prolongamento, dispunha ao mesmo tempo de liberdade e de iniciativa. Comparecia às reuniões em que se decidiam sobre os atos religiosos, respondia pelos cultos sem titulares e fiscalizava as festas. No tempo da República, incumbia ao *pontifex maximus* "criar os flâmines maiores e as vestais sobre os quais possuíam poderes disciplinares e ser o conselheiro, por vezes o representante destas últimas".[20] É, portanto, muito provável que as instituições dos flâmines maiores e do *pontifex* não sejam criação da Roma real;

> que o rígido estatuto dos primeiros e a liberdade do segundo não devam ser explicados por meio de criações sucessivas, de evoluções, mas correspondam a definições, a funções diferentes, pré-romanas, que ainda transparecem em seus nomes; que, finalmente, era natural que a parte mais polpuda da herança religiosa da função real passasse ao *pontifex*.[21]

As seis vestais estavam vinculadas ao colégio pontifical. Escolhidas pelo sumo pontífice entre os seis e os dez anos de idade, as vestais eram ordenadas por um período de 30 anos. Protegiam o povo romano alimentando o fogo da cidade, que tinham a obrigação de nunca deixar se extinguir. Sua força religiosa dependia da virgindade: se uma vestal incorresse em falta contra a castidade, era encerrada viva num túmulo subterrâneo, e seu parceiro era supliciado. Como observa Dumézil, trata-se de um tipo de sacerdócio bastante original, "para o qual a etnografia não encontrou muitos paralelos" (op.cit., p.576).

O colégio augural era tão antigo e tão independente quanto o colégio dos pontífices. Mas o segredo da disciplina foi bem guardado. Sabe-se apenas que o áugure não era convocado para desvendar o futuro. Seu papel limitava-se a esclarecer se este ou aquele projeto (a escolha de um local de culto ou de um funcionário religioso etc.) era *fas*. Pedia ao deus: "*Si fas est*... envia-me tal sinal!". Entretanto, já no fim da realeza, os romanos começaram a consultar outros especialistas, autóctones ou estrangeiros (§167). Com o tempo, certas técnicas divinatórias de origem grega ou etrusca foram introduzidas em Roma. O método dos arúspices (que consistia em examinar as entranhas das vítimas) era, em sua totalidade, um empréstimo dos etruscos.*

Além desses colégios, o culto público compreendia muitos grupos fechados ou "sodalidades" (de *sodalis* = companheiro), cada qual especializado numa técnica religiosa particular. Os 20 *Fetiales* sacralizavam as declarações de guerra e os tratados de paz. Os *salii*, "dançarinos" de Marte e de Quirino, em grupos que contavam com 12 membros cada um, atuavam em março e em outubro, sempre que se dava a passagem da paz à guerra e da guerra à paz. Os *Fratres Arvales* protegiam os campos cultivados. A confraria dos *Luperci* celebrava, em 15 de fevereiro, os *Lupercalia*. O rito enquadrava-se nas cerimônias próprias do período de crise desencadeado pelo término do ano (cf. §12, 22).** Após o sacrifício de um bode na caverna *Lupercal*, os *Luperci*, vestindo apenas uma tanga de pele de cabra, iniciavam a corrida purificante em volta do Palatino. Enquanto corriam, iam zurzindo os passantes com suas correias talhadas em pele de bode. As mulheres ofereciam-se aos golpes para obterem a fecundidade (Plutarco, *Rômulo*, 21, 11-2; etc.). Os ritos eram, ao mesmo tempo, purificadores e fecundantes, como muitas cerimônias celebradas por intenção do ano-novo. Trata-se, sem dúvida, de um complexo ritual arcaico, que apresentava também traços de uma iniciação de tipo *Männerbund*: mas o sentido da encenação parece ter sido esquecido antes da República.

---

* No que tange à atividade oracular, envolvendo a inspiração direta de um deus, era olhada com suspeição porque escapava ao controle do Estado. A coletânea conhecida pelo nome de *Livros sibilinos* deve ter sido aceita, já que gozava da fama de conter os segredos do futuro de Roma. Esses livros estavam, porém, bem guardados por sacerdotes e só eram consultados em casos de extremo perigo.

** *Februum*, que deu nome ao mês de *februarius*, é traduzido por Varrão (*De lingua latina*, VI, 13) como *purgamentum*; o verbo *februare* significa "purificar".

Tanto no culto público quanto no privado, o sacrifício consistia na oferenda de determinada matéria alimentar: primícias de cereais, uva, vinho doce e principalmente vítimas animais (bovídeos, ovinos, suínos e, nos idos de outubro, o cavalo). Com exceção do cavalo de outubro, o sacrifício das vítimas animais obedecia à mesma encenação. Efetuavam-se libações preliminares sobre o lar portátil (*foculus*), que representava o *foculus* do sacrificante, e situava-se em frente ao templo, ao lado do altar. Em seguida, o sacrificante imolava simbolicamente a vítima, passando a faca sacrifical sobre o corpo, da cabeça até a cauda. Nos primeiros tempos, ele abatia o animal, mas no ritual clássico essa tarefa era desempenhada por certos sacerdotes (*victimarii*). A parte reservada aos deuses – fígado, pulmão, coração e alguns outros pedaços – era queimada sobre o altar. A carne era consumida pelo sacrificante e por seus companheiros no culto privado, e pelo corpo de sacerdotes nos sacrifícios celebrados em favor do Estado.

166. Júpiter, Marte, Quirino e a tríade capitolina

Ao contrário dos gregos, que desde cedo tinham organizado um panteão bem estruturado, os romanos dispunham, no começo da época histórica, apenas de um único grupamento hierárquico das divindades, nomeadamente a tríade arcaica Júpiter, Marte e Quirino, completada por Jano e Vesta. Na qualidade de deus padroeiro dos "começos", Jano foi colocado no topo da lista, e Vesta, protetora da cidade, no fim. As fontes literárias falam, no entanto, em grande número de divindades, aborígines ou tomadas aos gregos ou aos etruscos. Mas nem a classificação nem a hierarquia desses deuses e deusas estava assegurada.[22] Alguns autores antigos distinguiam entre os *di indigetes* e os *di novensiles*, os primeiros nacionais (*patrii*), os últimos divindades acolhidas mais tarde (Varrão, *De lingua latina*, V, 74; Virgílio, *Georgica*, I, 498). Mais valiosa é a sequência mencionada pela fórmula da *devotio* transmitida por Tito Lívio: os quatro grandes deuses (Jano, Júpiter, Marte, Quirino) eram seguidos de Belona e dos lares (padroeiros da guerra e do solo), de *dii novensiles* e *dii indigetes*, e, finalmente, dos deuses Manes e de Tellus (a Terra) (§164).

Em todo caso, não se pode duvidar do caráter arcaico da tríade Júpiter, Marte, Quirino. O estatuto e as funções dos três flâmines maiores indicam suficientemente a estrutura dos deuses cujo culto é por eles assegurado. Júpiter*

* Esse nome é ainda encontrado em osco, em úmbrio e nos falares latinos.

é por excelência o deus soberano, celeste e fulgurante, fonte do sagrado e regente da justiça, fiador da fecundidade universal e cosmocrata, muito embora não governe a guerra. Esta acha-se sob o domínio de Marte (*Mavors*, *Mamers*), que representa, entre todos os povos itálicos, o deus guerreiro. De quando em quando, Marte acha-se igualmente associado a ritos pacíficos; trata-se, no entanto, de um fenômeno bastante conhecido na história das religiões: a tendência totalitária, "imperialista" de certos deuses para ultrapassarem o âmbito de sua atividade. É o que se verifica sobretudo no caso de Quirino.* No entanto, como vimos (§165), o *flamen Quirinalis* intervém apenas em três cerimônias relacionadas aos cereais. De mais a mais, etimologicamente, *Quirinus* é solidário da comunidade dos *viri*, a reunião (*covirites*) do povo romano. Em suma, representa a "terceira função" na divisão tripartida indo-europeia. Mas, em Roma como alhures, a terceira função sofreu uma fragmentação bastante acentuada, explicável por sua plurivalência e por seu dinamismo.

Quanto a Jano e a Vesta, sua incorporação à tríade arcaica dá provavelmente continuidade a uma tradição indo-europeia. Segundo Varrão, a Jano pertencem os *prima*, a Júpiter os *summa*. Júpiter é, portanto, o *rex*, pois os *prima* são sobrepujados pelos *summa*, uns só sendo beneficiados na ordem do tempo, os outros na ordem da *dignitas*.[23] Espacialmente, Jano acha-se nos limiares das casas e nas portas. No ciclo temporal, é ele quem rege os "começos do ano". Da mesma forma, no tempo histórico, Jano está situado no início: foi o primeiro rei do Lácio e o soberano de uma idade de ouro, quando homens e deuses viviam juntos (Ovídio, *Fasti*, I, 247-8).** É imaginado *bifrons*, porque "toda passagem supõe dois lugares, dois estados, aquele que se deixa e aquele onde se penetra" (Dumézil, p.37). Seu arcaísmo é indubitável, pois os indo-europeus e os escandinavos também conhecem "deuses primeiros".

O nome de Vesta deriva de uma raiz indo-europeia que significa "queimar"; o fogo perpétuo do *ignis Vestae* constitui o *lar* de Roma. O fato de serem todos os outros templos quadrangulares, com exceção do santuário de Vesta, que é redondo, explica-se, como demonstrou Dumézil, pela doutrina indiana do simbolismo da Terra e do Céu. Os templos devem ser inaugurados e orientados segundo as quatro direções celestes; mas a casa de Vesta não deve ser inaugurada, visto que toda a força da deusa está sobre a terra; seu santuário é

---

* Esse deus encontra-se às vezes associado a Mars Gradivus: os dois possuem os escudos sagrados (*ancilia*, Tito Lívio, V, 52); Rômulo, filho de Marte, representante da realeza mágica e guerreira, é assimilado, depois de sua morte, a Quirino.

** Da mesma forma, Jano preside a certos "começos" naturais: garante a concepção do embrião, é tido como fundador da religião, construtor dos primeiros templos, instituidor dos *Saturnalia* etc.; ver as fontes citadas por Dumézil, op.cit., p.337.

uma *aedes sacra*, não um *templum*.[24] Vesta não era representada por meio de imagens, pois o fogo era suficiente para simbolizá-la (*Fasti*, VI, 299). Temos ainda aí uma prova de arcaísmo e conservadorismo, porque a ausência das imagens caracterizava originalmente todas as divindades romanas.

Sob a dominação etrusca, a velha tríade Júpiter, Marte e Quirino perde sua atualidade, sendo substituída pela tríade Júpiter, Juno e Minerva, instituída na época dos Tarquínios. É evidente a influência etrusco-latina, contribuindo, aliás, com certos elementos gregos. As divindades têm agora estátuas. Jupiter Optimus Maximus, como passa a ser chamado, é apresentado aos romanos sob a imagem etrusquizada do Zeus grego. Seu culto sofre modificações. Ademais, o triunfo concedido pelo Senado ao general vencedor desenvolve-se sob o signo de Júpiter. Durante a cerimônia, o triunfador torna-se o duplo de Júpiter: avança montado num carro, coroado de louro, com o aparato do deus.[25] A despeito da presença de Juno e de Minerva em seu templo, Júpiter é o único senhor; é a ele que são dirigidos o voto e a consagração.

"Juno", observa Dumézil, "é a mais importante das deusas de Roma, mas é também a mais desconcertante" (p.299). Seu nome latino, Juno, deriva de uma raiz que exprime "a força vital". Suas funções são múltiplas: rege várias festas relacionadas com a fecundidade das mulheres (como Lucina, ela é invocada para favorecer os partos), mas também com o começo dos meses, o "renascimento" da Lua etc. Todavia, no Capitólio ela era Regina, título que refletia uma tradição poderosa o bastante para ser aceita no tempo da República. Juno, em síntese, achava-se associada às três funções da ideologia indo-europeia: a realeza sagrada, a força guerreira, a fecundidade. Dumézil aproxima essa multivalência de uma concepção comum à Índia védica e ao Irã, sobretudo a deusa que assume as três funções e as concilia, constituindo dessa maneira o modelo da mulher na sociedade.[26]

Com referência a Minerva, era ela a padroeira das artes e dos artesãos. O nome é provavelmente itálico (derivado da raiz indo-europeia **men-*, que designa toda e qualquer atividade do espírito); no entanto, receberam-na os romanos por intermédio dos etruscos. Mas, já na Etrúria, Menrva (Minerva) representava uma adaptação de Palas-Atena.

Tudo bem considerado, a tríade capitolina não prolonga nenhuma tradição romana. Júpiter era o único representante da herança indo-europeia. A associação entre Juno e Minerva foi obra dos etruscos. Para eles, também a tríade divina exercia um papel na hierarquia do panteão. Sabemos, por exemplo, que ela presidia à fundação dos templos (cf. Sérvio, *ad Aen.*, I, 422). Mas isso é praticamente tudo o que sabemos.

167. Os etruscos: enigmas e hipóteses

Desde cedo, Roma confrontou-se com o mundo etrusco. No entanto, é difícil determinar as influências recíprocas dessas duas culturas. A documentação arqueológica (túmulos, afrescos, estátuas, objetos diversos) testemunha uma civilização altamente desenvolvida, porém ignoramos a língua etrusca. Por outro lado, nenhum historiador da Antiguidade descreveu a religião, a cultura e a história dos etruscos como haviam feito com os trácios, os celtas ou os germanos. Além disso, as informações essenciais referentes a certos aspectos da religião etrusca não são prestadas pelos autores latinos senão a partir do século I a.C., quando a herança original já havia sofrido as influências helenísticas. Finalmente, a própria origem do povo etrusco é controvertida, o que reduz o valor das induções comparativas.

Segundo a tradição transmitida por Heródoto (I, 94), os etruscos eram descendentes dos lídios. A origem anatoliana parece confirmada por algumas inscrições descobertas em Lemnos. Contudo, as formas culturais desenvolvidas na Etrúria não refletem as realidades da Ásia Menor. Certa é a simbiose precocemente realizada entre os conquistadores vindos do além-mar e as populações aborígines instaladas entre o Pó e o Tibre, ou seja, na região que, no século VI, constituía a Etrúria. A civilização dos etruscos era certamente superior: eles dispunham de uma frota importante, praticavam o comércio, utilizavam o ferro e construíam cidades fortificadas. Sua principal organização política era a federação das cidades; a metrópole contava 12 delas. Ora, a população dessas cidades só em parte era etrusca; o restante era constituído de úmbrios, vênetos, lígures e outros povos itálicos.

As influências gregas não tardaram a se fazer sentir, não só na arte como também na religião. O deus etrusco Fufluns foi representado como Dioniso, ao lado de Semla (Sêmele) e de Areatha (Ariadne). Também estão presentes Artumes (Ártemis) e Aplu (Apolo). Por outro lado, muitas divindades etruscas autênticas ostentam nomes latinos ou faliscos: Uni (Juno), Nethuns (Neptunus), Maris (Mars), Satres (Saturnus). O nome do herói mitológico Mastarna (em etrusco, *maestrna*) deriva do latim *magister*. A assimilação das divindades romanas às divindades gregas teve por modelo o precedente etrusco: Juno, Minerva, Neptunus converteram-se em Hera, Atena, Posídon, à imitação do etrusco Uni, de Menrva e de Nethuns. Em resumo, a cultura e particularmente a religião etruscas caracterizam-se por uma assimilação precoce de elementos itálicos e gregos.[27] Trata-se decerto de uma síntese original, pois o gênio etrusco desenvolve as ideias que recolhe de acordo com sua vocação própria. Nós, no entanto, desconhecemos a mitologia e a teologia etruscas.

Não nos aventuramos sequer a considerar exceção o caso de Hércules (Héracles), pois, apesar dos esforços de Jean Bayet, sabemos apenas que ele era extremamente popular na Etrúria e que possuía uma mitologia original, diferente da tradição grega; e que, além disso, comportava certos elementos de origem oriental (Melkart).[28] Quanto à teologia, seria inútil acreditar que poderia ser reconstituída a partir de algumas informações tardias sobre os "livros" etruscos. Como veremos, essas informações referem-se quase exclusivamente às diversas técnicas de divinação.

Na falta de textos, os cientistas concentraram-se no estudo minucioso do material arqueológico. A estrutura arcaica do culto dos mortos e das deusas ctonianas lembra os túmulos e as estátuas de Malta, da Sicília e da Egeida (cf. §34). As necrópoles – verdadeiras cidades dos mortos – elevavam-se ao lado das cidades. Os túmulos eram ricamente abastecidos, sobretudo de armas para os homens e de joias para as mulheres. Praticava-se o sacrifício humano, costume que mais tarde deu origem aos combates de gladiadores. As inscrições funerárias indicam apenas a ascendência materna do defunto. Enquanto os túmulos dos homens eram ornados com um falo, o das mulheres apresentavam cipos em forma de casas. A mulher encarnava a própria casa, e portanto a família.* Bachofen aludiu a "matriarcado"; o que parece certo é a posição eminente da mulher na sociedade etrusca. Elas participavam dos banquetes ao lado dos homens. Os autores gregos já haviam observado com surpresa que as esposas etruscas gozavam de uma liberdade que na Grécia só se concedia às heteras. Efetivamente, elas se apresentavam aos homens sem véus, e os afrescos funerários representam-nas com seus vestidos transparentes, enquanto incentivam com gritos e gestos o combate de atletas nus.[29]

No fim da República, os romanos sabiam que a religião dos etruscos dispunha dos "livros", comunicados por personagens sobrenaturais, a ninfa Vegoia, ou Tages. Segundo a lenda, este último surgiu um dia de um sulco na terra; tinha a aparência de uma criança, mas a sabedoria e a prudência de um ancião. A multidão que depressa se reuniu em torno de Tages teve o cuidado de colocar por escrito o seu ensinamento, o que vem a ser a origem da *haruspicinae disciplina*.[30] O motivo mítico da revelação de um "livro santo" (ou que encerra a doutrina secreta) por um ser sobrenatural é atestado desde o Egito e a Mesopotâmia até a Índia medieval e o Tibete. Esse argumento torna-se

* Os *phalli* funerários começam a aparecer desde o século IV, enquanto os cipos em forma de casas são atestados muito mais cedo. O etrusco mencionava o prenome paterno e o nome da família materna: "a mãe era considerada menos como uma personalidade individual do que como um membro da sua linhagem" (Altheim, *La rel. rom. antique*, p.46; cf. *A History of Roman Religion*, p.51s.).

popular sobretudo na época helenística. A epifania de Tages na qualidade de *puer aeternus* evoca o hermetismo (cf. §209), o que não implica necessariamente uma "leitura" alquímica, portanto tardia, da tradição etrusca. Para o que nos propomos, o importante é que, no início do século I a.C., já se cuidava que os etruscos haviam conservado nos seus *libri* certas revelações de ordem sobrenatural. Essencialmente, esses textos podem ser classificados como *libri fulgurales* (a teoria dos raios), *libri rituales* (aos quais se prendem os *acherontici*) e *libri haruspicini* (completados pelos *libri fatales*).

A doutrina dos raios, tal como a conhecemos pelas exposições de Sêneca e de Plínio,[31] continha um repertório que dava para cada dia do ano a significação dos trovões. Em outras palavras, o céu, dividido em 16 seções, constituía uma linguagem virtual atualizada pelos fenômenos meteorológicos. A significação de um raio era revelada pelas porções do firmamento de onde provinha e onde convergia. Os 11 tipos distintos de raio eram manejados pelos diferentes deuses. A mensagem era, pois, de origem divina, ainda que transmitida numa "linguagem secreta", acessível apenas aos sacerdotes especializados, os arúspices. Já se salientaram com muita propriedade as analogias com a doutrina caldeia.[32] No entanto, na forma como nos foi transmitida, a teoria dos raios deixa transparecer certas influências da ciência helenística, desde os *Meteorologica* do Pseudo-Aristóteles até as concepções dos "magos caldeus".[33] Mas, em última análise, essas influências modificaram sobretudo a linguagem, adaptando-a ao estilo do *Zeitgeist* contemporâneo. A ideia fundamental – e principalmente a homologia macrocosmo-microcosmo – é arcaica.

Da mesma forma, a aruspicina, isto é, a interpretação dos sinais inscritos nas entranhas das vítimas, pressupunha a correspondência entre os três planos de referência: divino, cósmico, humano. As particularidades das diferentes regiões do órgão indicavam a decisão dos deuses e, por conseguinte, prediziam o desenrolar iminente dos acontecimentos históricos. O modelo de bronze de um fígado de carneiro, descoberto em Placência (Piacenza) em 1877, contém certo número de riscos traçados a buril e os nomes de 40 divindades.[34] O modelo representa, simultaneamente, a estrutura do mundo e a distribuição do panteão.

A doutrina da homologia macrocosmo-microcosmo informa também o que se poderia chamar de concepção etrusca da história. Segundo os *libri fatales*, uma vida humana desenvolve-se durante 12 hebdômadas; depois da décima segunda, os homens "saem de seu espírito" e os deuses não lhes enviam mais qualquer sinal.[35] De modo similar, os povos e os Estados, tanto a Etrúria como Roma, têm um termo fixado pelas mesmas normas que regem o cosmo. Já se falou do pessimismo dos etruscos, sobretudo a propósito de sua crença num vigoroso determinismo cósmico e existencial. Trata-se, porém, de uma concepção arcaica, compartilhada por numerosas sociedades tradicionais: o homem está solidarizado com os ritmos maiores da Criação, pois todos os modos de existência – cósmicos, históricos, humanos – reiteram em seu plano específico de referência o modelo exemplar revelado pela trajetória cíclica da vida.

É difícil reconstituir as crenças etruscas sobre a morte e a existência de além-túmulo. Desde o século IV, as pinturas tumulares representam os Infernos "diferentes daqueles da Grécia, mas neles inspirados: o morto viaja a cavalo, de carro; é acolhido no outro mundo por um grupo de homens que são talvez seus antepassados; espera-o um festim, presidido por Hades e por Perséfone, que se denominam aqui Eita e Phersipnai".[36] Por outro lado, as pinturas representam toda uma demonologia que não é de origem grega. O protagonista, Charun, apesar de seu nome grego, é uma criação original da mitologia etrusca. "Se seu nariz adunco faz pensar numa ave de rapina, e suas orelhas sugerem um cavalo, seus dentes rilhantes, sobre os monumentos em que o ricto cruel de seus lábios os descobre, evocam a imagem de um carnívoro prestes a devorar suas vítimas."[37] Depois de tê-la engolido, Charun acompanha a vítima na viagem rumo aos Infernos. Mas seu papel termina no limiar do outro mundo, onde, a julgar pelas cenas pintadas nas paredes dos túmulos, o defunto conhece uma pós-existência rica em prazeres.

Os poucos fragmentos dos *Libri Acherontici* não permitem aproximação alguma com o *Livro dos mortos* egípcio. Segundo o escritor cristão Arnóbio (século IV): "Em seus *Libri Acherontici*, promete a Etrúria que, por meio do sangue de certos animais oferecidos a determinadas divindades, as almas se tornarão divinas e escaparão à condição mortal" (*Adversus Nationes*, II, 62). Sérvio acrescenta uma informação importante: em decorrência de certos sacrifícios, as almas transformam-se em deuses a que se dá o nome de *animales*, como que para lembrar-lhes a origem (*ad Aen.*, III, 168). Tratar-se-ia, pois, de uma deificação obtida em consequência de rituais cruentos, o que se pode interpretar quer como um indício de arcaísmo, quer como um sacrifício-sacramento comparável à iniciação nos mistérios de Mithra (cf. §217). Em todo caso, a "divinização das almas" acrescenta uma nova dimensão à escatologia etrusca.

Levando-se tudo isso em consideração, escapa-nos a essência do pensamento religioso etrusco. O prestígio que desfrutavam, desde os primórdios de Roma, seus métodos divinatórios, e também os métodos de *orientatio* e construção de cidades e edifícios sagrados, indica a estrutura cosmológica da teologia dos etruscos e parece explicar os esforços desse povo no sentido de desvendar o enigma do tempo histórico. É muito provável que essas concepções tenham contribuído para o amadurecimento da religião romana.

168. Crises e catástrofes: da suserania gaulesa à Segunda Guerra Púnica

Em 496 a.C., pouco tempo depois da expulsão do último rei etrusco e da instauração da República, erigiu-se na falda do Aventino um templo a uma nova tríade: Ceres, Líber e Líbera. É provável que a política tenha exercido um papel na instituição desse culto votado a três divindades padroeiras da fecundidade. O santuário, um sítio consagrado desde muito tempo aos cultos agrários, pertencia aos representantes da plebe.[38] Etimologicamente, Ceres significa o "crescimento" personificado. A existência de um *flamen Cerialis* e o caráter particular dos rituais celebrados por ocasião dos *Cerialia* (19 de abril) confirmam o arcaísmo da deusa. Quanto a Líber, seu nome parece derivado da raiz indo-europeia **leudh*, cujo sentido é "aquele da germinação, aquele que assegura o nascimento e a seara".[39] Segundo santo Agostinho (*Civ. Dei*, VII, 3), o par Líber-Líbera favorecia a procriação e a fecundidade universais, "libertando" o sêmen no decorrer da união sexual (ibid., VII, 9). Em certos lugares da Itália, sua festa, a *Liberalia* (17 de março), comportava elementos licenciosos: procissão de um falo, que as mais castas matronas tinham de coroar publicamente, palavras obscenas etc. (*Civ. Dei*, VII, 21). Muito cedo, porém, a tríade Ceres, Líber e Líbera foi assimilada (a *interpretatio graeca*!) ao trio Deméter, Dioniso (Baco) e Perséfone (Prosérpina).[40] Celebrizado com o nome de Baco, Líber virá a conhecer um destino excepcional como consequência da difusão do culto dionisíaco (ver adiante, p.125).

Roma estava familiarizada com os deuses gregos já no século VI, sob o domínio etrusco. Contudo, desde os primeiros tempos da República, assiste-se à rápida assimilação das divindades gregas: os Dioscuros em 499, Mercúrio em 495, Apolo em 431 (por ocasião das pestilências; foi, portanto, o "deus médico" aquele que se introduziu em primeiro lugar). Vênus, originariamente substantivo comum que significava um encanto mágico, foi identificada à Afrodite grega; mas a estrutura da deusa modificou-se mais tarde, por influência da lenda troiana. Um processo similar caracteriza a assimilação das divindades latinas e italiotas. Diana foi acolhida pelos albanos e depois homologada a Ártemis. Em 396 a.C., Juno Regina, a deusa padroeira de Veios, foi convidada cerimonialmente a instalar-se em Roma. Num passo célebre, Tito Lívio (V, 21, 3-22) descreve o rito da *evocatio*: o ditador Camilo dirigiu-se à deusa dos sitiados: "E a ti, Juno Regina, que presentemente favoreces Veios, rogo-te que nos acompanhes, a nós, vencedores, até nossa cidade que logo será tua e onde serás acolhida num templo digno de tua grandeza." Os habitantes de Veios

> ignoravam que seus próprios adivinhos e os oráculos estrangeiros já os haviam entregado, que os deuses já tinham sido conclamados para a partilha de seus despojos e que outros, invocados desde sua cidade mediante promessas, já viam com olhos favoráveis os templos e as novas moradas que os aguardavam em território inimigo: em síntese, não sabiam que estavam vivendo o seu último dia.

A invasão dos celtas no primeiro quartel do século IV havia interrompido os contatos com o helenismo. A devastação de Roma (c.390 a.C.) foi tão radical que houve quem pensasse em abandonar para sempre as ruínas e estabelecer-se em Veios. Tal como acontecera com o Egito após o ataque dos hicsos (cf. §30), o incêndio da urbe abalou a confiança dos romanos em seu destino histórico. Somente depois da vitória de Sentino (295 a.C.) Roma e a Itália se libertaram da suserania gaulesa. As comunicações com o mundo grego foram restabelecidas, e os romanos retomaram sua política de conquista. Mais ou menos no fim do século III, Roma era a maior potência da Itália. Doravante, as vicissitudes políticas passam a ter repercussões, às vezes bastante graves, nas instituições religiosas tradicionais. Para um povo que estava inclinado a ler nos acontecimentos históricos um número correspondente de epifanias divinas, as vitórias ou os desastres militares estavam carregados de significações religiosas.

Quando, pouco tempo depois, a Segunda Guerra Púnica pôs em perigo a própria existência do Estado romano, a religião sofreu uma metamorfose profunda. Roma apelou para todos os deuses, fosse qual fosse sua origem. Para os arúspices e os *Livros sibilinos*, as causas dos desastres militares estavam em diferentes erros de ordem ritual. Seguindo as indicações dos *Livros sibilinos*, o Senado decretou as medidas salutares: sacrifícios, lustrações, cerimônias e procissões inusitadas, e até sacrifícios humanos. O desastre de Canas, em 216 a.C., tornado ainda mais ameaçador por numerosos prodígios e pelo incesto de duas vestais, levou o Senado a enviar Fábio Pictor para consultar o oráculo de Delfos. Em Roma, os *Livros sibilinos* prescreveram sacrifícios humanos: dois gregos e dois gauleses foram enterrados vivos (Tito Lívio, XXII, 57, 6).* Trata-se, ao que tudo indica, de um rito de estrutura arcaica: o "assassínio criador".**

---

* Em 226 a.C., ainda em consequência de uma consulta aos *Livros sibilinos*, um casal de gregos e um casal de gauleses foram enterrados vivos a fim de afastar a ameaça de uma invasão gaulesa (Plutarco, *Marcelo*, III, 4). Semelhantes imolações foram efetuadas no fim do século II (Plutarco, *Questões romanas*, 83). Os sacrifícios humanos foram proibidos pelo Senado em 97 a.C.

** Para que a vitória não lhe fugisse, Xerxes mandou que se enterrassem vivos nove rapazes e nove moças quando embarcou para a Grécia. Sabe-se, por outro lado, que Temístocles, depois de consultar um oráculo, mandou sacrificar três jovens prisioneiros às vésperas da batalha de

Finalmente, em 205-204 a.C., às vésperas da vitória contra Aníbal e seguindo uma sugestão dos *Livros sibilinos*, Roma introduziu a primeira divindade asiática, Cíbele, a grande mãe de Pessinonte (Tito Lívio, XXIX, 10s.). A famosa pedra negra que simbolizava a deusa foi trazida de Pérgamo por uma esquadra romana. Recebida solenemente em Óstia, Cíbele foi instalada em seu templo no Palatino.* No entanto, o caráter orgiástico do culto e, em primeiro lugar, a presença de sacerdotes eunucos contrastavam acentuadamente com a austeridade romana. O Senado não tardou a regulamentar com cuidado as manifestações cultuais. Os sacrifícios foram estritamente confinados no interior do templo, salvo uma procissão anual que conduzia o bétilo para seu banho. Proibiu-se que os cidadãos romanos sacrificassem a Cíbele segundo o rito anatólio. O pessoal foi limitado a um sacerdote, uma sacerdotisa e os assistentes destes; mas nem os romanos nem seus escravos tinham o direito de exercer essas funções. No que tange ao culto romano oficial, ele era controlado por um pretor urbano.

No entanto, em 204 a.C., consentiu o Senado na organização de sodalidades que congregavam exclusivamente membros da aristocracia; sua principal função restringia-se a banquetes em honra de Cíbele. Em suma, a introdução da primeira divindade asiática foi obra da aristocracia. Acreditavam os patrícios que Roma fora chamada a desempenhar um papel importante no Oriente. Mas a presença de Cíbele não teve sequência. A invasão dos cultos orientais ocorrerá mais de um século depois. É certo que, após os terríveis sofrimentos e o terror da Segunda Guerra Púnica, Roma achava-se duplamente atraída pelas divindades asiáticas. Contudo, ainda aqui, encontramos a ambiguidade especificamente romana: ao mesmo tempo a necessidade de controlar os cultos estrangeiros e o medo de perder o seu favor.[41] No entanto, as consequências dessas duas guerras e da estrepitosa vitória final não puderam ser evitadas. De um lado, um número considerável de refugiados de todas as regiões da Itália e de escravos estrangeiros concentrou-se em Roma. De outro lado, certos setores da população foram-se destacando progressivamente da religião tradicional. Em Roma, como em todo o mundo mediterrâneo a partir do século IV, a necessidade de uma experiência religiosa pessoal mostrava-se cada vez mais urgente. Tal experiência religiosa era acessível sobretudo nos conventículos e nas sociedades fechadas de tipo "religião de mistérios"; em outros termos, em associações secretas que escapavam ao controle do Estado.

Salamina (Plutarco, *Vida de Temístocles*, XIII). Sobre esse tema mítico-ritual, ver M. Eliade, *De Zalmoxis à Gengis-Khan*, p.178s.

* Convém lembrar que, graças à lenda de Eneias, Cíbele já não era uma deusa estrangeira.

Por esse motivo o Senado havia vetado a participação de cidadãos romanos, e até de seus escravos, no culto anatólio de Cíbele.

Em 186 a.C., descobriram as autoridades com surpresa e indignação a existência na própria Roma de *bacchanalia*, vale dizer, de "mistérios orgíacos" noturnos. O culto de Dioniso tivera ampla difusão no mundo mediterrâneo, principalmente na época helenística (§206). Na sequência da dominação romana na Magna Grécia, as associações esotéricas mistas disseminaram-se pela península, em particular na Campânia. Fora uma sacerdotisa-vidente oriunda da Campânia quem introduzira em Roma um culto secreto, modificado segundo suas próprias prescrições e comportando certos ritos comparáveis àqueles dos mistérios. Em decorrência de uma denúncia, prontamente divulgada pelo cônsul, o inquérito revelou as proporções do culto e seu caráter orgiástico. Os adeptos, mais de sete mil, eram acusados de várias ações abomináveis: não somente prestavam o juramento de nada revelar como praticavam a pederastia e organizavam homicídios para se apoderar de coisas de valor. Os ritos eram celebrados no mais absoluto segredo. Segundo Tito Lívio (XXXIX, 13, 12), os homens, com as mentes alucinadas e agitando os corpos, proferiam palavras proféticas; as mulheres, "com os cabelos desfeitos, à maneira de bacantes", corriam até o Tibre "brandindo tochas ardentes" que mergulhavam nas águas e eram retiradas em chamas, "pois o enxofre vivo está misturado com a cal".*

Certas acusações lembram os lugares-comuns utilizados mais tarde em todos os processos de heresia e feitiçaria. A celeridade e o rigor do inquérito, a duração da repressão (alguns milhares de execuções no país), todos demonstram o caráter político do processo. As autoridades denunciam o risco oferecido pelas associações secretas, e portanto o perigo de uma conspiração capaz de tentar um golpe de Estado. Provavelmente o culto báquico não foi abolido de todo; proibiu-se, no entanto, que os cidadãos romanos nele tomassem parte. Além disso, toda cerimônia báquica, obrigatoriamente limitada a cinco membros, devia ser autorizada por uma decisão do Senado. Os edifícios e os objetos de culto foram destruídos, salvo aqueles que continham "alguma coisa de sagrado".

Todas essas medidas de terror pânico mostram a que ponto o Senado suspeitava das associações religiosas que escapavam a seu controle. O *senatus consultum* contra as bacanais nunca perdeu a validade; três séculos mais tarde, serviu de modelo para a perseguição aos cristãos.

---

* Eram, ademais, acusados de dar um fim horrível àqueles que se recusavam a associar-se a seus crimes e depravações (ibid., XXXIX, 13, 13). Para uma análise minuciosa do texto de Tito Lívio e do *senatus consultum* de 186 relativo às bacanais, ver Adrien Bruhl, *Liber Pater*, p.82-116.

NOTAS

1. Cf. Tito Lívio, I, 3s. Ovídio, *Fasti*, II, 381s.; Dioniso de Halicarnasso, *Antiquitates Rom.*, I, 76s.; Plutarco, *Rômulo*, III-XI; etc.
2. Sérvio, *ad Aeneis*, IV, 212.
3. Cf. Floro, *Rerum Romanorum epitome*, I, 1, 8: Propércio, IV, 1, 31; ver também Jaan Puhvel, "Remus et frater", p.154s.
4. Cf. Puhvel, op.cit., p.153s.; Bruce Lincoln, "The indo-european myth of Creation", p.137s.
5. Pierre Grimal, *La civilisation romaine*, p.27. Horácio evoca as consequências do fratricídio originário no *Epodo* VII, 17-20.
6. Georges Dumézil, *L'Héritage indo-européen à Rome*, p.127-42; *La religion romaine archaïque*, p.82-8.
7. Seria, no entanto, imprudente identificar os componentes étnicos de acordo com os ritos funerários, atribuindo a inumação aos sabinos e a incineração aos latinos; cf. H. Müller-Karpe, apud Dumézil, *La religion romaine archaïque*, p.10.
8. Ver como última fonte de consulta G. Dumézil, *Mythe et épopée*, I, p.271s.; III, p.211s.
9. Dumézil, *La religion romaine archaïque*; p.90, com as remissões aos seus trabalhos anteriores.
10. Método ilustrado sobretudo por H.J. Rose, que identificava *numen* com *mana*, desprezando o fato de que, "durante séculos, *numen* nada mais foi do que *numen dei*, a vontade expressa de determinado deus" (Dumézil, *La religion romaine archaïque*, p.47).
11. Cf. *Idées romaines*, p.31-152. É certo que, ao lado desse sistema de explicação teórica e, ao mesmo tempo, de domínio empírico do mundo, havia bom número de crenças e figuras divinas de origem estrangeira; mas, na época da etnogênese do povo romano, essa herança religiosa alógena importava sobretudo as origens rurais.
12. Sobre a *fides*, ver Dumézil, *La religion romaine archaïque*, p.156, nota 3 (bibliografia recente).
13. Voltaremos a encontrar uma tendência análoga no esforço de certas igrejas cristãs de se tornarem "atuais" para a sociedade dessacralizada do século XX (ver v.III).
14. P. Grimal, op.cit., p.89. Contra a hipótese "política" de Latte sobre *pietas* (*Römische Religionsgeschichte*, p.236-9), ver P. Boyancé, *La religion de Virgile* (1963), p.58, e G. Dumézil, *Rel. rom. arch.*, p.400.
15. Cf. Eliade, *Le mythe de l'éternel retour*, c.II: "La régénération du temps".
16. *Rel. rom. archaïque*, p.576; ver também ibid., p.184-5.
17. Ibid., p.571.
18. Ibid., p.166s., 225-39; 168s., 277-80. Os 12 *flamines minores* estavam ligados a divindades que já não eram cultuadas na época clássica: Vulcano, Volturno, Palátua, Carmenta, Flora, Pomona etc.
19. Esse autor pressupõe uma revolução "que colocou à frente da organização religiosa de Roma o sumo pontífice e o colégio a ele subordinado" (*Römische Religionsgeschichte*, p.195). Ver a crítica de Dumézil, op.cit., p.116s.
20. Dumézil, op.cit., p.574.
21. Ibid., p.576.
22. Varrão dividia-os em *certi* (= determinados) e *incerti*, entre os quais distinguia 20 deuses principais, *selecti*; cf. santo Agostinho, *De Civitate Dei*, VII, 2.

23. Varrão, citado por santo Agostinho, *De Civitate Dei*, VII, 9, 1; ver o comentário de Dumézil, *Rel. rom. arch.*, p.333.
24. Cf. Dumézil, op.cit., p.323; o mesmo acontece no Irã, onde Atar, o fogo, aparecia no fim da lista dos Amesha Spenta (ibid., p.329).
25. Sérvio, *ad Ecl.*, IV, 27. Plutarco, *Paulo Emílio*, 32-4, descreve pormenorizadamente o célebre triunfo de Paulo Emílio depois da vitória de Pidna (168 a.C.); cf. o comentário de Dumézil, p.296-8.
26. Cf. op.cit., p.307s., a análise da função de Sarasvati e de Anahita.
27. F. Altheim observa que a herança mediterrânea e da Ásia Menor é mais palpável não no começo mas no final da história etrusca; cf. *A History of Roman Religion*, p.50; *La religion romaine antique*, p.42.
28. J. Bayet, "Héraclès-Herclé dans le domaine étrusque" (*Les origines de l'Hercule romain*, 1926, p.79-120); idem, *Herclé, étude critique des principaux monuments relatifs à l'Hercule étrusque* (1926).
29. Altheim, *La rel. rom.*, p.48; cf. *A History...*, p.61s.
30. Cícero, *De divinatione*, II, 51. Lydus esclarece que os gregos assimilam a criança Tages a Hermes Ctoniano.
31. *Naturales quaestiones*, II, 31-41 e 47-51; *Naturalis Historia*, II, 137-46.
32. Mais recentemente, por A. Piganiol, "Les Etrusques, peuple d'Orient", p.340-2.
33. Ver sobretudo S. Weinstock, "*Libri Fulgurales*", p.126s.
34. A idade do modelo é ainda controvertida; data provavelmente do século II ou do século III a.C. As analogias com a hepatoscopia mesopotâmica são evidentes; ao que tudo indica, foram consolidadas por influências posteriores.
35. Varrão, texto citado e comentado por Bouché-Leclercq, *Histoire de la divination*, IV, p.87s., C.O. Thulin, *Die Ritualbücher*, p.68s.; Dumézil, *Rel. rom. arch.*, p.653s.
36. G. Dumézil, op.cit., p.676-7.
37. F. de Ruyt, *Charun, demon étrusque de la mort*, p.146-7.
38. Segundo a tradição, o templo foi resultado da primeira consulta aos *Livros sibilinos*, mas trata-se de um anacronismo.
39. E. Benveniste, "Liber et liberi"; G. Dumézil, op.cit., p.383.
40. Cf. J. Bayet, "Les 'Céralia', altération d'un culte latin par le mythe grec" (in *Croyances et rites dans la Rome antique*), esp. p.109s.
41. Cf. Jean Bayet, *Histoire politique et psychologique de la religion romaine*, p.154.

XXI. Celtas, germanos, trácios e getas

169. Persistência dos elementos pré-históricos

O impacto dos celtas na história antiga da Europa fez-se sentir durante menos de dois séculos: da conquista do norte da Itália no século V (Roma foi assaltada em 390 a.C.) à pilhagem do santuário de Apolo em Delfos, em 279 a.C. Pouco tempo depois, sela-se o destino histórico dos celtas: preso entre a expansão das tribos germânicas e a pressão de Roma, seu poderio entra em declínio constante. No entanto, os celtas eram herdeiros de uma proto-história singularmente rica e criadora. Ora, como veremos, as informações trazidas pela arqueologia são de grande importância para a compreensão da religião céltica.

Os protoceltas são muito provavelmente os autores da cultura chamada dos "Campos das Urnas" (*Urnfield*),* elaborada na Europa central entre 1300 e 700 a.C. Habitavam aldeias, praticavam a agricultura, utilizavam o bronze e incineravam os mortos. Suas primeiras migrações (séculos X-IX) levaram-nos à França, à Espanha e à Grã-Bretanha. Entre 700 e 600 a.C., o uso do ferro difundiu-se na Europa central; trata-se da cultura chamada Hallstatt, caracterizada por uma estratificação social bastante acentuada e por ritos funerários distintos. É provável que essas inovações tenham sido produto de influências culturais iranianas transmitidas pelos cimérios (originários do mar Negro). Foi nessa época que se constituiu a aristocracia militar céltica. Os corpos (pelo menos os dos chefes) já não eram incinerados, mas, acompanhados de suas armas e outros objetos preciosos, depositados num carro de quatro rodas que se enterrava em seguida em câmaras funerárias cobertas por um cômoro. Por volta de 500 a.C., durante a segunda época do ferro, conhecida como civilização de La Tène, a criatividade artística do gênio céltico teve seu apogeu. As

* Assim designada porque se incineravam os mortos e se colocavam suas cinzas em urnas enterradas mais tarde num cemitério.

obras de ourivesaria e os inúmeros objetos de metal revelados pelas escavações foram qualificados como "uma glória do mundo bárbaro, uma grande embora limitada contribuição dos celtas à cultura europeia".[1]

Tendo em vista a escassez de fontes escritas sobre a religião, são inestimáveis os documentos arqueológicos. Graças às escavações, sabe-se que os celtas atribuíam grande importância ao espaço sagrado, ou seja, aos locais consagrados, segundo regras precisas, em torno de um altar sobre o qual se efetuavam os sacrifícios. (Como veremos, a delimitação ritual do espaço sagrado e o simbolismo do "centro do mundo" são referidos pelos autores antigos e voltamos a encontrá-los na mitologia irlandesa.) Ainda graças às escavações, sabe-se que os diferentes tipos de oferendas eram depositados em poços rituais de dois a três metros de profundidade. Exatamente como o *bóthros* grego ou o *mundus* romano, esses fossos rituais asseguravam a comunicação com as divindades do mundo subterrâneo. Tais poços são atestados desde o segundo milênio. Eram às vezes enchidos de objetos de ouro e prata, amontoados em caldeirões cerimoniais ricamente decorados.[2] (Voltamos a encontrar a lembrança desses poços, em comunicação com o outro mundo, e dos tesouros subterrâneos nas lendas medievais e no folclore céltico.)

Não menos importante é a confirmação trazida pela arqueologia com referência à difusão e à continuidade do culto dos crânios. Desde os cilindros de calcário decorados com cabeças estilizadas, descobertos no Yorkshire e que datam do século XVIII a.C., até a Idade Média, os crânios e as representações das "cabeças cortadas" são atestados em todas as regiões habitadas pelas tribos célticas. Desenterraram-se crânios depositados em nichos ou inseridos nos muros dos santuários, cabeças esculpidas em pedra, inúmeras imagens de madeira imersas em fontes. Ora, a importância religiosa dos crânios foi salientada pelos autores clássicos, e, apesar da proibição da Igreja, a exaltação da "cabeça cortada" desempenha papel importante nas lendas medievais e no folclore britânico e irlandês.[3] Trata-se certamente de um culto que mergulha raízes na pré-história e ainda sobrevive em várias culturas asiáticas até o século XIX.[4] O valor mágico-religioso original da "cabeça cortada" foi reforçado posteriormente pelas crenças que localizavam no crânio a fonte primeira do *semen virile* e a sede do "espírito". Entre os celtas, o crânio era por excelência o receptáculo de uma força sagrada, de origem divina, que protegia o proprietário contra todas as espécies de perigos e assegurava-lhe ao mesmo tempo saúde, riqueza e vitória.

Em suma, os achados arqueológicos ressaltam, por um lado, o arcaísmo da cultura céltica e, por outro lado, a continuidade de certas ideias religiosas centrais desde a proto-história até a Idade Média. Muitos desses costumes e ideias pertenciam ao velho fundo religioso do neolítico, mas logo foram assimilados pelos celtas e parcialmente integrados ao sistema teológico herdado de seus antepassados indo-europeus. A surpreendente continuidade cultural demonstrada pela arqueologia permite ao historiador da religião céltica utilizar fontes tardias, em primeiro lugar os textos irlandeses redigidos entre o século VI e o século VIII, bem como as lendas épicas e o folclore ainda sobrevivente na Irlanda, até o final do século XIX.

170. A herança indo-europeia

O arcaísmo da cultura céltica é corroborado por outras fontes. Voltamos a encontrar na Irlanda muitas ideias e costumes atestados na Índia antiga, e a prosódia é análoga à do sânscrito e do hitita; como explica Stuart Piggott, trata-se "dos fragmentos de uma herança comum do segundo milênio".[5] Tal como os brâmanes, os druidas atribuíam à memória uma importância apreciável (cf. §172). As leis irlandesas antigas eram compostas em versos para facilitar sua memorização. O paralelismo entre os tratados jurídicos irlandeses e hindus verifica-se não apenas na forma e na técnica que apresentam, como também, às vezes, no que tange à sua dicção.[6] Lembremos outros exemplos de paralelismo indo-céltico: o jejum como meio de reforçar uma reclamação jurídica; o valor mágico-religioso da verdade;[7] a intercalação na prosa narrativa épica de trechos em versos, especialmente nos diálogos; a importância dos bardos e suas relações com os soberanos.[8]

Em decorrência da proibição ritual da escrita, não dispomos de nenhum texto sobre a religião dos celtas continentais redigido por um autóctone. Nossas únicas fontes são as poucas descrições dos autores greco-latinos e um grande número de monumentos figurados, a maioria da época galo-romana. Em contrapartida, os celtas insulares, concentrados na Escócia, no País de Gales e sobretudo na Irlanda, produziram uma copiosa literatura épica. Apesar de ter sido composta depois da conversão ao cristianismo, essa literatura prolonga em grande parte a tradição mitológica pré-cristã; e isso também é verdadeiro para o rico folclore irlandês.

As informações dos autores clássicos são muitas vezes confirmadas pelos documentos irlandeses. No *De Bello Gallico* (VI, 13), César afirma que os gauleses conhecem duas classes privilegiadas – a classe dos druidas e a dos cavaleiros – e uma terceira, oprimida, a do "povo". Trata-se da mesma tripartição social que reflete a ideologia indo-europeia bem conhecida (§63), que voltamos a encontrar na Irlanda pouco tempo depois de sua conversão ao cristianismo: sob a autoridade do **rig* (o equivalente fonético do sânscrito *raj*, latim *reg-*), a sociedade é dividida entre a classe dos druidas, a aristocracia militar (a *flaith*, propriamente "força, poder", o exato equivalente semântico do sânscrito *ksatra* [xátria]) e os criadores, "os *bó airig*, homens livres (*airig*), que se definem como possuidores de vacas (*bó*)".[9]

Teremos oportunidade de assinalar mais adiante outras sobrevivências do sistema religioso indo-europeu entre os celtas. Esclareçamos desde já que "as sobrevivências comuns às sociedades indo-iranianas e ítalo-célticas" explicam-se pela "existência de poderosos colégios de sacerdotes depositários das tradições sagradas que mantinham com um rigor formalista".[10] Quanto à teologia tripartida indo-europeia, pode ser ainda reconhecida na lista dos deuses transmitida por César; radicalmente historicizada, ela sobrevive na tradição irlandesa. Georges Dumézil e Jan de Vries demonstraram que os chefes do povo lendário Tuatha Dé Danann representam de fato os deuses das duas primeiras funções, ao passo que a terceira é figurada pelo povo dos Fomore, considerados habitantes anteriores da ilha.[11]

César apresenta o panteão céltico numa *interpretatio romana.*

> O deus a quem eles mais honram [escreveu o cônsul] é Mercúrio. Suas estátuas são as mais numerosas. Veem nele o inventor de todas as artes; consideram-no o guia dos viajantes nas estradas, o mais capaz de proporcionar ganhos de dinheiro e de favorecer o comércio. Depois dele, adoram Apolo, Marte, Júpiter e Minerva. Têm acerca dessas divindades mais ou menos a mesma ideia que as outras nações. Apolo afasta as doenças, Minerva ensina os princípios dos trabalhos e dos ofícios, Júpiter exerce seu império nos céus, Marte governa as guerras. (*De Bello Gallico*, VI, 17)

Muitas foram as discussões sobre a autenticidade e, por conseguinte, sobre o valor dessa *interpretatio romana* do panteão gaulês. César, no entanto, conhecia muito bem os costumes e as crenças dos celtas. Já era procônsul da Gália Cisalpina antes de dar início a sua campanha na Gália Transalpina. Como, porém, ignoramos a mitologia céltica continental, sabemos muito pouco sobre os deuses mencionados por César. É surpreendente que ele não coloque "Júpiter" no topo da lista. Provavelmente o grande deus celeste dos celtas tinha perdido sua primazia entre os habitantes das cidades expostas, havia pelo menos quatro séculos, às influências mediterrâneas. O fenômeno é geral na história das religiões, aparecendo não só no antigo Oriente Próximo (cf. §48s.) como também entre os indianos védicos (§62) e os antigos germanos (§176). Mas as colunas de "Júpiter sobre os ombros do gigante", que se encontram em grande número, mormente entre o Reno, o Mosela e o Sona, e que eram erguidas também por certas tribos germânicas, prolongam um simbolismo arcaico, sobretudo o simbolismo do ser supremo celeste. Deve-se notar, antes de mais nada, que essas colunas não celebravam um triunfo militar, como as de Trajano e Marco Aurélio. Não eram erigidas no fórum ou nas ruas, mas longe das cidades. Além disso, esse Júpiter celta acha-se quase sempre representado com uma roda;[12] ora, a roda exerce uma função importante entre os celtas. A roda de quatro raios representa o ano, vale dizer, o ciclo das quatro estações. Os termos que designam "roda" e "ano" são idênticos nas línguas célticas.[13] Como bem percebeu Werner Müller, esse Júpiter celta é, portanto, o deus celeste cosmocrata, senhor do ano, e a coluna simboliza o *axis mundi*. Por outro lado, os textos irlandeses aludem a Dagda, "o deus bom" e há consenso em identificá-lo com o deus gaulês que César designava pelo teônimo "Júpiter".[14]

A arqueologia veio confirmar a afirmação do cônsul quanto à popularidade de "Mercúrio": mais de 200 estátuas e baixos-relevos, e quase 500 inscrições. Ignora-se seu nome gaulês, mas, ao que parece, era o mesmo que o do deus Lug, que desempenha importante papel entre os celtas insulares. Várias cidades ostentam o nome de Lug (por exemplo, Lugdunum = Lyon), e sua festa era celebrada na Irlanda, prova de que esse deus era conhecido em todas as nações célticas. Os textos irlandeses apresentam Lug não só como chefe de exército, utilizando a magia no campo de batalha, mas também como mestre poeta e ancestral mítico de importante tribo. Esses traços aproximam-no de Odin-Wodan, que, por sua vez, também foi assimilado por Tácito a Mercúrio. Pode-se concluir disso que Lug representa a soberania sob seu aspecto mágico e militar: é violento e temível, mas protege não só os guerreiros como também os bardos e os mágicos. Tal como Odin-Wodan (§175), caracteriza-se por suas capacidades mágico-espirituais, o que explica por que foi homologado a Mercúrio-Hermes.[15]

A Marte, escreve César (*De Bello Gallico*, VI, 17), os gauleses dedicam, "no início de uma batalha, tudo aquilo de que vierem a apossar-se: depois da vitória, imolam em sua honra os seres vivos capturados e amontoam o resto num só lugar". Não se conhece o nome céltico do deus gaulês da guerra. As numerosas inscrições votivas a Marte costumam conter sobrenomes: *Albioriz*, "rei do mundo", *Rigisamos*, "muito real", *Caturix*, "rei do combate", *Camulus*, "poderoso", *Segomo*, "vitorioso" etc. Certos sobrenomes são incompreensíveis, mas, mesmo quando podem ser traduzidos, não nos enriquecem os conhecimentos. Pode-se dizer a mesma coisa a propósito de mais de cem inscrições dedicadas a Hércules; tal como as inscrições consagradas a Marte, indicam tão somente a existência de um deus da guerra.

Levando-se em conta outras informações, a estrutura desse deus afigura-se bastante complexa. Segundo o historiador grego Luciano de Samósata (século II d.C.), o nome celta de Héracles era Ogmios. Luciano vira uma imagem desse deus: tratava-se de um velho calvo, de pele enrugada, arrastando grande número de homens e mulheres com a língua atada por pequenas correntes de ouro e âmbar. Embora estivessem frouxamente atados, não faziam esforço para fugir, mas seguiam-no "alegres e felizes, cumulando-o de elogios". Um homem da região explicou-lhe a imagem: eles, os celtas, não representam a arte da palavra por Hermes, como os gregos, mas por Hércules, "pois Hércules é muito mais forte" (*Discursos, Hércules*, 1-7). Esse texto deu azo a interpretações contraditórias.[16] Já se compararam os homens acorrentados com os Marut que acompanham Indra e com o grupo dos Einherjar que escoltam Odin-Wodan (Jan de Vries). Por outro lado, já se fez a aproximação entre Ogmios e Varuna, o "senhor dos laços" (F. Le Roux). É provável que o "Marte" céltico tenha assimilado certos atributos próprios do deus soberano-mágico, reforçando, ao mesmo tempo, sua função de psicopompo. (Como veremos no §175, entre os germanos, Odin, ao contrário, tinha em parte suplantado o deus da guerra.) A Ogmios corresponde, na literatura épica irlandesa, o deus Ogma, o paladino por excelência. No entanto, também lhe é atribuída a invenção da escrita "orgânica"; isso equivale a dizer que reúne a força guerreira e a "ciência" de tipo odínico.

César apresenta "Apolo" como um deus médico. Não sabemos que nome tinha entre os gauleses, mas os epítetos que se leem nas inscrições em geral confirmam seu caráter de curandeiro. Ora, os textos irlandeses referem-se a Diancecht, que cura e ressuscita o Tuatha Dé Danann; de mais a mais, ele é invocado numa fórmula antiga de exorcismo. Seu nome é citado em companhia de Grobniu, o deus ferreiro. Pode-se, pois, ver nele o representante dos deuses que Dumézil considera específicos à "terceira função". Quanto a "Minerva", cujo nome gaulês também se ignora, mas que César define como a deusa do artesanato e dos ofícios (pertencente, portanto, à terceira função), houve quem a aproximasse da deusa Brigantia, filha de Dagda, e padroeira dos poetas, dos ferreiros e dos médicos.

171. Pode-se reconstituir o panteão céltico?

O panteão que se oculta na *interpretatio romana* de César dissimula uma realidade religiosa que a comparação com as tradições dos celtas insulares nos torna apenas parcialmente acessível. No que diz respeito aos teônimos extraídos dos monumentos e das inscrições do período galo-romano, são em sua maioria epítetos descritivos ou topográficos dos deuses membros do panteão: alguns estudiosos pensaram erradamente que eles designavam divindades autônomas.

A única informação sobre os nomes gauleses dos deuses nos foi transmitida no século I d.C. pelo poeta Lucano, o qual cita "aqueles que, por meio de um horrendo sacrifício, aplacam o cruel Teutates e o horrível Esus de feros altares, e também Taranis, cujo altar não é menos cruel do que o da Diana dos citas" (*Pharsalia*, I, 444-6). A autenticidade desses nomes é confirmada pelas inscrições galo-romanas que mencionam Esus, Taranucus (ou Jupiter Taranucus) e Mars Toutatis. O autor de um comentário medieval[17] tentou explicá-los, mas suas glosas são contraditórias. O comentário, no entanto, dá informações precisas sobre o gênero de sacrifício oferecido a cada um dos deuses: para Teutates, um homem é afogado dentro de uma cuba; para Esus, a vítima é suspensa a uma árvore e sangrada; para Taranis – "o senhor dos combates e o maior dos deuses do Céu" –, os homens são queimados dentro de uma canastra de madeira.

Uma das imagens do caldeirão de Gundestrup representa uma personagem vestida, a qual atira a vítima humana de cabeça para baixo num recipiente. Vários guerreiros a pé dirigem-se para o recipiente; acima deles, alguns cavaleiros se afastam. Jan de Vries (op.cit., p.55) pensa que pode se tratar de um rito iniciatório, mas sem relação com Teutates. (A poesia épica irlandesa retoma reiteradas vezes o tema do rei que, numa casa aquecida até tornar-se branca, afoga-se numa cuba onde se havia precipitado para escapar ao incêndio. Trata-se, sem dúvida, de um ritual que envolve sacrifício humano.[18]) Desde o século XVIII, tem-se traduzido o nome Teutates por "pai da tribo". O deus sem dúvida desempenhou um papel importante na vida da tribo; era o padroeiro da guerra, mas sua função revestia-se de maior complexidade.[19]

No que tange a Taranis, a significação de seu nome é clara: a raiz é **taran*, "trovão". Sob sua forma secundária, Tanaros, aproxima-se do deus dos germanos, Donar.[20] Tal como Donar, ele foi assimilado a Júpiter. É portanto provável que as colunas de "Júpiter sobre os ombros do gigante" fossem consagradas a Taranis, o "tonante", antigo deus celta do Céu. Voltamos a encontrar o teônimo Esus nos nomes próprios, mas a etimologia é incerta.[21] Sobre os baixos-relevos de dois altares, Esus aparece representado golpeando uma árvore; será que porventura devemos pensar num sacrifício por enforcamento? Jan de Vries acredita que Esus era um deus gaulês comparável ao Odin escandinavo.[22] Na realidade, nada sabemos de preciso.

A estatuária, a iconografia e as inscrições revelaram os nomes e as imagens de outras divindades galo-romanas. Em certos casos, chega-se a descobrir a estrutura dessas divindades e a indicar-lhes a função religiosa graças à mitologia dissimulada nas tradições dos celtas insulares. Mas, em virtude justamente da tendência conservadora que caracteriza o gênio religioso dos celtas, os resultados da análise mostram-se muitas vezes incertos. Lembremos um exemplo célebre: o baixo-relevo que contém o nome Cernunnos e representa um homem idoso, talvez calvo, com orelhas e galhos de cervo. Como é natural, lembrou-se uma cena figurada no caldeirão de Gundestrup: uma personagem com a cabeça coberta por galhos de cervo e sentada numa posição que, por inadvertência, se designou como "de Buda", segura com uma das mãos um colar e com a outra uma serpente com cabeça de carneiro; está cercada de animais selvagens e de um belíssimo cervo. Imagens similares foram encontradas na Grã-Bretanha.[23] Sabe-se que a iconografia e o simbolismo religioso do cervo são arcaicos. Uma cena gravada do vale Cammonica (Alpes italianos), que data do século IV a.C., representa um deus com galhos de cervo e uma serpente chifruda. Mas, como vimos no §5, o "grande feiticeiro" ou o "senhor dos animais" da gruta dos Três Irmãos também usava uma cabeça de cervo guarnecida de grandes chifres. Podia-se, pois, interpretar Cernunnos como um deus do gênero "senhor das feras".[24]

O simbolismo religioso do cervo, no entanto, é bastante complexo. Por um lado, numa zona que se estendia, na época pré-histórica, desde a China até a Europa ocidental, o cervo, por causa da renovação periódica de seus chifres,[25] é um dos símbolos da Criação contínua e da *renovatio*. Por outro lado, o cervo era considerado o antepassado mítico dos celtas e dos germanos;[26] além disso, era um dos símbolos mais notórios da fecundidade, mas também animal funerário e guia dos mortos; era sobretudo a caça preferida de reis e heróis: sua morte na caça era simbolicamente solidária da morte trágica dos heróis.[27] Por conseguinte, é provável que Cernunnos acumulasse outras funções ao lado da função de "senhor das feras". Basta pensar na luta longa e difícil da Igreja contra o disfarce ritual em cervo (*cervulo facere*) para que se avalie a importância religiosa desse animal (caça preferida da aristocracia guerreira!) nas camadas populares.

O exemplo de Cernunnos ilustra a dificuldade de se interpretar corretamente um complexo religioso multivalente na ausência de seu contexto mítico-ritual específico. Vemo-nos diante de uma dificuldade análoga ao tentar analisar os documentos arqueológicos relativos às divindades femininas; tudo que se pode afirmar é que o número considerável de estátuas e ex-votos confirma-lhes a importância. As representações plásticas das *matres* e *matronae* põem em relevo seu atributo de deusas da fertilidade e da maternidade (cesto de frutos, chifre da abundância; crianças ao seio ou no colo etc.). Como escreve Camille Jullian, elas "eram talvez divindades ao mesmo tempo anônimas e miriônimas, a quem não se davam nomes e que tinham cem epítetos".[28] No entanto, os textos dos celtas insulares contribuem com esclarecimentos significativos. A mãe dos deuses era uma deusa: Danu na Irlanda, Dôn na região das Gálias. E mais: nenhum homem podia tornar-se rei da Irlanda (Eriu) sem casar-se com a deusa tutelar que tinha esse mesmo nome; em outros termos, o acesso à realeza era obtido por meio de um *hieròs gámos* com a deusa da Terra. Esse argumento mítico-ritual constitui um dos temas mais utilizados e mais persistentes na literatura própria dessa região.[29]

Trata-se provavelmente de uma variante do antigo argumento mítico-ritual do Oriente Próximo, que compreende o casamento sagrado entre o deus do Céu (ou da tempestade, ou do Sol) e a Terra-Mãe, personificados pelo soberano e por uma hierodula. Esse *hieròs gámos* assegurava por certo período a fertilidade do país e a riqueza do reino. A sobrevivência da herança arcaica na Irlanda é ilustrada pelo rito de consagração real, atestado no século XII: sob os olhos dos súditos, o rei une-se sexualmente a uma égua branca, a qual é morta e depois cozida; a carne é repartida entre o rei e seus homens.[30] Em outros termos, a soberania é arrebatada pelo *hieròs gámos* entre o rei e uma *terra mater* hipomorfa. Ora, uma deusa gaulesa, Epona (Regina), é representada, nos monumentos, sentada sobre um cavalo ou de pé diante de um cavalo ou entre dois ou vários cavalos. Interpretou-se Epona como uma deusa-mãe e psicopompa;[31] sua réplica irlandesa, Rhiannun (< *rigantona, "rainha"), era igualmente hipomorfa.[32]

Tal como na iconografia da Grã-Bretanha na época romana, a literatura vernacular apresenta, de preferência, as deusas-mães grupadas em tríades. As mais célebres são as três Macha, personificando a deusa tutelar da capital de Ulster.[33] O acesso ao trono só é possível depois de se dormir com uma das Macha. A deusa aparece às vezes como uma velha horrenda e pede para compartir a cama de um jovem herói. No entanto, logo depois de ele estender-se ao lado da velha, esta aparece como uma jovem de singular beleza. Desposando-a, o herói obtém a soberania.[34] O tema mítico-ritual da velha metamorfoseada por um beijo, que voltamos a encontrar nos romances bretões do Graal, já era conhecido na Índia na época dos Bramanas.[35]

Na epopeia, a rainha Medb tem numerosos amantes; isso equivale a dizer que pertenceu a todos os reis da Irlanda. Deve-se contudo acrescentar que, nas sociedades célticas, a mulher gozava de uma liberdade e de um prestígio religioso e social consideráveis. O ritual da couvade (recolhimento), atestado na Europa tão somente entre os celtas e os bascos (população pré-indo-europeia), vem ressaltar a importância mágico-religiosa da mulher. Ao lado de outros costumes arcaicos (por exemplo, certos rituais funerários, a mitologia da morte etc.), a couvade indica a sobrevivência de elementos pré-indo-europeus, pertencentes provavelmente às populações autóctones do neolítico.

Quanto às deusas, suas funções múltiplas de divindades que governam a fecundidade, a guerra, o destino e a fortuna são igualmente atestadas entre as deusas dos germanos, o que indica, pelo menos em parte, uma herança indo-europeia.[36] A esse complexo religioso que data da pré-história europeia e da proto-história dos celtas foram-se acrescentando progressivamente as influências mediterrâneas, romanas – mais exatamente, a influência do sincretismo da época helenística – e cristãs. Para que se faça uma avaliação do gênio religioso céltico, deve-se ter em conta, ao mesmo tempo, a persistência com que foram conservados certos elementos arcaicos – em primeiro lugar, os costumes e as crenças relacionados com os "mistérios" da feminidade, do destino, da morte e do outro mundo – e sua revaloração desde a Antiguidade até a época pré-moderna.

172. Os druidas e seu ensinamento esotérico

As páginas dedicadas por Júlio César aos druidas (*De Bello Gallico*, VI, 13) constituem uma das mais importantes fontes sobre a religião dos celtas. O procônsul utilizava, sem citar, as informações de Posidônio (século II a.C.), mas dispunha também de outras fontes. Os druidas, escreve César, "têm um papel ativo no culto, presidem aos sacrifícios públicos e privados, dizem que práticas religiosas são ordenadas pelos deuses. Grande número de jovens vem instruir-se com eles, que são objeto de grande consideração." Cabe aos druidas "decidir sobre quase todas as contestações, públicas e privadas"; aqueles que não se submetem à sua decisão ficam excluídos dos sacrifícios, o que equivale a uma espécie de morte civil. A autoridade suprema é exercida por um único chefe.

> Morto este, se algum reúne maiores méritos que os demais, é nomeado seu sucessor; se há igualdade entre vários pretendentes, disputam entre si o principado pelo sufrágio dos druidas e algumas vezes pelas armas. Em certa época do ano, tomam assento num lugar consagrado do país dos carnutos, que é tido como o centro de toda a Gália.

Os druidas são dispensados do serviço militar e da obrigação de pagar impostos. Atraídos por tamanhos privilégios, muitos vêm espontaneamente acompanhar-lhes o ensinamento. "Diz-se que eles aprendem de cor um número muito grande de versos: assim, alguns há que gastam 20 anos nesse estudo. Cuidam que a religião os proíbe de escrevê-los, enquanto para tudo o mais, para as contas públicas e privadas, eles se servem do alfabeto grego." César afirma que os druidas estabeleceram esse uso "por não desejarem difundir sua doutrina entre o povo", e também porque, confiando na escrita, os aprendizes druidas podem vir a descuidar-se da memória. Estão convencidos de que

> as almas não morrem, mas passam, depois da morte, de um corpo para outro; essa crença lhes parece particularmente própria para estimular a coragem, eliminando o medo da morte. Muito debatem também sobre os astros e seu movimento, sobre a grandeza da Terra e do Universo, sobre a natureza das coisas, a força e o poder dos deuses imortais, e transmitem essas especulações à juventude.

Como os brâmanes, os druidas são sacerdotes (são eles que praticam os sacrifícios), mas também instrutores, cientistas e filósofos.[37] Sua reunião anual num "lugar consagrado, ... que é tido como o centro da Gália", é altamente significativa. Trata-se, sem dúvida, de um centro cerimonial considerado "centro do mundo".[38] Esse simbolismo, atestado praticamente em todo o mundo (cf. §12), é solidário do conceito religioso do espaço sagrado e das técnicas de consagração dos lugares: ora, como vimos no §169, a construção de um espaço sagrado era praticada pelos celtas desde a proto-história. É evidente que as reuniões anuais dos druidas pressupõem a unidade das suas ideias religiosas, a despeito da inevitável variedade dos nomes dos deuses e das crenças específicas às diversas tribos. Provavelmente os sacrifícios públicos efetuados pelos druidas no território da Gália tinham por modelo a liturgia do grande sacrifício celebrado no *locus consecratus*, no "centro" do país dos carnutos.[39]

Os celtas também praticavam os sacrifícios humanos e, segundo as informações de Posidônio utilizadas por Diodoro da Sicília (V, 31) e por Estrabão (IV, 4), praticavam-nos de diversas maneiras: a vítima era golpeada com um gládio (e predizia-se o futuro de acordo com suas convulsões e sua queda), ou traspassada de flechas, ou empalada. César (*De Bello Gallico*, VI, 16) relata que "aqueles que são acometidos de graves doenças ou correm grandes perigos nas batalhas imolam ou fazem promessa de imolar seres humanos como vítimas, e para esses sacrifícios recorrem aos druidas". Certos eruditos interpretaram esses fatos como prova da "barbárie" dos celtas e do caráter "primitivo", ao mesmo tempo selvagem e infantil, da teologia druídica. No entanto, em todas as sociedades tradicionais o sacrifício humano estava provido de um simbolismo cosmológico e escatológico singularmente poderoso e complexo, o que explica sua persistência entre os antigos germanos, os geto-dácios, os celtas e os romanos (que, aliás, só os proibiram em 97 a.C.). Esse ritual cruento não é de modo algum indício da inferioridade intelectual nem da pobreza espiritual das populações que o praticavam. Para nos limitarmos a um único exemplo: os Ngadju Dayak de Bornéu, que elaboraram uma das mais coerentes e mais sublimes teologias conhecidas na história das religiões, eram caçadores de cabeças (tal como os celtas) e praticavam sacrifícios humanos.[40]

Todas as fontes insistem na importância considerável que os druidas tiveram na instrução da juventude. Provavelmente só os discípulos que se preparavam para o druidado, e que deviam estudar a fundo a teologia e as ciências, acompanhavam durante 20 anos as lições de seus mestres. O repúdio da escrita (que explica nossa ignorância da doutrina druídica) e a importância atribuída à memória e à transmissão oral do ensino prolongam a tradição indo-europeia (cf. v.I, p.393). O ensino era secreto porque esotérico, isto é, inacessível aos não iniciados, concepção que lembra o esoterismo dos Upanixades (§80s.) e dos Tantras.

No que se refere à crença na metempsicose, a explicação proposta por César – doutrina "particularmente própria para estimular a coragem, eliminando o medo da morte" – é apenas a interpretação racionalista de uma crença na sobrevivência da alma. Segundo os celtas, escreve Lucano (*Pharsalia*, I, 450s.), "o mesmo espírito governa um corpo num outro mundo". Pompônio Mela (III, 3) e Timágenes (citado por Amiano Marcelino, XV, 9, 8) esclarecem que, conforme a doutrina dos druidas, "as almas são imortais". Diodoro da Sicília (V, 28, 6) refere que "as almas dos homens são imortais e, depois de determinado número de anos, retornam a outro corpo". A crença na metempsicose é igualmente atestada na literatura irlandesa.[41] Na ausência de qualquer testemunho direto, é difícil precisar se a pós-existência da alma implicava para os druidas a "imortalidade" e ao mesmo tempo a psicossomatose (como nos Upanixades), ou se consistia apenas numa "sobrevivência" indeterminada da alma.

Como certos autores antigos evocaram, a propósito dos celtas, a doutrina órfico-pitagórica da metempsicose, muitos estudiosos modernos concluíram que os escritores greco-latinos interpretavam as crenças célticas na linguagem de Pitágoras, em outras palavras, que tinham "inventado" uma crença desconhecida dos celtas. Contudo, no século V a.C., Heródoto explicava do mesmo modo – isto é, pela influência de Pitágoras – a crença dos getas na "imortalidade" da alma, crença que, aliás, o historiador grego não negava (§179). De fato, os autores antigos evocavam Pitágoras justamente porque as concepções dos getas e dos celtas lembravam a doutrina órfico-pitagórica.

Pôs-se ainda em dúvida a informação de César sobre as preocupações científicas dos druidas: "Discutem também muito sobre os astros e seu movimento, sobre a grandeza da Terra e do Universo" etc. Entretanto, o fragmento do calendário encontrado em Coligny demonstra conhecimentos astronômicos bastante avançados. Efetivamente, podia-se construir um ciclo de 19 anos solares, equivalente aos 235 meses lunares, o que permitia a reconciliação dos dois sistemas de calendários (solar e lunar). Muitos autores consideraram com a mesma desconfiança a informação de Estrabão referente aos conhecimentos astronômicos dos geto-dácios. Mas, como veremos adiante (§179), as escavações revelaram os restos de dois "templos calendarísticos" em Sarmizecetuza e em Costesti, isto é, nos centros cerimoniais dos geto-dácios.

A repressão dos druidas na época dos imperadores Augusto, Tibério e Cláudio visava à aniquilação do nacionalismo gaulês. E, no entanto, no século III, quando a pressão romana diminuiu, produziu-se um surpreendente renascimento da religião céltica, e os druidas recuperaram sua autoridade. Mas foi na Irlanda que os druidas, bem como as principais estruturas religiosas, sobreviveram até a Idade Média. Além disso, a criatividade do gênio religioso céltico conhecerá um novo apogeu na literatura elaborada do século XII em diante, em torno dos heróis engajados na demanda do Graal (ver, no volume III, §270).

173. Yggdrasill e a cosmogonia dos antigos germanos

Embora dispondo de uma informação muito mais rica que a dos especialistas em estudos celtas, os historiadores da religião germânica insistem na dificuldade de sua tarefa. As fontes são de natureza distinta e de valor desigual: peças arqueológicas, escritos da época romana (em primeiro lugar, a *Germania* de Tácito), descrições dos missionários cristãos e sobretudo os poemas dos escaldos islandeses, completados por um precioso manual compilado por Snorri Sturluson, no século XIII. Por outro lado, foi somente na Islândia, cristianizada já bem tarde (no ano 1000), que se conservou uma tradição oral coerente o bastante para nos permitir reconstituir em linhas gerais a mitologia e o culto. Isso equivale a dizer que não podemos, sem provas suplementares, considerar as informações referentes às crenças dos imigrantes noruegueses na Islândia válidas para o conjunto das tribos germânicas.

No entanto, apesar de graves lacunas (nenhuma informação sobre os godos e os burgúndios) e a despeito da heterogeneidade das crenças, resultado das variadas influências (célticas, romanas, orientais, norte-asiáticas, cristãs) sofridas pelas diferentes tribos durante sua dispersão pela metade da Europa, não se pode duvidar de certa unidade fundamental da religião dos germanos. Antes de tudo, muitos elementos específicos à herança indo-europeia são ainda reconhecíveis nas tradições de várias tribos (em primeiro lugar, a tripartição divina, o casal antagônico e complementar dos deuses soberanos, a escatologia). Ademais, os nomes dos dias indicam que todos os povos germânicos veneravam os mesmos grandes deuses. Quando, no século IV, os germanos adotaram a semana de sete dias, substituíram os nomes das divindades romanas por aqueles de seus próprios deuses. Assim, por exemplo, *mercredi* (*dies Mercurii*, quarta-feira) foi substituído pelo "dia de Odin-Wodan": velho-alto-alemão *Wuotanestac*, inglês *wednesday*, neerlandês *woensdag*, velho-escandinavo *Odhinsdagr*. O que prova que Mercúrio foi identificado a um deus conhecido em todo o mundo germânico por um único e mesmo nome: Odin-Wodan.

Já se observou que a última fase da religião germânica foi dominada pelo interesse apaixonado que se dedicou ao mito do fim do mundo. Trata-se, aliás, de um fenômeno geral, atestado desde o século II a.C. no Oriente Próximo, no Irã, na Palestina, no Mediterrâneo e, um século mais tarde, no Império Romano. Mas o que caracteriza a religião germânica é o fato de que *o fim do mundo já está anunciado na cosmogonia*.

O relato mais completo da Criação é transmitido por Snorri (*Gylfaginning*, 4-9); sua fonte principal é um admirável poema, *Völuspá* ("Predição da *volva*", isto é, "a Vidente"), composto por volta do fim da época pagã. Segundo essas "Predições" (estrofe 3), no começo não havia "nem Terra nem abóbada celeste", mas um "gigantesco abismo", *Ginnungagap*.[42] A imagem, familiar às cosmogonias orientais, volta a ser encontrada em outros textos.* Esclarece Snorri que, ao norte, estendia-se uma região fria e brumosa, Niflheimr, identificada com o mundo dos mortos e onde corria uma fonte que dava origem a 11 rios; ao sul, encontrava-se um país tórrido, Muspell, guardado pelo gigante Surtr ("o Negro"). Em consequência do encontro do gelo e do fogo, um ser antropomorfo, Ymir, nasceu na zona intermediária. Enquanto dormia, debaixo de seu braço nasceram de seu suor um homem e uma mulher, e um de seus pés gerou um filho do outro pé. Do gelo que se fundiu nasceu uma vaca, Audhumbla; foi ela que, com seu leite, alimentou Ymir. Lambendo-lhe o gelo salgado, Audhumbla deu-lhe a forma de um homem, Buri. Este desposou a filha de um

* Segundo a "Prece de Wessobrunn", poema de origem cristã escrito no século IX na Alemanha meridional, "não havia nem Terra nem abóbada celeste, nem árvore nem montanha, ... não brilhava o Sol, nem a Lua despedia claridade. Ainda não existia o glorioso mar".

gigante e com ela teve três filhos: Odin, Vili e Vé. Esses três irmãos decidiram matar Ymir; a onda provocada por seu sangue tragou todos os gigantes, com exceção de um, que conseguiu misteriosamente salvar-se em companhia de sua mulher. Em seguida, os irmãos levaram Ymir para o meio do grande abismo e, esquartejando-o, com seu corpo criaram o mundo: de sua carne formaram a terra; dos ossos, os rochedos; do sangue, o mar; dos cabelos, as nuvens; do crânio, o firmamento.

A cosmogonia baseada na execução e no esquartejamento de um ser antropomorfo lembra os mitos de Tiamat (§21), de Purusa (§73) e de P'an-ku (§129). A Criação do mundo é, pois, o resultado de um sacrifício cruento; ideia religiosa arcaica e abundantemente difundida, que, tanto entre os germanos quanto entre outros povos, justifica o sacrifício humano. Na verdade, tal sacrifício, repetição do ato divino primordial, assegura a renovação do mundo, a regeneração da vida, a coesão da sociedade. Ymir era bissexuado:* gerou sozinho um casal humano. A bissexualidade constitui, como se sabe, a expressão por excelência da totalidade. Entre os antigos germanos, a ideia da totalidade primordial é reforçada por outras tradições mitológicas, segundo as quais Ymir, antepassado dos deuses, gerou também os gigantes demoníacos (que ameaçarão o cosmo até a catástrofe final).

Dando continuidade a sua obra cosmogônica, os três irmãos criaram as estrelas e os corpos celestes, tendo por base as faíscas lançadas do Muspell, e regularam seus movimentos, criando dessa maneira o ciclo quotidiano (dia e noite) e a sucessão das estações. A Terra, de forma circular, era cercada no exterior pelo grande Oceano; nos litorais, estabeleceram os deuses o hábitat dos gigantes. No interior, construíram Midhgardh (literalmente, "morada do meio"), o mundo dos homens, defendido por uma paliçada feita com os cílios de Ymir. Com a ajuda de Hoenir, o deus taciturno, e de Lodhur, figura sobre a qual sabemos muito pouco, criou Odin o primeiro casal humano, partindo de duas árvores, Askr e Embla,** encontradas na praia: deu-lhes vida, enquanto Hoenir lhes forneceu a inteligência, e Lodhur as dotou dos sentidos e da feição antropomorfa. Outro mito fala de dois humanos emergindo da árvore cósmica, Yggdrasill, e povoando o mundo. Durante o grande inverno do *ragnarök* (§177),

* O nome de Ymir foi aproximado do sânscrito Yima, "bissexuado". Segundo Tácito (*Germania*, 2), o antepassado mítico dos germanos era Tuisto; ora, esse nome está associado ao velho sueco *tvistra*, "separado", e designa, como Ymir, um ser andrógino.

** *Askr* evoca o freixo cósmico; *embla* talvez seja o mesmo vocábulo que *elmla*, "olmo". A antropogonia que tem por origem as árvores constitui tema bastante difundido nas mitologias arcaicas; é igualmente atestado entre os indo-europeus; cf. Bonfante, "Microcosmo e macrocosmo nel mito indoeuropeo", p.1s.

encontrarão refúgio no tronco de Yggdrasill e serão nutridos pelo orvalho de seus ramos. Segundo Snorri, esse casal, abrigado na árvore cósmica, sobreviverá à destruição do mundo e irá repovoar a nova Terra que há de surgir mais tarde.

A árvore Yggdrasill, situada no centro, simboliza e ao mesmo tempo constitui o Universo. Seu cume toca o Céu e seus galhos abraçam o mundo. Uma das raízes enterra-se no país dos mortos (*Hel*), outra na região dos gigantes, e a terceira no mundo dos homens.* Desde sua emergência (vale dizer, desde que o mundo foi organizado pelos deuses), pesou sobre Yggdrasill a ameaça de destruição: uma águia tentou devorar-lhe a folhagem, seu tronco pôs-se a apodrecer, e a serpente Niddhog começou a roer-lhe as raízes. Num dia próximo, Yggdrasill desabará e será o fim do mundo (*ragnarök*).

Trata-se, evidentemente, da bem conhecida imagem da árvore universal situada no centro do mundo e que liga os três níveis cósmicos: Céu, Terra e Infernos.** Indicamos em várias ocasiões o arcaísmo e a considerável difusão desse símbolo cosmológico. Certas concepções orientais e norte-asiáticas talvez tenham influenciado a imagem e o mito de Yggdrasill. No entanto, é importante sublinhar os traços especificamente germânicos: a árvore – isto é, o cosmo –, com seu próprio aparecimento, anuncia a decadência e a ruína final; o destino, *Urdhr*, está escondido no poço subterrâneo onde mergulham as raízes de Yggdrasill, em outras palavras, no próprio centro do Universo. Segundo a *Völuspá* (estrofe 20), a deusa do destino determina a sorte de todo ser vivo, não somente dos homens, como também dos deuses e gigantes. Seria o caso de dizer que Yggdrasill encarna o destino exemplar e universal da existência; toda forma de existir – o mundo, os deuses, a vida, os homens – é perecível, e no entanto suscetível de ressurgir no começo de um novo ciclo cósmico.

174. Os Ases e os Vanes. Odin e seus prestígios "xamânicos"

Depois de terem instalado o casal de ancestrais no Midhgardh, os deuses construíram sua própria morada, Asgardh, ainda no centro do mundo, mas na altura.*** O panteão é repartido entre dois grupos divinos: os Ases e os Va-

* Segundo Snorri, cada uma das três raízes mergulha num poço, os mais célebres sendo o poço do mais sábio dos deuses, Mimir, no qual Odin empenhará seu olho (§174), e o do destino (*Urdharbrunnr*). Mas é provável que a tradição original conhecesse uma única fonte subterrânea.

** O mesmo simbolismo aparece na coluna Irminsul, que, na crença dos saxões, sustentava o Céu.

*** Como se sabe, as indicações topográficas do centro do mundo refletem uma geografia mítica, construída segundo uma geometria imaginária.

nes. Os mais notáveis dentre os Ases são Tyr, Odin e Thor; os dois primeiros correspondem ao binômio dos deuses soberanos (na Índia védica, Mithra e Varuna), ao passo que Thor, o deus que empunha o martelo, o inimigo por excelência dos gigantes, evoca o caráter marcial de Indra. Por seu turno, os mais importantes dentre os Vanes – Njördhr, Freyr e Freyja – são caracterizados por sua riqueza e pelas relações que têm com a fecundidade, o prazer e a paz. Quando analisamos a estrutura mítica da guerra entre romanos e sabinos (§162), fizemos alusão ao conflito que contrapôs os Ases e os Vanes. Essa guerra longa, dura e indecisa termina com uma reconciliação definitiva. As principais divindades Vanes instalam-se entre os Ases e completam, por meio da fecundidade e da riqueza que elas governam, os prestígios representados pela soberania jurídica, pela magia e pela força guerreira.

Muitos autores esforçaram-se por interpretar esse episódio lendário como a lembrança de um conflito histórico entre os representantes de duas culturas distintas, que compartilham crenças religiosas diferentes: os agricultores autóctones (para alguns, os *Megalithenvölker*) e seus conquistadores (os *Streitaxtvölker* ou os invasores ariófonos). Georges Dumézil demonstrou, porém, que se trata de um tema mitológico indo-europeu fortemente historicizado no relato de Snorri.[43] É certo que as invasões dos territórios habitados pelas populações agrícolas neolíticas, a submissão dos autóctones por invasores militarmente mais poderosos, seguida da simbiose entre esses dois tipos de sociedade, ou até entre duas etnias diferentes, são fatos atestados pela arqueologia; constituem, por outro lado, um fenômeno específico à proto-história europeia, que se prolongou, em certas regiões, até a Idade Média. Mas o tema mitológico da guerra entre os Ases e os Vanes antecede o processo da germanização, pois faz parte da tradição indo-europeia. É provável que o mito tenha servido de modelo e justificativa a muitas guerras locais, concluídas com a reconciliação dos adversários e sua integração numa sociedade comum.

Acrescentemos, no entanto, que, se os principais Ases – Tyr, Odin e Thor – conservaram certos traços específicos aos deuses das duas primeiras funções, a soberania e a guerra, suas figuras sofreram fortes modificações; eles foram modelados, de uma parte, em conformidade com o gênio religioso germânico; e, de outra parte, sob o impacto das influências mediterrâneas e norte-asiáticas. Odin-Wodan é o mais importante dos deuses, seu pai e soberano. Já se destacaram suas analogias com Varuna: ambos são soberanos por excelência e senhores da magia; "atam" e paralisam os adversários; são ávidos de sacrifícios humanos.[44] Mas, como não tardaremos a ver, as diferenças não são menos notáveis.

Num passo do poema *Hávamál* ("Palavras do Altíssimo", estrofes 139-42), Odin conta como obteve as runas, símbolo da sabedoria e do poder mágicos. Suspenso durante nove noites na árvore Yggdrasill, "ferido pela lança e sacrificado a Odin, eu mesmo sacrificado a mim mesmo, sem alimento nem bebida, eis que as runas, ao meu chamado, se revelaram". Ele obtém, assim, a ciência oculta e o dom da poesia. Trata-se, sem dúvida, de um rito de iniciação de estrutura paraxamânica. Odin permanece enforcado na árvore cósmica;[45] Yggdrasill significa, aliás, "o cavalo (*drasil*) de Ygg", um dos nomes de Odin. A força é chamada "o cavalo" do enforcado, e sabe-se que as vítimas sacrificadas a Odin eram enforcadas em árvores. Ferindo-se a si mesmo com a lança, abstendo-se de água e de alimento, o deus sofre a morte ritual e adquire a sabedoria secreta de tipo iniciatório. O aspecto xamânico de Odin é confirmado por seu cavalo de oito patas, Sleipnir, e pelos dois corvos que o informam de tudo o que se passa no mundo. Tal como os xamãs, Odin pode mudar de forma e é capaz de enviar seu espírito sob a forma de animais; ele procura junto aos mortos os conhecimentos secretos, e os obtém; declara no *Hávamál* (estrofe 158) que conhece um encantamento que pode forçar um enforcado a descer do patíbulo e a falar com ele; é especialista na arte do *seidhr*, técnica oculta de tipo xamânico.*

Outros mitos mostram os estratagemas de que se utiliza Odin e o preço que aceita pagar para obter a sabedoria, a onisciência e a inspiração poética. Um gigante, Mimir, era famoso por sua ciência oculta. Os deuses decapitaram-no e enviaram sua cabeça a Odin. Este conservou-a com o auxílio de certas plantas, e desde então passou a consultar a cabeça do gigante todas as vezes que queria desvendar certos segredos.[46] Segundo Snorri (*Gylfaginning*, 8), Mimir era o guardião da fonte da sabedoria, ao pé de Yggdrasill. Odin só obtém o direito de nela beber depois de ter feito o sacrifício de um olho, escondendo-o na fonte (cf. *Völuspá*, estrofe 25).

Um mito importante narra a origem da "bebida de poesia e sabedoria": no momento em que se conclui a paz entre Ases e Vanes, todos os deuses cospem num recipiente; desse cuspe cerimonial emerge um ser de extraordinária sabedoria, chamado Kvasir.[47] Dois anões o matam, misturam seu sangue com mel, fabricando assim o hidromel. Quem o bebe torna-se poeta ou homem de ciência. A bebida é escondida no outro mundo, num lugar de difícil acesso, mas Odin consegue apoderar-se dela, e desde então ela fica ao alcance de

* É difícil precisar a "origem" dos elementos xamânicos nas religiões dos antigos germanos, sobretudo na mitologia e no culto de Odin-Wodan. Alguns vão buscar sua origem na herança indo-europeia, mas não se devem excluir as influências norte-asiáticas. De qualquer modo, a importância atribuída às técnicas extáticas e às crenças de estrutura xamânica aproxima a religião dos germanos do xamanismo asiático.

todos os deuses. A inspiração poética é denominada pelos escaldos "a taça de Ygg", "o hidromel de Ygg", mas também "hidromel dos anões", "sangue de Kvasir" etc.[48] Em conclusão: como consequência de sua iniciação (que lhe permitiu obter as runas), do sacrifício de seu olho (que lhe deu o direito de beber no poço de Mimir) e do roubo do hidromel, Odin torna-se o senhor inconteste da sabedoria e de todas as ciências ocultas. É ao mesmo tempo deus dos poetas e dos sábios, dos extáticos e dos guerreiros.

175. A guerra, o êxtase e a morte

Ao contrário de Varuna, Odin-Wodan é um deus da guerra: pois, como escreve G. Dumézil, "na ideologia e na prática dos germanos, a guerra tudo invadiu, tudo coloriu" (*Dieux*..., p.65). Todavia, nas sociedades tradicionais e principalmente entre os antigos germanos, a guerra constitui um ritual justificado por uma teologia. Dá-se, antes de tudo, a assimilação do combate militar ao sacrifício: o vencedor e a vítima levam ao deus uma oferenda cruenta. Por conseguinte, a morte heroica torna-se uma experiência religiosa privilegiada. Além disso, a natureza extática da morte aproxima o guerreiro não só do poeta inspirado, como também do xamã, do profeta e do sábio visionário. É graças a essa exaltação da guerra, do êxtase e da morte que Odin-Wodan adquire seu caráter específico.

O nome Wodan deriva do termo *wut*, literalmente, "furor". Trata-se da experiência própria dos jovens guerreiros: transmudava-lhes a natureza humana por um acesso de fúria agressiva e terrível, e assimilava-os aos carnívoros enraivecidos. Segundo o *Ynglinga-Saga* (cap.VI), os companheiros de Odin "iam sem couraça, selvagens como cães ou como lobos, mordiam-lhes os escudos e eram fortes como ursos e touros. Chacinavam os homens e nem o fogo nem o aço tinham contra eles o menor poder. Chamava-se a isso furor dos *ber-sekir*" (literalmente, "os guerreiros com capa, *sekir*, de urso"). Eram também conhecidos pelo nome de *ulfhedhnar*, "homem de pele de lobo".

Ganhava-se a condição de *ber-sekir* em decorrência de um combate iniciatório. Dessa maneira, entre os catos, escreve Tácito (*Germania*, 31), o postulante não cortava nem os cabelos nem a barba antes de haver matado um inimigo. Entre os taifalos, o jovem devia abater um javali ou um urso, e entre os hérulos, ele tinha de combater sem armas.* Por meio dessas provas, o pos-

* Ver Eliade, *Naissances mystiques*, p.175 e nota 4; "Les Daces et les Loups" (in *De Zalmoxis à Gengis-Khan*, esp. p.17s.). Tácito descreve os hários (no curso superior do Óder e do Vístula), com

tulante apropriava-se do modo de ser de uma fera; tornava-se um guerreiro temível à medida que se comportava como um carnívoro. As crenças na licantropia, obtida quando se veste ritualmente uma pele de lobo, tornam-se extremamente populares na Idade Média, e, nas regiões setentrionais, estendem-se até o século XIX.

Além de deus da guerra, Odin-Wodan é também deus dos mortos. Protege, por meios mágicos, os grandes heróis, mas acaba por trair e matar seus protegidos. A explicação desse comportamento estranho e contraditório parece ser a necessidade de reunir a sua volta os combatentes mais temíveis, tendo em vista a batalha escatológica do *ragnarök*. Com efeito, os guerreiros notáveis, tombados em combate, eram conduzidos pelas valquírias ao palácio celeste Valhala.* Acolhidos por Odin, passavam seus dias a guerrear, preparando-se para a batalha final.

Protetor dos *Männerbünde*, que, como qualquer sociedade de estrutura extática e guerreira, aterrorizavam as aldeias, Odin-Wodan não podia ser o deus favorito das populações rurais. Seu culto, que comportava sacrifícios humanos por enforcamento, era celebrado principalmente pelas famílias dos reis, dos chefes militares e em seu círculo. Descobriram-se, no entanto, muitos topônimos que continham a palavra Odin, e mesmo nomes compostos por vocábulos que designavam "campo" e "pradaria". Isso não prova a estrutura "agrária" de Odin, mas seu caráter "imperialista", sua tendência a apropriar-se das funções e dos atributos das outras divindades.

O papel capital desempenhado por Odin-Wodan na vida religiosa dos germanos explica-se pelos múltiplos prestígios da soberania mágica. Odin é o principal autor da Criação do mundo, dos deuses e do homem. (Das outras personagens divinas, ativas nos tempos míticos dos primórdios, a memória coletiva só conservou os nomes.) Da mesma forma, ele é chamado a desempenhar o papel principal na batalha derradeira do *ragnarök*. Sua qualidade de deus soberano e ao mesmo tempo de deus da guerra e da morte torna compreensível não apenas o caráter sagrado da realeza, como ainda a valorização religiosa da morte nos campos de batalha, concepções que caracterizam a cultura da alta Idade Média germânica (cf. v.III).

---

seus escudos negros e seus corpos pintados de preto, como um "exército de fantasmas" (*exercitus feralis*) cuja visão nenhum inimigo era capaz de suportar (*Germania*, 43).

* *Valhöll*, "a sala dos que tombaram". As valquírias (cujo nome significa "aquelas que escolhem os mortos no campo de batalha") eram primitivamente espíritos fornecedores dos mortos.

176. Os Ases: Tyr, Thor, Baldr

O primeiro dos Ases, Tyr (*Tîwaz, Ziu), tem muito menos brilho. Ele era originariamente um deus "supremo,* pois um dos nomes dos deuses, *tiwar*, é o plural de Tyr. Visto que a *interpretatio romana* o identificava com Marte, Tyr é em geral classificado entre os deuses da guerra. Com efeito, Tyr apresenta um aspecto militar bastante desenvolvido, mas sua vocação original de "deus jurista" (homólogo de Mithra) ainda é nítida. Tem relações orgânicas com o *thing*, isto é, com as assembleias do povo onde se discutiam os processos. É verdade que as assembleias do tempo de paz evocavam as do tempo de guerra, já que seus membros se reuniam armados e aprovavam as decisões agitando no ar a espada ou o machado, ou então batendo a espada contra o escudo.[49]

O episódio mítico de maior importância, e que caracteriza a vocação de Tyr, ocorreu no começo dos tempos. Sabiam os deuses que o lobo Fenrir, que uma giganta concebera por obra de Loki, devia devorá-los. Convencendo-o de que se tratava de um jogo, conseguiram prendê-lo com uma correia mágica, que, de tão fina, era invisível. Mostrando-se desconfiado, o jovem lobo aceitara o jogo com a condição de que um dos deuses metesse a mão em sua goela, como garantia de que nada de mal se tramava contra ele. Apenas Tyr teve a coragem de fazer esse gesto, e, logo que o lobo sentiu que não se podia desvencilhar, cortou-lhe a mão (*Gylfaginning*, cap.13, 21). Com toda a razão, observa Georges Dumézil que tal gesto, por muito necessário que fosse para salvar o panteão, constitui uma violação do juramento e, por conseguinte, indica a degradação do deus soberano-jurista.[50]

Thor (Donar) foi um dos deuses mais populares. Seu nome significa "trovão", e ele tem por arma o martelo Mjöllnir ("o triturador"), imagem mítica do raio, análogo ao *vajra* de Indra (cf. §68). Sua barba vermelha e seu apetite fabuloso aproximam-no do campeão védico. Thor é o defensor dos Ases e da morada divina deles. Numerosos relatos apresentam-no enfrentando os gigantes e destruindo-os com seu martelo.** Seu principal adversário é a serpente cósmica, Jörnungan, que enlaça o mundo e que ameaçará os deuses no *ragnarök*. Vários textos e alguns desenhos mostram-no tirando o dragão do mar.

Certas imagens de Thor, representado sempre com o martelo, eram vistas em muitos templos. As testemunhas aludem a essas imagens mais do que às

* Seu nome, *Tîwaz, é aparentado aos outros nomes indo-europeus do (deus do) Céu: Dyaus, Zeus, Júpiter. É provável que pelo menos em certas tribos germânicas o deus celeste tenha continuado a ser venerado sob o nome de Irmin-Hermin; ver adiante.

** As ligações entre Thor e a personagem brandindo um machado, nos desenhos rupestres da Idade do Bronze escandinava, são difíceis de precisar.

dos outros deuses. Na qualidade de senhor das tempestades, Thor era popular entre os agricultores, ainda que não fosse um deus agrário. Mas garantia as colheitas e protegia as aldeias contra os demônios. Em sua função de deus guerreiro, Thor foi suplantado por Odin. A inclinação erótica, específica de Indra, deixa-se talvez decifrar no papel ritual do martelo por ocasião dos casamentos. Já se observou a "folclorização" de certos relatos mitológicos que põem em destaque Thor, Mjöllnir e os gigantes; por exemplo, Thor disfarçado de noiva, para enganar o gigante que lhe roubara o martelo. Tendo-se esquecido a significação dos rituais subjacentes, a sobrevivência desses relatos mitológicos deveu-se a suas qualidades narrativas. Processos similares explicam a "origem" de numerosos temas literários.

Graças a sua pureza e a sua nobreza, graças também a seu destino trágico, Baldr é o mais interessante dos deuses. Filho de Odin e da deusa Frigg, ele é, escreve Snorri, "o melhor e todos o louvam. É tão belo de aparência e tão brilhante que emite luz. ... É o mais sábio e prudente dos Ases, o de palavra mais hábil e o mais clemente" (*Gylfaginning*, cap.11). Pouco se conhece sobre seu culto, mas sabe-se que era universalmente amado. No entanto, foi pela morte que Baldr revelou sua importância no drama do mundo. Seu mito, aliás, é o mais patético de toda a mitologia germânica.

Ainda segundo a versão de Snorri, Baldr teve sonhos funestos, e os deuses decidiram torná-lo invulnerável. Sua mãe recolheu os juramentos de todas as coisas do mundo de que não lhe fariam mal. Depois os Ases reuniram-se na praça do *thing*, em torno de Baldr, e divertiram-se a golpeá-lo com as espadas e a lançar toda sorte de projéteis. "Quando Loki viu isso, ficou desgostoso." Foi encontrar Frigg disfarçado de mulher e perguntou-lhe se todos os seres tinham jurado poupar Baldr. Frigg respondeu: "Existe um jovem broto de mato que se chama *mistilteinn*, 'broto de visco'; ele pareceu-me demasiado jovem para que eu lhe pudesse exigir um juramento." Loki arrancou-o e dirigiu-se ao *thing*. Como Hödhr, o irmão de Baldr, era cego, mantinha-se na retaguarda, mas Loki deu-lhe o ramo e disse: "Faça como os outros, ataque-o, eu te indicarei a direção em que ele está." Guiado por Loki, Hödhr lançou o broto de visco contra o irmão. "A arma arremessada atravessou Baldr, que caiu por terra, morto. Essa foi a maior desgraça ocorrida entre os deuses e os homens." Como, no entanto, eles se encontravam num sítio sagrado, a ninguém assistia o direito de punir Loki (*Gylfaginning*, cap.33-5).

> Esse drama, por provir da própria estrutura *Völuspá*, é a pedra angular da história do mundo. Através dele, a mediocridade da era atual tornou-se irremediável. É certo que a bondade e a clemência de Baldr eram até então ineficazes, já que,

> por uma espécie de má sorte, "nenhum de seus juízos se mantinha, nenhum deles se realizava": mas pelo menos ele existia, e essa existência era protesto e consolação.[51]

Por não ter caído num campo de batalha, Baldr não foi para o Valhala, mas para o domínio de Hel. Ao mensageiro enviado por Odin, para lhe pedir que libertasse Baldr, respondeu Hel que o faria com a condição de que "todas as coisas do mundo" o chorassem. Informados pelos deuses, homens, animais, pedras e árvores, todos o carpiram. Somente uma feiticeira se recusou a chorar Baldr, e "supõe-se que era Loki". Finalmente, Thor agarra Loki e os deuses acorrentam-no a uma pedra. Suspendem sobre ele uma serpente peçonhenta que deixa cair veneno sobre seu rosto. A mulher de Loki, escreve Snorri, está ao lado dele e segura uma bacia sob o líquido envenenado. Quando a bacia fica cheia, ela sai para esvaziá-la, mas nesse entretempo Loki recebe o veneno sobre o rosto; ele se contorce e então a terra treme. Loki, no entanto, logrará libertar-se no momento do *ragnarök*, às vésperas do fim do mundo.

177. Os deuses Vanes. Loki. O fim do mundo

Todos os Vanes acham-se mais ou menos diretamente relacionados à fertilidade, à paz e à riqueza. Njördhr, o mais antigo, desposou a própria irmã e teve por filhos os gêmeos Freyr e Freyja. Uma vez que os antigos germanos abominavam o incesto, essa tradição mitológica pode ser interpretada quer como refletindo os costumes das populações aborígines,[52] pré-indo-europeias, quer como sublinhando o caráter orgiástico próprio das divindades da fecundidade, e particularmente da fecundidade agrária. Tácito (*Germania*, 40) fala da deusa Nerthus, "isto é, a Terra-Mãe"; trata-se do mesmo nome de Njördhr. A deusa circulava pelas tribos num carro puxado por novilhas; seu culto era celebrado num bosque sagrado de uma ilha do "Oceano" – e, acrescenta o historiador romano, "foi essa a única época em que a paz e a tranquilidade foram conhecidas e saboreadas". O carro e a estátua da deusa eram em seguida banhados, e os escravos que efetuavam esse rito eram afogados no mesmo lago. A narrativa de Tácito foi provavelmente influenciada pelo que ele sabia sobre o ritual de Cíbele em Roma; no entanto, uma história conservada na saga do rei Olaf confirma a existência desse tipo de culto.[53]

Na última fase do paganismo escandinavo, Njördhr foi suplantado por Freyr. A imagem deste no templo de Uppsala era fálica; seu culto comportava muitos gestos orgiásticos e o sacrifício humano. No entanto, sua mitologia carece de interesse. Quanto a Freyja, à semelhança de Frigg (*Frija),* que talvez não passe de uma alcunha – era por excelência a deusa do amor e da procriação. Segundo Snorri, ela era a única divindade ainda venerada pelo povo quando ele estava redigindo sua obra, e o grande número de topônimos que contêm o nome de Freyja confirma essa opinião. Snorri acrescenta que Freyja – originariamente uma sacerdotisa dos Vanes – foi quem iniciou os Ases na técnica divinatória do *seidhr*. Ela tinha o poder de se comunicar com o outro mundo e podia tomar a forma de uma ave.

Loki é um deus enigmático e ambíguo. A etimologia de seu nome é incerta; não era objeto de um culto e não havia templos que lhe fossem consagrados. Embora sendo um dos Ases, ele procura prejudicar os deuses, e no fim do mundo lutará contra eles; Loki será o responsável pela morte de Heimdallr. Seu comportamento é desconcertante: de um lado, é o companheiro dos deuses** e gosta de combater os inimigos destes, os gigantes; manda que os anões forjem certos objetos mágicos, verdadeiros atributos dos deuses (o anel Draupnir para Odin, o martelo para Thor etc.). De outro lado, é mau, amoral, criminoso: é o autor do assassínio de Baldr, e disso se vangloria. Sua natureza demoníaca é confirmada por sua progênie: o lobo Fenrir e a grande serpente são seus filhos; Hel, a padroeira do triste país para onde vão os mortos que não têm o direito de instalar-se no Valhala, é sua filha.

São muito abundantes os mitos relativos a Loki, mas assemelham-se muitas vezes aos contos populares e às farsas. Ele vangloria-se de suas conquistas: deu um filho à esposa de Tyr, tomou o lugar de Thor junto à esposa deste etc. Desempenha um papel em quase todas as farsas e histórias que põem em cena os deuses e os gigantes. Um poema célebre e terrível, *Lokasenna*, narra como, introduzindo-se na sala onde os deuses estavam festejando, Loki insultou-os com grande insolência. Só o aparecimento de Thor pôs termo a suas vituperações.

Por mais de um século os estudiosos explicaram sucessivamente Loki como um deus do fogo, do trovão ou da morte, um reflexo do diabo cristão ou um herói-civilizador, comparável a Prometeu.[54] Em 1933, Jan de Vries aproximou-o do *trickster*, personagem ambivalente, própria das mitologias norte-americanas. Georges Dumézil propôs uma interpretação mais plausível, visto que leva em conta ao mesmo tempo Loki, Hödhr, Baldr e o fim do mundo. O caráter de impostor de Loki, sua malvadeza e presença entre os

* Ela foi assimilada a Vênus: *dies Veneris, Freitag, friday*.

** Empreende com Thor uma viagem ao país dos demônios e dos gigantes; acompanha Odin e Hoenir e ajuda-os a desposar o anão Andvari etc.

inimigos dos deuses durante a batalha escatológica fazem dele o homólogo da sinistra personagem do *Mahabharata*, Duryodhana, a encarnação por excelência do demônio da nossa era (cf. §191). Segundo Dumézil, a amplitude e a regularidade da harmonia entre o *Mahabharata* e o *Edda* demonstram a existência de um vasto mito escatológico, que narra as relações entre o bem e o mal, e a destruição do mundo, mito já constituído antes da dispersão dos povos indo-europeus.[55]

Como observamos no §173, no último período do paganismo os germanos estavam muito preocupados com a escatologia. O fim do mundo fazia parte integrante da cosmologia; e, tal como na Índia, no Irã e em Israel, conheciam-se o argumento e os principais atores do apocalipse. A descrição mais completa e dramática é dada pelo poema *Völuspá* e pela paráfrase de Snorri. Voltamos a deparar com os clichês bem-conhecidos de toda literatura apocalíptica: declina e desaparece a moral, entrematam-se os homens, treme a terra, escurece o Sol, caem as estrelas; libertos de suas correntes, os monstros precipitam-se sobre a terra; a grande serpente emerge do oceano, provocando inundações catastróficas. Encontram-se, porém, detalhes mais específicos: um inverno que se estende por três anos (*fimbulvetr*); uma horda de gigantes chegará num navio construído com as unhas dos mortos; outros, comandados por Surtr, avançarão por terra e subirão no arco-íris para atacar e destruir Asgardh, a morada dos deuses. Finalmente, o exército dos deuses e heróis e o exército dos monstros e gigantes encontram-se numa grande planície para a batalha decisiva. Cada deus investe contra um adversário. Thor enfrenta a serpente cósmica e a abate, mas não tarda a cair, vítima de seu veneno. Odin é devorado por Fenrir; seu jovem filho, Vidar, mata o lobo, mas morre pouco tempo depois. Heimdallr ataca Loki e eles se destroem mutuamente. De fato, todos os deuses e todos os seus adversários tombam nesse combate escatológico, à exceção de Surtr; este último sobrevivente ateia o incêndio cósmico – e desaparece qualquer traço de vida; finalmente, a terra inteira é tragada pelo oceano, e o Céu desaba.

E, no entanto, não é o fim. Uma nova terra emerge, verde, bela, fértil, como jamais havia sido, purificada de todo sofrimento. Os filhos dos deuses mortos retornarão para o Asgardh, Baldr e Hödhr sairão do Inferno, reconciliados. Um novo Sol, mais brilhante que o anterior, retomará seu curso no Céu. E o casal humano abrigado por Yggdrasill se converterá no tronco de uma nova humanidade.* Certos autores acreditaram poder identificar

* Este último detalhe contradita o argumento escatológico que acabamos de resumir; o desabamento de Yggdrasill conclui o fim do mundo.

no mito do *ragnarök* diversas influências orientais (iraniana, cristã, maniqueísta etc.). Mas, como demonstrou Dumézil, trata-se da versão escandinava do mito escatológico indo-europeu; as eventuais influências ulteriores não fizeram mais do que acrescentar uma imagística mais colorida e detalhes patéticos.

A julgar pelos fragmentos conservados, a religião dos germanos era uma das mais complexas e mais originais da Europa. O que primeiro surpreende é sua aptidão para enriquecer e renovar a herança indo-europeia, assimilando muitas ideias e técnicas religiosas alógenas, de origem mediterrânea, oriental ou norte-asiática. Observou-se um processo análogo na síntese hinduísta (§135) e na formação da religião romana (§161). Entre os germanos, porém, a criatividade religiosa não foi paralisada pela conversão ao cristianismo. O *Beowulf*, um dos mais belos poemas épicos, composto na Inglaterra no século VIII, apresenta a mitologia heroica de maneira mais completa e mais profunda do que as composições similares da Europa continental, graças justamente à influência das ideias cristãs.[56] Uma das mais impressionantes descrições do *ragnarök* acha-se esculpida sobre uma cruz de pedra em Gosforth (Cumberland); do outro lado do monumento está representada a crucificação.[57] De fato, certas criações religiosas germânicas expandiram-se durante a alta Idade Média, em consequência da simbiose – ou em oposição – com o cristianismo. O prestígio religioso da realeza medieval deriva em última análise da velha concepção dos germanos, segundo a qual o rei é o representante do antepassado divino: o "poder" do soberano depende de uma força sagrada supraterrestre que é ao mesmo tempo o fundamento e a garantia da ordem universal.[58] Quanto à mitologia heroica, prolonga-se, enriquecida e revalorada, na instituição da cavalaria e nas lendas de são Jorge, sir Galahad ou Parsifal (cf. v.III).

178. Os trácios, "grandes anônimos" da história

A mais antiga cultura trácia aparece como a síntese de um importante substrato da Idade do Bronze e da contribuição dos povos seminômades provenientes da Ucrânia. A etnogênese dos trácios verifica-se numa região bastante ampla, entre o Dniéster, os Cárpatos nórdicos e os Bálcãs. Por volta do fim do século VIII, as incursões dos cimérios introduziram certos elementos caucasianos na arte e no armamento. Escrevendo no século V, Heródoto afirmava que os trácios eram o povo mais numeroso depois dos indianos. No entanto, seu papel na história política foi apagado. O reino dos Odrises (no vale de

Maritsa), poderoso o bastante para atacar a Macedônia em 429 a.C., perdeu sua autonomia menos de um século depois, no reinado de Filipe II. Alexandre Magno continuou a política expansionista do pai: em 335 a.C., atravessou o Danúbio com o intuito de conquistar e submeter os geto-dácios. O fracasso da campanha permitirá a essas tribos trácias manter-se independentes e melhorar sua organização nacional. Enquanto os trácios meridionais se incorporaram definitivamente na órbita do helenismo, a Dácia só veio a tornar-se província romana no ano 107 de nossa era.

Destino igualmente desastrado parece ter perseguido as criações religiosas dos trácios e dos geto-dácios. Os gregos desde cedo haviam reconhecido a originalidade e a força da religiosidade trácia. Diversas tradições situavam na Trácia (ou na Frígia) a origem do movimento dionisíaco (§122) e uma grande parte da mitologia de Orfeu (§180). E no *Cármides* (156b), Sócrates falava com admiração dos médicos do "rei trácio Zálmoxis", cujas doutrinas e prática eram superiores às dos médicos gregos. Mas, salvo alguns ensinamentos preciosos transmitidos por Heródoto a propósito do argumento mítico-ritual de Zálmoxis, as informações sobre as religiões trácia e traco-geta são pouco numerosas e imprecisas. É verdade que, sobretudo na época imperial romana, são abundantes os documentos religiosos; no entanto, na ausência de testemunhos escritos, sua interpretação é hesitante e provisória. Tal como acontecia entre os celtas, os sacerdotes e os monges trácios e geto-dácios não confiavam na escrita. O pouco que sabemos a respeito da mitologia, da teologia e dos ritos nos foi transmitido pelos autores gregos e latinos por meio da *interpretatio graeca* e *latina*. Se Heródoto não tivesse tomado nota de certas conversações que manteve com os gregos do Helesponto, teríamos ignorado o argumento mítico-ritual de Zálmoxis e até o nome de Gebelêizis. É certo que, como sucedeu com os eslavos e os baltos, ou até com os antigos germanos e os descendentes dos celtas, a herança religiosa dos trácios conservou-se, com inevitáveis alterações, nos costumes populares e no folclore dos povos balcânicos e dos romenos. Mas a análise das tradições folclóricas europeias na perspectiva da história geral das religiões está ainda começando.

Segundo Heródoto (V, 7), os trácios adoravam "Ares, Dioniso e Ártemis"; seus reis, no entanto, veneravam "Hermes", de quem acreditavam descender. Com base nessa informação sucinta, tornada ainda mais enigmática pela *interpretatio graeca*, tentou-se reconstituir o panteão original dos trácios. Desde Homero (*Ilíada*, XIII, 301; etc.) até Virgílio (*Aen.*, III, 357), a tradição situava na Trácia a pátria de Ares, o deus da guerra. Por outra parte, os trácios eram famosos pelas suas virtudes militares e pela indiferença que demonstravam diante da morte; por conseguinte, pode-se admitir que um deus de tipo "Ares" fosse o chefe de seu panteão. Mas, como vimos (§176), o antigo deus celeste dos germanos, Tiwaz, foi assimilado a Marte pelos romanos. É possível, pois, que o "Ares" trácio tenha sido originariamente um deus celeste convertido em deus da tempestade e da guerra.[59] Nesse caso, "Ártemis" era uma divindade ctoniana, análoga às deusas trácias Bendis ou Kotyto (Kotys); Heródoto teria preferido denominá-la "Ártemis" (em vez, por exemplo, de "Deméter") por causa da natureza selvagem das florestas e montanhas da Trácia.

Se essa "leitura" é aceita, pode-se também supor a existência, entre os mais antigos trácios, do mito exemplar da hierogamia entre o deus da tempestade e a Terra-Mãe; "Dioniso" seria o fruto dessa união. Os gregos conheciam os nomes trácios de Dioniso: os mais correntes eram Sabos e Sabázio.[60] O culto do "Dioniso" trácio lembra os ritos evocados por Eurípides em *As bacantes* (cf. §124). As cerimônias processavam-se durante a noite, nas montanhas, à luz dos archotes; uma música selvagem (sons de caldeirões de bronze, címbalos e flautas) incitava os fiéis a dar gritos de alegria e a praticar a dança circular, furiosa e turbilhonante.

> Eram sobretudo mulheres que se entregavam a essas danças desordenadas e extenuantes; tinham um costume estranho; usavam "*bessares*", compridas vestes flutuantes, feitas, ao que parece, de peles de raposas; sobre elas lançavam peles de cabritos-monteses, e provavelmente traziam, sobre a cabeça, chifres.[61]

Seguravam nas mãos serpentes consagradas a Sabázio, punhais ou tirsos. Chegadas ao paroxismo, à "loucura sagrada", apanhavam os animais escolhidos para o sacrifício e faziam-nos em pedaços, estraçalhando-os e devorando-lhes a carne completamente crua. A omofagia ritual concluía a identificação com o deus; os participantes passavam a ser denominados Sabos ou Sabázio.[62]

Trata-se, sem dúvida, como sucedia entre os bacantes gregos, de uma "divinização" temporária. A experiência extática podia, contudo, despertar vocações religiosas específicas, em primeiro lugar os dons oraculares. Ao contrário do dionisismo grego, a arte divinatória (*mantikê*) dos trácios estava relacionada com o culto de "Dioniso". Certa tribo, a dos bessos, regia o oráculo de "Dioniso"; o templo estava localizado numa montanha elevada,[63] e a profetisa predizia o futuro em estado de "êxtase", como a Pítia de Delfos.

As experiências extáticas reforçavam a convicção de que a alma não somente é autônoma, mas também suscetível de uma *unio mystica* com a divindade. A separação de alma e corpo determinada pelo êxtase revelava, de um lado, a possibilidade de uma dualidade fundamental do homem; de outro, a possibilidade de uma pós-existência puramente espiritual, consequência da "divinização". As crenças arcaicas numa sobrevivência vaga e imprecisa da alma foram progressivamente modificadas, resultando afinal na ideia da metempsicose ou nas diferentes concepções da imortalidade espiritual. É provável que as experiências extáticas que abriram caminho para tais concepções nem sempre tenham sido de tipo "dionisíaco", isto é, orgiástico. O êxtase podia igualmente ser provocado por certas ervas ou pela ascese (solidão, dieta vegetariana, jejum etc.) e pela oração.*

Foi em ambientes semelhantes a esses que se desenvolveram, na Grécia, as práticas e as concepções religiosas conhecidas pelo nome de orfismo (cf. §180s.). A crença na imortalidade e a certeza da beatitude da alma desencarnada conduzem, em certas tribos trácias, a uma exaltação quase mórbida da morte e à depreciação da existência. Os transos lamentavam-se por ocasião do nascimento de uma criança, mas enterravam seus mortos num clima de alegria (Heródoto, V, 4). Muitos autores antigos explicavam a excepcional coragem dos trácios nos combates por suas convicções escatológicas. Marciano Capela (VI, 656) atribuía-lhes mesmo um "verdadeiro apetite da morte" (*appetitus maximus mortis*), pois "parecia-lhes belo morrer". Reconhece-se essa valorização religiosa da morte em certas criações folclóricas dos romenos e dos povos do sudeste europeu.[64]

Quanto a "Hermes", que, segundo Heródoto, era adorado exclusivamente pelos "reis", vale dizer, pela aristocracia militar, é deus de difícil identificação. Heródoto não faz alusão ao deus solar, muito embora ele seja amplamente atestado por outras fontes.[65] Pode-se, pois, ver no "Hermes" trácio uma divindade solar. Alguns séculos mais tarde, os monumentos do "herói-cavaleiro" multiplicam-se nos Bálcãs; ora, o herói-cavaleiro é identificado a Apolo.[66] Trata-se, no entanto, de uma concepção mais tardia, que não esclarece de forma alguma a teologia "real" mencionada por Heródoto.

* Grãos de cânhamo entre os trácios (Pompônio Mela, II, 21) e entre os citas (Heródoto, IV, 73); a fumaça de certos "frutos" entre os masságetas (Heródoto, I, 202). Estrabão (VII, 3, 3) refere, baseado em Posidônio, que os mísios se abstinham de qualquer alimento de carne, contentando-se em comer mel, leite e queijo, e que, por essa razão, são ao mesmo tempo denominados "aqueles que temem a Deus" (*theosebeís*) e "aqueles que andam na fumaça" (*kapnobátai*). Esses termos designam provavelmente certas personagens religiosas, e não a totalidade do povo. Os *kapnobátai* seriam dançarinos e "xamãs" que utilizavam a fumaça de cânhamo para provocar os transes extáticos (cf. *De Zalmoxis à Gengis-Khan*, p.50, 67). Acrescenta Estrabão que entre os trácios havia solitários piedosos conhecidos pelo nome de *ktístai*, os quais viviam afastados das mulheres, consagravam-se aos deuses e viviam "livres de todo medo" (VIII, 3, 3).

179. Zálmoxis e a "imortalização"

Declara o mesmo historiador que os getas "são os mais bravos dos trácios e os mais justos" (IV, 93). "Creem-se imortais", prossegue Heródoto, e no seguinte sentido: "Pensam que a morte não os atinge e que aquele que perece vai para junto de Zálmoxis, um ser divino (*daímôn*); alguns deles dão a esse mesmo ente divino o nome de Gebelêizis" (IV, 94). É esta a primeira – e a última – vez que o nome Gebelêizis aparece na literatura. Já Tomaschek reconhecera nesse teônimo um paralelo do deus trácio Zbelsurdos, Zbeltiurdos.[67] Tal como Zbelsurdos, Gebelêizis seria um deus da tempestade, ou antes um antigo deus do Céu, se seguirmos a opinião de Walde-Pokorny e Decev, que derivam seu nome do radical indo-europeu *guer*, "brilhar".[68] Depois de haver relatado o sacrifício de um mensageiro a Zálmoxis, ritual que adiante examinaremos de maneira mais demorada, Heródoto acrescenta: "Esses mesmos trácios, em outras ocasiões, quando ribomba o trovão e relampeja, deitam flechas ao Céu como para ameaçar esse deus, pois estão convencidos de que não existe outro deus além do seu" (IV, 94).

Em que pese o testemunho de Heródoto (expresso, é verdade, com uma surpreendente negligência gramatical e estilística), é difícil considerar Zálmoxis e Gebelêizis como um único e mesmo deus. Suas estruturas são diferentes, seus cultos de modo algum se assemelham. Como veremos mais adiante, Zálmoxis nada tem de um deus da tempestade. Quanto à seta desfechada pelo arco, cabe perguntar se Heródoto compreendera bem o sentido do ritual. Muito provavelmente não era o deus (Gebelêizis) o ameaçado, mas as potências demoníacas manifestadas nas nuvens. Em outras palavras, tratava-se de um ato cultual positivo: imitava-se e indiretamente auxiliava-se o deus dos relâmpagos arremessando flechas contra os demônios das trevas.[69] Seja como for, temos de nos resignar: não podemos reconstituir a função e a "história" de Gebelêizis com o auxílio de um único documento. O fato de que Gebelêizis não tenha sido mais citado depois de Heródoto não implica necessariamente que haja desaparecido do culto. Pode-se imaginar sua coalescência com outra divindade ou sua sobrevivência com outro nome.*

As informações mais preciosas dadas por Heródoto referem-se ao mito e ao culto de Zálmoxis. Segundo o que ele aprendera com os gregos do Heles-

---

* O fato de que a mitologia folclórica romena do profeta Elias contém muitos elementos próprios a um deus da tempestade prova pelo menos que Gebelêizis ainda estava ativo no momento da cristianização da Dácia, fosse qual fosse seu nome nessa época. Pode-se também admitir que, posteriormente, um sincretismo religioso, encorajado pelo sumo sacerdote e pela classe sacerdotal, acabou por confundir Gebelêizis com Zálmoxis (ver acima).

ponto e do mar Negro, Zálmoxis teria sido um antigo escravo de Pitágoras: "Tendo obtido a liberdade, acumulara grandes riquezas, com as quais regressara a sua terra. Como os trácios viviam uma vida rude e eram, sobretudo, simples de espírito", Zálmoxis dispôs-se a civilizá-los. "Mandou que construíssem para si um soberbo recinto onde recebia como num albergue os mais ilustres de seus concidadãos; durante o banquete, ensinava-lhes que nem ele nem seus convivas e descendentes haveriam de morrer um dia, mas iriam para um lugar onde sobreviveriam para sempre e gozariam de completa felicidade." Nesse meio-tempo,

> ia construindo em segredo uma morada subterrânea. Depois de pronta, ele desapareceu da vista dos trácios, desceu até ela e ali viveu durante três anos. Os trácios lamentavam-no e choravam-no como morto. No quarto ano, porém, apareceu diante dos trácios, e assim estes puderam acreditar no que lhes dissera Zálmoxis. ... Quanto a mim [acrescenta Heródoto], não me nego a crer no que se conta sobre a morada subterrânea, mas também não acredito piamente nisso; penso que esse Zálmoxis viveu muitos anos antes de Pitágoras. Quer tenha sido um homem ou um ser divino do país dos getas, deixemo-lo em paz! (IV, 95-6)

Como era natural, esse texto causou grande sensação no mundo antigo, desde os contemporâneos de Heródoto até os últimos neopitagóricos e neoplatônicos. A história narrada é coerente: os gregos do Helesponto ou o próprio Heródoto tinham assimilado o que aprenderam de Zálmoxis, de sua doutrina e de seu culto num horizonte espiritual de estrutura pitagórica. Ora, isso equivale a dizer que o culto do deus geto-dácio comportava a crença na imortalidade da alma e certos ritos de tipo iniciatório. Por intermédio do racionalismo e do evemerismo de Heródoto ou de seus informantes adivinha-se o caráter ligado aos mistérios do culto.* Na verdade, escreve Heródoto, os getas "creem que são imortais" (IV, 93), "pois pensam que a morte não os atinge e que aquele que perece vai juntar-se a Zálmoxis" (IV, 94). Entretanto, o verbo *athanatízein* (cf. V, 4) não significa "crer-se imortal", mas "tornar-se imortal".[70] Essa "imortalização" era obtida por intermédio de uma iniciação, o que aproxima o culto fundado por Zálmoxis dos mistérios gregos e helenísticos (cf. §205). Nada sabemos sobre as cerimônias propriamente ditas, mas os

* Talvez seja essa a razão pela qual Heródoto hesita em dar detalhes (se é que – o que não é certo – seus informantes lhe haviam prestado esclarecimentos): sua discrição a propósito dos mistérios é notória. Admite, no entanto, que não crê na história de Zálmoxis escravo de Pitágoras, e que, ao contrário, está convencido da anterioridade do *daímôn* geta – e esse detalhe é importante.

esclarecimentos transmitidos por Heródoto indicam um argumento mítico-ritual de "morte" (ocultação) e "retorno à Terra" (epifania).

O historiador grego relata igualmente (IV, 94) o ritual específico a Zálmoxis: o envio, a cada quatro anos, de um mensageiro incumbido de comunicar ao deus "o que eles desejam em cada circunstância". Alguns homens empunhavam três lanças, e aquele que fosse designado por sorteio era lançado ao ar; ao cair, era traspassado pelas pontas das lanças. O sacrifício possibilitava a comunicação de uma mensagem, em outros termos, *reatualizava as relações diretas entre os gregos e seu deus*, tal como eram a princípio, quando Zálmoxis ainda se achava entre eles. O sacrifício e o envio do mensageiro constituíam de certa forma uma repetição simbólica (porque ritual) da fundação do culto; reatualizava-se a epifania de Zálmoxis depois dos três anos de ocultação com tudo o que ela implicava, especialmente a certeza da imortalidade e da beatitude da alma.

Certos autores antigos, bem como muitos estudiosos modernos, ligaram, de um lado, Zálmoxis a Dioniso e Orfeu, e, de outro lado, a personagens míticas ou fortemente mitificadas,[71] cujo traço característico era uma técnica xamânica ou a arte divinatória (*mantikê*), ou ainda as descidas aos Infernos, as "catábases". Mas o que nos relata Heródoto sobre Zálmoxis não se insere no sistema das mitologias, crenças e técnicas xamanistas ou xamanizantes. Ao contrário, como acabamos de ver, os elementos mais característicos de seu culto (*andreôn* e banquetes cerimoniais, ocultação na "morada subterrânea" e epifania depois de quatro anos, "imortalização" da alma e informação referente à existência bem-aventurada em outro mundo) aproximam Zálmoxis dos mistérios.*

No início da Era Cristã, Estrabão (*Geografia*, VII, 3, 5) apresenta uma nova versão do mito de Zálmoxis recorrendo sobretudo à documentação coligida por Posidônio (c.135-c.50 a.C.). Zálmoxis foi escravo de Pitágoras; no entanto, não é a doutrina da imortalidade que ele teria aprendido com seu senhor, mas "certas coisas relativas aos corpos celestes", ou seja, a ciência de predizer os acontecimentos futuros de acordo com os sinais do Céu. Estrabão a isso acrescenta a viagem ao Egito, país por excelência da magia. Foi graças a seus conhecimentos astronômicos e a seus prestígios mágicos e proféticos que Zálmoxis logrou ser associado pelo rei ao governo. Sumo sacerdote e profeta do "deus mais respeitado do país", Zálmoxis retirou-se para uma caverna no cume da montanha sagrada Kogainon onde só recebia o rei e seus próprios fâmulos, e mais tarde "todos passaram a dirigir-se a ele como a um deus". Acrescenta

* É ainda nesse sentido que ele pode ser comparado ao Dioniso dos mistérios dionisíacos; cf. §206.

Estrabão que, "quando Boerebista reinava sobre os getas, o referido ofício era desempenhado por Deceneu, e que, de um modo ou de outro, a regra pitagórica de abster-se dos seres vivos ainda subsistia tal como tinha sido ensinada por Zálmoxis".[72]

Na nova etapa da religião dos geto-dácios sobre a qual nos informam Posidônio e Estrabão, o caráter de Zálmoxis mostra-se sensivelmente modificado. Há, antes de tudo, a identificação entre *o deus* Zálmoxis e *seu sumo sacerdote*, que acaba por ser divinizado com o mesmo nome. De mais a mais, não se encontra a menor alusão a um culto de estrutura relacionada aos mistérios tal como o apresentava Heródoto. Em suma, o culto de Zálmoxis é dominado por um sumo sacerdote que vive solitário no cume da montanha, embora seja, ao mesmo tempo, sócio e primeiro conselheiro do rei; e esse culto é "pitagórico" porque exclui a alimentação carnívora. Não sabemos em que medida a estrutura iniciatória e escatológica do "mistério" de Zálmoxis sobrevivia no tempo de Estrabão. Contudo, os autores antigos falam de certos eremitas e religiosos, e é provável que esses "especialistas do sagrado" prolongassem a tradição "mistérica" do culto de Zálmoxis.[73]

NOTAS

1. Anne Ross, *Pagan Celtic Britain*, p.35. Ver uma seleção de reproduções no livro de J.J. Hatt, *Les celtes et les gallo-romains*, p.101s.
2. Stuart Piggott, *Ancient Europe*, p.215s.; id., *The Druids*, p.62s.
3. Ver Anne Ross, op.cit., p. 97-164, figuras 25-86 e pranchas 1-23.
4. Cf. *Le yoga*, p.299, 401-2; *Le chamanisme*, p.339s.
5. *The Druids*, p.88. Segundo Myles Dillon, os druidas e os brâmanes conservaram práticas e crenças indo-europeias que sobreviveram no mundo gaélico até o séc. XVIII e na Índia até os nossos dias; cf. "The archaism of Irish tradition", p.246. Ver também, do mesmo autor, *Celt and Aryan*, p.52s. Estudando os ritos funerários irlandeses e indianos, Hans Hartmann cuida que a estrutura da mentalidade irlandesa está mais próxima daquela da Índia antiga que da mentalidade da Inglaterra ou da Alemanha; cf. *Der Totenkult in Irland*, p.207.
6. D.A. Binchy, "The linguistic and historical value of the Irish law tracts", apud Dillon, "The archaism", p.247.
7. Ver as referências in Dillon, "The archaism", p.247, 253s. Ver também *Celt and Aryan*.
8. G. Dumézil, *Servius et la fortune*, p.221s. e passim; J.E. Caerwyn Williams, "The court poet in medieval Ireland", p.99s. Convém esclarecer que voltam também a ser encontradas analogias com o mundo sumério-acadiano explicáveis pelos contatos dos indo-europeus com os povos do antigo Oriente Próximo; cf. H. Wagner, "Studies in the origins of early Celtic tradition", p.6s. e passim.
9. G. Dumézil, *L'Idéologie tripartie des indo-européens*, p.11.

10. E. Benveniste, *Le vocabulaire des institutions indo-européennes*, v.II, p.10. Cf., adiante, nota 37, as observações de Vendryès.
11. Cf. G. Dumézil, *Mythe et épopée*, v.I, p.289; Jan de Vries, *La religion des celtes*, p.157s.
12. Ver as indicações dadas por Werner Müller, *Die Jupitergigantensäulen und ihre Verwandten*, p.46s.
13. Cf. os exemplos citados por Müller, op.cit., p.52s. As figurações do *annus* por um ser conduzindo uma roda de quatro ou 12 raios são atestadas na Idade Média; ver os poucos desenhos reproduzidos por Müller, p.51.
14. Jan de Vries, op.cit., p.45s.
15. Jan de Vries, op.cit., p.62, que acrescenta: "Não se deve, porém, esquecer que essa assimilação explica apenas um pequeno ponto de sua personalidade extremamente complexa."
16. Algumas são discutidas por Françoise Le Roux, "Le dieu celtique aux liens: de l'Ogmios de Lucien à l'Ogmios de Dürer", p.216s.; J. de Vries, op.cit., p.73s.
17. *Commenta Bernensia*, reproduzidos por J. Zwicker, *Fontes historiae religionis Celticae*, I, p.51s.
18. M.L. Sjoestedt cita alguns paralelos continentais, *Dieux et héros des celtes* (p.75). Para C. Ramnoux, esses sacrifícios, efetuados ao término de um reinado ou de um ciclo de reinados, buscavam a regeneração do tempo decrépito (com efeito, eram realizados em certas datas do calendário); cf. "La mort sacrificielle du roi", p.217.
19. Duval, "Teutates, Esus, Taranis", p.50; *Les dieux de la Gaule*, p.29s. (deus da guerra); para J. de Vries, ele "pode ter sido tanto um Mercúrio como um Marte" (p.53); J.J. Hatt atribui-lhe "uma dupla face, ora guerreira, ora pacífica"; cf. "Essai sur l'évolution de la religion gauloise", p.90.
20. Cf., mais recentemente, H. Birkhan, *Germanen und Kelten*, I, p.310s., 313s.
21. J. de Vries associa-o à raiz **eis*, que significa aproximadamente "energia, paixão" (op. cit., p.106).
22. Op.cit., p.108; no mesmo sentido, Duval, "Teutates etc.", p.51s.; *Les dieux de la Gaule*, p.34-5. Cf. também Hatt, "Essai…", p.97s. (pouco convincente).
23. A. Ross, op.cit., p.104s.
24. Ver as lendas citadas por A. Ross, p.183.
25. Cf. *Images et symboles*, p.216. Sobre o papel religioso do cervo, ver *De Zalmoxis à Gengis-Khan*, p.146s.
26. Cf. Otto Höfler, "Siegfried, Arminius und der Symbolik", p.32s. e as notas 66-94.
27. Cf. *De Zalmoxis à Gengis-Khan*, p.146s.; H. Birkhan, p.454s.
28. *Histoire de la Gaule*, v.VI, p.42, nota 2, apud Duval, *Les dieux*, p.57.
29. Ver Proinsias Mac Cana, "Aspects of the theme of king and goddess in Irish literature"; Rachel Bromwich, "Celtic dynastic themes and the Breton Law".
30. Geraldus Cambrensis, *Topographia Hibernica*; F.R. Schröder foi quem primeiro fez a aproximação entre esse episódio e o ritual védico do *asvamedha*; cf. "Ein altirischer Krönungsritus und das indogermanische Rossopfer".
31. Cf. H. Hubert, "Le mythe d'Epona".
32. J. Gricourt, "Epona-Rhiannon-Macha", p.25s.
33. Gricourt, op.cit., p.26s., assinala as relações de Macha com o cavalo.
34. As fontes são analisadas por A.C.L. Brown, *The Origin of the Grail Legend*, cap.VII, "The hateful *Fée* who represents sovereignty".
35. Cf. A.K. Coomaraswamy, "On the loathly bride", p.393s.

36. Cf. Birkhan, *Germanen und Kelten*, p.542.
37. Vendryès mostrara a unidade do vocabulário religioso (sobretudo os termos que designam *noções abstratas*) entre os indianos védicos, os latinos e os celtas. Esse fato demonstra as possibilidades especulativas dos "especialistas do sagrado" nesses três grupos ariófonos já na época proto-histórica: ver p.158 e nota 1.
38. Ver os exemplos citados por Françoise Le Roux, *Les druides*, p.109s.
39. Cf. J. de Vries, op.cit., p.218. A informação de César sobre o "chefe único" que exerce "a autoridade suprema" entre os druidas não é confirmada pelos outros autores clássicos.
40. Cf. *La nostalgie des origines*, p.159s., comentando a obra de Hans Schärer, *Die Gottesidee der Ngadju Dajak in Süd-Borneo* (Leiden, 1946).
41. Ver alguns exemplos em F. Le Roux, *Les druides*, p.128-9. A autora observa, no entanto, que, na Irlanda, a metempsicose é reservada a alguns seres míticos ou divinos; cf. p.130.
42. Jan de Vries interpreta o vocábulo *ginnunga* como exprimindo a ideia de logro mediante magia, portanto "sortilégio, magia"; cf. "Ginnungagap", p.41s.
43. Ver, por fim, *Les dieux des germains*; p.17s. (p.39, bibliografia); *Du mythe au roman*, p.22s.
44. Cf. Dumézil, *Les dieux des germains*, p.62s.
45. Sobre o papel da árvore cósmica nas iniciações dos xamãs norte-asiáticos, ver nosso *Le chamanisme*, p.49s., 145s., 163s.
46. Os xamãs Yukagir consultam os crânios de seus ancestrais xamãs; *Le chamanisme*, p.201. Cf. a cabeça de Orfeu (§180).
47. Trata-se da personificação de uma bebida embriagante que sela o acordo entre dois grupos sociais. Dumézil destacou um paralelo indiano: *Loki*, p.102s.; cf. *Les dieux des germains*, p.31s.
48. As fontes são indicadas por Turville-Petre, *Myth and Religion of the North*, p.38.
49. Como observa Jan de Vries, "do ponto de vista germânico, não há contradição entre os conceitos de 'deus das batalhas' e 'deus do direito'" (*Altgermanische Religionsgeschichte*, v.II, p.13).
50. Cf. *Les dieux des germains*, p.75: "Dessa maneira, o que ganhou em eficiência, a sociedade divina o perdeu em força moral e mística: ela nada mais é que a exata projeção das facções ou dos Estados terrestres cuja única preocupação é ganhar e vencer. A vida de todos os grupos humanos é, decerto, feita de violência e tramoias; pelo menos a teologia descreve uma ordem divina onde nem tudo é perfeito, mas onde Mithra, ou Fides, protege um fiador, brilha um modelo divino."
51. G. Dumézil, *Les dieux des germains*, p.95-6.
52. Afirma Snorri que o casamento entre irmão e irmã era corrente entre os Vanes.
53. Resumido por Davidson, *Gods and Myths of Northern Europe*, p.93s.
54. Ela foi assimilada a Vênus: *dies Veneris*, *Freitag*, *friday*.
55. Ver a exposição das principais teorias propostas até 1932 in Jan de Vries, *The Problem of Loki*, p.10-22, e G. Dumézil, *Loki*, p.109s.
56. Este último detalhe contradita o argumento escatológico que acabamos de resumir; o desabamento de Yggdrasill conclui o fim do mundo.
57. Cf. A. Margaret Arent, "The heroic pattern", p.149, 164s. Por outro lado, a literatura hagiográfica imita o modelo da vida heroica tal como estava proclamada nos *Heldensagen*; ibid., p.165.

58. K. Berg, "The gosforth cross", p.27s.; Davidson, *Gods and Myths*, p.207s. Na mesma igreja encontrou-se uma pedra (provavelmente o fragmento de uma cruz) em que se vê Thor pescando a grande serpente.
59. Cf. Otto Höfler, *Germanische Sakralkönigtum*, v.I, p.XIIs., 350s.
60. Por outro lado, conhece-se o deus Zbelsurdos, cuja segunda parte do nome, *-surdos*, derivaria da raiz **suer*, "mugir, zumbir"; era, portanto, um deus da tempestade, denominado corretamente pelos gregos Zeus Keraunós. Cf. M. Eliade, *De Zalmoxis à Gengis-Khan*, p.58 e nota 87.
61. Ver as fontes citadas por E. Rohde, *Psyché*, p.269, nota 1. Outro teônimo era Bassareu, com a acepção de "vestido com uma longa pele de raposa". Sobre os ritos de Sabázio em Atenas, ver *História das crenças...*, v.I, §124.
62. Rohde, op.cit., p.274.
63. Ver as fontes citadas por Rohde, p.275, nota 1. Sobre o *enthousiasmós* que leva a cabo a união extática com o deus, ver as referências em Rohde, p.279, notas 1-5.
64. Heródoto (VII, 111) considera os bessos uma família da tribo dos satres, mas outros autores (Políbio, Estrabão, Plínio etc.) apresentam-nos mais corretamente como um povo autônomo. Sobre a mântica trácia, op.cit., p.281s.
65. Cf. *De Zalmoxis à Gengis-Khan*, cap.V e VIII.
66. Ver Pettazzoni, "The religion of ancient Thrace", p.84s.
67. Cf. Gavril Kazarow, *Die Denkmaeler des Thrakischen Reitergottes in Bulgarien*, v.I, notas 528, 835 etc.; Pettazzoni, op.cit., p.87s.
68. "Die alten Thrakern", II, p.62.
69. A. Walde-J. Pokorny, *Vergleichendes Wörterbuch der indo-germanischen Sprachen*, I, 643; D. Decev, *Charakteristik der Thrakischen Sprache*, p.73, 81. Ver também, no entanto, C. Poghirc, "Considérations philologiques et linguistiques sur Gebeleizis", p.359.
70. Cf. *De Zalmoxis à Gengis-Khan*, p.59s.
71. Cf. I.M. Linforth, "*Oi athanatizontes*, Herodotus IV, 93-94" (*Classical Philology*, 93, 1918, p.23-33).
72. Ábaris, Arísteas de Proconeso, Hermotimo de Clazômenas, Epimênides de Creta, Pitágoras etc.; cf. p.213s.
73. Em outro passo (VII, 3, 11), onde apresenta a carreira de Boerebista (70-44), Estrabão descreve Deceneu como "um mágico (*góês*), um homem que não apenas viajara pelo Egito como também aprendera com seriedade e aplicação certos sinais por cujo meio pretendia conhecer a vontade divina, e em pouco tempo passara a ser considerado um deus".
74. Cf. *De Zalmoxis à Gengis-Khan*, p.67s. Outro detalhe também parece importante a Estrabão: Zálmoxis – tal como, recentemente, Deceneu – deve ter realizado uma carreira tão prodigiosa graças sobretudo a seus conhecimentos astronômicos e mânticos. No século VI d.C., mas com base em fontes mais antigas, Jordanes descreveu em termos estranhos o interesse dos sacerdotes dácios pela astronomia e pelas ciências naturais (*Getica*, XI, 69-71). A insistência colocada no conhecimento dos corpos celestes pode refletir informações exatas. Na verdade, os templos de Sarmizegetuza e de Costesti, cujo simbolismo urano-solar é evidente, parecem ter uma função de calendário. Ver Hadrian Daicoviciu, "Il tempio-calendario dacico di Sarmizegetuza"; id., *Docii*, p.194s., 210s.

XXII. Orfeu, Pitágoras e a nova escatologia

180. Mitos de Orfeu: citaredo e "fundador de iniciações"

Parece impossível escrever sobre Orfeu e o orfismo sem irritar certa categoria de estudioso: quer os cépticos e os "racionalistas", que minimizam a importância do orfismo na história da espiritualidade grega, quer os admiradores e os "entusiastas", que nele veem um movimento de enorme alcance.[1]

A análise das fontes permite-nos distinguir dois grupos de realidades religiosas: 1) as tradições fabulosas e os mitos relacionados a Orfeu; 2) as ideias, crenças e costumes vistos como "órficos". O citaredo é mencionado pela primeira vez no século VI pelo poeta Íbico de Région, que alude a "Orfeu de nome célebre". Para Píndaro, Orfeu é "o tocador de *phórmigx*,* pai dos cantos melodiosos" (*Píticas*, IV, 177). Ésquilo evoca-o como "aquele que, com seus acentos, mantém encantada toda a natureza" (*Agamêmnon*, 1.630). É representado, a bordo de uma nau, com a lira entre as mãos e o nome expresso sobre uma métopa do século VI pertencente ao tesouro dos siciônios em Delfos. Do século V em diante, a iconografia de Orfeu vai se enriquecendo de maneira contínua: nós o vemos a tocar lira e cercado de pássaros, animais selvagens ou ainda dos fiéis trácios. É dilacerado pelas mênades ou encontra-se no Hades, ao lado de outras divindades. Ainda do século V datam as primeiras alusões de sua descida aos Infernos para resgatar Eurídice (*Alceste*, 357s.). Não teve êxito porque demasiado cedo voltou-se para a olhar,[2] ou porque as forças infernais se opuseram ao seu intento.** Segundo a lenda, viveu ele na Trácia, "uma geração antes de Homero"; no entanto, a cerâmica do século V

---

* Lira ou pequena harpa primitiva, de três, quatro e, mais tarde, sete cordas. (N.T.)

** "Nada lhe concederam [os deuses], isto é, apenas permitiram que vislumbrasse uma sombra da mulher a quem ele fora buscar, e isto porque, como não passasse de um simples tocador de cítara sem coragem, não soubera morrer por amor ao seu amor, como Alceste, quando procurou um meio de penetrar vivo nas regiões do Hades. Os deuses, irados, castigaram-no pela covardia e fizeram com que ele fosse morto por mulheres!" (Platão, *O banquete*, 179d, trad. Jorge Paleykat.)

representa-o sempre em traje grego, encantando com sua música animais selvagens ou bárbaros.[3] Foi na Trácia que Orfeu encontrou a morte. Segundo *As bassárides* – drama perdido de Ésquilo –, todas as manhãs Orfeu subia ao monte Pangeu a fim de adorar o Sol, identificado a Apolo; irritado, Dioniso enviou contra ele as mênades; o citaredo foi feito em pedaços e teve os membros dispersados.[4] Sua cabeça, arremessada ao Hébron, flutuou cantando até Lesbos. Piedosamente recolhida, passou a servir de oráculo.

Teremos oportunidade de lembrar outras alusões a Orfeu na literatura dos séculos VI e V. Observemos, por enquanto, que o prestígio de Orfeu e os episódios mais importantes de sua biografia lembram estranhamente as práticas xamânicas. Tal como os xamãs, é curandeiro e músico; encanta e domina os animais selvagens; desce aos Infernos para resgatar Eurídice; sua cabeça cortada é conservada e serve de oráculo, tal como, ainda no século XIX, os crânios dos xamãs iucajires.[5] Todos esses elementos são arcaicos e contrastam com a espiritualidade grega dos séculos VI e V; mas ignoramos sua proto-história na Grécia Antiga, ou seja, sua eventual função mítico-religiosa antes de serem incorporados à lenda órfica. Além disso, Orfeu estava relacionado a uma série de personagens fabulosas – Ábaris, Arísteas etc. – igualmente caracterizadas por experiências extáticas de tipo xamânico ou paraxamânico.

Tudo isso bastaria para situar o cantor lendário "antes de Homero", como alegava a tradição e como repetia a propaganda órfica. Pouco importa se essa mitologia arcaizante foi em parte produto de uma reivindicação talvez suscitada por certos ressentimentos. (É possível, na verdade, discernir por trás da mitologia o desejo de projetar Orfeu nos tempos prestigiosos das "origens" e, por conseguinte, de proclamá-lo "o ancestral de Homero", mais velho e mais venerável que o representante, o próprio símbolo, da religião oficial.) É importante o fato de que se tenham escolhido com cuidado os elementos mais arcaicos a que podiam ter acesso os gregos no século VI.* A insistência com que se evocavam a estada, a pregação e a morte trágica de Orfeu na Trácia[6] corroborava a estrutura "primordial" de sua personagem. É igualmente significativo que, entre as raras descidas aos Infernos atestadas na tradição grega, a de Orfeu se tenha tornado a mais popular.[7] A catábase é solidária dos ritos iniciatórios. Ora, nosso cantor era tido como "fundador de iniciações" e de mistérios. Segundo Eurípides, ele "mostrou as tochas dos mistérios indizíveis" [*mustêríôn te tôn aporrêtôn phanàs édeixen Orpheús*] (*Reso*, 943). O autor do

* Num momento em que se conheciam melhor as populações "bárbaras" da Trácia, e mesmo os citas que viviam como nômades ao norte do mar Negro.

Contra Aristogíton A (§11) afirmava que Orfeu "nos mostrou as iniciações mais sagradas", referindo-se provavelmente aos mistérios de Elêusis.

Por fim, suas relações com Dioniso e Apolo confirmam-lhe a reputação de "fundador de mistérios", pois se trata dos únicos deuses gregos cujo culto envolvia iniciações e "êxtase" (evidentemente, êxtase de tipos distintos ou até antagônicos). Desde a Antiguidade, essas relações deram lugar a controvérsias. Quando Dioniso tira do Hades sua mãe, Sêmele, Diodoro (IV, 25, 4) nota a analogia com a descida de Orfeu em busca de Eurídice. O despedaçamento deste último pelas mênades pode também ser interpretado como um ritual dionisíaco, o *sparagmós* do deus sob a forma de um animal (cf. §124). Orfeu, porém, era conhecido sobretudo como o fiel por excelência de Apolo. Segundo certa lenda, era até filho do deus e da ninfa Calíope. Deve sua morte violenta à devoção que mostrava a Apolo. O instrumento musical de Orfeu era a lira apolínea.[8] Finalmente, na qualidade de "fundador de iniciações", Orfeu atribuía grande importância às purificações, e a *kátharsis* era uma técnica especificamente apolínea.[9]

Vários traços são dignos de menção: 1) embora o nome e certas alusões ao mito sejam atestados apenas do século VI em diante, Orfeu *é* uma personagem religiosa de tipo arcaico. Pode-se facilmente supor que ele viveu "antes de Homero", entendendo-se essa expressão quer cronológica, quer geograficamente (isto é, numa região "bárbara", ainda não afetada pelos valores espirituais específicos à civilização homérica). 2) Sua "origem" e sua pré-história nos escapam, mas Orfeu não pertence decerto à tradição homérica nem à herança mediterrânea. Suas relações com os trácios são bastante enigmáticas, pois, de um lado, goza dos prestígios mágico-religiosos pré-helênicos (domínio sobre os animais, catábase xamânica). Morfologicamente, aproxima-se de Zálmoxis (§179), também fundador de mistérios (por meio de uma catábase) e herói civilizador dos getas, esses trácios "que se acreditavam imortais". 3) Orfeu é apresentado como o fundador de iniciações por excelência. Se o proclamam como "antepassado de Homero", é para melhor salientar a importância de sua mensagem religiosa. Esta contrasta radicalmente com a religião olímpica. Ignoramos o essencial da iniciação que se considera "fundada" por Orfeu. Dela conhecem-se apenas os atos preliminares: vegetalismo, ascetismo, purificação, instrução religiosa (*hieroì lógoi*, livros). Dela também se conhecem as pressuposições teológicas: a transmigração e, por conseguinte, a imortalidade da alma.

O destino *post mortem* da alma constituía, como já vimos (§97), o objetivo das iniciações eleusinas, mas os cultos de Dioniso e Apolo também envolviam a sorte da alma. Parece portanto plausível que, nos séculos VI e V, se tenha visto na figura mítica de Orfeu um fundador de mistérios que, mesmo inspirando-se nas iniciações tradicionais, propunha uma disciplina iniciatória mais apropriada, já que levava em conta a transmigração e a imortalidade da alma.

Desde o princípio, a figura de Orfeu surge sob os signos conjugados de Apolo e Dioniso. O "orfismo" irá se desenvolver na mesma direção. Não se trata de um exemplo isolado. Melampo, o adivinho de Pilos, embora fosse o "preferido de Apolo", foi ao mesmo tempo "quem explicou aos gregos a figura de Dioniso, o sacrifício que lhe é oferecido e a procissão do *phallós*" (Heródoto, II, 49). Aliás, como vimos (§90), Apolo tinha certa relação com o Hades. Por outro lado, ele terminara por fazer a paz com Dioniso, que acabava de ser admitido entre os olímpicos. Essa aproximação entre os dois deuses antagônicos não é destituída de significado. Será que o espírito grego não exprime dessa maneira sua esperança de encontrar, por meio de tal coexistência entre os dois deuses, a solução para as crises desencadeadas pela ruína dos valores religiosos homéricos?

181. Teogonia e antropologia órficas: transmigração e imortalidade da alma

No século VI, o pensamento religioso e filosófico era dominado pelo problema do um e do múltiplo. Os espíritos religiosos da época indagavam entre si: "Qual a relação entre cada indivíduo e a divindade à qual se sente aparentado? Como podemos realizar a unidade potencial implícita tanto no homem quanto no deus?"[10] Durante os *órgia* dionisíacos, efetuava-se certa união entre o divino e o humano, mas ela era temporária e obtida pelo aviltamento da consciência. Os "órficos", embora aceitassem a lição báquica – vale dizer, a participação do homem no divino –, dela tiraram a conclusão lógica: a *imortalidade*, e, por conseguinte, a *divindade da alma*. Ao fazerem isso, substituíram os *órgia* pela *kátharsis*, técnica da purificação ensinada por Apolo.

O citaredo tornou-se símbolo e patrono de todo um movimento ao mesmo tempo "iniciatório" e "popular" conhecido pelo nome de orfismo. O que basta para distinguir esse movimento religioso é, em primeiro lugar, a importância concedida aos textos escritos, aos "livros". Platão refere-se a uma quantidade de livros atribuídos a Orfeu e a Museu (que passava por seu filho ou discípulo), cujo tema eram as purificações e a vida depois da morte. Cita ainda certos hexâmetros de natureza teogônica como "de Orfeu". Eurípides, da mesma forma, fala das "escrituras" órficas, e Aristóteles, que não acreditava na historicidade de Orfeu, estava a par das teorias da alma contidas "nos pretensos versos órficos".[11] Parece plausível que Platão tenha conhecido alguns desses textos (podiam ser adquiridos dos livreiros).

Uma segunda característica é a variedade considerável daqueles que se diziam "órficos". Ao lado dos autores de teogonias, ou dos ascetas e visionários, encontravam-se aqueles a quem, mais tarde, na época clássica, Teofrasto chamava de *orpheotelestaí* ("iniciadores órficos"). Isso para não falarmos de alguns vulgares taumaturgos purificadores e adivinhos, que Platão descreve num passo célebre.* O fenômeno é bastante conhecido na história das religiões: todo movimento ascético, gnóstico e soteriológico provoca inúmeras pseudomorfoses e iniciações às vezes pueris. Basta-nos lembrar os falsos ascetas que se multiplicam na Índia desde o tempo dos Upanixades, ou os imitadores grotescos de iogues e tântricos. Formam legião os pastichos, sobretudo quando se insiste no caráter revelado e iniciático de uma gnose soteriológica. Pensemos, por exemplo, nas incontáveis "iniciações" e "sociedades secretas" que surgiram na Europa ocidental depois do aparecimento da franco-maçonaria ou que tinham relação com o "mistério dos rosacrucianistas". Seria ingênuo, por conseguinte, nos deixarmos impressionar pelos *orpheotelestaí* e pelos taumaturgos, e duvidar da realidade das ideias e dos rituais órficos. De uma parte, extáticos, adivinhos e curandeiros desse jaez são atestados desde os tempos mais recuados: constituem uma das características das "religiões populares". De outra parte, o fato de que, desde o século VI, muitos desses taumaturgos, adivinhos e purificadores tenham invocado o nome de Orfeu prova a existência de certas gnoses e técnicas soteriológicas que pareciam superiores, mais eficazes e prestigiosas, e que havia um esforço no sentido de imitá-las ou, pelo menos, apropriar-se do brilho ligado ao nome da fabulosa personagem.

Algumas alusões de Platão permitem-nos entrever o contexto da concepção órfica da imortalidade. Em punição de um crime primordial, a alma é encerrada no corpo (*sôma*) tal como no túmulo (*sêma*).[12] Por conseguinte, a existência encarnada assemelha-se antes a uma morte, e a morte constitui o começo da verdadeira vida. Essa "verdadeira vida", no entanto, não é obtida automaticamente; a alma é julgada de acordo com suas faltas ou méritos e, de-

* "Sacrificantes mendigos, adivinhos, que assediam as portas dos ricos, persuadem-nos de que obtiveram dos deuses, por meio de sacrifícios e encantamentos, o poder de perdoar-lhes as injustiças que puderam cometer, ou que foram cometidas por seus antepassados. ... Para justificar os ritos, produzem uma multidão de livros compostos por Museu e por Orfeu, filhos da Lua e das musas. Com base nessas autoridades, persuadem não só indivíduos, mas também Estados, de que há para os vivos e os mortos absolvições e purificações; ... e essas iniciações, pois é assim que lhes chamam, nos livram dos tormentos dos Infernos" (*A República*, 364b-365a).

pois de certo tempo, volta a encarnar-se. Como na Índia após os Upanixades, trata-se da crença na indestrutibilidade da alma, condenada a transmigrar até sua libertação final. Empédocles, que seguia a "vida órfica", já cuidava que a alma se achava prisioneira no corpo, exilada longe dos bem-aventurados, revestida da "estranha túnica da carne" (frag. B. 115 e 126). Para Empédocles, ainda, a imortalidade implicava a metempsicose: tratava-se, aliás, da justificativa de seu vegetarismo (o animal que abatemos pode trazer dentro de si a alma de um de nossos parentes próximos).

As práticas vegetarianas tinham, contudo, uma justificativa religiosa mais complexa e profunda. Ao recusar o alimento de carne, os órficos (e os pitagóricos) abstinham-se dos sacrifícios cruentos, obrigatórios no culto oficial. Tal recusa traduzia, sem dúvida, a decisão de separar-se da cidade e, em última análise, de "renunciar ao mundo"; mas ela proclamava sobretudo a rejeição, em sua totalidade, do sistema religioso grego, fundado pelo primeiro sacrifício instituído por Prometeu (§86). Reservando o consumo da carne para os humanos, e destinando aos deuses a oferenda dos ossos, Prometeu provocou a cólera de Zeus; desencadeou, ademais, o processo que pôs termo à época "paradisíaca", quando os homens viviam em comunhão com os deuses.[13] O retorno às práticas vegetarianas indicava, ao mesmo tempo, a decisão de expiar a falta ancestral e a esperança de recuperar, ao menos parcialmente, a beatitude primitiva.

Aquilo que se denominava "vida órfica" (*Leis*, VI, 782c) comportava purificação, ascetismo e muitas regras específicas; a salvação, no entanto, era obtida principalmente por uma "iniciação", isto é, revelações de ordem cosmológica e teosófica. Ao cotejarmos os poucos testemunhos e alusões dos autores antigos (Ésquilo, Empédocles, Píndaro, Platão, Aristófanes etc.), assim como alguns documentos posteriores, chegamos a reconstituir as linhas gerais do que se poderia chamar, na falta de melhor termo, "doutrina órfica". Distingue-se uma teogonia prolongada numa cosmogonia – e uma antropologia bastante singular. É essencialmente o mito antropogônico que funda a escatologia órfica, contrastando ao mesmo tempo com as escatologias de Homero e de Elêusis.

A teogonia das "rapsódias"[14] só conserva certos pormenores da genealogia transmitida por Hesíodo. O Tempo (Khrónos) produz no Aithêr o ovo primordial de onde sai o primeiro dos deuses, Eros, também chamado Fanes [Phánês]. É Eros, princípio da geração, que cria os outros deuses e o mundo. Zeus, porém, engole Fanes e toda a Criação, e produz um novo mundo. O tema mítico da absorção de uma divindade por Zeus era bem conhecido. Conta Hesíodo que o olímpico havia engolido sua esposa, Métis, antes do nascimento miraculoso de Atena (§84). No entanto, na teogonia órfica, a significação é mais matizada: nela se reconhece o esforço de fazer de um deus cosmocrata o *Criador* do mundo que ele governa. De mais a mais, o episódio reflete a especulação filosófica referente à produção de um Universo múltiplo a partir da unidade.[15] Apesar dos retoques sofridos, o mito tem ainda uma estrutura arcaica. Com toda a razão, já se sublinharam as analogias com as cosmogonias egípcia e fenícia.

Outras tradições postulam como princípio primeiro Núx (a Noite), que gerou Urano e Gaia; ou Oceano, do qual emergiu o Tempo, que, mais tarde, produziu o Aithêr e o Caos; ou o Um, que deu à luz o Conflito, por cuja obra a Terra foi separada das Águas e do Céu. Recentemente, o papiro de Derveni* revelou nova teogonia órfica, centrada em torno de Zeus. Um verso atribuído a Orfeu proclamava que "Zeus é o começo, o meio e o fim de todas as coisas" (col.13, 12). Orfeu designou Moîra (o destino) como o *pensamento* de Zeus. "Quando os homens dizem: 'Moîra teceu', entendem que o pensamento de Zeus determinou o que é, o que será e também o que deixará de ser" (col. 15, 5-7). Oceano nada mais é que uma hipóstase de Zeus, tal como Gê (Deméter), a Mãe, Reia e Hera não passam de diferentes nomes da mesma deusa (col. 18, 7-11). A cosmogonia possui uma estrutura ao mesmo tempo sexual e monista: Zeus fez amor "no ar" (ou: "por cima") e criou o mundo. O texto, porém, não menciona a parceira.** O autor proclama a unidade da existência afirmando que o *lógos* do mundo é semelhante ao *lógos* de Zeus (col. 15, 1-3). Daí resulta que o nome que designa o "mundo" é "Zeus" (cf. Heráclito, frag. B1, B32). O texto conservado pelo papiro Derveni é importante sob vários aspectos: de um lado, confirma a existência, numa época remota, de verdadeiros conventículos órficos; de outro lado, ilustra a tendência monista ou até "monoteísta" de certa teogonia órfica.

Quanto ao mito da origem do homem tendo por base as cinzas dos titãs, ele só é claramente atestado em alguns autores tardios (século I-II d.C.).[16] Mas, como tentamos demonstrar a propósito do tema mítico-ritual Dioniso-Zagreu (§125), encontram-se alusões em fontes mais antigas. Apesar do ceticismo de certos estudiosos, é lícito ver referências à natureza titânica do homem na expressão de Píndaro, "a expiação de um luto antigo" (frag.133, Schr.) e num passo das *Leis* (701c) sobre aqueles que "apresentam a velha natu-

* Descoberto em 1962 perto da cidade de Derveni, em Tessalonica, e datado do século IV a.C. Trata-se do comentário de um texto órfico, o que confirma a antiguidade e a alta qualidade especulativa de tais escritos.

** Esse tipo de cosmogonia evoca a teologia menfita (§26), o sistema de Ferecides e a criação autógena de Prajapati (§76).

reza dos titãs". Segundo uma informação de Olimpiodoro, pode-se supor que Xenócrates, o discípulo de Platão, associava a noção de corpo como "prisão" a Dioniso e os titãs.[17]

Seja qual for a interpretação que se dê a essas poucas alusões obscuras, é certo que o mito dos titãs era considerado "órfico" na Antiguidade. Segundo esse mito, o homem participava ao mesmo tempo da natureza titânica e da divindade, uma vez que as cinzas dos titãs continham igualmente o corpo da criança Dioniso. No entanto, mediante purificações (*katharmoí*) e ritos iniciatórios (*teletaí*), e buscando a "vida órfica", chegava-se a eliminar o elemento titânico e a tornar-se um *bákkhos*; em outras palavras, isolava-se e assumia-se a condição divina, dionisíaca.

Inútil sublinhar a novidade e a originalidade dessa concepção. Lembremos o precedente mesopotâmico: a formação do homem por Marduk a partir da terra (isto é, do corpo do monstro primordial Tiamat) e do sangue do arquidemônio Kingu (cf. §21). Mas a antropogonia órfica, por mais sombria e trágica que pareça, comporta, paradoxalmente, um elemento de esperança ausente não só na *Weltanschauung* mesopotâmica, como também na concepção homérica. Porque, a despeito de sua origem titânica, o homem participa, pelo modo que lhe é próprio, da divindade. É até capaz de libertar-se do elemento "demoníaco" manifesto em toda existência profana (ignorância, dieta carnívora etc.). Pode-se discernir, de uma parte, um dualismo (espírito-corpo) muito próximo do dualismo platônico; de outra parte, um conjunto de mitos, crenças, comportamentos e iniciações que asseguram a separação do "órfico" de seus semelhantes e, em última análise, a separação da alma do cosmo. Tudo isso evoca muitas soteriologias e técnicas indianas (§195), e antecipa-se a diversos sistemas gnósticos (§229s.).

182. A nova escatologia

No que concerne à escatologia "órfica", suas linhas gerais podem ser reconstituídas com base em certas referências de Platão, Empédocles e Píndaro. Depois da morte, a alma dirige-se para o Hades. Segundo o *Fédon* (108a) e o *Górgias* (524a), o caminho "não é único nem simples, vários são os desvios e numerosos os obstáculos". *A República* (614c-d) esclarece que é permitido ao justo tomar a estrada à direita, ao passo que os maus são enviados para a esquerda. Deparam-se indicações análogas em versos inscritos sobre as folhas de ouro encontradas nas sepulturas da Itália meridional e de Creta, e que remontam pelo menos ao século V. "Bem-vindo sejas tu que viajas pela estrada da direita rumo às campinas sagradas e ao bosque de Perséfone." O texto contém indicações precisas:

> À esquerda da morada de Hades encontrarás uma fonte ao lado da qual se ergue um cipreste branco; dessa fonte não te aproximes demasiado. Encontrarás, porém, outra fonte: do lago de Memória (Mnemósine) jorra a água fresca e há guardas postados de sentinela. Dize-lhes: "Sou o filho da Terra e do Céu estrelado, bem o sabeis; mas estou seco de sede e sinto-me morrer. Dai-me sem demora a água fresca que emana do lago de Memória." E os guardas prontamente te farão beber da fonte sagrada, e depois disso reinarás entre os outros heróis.[18]

No mito de Er, narra Platão que todas as almas destinadas a reencarnar são obrigadas a beber da fonte do Lete para esquecer suas experiências no outro mundo. Cuidava-se, no entanto, que as almas dos "órficos" tinham a propriedade de não reencarnar; é por essa razão que deviam evitar a água do Lete. "Saltei do ciclo das pesadas penas e das dores e lancei-me com pé ágil para a coroa desejada. Refugiei-me no seio da dama, rainha dos Infernos." E a deusa responde: "Ó ditoso, ó bem-aventurado! Homem que eras, tu te tornaste deus."[19]

O "ciclo das pesadas penas" comporta certo número de reencarnações. Após a morte, a alma é julgada, enviada temporariamente para um lugar de castigo ou de beatitude e retorna à Terra depois de mil anos. Um mortal comum deve percorrer dez vezes o ciclo antes de escapar. Os "órficos" descreveram abundantemente os tormentos dos culpados, os "males infinitos reservados aos condenados".[20] Kern chegou mesmo a afirmar que o orfismo foi o primeiro a criar o Inferno.[21] Na verdade, a catábase do cantor em busca de Eurídice justificava todas as espécies de descrições do mundo infernal. Voltamos a encontrar o elemento "xamânico", traço dominante no mito de Orfeu: sabe-se que em toda a Ásia central e setentrional são os xamãs que, narrando com infinitos detalhes suas descidas extáticas aos Infernos, elaboraram e popularizaram uma vasta e surpreendente geografia infernal.[22]

A paisagem e o itinerário esboçados pelas lamelas – a fonte e o cipreste, a estrada da direita –, bem como a "sede do morto", têm paralelos em numerosas mitologias e geografias funerárias. Certas influências orientais não devem ser excluídas. No entanto, trata-se mais provavelmente de uma herança comum imemorial, resultado de especulações milenares sobre os êxtases, as visões e os arrebatamentos, as aventuras oníricas e as viagens imaginárias; herança por certo valorizada de modo diferente pelas diversas tradições. A árvore junto a uma nascente ou a uma fonte é uma imagem exemplar do "Paraíso"; na Mesopotâmia, a réplica dessa imagem é o jardim com uma árvore sagrada e uma fonte, guardadas pelo rei-jardineiro, representante do deus (§22). A importância religiosa das lamelas consiste, portanto, em representarem uma concepção da pós-existência da alma diferente da atestada na tradição homérica. É possível que se tratasse de crenças e mitologias arcaicas mediterrâneas e orientais, conservadas até então em "meios populares" ou excêntricos, e que, havia algum tempo, gozavam de certo prestígio entre os "órficos", os pitagóricos e todos aqueles que se preocupavam com o enigma escatológico.

Mais significativa, no entanto, é a nova interpretação da "sede da alma". As libações funerárias para aplacar a sede dos mortos são atestadas em numerosas culturas.[23] A crença de que a "aguardente" garante a ressurreição do herói é também difundida nos mitos e no folclore. Para os gregos, a morte é assimilada ao esquecimento; os mortos são aqueles que perderam a memória. Somente alguns privilegiados, como Tirésias ou Anfiarau, conservam a memória depois da morte. A fim de tornar imortal seu filho Etálides, concede-lhe Hermes "uma memória inalterável".[24] Entretanto, a mitologia da memória e do esquecimento modifica-se quando se desenha uma doutrina da transmigração. A função de Lete é perturbada: suas águas já não acolhem a alma que acaba de deixar o corpo, a fim de fazê-la esquecer a existência terrestre. Ao contrário, Lete apaga a lembrança do mundo celeste na alma que retorna à Terra a fim de reencarnar-se. O "esquecimento" já não simboliza a morte, porém o retorno à vida. A alma que cometeu a imprudência de beber na fonte de Lete ("cheia de vício e de esquecimento", como a descreve Platão, *Fedro*, 248c) reencarna-se e é de novo projetada no ciclo do devir. Pitágoras, Empédocles e outros que compartilhavam a doutrina da metempsicose pretendiam lembrar-se de suas existências anteriores; em outras palavras, tinham conseguido conservar a memória no além-mundo.*

Os fragmentos inscritos nas lamelas de ouro parecem fazer parte de um texto canônico, espécie de guia do além, comparável aos "livros dos mortos" egípcio ou tibetano. Certos estudiosos contestaram-lhes o caráter "órfico", considerando-os de origem pitagórica. Sustentou-se mesmo que a maior parte das ideias e dos rituais reputados "órficos" representam, na realidade, uma criação ou alterações pitagóricas. O problema é por demais complexo para que seja possível elucidá-lo em poucas páginas. Esclareçamos, no entanto, que a eventual contribuição de Pitágoras e dos pitagóricos, por considerável que

* Cf. Eliade, *Aspects du mythe*, p.150s. O exercício e a cultura da memória desempenhavam papel importante nas confrarias pitagóricas (Diodoro, X, 5; Jâmblico, *Vida de Pitágoras*, 78s.). O tema do "esquecimento" e da relembrança, cujos primeiros testemunhos se referem a certas personagens lendárias gregas do século VI, exerceu considerável papel nas técnicas contemplativas e especulações indianas; ele voltará a ser introduzido pelo gnosticismo (§130).

seja, não modifica nossa compreensão do fenômeno "órfico". É certo que as analogias entre as lendas de Orfeu e Pitágoras são evidentes, da mesma forma que é inegável o paralelo entre a fama de que gozaram. Tal como o fabuloso "fundador de iniciações", Pitágoras, personagem histórica e também "homem divino" por excelência, caracteriza-se por uma grandiosa síntese de elementos arcaicos (alguns deles "xamânicos") e de audaciosas revalorações das técnicas ascéticas e contemplativas. Na verdade, as lendas de Pitágoras aludem a suas relações com os deuses e os espíritos, ao domínio que exercia sobre os animais, a sua presença em vários lugares ao mesmo tempo. Burkert explica a famosa "coxa de ouro" de Pitágoras comparando-a a uma iniciação de tipo xamânico. (Sabe-se que, durante sua iniciação, os xamãs siberianos, segundo se acredita, têm os órgãos renovados e os ossos ligados com ferro.) Finalmente, a catábase de Pitágoras constitui ainda um elemento xamânico. Conta Jerônimo de Rodes que Pitágoras desceu até o Hades e lá viu as almas de Homero e Hesíodo expiando pelo que de mal haviam dito sobre os deuses.[25] Tais traços "xamânicos" não são, aliás, exclusivos das lendas de Orfeu e Pitágoras. O hiperbóreo Ábaris, sacerdote de Apolo, voava sobre uma flecha (§91); Arísteas de Proconeso era famoso por seu êxtase, que podia ser confundido com a morte, por sua bilocação e por sua metamorfose em corvo; Hermotimo de Clazômenas, considerado por certos autores antigos uma encarnação anterior de Pitágoras, era capaz de abandonar o corpo por muito tempo.[26]

Às semelhanças entre as biografias lendárias acrescentam-se as analogias entre as doutrinas e práticas dos "órficos" e pitagóricos: crença na imortalidade e na metempsicose, punição no Hades e retorno final da alma ao Céu, vegetarismo, importância atribuída às purificações, ascetismo. No entanto, todas essas semelhanças e analogias não provam a inexistência do "orfismo" como movimento autônomo. Pode ser que certo número de escritos "órficos" seja obra de pitagóricos, mas seria ingênuo imaginar que os mitos escatológicos, as crenças e os rituais "órficos" tenham sido inventados por Pitágoras ou por seus discípulos. Os dois movimentos religiosos desenvolveram-se paralelamente, expressões de um mesmo *Zeitgeist*. Com a diferença de que, sob a direção de seu fundador, a "seita" pitagórica se organizou como sociedade fechada, de tipo esotérico, e os pitagóricos cultivaram um sistema de "educação completa".* Além disso, não desdenharam a política ativa; durante certo

---

* Completando suas regras ascéticas e morais pelo estudo da música, da matemática e da astronomia. Mas, como se sabe, o fim último dessas disciplinas era de ordem mística. Com efeito, se "tudo é número" e "tudo é uma harmonia dos contrários", tudo aquilo que é vivo (inclusive o cosmo, pois também ele "respira") é aparentado.

tempo, os pitagóricos chegaram mesmo a deter o poder em várias cidades da Itália meridional.

Mas o grande mérito de Pitágoras foi ter assentado as bases de uma "ciência total", de estrutura holística, na qual o conhecimento científico estava integrado num conjunto de princípios éticos, metafísicos e religiosos, acompanhado de diversas "técnicas do corpo". Em suma, o conhecimento tinha uma função ao mesmo tempo gnoseológica, existencial e soteriológica. É a "ciência total" de tipo tradicional,[27] que se pode reconhecer tanto no pensamento de Platão quanto entre os humanistas do Renascimento italiano, em Paracelso ou nos alquimistas do século XVI. "Ciência total", tal como era compreendida sobretudo pela medicina e pelas alquimias indiana e chinesa.

Certos autores inclinam-se a considerar o movimento órfico uma espécie de "Igreja" ou uma seita comparável à dos pitagóricos. No entanto, é pouco provável que o orfismo se tenha constituído em "Igreja" ou numa organização secreta semelhante às religiões de mistérios. O que o caracteriza – movimento ao mesmo tempo "popular" e que atrai as elites, comportando "iniciações" e dispondo de "livros" – aproxima-o mais do tantrismo indiano e do neotaoismo. Esses movimentos religiosos tampouco constituem "Igrejas", mas comportam "escolas", representando tradições paralelas, ilustradas por uma série de mestres, às vezes lendários, e possuindo uma vasta literatura.[28]

Por outro lado, podem-se reconhecer nos "órficos" os sucessores dos grupos iniciatórios que, na época arcaica, exerciam diferentes funções sob o nome de cabiros, telchines, curetes, coribantes, dáctilos, grupos cujos membros guardavam ciosamente certos "segredos de ofício" (eram metalúrgicos e ferreiros, mas também curandeiros, adivinhos, mestres de iniciação etc.). Os "segredos de ofício" relacionados a diferentes técnicas que buscavam o domínio sobre a matéria tinham simplesmente cedido lugar aos "segredos" referentes ao destino da alma depois da morte.

Embora o prestígio do orfismo tenha declinado depois das guerras médicas, suas ideias centrais – o dualismo, a imortalidade, e portanto a divindade do homem, a escatologia –, sobretudo por intermédio da interpretação de Platão, não cessaram de preocupar o pensamento grego. A corrente sobreviveu também no plano "popular" (os *orpheotelestaí*). Mais tarde, na época helenística, é possível identificar a influência de certas concepções órficas nas religiões de mistérios, enquanto se aguarda a nova voga que o orfismo conheceria nos primeiros séculos da Era Cristã, graças sobretudo aos neoplatônicos e neopitagóricos. É justamente essa capacidade de desenvolver-se e de se renovar, de intervir de maneira criadora em muitos sincretismos religiosos, que revela o alcance da experiência "órfica".

Quanto à figura de Orfeu, ela continuou a ser reinterpretada, independentemente do "orfismo", pelos teólogos judeus e cristãos, pelos hermetistas e pelos filósofos do Renascimento, pelos poetas, desde Poliziano até Pope e desde Novalis até Rilke e Pierre Emmanuel. Orfeu é uma das raras figuras míticas gregas que a Europa, fosse ela cristã, iluminista, romântica ou moderna, não quis esquecer (ver volume III desta obra).

183. Platão, Pitágoras e o orfismo

Segundo a famosa expressão de A.N. Whitehead, a história da filosofia ocidental nada mais é, em suma, que uma série de notas de pé de página à filosofia de Platão. A importância deste filósofo na história das ideias religiosas é igualmente considerável: a Antiguidade tardia, a teologia cristã, a partir sobretudo do século IV, a gnose ismaeliana, o Renascimento italiano foram profundamente, embora de maneira diversa, marcados pela visão religiosa platônica. O fato é ainda mais significativo porque a primeira e mais tenaz vocação de Platão não foi religiosa, mas política. Platão aspirava a construir a cidade ideal, organizada segundo as leis da justiça e da harmonia, cidade na qual cada habitante devia preencher uma função precisa e específica. Ora, havia já algum tempo, Atenas e as outras cidades gregas eram corroídas por uma série de crises políticas, religiosas e morais que ameaçavam os próprios alicerces do edifício social. Sócrates identificara a principal fonte da desintegração no relativismo dos sofistas e no cepticismo generalizado. Ao negarem a existência de um princípio absoluto e imutável, os sofistas contestavam implicitamente a possibilidade do conhecimento objetivo. A fim de tornar patente a aberração do raciocínio dos sofistas, Sócrates concentrara-se na maiêutica, método que culmina no conhecimento de si mesmo e na disciplina das faculdades da alma. A investigação do mundo natural não lhe interessava. Platão, porém, esforçou-se por completar o ensinamento do mestre e, para fundamentar cientificamente a validade do conhecimento, dedicou-se ao estudo da matemática. Fascinou-o a concepção pitagórica da unidade universal, da ordem imutável do cosmo e da harmonia que regula tanto o curso dos planetas quanto a escala musical.[29] Ao elaborar a teoria das ideias, arquétipos extraterrestres e imutáveis das realidades terrestres, Platão respondia aos sofistas e aos cépticos: o conhecimento objetivo é portanto possível, uma vez que se apoia em modelos preexistentes e eternos.

Para o que nos propomos, é indiferente que Platão fale às vezes do mundo das ideias como o modelo do nosso – em que os objetos materiais "imitam" as ideias tanto quanto podem – e afirme que o mundo das realidades sensíveis "participa" do mundo das ideias.[30] Mas, uma vez devidamente postulado esse universo dos modelos eternos, impunha-se explicar quando e como chegaram os homens a conhecer as ideias. Foi para resolver esse problema que Platão se apropriou de certas doutrinas "órficas" e pitagóricas referentes ao destino da alma. Não há dúvida de que Sócrates já tinha insistido no valor inestimável da alma, pois *só* ela era fonte de conhecimento. Insurgindo-se contra a opinião tradicional, sancionada por Homero, que afirmava que a alma era "semelhante à fumaça", Sócrates sublinhara a necessidade de cada homem "cuidar de sua própria alma". Platão vai muito mais longe: para ele, a alma – *e não a vida!* – era a coisa mais preciosa, pois pertencia ao mundo ideal e eterno. Ele foi buscar na tradição "órfico"-pitagórica, acomodando-a ao seu próprio sistema, a doutrina da transmigração da alma e da rememoração (anamnese).

Para Platão, conhecer equivale, em última análise, a lembrar-se (cf. sobretudo *Mênon,* 81c-d). Entre duas existências terrestres, a alma contempla as ideias: ela compartilha o conhecimento puro e perfeito. Mas, ao reencarnar-se, a alma bebe na fonte Lete e esquece o conhecimento obtido pela contemplação direta das ideias. Entretanto, esse conhecimento é latente no homem encarnado e, graças ao trabalho filosófico, é suscetível de ser atualizado. Os objetos físicos ajudam a alma a concentrar-se, e, por uma espécie de flashback, a reencontrar e recuperar o conhecimento original que possuía na sua condição extraterrestre. A morte é, por conseguinte, o retorno a um estado primordial e perfeito, perdido periodicamente pela reencarnação da alma.[31]

A filosofia é uma "preparação para a morte", no sentido de que ensina a alma, uma vez liberta do corpo, a manter-se continuamente no mundo das ideias e, portanto, a evitar uma nova reencarnação. Em suma, o conhecimento válido e a única política que podia salvar da ruína as cidades gregas baseavam-se numa filosofia que postulava um Universo ideal e eterno e a transmigração da alma.[32]

As especulações escatológicas estavam em grande voga. Certamente as doutrinas da imortalidade da alma, da transmigração e da metempsicose não constituíam novidades. No século VI, Ferecides de Siros sustentara – e nisso foi o primeiro – que a alma é imortal e que ela retorna sucessivamente à Terra para encarnar-se.[33] É difícil identificar a fonte eventual dessa crença. No tempo de Ferecides, somente na Índia ela estava formulada em termos claros. Os egípcios consideravam a alma imortal e suscetível de assumir diferentes formas animais, mas não se encontra nenhum traço de uma teoria geral da transmigração. Os getas também acreditavam na possibilidade de "tornar-se imortal", mas ignoravam a metempsicose e a transmigração.[34]

De qualquer modo, a escatologia de Ferecides não teve eco no mundo grego. Foram o "orfismo", e sobretudo Pitágoras, seus discípulos e seu contemporâneo Empédocles que popularizaram e ao mesmo tempo sistematizaram a doutrina da transmigração e da metempsicose. No entanto, as especulações cosmológicas de Leucipo e Demócrito, as recentes descobertas astronômicas e sobretudo o ensinamento de Pitágoras haviam transformado radicalmente a concepção da sobrevivência da alma e, portanto, as estruturas do outro mundo. Como agora se sabia que a Terra era uma esfera, nem o Hades subterrâneo de Homero, nem as "Ilhas dos Bem-Aventurados", que se julgava estarem situadas no extremo Ocidente, podiam mais ser localizadas numa mitogeografia terrestre. Certa máxima pitagórica proclamava que as "Ilhas dos Bem-Aventurados" eram "o Sol e a Lua".[35] Gradualmente, uma nova escatologia e uma outra geografia funerária acabaram por se impor: o além passa a ser localizado nas regiões estelares; a alma é declarada de origem celeste (segundo Leucipo e Demócrito, ela é "de fogo", como o Sol e a Lua) e terminará por retornar ao Céu.

Para essa escatologia, trouxe Platão uma contribuição decisiva. Elaborou uma nova e mais coerente "mitologia da alma", recorrendo à tradição "órfico"-pitagórica, e utilizando certas fontes orientais, mas integrando todos esses elementos numa visão pessoal. Despreza a mitologia "clássica", baseada em Homero e Hesíodo. Um longo processo de erosão acabara por despir os mitos e os deuses homéricos de sua significação original.[36] Aliás, a "mitologia da alma" não poderia ter encontrado nenhum apoio na tradição homérica. Por outro lado, em seus diálogos da juventude, o próprio Platão opusera o *mûthos* ao *lógos*; na melhor das hipóteses, o mito é uma mistura de ficção e de verdade. No entanto, já em sua obra-prima, *O banquete*, Platão não hesita em discorrer longamente sobre dois motivos míticos, o Eros cosmogônico e sobretudo o homem primitivo imaginado como um ser bissexuado de forma esférica (*O banquete*, 189e, 193d). Trata-se, porém, de mitos de estrutura arcaica. A androginia do primeiro homem é atestada em várias tradições antigas (por exemplo, entre os indo-europeus).[37] A mensagem do mito do andrógino é transparente: a perfeição humana é concebida como uma unidade sem fisga. Platão, no entanto, acrescenta-lhe novo significado: a forma esférica e os movimentos do antropomorfo são similares aos corpos celestes, de onde proviera esse ser primordial.

O que acima de tudo cumpre explicar é a origem celeste do homem, pois ela instituía a "mitologia da alma". No *Górgias* (493), encontra-se pela primeira vez um mito escatológico; o corpo é o túmulo da alma. Sócrates defende essa escatologia, referindo-se a Eurípides e às tradições "órfico"-pitagóricas. A transmigração acha-se aqui apenas subentendida, mas esse tema, fundamental para a escatologia platônica, é analisado, como acabamos de ver, no *Mênon* (81a-e). No *Fédon* (107e), explica-se que a alma retorna à Terra depois de longo período. *A República* retoma o simbolismo arcaico do "macrocosmo-microcosmo" e desenvolve-o num sentido especificamente platônico, mostrando a homologia entre a alma, o Estado e o cosmo. Mas a poderosa criatividade mitológica de Platão é demonstrada principalmente no tema da caverna (*A República*, VII).

A visão escatológica atinge seu auge no *Fedro*: é nessa obra que, pela primeira vez, o destino da alma é solidarizado com os movimentos dos céus (246bs.). O primeiro princípio do cosmo é declarado idêntico ao primeiro princípio da alma. É significativo que o mesmo diálogo introduza dois simbolismos exóticos: a imagem mítica da alma comparada a um cocheiro que conduz seu carro, e a imagem das "asas da alma". A primeira encontra-se na *Katha Upanishad* (I, 3, 3-6), mas com a diferença de que, em Platão, a dificuldade de bridar o carro se deve ao antagonismo entre os dois cavalos. Quanto às "asas da alma", "começam a crescer" quando o homem "contempla a beleza deste mundo [e] se põe a pensar na beleza em si" (249s.). O crescimento de asas como consequência da iniciação é atestado na China, entre os taoistas, e nas tradições secretas dos pajés australianos.[38] A imagem é solidária da concepção da alma como substância espiritual volátil, comparável ao pássaro ou à borboleta. O "voo" simboliza a inteligência, a compreensão das coisas secretas ou das verdades metafísicas.[39] A utilização desse simbolismo imemorial não deve causar espécie. Platão "redescobre" e desenvolve o que se poderia chamar de ontologia arcaica: *a teoria das ideias prolonga a doutrina dos modelos exemplares, específica à espiritualidade tradicional.*

O mito cosmogônico do *Timeu* elabora certas indicações do *Protágoras* e do *Banquete*, mas trata-se de uma nova Criação. E é significativo que seja o pitagórico Timeu quem, nessa suprema visão cosmogônica de Platão, afirme que o demiurgo criou um número de almas igual ao das estrelas do Céu (*Timeu*, 41ds.). Os discípulos de Platão dão mais tarde a última demão à doutrina da "imortalidade astral". Ora, é por intermédio dessa grandiosa síntese platônica que os elementos "órficos" e pitagóricos que ela integrara hão de conhecer sua mais ampla difusão. Essa doutrina, em que também se lobriga a contribuição babilônica (a divindade das estrelas), iria se tornar dominante a partir da época helenística.[40]

A reforma política sonhada por Platão nunca ultrapassou o estado de projeto. Uma geração depois de sua morte, as cidades-Estado gregas desmoronam-se diante do avanço vertiginoso de Alexandre Magno. Esse é um dos raros momentos na história universal em que o fim de um mundo quase se confunde com o início de um novo tipo de civilização – a civilização que desabrochará durante a época helenística. É significativo que Orfeu, Pitágoras e Platão figurem entre as fontes de inspiração da nova religiosidade.

184. Alexandre Magno e a cultura helenística

Quando, em 13 de junho de 323 a.C., Alexandre faleceu na Babilônia, com 33 anos incompletos, seu reino estendia-se do Egito até o Penjabe. No decorrer dos 12 anos e oito meses de seu reinado, havia submetido as cidades-Estado da Grécia, da Ásia Menor e da Fenícia, conquistado o império dos aquemênidas e vencido Poro. E, no entanto, não obstante seu gênio e sua auréola semidivina – pois era considerado filho de Zeus-Ammon –, Alexandre conheceu, no Beas, os limites de seu poder. O exército havia se amotinado, recusando-se a atravessar o rio e a prosseguir o avanço na Índia; e o "Senhor do Mundo" viu-se obrigado a curvar-se. Foi sua maior derrota e a ruína de seu fabuloso projeto: a conquista da Ásia até o "oceano exterior". Entretanto, quando Alexandre deu ordem de retirada, o futuro imediato da Índia, e também o futuro do mundo histórico em geral, já estava traçado: a Ásia achava-se agora "aberta" às influências mediterrâneas; doravante, as comunicações entre o Oriente e o Ocidente jamais se interromperão de todo.

Desde a biografia de J.G. Droysen (1833), e principalmente desde o livro de W.W. Tarn (1926), muitos historiadores têm interpretado segundo perspectivas diferentes ou até contraditórias o objetivo perseguido por Alexandre na conquista da Ásia.[41] Seria ingênuo tentar em algumas páginas a análise de uma controvérsia que já se prolonga por um século e meio. Mas, seja qual for a perspectiva em que se julguem as campanhas de Alexandre, todos são unânimes em acreditar que suas consequências foram profundas e irrevogáveis. Depois de Alexandre, o perfil histórico do mundo modificou-se radicalmente. As estruturas políticas e religiosas anteriores – as cidades-Estado e suas instituições culturais, a *pólis* como "centro do mundo" e reservatório dos modelos exemplares, a antropologia elaborada com base na certeza de uma diferença irredutível entre gregos e "bárbaros" –, todas essas estruturas desabam. Em lugar delas, vão-se impondo progressivamente a noção de *oikouménê* e as tendências "cosmopolitas" e "universalistas". Apesar das resistências, era inevitável que se descobrisse a unidade fundamental do gênero humano.

Aristóteles, o preceptor de Alexandre, sustentava que os escravos são escravos por sua própria natureza, e que os "bárbaros" são *naturaliter* escravos.[42]

Contudo, em Susa, Alexandre desposou duas princesas aquemênidas e uniu, de acordo com o rito persa, 90 de seus companheiros mais chegados às filhas de famílias nobres iranianas. Simultaneamente, celebrou-se o casamento de dez mil soldados macedônios, ainda segundo o mesmo rito. Mais tarde, os persas foram contemplados com os primeiros lugares no exército e viram-se incorporados mesmo na falange. Os macedônios estavam longe de compartilhar a concepção política de seu soberano. Vitoriosos e conquistadores que eram, não viam nos "bárbaros" mais do que povos vencidos. Quando os macedônios se sublevaram em Ópis – pois, como dissera um deles: "Fizestes dos persas vossos parentes" –, Alexandre exclamou: "Fiz, porém, de vós *todos* meus parentes!" A sedição terminou com um banquete de reconciliação para o qual, segundo a tradição, foram convidadas três mil pessoas. No fim da festa, Alexandre pronunciou uma prece em favor da paz e fez votos no sentido de que todos os povos de seu Império se tornassem parceiros na administração da comunidade. Desejou, além disso, que todos os povos do mundo pudessem viver juntos em harmonia e em unidade de coração e de espírito (*homónoia*). "Dissera ele anteriormente que todos os homens são filhos do mesmo pai e que sua prece era a expressão de sua crença de que recebera uma missão da parte de Deus para ser o reconciliador do mundo."[43]

Alexandre jamais se proclamou filho de Zeus: aceitava, no entanto, esse título da parte de outros. A fim de assegurar a fusão entre gregos e persas, introduziu o cerimonial iraniano da "obediência" (*proskúnêsis*) ao rei. (Já havia adotado o costume e a etiqueta dos soberanos aquemênidas.) Para os iranianos, a *proskúnêsis* variava de acordo com a classe social daquele que a executava. Um baixo-relevo de Persépolis representa Dario I sentado em seu trono e um nobre persa enviando-lhe um beijo com a mão. Afirma porém Heródoto que os súditos da classe inferior prosternavam-se diante do soberano, em profunda reverência. Entretanto, surpreendido pela resistência de seus companheiros, Alexandre renunciou à *proskúnêsis*; de fato, renunciou ao mesmo tempo à ideia de tornar-se o deus de seu Império.[44] É provável que essa ideia lhe tenha sido inspirada pelo exemplo dos faraós, mas deve-se também ter em conta certas tendências que se estavam configurando na Grécia. Citemos apenas um exemplo: escrevia Aristóteles – pensando certamente em Alexandre – que, quando viesse, o soberano supremo seria um deus entre os homens (*Política*, III, 13; 1.284a). De qualquer modo, os sucessores de Alexandre na Ásia e no Egito não hesitarão em aceitar a própria deificação.

Depois de 20 anos de guerras entre os diádocos, o que restava do Império foi dividido entre as três dinastias macedônicas: coube a Ásia aos selêucidas, o Egito aos lágidas (Ptolomeus) e a Macedônia aos antigônidas. Contudo, desde

212 a.C., Roma começou a intervir nos negócios dos reinos helenísticos e acabou por absorver o mundo mediterrâneo em sua totalidade. Quando, em 30 a.C., Otávio conquistou o Egito, a nova *oikouménê* estendia-se desde o Egito e a Macedônia até a Anatólia e a Mesopotâmia. Mas a instauração do *Imperium Romanum* assinalou igualmente o fim da civilização helenística.

A unificação do mundo histórico iniciada por Alexandre efetuou-se numa primeira etapa por meio da emigração maciça dos helenos para as regiões orientais e pela difusão da língua grega e da cultura helenística. O grego comum (*koinê*) era falado e escrito desde a Índia e o Irã até a Síria, a Palestina, a Itália e o Egito. Nas cidades, antigas ou então recentemente fundadas, os gregos erguiam templos e teatros, e instalavam seus *gumnásia*. Progressivamente, a educação de tipo grego foi adotada pelos ricos e privilegiados de todos os países asiáticos. De um extremo a outro do mundo helenístico foram exaltados o valor e a importância da "instrução" e da "sabedoria". A instrução – fundada sempre numa filosofia – desfrutou um prestígio quase religioso. Nunca antes na história a instrução fora tão procurada, ao mesmo tempo como meio de ascensão social e como instrumento de perfeição espiritual.[45]

As filosofias da moda, em primeiro lugar o estoicismo, fundado por um semita de Chipre, Zenão de Cício,* bem como as doutrinas de Epicuro e dos cínicos, impuseram-se em todas as cidades da *oikouménê*. O que se chamou o "iluminismo helenístico" estimulava ao mesmo tempo o individualismo e o cosmopolitismo. A decadência da *pólis* libertara o indivíduo de suas imemoriais solidariedades de ordem cívica e religiosa; em contrapartida, essa libertação revelava-lhe sua solidão e sua alienação num cosmo assustador por seu mistério e por sua imensidade. Os estoicos esforçavam-se por defender o indivíduo, mostrando-lhe a homologia entre a cidade e o Universo. Já Diógenes, contemporâneo de Alexandre, se havia proclamado um "*kosmopolítês*", um "cidadão do mundo"[46] (em outras palavras, Diógenes não se reconhecia cidadão de nenhuma cidade, de nenhum país). Foram, porém, os estoicos que popularizaram a ideia de que todos os homens são *kosmopolítai* – cidadãos da mesma cidade, o cosmo –, qualquer que seja sua origem social e sua situação geográfica.[47]

> Em seu Estado ideal, Zenão apresentava uma fascinante esperança que, desde então, não mais abandonou o homem; sonhava com um mundo que já não se dividisse em Estados separados, mas formasse uma só grande cidade, sob uma

---

* Tendo chegado a Atenas, por volta de 315 a.C., abriu em 300 a sua escola no "Pórtico dos pintores" (*stoà poikílê*). Epicuro, nascido em Samos de pai ateniense, ensinava em Atenas desde 306 a.C.

única lei divina, onde todos os cidadãos estivessem reunidos não por leis humanas, mas por seu consentimento voluntário ou, como diz Zenão, por amor.[48]

Também Epicuro propagava o "cosmopolitismo", mas seu principal objetivo era o bem-estar do indivíduo. Admitia a existência dos deuses. Esses deuses, no entanto, não tinham a menor relação nem com o cosmo nem com os homens. O mundo era uma máquina que ganhou existência de maneira puramente mecânica, sem autor e sem desígnio. Por conseguinte, o homem estava livre para escolher o modo de existência que melhor lhe conviesse. A filosofia de Epicuro propunha-se demonstrar que a serenidade e a felicidade obtidas pela *ataraxía* caracterizam a melhor existência possível.

O fundador do estoicismo articula seu sistema em antinomia com a doutrina de Epicuro. Segundo Zenão e seus discípulos, o mundo desenvolveu-se a partir da epifania primordial do Deus, o germe ígneo que deu origem à "razão seminal" (*lógos spermatikós*), ou seja, à lei universal. Da mesma forma, a inteligência humana emerge de uma faísca divina. Nesse panteísmo monista, que postula uma razão única, o cosmo é "um ser vivo cheio de sabedoria" (*Stoicorum veterum fragmenta*, I, nota 171s.; II, notas 441-4s.). Ora, o sábio descobre, no íntimo de sua alma, que possui o mesmo *lógos* que anima e governa o cosmo (concepção que lembra os mais velhos Upanixades; cf. §81). O cosmo é, portanto, inteligível e acolhedor, visto que é penetrado pela razão. Ao praticar a sabedoria, o homem realiza a identidade com o divino e assume livremente seu próprio destino.

É verdade que o mundo e a existência humana se desdobram segundo um plano estritamente determinado; mas, pelo simples fato de que cultiva a virtude e cumpre com seu dever, de que executa, em suma, a vontade divina, o sábio dá prova de liberdade e transcende o determinismo. A liberdade (*autárkês*) equivale à descoberta da invulnerabilidade da alma. Em face do mundo e do outro, a alma é invulnerável, só a nós mesmos podemos fazer o mal. Essa exaltação da alma proclama, ao mesmo tempo, a igualdade fundamental dos homens. Contudo, para que se obtenha a liberdade, cumpre livrar-se das emoções e renunciar a tudo – "corpo, posse, glória, livros, poderes" –, porque o homem é "escravo de tudo o que deseja", o homem é "escravo dos *outros*" (Epicteto, IV, 4, 33). A equação: posses e desejos = escravidão lembra as doutrinas indianas, particularmente a ioga e o budismo (§§143s., 156s.). Do mesmo modo, a exclamação de Epicteto dirigindo-se a Deus, "Eu compartilho a mesma razão. Sou teu igual!" (II, 16, 42), evoca inúmeros paralelos indianos. As analogias entre as metafísicas e as soteriologias da Índia e aquelas do mundo mediterrâneo vão multiplicar-se durante os primeiros séculos antes e depois de Cristo. Ainda voltaremos a tratar da significação desse fenômeno espiritual.

Tal como as novas filosofias, as inovações próprias das religiões helenísticas visavam à salvação do indivíduo. Multiplicam-se as organizações fechadas, que comportam iniciação e revelação escatológicas. A tradição iniciatória dos mistérios de Elêusis (cf. cap.XII) será retomada e ampliada pelas diferentes religiões misteriosóficas, centralizadas em torno das divindades que, segundo se acreditava, haviam conhecido e vencido a morte (§205). Tais divindades estavam mais próximas do homem; interessavam-se por seu progresso espiritual e garantiam-lhe a salvação. Ao lado dos deuses e das deusas dos mistérios helenísticos – Dioniso, Ísis, Osíris, Cíbele, Átis, Mithra –, outras divindades ganhavam popularidade, e pelas mesmas razões: Hélio, Héracles e Asclépio protegem e assistem o *indivíduo*.[49] Mesmo os deuses divinizados parecem mais eficazes que os deuses tradicionais: o rei é "salvador" (*sôtêr*), encarna a "lei viva" (*nómos émpsukhos*).

O sincretismo greco-oriental que caracteriza as novas religiões dos mistérios ilustra, ao mesmo tempo, a poderosa reação espiritual do Oriente vencido por Alexandre. O Oriente é exaltado como a pátria dos primeiros e dos mais eminentes "sábios"; a região onde os mestres de sabedoria melhor conservaram as doutrinas esotéricas e os métodos da salvação. A lenda das discussões de Alexandre com os brâmanes e os ascetas indianos, lenda que se tornará singularmente popular na época do cristianismo, reflete a admiração quase religiosa pela "sabedoria" indiana. É do Oriente que vão difundir-se certos apocalipses (solidários das concepções próprias da história), assim como novas fórmulas de magia e de angelologia, e muitas "revelações" obtidas em decorrência das viagens extáticas ao Céu e ao outro mundo (cf. §202).

Mais adiante (§205) analisaremos a importância das criações religiosas da época helenística. Acrescentemos por enquanto que, na perspectiva da história das religiões, a unificação do mundo histórico iniciada por Alexandre e concluída pelo Império Romano é comparável à unidade do mundo neolítico efetuada pela difusão da agricultura. No plano das sociedades rurais, a tradição herdada do neolítico constituía uma unidade que se mantivera durante milênios, não obstante as influências recebidas dos centros urbanos. Comparadas a essa uniformidade fundamental, evidente nas populações agrícolas da Europa e da Ásia, as sociedades urbanas do primeiro milênio a.C. apresentavam uma diversidade religiosa digna de nota. (Basta que se confrontem as estruturas religiosas de algumas cidades orientais, gregas e romanas.) No entanto, durante a época helenística, a religiosidade da *oikouménê* acabará por recorrer a uma língua comum.

NOTAS

1. Mesmo a valorização das fontes muda de uma categoria para outra: os cépticos dão ênfase à pobreza dos documentos e à sua data tardia; os outros cuidam que não se deve confundir a *data de redação* de um documento com *a idade de seu conteúdo*; que, por conseguinte, utilizando com rigoroso espírito crítico todos os testemunhos válidos, estamos capacitados a apreender a mensagem essencial do orfismo. Essa tensão entre duas metodologias responde a uma oposição filosófica mais profunda, atestada na Grécia desde o século VI e ainda sensível em nossos dias. "Orfeu" e "orfismo" constituem um dos temas por excelência que desencadeiam quase automaticamente as paixões polêmicas.
2. As fontes são analisadas por W.K.C. Guthrie, *Orpheus and Greek Religion*, p.29s., e Ivan M. Linforth, *The Arts of Orpheus*.
3. Cf. Guthrie, *Orpheus*, p.40s., p.66 e fig.9, cf. prancha 6.
4. O. Kern, *Orphicorum fragmenta*, n.113, p.33. As musas juntaram os membros e os enterraram em Libétria, no maciço do Olimpo.
5. M. Eliade, *Le chamanisme et les techniques archaïques de l'extase* (2ª ed., 1968), p.307-8.
6. Cf. a lista das localizações do culto de Orfeu na Trácia in R. Pettazzoni, *La religion dans la Grèce antique*, p.114, nota 16.
7. A *Katábasis eis Hádou* (Kern, *Orph. fr.* 293s., p.304s.). A catábase da *Odisseia* (XI, esp. versos 566-631) comporta provavelmente uma interpolação "órfica".
8. Guthrie lembra um passo da *Alceste*, v.578, que mostra Apolo cercado de linces e leões, e da corça que "dançava ao som da cítara"; *The Greeks and their Gods*, p.315.
9. Apolo reduz ao silêncio os oráculos proferidos por Orfeu em Lesbos (Filóstrato, *Vida de Apolo*, 4, 14). Trata-se de um gesto de ciúme do deus, ou de uma incompatibilidade entre as duas técnicas oraculares, "xamânica" e pítia?
10. Guthrie, *The Greeks and their Gods*, p.316s. Os jônios, pouco atraídos pela religião, faziam a si mesmos a pergunta filosófica: "Qual é a relação entre a variedade múltipla do mundo onde vivemos e a substância única e original de onde tudo nasceu?" Ver também, do mesmo autor, *A History of Greek Philosophy*, v.I, p.132.
11. Platão, *A República*, 364e, *Crátilo*, 402b, *Filebo*, 66c; Eurípides, *Hipólito*, 954; Aristóteles, *Da alma*, 410b 28; Suidas dá uma longa lista de obras atribuídas a Orfeu (Kern, *Orph. fr.* 223); cf. a análise crítica em L. Moulinier, *Orphée et l'orphisme à l'époque classique*, p.74s.
12. *Crátilo*, 400c; cf. *Fédon*, 62b, sobre o "cárcere" ou a "prisão" da alma. Esses passos deram lugar a intermináveis controvérsias.
13. Hesíodo, *Os trabalhos e os dias*, 90s., 110s. Sobre os valores místicos e escatológicos do vegetarismo, ver os textos citados e comentados por Guthrie, *Orpheus*, p.197s.; e sobretudo a interpretação de Sabbatucci, *Saggio sul misticismo greco*, p.69s. Cf. também Detienne, "La cuisine de Pythagore", p.148s.
14. Damáscio lia ainda, no século V d.C., uma obra intitulada *Rapsódias de Orfeu*. Alguns fragmentos são certamente antigos (século VI a.C.); cf. Guthrie, *Orpheus*, p.77s., 137-42.
15. Guthrie, *The Greeks and their Gods*, p.319.
16. Plutarco, *Sobre a carne como alimento*, I, cap.VII (Kern, *Or., fr.* 210); João Crisóstomo, XXX, 55. A versão mais completa encontra-se em Clemente de Alexandria, *Protréptico*, II, 17, 2; 18, 2.

17. Olimpiodoro, *Comentários sobre o Fédon de Platão*, 84, 22.
18. Lamelas de Petélia e de Eleuterno. Cf. Guthrie, *Orpheus*, p.171s., e a nova interpretação de Zuntz, *Persephone*, p.364s.
19. O começo do texto é significativo. O iniciado dirige-se aos deuses infernais: "Venho de uma comunidade de puros, ó pura soberana dos Infernos, Eucles, Eubuleu e vós outros, deuses imortais. Pois orgulho-me de pertencer à vossa raça bem-aventurada. Mas o destino me abateu e os outros deuses imortais" (ver, no entanto, a interpretação de Zuntz, op.cit., p.318). Outra tábula revela detalhes importantes: "Sofri o castigo que mereciam as minhas injustas ações. ... Venho agora como suplicante para junto da resplandecente Perséfone, a fim de que, na sua benevolência, ela me envie para a morada dos santos." A deusa acolhe-o com misericórdia: "Bem-vindo sejas, ó tu que experimentaste o sofrimento que nunca dantes havias sofrido. ... Bem-vindo, bem-vindo sejas tu, toma a estrada da direita para as campinas sagradas e os bosques de Perséfone" (apud trad. franc. Boulanger, op.cit., p.40).
20. "Mergulhados na lama, ser-lhes-á infligido um suplício apropriado à sua poluição moral (*A República*, I, 363d; *Fédon*, 69c), como porcos, apraz-lhes chafurdar na imundície (cf. Plotino, I, 6, 6), ou esvair-se-ão em inúteis esforços para encher um tonel furado ou para carregar água numa peneira (*Górgias*, 493b; *A República*, 363e), imagem, segundo Platão, dos insensatos que se entregam insaciavelmente a paixões sempre insatisfeitas, na realidade talvez punição daqueles que, não se tendo submetido às abluções catárticas, devem, no Hades, trazer constantemente, mas em vão, a água do banho purificador" (F. Cumont, *Lux perpetua*, p.245).
21. Pauly-Wissowa, *Realencyklopädie*, *s.v.* "Mysterien", col. 1.287. Cumont inclina-se a identificar no orfismo a origem de toda "essa literatura alucinante" que, por intermédio dos mitos de Plutarco e do Apocalipse de Pedro, leva até Dante: op.cit., p.246.
22. Cf. Eliade, *Le chamanisme*, p.395s.
23. Ver Eliade, "Locum refrigerii...".
24. "Mesmo quando atravessou o Aqueronte, o esquecimento não lhe afogou a alma; e ainda que habite ora a morada das sombras, ora a da luz do Sol, guarda sempre a lembrança do que viu"; Apolônio de Rodes, *Argonáuticas*, I, 463.
25. Eliade, *De Zalmoxis à Gengis-Khan*, p.117. A lista das lendas miraculosas relativas a Pitágoras, com suas fontes e a bibliografia recente, figura em Walter Burkert, *Weisheit und Wissenschaft*, p.118s., 133s., 163s. (= *Lore and Science in Ancient Pythagoreanism*, p.120s., 141s., 166s.). Faltam, no entanto, entre essas lendas referências às viagens extáticas de tipo xamânico.
26. Ver Eliade, *De Zalmoxis à Gengis-Khan*, p.45, notas 44-5. Cf. ibid., p.45-6, outros exemplos similares.
27. O fato de, depois de Aristóteles, esse tipo de "ciência total" perder seu prestígio, e também o de orientar-se a investigação científica para uma metodologia que, na Europa, dará seus primeiros resultados brilhantes nos séculos XVI e XVII, não implica de modo algum a insuficiência do método holístico. Trata-se simplesmente de uma nova perspectiva e de outro *télos*. A alquimia não era uma química embrionária, mas uma disciplina solidária de outro sistema de significações, e que visava a um objetivo diferente do da química.
28. E, tal como no caso do tantrismo, certos textos órficos de data mais recente são apresentados como revelações de uma doutrina antiga – o que, aliás, pelo menos em certos casos, pode ser exato.

29. Escreve Aristóteles, com malícia, que a única distinção entre Platão e Pitágoras é terminológica (*Metafísica*, 987b, 10s.). Mas, como com razão observa Burkert (*Lore and Science*, p.44), para Pitágoras as coisas *são* os números.
30. Cf. Guthrie, *The Greeks and their Gods*, p.345 (= *Les grecs et leurs dieux*, p.377); id., *A History of Greek Philosophy*, v.IV, p.329s.
31. M. Eliade, *Aspects du mythe*, p.153-4. Ver ibid., p.154s., algumas observações sobre as analogias entre a teoria das ideias e a anamnese platônica e o comportamento do homem das sociedades arcaicas (cf. também *Le mythe de l'éternel retour*, p.48s.).
32. Lembremos que a metafísica indiana desenvolveu laboriosamente a doutrina da transmigração (*samsara*), mas sem relacioná-la com a teoria do conhecimento e também com a política (§80).
33. Cícero, *Tusculanae Disputationes*, I, 38 (= Diels, A 5). Ver outras referências in M.L. West, *Early Greek Philosophy and the Orient*, p.25, notas 1-2. De acordo com outra tradição, Ferecides utilizara "os livros secretos dos fenícios"; trata-se, no entanto, de um clichê sem valor documentário (West, op.cit., p.3), muito embora as influências orientais sobre o pensamento de Ferecides pareçam consideráveis (West, p.34s.).
34. Heródoto, IV, 93s. Cf. §179.
35. E, no entanto, outra tradição, ao descrever a catábase de Pitágoras, implicava a crença num Hades subterrâneo.
36. Já Xenófanes (nascido por volta de 565 a.C.) não hesitava em atacar abertamente o panteão homérico, sobretudo o antropomorfismo dos deuses. Sustenta a existência de "um deus acima de todos os deuses e de todos os homens; sua forma e seu pensamento nada têm de comum com a forma e o pensamento dos mortais" (frag. B, 23). Mesmo um autor tão profundamente religioso como Píndaro recusa os mitos "incríveis" (*Olímpicas*, I, 28s.).
37. Essa concepção será retomada com persistência desde o neoplatonismo e a gnose cristã até o romantismo alemão. Cf. M. Eliade, *Méphistophélès et l'Androgyne*, p.121s.
38. Acreditam os taoistas que, quando um homem obtém o Tao, começam a crescer-lhe penas por sobre o corpo. Acerca dos pajés australianos, ver M. Eliade, *Les religions australiennes*, p.136s. Essas imagens serão retomadas e desenvolvidas pelos neoplatônicos, pelos Padres da Igreja e pelos gnósticos.
39. "A inteligência (*manas*) é o mais rápido dos pássaros", diz o *Rig Veda* (VI, 9, 5). "Aquele que compreende tem asas" (*Pancavimça Brahmana*, IV, 1, 13).
40. Cf. Burkert, *Lore and Sciences*, p.360. A crença de que a alma se encontra relacionada ao Céu e às estrelas e mesmo que ela vem do Céu e a ele retorna, é compartilhada pelos filósofos jônios pelo menos desde Heráclito e Anaxágoras; Burkert, p.362.
41. Basta, por exemplo, comparar as monografias de A.R. Burn, R.D. Milns, F. Schachermeyr, F. Altheim, Peter Green e R.L. Fox.
42. Aristóteles, frag. 658 Rose. Cf. Platão, *A República*, 470c-471a. Em contrapartida, Isócrates, o rival de Aristóteles, sustentava que o termo "heleno" denota nessa época aquele que possui certa educação e não o descendente de uma estirpe étnica específica (*Panegírico*, 50).
43. Tarn, *Alexander the Great*, p.117.
44. Tarn, ibid., p.80. O filósofo Calístenes, que aconselhara a Alexandre reservar esse costume exclusivamente para os asiáticos, envolveu-se mais tarde numa conspiração e foi executado. Sobre o "projeto-*proskúnêsis*", ver por último Peter Green, *Alexander of Macedon*, p.372s.

45. Na Europa ocidental e central, somente no século XVII se irá encontrar uma exaltação comparável, precisamente a da "nova ciência", isto é, de um novo método de instrução e de pesquisa científica, por meio da qual se esperava sanear e reformar o mundo cristão. Cf. volume III desta obra.
46. Diógenes Laércio, *Vidas dos filósofos*, 6:22. Mas, preocupados exclusivamente com o bem-estar do indivíduo, os cínicos desinteressavam-se da comunidade.
47. M. Hadas, "From nationalism to cosmopolitanism", p.107s.; id., *Hellenistic Culture*, p.16s.
48. W.W. Tarn, *Hellenistic Civilization*, p.79.
49. Ver Carl Schneider, *Kulturgeschichte des Hellenismus*, v.II, p.800s.; 838s., 869s.

XXIII. A HISTÓRIA DO BUDISMO DE MAHAKASYAPA A NAGARJUNA

185. O budismo até o primeiro cisma

Buda não podia ter sucessor. Revelara a lei (darma) e estabelecera a comunidade (o *samgha*): impunha-se agora codificar a lei, ou seja, recolher os sermões do Bem-Aventurado e fixar o cânone. Os grandes discípulos – Sariputra e Maudgalyayana – haviam morrido.[1] Quanto a Ananda, que foi durante 25 anos o fiel servidor do mestre, ele não era um *arhat*: não tivera tempo de dominar as técnicas de meditação. A iniciativa de manter um concílio de 500 *arhats* foi tomada por Mahakasyapa, também alvo de alta estima por parte de Buda, mas de caráter rígido e intolerante, o oposto do amável Ananda.

Segundo a tradição unânime, o concílio funcionou numa ampla caverna perto de Rajagrha, durante a estação das chuvas que se seguiu à morte do mestre, e se prolongou por sete meses. A maioria das fontes menciona uma grave tensão entre Mahakasyapa e Ananda. Não sendo *arhat*, este último não alcançou o direito de participar do concílio. Recolheu-se à solidão e bem depressa chegou à santidade. Foi então admitido ou, segundo outras versões, entrou milagrosamente na caverna, demonstrando assim seus poderes ióguicos. Sua presença, aliás, era indispensável, pois só Ananda chegou a entender e a memorizar todos os discursos do mestre. Respondendo às indagações de Mahakasyapa, Ananda recitou os discursos de Buda. Suas respostas constituem o conjunto dos *sutras*. Os textos que formam a "corbelha" (*pitaka*) da disciplina, *vinaya*, foram comunicados por outro discípulo, Upali.

Pouco tempo depois, Mahakasyapa teria acusado Ananda de muitas faltas (cinco ou dez) cometidas enquanto servia ao Bem-Aventurado. As mais graves eram as de ter defendido a admissão das monjas e de haver deixado de pedir ao Bem-Aventurado que prolongasse sua vida até o fim do atual período cósmico (cf. §150). Ananda teve de confessar em público suas faltas, mas acabou por triunfar, e tornou-se a principal personagem do *samgha*. Teria passado o resto da vida (40, ou pelo menos 24 anos depois do *parinirvana*) seguindo o exemplo de seu mestre, isto é, viajando e pregando a via.

Pouco se sabe sobre a história do budismo depois do concílio de Rajagrha. As diferentes listas dos patriarcas que teriam guiado o *samgha* durante o século seguinte não contêm informações válidas. O que parece certo é a expansão do budismo para o oeste e sua penetração no Decã. É igualmente provável que as divergências doutrinárias e as diferenças na interpretação da disciplina se multiplicam. Cem ou 110 anos depois do *parinirvana*, uma crise bastante séria tornou necessário um novo concílio. Yasas, um discípulo de Ananda, indignou-se com a conduta dos monges de Vaisali, sobretudo porque estavam aceitando ouro e prata. Conseguiu fazer com que se reunissem, na própria Vaisali, 700 *arhats*. O concílio condenou as práticas incriminadas e os faltosos foram obrigados a acatar a sentença.[2]

As dissensões, no entanto, continuaram cada vez mais sérias, e parece certo que, por volta do meado do século IV a.C., já existiam diversas "seitas". Poucos anos após o concílio de Vaisali, um monge, Mahadeva, proclamou em Pataliputra cinco teses bastante insólitas relativas à condição de *arhat*. Afirmava expressamente que: 1) um *arhat* pode ser seduzido em sonho (isto é, as filhas de Mara podem provocar nele uma emissão seminal); 2) é ainda ignorante; 3) tem dúvidas; 4) pode progredir na via com o auxílio de outra pessoa; 5) pode obter a concentração pronunciando certas palavras. Tal enfraquecimento do *arhat* traduz a reação contra a autoestima exagerada daqueles que se consideravam "libertos em vida". Sem demora, as comunidades dividiram-se em adeptos e adversários de Mahadeva. O concílio, reunido em Pataliputra, não foi capaz de evitar a cisão do *samgha* entre os adeptos dos "cinco pontos" – que, pretendendo ser os mais numerosos, adotaram o nome de Mahasamghika – e seus oponentes, que, sustentando que representavam a opinião dos decanos (*sthavira*), deram a si mesmos o nome de Sthavira.

186. Entre Alexandre Magno e Asoka

O primeiro cisma foi decisivo e exemplar, pois acompanhou-se de outras dissidências. A unidade do *samgha* viu-se irremediavelmente destruída, sem no entanto comprometer com isso a difusão do budismo. Durante o quartel de século que se seguiu ao cisma, houve dois acontecimentos de inigualável importância para o futuro da Índia. O primeiro foi a invasão de Alexandre Magno, com consequências decisivas para a Índia, que desse momento em diante se abriu às influências helenísticas. Entretanto, indiferente à história, desprovida de consciência historiográfica, a Índia não conservou lembrança de Alexandre nem de seu prodigioso feito. Foi tão somente por meio das lendas fabulosas que circularam mais tarde (o pretenso "Romance de Alexandre") que o *folclore indiano* tomou conhecimento da mais extraordinária aventura da história antiga. Mas os resultados desse primeiro encontro autêntico com o Ocidente não tardaram a se fazer sentir na cultura e na política indianas. A estatuária greco-búdica de Gandhara não passa de um exemplo, embora importante, uma vez que impõe a primeira representação antropomórfica de Buda.

O segundo acontecimento notável foi a fundação da dinastia Maurya por Candragupta (?320-296), príncipe que, na juventude, havia conhecido Alexandre. Depois de ter reconquistado várias regiões do noroeste, venceu os nanda e tornou-se rei do Magadha. Candragupta lançou os fundamentos do primeiro "império" indiano, que seu neto Asoka estava fadado a estender e a consolidar.

No começo do século III, Vatsiputra, brâmane convertido pelos Sthavira, defendia a doutrina da continuidade da pessoa (*pudgala*) através das transmigrações (cf. §157). Conseguiu fundar uma seita que se tornou bastante poderosa. Pouco tempo depois, no reinado de Asoka, os Sthavira conheceram uma nova divisão a propósito da teoria sustentada por alguns, a qual afirma que "tudo existe" (*sarvam asti*), as coisas passadas, presentes e futuras. Asoka convocou um concílio, mas sem resultado. Os inovadores receberam o nome de *sarvastivadin*. Como o soberano lhes era hostil, refugiaram-se na Caxemira, introduzindo assim o budismo nessa região do Himalaia.

O grande acontecimento da história do budismo foi a conversão de Asoka (que reinou de 274 a 236, ou, conforme outro cálculo, de 268 a 234). Segundo sua própria confissão (publicada no décimo terceiro edito), Asoka viu-se em aperto depois de sua vitória contra os calingas, que custou ao inimigo cem mil mortos e 150 mil prisioneiros. Contudo, 13 anos antes, Asoka tornara-se culpado de um crime ainda mais odioso. Quando a morte de seu pai, o rei Bindusara, pareceu iminente, Asoka mandou assassinar o irmão e tomou o poder. No entanto, esse fratricida e conquistador impiedoso "viria a tornar-se o mais virtuoso dos soberanos da Índia e uma das maiores figuras da história" (Filliozat). Três anos depois de sua vitória contra os calingas, ele converteu-se ao budismo. Proclamou publicamente sua conversão e durante anos fez peregrinações aos lugares santos. Mas, apesar de sua profunda devoção a Buda, Asoka deu prova de grande tolerância. Foi generoso com as outras religiões do Império, e o darma que professou era ao mesmo tempo búdico e bramânico. O décimo segundo edito inscrito numa pedra determina que "o rei amigo dos deuses de olhar amistoso honra todas as seitas, os samanas e os leigos, tanto por liberalidades como por honrarias variadas. Mas nem às liberalidades nem às honrarias o amigo dos deuses atribui tanto valor quanto ao progresso na essência de todas as seitas". Afinal, trata-se da velha ideia da ordem cósmica cujo representante exemplar era o soberano cosmocrata.*

Entretanto, este último dos grandes Maurya, que reinava sobre a quase totalidade da Índia, foi também um ardente propagador da lei, pois a julgava a mais conveniente à natureza humana. Propagou o budismo por toda parte, enviando missionários até a Bactriana, a Sogdiana e o Ceilão. Segundo a tradição, o Ceilão foi convertido por seu filho ou pelo irmão caçula. O evento teve consequências apreciáveis, pois essa ilha permaneceu budista até nossos dias. O progresso imprimido por Asoka à propagação missionária continuou nos séculos seguintes, a despeito das perseguições pelos sucessores dos Maurya e das invasões dos povos citas. Da Caxemira, o budismo espalhou-se pelo Irã oriental e, através da Ásia central, chegou até a China (século I d.C.) e o Japão (século VI). De Bengala e do Ceilão ele penetrou, nos primeiros séculos de nossa era, na Indochina e na Insulíndia.

"Todos os homens são meus filhos. Assim como para meus filhos eu desejo todo o bem e felicidade neste mundo e no outro, também desejo outro tanto para todos os homens", proclamara Asoka. Seu sonho de um império – isto é, do *mundo* – unificado pela religião extinguiu-se com ele. Após sua morte, o Império Maurya entrou rapidamente em declínio. Contudo, a fé messiânica de Asoka e sua energia na propagação da lei possibilitaram a transformação do budismo numa religião universal, a única religião universal da salvação que a Ásia aceitou.

187. Tensões doutrinárias e novas sínteses

Com sua política messiânica, Asoka assegurara o triunfo universal do budismo. Mas o progresso e a criatividade do pensamento budista tiveram suas fontes em outras partes. Houve, antes de tudo, a tensão entre os "especulativos" e os "iogues", que encorajou, tanto em uns quanto em outros, notável trabalho de exegese e aprofundamento doutrinário. Houve, em seguida, as discordâncias ou até as contradições de ordem técnica, presentes nos textos canônicos, que obrigavam os discípulos a voltar sempre à fonte, vale dizer,

* Indiretamente, temos aí mais uma prova de que o budismo aceitava muitas ideias fundamentais do pensamento tradicional indiano.

aos princípios fundamentais do ensinamento do mestre. Esse esforço hermenêutico traduziu-se por um enriquecimento considerável do pensamento. Os "cismas" e as "seitas" constituem, na realidade, a prova de que o ensinamento do mestre não podia ser esgotado por uma "ortodoxia" nem ser enquadrado de modo rígido numa escolástica.*

Cumpre lembrar enfim que, como qualquer outro movimento religioso indiano, o budismo era "sincretista", no sentido de que assimilava e incorporava de forma contínua valores não budistas. O exemplo fora dado pelo próprio Buda, que havia aceitado grande parte da herança indiana; não só a doutrina do carma e do *samsara*, as técnicas ióguicas e as análises de tipo Brahmana e sanquia, mas também as imagens, os símbolos e os temas mitológicos pan-indianos, reservando-se o direito de reinterpretá-los de acordo com sua própria perspectiva. Desse modo, é provável que a cosmologia tradicional, com os incontáveis céus, infernos e seus habitantes, já estivesse aceita no tempo de Buda. O culto das relíquias impôs-se logo depois do *parinirvana*; sem dúvida tinha antecedentes na veneração de certos iogues ilustres. Em torno dos estupas articula-se um simbolismo cosmológico que não carece de originalidade, mas que, em suas linhas gerais, preexiste ao budismo. O desaparecimento de tantos monumentos arquitetônicos e artísticos, fato a que se acrescenta a perda de grande parte da literatura budista antiga, torna imprecisas as cronologias. No entanto, é indiscutível que muitos simbolismos, ideias e rituais precedem, às vezes de vários séculos, os primeiros testemunhos documentais que os atestam.

Assim, à criatividade filosófica, ilustrada pelas "escolas" novas, corresponde um processo mais lento, mas também criador de "sincretismo" e de integração, que se realiza sobretudo na massa dos leigos.** O estupa, que se supunha conservar as relíquias de Buda ou dos santos, ou objetos sagrados, talvez derive do *tumulus* no qual se sepultavam as cinzas após a cremação. No centro de um terraço erguia-se a cúpula, cercada de um corredor circular, que servia para a circum-ambulação ritual. O *caitya* era um santuário que comportava determinado número de pilares, formado de um vestíbulo e um deambulatório. Numa pequena câmara emparedada, encontravam-se textos escritos sobre diversos materiais. Com o tempo, o *caitya* confunde-se com o templo e acaba por desaparecer. O culto consistia em prosternações e sau-

* É verdade que cada escola e cada seita julgavam-se obrigadas a elaborar sua própria escolástica. Mas esse processo de sistematização era desencadeado e alimentado por criações filosóficas autênticas.

** Não devemos considerá-lo um fenômeno "popular", pois ele é sobretudo inspirado pelos representantes da cultura indiana tradicional.

dações rituais, circum-ambulação e oferendas de flores, perfumes, para-sóis etc. O paradoxo – venerar um ser que já não tinha nenhuma relação com este mundo – é apenas aparente. Porque aproximar os traços do "corpo físico" de Buda reatualizado no estupa, ou seu "corpo arquitetônico" simbolizado na estrutura do templo, equivale à assimilação da doutrina, ou seja, à absorção de seu "corpo teorético", o darma. O culto prestado mais tarde às estátuas de Buda ou as peregrinações aos diversos lugares santificados por sua presença (Bodh-Gaya, Sarnath etc.) justificam-se pela mesma dialética: os diversos objetos ou atividades pertencentes ao *samsara* são suscetíveis de facilitar a salvação do fiel graças à grandiosa e irreversível ação soteriológica do despertado.*

Durante séculos, e provavelmente logo após sua morte, o Bem-Aventurado foi representado – e venerado – sob uma forma anicônica: a marca de seu pé, a árvore, a roda. Esses símbolos tornavam a lei presente, evocando a atividade missionária de Buda, a árvore do despertar, o "acionamento da roda da lei". Quando, no começo da Era Cristã, se fabricaram as primeiras estátuas de Buda (a estatuária greco-indiana de Gandhara), a figura humana não obscurece o simbolismo fundamental. Como demonstrou Paul Mus, a imagem de Buda herda valores religiosos do altar védico. Por outro lado, o nimbo que brilha em volta da cabeça dos budas (e em torno de Cristo, na arte cristã do mesmo período, séculos I-V) deriva de um protótipo da época aquemênida, especificamente o halo radiante de Aúra-Masda. (Por outro lado, esse protótipo prolonga as velhas concepções mesopotâmicas; cf. §20.) No caso da iconografia búdica, o simbolismo sublinha sobretudo a identidade da natureza de Buda com a luz. Ora, como vimos no §81, desde o Rig Veda a luz era tida como a expressão figurada mais apropriada para o "espírito".

A vida dos monges sofreu certas modificações com a construção dos mosteiros (*vihara*). A única modificação que nos interessa é a multiplicação das obras de doutrina e de erudição. A despeito do enorme número de livros perdidos (o que faz com que ignoremos quase tudo sobre muitas escolas e seitas), a literatura búdica das línguas páli e sânscrita[3] impressiona por suas proporções. Os textos que constituem a "doutrina suprema", a terceira "corbelha", o *Abhidharmapitaka*, foram elaborados entre 300 a.C. e 100 d.C. É uma literatura que contrasta com o estilo dos *Sutras*; obras racionalistas, didáticas, secas, impessoais. A mensagem de Buda é reinterpretada e apresentada sob a

* A tradição mais antiga pretende que, antes do *parinirvana*, Buda tenha aceitado todos os presentes e homenagens que lhe deviam proporcionar os fiéis ao longo dos séculos; cf. Vasubandhu, *Abhidharmakosa*, IV, p.236-46.

forma de um sistema filosófico. No entanto, os autores esforçam-se por explicar as contradições que abundam nos *Sutras*.

Evidentemente, cada seita possui um *Abhidharmakosa* que lhe é próprio, e as divergências entre essas versões da "doutrina suprema" provocaram novas controvérsias. As inovações são às vezes importantes. Citemos apenas um exemplo: na origem, o nirvana era o único "incomposto" (*asamskrta*), mas agora, com algumas exceções, as escolas elevam à categoria de "incompostos" o espaço, as quatro verdades, a via (*marga*), a *pratityasamutpada*, ou até certos "recolhimentos" ióguicos. Quanto ao *arhat*, segundo certas escolas, ele pode decair, enquanto para outras seu corpo é supremamente puro; afirmam alguns que uma pessoa pode tornar-se *arhat* ainda no estágio de embrião ou em estado onírico, mas tais doutrinas são rigorosamente criticadas por outros mestres.

Ainda mais importante por suas consequências foi a reinterpretação da budologia. Para os *sthaviravadin*, Sakyamuni era um homem que *se fez Buda* e, por conseguinte, tornou-se "deus". No entanto, para outros intérpretes, a historicidade de Buda-Sakyamuni era humilhante: de um lado, como é que um grande deus pode *tornar-se* deus? De outro lado, era preciso resignar-se a aceitar um salvador que se julgava estar perdido em seu nirvana. Então, uma escola, Lokottara, proclamou que Sakyamuni, convertido em Buda já há vários períodos cósmicos, não havia deixado o Céu que habitava. Aquele a quem os homens viram nascer em Kapilavastu, pregar e morrer, não passava de um fantasma (*nirmitta*) criado pelo verdadeiro Sakyamuni. Essa budologia docetista será retomada e ampliada pelo Mahayana.

Os Theravadin do Ceilão não eram imunes a dissidências cismáticas. No entanto, é sobretudo no continente que a fragmentação e a multiplicação das escolas continuavam com intensidade cada vez maior. Tal como seus adversários os Sthavira, os Mahasamghika também foram vítima de divisões; a princípio em três grupos, e em seguida em determinado número de seitas cujos nomes seria ocioso citar. Mas o importante é que os Mahasamghika suscitaram ou tornaram possível uma renovação radical do budismo, conhecido pelo nome de Mahayana, literalmente: o "grande veículo".

188. A "via dos bodisatvas"

As primeiras manifestações do Mahayana são atestadas mais ou menos no final do século I a.C.; são os *Prajnaparamitasutras* ("Sermões sobre a perfeição de sabedoria"), obras de extensão desigual, de compreensão bastante difícil, e que introduzem um novo estilo no pensamento e na literatura budistas. Os termos Mahayana e Hinayana (literalmente, "pequeno veículo", denotando o budismo antigo, Theravada) são aparentemente tardios. Os fiéis da nova via chamaram-lhe a "via dos bodisatvas". Distinguem-se por sua maior tolerância no que tange à disciplina e por sua budologia, de estrutura mais mística. A influência da devoção leiga é unanimemente reconhecida. O ideal já não é o *arhat* solitário em busca de seu nirvana, mas o bodisatva, uma personagem leiga, modelo de benevolência e compaixão, que adia indefinidamente sua libertação para facilitar a salvação dos outros. Esse herói religioso, que se assemelha a Rama e a Krishna, não exige dos fiéis a via austera do monge, mas a devoção pessoal de tipo *bhakti*. Convém, no entanto, lembrar que o budismo antigo não ignorava esse tipo de devoção. Segundo o *Majjhimanikaya* (I, 142), o próprio Buda teria declarado que qualquer indivíduo que emite a respeito de si mesmo "um simples sentimento de fé ou afeição, irá para o paraíso".[4] Agora, porém, basta *tomar a resolução de tornar-se Buda "para o bem dos outros"*, pois o Mahayana modificou radicalmente o ideal do adepto: já não se aspira ao nirvana, mas à condição de Buda.

Todas as escolas budistas reconheciam a importância dos bodisatvas. Mas foram os mahayanistas que proclamaram a superioridade do bodisatva sobre o *arhat*, pois este último não se libertou completamente do "eu": é por esse motivo que ele busca o nirvana só para si. Segundo aqueles que os criticam, os *arhats* desenvolveram a sabedoria, mas não suficientemente a compaixão. Em contrapartida, como o repetem os textos do *Prajnaparamita*, os bodisatvas

> não querem alcançar o seu nirvana privado. Ao contrário, percorreram o mundo altamente doloroso da existência, e, no entanto, desejosos de obter a iluminação suprema, não tremem diante do nascimento e da morte. Puseram-se em marcha para o benefício do mundo, para a felicidade do mundo, por piedade com o mundo. Tomaram a seguinte decisão: queremos nos tornar um abrigo para o mundo, um refúgio para o mundo, o lugar de repouso do mundo, o refrigério final do mundo, as ilhas do mundo, as luzes do mundo, os guias do mundo, os meios de salvação do mundo.[5]

Essa doutrina da salvação é ainda mais corajosa na medida em que o Mahayana elaborou uma nova, e ainda mais radical filosofia, a da "vacuidade universal" (*sunyata*). Efetivamente, diz-se que duas coisas são necessárias ao bodisatva e a sua prática de sabedoria: "Jamais abandonar os seres e ver, na verdade, que todas as coisas são vazias."[6] Parece paradoxal que, no momento mesmo do triunfo da compaixão por *todos os seres* – não somente os humanos, mas também os fantasmas, os animais e as plantas –, o mundo inteiro seja "esvaziado" de realidade. O budismo antigo havia insistido na própria irrealidade da alma (*nairatmya*). O Mahayana, ao mesmo tempo que exalta a carreira do bodisatva, proclama a irrealidade, a inexistência em si das "coisas", dos darmas (*dharma sunyata*). E, no entanto, esse paradoxo não é o único. A doutrina da vacuidade universal, esvaziando o Universo de "realidade", facilita o desapego do mundo e leva ao apagamento do eu – principal meta do Buda Sakyamuni e do budismo antigo.

Voltaremos a tratar desse problema quando apresentarmos a filosofia *sunyata*. Examinemos por enquanto as criações religiosas especificamente mahayânicas. O que caracteriza, pois, o grande veículo, de uma parte, é o progresso ilimitado da devoção leiga e as mitologias soteriológicas que ela implica e, de outra parte, a prodigiosa metafísica visionária e ao mesmo tempo de extremo rigor de seus mestres. Essas duas tendências não se acham de modo algum em conflito;* ao contrário, completam-se e influenciam-se mutuamente.

Existem numerosos bodisatvas, pois, em todos os tempos, houve salvadores que, tornando-se um Buda, formularam o voto de alcançar o despertar para a salvação de todos os seres. Os mais importantes são Maitreya Avalokitesvara e Manjusri. O bodisatva Maitreya (de *maitri*, "bondade") é o próximo Buda, o sucessor de Sakyamuni. Avalokitesvara** é o mais célebre. É sem dúvida uma criação mais recente, específica à devoção (e não somente búdica) que se faz sentir nos primeiros séculos de nossa era. Avalokitesvara apresenta-se como uma síntese dos três grandes deuses do hinduísmo. É o senhor do Universo; o sol e a lua vêm de seus olhos, vem de seus pés a terra, de sua boca o vento; ele "segura o mundo em sua mão"; "cada poro de sua pele contém um sistema do mundo" – expressões que voltamos a encontrar a propósito de Vishnu e de Xiva. Avalokitesvara protege contra toda espécie de perigo e não recusa nenhuma oração, nem a que pede que se concedam filhos às mulheres estéreis. Manjusri ("fortuna suave"), solidário do Buda Aksobhya, personifica a sabedoria e protege a erudição. Ele desfrutará uma posição eminente no budismo chinês.

O bodisatva Avalokitesvara está misticamente ligado ao Buda Amitabha, mas este último só se tornou popular na Índia mais tarde, no século VII; até

---

* Como por vezes acontece no Hinayana, quando os *bhikkhu* parecem embaraçados por certas extravagâncias da devoção popular.

** Não se chegou a um acordo sobre o sentido do seu nome: "Senhor (*isvara*) que olha do alto" (Burnouf), ou "que olha com compaixão para baixo" (Conze), parece o mais convincente.

então, seu prestígio dependia de suas relações com Avalokitesvara. Em contrapartida, depois do século VIII, Amitabha gozará de extraordinária fortuna no Tibete, na China e no Japão. Convém apresentá-lo desde já no contexto da devoção mahayanista, uma vez que sua mitologia e seu culto assinalam uma inovação surpreendente. Quando era um simples monge, Amitabha fez voto de tornar-se Buda e de adquirir uma "terra miraculosa" cujos habitantes, por força de seus méritos, desfrutariam uma felicidade sem igual até sua entrada no nirvana. Essa terra, Sukhavati (a "ditosa"), está situada a uma distância vertiginosa, a oeste: ela mergulha na luz e assemelha-se a um paraíso por causa de suas joias, flores e pássaros. Os habitantes são, de fato, imortais; regalam-se também com o ensinamento oral de Amitabha.

Tais paraísos já eram conhecidos na Índia. A nota distintiva de Sukhavati consiste na *extrema facilidade com que os fiéis nela penetram*. Com efeito, basta ter ouvido o nome de Amitabha e haver pensado nele: no momento da morte, o deus descerá e o conduzirá em pessoa ao paraíso de Sukhavati. É o triunfo absoluto da devoção. No entanto, a justificação doutrinária pode ser encontrada no mais antigo budismo. Na versão chinesa do *Milinda-panha*, diz-se que "os homens que, numa existência, fizeram o mal até os cem anos, se pensarem em Buda no momento de morrer, obterão todos depois da morte o nascimento no alto do céu".[7] É certo que o paraíso de Sukhavati não é um nirvana; mas os que chegarem até ele, pela virtude de *um só pensamento* ou de *uma só palavra*, estão fadados a obter no futuro, e sem nenhum esforço, a libertação final. Se nos lembrarmos do extremo rigor da via, tal como a pregavam Buda e o budismo antigo, avaliaremos a audácia dessa nova teologia. Mas trata-se, evidentemente, de uma teologia mística e devocional, que não hesita em aplicar, na prática de todos os dias, as descobertas metafísicas dos grandes mestres do Mahayana.

Já que existe uma infinidade de budas, há uma infinidade de "terras de Buda" ou "campos de Buda" (*buddhakshetra*). Sukhavati é apenas uma entre essas inumeráveis terras de Buda. São universos transcendentais, criados pelos méritos ou pelos pensamentos dos salvadores. O *Avatamsaka* descreve-os "tão inumeráveis como átomos de poeira", saindo de um "pensamento querido no espírito do bodisatva de piedade". Todas essas terras de Buda "saem da imaginação e têm formas infinitas".[8] O caráter imaginário desses universos é continuamente enfatizado pelos textos. Os "campos de Buda" são construções mentais criadas no pensamento dos homens com o objetivo de convertê-los. Também dessa vez o gênio indiano não hesitou em valorizar a imaginação criadora utilizando-a como meio de salvação.

189. Nagarjuna e a doutrina da vacuidade universal

Essas teologias mitológicas são acompanhadas de certas teorias novas, surgidas, também elas, da mesma preocupação de aniquilar os impulsos egocêntricos. A primeira é a doutrina da *transferência do mérito* (*parinama*). Ela parece infringir a lei do carma; prolonga, no entanto, a convicção do budismo antigo de que o exemplo do *bhikkhu*, que se esforça por tornar-se *arhat*, ajuda e inspira os leigos. Mas tal como é interpretada pelo Mahayana, a doutrina da transferência do mérito é uma criação específica à época. Os adeptos são convidados a transferir ou dedicar seus méritos à iluminação de todos os seres. Como escreve Santideva (século VII), numa obra que se tornou célebre, *Boddhicaryavatara*:

> Pelo mérito que emana de todos os meus atos de bem, quero aplacar o sofrimento de todas as criaturas, ser o médico, o curandeiro, a ama-seca do doente por todo o tempo em que houver doença. ... Minha vida com todos os meus renascimentos, todas as minhas posses, todo o mérito que adquiri ou vou adquirir, tudo isso eu abandono sem esperança de ganho para mim mesmo, a fim de que a salvação de todos os seres possa ser favorecida.[9]

Outra ideia nova revela que a "natureza de Buda" está presente em cada ser humano e mesmo em cada partícula de areia. Isso quer dizer que é nossa própria "budidade" que nos força a nos tornar Buda. É uma ideia solidária da descoberta upanixádica (a identidade *atman*-Brahman) e do axioma hinduísta que o homem só pode adorar a divindade tornando-se ele próprio divindade. A teoria terá importantes esclarecimentos no Mahayana, sobretudo na célebre doutrina do "embrião de Tathagata" (*tathagatagarbha*). Ela é igualmente solidária de outra interpretação original da natureza dos budas: a doutrina dos três corpos (*trikaya*) de Buda. O primeiro corpo, o corpo da lei (*dharmakaya*), é transcendental, absoluto, infinito, eterno; é, com efeito, o corpo espiritual do darma, isto é, ao mesmo tempo, a *lei pregada por Buda* e a *realidade absoluta*, o *ser puro*. (Pense-se no corpo de Prajapati, construído – em certos casos – de sílabas sagradas e palavras mágicas; cf. §77.) O segundo corpo, o *sambhogakaya*, ou "corpo de prazer", é a epifania gloriosa de Buda acessível apenas aos bodisatvas. Finalmente, o "corpo da criação mágica" (*nirmanakaya*) é o fantasma com que os homens deparam na Terra, e que se lhes assemelha, porque é material e efêmero; ele, no entanto, preenche uma função decisiva, pois é unicamente através desse corpo-fantasma que os humanos são capazes de receber a lei e de alcançar a salvação.

Como já observamos, essas elaborações doutrinárias e construções mitológicas que caracterizam o Mahayana têm por objeto facilitar a salvação dos leigos. Ao aceitar e incorporar certo número de elementos hinduístas, quer "populares" (cultos, *bhakti* etc.), quer doutos, o Mahayana renovava e enriquecia a herança budista, sem, no entanto, traí-la. Com efeito, a doutrina da vacuidade universal (*sunyatavada*), elaborada pelo gênio de Nagarjuna (século II d.C.), era também conhecida pelo nome de Madhyamika, "aquela do meio", réplica da "via do meio" pregada por Sakyamuni. Sem dúvida, como para equilibrar a tendência em direção à "facilidade", evidente na devoção mahayanista, a doutrina da vacuidade (*sunyavada*) singulariza-se por sua profundeza e por suas dificuldades filosóficas.

Os adversários indianos de Nagarjuna e certos estudiosos ocidentais declararam que a *sunyavada* é uma filosofia niilista, uma vez que parece negar as doutrinas fundamentais do budismo. Na realidade, é uma ontologia, acompanhada de uma soteriologia, que se esforça por libertar-se das estruturas ilusórias dependentes da linguagem: a *sunyavada* utiliza, portanto, uma dialética paradoxal que culmina na *coincidentia oppositorum*, o que de certa maneira lembra Nicolau de Cusa, o Hegel de determinada fase e Wittgenstein. Nagarjuna critica e rejeita todo e qualquer sistema filosófico, demonstrando a impossibilidade de exprimir a verdade última (*paramarthata*) por meio da linguagem. Ele lembra, antes de tudo, que existem duas espécies de "verdades": as verdades convencionais ou "escondidas no mundo" (*lokasamvrtisatya*), que têm sua utilidade prática, e a verdade última, a única que pode conduzir à libertação. O *Abhidharma*, que pretende comunicar a "alta ciência", trabalha na realidade com conhecimentos convencionais. O que é mais grave, o *Abhidharma* obscurece a via para a libertação com suas inúmeras definições e categorias de existência (como, por exemplo, *skandhas*, *dhatus* etc.) que, no fundo, não passam de produtos da imaginação. Nagarjuna propõe-se libertar e dirigir corretamente as energias mentais presas na rede do discurso.

Quando se demonstra a vacuidade, ou seja, a não realidade de tudo o que parece existir ou pode ser sentido, pensado ou imaginado, alinham-se várias consequências: primeiro, todas as expressões famosas do budismo antigo, bem como suas redefinições sistemáticas por parte dos autores *abhidharma*, revelam-se falsas. Assim, por exemplo, os três estágios de produção das coisas – "origem", "duração", "cessação" – não existem; tal como não existem os *skandhas*, nem os elementos irredutíveis (*dhatus*), nem o desejo, o tema do desejo ou a situação daquele que deseja. Não existem porque são desprovidos de natureza própria. O próprio carma é uma construção mental, pois não há exatamente "ato" nem "ator". Nagarjuna nega também a diferença entre o "mundo dos compostos" (*samskrta*) e o "incondicionado" (*asamskrta*). "Do ponto de vista da verdade última, a noção de impermanência (*anitya*) não pode ser considerada mais verdadeira que a noção de permanência" (*Mulamadhyamakakarikas*, XXIII, 13, 14). Quanto à célebre lei da "coprodução condicionada" (*pratityasamutpada*), é útil apenas do ponto de vista prático. Na realidade, "à coprodução condicionada chamamos *sunya*, 'vazio'" (ibid., XXIV, 18). Do mesmo modo, as quatro santas verdades proclamadas por Buda não têm natureza própria: trata-se das verdades convencionais, que só podem servir no terreno da linguagem.

A segunda consequência é ainda mais radical: Nagarjuna nega a distinção entre "aquele que está atado" e o "liberto", e, por conseguinte, entre *samsara* e nirvana. "Não há nada que diferencie o *samsara* do nirvana" (ibid., XXV, 19).[10] Isso não quer dizer que o mundo (*samsara*) e a libertação (nirvana) são a "mesma coisa", mas que são indiferenciados. Nirvana é uma "fabricação do espírito". Em outras palavras, do ponto de vista da verdade última, o próprio Tathagata não goza de um regime ontológico autônomo e válido.

Finalmente, a terceira consequência da vacuidade universal funda uma das mais originais ontologias conhecidas pela história do espírito. Tudo é "vazio", desprovido de "natureza própria"; no entanto, não se deve inferir disso que exista uma "essência absoluta" a que se refere *sunya* (ou nirvana). Quando se declara que o "vazio", *sunya*, é inexprimível, inconcebível e indescritível, não se supõe, logicamente, que exista uma "realidade transcendental" caracterizada por esses atributos. A verdade última não desvela um "absoluto" do tipo vedantino; ela é o modo de existir descoberto pelo adepto quando este obtém a completa indiferença em relação às "coisas" *e à sua cessação.* A "realização", pelo pensamento, da vacuidade universal equivale, de fato, à libertação. Mas aquele que alcança o nirvana não o pode "saber", pois a vacuidade transcende, ao mesmo tempo, o ser e o não ser. A sabedoria (*prajna*) revela a verdade última, utilizando a "verdade oculta no mundo": esta última não é rejeitada, mas transformada em "verdade que, por sua vez, não existe".[11]

Nagarjuna nega-se a ver na *sunyavada* uma "filosofia": é uma prática ao mesmo tempo dialética e contemplativa, que, desembaraçando o adepto não apenas de toda construção teorética do mundo, como também *da salvação*, lhe permite alcançar a serenidade imperturbável e a liberdade. Nagarjuna rejeita de maneira peremptória a ideia de que seus argumentos, ou qualquer outra afirmação filosófica, são válidos por causa de um fundamento ontológico existente fora ou para além da linguagem. Não se pode dizer do *sunya* que ele existe, nem que não existe, nem que existe e ao mesmo tempo não existe etc. Aos críticos que observam "Se tudo é vazio, então a negação efetuada por Nagarjuna é igualmente uma proposição vazia", responde ele que as afirmações de seus adversários, tanto quanto suas negações, não têm existência autônoma: elas existem somente no plano da verdade convencional (*Mulamadh*, XIV, 29).

Tanto o budismo como o pensamento filosófico indiano em geral foram profundamente modificados depois de Nagarjuna, se bem que essa modificação não tenha sido imediatamente evidente. Nagarjuna aprofundou até o extremo limite a tendência inata do espírito indiano para a *coincidentia oppositorum*. No entanto, conseguiu mostrar que a carreira do bodisatva conserva toda a sua grandeza apesar de "tudo ser vazio". E o ideal do bodisatva continuou a inspirar a caridade e o altruísmo, embora, como diz o *Avatamsaka*,[12]

> ao mesmo tempo que permanece no nirvana, ele manifesta o *samsara*. Sabe que não há seres, mas esforça-se por convertê-los. Está definitivamente apaziguado (*santa*), mas parece experimentar paixões (*klesa*). Habita o corpo da lei (*dharmakaya*), mas manifesta-se por toda parte, sob inumeráveis corpos de seres vivos. Está sempre mergulhado em profundos êxtases (*dhyana*), mas desfruta os objetos do desejo.

190. O jainismo depois de Mahavira: erudição, cosmologia, soteriologia

O sucessor direto de Mahavira foi o *sthavira* (o Antigo) Suddarman, que passa por haver transmitido as palavras do mestre a seu discípulo Jambu. São, portanto, os últimos oniscientes (*kevalin*), pois só eles possuíam integralmente os textos sagrados. Conhecem-se os nomes dos *sthavira* que sucederam a Jambu. O mais importante é Bhadrabahu, contemporâneo do rei Candragupta, falecido em 170 (ou 162), depois de Mahavira, portanto no século III a.C. Foi Bhadrabahu quem fixou o cânone jaina, tendo também redigido várias obras. Mas ele foi ainda testemunha, e provavelmente uma das causas, da crise que conduziu à divisão da Igreja jaina.

Segundo a tradição, prevendo uma fome de 12 anos, Bhadrabahu emigrou para o Decã com parte da comunidade. Incumbiu seu discípulo Sthulabhadra de ocupar-se dos que ficavam. Alguns anos mais tarde, convocou-se um concílio em Pataliputra, com o objetivo de coletar todos os textos sagrados, até então transmitidos oralmente. Bhadrabahu encontrava-se a caminho do Nepal. Foram-lhe, pois, enviados emissários para que, diante deles, Bhadrabahu recitasse alguns velhos textos que só ele conhecia. Mas os emissários o compreenderam mal e só lograram reter alguns fragmentos desses tratados que conservavam a doutrina original. Sthulabhadra, sozinho, memorizou dez de um total de 14 obras. Esse episódio, provavelmente lendário, virá a justificar, mais tarde, as diferenças entre os dois cânones.

Quando os emigrados, que se mantiveram fiéis à nudez, retornaram a Magadha, ficaram chocados com o relaxamento dos monges que lá haviam permanecido. A tensão prolongou-se por várias gerações, agravada por controvérsias sobre certos detalhes do ritual e por divergências doutrinárias. Finalmente, em 77 a.C., a ruptura tornou-se inevitável, e a comunidade dividiu-se em *svetambara*, os "vestidos de branco", e *digambara*, os "vestidos de espaço". Negavam estes últimos a libertação àqueles que não respeitavam a nudez total (e, por conseguinte, negavam-na também às mulheres). Rejeitavam, ademais, certos elementos da biografia de Mahavira (por exemplo, que ele fosse casado), e, como tinham por perdidos os textos antigos, os monges "vestidos de espaço" punham em dúvida a autenticidade do cânone estabelecido pelos *svetambara*. Na segunda metade do século V, reuniu-se em Valabhi um segundo concílio, organizado pelos *svetambara*, para fixar a redação definitiva dos textos sagrados.

Não discutiremos aqui as diferentes categorias de obras que constituem a vasta literatura canônica do jainismo. No que tange aos textos pós-canônicos, seu número é apreciável.[13] Ao contrário do budismo, o jainismo conservou suas estruturas primitivas. Na rica literatura filosófica e ritual, encontram-se poucas ideias novas e criadoras. Os tratados mais famosos, como o *Pravacanasara* de Kundakunda (século I d.C.) e o *Tattvartha*, de autoria de Umasvati (não datado, mas posterior à obra de Kundakunda), nada mais fazem, essencialmente, que sistematizar de um modo escolástico as concepções já formuladas por Mahavira ou por seus "sucessores imediatos".[14]

A doutrina é também uma soteriologia. Concentra-se nas "três joias" do jainismo: a visão reta, o conhecimento reto e a conduta reta. Esta última é realizada unicamente pela disciplina monacal. Distinguem-se quatro espécies de "visão reta", a primeira das quais é simplesmente visual, e a última constitui uma percepção transcendental ilimitada. Não vamos analisar as cinco espécies de "conhecimento reto". Lembraremos apenas duas teses específicas à lógica jaina: a "doutrina dos pontos de vista" (*naya-vada*) e a "doutrina do talvez" (*syad-vada*). Sustenta a primeira que, a propósito de qualquer coisa, podem-se emitir várias afirmações complementares. Verdadeira sob certo prisma, tal asserção deixa de o ser quando examinada em outra perspectiva, mas permanece compatível com o conjunto das enunciações. A doutrina do "talvez" (*syad*) implica a relatividade ou a ambiguidade do real. É também designada pelo nome de "regra das sete divisões", porque comporta sete formas de afirmações: 1) isso pode ser tal; 2) isso não pode ser tal; 3) isso pode ser ou não ser tal; etc. A doutrina foi condenada pelas outras escolas filosóficas indianas.[15] No entanto, esses dois métodos lógicos constituem uma das criações mais originais do pensamento jaina.

As análises da matéria, da alma, do tempo e do espaço (estas duas últimas categorias eram consideradas "substâncias"), da "matéria cármica" etc. foram elaboradas e sistematizadas, multiplicando-se as classificações e as enumerações. Uma nota característica, que Mahavira talvez tenha colhido em Makkhali Gosala, é a crença de que os atos marcam a alma à maneira de uma tinta (*lesya*), e de que essas cores impregnam igualmente os corpos. Desse modo, o mérito ou o demérito da alma é assinalado pelas seis cores dos corpos: o preto, o azul-escuro e o cinzento caracterizam os habitantes das regiões infernais, ao passo que o amarelo, o cor-de-rosa e o branco designam os seres que vivem na Terra, com o branco puro e intenso pertencendo apenas àqueles que se elevam para o cume do Universo. Trata-se, sem dúvida, de uma concepção arcaica, solidária de certas práticas ióguicas. Com efeito, na classificação dos seres segundo sua qualificação espiritual, o oitavo estágio, quando se efetua o "primeiro recolhimento da alma em sua pura essência", é também denominado o "primeiro recolhimento branco". A equivalência cor-estágio espiritual volta a ser encontrada em outras tradições indianas e extraindianas.

Como a natureza (*prakrti*) na concepção sanquia-ioga, a matéria organiza-se espontânea e inconscientemente a fim de servir a alma. Embora eterno e sem começo, o Universo existe para que as almas possam libertar-se de suas estruturas. Mas, como logo veremos, a libertação não implica a evasão total e definitiva do cosmo. A originalidade da cosmologia jaina prende-se precisamente a seu arcaísmo. Ela conservou e revalorou concepções tradicionais indianas desprezadas pelas cosmologias hinduísta e budista. O cosmo (*loka*) é representado sob a forma de um homem em pé, braços curvados, punhos sobre os quadris. Esse macrantropo é composto de um mundo inferior (os membros inferiores), de um mundo mediano (a região da cintura) e de um mundo superior (o peito e a cabeça). Um tubo vertical atravessa, como o *axis mundi*, as três regiões cósmicas. O mundo inferior comporta sete "terras" (*bhumi*) superpostas, tendo cada uma delas uma cor diferente, desde o preto mais opaco até a luz produzida pelo brilho de 16 espécies de gemas. As zonas superiores da primeira "terra" são habitadas por 18 categorias de divindades. As seis outras "terras" constituem os verdadeiros Infernos, em número de 8.400.000, povoados por diferentes classes de condenados, de cor cinzenta, azul-escura e preta. Seus corpos disformes, as torturas que lhes são infligidas nos Infernos ardentes ou gélidos, lembram os clichês tradicionais. Os culpados de crimes sem remissão são encerrados *ad aeternum* no mais terrífico báratro infernal, o *nigroda*, situado sob os pés do macrantropo.

Essa imagem de um Universo antropomorfo, cujas diversas zonas – identificadas com os órgãos do homem cósmico – são habitadas por seres de diferentes cores, é arcaica. Em nenhuma outra parte da Índia ela se conservou melhor e esteve mais pertinentemente associada às experiências de "luzes místicas" do que no jainismo. O mundo mediano corresponde, *grosso modo*, ao mundo descrito pelas cosmologias hindu e budista.* O mundo superior, situado acima do monte Meru, divide-se em cinco zonas superpostas, que correspondem aos flancos do macrantropo, a seu pescoço, ao queixo, a seus cinco orifícios faciais e a seu coque. Cada zona comporta, por sua vez, vários "paraísos", povoados por diferentes tipos de divindade. No que se refere à quinta zona, cume do Universo e coque do macrantropo, está reservada às almas libertas. Isso equivale a dizer que *o liberto não transcende o cosmo* (como acontece com o "nirvana" budista), mas tão somente os seus múltiplos estágios. A alma liberta goza de uma beatitude indizível e eterna no *siddhakshetra*, o "campo dos perfeitos", em companhia de seus semelhantes, mas no interior de um Universo macrantrópico.

Já na época de Bhadrabahu o jainismo penetrou em Bengala e em Orissa. Mais tarde, os *digambara* estabeleceram-se no Decã e os *svetambara* dirigiram-se para o oeste, instalando-se sobretudo no Gujerat. As tradições das duas Igrejas comprazem-se em citar, entre os convertidos ou simpatizantes, grande número de reis e príncipes. Como todas as outras religiões indianas, o jainismo sofreu perseguições por parte dos muçulmanos (pilhagens, destruições de templos, proibição da nudez). Tornou-se, além disso, alvo da contraofensiva indiana e, desde o século XII, seu declínio foi irreversível. Ao contrário do budismo, o jainismo nunca se converteu, na Índia, numa religião popular e dominante, e não conseguiu penetrar além das fronteiras do subcontinente. Contudo, enquanto o budismo desapareceu completamente em seu país de origem, a comunidade jaina ainda conta hoje com um milhão e 500 mil membros, e, graças a sua situação social e a sua distinção cultural, sua influência é considerável.

---

* Esse mundo apresenta a forma de um disco, tendo no centro o monte Meru, cuja base mergulha na região infernal. Em torno dessa montanha cósmica alinham-se 15 continentes concêntricos (denominados "ilhas", *dvipa*), separados por oceanos circulares. O continente central, Jambudvipa, está dividido em sete zonas transversais por cadeias de montanhas. Os homens vivem apenas na zona meridional, o Bharatavarsa (a Índia). As outras ilhas-continentes constituem "terras de prazeres" (*bhogabhumi*), pois os habitantes não têm de trabalhar para viver. É também a morada das divindades estelares.

NOTAS

1. Sariputra, falecido apenas seis meses antes do Bem-Aventurado, exercera grande influência sobre os *bhikkhu*: superava-os todos em "sabedoria" e erudição. Certas escolas nele viam o santo mais digno de consideração depois de Buda.
2. Esse segundo concílio é o último acontecimento histórico referido nos diversos livros de disciplina (*Vinayapitaka*). Doravante, a sequência da história do budismo será relatada, aliás de maneira fragmentária e inconsistente, em obras mais tardias.
3. Uma parte conservou-se apenas em traduções tibetanas e chinesas.
4. Seria possível multiplicar os textos; cf. *Dighanikaya*, II, 40; *Dhammapada*, 288 ("Aquele que se refugia em Buda ... irá para a assembleia dos deuses").
5. *Ashtasakasrika*, XV, 293, trad. franc. E. Conze, *Le bouddhisme*, p.126.
6. *Vajracchedika*, 3, apud Conze, ibid., p.128.
7. Apud trad. franc. Paul Demiéville, *Version chinoise du Milinda-panha*, p.166. A versão páli é refundida, sob a influência do monaquismo cingalês, e apresenta interpelações.
8. *Avatamsaka-sutra*, apud Conze, op.cit., p.154.
9. *Boddhicaryavatara*, III, 6s., apud trad. franc. Finot.
10. O capítulo XXV da *Mulamadhyamakakarikas* é inteiramente dedicado à análise do nirvana. Ver Frederick J. Streng, *Emptiness*, p.74s.
11. Cf. Streng, op.cit., p.96.
12. Trad. chinesa de Siksananda, apud E. Lamotte, *L'Enseignement de Vimalakirti*, p.36.
13. Ao lado dos tratados de filosofia, encontram-se epopeias (adaptadas segundo as epopeias hindus e os Puranas), biografias lendárias dos Tirthamkaras e até contos, romances e dramas, sem falar da literatura didática e científica. Com exceção da literatura narrativa (que, por outro lado, também não está isenta de um didatismo fastidioso), a enorme produção jaina caracteriza-se pela monotonia e pela aridez.
14. Esse tipo de "conservadorismo" é específico à Índia tradicional e, em si mesmo, não constitui, de forma alguma, um traço negativo.
15. É provável que Buda se referisse ao *syad-vada* quando atacou certos religiosos que se esquivavam diante de qualquer pergunta que lhes era feita (*Digha*, I, 39-42).

XXIV. A síntese hinduísta: o Mahabharata e a *Bhagavadgita*

191. A batalha de 18 dias

Com seus 90 mil versos, o Mahabharata é a mais longa epopeia da literatura universal. Tal como nos foi transmitido, o texto apresenta retoques e numerosas interpolações, estas sobretudo nas porções "enciclopédicas" (cantos XII e XIII). Seria inútil, entretanto, acreditar que se poderia reconstituir a "forma primitiva" do poema. Quanto à data, "a noção tem pouco sentido para a epopeia" (L. Renou). Presume-se que o poema épico já estava concluído entre os séculos VII e VI antes de nossa era e tomou sua forma atual entre o século IV a.C. e o século IV d.C. (Winternitz).

O tema principal é o conflito entre as duas linhagens de Bharátidas: os descendentes dos Kuru (os cem Kaurava) e os descendentes dos Pandu (os cinco Pandava). Duryodhana, o mais velho dos Kaurava, filho do rei cego Dhrtarastra, é roído por um ódio demoníaco em relação a seus primos; ele é de fato a encarnação do demônio Kali, ou seja, do mais perverso demônio da idade do mundo. Os cinco Pandava – a saber, Yudhisthira, Arjuna, Bhima, Nakula e Sahadeva – são os filhos de Pandu, irmão caçula de Dhrtarastra. Na verdade, são filhos dos deuses Dharma, Vayu, Indra e dos dois asvins, e mais adiante avaliaremos a significação desse parentesco divino. Com a morte de Pandu, Dhrtarastra tornou-se rei, até que Yudhisthira alcançasse a idade de assumir o poder. Duryodhana, contudo, não se conformou. Entre as ciladas que armou para seus primos, a mais perigosa foi o incêndio de uma casa de laca que ele os convencera a habitar. Os Pandava escaparam por uma passagem subterrânea e, acompanhados de sua mãe, refugiaram-se incógnitos na floresta. Seguem-se inúmeras aventuras. Disfarçado de brâmane, Arjuna conseguiu obter em casamento a princesa Draupadi, encarnação da deusa Sri, e a levou para seu eremitério na floresta. Não vendo Draupadi e acreditando que Arjuna trazia apenas o alimento que comprara com a esmola percebida, a mãe exclamou: "Tirem disso bom proveito." Foi assim que a moça se tornou a esposa comum dos cinco irmãos.

Ao saber que os Pandava não haviam perecido no incêndio, Dhrtarastra, o rei cego, decidiu ceder-lhes a metade do reino. Mandaram construir uma capital, Indraprastha, onde foi ter com eles o primo Krishna, chefe do clã dos Yadava. Duryodhana desafiou Yudhisthira para um jogo de dados. Como um dos dados estivesse viciado, Yudhisthira perdeu sucessivamente seus bens, o reino, os irmãos e a mulher. O rei anulou o jogo e devolveu os bens aos Pandava. No entanto, pouco tempo depois, autorizou um segundo jogo de dados; ficou assentado que os vencidos viveriam 12 anos na floresta, e um décimo terceiro onde quisessem, mas sempre incógnitos. Yudhisthira aceitou o desafio e, voltando a perder, exilou-se em companhia dos irmãos e de Draupadi. O terceiro canto, *Vanaparvan* ("Livro da floresta"), que, com seus 17.500 dísticos, é o mais extenso, também é o mais rico em episódios literários: os eremitas relatam aos Pandava as histórias dramáticas de Nala e Damayanti, Savitri, Rama e Sita. O canto seguinte evoca as aventuras do décimo terceiro ano, que os exilados conseguiram atravessar incógnitos. No quinto canto ("Livro dos preparativos"), a guerra parece inevitável. Os Pandava enviam Krishna como embaixador: reclamam a restituição de seu reino ou pelo menos de cinco aldeias, mas Duryodhana não os atende. Imensos exércitos acorrem de parte a parte, e explode a guerra.

O sexto canto contém o mais célebre episódio da epopeia: é a *Bhagavadgita*, que examinaremos adiante. Nos cantos seguintes, os diversos momentos dessa batalha que se feriu durante 18 dias são laboriosamente narrados. A terra cobriu-se de mortos e feridos. Tombaram, um após outro, os chefes dos Kurus, Duryodhana por último. Escaparam apenas três Kauravas, entre os quais Asvatthaman, que o deus Xiva acabara de penetrar. Com uma horda de demônios produzidos por Xiva, Asvatthaman insinuou-se de noite no acampamento dos Pandava adormecidos, e matou-os aos magotes, com exceção dos cinco irmãos que estavam ausentes. Afligido por tantos homicídios, Yudhisthira decidiu renunciar ao trono e viver como eremita; mas seus irmãos, auxiliados por Krishna e por diversos sábios, lograram demovê-lo de sua decisão, e ele celebrou suntuosamente o sacrifício do cavalo (o *asvamedha*; cf. §73). Depois de haver colaborado durante 15 anos com o irmão, Dhrtarastra recolheu-se à floresta com alguns companheiros. Pouco tempo depois encontraram a morte num incêndio provocado por seus próprios fogos sagrados. Trinta e seis anos depois da grande batalha, Krishna e seu povo pereceram de maneira estranha: entremataram-se com caniços magicamente transformados em clavas. A capital desmoronou e desapareceu no oceano. Sentindo-se envelhecer, Yudhisthira entregou o poder a seu sobrinho-neto Pariksit (o qual, nascido morto, foi ressuscitado por Krishna), e, acompanhado dos irmãos, de

Draupadi e de um cão, dirigiu-se para o Himalaia. Um depois do outro, seus companheiros foram caindo pelo caminho. Somente Yudhisthira e o cão (que era na realidade seu próprio pai, Dharma) resistiram até o fim. A epopeia termina com a descrição de uma breve descida de Yudhisthira aos Infernos, seguida de sua ascensão ao Céu.

192. Guerra escatológica e fim do mundo

Essa guerra monstruosa foi decidida por Brahman, a fim de aliviar a Terra de uma população que não parava de se multiplicar. Pediu Brahman a certo número de deuses e demônios que encarnassem com o objetivo de deflagrar uma terrível guerra de extermínio. O Mahabharata descreve o fim de um mundo (*pralaya*), seguido da emergência de um mundo novo, sob o reinado de Yudhisthira ou de Pariksit.[1] O poema apresenta uma estrutura escatológica: batalha gigantesca entre as forças do "bem" e do "mal" (análoga aos combates entre *deva* e *asura*); destruição, de proporções cósmicas, pelo fogo e pela água; ressurgência de um mundo novo e puro, simbolizado pela ressurreição milagrosa de Pariksit. Em certo sentido, pode-se falar de uma revaloração grandiosa do velho argumento mítico-ritual do novo ano. No entanto, já não se trata agora do fim de um "ano", mas da conclusão de uma idade cósmica.

A teoria cíclica torna-se popular desde os Puranas. Isso não quer dizer que o mito escatológico seja necessariamente uma criação do hinduísmo. Sua concepção é arcaica e goza de considerável difusão. Além disso, mitos análogos são atestados no Irã e na Escandinávia. Segundo a tradição zoroastriana, no fim da história, Ohrmazd agarrará Arimã, cada um dos seis Amesha Spenta empolgará um arquidemônio, e essas encarnações do mal serão definitivamente empurradas para as trevas (cf. §216). Como vimos no §177, encontra-se escatologia similar entre os antigos germanos: durante a batalha final (*ragnarök*), cada deus se encarregará de um ser demoníaco ou de um monstro, com a diferença de que os deuses e seus adversários se entrematarão até o último, a Terra será incendiada e finalmente submergirá no mar. No entanto, ela ressurgirá da massa aquática, e uma nova humanidade desfrutará uma existência ditosa sob o reinado do jovem deus Baldr.

Stig Wikander e Georges Dumézil analisaram de maneira brilhante as analogias estruturais entre essas três guerras escatológicas. Pode-se, portanto, concluir que o mito do fim do mundo era conhecido pelos indo-europeus. As divergências são decerto sensíveis; podem, porém, ser explicadas pelas orientações distintas, específicas às três religiões indo-europeias. É verdade que o mito escatológico não é atestado na época védica. Isso não prova, entretanto, que ele não existia.[2] Segundo a expressão de Dumézil (*Mythe et épopée*, v.I, p.218s.), o Mahabharata é a "transposição épica de uma crise escatológica", daquilo que a mitologia hinduísta denomina o fim de um *yuga*. Ora, o Mahabharata contém certos elementos védicos ou até pré-védicos.[3] É possível, pois, enumerar o mito do fim de uma era entre essas tradições arcaicas dos árias, tanto mais que era conhecido pelos iranianos.

Cumpre-nos, porém, acrescentar de imediato que o poema representa uma síntese grandiosa, consideravelmente mais rica que a tradição escatológica indo-europeia a que ele dá continuidade. Ao descrever o aniquilamento das massas humanas ilimitadas e as catástrofes telúricas que se seguiram, o Mahabharata recorre às fulgurantes imagens dos Puranas. Mais importantes são as explicações e as inovações teológicas. A ideia "messiânica" do *avatara* está exposta com energia e vigor. Na famosa teofania da *Bhagavadgita* (XI, 12s.), Krishna revela-se a Arjuna como encarnação de Vishnu. Como já se observou,[4] essa teofania constitui também um *pralaya*, que de certa forma antecipa o "fim do mundo" descrito nos últimos cantos da epopeia. Por outro lado, a revelação de Krishna(-Vishnu) como senhor do *pralaya* é prenhe de consequências teológicas e metafísicas. Efetivamente, por trás dos acontecimentos dramáticos que constituem a trama do Mahabharata, deixam-se perceber a oposição e a complementaridade de Vishnu(-Krishna) e Xiva. A função "deletéria" deste último é contrabalançada pelo papel "criador" de Vishnu(-Krishna). Quando um desses deuses – ou um de seus representantes – está presente numa ação, o outro se acha ausente. Mas Vishnu(-Krishna) também é o autor de "destruições" e "ressurreições". Além disso, a epopeia e os Puranas põem em relevo o aspecto negativo desse deus.*

Isso equivale a dizer que Vishnu, na qualidade de ser supremo, é a realidade última; por conseguinte, governa tanto a produção como a destruição dos mundos. Está além do bem e do mal, como o estão, aliás, todos os deuses. Porque "a virtude e o pecado existem, ó rei, unicamente entre os homens" (XII, 238, 28). Nos ambientes dos iogues e dos contemplativos, a ideia era familiar desde a época dos Upanixades. O Mahabharata, no entanto – mais exatamente, em primeiro lugar, a *Bhagavadgita* –, a torna acessível, e portanto popular, em todos os níveis da sociedade indiana. Ao mesmo tempo que exalta Vishnu como ser supremo, o poema sublinha a complementaridade de

* Nos Puranas, Vishnu costuma ser descrito como selvagem, perigoso, irresponsável, "louco"; em contrapartida, Xiva é apresentado muitas vezes como aquele que consegue pacificá-lo. Cf. textos citados por David Kinsley, "Through the looking glass", p.276s.

Xiva e Vishnu.[5] Desse ponto de vista, o Mahabharata pode ser considerado a pedra angular do hinduísmo. De fato, esses dois deuses, com a grande deusa (Shakti, Kali, Durga), dominaram o hinduísmo desde os primeiros séculos de nossa era até hoje.

A complementaridade Xiva-Vishnu corresponde de certa forma à complementaridade das funções antagônicas específicas aos grandes deuses (criatividade/destruição etc.). Compreender essa estrutura da divindade equivale a uma revelação, e constitui também o modelo que se deve seguir para obter a libertação. Com efeito, o Mahabharata descreve e exalta, por um lado, a luta entre o bem e o mal, darma e *adharma*, luta que adquire o peso de uma norma universal, pois rege a vida cósmica, a sociedade e a existência pessoal; mas, por outro lado, o poema lembra que a realidade última – o *atman*-Brahman dos Upanixades – está para além do par darma/*adharma* e de qualquer outra dicotomia. Em outras palavras, a libertação implica a compreensão das relações entre os dois "modos" do real: a realidade *imediata*, isto é, historicamente condicionada, e a realidade *última*. O monismo upanixádico havia negado a validez da realidade imediata. O Mahabharata, sobretudo em seus trechos didáticos, propõe uma doutrina mais ampla: de uma parte, neles se reafirma o monismo upanixádico, tingido de experiências teístas (vishenuístas); de outra parte, aceita-se toda solução soteriológica que não seja explicitamente contrária à tradição das escrituras.

193. A revelação de Krishna

À primeira vista, pode parecer paradoxal que a obra literária que pinta uma terrível guerra de extermínio e o fim de um *yuga* constitua, ao mesmo tempo, o modelo exemplar de toda síntese espiritual efetuada pelo hinduísmo. A tendência à conciliação dos contrários caracteriza o pensamento indiano desde a época dos Bramanas, mas é no Mahabharata que se avalia a importância de seus resultados. Essencialmente, pode-se dizer que o poema[6] (1) ensina a equivalência do Vedanta (isto é, a doutrina dos Upanixades), do sanquia e da ioga; (2) estabelece a paridade das três "vias" (*marga*), representadas pela atividade ritual, o conhecimento metafísico e a prática da ioga; (3) esforça-se por justificar certo modo de existência no tempo, em outras palavras, assume e valoriza a historicidade da condição humana; (4) proclama a superioridade de uma quarta "via" soteriológica: a devoção a Vishnu(-Krishna).

O poema apresenta o sanquia e a ioga em seus estágios pré-sistemáticos. O primeiro significa o "verdadeiro conhecimento" (*tattva jnana*) ou o "conhecimento do Eu" (*atmaboddha*); a esse respeito, o sanquia prolonga a especulação upanixádica. A ioga designa toda atividade que conduz o eu a Brahman, ao mesmo tempo que confere inúmeros "poderes". O mais das vezes essa atividade equivale ao ascetismo. O termo *yoga* significa algumas vezes "método", outras, "força" ou "meditação".[7] Os dois *darsana* são considerados equivalentes. Segundo a *Bhagavadgita*, "somente os espíritos limitados contrapõem o sanquia e a ioga, mas não os sábios (*panditah*). Aquele que é verdadeiramente senhor de um deles colhe o fruto de ambos... Sanquia e ioga são apenas um" (V, 4-5).

É também na *Bhagavadgita* que a homologia das três "vias" soteriológicas é rigorosamente demonstrada. Esse episódio célebre tem início com a "crise existencial" de Arjuna e termina por uma revelação exemplar relativa à condição humana e às "vias" de libertação. Vendo-o deprimido por causa da guerra, na qual seria obrigado a matar amigos e seus próprios primos, Krishna revela a Arjuna os meios de cumprir com seu dever de xátria sem se deixar acorrentar pelo carma. Em linhas gerais, as revelações de Krishna versam sobre: 1) a estrutura do Universo; 2) as modalidades do ser; 3) as vias que cumpre seguir para obter a libertação final. Krishna, entretanto, cuida de acrescentar que essa "ioga antiga" (IV, 3), que é o "mistério supremo", não é uma inovação; já a ensinou a Vivasvat, que a revelou em seguida a Manu, e Manu a transmitiu a Ikshvaku (IV, 1). "Foi por meio dessa tradição que se conheceram os reis-*rishis*; mas, com o tempo, essa ioga desapareceu aqui embaixo" (IV, 2). Todas as vezes que a ordem (darma) titubeia, Krishna por sua vez se manifesta (IV, 7), vale dizer, revela, de um modo apropriado ao referido "momento histórico", essa sabedoria intemporal. (É a doutrina do *avatara*.) Em outros termos, se a *Bhagavadgita* se apresenta historicamente como uma nova síntese espiritual, ela só parece "nova" a nossos olhos de seres condicionados pelo tempo e pela história.*

Pode-se dizer que a essência da doutrina revelada por Krishna está contida nestas palavras sumárias: compreenda-me e imita-me! Porque tudo aquilo que ele revela sobre seu próprio ser e sobre seu "comportamento" no cosmo e

* Isso não deixa de ter influência sobre toda interpretação ocidental da espiritualidade indiana; pois, se temos o direito de reconstituir a história das doutrinas e técnicas indianas, esforçando-nos por precisar-lhes as inovações, os desenvolvimentos e as modificações sucessivos, não devemos esquecer que, através do prisma da Índia, o contexto histórico de uma "revelação" tem apenas um alcance limitado: o "aparecimento" ou o "desaparecimento" de uma expressão soteriológica no plano da história nada nos pode ensinar quanto a sua "origem". Segundo a tradição indiana, tão firmemente reafirmada por Krishna, os diversos "momentos históricos" – que são, ao mesmo tempo, momentos do devir cósmico – não *criam* a doutrina, mas apenas põem a nu *expressões apropriadas* da mensagem intemporal. Cf. M. Eliade, *Le yoga*, p.161s.

na história deve servir de modelo exemplar a Arjuna: este encontra o sentido de sua vida histórica e conjuntamente obtém a libertação, compreendendo o que Krishna *é* e o que *faz*. Por outro lado, o próprio Krishna insiste no valor exemplar e soteriológico do modelo divino: "Tudo o que o chefe faz, os outros homens imitam: a norma que ele observa, o mundo a segue" (III, 21). E acrescenta, referindo-se a si mesmo: "Nos três mundos, não há nada que eu seja obrigado a fazer, ... e, no entanto, permaneço ativo" (III, 23). Krishna apressa-se em desvelar a significação profunda dessa atividade: "Se eu não estivesse sempre incansavelmente ativo, em todas as partes os homens seguiriam meu exemplo. Os mundos deixariam de existir se eu não executasse minha obra; eu seria a causa da universal confusão e do fim das criaturas" (III, 23-4).

Arjuna deve, por conseguinte, imitar o comportamento de Krishna: ou seja, em primeiro lugar, continuar em atividade, não contribuindo, com sua atitude passiva, para a "universal confusão". Mas, para que ele possa agir "à maneira de Krishna", cumpre-lhe entender tanto a essência da divindade como seus modos de manifestação. É por essa razão que Krishna *se revela*: ao conhecer Deus, o homem conhece, ao mesmo tempo, o modelo que tem de seguir. Ora, Krishna começa por revelar que o ser e o não ser residem nele e que toda a Criação – desde os deuses até os minerais – descende dele (VII, 4-6; IX, 4-5; etc.). Cria continuamente o mundo por meio de sua *prakrti*, mas essa atividade incessante não o acorrenta: *ele nada mais é que o espectador de sua própria Criação* (IX, 8-10). Ora, é justamente essa valoração, aparentemente paradoxal, da atividade (do carma) que constitui a lição fundamental revelada por Krishna: à imitação de Deus, que cria e sustenta o mundo *sem dele participar*, o homem aprenderá a proceder da mesma forma. "Não é suficiente abster-se de ação para libertar-se do ato: a inação por si só não conduz à perfeição", porque "cada qual está condenado à ação" (III, 4-5). Mesmo que ele se abstenha do ato no sentido estrito do vocábulo, toda uma atividade inconsciente, provocada pelos *guna* (III, 5), continua a acorrentá-lo ao mundo e a incorporá-lo no circuito cármico.

Condenado à ação – pois "a ação é superior à inação" (III, 8) –, o homem deve cumprir os atos prescritos, em outros termos, os "deveres", os atos que lhe incumbem em virtude de sua situação particular. "Mais vale cumprir, ainda que imperfeitamente, o seu próprio dever (*svadharma*) do que executar, mesmo à perfeição, o dever que se impõe a outra classe social" (*paradharma*: III, 35). Essas atividades específicas são condicionadas pelos *guna* (XVII, 8s.; XVIII, 23s.). Krishna repete em diversas ocasiões que os *guna* procedem dele, mas não o acorrentam: "Não que eu esteja neles; são eles que estão em mim" (VII, 12). A lição que daí se tira é a seguinte: aceitando a "situação histórica" criada pelos *guna* (e devemos aceitá-la porque os *guna*, também eles, derivam de Krishna) e procedendo de acordo com as necessidades dessa "situação" – o homem deve recusar-se a *valorizar* seus atos e, por conseguinte, a atribuir um *valor absoluto* a sua própria condição.

194. "Renunciar aos frutos de seus atos"

Nesse sentido, pode-se dizer que a *Bhagavadgita* se empenha em "salvar" todos os atos humanos, em "justificar" toda ação profana: pois, pelo próprio fato de já não gozar de seus "frutos", *o homem transforma seus atos em sacrifícios*, isto é, em dinamismos transpessoais que contribuem para manter a ordem cósmica. Por outro lado, lembra Krishna, somente os atos que têm por objeto o sacrifício não acorrentam (III, 9). Prajapati instituiu o sacrifício para que o cosmo pudesse manifestar-se e para que os seres humanos pudessem viver e multiplicar-se (III, 10s.). Mas Krishna revela que o homem também pode colaborar para a perfeição da obra divina: não só através dos sacrifícios propriamente ditos (aqueles que constituem o culto védico), mas *por todos os seus atos*, qualquer que seja sua natureza. Quando os diferentes ascetas e iogues "sacrificam" suas atividades psicofisiológicas, desvinculam-se dessas atividades, comunicam-lhes um valor *transpessoal* (IV, 25s.); e, ao fazerem isso, "têm todos a noção verdadeira do sacrifício e, por meio do sacrifício, apagam todas as suas máculas" (IV, 30).

Essa transmutação de atividades profanas em rituais é possibilitada pela ioga. Krishna revela a Arjuna que o "homem de ação"* pode salvar-se, em outras palavras, subtrair-se às consequências de sua participação na vida do mundo, *desde que continue a agir.* A única coisa que ele deve observar é a seguinte: *deve desvincular-se de seus atos e dos resultados destes*, em outros termos: "Renunciar aos frutos de seus atos" (*phalatrsnavairagya*), *agir impessoalmente*, sem paixão, sem desejo, como se agisse por procuração, em lugar de outra pessoa. Se ele se conformar fielmente a essa regra, seus atos já não semearão novas potencialidades cármicas, e já não o manterão como escravo do circuito cármico. "Indiferente ao fruto da ação, sempre satisfeito, livre de toda peia, por mais atarefado que possa estar, na realidade não age" (IV, 20).

A grande originalidade da *Bhagavadgita* é ter insistido nessa "ioga da ação", que se realiza "renunciando aos frutos de seus atos". Temos aí também

* O "homem de ação", isto é, aquele que não pode retirar-se da vida civil para construir sua salvação por meio do conhecimento, da ascese ou da devoção mística.

o motivo principal de seu sucesso, sem precedente na Índia. Porque doravante é permitido a todo homem esperar a libertação graças ao *phalatrsnavairagya*, ao passo que, por motivos de ordem muito diversa, será obrigado a continuar a participar da vida social, a continuar a ter uma família, preocupações, a ocupar funções, até a cometer atos "imorais" (tal como Arjuna, que deve matar na guerra os seus adversários). Agir placidamente, sem ser movido pelo "desejo do fruto", é obter um autodomínio e uma serenidade que, sem dúvida, a ioga é a única que pode conferir. Como diz Krishna: "Embora aja sem restrição, ele permanece fiel à ioga." Essa interpretação da técnica ioga é característica do grandioso esforço de síntese da *Bhagavadgita*, que queria conciliar todas as vocações: ascética, mística, ou consagrada à atividade no mundo.

Além dessa ioga acessível a todo mundo, e que consiste na renúncia aos "frutos dos atos", a *Bhagavadgita* expõe sumariamente uma técnica ióguica propriamente dita, reservada aos contemplativos (VI, 11s.). Krishna decreta que: "A ioga é superior à ascese (*tapas*); superior mesmo à ciência (*jnana*), superior ao sacrifício" (VI, 46). No entanto, a meditação ióguica só alcança seu fim último quando o discípulo se concentra em Deus: "Com a alma serena e sem temor, … com o intelecto firme e pensando continuamente em mim, deve ele praticar a ioga tomando-me como fim supremo" (VI, 14). "Aquele que por toda parte me vê, e vê todas as coisas em mim, eu nunca o abandono e nunca sou por ele abandonado. Aquele que, tendo se fixado na unidade, me adora, a mim que habito em todos os seres, esse iogue habita em mim, *seja qual for sua maneira de viver*" (VI, 30-31; grifos nossos).

Trata-se, ao mesmo tempo, do triunfo das práticas da ioga e da exaltação da devoção mística (*bhakti*) na categoria de "via" suprema. De mais a mais, aflora na *Bhagavadgita* o conceito de graça, de perdão, anunciando o desenvolvimento exuberante que atingirá na literatura vishenuísta medieval. Mas o papel decisivo que ela teve no surto do taoismo não esgota a importância da *Bhagavadgita*. Essa obra sem-par, pedra angular da espiritualidade indiana, é suscetível de ser valorizada em contextos múltiplos. Em virtude de enfatizar a historicidade do homem, a solução oferecida pela *Gita* é decerto a mais abrangente e, importa acrescentar, a mais adequada à Índia moderna, já integrada no "circuito da história". Pois, traduzido em termos familiares aos ocidentais, o problema que se enfrenta na *Gita* é o seguinte: como resolver a situação paradoxal criada pelo duplo fato de que o homem, de um lado, se encontra no tempo, *é devotado* à história, e, de outro, sabe que será "condenado" caso se deixe esgotar pela temporalidade e por sua própria historicidade; que, por conseguinte, deve a qualquer preço encontrar *no mundo* uma via que desemboca num plano transistórico e atemporal?

Já vimos a solução proposta por Krishna: cumprir com seu dever (*svadharma*) no mundo, mas sem se deixar incitar pelo desejo dos frutos de suas ações (*phalatrsnavairagya*). "Visto que o Universo inteiro é a Criação, ou até a epifania, de Krishna(-Vishnu)", viver no mundo, participar de suas estruturas, não constitui uma "ação má". A "má ação" é acreditar que o mundo, o tempo e a história dispõem de uma realidade própria e independente, ou seja, que *nada existe de diferente* fora do mundo e da temporalidade. A ideia é sem dúvida pan-indiana; no entanto, é na *Bhagavadgita* que ela recebe sua mais coerente expressão.

195. "Separação" e "totalização"

Para que se avalie o papel considerável da *Bhagavadgita* na história religiosa da Índia, cumpre evocar as soluções propostas pelo sanquia, pela ioga e pelo budismo. Segundo essas escolas, a libertação exigia, como solução *sine qua non*, o desapego do mundo, ou até a negação da vida humana enquanto modo de existir na história.* A descoberta da "dor universal" e do ciclo infinito das reencarnações** havia orientado a busca da salvação numa direção precisa: a libertação *devia* implicar a *recusa* de seguir os impulsos da vida e as normas sociais. O refúgio na solidão e as práticas ascéticas constituíam as preliminares indispensáveis. Por outro lado, a salvação pela gnose era comparada a um "despertar", a uma "libertação das peias", à "remoção de uma venda que cobria os olhos" etc. (cf. §136). Em síntese, a salvação pressupunha um ato de ruptura: a desvinculação do mundo, lugar de sofrimento e prisão amontoada de escravos.

A desvaloração religiosa do mundo foi facilitada pelo desaparecimento do Deus criador. Para o *Samkhya-Yoga*, o Universo chegou a ser Universo graças ao "instinto teleológico" da substância primordial (*prakrti*). Para Buda, o problema nem sequer se coloca; de qualquer modo, Buda contesta a existência de Deus. A desvaloração religiosa do mundo é acompanhada por uma exaltação do espírito ou do eu (*atman*, *purusa*). Para o próprio Buda, ainda que rejeite o *atman* como mônada autônoma e irredutível, a libertação é obtida graças a um esforço de natureza "espiritual".

* É certo que a etapa "clássica" dos *darsanas* sanquia e ioga é posterior de vários séculos à redação da *Bhagavadgita*. Mas suas tendências características – especialmente os métodos elaborados com o objetivo de separar o espírito da experiência psicomental – já são atestadas na época dos Upanixades.

** Lembremos que a fatalidade da transmigração tornava inútil o suicídio.

O endurecimento progressivo do dualismo espírito-matéria evoca o desenvolvimento do dualismo religioso, culminando na expressão iraniana dos dois princípios contrários, que representam o bem e o mal. Como já observamos várias vezes, durante um longo período, a oposição bem/mal não passava de um dos múltiplos exemplos de díades e polaridades – cósmicas, sociais, religiosas – que asseguravam a alternância rítmica da vida e do mundo. Em suma, o que se isolou nos dois princípios antagônicos, o bem e o mal, era no começo apenas *uma* entre as numerosas expressões por meio das quais se traduziam os aspectos antitéticos mas complementares da realidade: dia/noite; macho/fêmea; vida/morte; fecundidade/esterilidade; saúde/doença etc.[8] Em outras palavras, o bem e o mal faziam parte do mesmo ritmo cósmico e, portanto, humano, que o pensamento chinês formulou na alternância dos dois princípios yang e yin (§130).

A desvaloração do cosmo e da vida esboçada nos Upanixades conhece suas expressões mais rigorosas nas ontologias "dualistas" e nos métodos de separação elaborados pelo *Samkhya-Yoga* e pelo budismo. Pode-se comparar o processo de retesamento, que caracteriza essas etapas do pensamento religioso indiano, com o endurecimento do dualismo iraniano, de Zaratustra ao maniqueísmo. Zaratustra, de forma análoga, considerava o mundo como uma "mistura" de espiritual e de material. Ao efetuar corretamente o sacrifício, o fiel separava sua essência celeste (*menok*) da manifestação material (*gete*).[9] Contudo, para Zaratustra e para o masdeísmo, o Universo era obra de Aúra-Masda. Só ulteriormente é que o mundo foi corrompido por Arimã. Em contrapartida, o maniqueísmo e muitas seitas gnósticas atribuíam a Criação às forças demoníacas. O mundo, a vida e o próprio homem são produto de uma série de atividades dramáticas, sinistras ou criminosas. Bem feitas as contas, essa Criação monstruosa e vã está fadada ao aniquilamento. A libertação é o resultado de um longo e difícil esforço para separar o espírito da matéria, a luz das trevas que a mantêm cativa.

Não há dúvida que os diversos métodos e técnicas indianos, que visam à libertação do espírito por uma série de "separações" cada vez mais radicais, continuaram a ter prosélitos muito tempo depois do aparecimento da *Bhagavadgita*. Pois a recusa da vida e sobretudo da existência condicionada pelas estruturas sociopolíticas e pela história convertera-se, depois dos Upanixades, numa prestigiosa solução soteriológica. Todavia, a *Gita* tinha conseguido integrar numa audaciosa síntese todas as orientações religiosas indianas, e portanto também as práticas ascéticas que implicam o abandono da comunidade e das obrigações sociais. Mas sobretudo a *Gita* tinha efetuado a ressacralização do cosmo, da vida universal e até da *existência histórica* do homem.

Como acabamos de ver, Vishnu-Krishna não é somente o Criador e o senhor do mundo, ele ressantifica com sua presença a natureza inteira.

Por outra parte, é ainda Vishnu quem destrói periodicamente o Universo ao término de cada ciclo cósmico. Em outras palavras, *tudo* é criado e regido por Deus. Por conseguinte, os "aspectos negativos" da vida cósmica, da existência individual e da história recebem uma significação religiosa. O homem não é mais o refém de um cosmo-prisão que é criado isoladamente, já que o mundo é obra de um Deus pessoal e onipotente. E, de mais a mais, um Deus que não abandonou o mundo depois da Criação, mas que continua a nele estar presente e ativo em todos os níveis, desde as estruturas materiais do cosmo até a consciência do homem. As calamidades cósmicas e as catástrofes históricas, e mesmo a destruição periódica do Universo, são regidas por Vishnu-Krishna; *elas são, portanto, teofanias.* Isso aproxima o deus da *Bhagavadgita* de Javé, Criador do mundo e senhor da história, tal como o entenderam os profetas (cf. §121). Por outro lado, não deixa de ter interesse lembrar que, do mesmo modo como a revelação promovida pela *Gita* ocorreu durante uma pavorosa guerra de extermínio, assim os profetas pregaram sob o "terror da história", sob a ameaça do iminente desaparecimento do povo judeu.

A tendência à totalização do real, que caracteriza o pensamento indiano, encontra na *Bhagavadgita* uma das expressões mais convincentes. Efetuada sob o signo de um Deus pessoal, essa totalização confere um valor religioso até mesmo a manifestações inegáveis do "mal" e da "desventura", como a guerra, a traição ou o homicídio.* Mas é sobretudo a ressacralização da vida e da existência humana que teve consequências apreciáveis na história religiosa da Índia. Nos primeiros séculos de nossa era, o tantrismo, analogamente, se esforçará por transformar as funções orgânicas (alimentação, sexualidade etc.) em sacramentos. No entanto, esse tipo de sacralização do corpo e da vida era obtido por intermédio de uma técnica ióguica extremamente complexa e difícil. Com efeito, a iniciação tântrica estava reservada a uma elite, ao passo que a mensagem da *Bhagavadgita* se endereçava a todas as categorias de homens e encorajava todas as vocações religiosas. Era privilégio da devoção tributada a um Deus ao mesmo tempo pessoal e impessoal, criador e destruidor, encarnado e transcendente.

---

* Sob certo prisma, seria possível dizer que a *Bhagavadgita* recupera a concepção arcaica da realidade total imaginada como a alternância de princípios opostos mas complementares.

NOTAS

1. Georges Dumézil vê no reinado de Yudhisthira a restauração do mundo: cf. *Mythe et épopée*, v.I, p.152s. Alf Hiltebeitel, seguindo a interpretação indiana tradicional, cuida que a "idade nova" começa com o reinado de Pariksit; cf. "The Mahabharata and hindu eschatology", p.102.
2. "O pensamento dos chantres védicos está concentrado no presente, nos serviços atuais dos deuses, os quais são garantidos pelos feitos passados e míticos: os longes do futuro não lhes interessam" (G. Dumézil, op.cit., v.I, p.221).
3. Stig Wikander observou que os pais dos cinco Pandava – Darma, Vayu, Indra e os Gêmeos – correspondem à lista trifuncional dos deuses védicos: Mithra-Varuna (= Darma), Indra (= Vayu e Indra) e os Asvins. Essa lista não reflete a situação religiosa na época em que o poema foi concluído (época dominada por Vishnu e por Xiva), nem a dos tempos védicos, quando Soma e Agni desempenhavam um papel importante. Daí o Mahabharata apresentar um estado de coisas paravédico e pré-védico; cf. G. Dumézil, op.cit., v.I, p.42s.
4. Cf. M. Biardeau, "Études de mythologie hindoue", v.III, p.54.
5. Para os diferentes aspectos dessa complementaridade, cf. J. Gonda, *Visnuism and Sivaism*, p.87s.
6. Particularmente nos trechos "pseudoépicos" e didáticos (livros XII, XIII etc.).
7. Essa variedade de acepções corresponde a uma real diversidade morfológica; cf. Eliade, *Le yoga*, p.157s.
8. Ver Eliade, *La nostalgie des origines*, p.332s.
9. Cf. §104. Seguimos a interpretação de G. Gnoli; cf. M. Eliade, "Spirit, light and seed", p.18s.

XXV. As provações do judaísmo: da escatologia à exaltação da Torá

196. Os começos da escatologia

Os capítulos 40 a 55 do Livro de Isaías constituem uma obra à parte, conhecida pelo nome de Dêutero-Isaías ("o Segundo Isaías"). O texto foi redigido nos últimos anos do exílio babilônico, por um autor desconhecido, provavelmente executado depois de um processo (cf. Isaías, 52:13-53:12). A mensagem contrasta vigorosamente com as outras profecias, primeiro pelo seu otimismo, mas também por uma interpretação audaciosa da história contemporânea. O grande rei Ciro, o instrumento de Javé (41:42), prepara a destruição da Babilônia. Aqueles que puderam crer na superioridade dos deuses babilônicos não tardarão a ser confundidos, pois esses deuses são ídolos, inertes e impotentes (40:19s.; 44:12-20; etc.). Só Javé é Deus: "Eu sou o primeiro e o último, fora de mim não há Deus"* (44:6; cf. também 45:18-22). "Sim, sou Deus e não há quem seja igual a mim" (46:9).

Trata-se da mais radical afirmação de um monoteísmo sistemático, visto que a própria existência dos outros deuses é negada. "Porventura não és tu aquele que despedaçou Raabe, que trespassou o dragão? Não és tu aquele que secou o mar, as águas do grande abismo? E fez do fundo do mar um caminho, a fim de que os resgatados passassem?" (51:9-10). A Criação, assim como a história, e portanto também o exílio e a libertação, são obra de Javé. A libertação dos deportados é interpretada como um novo êxodo. No entanto, trata-se, ainda dessa vez, de um retorno triunfal: "Com efeito, estabelecerei um caminho no deserto, e rios em lugares ermos" (43:19). "Na vossa presença, montes e outeiros romperão em canto. ... Em lugar do espinheiro crescerá o zimbro, em lugar da urtiga crescerá o mirto" (55:12-3; cf. 40:9-11; 54:11-4). O novo êxodo não se dará à pressa: "Mas não haveis de sair apressadamente, não deveis partir como fugitivos, porque Javé irá à vossa frente, o Deus de Israel

* Para a tradução dos passos bíblicos, tomamos por base a Bíblia de Jerusalém. (N.T.)

será a vossa retaguarda" (52-12). Outras nações serão incluídas na redenção que se prepara. "Voltai-vos para mim e sereis salvos, todos os confins da Terra, porque eu sou Deus e não há nenhum outro!" (45:22; cf. 56:1-7, sobre os prosélitos de Javé). Israel, no entanto, desfrutará sempre sua situação privilegiada, a de nação dominante.

A queda de Jerusalém, o desaparecimento do reino de Judá e o exílio eram os juízos divinos anunciados pelos grandes profetas. Agora, que a punição já se verificara, Javé renovava a Aliança. Dessa vez, a Aliança seria eterna (55:3) e a redenção, irrevogável (45:17; 51:6, 8). Pois "me compadeci de ti, levado por um amor eterno, diz Javé, o teu Redentor" (54:8). Os deportados, libertos por Javé, retornarão a Sião "gritando de alegria, trazendo consigo uma alegria eterna; o gozo e a alegria os acompanharão, a dor e os gemidos cessarão" (51:11).

O entusiasmo, a exaltação, as visões beatíficas surgidas da certeza da salvação iminente não têm similar na literatura anterior. Oseias, Jeremias e Ezequiel proclamavam sua fé na redenção de Israel. O autor do Dêutero-Isaías é, porém, o primeiro profeta que elabora uma escatologia. Anuncia efetivamente a aurora de uma nova era. Entre as duas épocas – aquela que acabava de encerrar-se e a nova, que devia começar de um momento para outro – existe uma diferença radical. Os outros profetas não pregavam o fim de uma idade trágica e a aproximação de outra, perfeita e feliz, mas o fim do comportamento imoral de Israel, sua regeneração por meio de um retorno sincero a Deus. Em contrapartida, o Segundo Isaías apresenta a inauguração da nova época como uma história dramática, que comporta uma série de atos prodigiosos determinados por Deus: 1) a destruição da Babilônia por Javé (43:14-15; etc.), por seu instrumento, Ciro (41:24; etc.), ou por Israel (41:14-6); 2) a redenção de Israel, isto é, a libertação dos exilados (49:25-26), a travessia do deserto (55:12-13), a chegada a Jerusalém (40:9-11) e a reunião de todos os que estavam dispersos pelo mundo (41:8-9); 3) a volta de Javé a Sião (40:9-11); 4) a transformação do país por meio de reconstruções (44:26) e a multiplicação da comunidade (44:1-5), mesmo mediante mudanças de tipo edênico (51:3); 5) a conversão das nações a Javé e o repúdio de seus próprios deuses (51:4-5).[1] Esse argumento escatológico será retomado e desenvolvido pelos profetas posteriores (§197). Nenhum deles, no entanto, conseguirá igualar a força visionária e a profundidade espiritual do Segundo Isaías.

Quatro poemas, denominados Cantos do Servo (42:1-4; 49:1-6; 50:49; 52:13; 53:12), exprimem de maneira original e dramática os sofrimentos do povo judeu. Sua interpretação deu lugar a inúmeras controvérsias. Muito provavelmente, o "Servo de Javé" (*ébhed yahveh*) personifica a elite judaica deportada. Seus tormentos são considerados uma expiação dos pecados de todo o povo.

O "Servo de Javé" aceitara todas as tribulações: "Ofereci o dorso aos que me feriam, ... não ocultei o rosto às injúrias e aos escarros" (50:6). A provação do desterro é um sacrifício graças ao qual os pecados de Israel foram delidos. "E, no entanto, eram as nossas enfermidades que ele levava sobre si, as nossas dores que ele carregava. ... Mas ele foi trespassado por causa das nossas transgressões, esmagado em virtude das nossas iniquidades. O castigo que havia de trazer-nos a paz caiu sobre ele, sim, por suas feridas fomos curados" (53:5).

O Novo Testamento e a exegese cristã viram no "Servo de Javé" a antecipação do messias. Muitos trechos encorajavam essa interpretação. Porque "Javé fez cair sobre ele a iniquidade de todos nós. ... Como um cordeiro conduzido ao matadouro, ... ele não abriu a boca, ... pelas nossas iniquidades, foi ferido de morte" (53:6-8). Vítima voluntária, o "Servo" foi contado "com os transgressores, mas na verdade levou sobre si o pecado de muitos e pelos transgressores fez intercessão" (53:12). Contudo, "após o trabalho fatigante da sua alma, ele verá a luz e se fartará, ... e ele com os fortes repartirá os despojos" (53:11-2). Mais ainda: Javé fará do seu "Servo" "a luz das nações, a fim de que a minha salvação chegue até as extremidades da Terra" (49:6).

Esses textos alinham-se entre os pontos culminantes do pensamento religioso hebraico. A proclamação da salvação universal por meio das provações do "Servo de Javé" já é um prenúncio do cristianismo.

197. Ageu e Zacarias, profetas escatológicos

Desde seu retorno, em 538 a.C., os deportados tiveram de enfrentar, ao lado de outras questões urgentes, o problema da reconstrução do Templo. O novo santuário já não pertencia à dinastia, mas ao povo, que se comprometera a arcar com as despesas. A pedra angular foi colocada em 537 a.C.; no entanto, pouco tempo depois, os trabalhos foram paralisados. Somente em 520 a.C., em consequência de uma mudança política, a construção foi reiniciada. A crise que sacudia o Império Persa suscitou uma nova onda de exaltação escatológica. Zorobabel, que acabava de ser nomeado alto-comissário, e o sumo sacerdote Josué, defendidos pelos profetas Ageu e Zacarias, concentravam seus esforços na reconstrução do santuário. Em 515 a.C., o Templo foi consagrado, mas Zorobabel, a quem o regime persa tinha na conta de pouco firme, já havia partido.

Para os entusiastas, inebriados pelas profecias recentes, foi o começo de uma nova série de decepções. Como já se cumprira o juízo divino, era geral a indagação sobre quando se instalaria a idade escatológica anunciada pelo

Dêutero-Isaías. Para Ageu, a nova era havia principiado no momento em que Zorobabel colocara a pedra angular (2:15-9). E anunciava para o dia do término dos trabalhos um terremoto, a queda dos "reis das nações", a destruição de seus exércitos e o estabelecimento de Zorobabel como rei messiânico (2:20-3).[2] No entanto, quando o Templo foi finalmente consagrado, indagou-se por que o *eschaton* se fazia esperar. Uma das respostas mais plausíveis era a corrupção da comunidade. Mas, como muitas vezes aconteceu na história, o recuo da transfiguração universal predita pelo Segundo Isaías modificou a concepção da salvação, e foi-se gradualmente extinguindo a esperança escatológica.

Avaliaremos mais adiante as consequências dessa desordem para a história posterior de Israel. Não se pode, porém, subestimar a importância do profetismo escatológico. Ageu e Zacarias insistem na diferença radical entre as duas idades, a antiga e a nova. Para Zacarias, a primeira era caracterizada pela vontade que tinha Javé de destruir, a segunda, pelo seu desejo de salvar (1:1-6; 8:14-5). Haverá inicialmente a destruição dos povos responsáveis pela tragédia de Israel (1:15), seguida de uma "abundância de bens" dispensados por Javé a Jerusalém (1:17; 2:5-9; etc.). Deus exterminará os pecadores de Judá (5:1-4), afastará do país as iniquidades (5:5-11) e reunirá os deportados (6:1-8; etc.). Finalmente, o reinado messiânico será instituído em Israel, e as nações virão "procurar Javé Sabbaoth [dos Exércitos] em Jerusalém e aplacar a face de Javé" (8:20-2; cf. 2:15).

Encontram-se profecias similares no texto denominado Apocalipse de Israel (Isaías, capítulos 24-7).* Os mesmos temas serão retomados no século IV pelo Dêutero-Zacarias (9:11-7; 10:3-12) e pelo profeta Joel.** O argumento escatológico contém esses motivos ou parte deles: o aniquilamento das nações, a libertação de Israel, a assembleia dos deportados em Jerusalém, a transformação paradisíaca do país, a instauração da soberania divina ou de um reinado messiânico, a conversão final das nações. Pode-se distinguir nessas imagens edênicas a modificação escatológica da mensagem dos "profetas otimistas" de antes do exílio.[3]

Depois do Dêutero-Isaías, a aurora do *eschaton* passou a ser considerada iminente (cf. Isaías, 56:1-2; 61:2). De vez em quando, o profeta ousa lembrar a Javé que ele tarda em restaurar Jerusalém (Isaías, 62:7). Sabe, no entanto, que a culpa cabe aos pecadores, pois "foram as vossas iniquidades que criaram um

---

* Deus julgará todos os inimigos de Israel, as suas capitais serão destruídas; no entanto, os sobreviventes hão de participar da festa messiânica junto a Javé, no monte Sião (24:21;25:12).

** Depois da batalha escatológica contra as nações culpadas em relação a Javé e a Israel, começará uma época paradisíaca de opulência e paz (Joel, 4:2-3, 12; 4:18-21).

abismo entre vós e o vosso Deus" (59:2).* Tanto para o Segundo Isaías como para os profetas posteriores ao exílio, a instauração da nova era será antecedida de grandiosas alterações históricas (a queda da Babilônia, o ataque das nações contra Jerusalém, seguida da destruição daquelas).

A extensão da redenção escatológica a outros povos tem muitas consequências para o desenvolvimento ulterior da religião de Israel. No Dêutero-Isaías (Isaías, 51:4-6), Javé, dirigindo-se a todas as nações, fala de sua "salvação", que "virá como a luz". "Naquele dia o homem atentará para o seu Criador, e os seus olhos se voltarão para o Santo de Israel" (17:7). A redenção universal é ainda mais claramente proclamada por Sofonias (3:9): "Sim, então darei aos povos lábios puros, para que todos possam invocar o nome de Javé e servi-lo sob um mesmo jugo." No entanto, a salvação é quase sempre prometida a todos, mas será acessível unicamente a Jerusalém, o centro religioso e nacional de Israel (Isaías, 2:2-4; 25:6s.; 56:7; Jeremias, 3:17; Zacarias, 8:20s.).

Ao lado de semelhantes profecias, que envolvem apenas o mundo histórico, encontram-se predições de tipo mais arcaico (cf. §12), que dizem respeito ao cosmo na sua totalidade. Ageu (2:6) anuncia que Javé "abalará o Céu e a Terra, o mar e o continente". O juízo final será acompanhado de catástrofes cósmicas que destruirão o mundo (Isaías, 34:4; 51:6). Mas Javé criará "novos Céus, e nova terra; as coisas de outrora não serão lembradas, nem tornarão a vir ao coração" (Isaías, 65:17). A nova Criação será indestrutível (66:22), e Javé será uma "luz eterna" (60:20). Até Jerusalém será renovada (Zacarias, 2:5-9) e será chamada "por um nome novo, que a boca de Javé enunciará" (Isaías, 62:2). Como em tantos outros argumentos escatológicos, a renovação da Criação comportará certos elementos "paradisíacos": inumeráveis riquezas, fertilidade sem-par, desaparecimento das doenças, longevidade, paz eterna entre homens e animais, eliminação das impurezas etc. Mas o centro do Universo restaurado em sua perfeição inicial será Jerusalém, verdadeiro "centro do mundo".

198. A espera do rei messiânico

De acordo com as profecias escatológicas, o mundo renovado será regido por Javé[4] ou por um rei designado por Deus e que governará em seu nome. Esse rei, geralmente denominado o "Ungido" (*mâsiah*), era tido como des-

* O profeta Malaquias (séc. V) recusa-se a fixar a data do "dia de Javé". O essencial é preparar-se interiormente, porque o "dia da sua chegada" (3:2) pode sobrevir a qualquer momento.

cendente de Davi. Isaías fala de uma "criança", um "filho para o trono de Deus" (9:1-6), "um ramo do tronco de Jessé" (11:1), que reinará com justiça num mundo paradisíaco onde "o lobo morará com o cordeiro, e o leopardo se deitará com o cabrito. O bezerro, o leãozinho e o gordo novilho andarão juntos e um menino pequeno os guiará" (11:6). Zacarias divide a dignidade messiânica entre a autoridade temporal e o poder espiritual, Zorobabel e o sumo sacerdote Josué (4:1-6; 10:6-14). Em outra profecia, descreve a entrada em Jerusalém do rei messiânico, "justo e vitorioso, humilde, montado sobre um jumento" (9:9-10).

É importante esclarecer que a expressão o "Ungido de Javé" era originariamente aplicada ao rei que estava no poder. A personagem escatológica foi, portanto, comparada a um rei. Mais tarde, falou-se da unção dos sacerdotes, dos profetas e dos patriarcas.[5] Ser "ungido" por Javé denotava uma relação mais íntima com Deus. Contudo, no Antigo Testamento, o "messias" escatológico não é um ser sobrenatural, descido do Céu para salvar o mundo. *A redencão é obra exclusiva de Javé.* O messias é um mortal, vergôntea do tronco davídico, que se sentará no trono de Davi e reinará com justiça. Certos historiadores chegaram à conclusão de que a espera messiânica surgiu nos círculos animados pelo entusiasmo escatológico, mas que permaneceram fiéis à monarquia davídica. Esses grupos, porém, só representavam uma minoria, e foi por esse motivo que a espera messiânica não exerceu uma influência significativa.[6] O problema, no entanto, é mais complexo. A originalidade do pensamento religioso hebraico é indiscutível, mas a ideologia real que ele havia elaborado comportava analogias com o papel "redentor" do rei nas grandes monarquias orientais.[7]

As profecias escatológicas têm sido contrapostas à mensagem dos grandes profetas anteriores ao exílio: as primeiras não esperavam uma transformação radical do homem e uma nova qualidade da existência, mas uma nova era e, portanto, a Criação de um novo mundo; o homem sofreria uma transformação indireta e de certa forma automática por esse milagre de Javé. As profecias escatológicas encerrariam, pois, uma incompreensão da mensagem dos grandes profetas e uma ilusão otimista com relação ao desejo de Deus de salvar Israel.[8] Cumpre observar, no entanto, que a esperança de uma renovação cósmica, comportando a restauração do homem em sua integridade primordial, é uma concepção central da religiosidade arcaica, particularmente aquela dos paleocultivadores (cf. §12s.). Toda escatologia retoma, prolonga e revaloriza a ideia de que a Criação, obra divina por excelência, é a única capaz de renovar e santificar a existência humana. Não há dúvida de que a espera escatológica posterior ao exílio emergia de uma experiência religiosa distinta da dos grandes profetas, mas não era menos significativa. Tratava-se, em última análise, de renunciar às esperanças de uma perfeição espiritual realizável mediante esforços pessoais e de restabelecer a fé na onipotência de Deus e em suas promessas de salvação.

É verdade que o atraso do *eschaton* acaba por fortalecer a autoridade das orientações contrárias de tipo legalista e ritualista. No entanto, as esperanças escatológicas nunca desapareceram de forma definitiva (cf. §203).

199. O progresso do legalismo

Durante os dois séculos de paz sob a soberania persa, a reforma legalista, iniciada antes do exílio e prosseguida durante o cativeiro, consolidou-se definitivamente. Na Babilônia, a circuncisão foi revalorizada como símbolo por excelência da filiação ao povo de Javé. O respeito ao sabá (*Sabbath*) tornou-se prova da fidelidade à Aliança (Isaías, 56:1-8; 58:13-4). O código das prescrições rituais contido no Levítico (cap.17-26) recebeu sua forma definitiva durante o exílio. Denominado "Lei de santidade" e atribuído a Moisés, esse código regulamenta os sacrifícios de animais, as relações e as proibições sexuais, o calendário das festas, os detalhes do culto, insistindo na pureza e nas impurezas rituais. Como os Bramanas (§76), a "Lei de santidade" ritualiza as funções da vida e os comportamentos sociais. Seu objetivo é conservar a pureza de Israel, a fim de prepará-lo para uma nova conquista da terra prometida por Javé. A sobrevivência do povo só será possível se sua identidade étnica e espiritual for salvaguardada em meio a um mundo estranho e impuro.

A reconstrução da vida nacional já não é esperada, como nos grandes profetas, a partir de uma conversão interior efetuada pelo espírito, mas da organização eficaz da comunidade sob a autoridade absoluta da lei (*torah*, Torá). O culto concentra-se menos na exaltação de Deus que na "santidade" de Israel, isto é, na sua pureza ritual constantemente ameaçada pelos pecados. A expiação dos pecados públicos adquire uma importância considerável, confirmada pela instituição do grande perdão (*yom kippurim*). "O aparelho expiatório está tão bem montado que praticamente não deixa lugar para a esperança de uma ordem nova e melhor. Não há traço de escatologia ou de messianismo nos relatos sacerdotais. Para eles, Israel dispõe de todas as instituições necessárias à sua salvação, à sua perpetuação através dos séculos."[9] O sacerdócio era o único poder suscetível de zelar pela aplicação da lei. A hierocracia, que dominou a vida religiosa durante o período persa, estabelecera suas estruturas já no exílio.

Neemias, um judeu que vivia na corte do rei Artaxerxes I, tornou-se governador da Judeia por volta de 430 a.C. e obteve autorização para reerguer os muros de Jerusalém. Procedeu também a reformas religiosas (exigiu, entre outras coisas, a eliminação dos sacerdotes casados com mulheres não israelitas). São muito escassos os conhecimentos que temos sobre outro chefe religioso, Esdras, que continuou[10] – provavelmente nos primeiros anos do século V – a missão de Neemias. Também ele atribuía fundamental importância à "pureza ritual" de Israel e impôs a dissolução dos casamentos mistos. Não se trata, decerto, de uma medida racial. O perigo era de ordem religiosa, pois esse tipo de casamento ameaçava a integridade do javismo. Isso não impediu que a reforma de Esdras conduzisse a uma segregação étnica e à consolidação do legalismo, que passou a dominar daí em diante a religião de Israel. Segundo a tradição (Neemias, 8), Esdras organizou uma assembleia "de homens, mulheres e de todos os que tinham o uso da razão", durante a qual leu "o livro da Lei de Moisés". É impossível precisar se se trata do Pentateuco ou tão somente de uma seção dessa obra. Mas, depois dessa leitura solene, a religião de Israel passou a contar "oficialmente" com escrituras santas.

Muito cedo, a lei (Torá) confundiu-se com os livros do Pentateuco. A transmissão oral da tradição é substituída pelo estudo e pela explicação dos textos escritos. Esdras foi considerado o primeiro "escriba" ou "doutor da lei". O escriba tornou-se um verdadeiro modelo da conduta religiosa. (Ver adiante, p.230-1, o elogio do escriba por Ben Sira.) Mas, progressivamente, foi-se instalando uma nova ideia, a da Torá oral. Ao lado da lei escrita, Moisés teria recebido de Deus instruções suplementares, desde então transmitidas oralmente. Esse *corpus* de exegese constituía a *mishna* ("repetição"). Era, no fundo, uma forma de legitimação daquilo que já se pode designar como o "esoterismo", ou seja, a transmissão iniciatória das doutrinas secretas.[11] Com o tempo, a obra dos "doutores" foi investida de uma autoridade que se aproximava da autoridade da Torá (cf. §201).

Para o que nos propomos, seria inútil indicar todas as obras elaboradas, refundidas ou editadas nos séculos que se seguiram à reforma de Esdras. Durante esse período foram compostos o livro das Crônicas, certo número de Salmos e escritos proféticos,[12] e foram refundidos muitos textos mais antigos. Também no decorrer desse período acentuou-se a tensão entre as duas tendências religiosas opostas que poderíamos designar, aproximadamente, pelos nomes "universalista" e "nacionalista". A primeira prolongava a esperança dos profetas escatológicos de um dia ver as "nações" adorarem Javé, reconhecido como único Deus. Por outro lado, os "nacionalistas" proclamavam o caráter exclusivo da revelação e concentravam seus esforços na defesa da integridade étnica de Israel. De fato, o conflito era mais complexo e matizado.

200. Personificação da sabedoria divina

O acontecimento mais importante, e que terá apreciáveis consequências na história do judaísmo, foi a confrontação com o helenismo. Já desde a época do Bronze tardio, os gregos tiveram seguidos contatos com a Palestina. Durante o primeiro milênio, seu afluxo aumentou continuadamente e prolongou-se até sob a soberania persa.[13] Mas foi sobretudo depois das vitórias de Alexandre que a influência da cultura helenística assumiu proporções assustadoras. A língua, a cultura e as instituições gregas (escolas, ginásios etc.) propagaram-se por toda parte, não somente nas comunidades judaicas formadas durante a diáspora, mas também na Palestina, governada, após a morte de Alexandre (323 a.C.), pelos selêucidas, os soberanos do Egito.[14]

Tal como para os romanos, a história estava carregada, sobretudo desde os profetas, de significações religiosas. Em outras palavras, os acontecimentos históricos, transformando e modelando o destino político de Israel, eram também suscetíveis de constituir momentos importantes na história da salvação. Para os hebreus, a política nacional não se distinguia da atividade religiosa: a pureza ritual, e portanto a salvaguarda de Israel, era solidária da autonomia política. A influência crescente do helenismo fazia-se sentir, na Palestina, nas diferentes orientações políticas, religiosas e culturais. A aristocracia e certas seções da burguesia esforçavam-se por introduzir as ideias e as instituições promovidas pela *Aufklärung* helenística. Essa política "liberal" e cosmopolita, que ameaçava a própria identidade nacional, era rejeitada por outras categorias sociais, em primeiro lugar pelos meios religiosos conservadores e pela população rural. A tensão entre essas duas tendências opostas levará à revolta dos macabeus (§202).

As diferentes orientações ideológicas e religiosas que dividiram o povo judeu desde a conquista de Alexandre (332 a.C.) até a transformação da Palestina em província romana (69) deixaram sua marca em muitas obras escritas em Jerusalém ou nas comunidades judaicas que se estabeleceram durante a diáspora. Importa esclarecer, no entanto, que o alcance do *Zeitgeist* era de tal ordem que voltamos a encontrar vestígios das concepções helenísticas mesmo nos textos redigidos com o objetivo de criticá-las e rejeitá-las.

A personificação da sabedoria (*hokma*) alinha-se entre as mais originais criações religiosas desse período. Os nove primeiros capítulos dos Provérbios (livro escrito provavelmente no meado do século III a.C.) exaltam a origem divina da sabedoria e enumeram-lhe as qualidades. "Javé me criou, primícias de sua obra, de seus feitos mais antigos. Desde a eternidade fui estabelecida, desde o princípio, antes da origem da Terra. Quando os abismos não existiam, eu fui gerada..." (8:22-4). A sabedoria "inventou a ciência da perspicácia", por ela "reinam os reis, ... governam os governadores, e os nobres dão sentenças justas" (8:12s.). Certos autores viram nessa concepção a influência da filosofia grega. Contudo, a *sophia* como entidade divina e personificada aparece relativamente tarde; nós a encontramos sobretudo nos escritos herméticos, em Plutarco e nas obras dos neoplatônicos.[15] Outros estudiosos puseram em evidência paralelos semíticos anteriores às influências gregas, especialmente a "sabedoria de Ahikar" de Elefantine.[16] Buscaram-se até os antecedentes de *hokma* no culto das deusas-mães (Ísis ou Astarte); mas a sabedoria não é, em absoluto, a companheira de Deus; criada pelo Senhor, ela surge de sua boca.

Bousset e Gressmann sublinharam com toda a razão a importância, no pensamento religioso judaico, dos "seres intermediários" entre o homem e Deus, sobretudo na época helenística.[17] Certas escolas de sabedoria promoveram *hokma* à categoria de autoridade suprema, como mediadora da revelação. Mas, como logo veremos, as interpretações e as revalorações da sabedoria, diversas e contraditórias, são reflexos de uma crise profunda que poderia ter transformado radicalmente o perfil do judaísmo.

201. Da desesperança a uma nova teodiceia: o *Coélet* e o Eclesiástico

O Eclesiástico (ou *Coélet*[18]) é geralmente considerado, com o Livro de Jó, um testemunho patético do abalo provocado pelo desmoronamento da doutrina da retribuição. Em oposição à teologia da literatura sapiencial, o autor do *Coélet* insiste na inexplicabilidade dos atos de Deus. Não somente a mesma sorte aguarda o insensato e o sábio (2:15s.), o homem e o animal, "como morre um, assim morre o outro" (3:19). Mas "no lugar do direito encontra-se o delito, no lugar do justo encontra-se o ímpio" (3:16). O autor julga em conformidade com sua própria experiência: viu de modo indiferente "o justo perecer na sua justiça e o ímpio sobreviver na sua impiedade" (7:15). Calmo, quase desligado, como um filósofo, volta constantemente ao seguinte tema: "Há justos que são tratados conforme a conduta dos ímpios" (8:14; cf. 9:2). No final, já não se pode falar da "justiça" de Deus (5:7; etc.). E mais: já não se compreende o significado da Criação, nem o sentido da vida: "O homem não é capaz de descobrir toda a obra que se realiza debaixo do sol: por mais que o homem trabalhe pesquisando, não a descobrirá" (8:17). Porque não se pode conhecer "a obra que Deus realiza desde o princípio até o fim" (3:11). Ele já não prodigaliza sua cólera nem sua misericórdia. O sentimento de culpa, bem como a esperança do perdão são igualmente inúteis. Deus afastou-se dos homens; já não se interessa pela sorte deles.

O refrão que se celebrizou, "tudo é vaidade e correr atrás do vento!", encontra sua justificativa quando se descobrem a precariedade e a iniquidade da existência humana. O autor felicita "mais os mortos que os vivos", e sobretudo "aquele que ainda não nasceu" (4:2-3). Até a sabedoria é vaidade (1:16-7; 2:15; 9:11). No entanto, o Eclesiastes não se revolta contra Deus. Ao contrário, uma vez que a sorte dos homens está "na mão de Deus" (9:1), cumpre aproveitar "os dias da vida que Deus lhe concede, pois esta é a sua porção" (5:7). A única "felicidade que convém ao homem" é de natureza hedonista. "Vai, e come o teu pão com alegria e bebe gostosamente o teu vinho. ... Desfruta a vida com a mulher amada, ... porque esta é a tua porção. ... Tudo o que te vem à mão para fazer, faze-o conforme a tua capacidade, pois no Xeol para onde vais não existe obra, nem reflexão, nem conhecimento, nem sabedoria" (9:7-10).

Tem-se comparado esse racionalismo pessimista com certas escolas filosóficas gregas. Desde Voltaire, muitos historiadores e exegetas têm sugerido a influência do estoicismo, de Epicuro ou dos hedonistas de Cirene.[19] As influências da cultura helenística sobre o judaísmo pós-exílico foram fortes e duradouras (cf. §202). No entanto, não são encontradas no *Coélet*. Os filósofos e os escritores gregos tinham criticado drasticamente as mitologias e as teologias tradicionais. Ora, em vez de negar a existência de Deus, o autor do *Coélet* proclama sua realidade e sua onipotência:[20] ele não se cansa de repetir que devemos aproveitar suas dádivas. De mais a mais, o *Coélet* não rejeita as práticas do culto nem a devoção. Não se trata, pois, de ateísmo, mas de uma tensão entre desesperança e resignação, provocada pela descoberta da indiferença de Deus. Tem-se estabelecido relação entre esse convite para desfrutar a vida e o canto egípcio do harpista (§30) e o conselho dado por Siduri a Gilgamesh (§23).

Menos patética que o *Coélet*, a obra de Ben Sira, conhecida ainda pelo nome de Eclesiástico (ou *Siráquida*), é todavia mais reveladora da crise que perturbava Israel. Provavelmente composto entre 190 e 175 a.C. por um escriba (*soper*), professor de sabedoria, o livro dirige-se aos jovens hebreus fascinados pela *Aufklärung* helenística. Ben Sira é um patriota convencido da importância decisiva (religiosa, mas também política) da pureza da lei. Ataca os ricos (13:3, 18-23), já que são eles os mais ativos adeptos do cosmopolitismo e do universalismo. Desde o princípio de seu livro, insurge-se Ben Sira contra a ideologia secular do helenismo: "Toda sabedoria vem do Senhor!", exclama (1:1). Isso lhe permite identificar a sabedoria (preexistente em Deus) com a Torá. O elogio da sabedoria, o grande hino do capítulo 24, constitui o clímax de seu livro. A sabedoria proclama, ao mesmo tempo, sua posição exaltada ("Saí da boca do Altíssimo...") e sua descida a Jerusalém ("Deste modo, estabeleci-me em Sião e na cidade amada encontrei repouso, meu poder está em Jerusalém": 24:11).

Contra a opinião defendida pelos "cosmopolitas", representantes das "luzes", Sira descreve o mestre de sabedoria, o escriba ideal, como um sábio concentrado no estudo das Escrituras: "Ele aplica a sua alma e a sua meditação na lei do Altíssimo." "Ele investiga a sabedoria de todos os antigos, ocupa-se das profecias. Conserva as narrações dos homens célebres, penetra na sutileza das parábolas" etc. (39:1s.). Porque "toda sabedoria é temor do Senhor, em toda sabedoria há cumprimento da lei" (19:20). Na literatura sapiencial, especialmente nos Provérbios e em certos Salmos, o verdadeiro "justo" era o sábio que reconhecia a origem divina da ordem cósmica e da vida moral. *A sabedoria era, portanto, acessível aos homens independentemente da sua religião.* Mas Sira rejeita essa interpretação "universalista"; identifica a sabedoria com a devoção e o culto. A Torá "não diverge da lei promulgada por Moisés" (24:23).[21] Em outros termos, *a sabedoria é o dom exclusivo feito por Deus a Israel.* Porque Deus pôs à frente de cada povo um príncipe, "mas Israel é a porção do Senhor" (17:17).

Em teologia, Ben Sira retorna às posições tradicionais. Critica a opinião de que Deus é indiferente à sorte dos homens; em outras palavras, repudia ao mesmo tempo o *Coélet* e a filosofia grega em voga nos meios cosmopolitas de Jerusalém. Esforça-se sobretudo por justificar a doutrina da retribuição: exalta a perfeição da obra divina (39:16; 42:15, 22-5); lembra que aos piedosos não está reservado o mesmo destino que aos maus, pois "desde o começo as coisas boas foram criadas para os bons, assim como os males para os pecadores" (39:25). Depois de longa "reflexão", conclui: "Todas as obras do Senhor são boas" (39:33). Pesadas todas as coisas, "só o Senhor será proclamado justo" (18:2).

Essa restauração temerária da teodiceia tradicional é acompanhada de uma crítica acerba aos "adversários da sabedoria", identificados com os apóstatas e os "libertinos" helenófilos. Sira reza para que Israel se liberte das "nações estrangeiras": "Desperta o teu furor e derrama a tua cólera, destrói o adversário e aniquila o inimigo. ... Que os opressores de teu povo encontrem a ruína" (36:6, 8).

E, no entanto, no célebre capítulo 24, a sabedoria lembra que: "Só eu rodeei a abóbada celeste, eu percorri a profundeza dos abismos, as ondas do mar, a terra inteira, reinei sobre todos os povos e nações" (24:5). Em outros termos, a sabedoria é apresentada como uma "força que enche o mundo inteiro, a natureza e a humanidade (e não somente os judeus)".[22] Mas Ben Sira era obrigado a restringir e, no final, a esquecer a dimensão universalista da sabedoria. Às turras com o helenismo e sua *sophia*, "uma sabedoria só era capaz de impor-se no judaísmo aproximando-se do fator que desempenhava o papel decisivo nessa luta: a lei... A importância de *hokma* para a formação da religião judaica nesse combate contra o helenismo e sua *sophia* não deve ser subestimada".[23]

202. Os primeiros Apocalipses: Daniel e I Enoc

A confrontação com o helenismo atingiu seu ponto extremo no reinado de Antíoco IV Epífano (175-164 a.C.). Já havia algum tempo, a oposição entre os dois partidos – os Tobíadas e os Oníadas – ameaçava assumir uma forma violenta. Os filo-helenos clamavam por uma reforma radical, a fim de transformar o judaísmo bíblico numa religião de tipo "moderno", comparável às outras criações sincretistas contemporâneas. Em 167 a.C., aproveitando-se de uma tentativa de revolta fracassada por parte dos Oníadas, os adversários destes aconselharam Antíoco a ab-rogar a Torá por meio de um decreto real.[24] O templo de Jerusalém foi transformado num santuário sincretista de Zeus Olímpio identificado com o Baal fenício. Proibia o decreto, sob pena capital, a observância do sabá e das festas, a prática da circuncisão e a posse de livros bíblicos. Ergueram-se, em toda a Palestina, altares aos deuses dos gentios, e os habitantes foram obrigados a lhes trazer sacrifícios.

Desde a conquista de Canaã, principalmente na época da monarquia, os israelitas haviam conhecido a tentação e o perigo do sincretismo religioso (cf. §113s.). A agressão de Antíoco Epífano era, porém, muito mais séria. É verdade que a intenção de Antíoco não era substituir Javé por Zeus Olímpio, mas dar nome a um deus que, para os pagãos, era essencialmente anônimo.[25] De resto, muitos autores gregos e romanos tinham feito a aproximação entre Javé e Zeus.[26] Tal comparação, sacrílega para os tradicionalistas, podia ser aceita por grande parte da intelligentsia filo-helena, fascinada pela grandiosa visão religiosa e filosófica do estoicismo. No entanto, tal interpretação filosófica escapava à maioria dos israelitas: viam em Zeus apenas um dos numerosos deuses honrados pelos gentios. Além disso, como reconheceria mais tarde o historiador Flávio Josefo (*Antiguidades judaicas*, 12, 320 e 253), Antíoco era culpado de numerosos sacrilégios (em primeiro lugar, o caráter politeísta do culto implantado em Jerusalém), de banditismo, de intolerância e sobretudo de perseguição aos judeus.[27]

Um sacerdote, Matatias, pertencente à família dos Hasmoneus, deu o sinal da revolta armada. Desde o começo, contou com o apoio de um grupo de zelotes, os "piedosos" (*hassidim*). Depois da morte de Matatias, um dos seus filhos, Judas Macabeu, tomou a direção da guerra. Em 164 a.C., ocupou o Templo e restabeleceu o culto. Essa vitória de ordem religiosa foi considerada satisfatória pelos *hassidim*. Os macabeus, todavia, continuaram a lutar pela liberdade política, que lograram obter em 128 a.C. Depois de vários séculos, já se contava com reis judeus, eleitos da família dos Hasmoneus.[28] Seu reinado foi desastroso e, em 63 a.C., a população aceitou com alívio a soberania romana.

O século transcorrido entre a agressão de Antíoco Epífano e a transformação da Palestina em província romana por Pompeu foi decisivo para a história e a religião do povo judeu. De um lado, a tentativa de paganização por meios violentos provocou um traumatismo que os judeus da Palestina não conseguirão esquecer: não podiam acreditar na inocência dos pagãos, e daí em diante um abismo passou a separá-los da cultura helenística.[29] De outro lado, a vitória militar dos macabeus teve por consequência um surpreendente aumento da influência política do reino judaico. De mais a mais, a figura carismática de Judas Macabeu encorajou, mais tarde, outras insurreições armadas, dessa vez contra os romanos. Mas a revolta de 66-70 d.C. terminou com a destruição do segundo Templo e da própria Jerusalém pelas legiões de Tito. E o levante liderado por Bar Cochba, em 132-35, foi impiedosamente sufocado por Adriano.

Para o propósito da presente obra, são sobretudo as criações religiosas dessa época que interessam. Como era de esperar, os acontecimentos históricos contemporâneos são transfigurados, cheios de mensagens cifradas, integradas numa visão específica da história universal. É entre os "piedosos" (*hassidim*) que aparecem os primeiros escritos apocalípticos, Daniel e a parte mais antiga do livro de Enoc. Os "piedosos" constituíam uma comunidade bem fechada; insistiam no respeito absoluto à lei e na urgência do arrependimento. A enorme importância atribuída ao arrependimento era a consequência imediata de uma concepção apocalíptica da história. O terror da história alcançara proporções até então desconhecidas. Por conseguinte, prediziam Daniel e o I Enoc, o mundo aproxima-se do fim; os "piedosos" devem preparar-se para o juízo iminente de Deus.

Na sua forma atual, o livro de Daniel foi concluído por volta de 164 a.C. O autor descreve acontecimentos recentes ou contemporâneos sob a forma de profecias pronunciadas vários séculos antes. Esse procedimento (*vaticinia ex eventu*) é característico das literaturas apocalípticas:[30] aumenta a fé nas profecias e, por conseguinte, ajuda os fiéis a suportar as provações presentes. Relata também o livro de Daniel um sonho de Nabucodonosor (605-562 a.C.). O rei tivera a visão de uma estátua: a cabeça era de ouro; o peito e os braços, de prata; o ventre e as coxas, de bronze; as pernas, de ferro e barro. De repente, a pedra se desprendeu de um monte e atingiu a estátua: "Então se pulverizaram ao mesmo tempo o ferro e a argila, o bronze, a prata e o ouro, tornando-se iguais à palha miúda na eira de verão: o vento os levou sem deixarem traço algum" (2:32-6). Daniel interpreta o sonho: a cabeça de ouro é Nabucodonosor; depois dele, levantar-se-á outro reino, inferior, e em seguida um terceiro reino, de bronze, que dominará a terra inteira. O quarto, "duro como o ferro", fará todos os outros em migalhas, mas acabará sendo destruído. Então, "o Deus do Céu suscitará um reino que jamais será destruído, um reino que jamais passará a outro povo" (2:44). Os reinos sucessivos dos assírios (isto é, o reino neobabilônico), dos medos e dos persas, e finalmente o reino de Alexandre, indicam um processo acelerado de decadência. Mas é sobretudo durante o quarto reino (ou seja, o de Antíoco Epífano) que a existência do povo de Israel se vê seriamente ameaçada. No entanto, assegura Daniel, avizinha-se o fim deste mundo decaído, e Deus edificará mais tarde o reino eterno. Ademais, Daniel descreve um de seus próprios sonhos, no qual viu ele quatro animais enormes saindo do mar. Os animais representam os quatro reinos destinados a perecer; no futuro, o domínio de todos os impérios será conferido "ao povo dos santos do Altíssimo" (7:27).

Lembrando-lhes, em suma, os acontecimentos grandiosos do passado, especialmente a sequência das catástrofes que haviam destruído os impérios militares, o autor do Daniel colimava um objetivo preciso: dar ânimo e coragem a seus correligionários. Mas a sucessão dramática dos quatro reinos exprime, ao mesmo tempo, *uma concepção unitária da história universal.* É verdade que a imagística mitológica deixa transparecer uma origem oriental. O tema dos quatro reinos sucessivos, simbolizados pelos quatro metais, encontra-se em Hesíodo e no Irã. No que se refere aos quatro animais, temos para eles numerosos antecedentes: babilônicos, iranianos e fenícios.[31] Da mesma forma, o "grande eão" de que fala o I Enoc (16:1) é comparável à doutrina do "Grande Ano".[32] No entanto, Daniel e os Apocalipses judaicos apresentam um elemento desconhecido nas outras tradições: os acontecimentos que constituem a história universal já não refletem o ritmo eterno do ciclo cósmico e já não dependem dos astros; *desenvolvem-se de acordo com o plano de Deus.*[33] Nesse plano preestabelecido, Israel desempenha o papel central; a história precipita-se para seu fim, em outros termos, é iminente o triunfo definitivo de Israel. Esse triunfo não será apenas de ordem política; efetivamente, o término da história equivale à salvação de Israel, salvação desde sempre determinada por Deus e inscrita no plano da história, não obstante os pecados de seu povo.

203. A única esperança: o fim do mundo

Tal como nas outras tradições, nos Apocalipses judaicos o fim do mundo é anunciado por muitos cataclismos e fenômenos cósmicos aberrantes: o Sol brilhará durante a noite e a Lua durante o dia, nas fontes manará o sangue, as estrelas sairão de suas órbitas, o sangue gotejará das árvores, o fogo jorrará das entranhas da terra, as pedras por-se-ão a chorar etc. (IV Esdras, 5:4-12). O ano será abreviado, os homens se matarão uns aos outros, haverá seca e fome etc.[34] E, tal como na tradição iraniana, no fim do mundo se há de verificar o juízo universal, e portanto também a ressurreição dos mortos.

O livro de Isaías (26:19) já aludira à ressurreição ("Os teus mortos tornarão a viver, os teus cadáveres ressurgirão"), mas só com muita dificuldade se pode datar esse passo. A primeira referência incontestável encontra-se em Daniel, 12:13: "Tu, porém, te levantarás no fim dos dias."[35] Trata-se, muito provavelmente, de uma influência iraniana; mas cumpre-nos também ter em conta as concepções paleo-orientais dos deuses da vegetação (cf. §118). A doutrina da ressurreição será assiduamente proclamada na literatura apocalíptica (IV Esdras; I Enoc, 51:1-3; 61:5; 62:14s.; o *Apocalipse siríaco de Baruc*) e pelos fariseus. Na época da pregação de Jesus, ela era universalmente aceita, salvo pelos saduceus.

Quanto ao juízo final, Daniel (7:9-14) descreve-o como se desenvolvendo na presença de um "ancião", de "veste branca como a neve", sentado num trono de chamas: "o tribunal tomou assento, os livros foram abertos". Em seu sonho extático, Enoc também vira o Senhor sentado no trono e os "livros selados", e assistiu ao juízo dos anjos decaídos e dos apóstatas, condenados a ser precipitados num abismo de chamas (90:20s.; Charles, *Apocrypha*, I, p.259-60). A imagem do "Altíssimo" no "trono do juízo" reaparece no IV Esdras: os pecadores são condenados "à fornalha da Geena" e os virtuosos têm sua recompensa no "paraíso das delícias" (7:33-7, Charles, II, p.583). Depois do juízo, o mal será eliminado para sempre, a corrupção será vencida, e por toda a parte se imporá a verdade (IV Esdras, 6:26-8; Charles, II, p.576-7). A concepção do juízo escatológico pelo fogo é, ao que tudo indica, de origem iraniana (cf. §104).

Na mesma visão do ancião e do juízo, Daniel assiste à descida do Céu de um ser "como Filho do Homem": foi levado à presença do ancião e "a ele foi outorgado o império, a honra e o reino" (7:13-4). No "Filho do Homem" (isto é, o "Homem"), Daniel simboliza o povo de Israel no momento supremo do triunfo escatológico. A expressão terá grande sucesso no primeiro século antes de nossa era; é esse, por outro lado, o título que Jesus conferirá a si mesmo.

Trata-se de uma figura mitológica bastante familiar no mundo helenístico, aquela do *Anthrôpos* ou do homem primordial. O mito é de origem indo-iraniana (cf. Purusa, Gayomart), mas os predecessores imediatos do "Filho do Homem" (= o "Homem") devem ser procurados no sincretismo religioso irano-"caldeu" (cf. §216). A ideia do primeiro homem investido de um ministério escatológico não é bíblica. Somente no judaísmo tardio é que se falará de um Adão preexistente à Criação.*

A concepção unitária da história universal permitia, pois, que se decifrasse a significação escatológica da época contemporânea. Ao contrário das velhas cosmologias, que explicavam o declínio progressivo e inelutável do mundo por meio de uma teoria de tipo cíclico (cuja expressão mais rigorosa era a doutrina indiana dos quatro *yuga*), os hássidas proclamavam Javé o único Senhor da História. No livro de Daniel e no I Enoc, Deus continua a ser a figura central: o mal não é claramente personificado num adversário de Javé. O mal é engendrado pela desobediência dos homens (I Enoc, 98:4s.) e pela revolta dos anjos decaídos.

Contudo, o panorama modifica-se sensivelmente na literatura apocalíptica. Considera-se agora que o mundo e a história são como que dominados pelas forças do mal, isto é, pelas potências demoníacas comandadas por Satanás. As primeiras referências a Satanás (Jó, 1:6s.; 2:1s.; Zacarias, 3:1s.) apresentavam-no como pertencendo à corte celeste de Javé. Era "o Inimigo", já que era a personagem celeste hostil ao homem (cf. §115). Agora, *Satanás encarna o princípio do mal: torna-se o adversário de Deus.* Além disso, uma nova ideia ganha contornos mais nítidos: é a ideia das duas idades (ou dos dois reinos): "o reino deste mundo" e o "outro reino". Efetivamente, está escrito: "o Altíssimo não criou uma única idade, mas duas" (IV Esdras, 7:50).[36] Nessa idade, o "reino de Satanás" está fadado a triunfar. São Paulo designa Satanás como "o deus deste mundo" (II Coríntios, 4:4). Seu poder chegará ao auge com a aproximação da era messiânica, quando se irão multiplicar as catástrofes e os fenômenos aberrantes a que aludimos de passagem na p.235. Entretanto, na batalha escatológica, Javé vencerá Satanás, aniquilará ou subjugará todos os demônios, extirpará o mal e edificará em seguida seu Reino, concedendo vida, alegria e paz eternas.[37] Certos textos falam de um retorno ao Paraíso e, consequentemente, da abolição da morte (IV Esdras, 8:52-4). Todavia, apesar

* Na realidade, o judaísmo ignorava que o Filho do Homem constituía uma variante do mito do homem primordial. A apocalíptica judaica exalta o papel escatológico do Filho do Homem, mas não faz a menor alusão à sua preexistência; cf. Mowinckel, *He That Cometh*, p.420s. F.A. Borsch esclareceu oportunamente o mitologema oriental do rei como Filho do Homem primordial; cf. *The Son of Man in Myth and History*, p.89s.

da sua perfeição e perenidade, esse mundo novamente criado *continua a ser um mundo físico.*

A figura de Satanás desenvolveu-se provavelmente sob a influência do dualismo iraniano.* Trata-se, em todo o caso, de um dualismo mitigado, porque Satanás não coexiste, desde o começo, com Deus, e não é eterno. Por outro lado, deve-se ter em conta uma tradição mais antiga, que concebia Javé como totalidade absoluta do real, vale dizer, como uma *coincidentia oppositorum*, na qual coexistiam todos os contrários, e portanto também o "mal" (cf. §59). Lembremos o célebre exemplo de Samuel: "O espírito de Javé tinha se retirado de Saul, e *um mau espírito, procedente de Javé*, lhe causava terror" (I Sam., 16:14). Como em outras religiões, o "dualismo" delineia-se em consequência de uma crise espiritual que questiona, ao mesmo tempo, a linguagem e os postulados teológicos tradicionais, e que conduz, entre outras coisas, a uma personificação dos aspectos negativos da vida, do real e da divindade. O que até então era concebido como *um momento na evolução universal* (baseada na alternância dos contrários: dia/noite; vida/morte; bem/mal; etc.) acha-se daí em diante isolado, personificado e investido de uma função específica e exclusiva, sobretudo aquela do mal (cf. §195). É provável que Satanás seja o resultado, ao mesmo tempo, de uma "cisão" da imagem arcaica de Javé (consequência da reflexão sobre o mistério da divindade) e da influência das doutrinas dualistas iranianas. De qualquer modo, a figura de Satanás, como encarnação do mal, desempenhará um papel relevante na formação e na história do cristianismo, antes de se tornar a personagem famosa, de incontáveis metamorfoses, nas literaturas europeias dos séculos XVIII e XIX.

No que tange ao *eschaton* e à nova Criação, a literatura apocalíptica não apresenta uma concepção unitária. Os redatores concordam em designar as calamidades e os tormentos do tempo presente como "dores do parto" ou "dores messiânicas", porque elas precedem e anunciam a vinda do messias. Tal como em Isaías e nos profetas pós-exílicos, o messias é sempre visto como um ser humano; ele é, precisamente, o Rei do Povo de Deus.[38] Para não lembrarmos mais que um exemplo, os *Salmos de Salomão* (obra redigida no século I a.C.) referem uma prece para apressar a vinda do messias, filho de Davi, a fim de que ele esmague "os dominadores injustos e purifique Jerusalém da presença dos pagãos" (17:22-4). "Ele é um rei justo … e sob seu reinado não haverá injustiça, porque todos serão santos e seu rei será o messias" (17:26s., 29, 30).

---

* Os textos de Qumran mencionam dois espíritos criados por Deus, um bom e outro mau (cf. §223), doutrina que lembra o zurvanismo (§213).

Para alguns, o Reino do messias ainda pertence ao presente eão; constitui, de certa forma, um reinado provisório, ou seja, o *millenium*.[39] Esse Reino messiânico está destinado a durar quatrocentos, quinhentos ou mil anos. Será seguido do juízo universal e da destruição do mundo. O próprio messias morrerá, e tudo retornará ao "silêncio" primordial, isto é, ao caos. "Mas, ao termo de sete dias, despertará o eão que agora dorme" (IV Esdras, 7:28s.; Charles, II, p.582); em outros termos, haverá a nova Criação, a ressurreição e a beatitude eterna.[40]

Vários textos alinham o messias entre os seres eternos, ao lado de Enoc, Elias e outras personagens que foram arrebatadas para o Céu por Deus. Segundo certas fontes rabínicas, imediatamente após o nascimento, o messias foi escondido no Paraíso ou, com Elias, no Céu.[41] O Testamento dos Doze Patriarcas e os textos de Qumran mencionam dois messias, um sacerdote e um rei, cabendo a primazia ao messias sacerdotal. O Testamento de Levi esclarece que, sob o seu sacerdócio, "todo pecado desaparecerá, ... e ele próprio abrirá as portas do Paraíso, ... e dará permissão aos santos para comerem da árvore da vida" (18:9-12). Em suma, o messias sacerdotal anulará as consequências do pecado original.[42]

Acrescentemos que a pregação de Jesus e o desenvolvimento do cristianismo são solidários do mesmo fermento espiritual característico das esperanças messiânicas e das especulações escatológicas judaicas entre a revolta dos macabeus e a destruição do segundo Templo (cf. §224).

204. A reação dos fariseus: a exaltação da Torá

Tanto no judaísmo como em outras tradições, as visões apocalípticas reforçavam a defesa contra o terror da história. Os avisados viam nas catástrofes da época um presságio reconfortante. Quanto mais se agravava a situação do povo judeu, mais aumentava a certeza de que o presente eão se aproximava do fim. Em suma, o agravamento do terror anunciava a iminência da salvação. No futuro, a valorização religiosa dos sofrimentos provocados pelos acontecimentos históricos será reiterada inúmeras vezes, e não somente pelos judeus e pelos cristãos.

Não se trata de uma evasão diante da pressão da história, nem de um otimismo alimentado de fantasmas. A literatura apocalíptica constituía uma ciência sagrada, de essência e origem divinas. Como escreve o autor do Daniel (2:20-2), é Deus "que dá aos sábios a sabedoria", é Deus "que revela as profundezas e os segredos, ele conhece o que está nas trevas". Enoc, personagem fabulosa, imagem exemplar do sábio e do profeta da época primordial,* adquire agora enorme popularidade: ele predissera o juízo iminente da geração anterior ao dilúvio e dos anjos decaídos. Proclama, agora, uma nova revelação e exige o arrependimento, porque se aproxima o segundo juízo. Assim como Daniel, Enoc recebe, em seus sonhos e visões, a ciência sagrada (I Enoc, 13:8; 14:1; 83:1s.; 93:1s.). É introduzido pelos anjos nos mistérios celestes e empreende viagens extáticas ao Céu (cap.12, 36), nas quais Deus lhe permite ver as tábulas em que está inscrita a história universal, desde o princípio até o fim.

Na aurora do tempo, Deus revelara a ciência secreta a determinadas personagens, célebres por sua devoção e por suas faculdades visionárias. Essa instrução era esotérica, "selada"; em outras palavras, inacessível aos profanos. Ela foi, em seguida, comunicada a alguns seres de exceção. Mas, uma vez que a época primordial corresponde ao fim dos tempos (*eschaton*), a ciência sagrada é agora novamente revelada, e sempre a um grupo restrito de iniciados. No I Enoc (1:6), o Filho do Homem é descrito como o iniciado por excelência, "senhor de todos os segredos". Quando ele for instalado em seu trono, "todos os segredos da sabedoria jorrarão de sua boca" (ibid., 51:3). Suas qualidades mais características são a sabedoria e a inteligência.[43] Acrescentemos que o tema da "ciência (salvífica) escondida" é muito popular na época helenística (§209) e constitui a justificação de todas as escolas gnósticas (§229).**

Os autores dos Apocalipses desenvolveram amplamente essa concepção da sabedoria escondida no Céu e inacessível aos humanos.[44] As visões e as experiências extáticas desempenhavam um papel fundamental na literatura apocalíptica (como em todas as partes do mundo helenístico). As visões e os êxtases confirmavam a autenticidade do verdadeiro "profeta e sábio". De mais a mais, as experiências extáticas iam progressivamente enriquecendo a soma da ciência revelada. O Livro de Daniel desvendava apenas a história universal, ao passo que os textos filiados à "tradição de Enoc" abrangem o mundo inteiro, visível e invisível: a geografia terrestre e celeste, a astronomia e a astrologia, a meteorologia e a medicina. Para a "tradição de Enoc", os mistérios cosmológicos mostravam e exaltavam, ao mesmo tempo, a obra de Deus. Como observa Hengel (I, p.208), os mestres de sabedoria *hassidim* estavam empenhados na controvérsia com o helenismo de uma forma ainda mais vigorosa do que Ben Sira. Pois, no fundo, por meio das "revelações apocalípticas",

* Segundo a tradição, Enoc era um dos patriarcas do período anterior ao dilúvio: ele "andou com Deus, e desapareceu, porque Deus o levou" (Gênese, 5:24). O que se segue muito deve às análises de Hengel, op.cit., p.204s.

** Na Índia, a doutrina da gnose secreta, comunicada por meio de uma iniciação, é atestada desde a época dos Upanixades, mas será elaborada sobretudo na literatura tântrica (cf. v.III).

possuíam uma ciência superior à dos gregos. De fato, a ciência deles englobava o cosmo, a história e o mundo celeste, e também o destino do homem no momento do *eschaton*, conhecimento inacessível à razão. Essa concepção de uma ciência esotérica, total e salvífica, suscetível de ser apreendida em visões extáticas ou transmitida por meio de uma iniciação, é igualmente atestada em outras tradições religiosas e será compartilhada pelo cristianismo antigo.

Nenhuma outra corrente do pensamento judaico recorreu tantas vezes às ideias helenístico-orientais quanto a apocalíptica. Apesar disso, o fundamento da apocalíptica permanece sempre como a concepção veteritestamentária da história da salvação.[45] Estamos às voltas com um fenômeno espiritual de grande importância, ou seja, *a criatividade religiosa suscitada pelo sincretismo*. Com efeito, os Hássidas, autores dos primeiros Apocalipses, receberam e assimilaram ideias derivadas de vários sistemas sincretistas; mas essas ideias enriqueceram o judaísmo e mantiveram a esperança do povo judeu num período excessivamente difícil. De resto, um processo análogo pode ser identificado em outras correntes religiosas. Guiado pelo "Mestre de Justiça", o grupo hássida de "essênios" separou-se do resto da comunidade e decidiu viver, no deserto, uma vida de caráter monástico (§223); ora, o mais próximo análogo da organização cenobítica dos essênios é o conventículo fechado de tipo grego. Mesmo os fariseus, o segundo grupo derivado dos *hassidim*, incorporaram muitas ideias helenísticas a sua doutrina da Lei.[46]

Feitas todas as contas, a agressão sacrílega de Antíoco Epífano e a revolta vitoriosa dos macabeus determinaram a orientação e as estruturas que, futuramente, teria o judaísmo. O "zelo contra a Torá" que animava os adeptos de Antíoco incentivou o "zelo *pela* Torá", e acabou por consolidar a ontologia da Lei.[47] A Torá foi elevada à categoria de uma realidade absoluta e eterna, modelo exemplar da Criação. Segundo R. Simon ben Laqisch (século III d.C.), a existência do mundo depende de Israel aceitar a Torá; sem isso, o mundo retornará ao caos.[48] Cada um dos 248 mandamentos ou cada uma das 365 proibições que constituem a Torá recebe uma significação cósmica. O homem, criado com 248 membros e 365 veias, reflete em sua própria estrutura, ao mesmo tempo, a obra de Deus (o cosmo) e Sua revelação (a Lei).* Como realidade absoluta, a Torá é fonte de vida. Nas palavras de Hillel, "onde há muita Torá, há muita vida" (*Pirkê Abbot*, III, 7).

No entanto, a exaltação da Torá modificou radicalmente o destino do judaísmo. Desde os Profetas, a religiosidade hebraica era estimulada pela

* Dois séculos mais tarde, o tantrismo apresentará um sistema antropocósmico e um ritual similares.

tensão entre as tendências "universalista" e "particularista". A causa dessa oposição vigorosa e criadora era essencialmente o caráter paradoxal da revelação. De fato, uma revelação de Deus *na história*, isto é, *limitada ao povo judeu*, era proclamada *universalmente válida*, ao mesmo tempo que era considerada *exclusiva* aos israelitas. Na segunda metade do século II a.C., graças ao surpreendente desenvolvimento das comunidades judaicas estabelecidas na época da diáspora e, em parte, à propagação missionária, o judaísmo estava se tornando uma *religião universal*. Mas a reação contra o sacrilégio de Antíoco conduziu àquilo que se denominou a "fixação na Torá";* ora, tal "fixação" embaraçava o desenvolvimento de uma religião universal. O papel decisivo na defesa da identidade nacional cabia sem dúvida à Lei, mas a consciência de uma missão universal não podia desenvolver-se livremente ao lado de uma corrente nacionalista poderosa e popular. Isso explica, aliás, a decisão da Igreja cristã primitiva, animada pelo espírito profético judaico, de enviar missionários para entre os samaritanos, tão detestados pelos israelitas (Atos, 8:4s.), e, pouco tempo depois, para o convívio dos não judeus de Antioquia (Atos, 11:19s.). "A cristologia tomou o lugar da ontologia da Torá, como expressão da revelação livre e salvífica de Deus na história, revelação que já não reconhecia as fronteiras de ordem nacional ou histórica."[49] A fixidez da Torá e o triunfo do legalismo também puseram cobro às esperanças escatológicas. "Até mesmo a literatura apocalíptica foi progressivamente desaparecendo e acabou por ser substituída pela mística judaica" (Hengel, I, p.175).

Convém, no entanto, acrescentar que, na perspectiva do judaísmo, o abandono da missão universal era o preço que se tinha de pagar para proteger a comunidade israelita. O essencial era, no fim das contas, a continuidade histórica do povo judeu. Não se tratava apenas de "nacionalismo", mas, antes de tudo, de uma teologia construída em torno da noção de "povo eleito". Israel foi escolhido por Javé; era o *Seu* povo. Por conseguinte, o povo judeu constituía uma realidade histórica santificada pela vontade de Deus. A alienação nacional equivalia a uma apostasia, vale dizer, à *profanação de uma estrutura étnica consagrada por sua própria origem*. O primeiro dever do povo judeu era, portanto, manter intacta a sua identidade, até o fim da história; em outras palavras, permanecer sempre à disposição de Deus.

* Cf. Hengel, I, p.312. Mesmo nas comunidades da diáspora, a primazia da Torá não era contestada. A interpretação alegórica não anulava o sentido literal das Escrituras, e Fílon aceitava as leis e as proibições prescritas.

NOTAS

1. Cf. Fohrer, *History of Israelite Religion*, p.328s.
2. Voltamos a encontrar ideias similares in Zacarias, 8:9-13; etc.
3. Fohrer, op.cit., p.340.
4. Isaías, 24:23; 33:22; 43:15; 44:6; "E Javé reinará sobre elas no monte Sião" (Miqueias, 4:7; cf. 2:13); Zacarias, 9:1-8; etc.
5. Ver S. Mowinckel, *He That Cometh*, p.56s.
6. Cf. Fohrer, op.cit., p.350.
7. Cf., *inter alia*, G. Widengren, *Sakrales Königtum*, p.30s.; Mowinckel, *He That Cometh*, p.280s. e passim; Ringgren, "König und Messias"; etc.
8. Cf. Fohrer, p.352.
9. A. Caquot, "Le judaïsme depuis la captivité de Babylone", p.143.
10. Mas, segundo Morton Smith (que aceita as conclusões de Kellermann), teria cabido a Neemias continuar a reforma iniciada por Esdras; cf. *Palestinian Parties and Politics That Shaped the Old Testament*, p.120s. Ver ibid., p.125s., a análise da obra empreendida por Neemias.
11. Exegese similar justificava a validade das doutrinas *mahayana* e das técnicas tântricas, bem como as "revelações" herméticas, apocalípticas ou gnósticas.
12. Lembremos que o livro de Jó, segundo vários historiadores, pertence à época pós-exílica.
13. Cf. Morton Smith, *Palestinian Parties and Politics That Shaped the Old Testament*, p.58s., 228s.
14. E. Bickermann, *Der Gott der Makkabäer*, p.59s.; V. Tcherikover, *Hellenistic Civilization and the Jews*, p.90s.; Martin Hengel, *Judaism and Hellenism*, v.I, p.65s.
15. Hengel, *Judaism and Hellenism*, v.I, p.154, e II, p.98, nota 298 (fontes antigas e bibliografia).
16. Cf. os estudos de W.A. Albright, C.I.K. Story e H. Donner, analisados por Hengel, op.cit., v.I, p.154s., v.II, p.99.
17. W. Bousset-H. Gressmann, *Die Religion des Judentums im späthellenistischen Zeitaler* (3ª ed.), p.319, 342s.; cf. Hengel, v.I, p.155.
18. O sentido do termo é incerto: *Coélet* refere-se provavelmente ao "presidente da assembleia" ou ao "orador"; cf. Hengel, *Judaism and Hellenism*, v.I, p.129.
19. Ver as referências bibliográficas em Hengel, op.cit., v.II, p.77, nota 52.
20. Cf. Hengel, op.cit., v.I, p.124.
21. No "elogio dos antepassados" (44:1, 49:16), Ben Sira exalta grandes vultos da história bíblica: Enoc, Noé, Abraão, Isaac e Jacó, Moisés etc. Texto singular, sem paralelo na literatura sapiencial (Hengel aproxima-o da glorificação dos heróis na literatura helenística, *De viris illustribus*; op.cit., v.I, p.136). Contudo, o autor perde a inspiração e o "elogio" torna-se didático e, por fim, monótono.
22. W. Schencke, *Die Chokma (sophia) in der jüdischen Hypostasenspeckulation*, p.29. Hengel (v.I, p.160) lembra o *lógos* dos filósofos estoicos, que penetra o cosmo e lhe dá forma: "A lei (*lógos*) universal, que é a verdadeira sabedoria penetrando por toda a parte, é idêntica a Zeus" (Zenão, citado por Diógenes Laércio, VII, 88).
23. J. Fichtner, *Die altorientalische Weisheit in ihrer israelitischjüdischen Ausprägung*, p.127; cf. Hengel, v.I, p.162.

24. Segundo Bickermann, foram os extremistas helenófilos de Jerusalém que moveram Antíoco à violência exacerbada da repressão; cf. *Der Gott der Makkabäer*, p.120s. e passim. Os autores do edito de perseguição eram os próprios Tobíadas; cf. Hengel, v.I, p.289.
25. Bickermann, op.cit., p.92s.
26. Cf. Hengel, op.cit., v.I, p.261s.; M. Simon, "Jupiter-Yahvé", p.49s.
27. Cf. M. Simon, p.51.
28. A perseguição e a guerra dos macabeus são analisadas por Bickermann, op.cit., v.V. Tcherikover, *Hellenistic Civilization and the Jews*, p.175-234; S.K. Eddy, *The King Is Dead*, p.213-56. Ver também Hengel, v.I, p.277s.
29. No entanto, as tendências sincretistas continuaram a se desenvolver em Samaria, na Transjordânia e sobretudo nas comunidades gregófonas estabelecidas durante a diáspora; cf. Hengel, v.I, p.308.
30. Cf. o "Oráculo do oleiro" egípcio, os oráculos de Histaspes e da Sibila etc.
31. Cf. W. Baumgartner, "Danielforschung", p.214-22; A. Bentzen, *Daniel*, p.57-67; A. Lacoque, *Le livre de Daniel*, p.49s.
32. Cf. Eliade, *Le mythe de l'éternel retour*, p.133s.; Hengel, v.I, p.191s.
33. Na sua viagem extática ao Céu, Enoc vê as tábuas em que estava inscrita a história na sua totalidade (I Enoc, 81:1s.). Sobre esse motivo, cf. Widengren, *The Ascension of the Apostle*, esp. p.27s.
34. Cf. *Le mythe de l'éternel retour*, p.149s.; P. Volz, *Eschatologie*, p.150s. Esses clichês, próprios das literaturas apocalípticas, derivam de um argumento mítico-ritual arcaico: o fim do mundo, seguido da nova Criação (§12; cf. *Aspects du mythe*, cap.IV-V).
35. Da mesma época é I Enoc, 90:33 e a obra de Jasão de Cirene, redigida pouco tempo depois da morte de Judas Macabeu; cf. Hengel, v.I, p.196.
36. Na mesma obra voltamos a encontrar a ideia arcaica da degenerescência inevitável do mundo: "A Criação já envelheceu; ela já passou pela força da juventude" (IV Esdras, 7:55).
37. A data do *eschaton* pode ser calculada pelos "sábios": ver, *inter alia*, Daniel, 9:22s.; I Enoc, 10:12; 89; 90; 17; II Esdras, 4:5; 14:11; etc. Cf. W. Bousset, *Religion des Judentums*, 2ª ed., p.283s.; P. Volz, *Eschatologie*, 2ª ed., p.141s.
38. Cf. Mowinckel, *He That Cometh*, p.280s., com rica bibliografia.
39. A ideia será elaborada pelas especulações rabínicas; cf. Moore, *Judaism*, v.II, p.375s.
40. *Sanhedrin*, 99a, onde se citam diferentes opiniões rabínicas; cf. também Moore, *Judaism*, v.II, p.375s.
41. Strack e Billerbeck, *Kommentar zum Neuen Testament aus Talmud und Midrasch*, v.II, p.340.
42. Ringgren, *La religion d'Israël*, p.350; Mowinckel, op.cit., p.382. As especulações em torno da era messiânica tiveram prosseguimento nos círculos rabínicos dos primeiros séculos depois de Cristo. Os mesmos motivos retornam assiduamente: a destruição dos pagãos, o triunfo dos judeus, as beatitudes com que Deus recompensa os fiéis etc. (ver as fontes citadas por Moore, *Judaism*, v.II, p.345s.). Acrescentam certos textos que, nesse dia, todos os povos serão convertidos ao culto do Deus único, Javé (Moore, v.II, p.371). Mas a convicção, cara aos autores dos Apocalipses, de que a data do *eschaton* pode ser calculada, é abandonada. O messias chegará no momento escolhido por Deus. Até então, devem os fiéis praticar a penitência, arrepender-se e obedecer à lei (ibid., v.II, p.350s.).

43. Ver outros exemplos em Mowinckel, op.cit., p.375s., 385s.
44. Cf. Hengel, v.I, p.206s.; v.II, p.137, nota 630.
45. Hengel, v.I, p.251.
46. Cf. Hengel, v.I, p.312. Ver ibid., o resumo das crenças e ideias colhidas pelos judeus no meio cultural helenístico-oriental.
47. Hengel, v.I, p.292s. A escatologia, isto é, a "segunda linha de combate" na confrontação com o helenismo, constituía a única força capaz de limitar a onipresença da Torá; de fato, a Torá acabará por dominar, ao mesmo tempo, o presente histórico e os ritmos cósmicos (ibid., p.312).
48. R. Eliezer B. Hyrcanus (c.100 d.C.) disse, segundo consta: "Se a Torá não estivesse presente, não teriam existido o Céu e a Terra", apud Hengel, v.I, p.172. Ver outras fontes em Moore, *Judaism*, v.I, p.266s., 450s.
49. Hengel, v.I, p.314.

XXVI. Sincretismo e criatividade na época helenística: a promessa da salvação

205. As religiões de mistérios

Como já observamos (§184), a *promessa da salvação* constitui a novidade e a principal característica das religiões helenísticas. Trata-se certamente, e em primeiro lugar, da *salvação individual*, mas os cultos dinásticos colimavam um objetivo análogo.* As divindades que se julgava terem conhecido a morte e a ressurreição estavam mais próximas do homem que os deuses políades. Seu culto comportava uma iniciação mais ou menos elaborada (catequese, ritos e ensinamento esotérico), depois da qual o neófito era admitido no conventículo. O pertencimento a uma sociedade de mistérios não impedia de modo algum a iniciação em outras confrarias secretas. Tal como todas as correntes espirituais da época, a esperança da salvação desenvolveu-se sob o signo do sincretismo.

Com efeito, o sincretismo religioso é a nota dominante desse tempo. Fenômeno imemorial e profusamente atestado, desempenhou o sincretismo importante papel na formação das religiões hitita, grega, romana, na religião de Israel, no budismo mahayana e no taoismo. Contudo, o que caracteriza o sincretismo na época helenística e romana é sua abertura e surpreendente criatividade. Em vez de revelar desgaste ou esterilidade, o sincretismo parece ser a condição de toda criação religiosa. Já vimos sua importância no judaísmo pós-exílico (§202). Revelaremos posteriormente um processo análogo em certas criações da religiosidade iraniana (§212). O cristianismo primitivo também se desenvolve num meio sincretista. É verdade que, na época que ora estudamos, só um deus – Serápis – resulta de uma fusão combinada de duas figuras divinas. No

* Por exemplo, a elevação de um deus tradicional à categoria de divindade protetora da dinastia: Apolo para os Selêucidas, Zeus para os Lágidas, Atena para os Atálidas. A divinização dos soberanos e os cultos sincretistas de Estado – por exemplo, o culto de Serápis no Egito dos Ptolomeus – tinham em vista o mesmo objetivo.

entanto, os mistérios greco-orientais, as especulações escatológicas e apocalípticas, o culto dos soberanos – para citarmos apenas alguns exemplos – ilustram a importância e o vigor do pensamento sincretista.

Pode-se dizer que as promessas da salvação forcejam por exorcizar o prestígio temível da deusa Túkhê ("Sorte"; em latim, Fortuna). Caprichosa e imprevisível, Túkhê traz, indiferentemente, felicidade ou má sorte; manifesta-se como *anágkê* ("necessidade") ou *heimarménê* ("destino") e mostra sua força sobretudo na vida dos maiores vultos, como Alexandre.[1] O destino acaba por ser associado ao fatalismo astral. Tanto a existência dos indivíduos como a duração das cidades e dos Estados são determinadas pelas estrelas. Essa doutrina e a astrologia – a técnica que aplica seus princípios – desenvolvem-se sob o impulso das observações dos babilônios aplicadas às revoluções dos astros. É inegável que a teoria das correspondências micromacrocósmicas já era conhecida, havia muito tempo, na Mesopotâmia (§24) e em outras partes do mundo asiático. Dessa vez, porém, o homem não apenas se sente solidário dos ritmos cósmicos, mas também descobre que é *determinado* pelos movimentos das estrelas.*

Essa concepção pessimista não chega a ser desacreditada, exceto pela convicção de que certos seres divinos são independentes do destino, e de que lhe são mesmo superiores. Bel é proclamado o senhor da sorte, *Fortuna rector.* Nos mistérios de Ísis, a deusa garante ao iniciado que pode prolongar-lhe a vida para além do termo fixado pelo destino. Nos *Louvores de Ísis e Osíris*, a deusa proclama: "Conquistei o destino e o destino me obedece." De mais a mais, Túkhê (ou Fortuna) torna-se um atributo de Ísis.[2] Muitos textos misteriosóficos e hermetistas asseveram que os iniciados já não são determinados pela sorte.[3]

Diversamente da iniciação nos mistérios de Elêusis, que se realizava apenas no *telestêrion* e numa data determinada (cf. §97), as iniciações nas outras religiões de salvação podiam efetuar-se em qualquer lugar e data. Todos esses cultos iniciatórios proclamavam ser de antiguidade imemorial, ainda que, em certos casos, sua organização não datasse nem mesmo de um século. Trata-se, decerto, de um clichê próprio do *Zeitgeist* da época helenística e romana; mas, como veremos, as religiões de salvação reatualizavam certos elementos

* Os estoicos dedicaram-se a corrigir o amoralismo astrológico; interpretavam o destino como uma providência que leva em conta a moral; na verdade, fora a providência que criara os planetas. Por outro lado, deve-se assinalar que, graças aos cálculos astronômicos efetuados pelos babilônios, a história do mundo estava agora dividida em períodos e crises dominados pelos planetas. Essa nova visão cosmo-histórica inspira certas especulações escatológicas (por exemplo, a apocalíptica judaica, §202; a Idade de Ouro instaurada por Augusto no fim das guerras civis etc.).

religiosos arcaicos. Com exceção do dionisismo, todos os mistérios são de origem oriental: frígia (Cíbele e Átis), egípcia (Ísis e Osíris), fenícia (Adônis), iraniana (Mithra). No entanto, na época helenística, e sobretudo durante o Império, esses cultos orientais já não tinham um caráter étnico; suas estruturas e soteriologias proclamavam uma intenção universalista. Conhecemos o essencial de seus cultos públicos; no que diz respeito aos rituais secretos, isto é, à iniciação propriamente dita, estamos reduzidos a algumas indicações sumárias e enigmáticas.

Sabemos que o postulante se comprometia por juramento a guardar segredo sobre tudo o que veria e ouviria durante as cerimônias. Aprendia em seguida a história sagrada (o *hieròs lógos*) que narrava o mito da origem do culto. Provavelmente o mito já era conhecido pelo neófito, mas era-lhe comunicada uma nova interpretação, esotérica; isso equivalia à revelação do verdadeiro sentido do drama divino. A iniciação era precedida de um período de jejum e maceração, depois do qual o noviço era purificado por lustrações. Nos mistérios de Mithra e de Átis, sacrificavam-se touros e carneiros sobre uma vala coberta por uma grade: o sangue pingava sobre o mista que ficava embaixo. De uma forma que não foi esclarecida, o neófito participava ritualmente de um argumento litúrgico articulado em torno da morte e da ressurreição (ou do renascimento) da divindade. Em suma, a iniciação realizava uma espécie de *imitatio dei*. A maioria das indicações fragmentárias de que dispomos refere-se à morte e à ressurreição simbólicas do mista. Durante sua iniciação nos mistérios de Ísis, Lúcio, o herói do romance de Apuleio, as *Metamorphoses*,* sofre "uma morte voluntária" e "atinge o reino da morte" a fim de obter o seu "dia de nascimento espiritual" (XI, 21, 24). Nos mistérios de Cíbele, o neófito é considerado *moriturus*, "o que está para morrer".[4] A essa morte mística sucedia um novo nascimento, um nascimento espiritual. No rito frígio, escreve Salústio, os novos iniciados "eram alimentados com leite como se tivessem renascido" (*De diis et mundo*, 4). E, no texto conhecido com o nome de *Liturgia de Mithra*, mas que é impregnado de gnose hermética, pode-se ler: "Hoje, sendo de novo gerado por Ti, sendo entre miríades imortalizado", ou "Nascido de novo para renascer nesse nascimento criador de Vida ...".[5]

Durante as cerimônias, o neófito contemplava ou manipulava certos objetos sagrados. Era-lhe comunicada, ao mesmo tempo, a interpretação do simbolismo desses objetos; tratava-se provavelmente de uma exegese esotérica que explicitava e justificava seu valor salvífico. Em determinado

---

* *O asno de ouro*, trad. de Ruth Guimarães. São Paulo, Cultrix, 1968. (N.T.)

momento de sua iniciação, o mista participava de um banquete ritual. Na época que nos interessa, essa prática imemorial tinha sobretudo uma significação escatológica.[6] Nos mistérios de Mithra, o pão e o vinho conferiam aos iniciados força e sabedoria nesta vida, e imortalidade gloriosa na outra.[7] Graças à iniciação, o neófito tornava-se igual aos deuses. Apoteose, deificação e "desmortalização" (*apathanatismós*) são as concepções familiares a todos os mistérios.[8]

206. Dioniso místico

Na época helenística e romana, o deus grego mais popular era Dioniso. Seu culto público foi "purificado" e espiritualizado, com a eliminação do êxtase (que continuou, entretanto, a desempenhar um papel nos mistérios dionisíacos).[9] Além disso, a mitologia de Dioniso era a mais viva. As artes plásticas, sobretudo as decorações dos sarcófagos, inspiravam-se amplamente em episódios mitológicos famosos, em primeiro lugar os acontecimentos da infância de Dioniso (o nascimento miraculoso, a joeira) e a redenção de Ariadne, seguida do *hieròs gámos*. A mitologia, os locais de culto e os monumentos evocavam da melhor forma possível a dupla natureza de Dioniso, nascido de Zeus e de uma mortal, perseguido e, não obstante, vitorioso, morto e ressuscitado. Seu túmulo ficava em Delfos, mas sua ressurreição figurava em muitos monumentos. Conseguira colocar sua mãe entre os olímpicos; o maior dos seus feitos, no entanto, fora trazer sua futura esposa, Ariadne, de volta dos Infernos. Ora, na época helenística, a figura de Ariadne simbolizava a alma humana. Em outros termos, Dioniso não só libertava a alma da morte, mas unia-se a ela em núpcias místicas (Schneider, op.cit., II, p.802).

A popularidade de Dioniso é também difundida pelas sociedades dos *Tekhnîtai* ou artistas dionisíacos, associações atestadas em Atenas já por volta de 300 a.C. Trata-se de confrarias pararreligiosas,[10] mas sem caráter de mistérios. Quanto aos mistérios dionisíacos *stricto sensu*, já apresentamos o essencial do problema (§125). Lembremos que, em *As bacantes*, Dioniso proclama a estrutura mistérica de seu culto e explica a necessidade do segredo iniciatório: "É proibido comunicá-los [os *órgia*] àqueles que não são bacantes." "Qual é a sua utilidade para aqueles que os celebram?", pergunta Penteu. "Não te é permitido sabê-lo, mas são coisas que merecem ser conhecidas" (v.470-4). Afinal, o segredo iniciatório foi bem guardado. Quase todos os textos referentes ao serviço litúrgico desapareceram, com exceção de alguns hinos órficos tardios. Os documentos arqueológicos da época helenística e romana são muito numerosos, mas a interpretação de seu simbolismo, mesmo quando aceita pela maioria dos estudiosos, não chega a elucidar a iniciação propriamente dita.

Não se pode duvidar da estrutura fechada, e portanto ritual, ou seja, iniciatória, das tiases (*thíasoi*) dionisíacas. Uma inscrição de Cumas (início do século V) prova que as confrarias tinham os seus próprios cemitérios, onde só eram admitidos os iniciados nos mistérios de Baco.[11] Pôde-se demonstrar (contra a opinião de certos estudiosos, que só viam nas cavernas dionisíacas um ambiente propício aos banquetes e festejos profanos), que tais cavernas constituíam lugares de culto. Os mais antigos testemunhos iconográficos, que remontam ao século VI, apresentam Dioniso deitado numa caverna, ou uma mênade dançando diante de uma enorme máscara do deus, situada no interior de uma caverna. Ora, os textos aludem às danças sagradas e aos banquetes rituais diante das cavernas dionisíacas; por outro lado, esclarecem que as cerimônias se realizam durante a noite a fim de preservar o seu segredo. No que se refere aos rituais iniciatórios, estamos reduzidos a hipóteses. Em seu ensaio sobre as cenas figuradas, Friedrich Matz, seguindo, aliás, o exemplo de outros estudiosos, concluiu que o ato central da iniciação consistia em revelar o falo escondido numa joeira (*lîknon*).[12] Tudo leva a crer que essa cena, profusamente ilustrada, tinha uma importância ritual, mas Boyancé mostrou, a propósito, que os textos citam o *lîknon* com referência a todas as espécies de iniciações, e não apenas associado à iniciação dionisíaca.

Por outro lado, num relevo de estuque conservado no Museu de Óstia (prancha XXV de Matz), onde Dioniso e três outras personagens são designados pelos próprios nomes, a cista (*kístê*) traz a indicação: *Mustêria*. Ora, a cista contém os *crepundia* ou *signa*, isto é, os "brinquedos místicos" (pião, carrapeta, ossinhos e espelho), já atestados no século III a.C. nos papiros de Fayum (Gouroub). Foi com esses brinquedos que os titãs lograram atrair a criança Dioniso-Zagreu, a quem depois mataram e cortaram em pedaços (cf. §125). Esse mito foi-nos transmitido apenas por alguns autores cristãos, mas era conhecido por dois iniciados nos mistérios – Plutarco e Apuleio – e também pela confraria órfica do Egito helenístico.[13] A julgar pelos monumentos, a ostentação do falo parece ter feito parte "desses ritos um pouco assustadores que antecedem o acesso à presença do deus".[14] Cuida Boyancé que "o que podia incutir no mista a fé, a certeza de um apoio divino, capaz de garantir-lhe, no além, um destino privilegiado, não pode ter sido a visão de um objeto como aquele" (p.45). O ato central da iniciação era a presença divina tornada sensível pela música e pela dança, experiência que produz "a crença num elo íntimo que se estabelece com o deus".[15]

Observações sem dúvida plenamente justificadas, mas que não aprofundam nosso conhecimento sobre o ritual iniciatório. Em todo o caso, convém esclarecer que a ostentação do falo constituía um ato religioso, pois se tratava do órgão gerador de Dioniso, ao mesmo tempo *deus e mortal que vencera a morte*. Basta a lembrança da sacralidade do *lingam* de Xiva para percebermos que, em certos contextos culturais e religiosos, o órgão gerador de um deus simboliza não somente o mistério de sua criatividade, mas exprime também sua *presença*. No mundo ocidental moderno, tal experiência religiosa é decerto inacessível. Porque, ao contrário dos mistérios, o cristianismo ignorou o valor sacramental da sexualidade. Pode-se fazer a mesma observação a propósito das refeições rituais dionisíacas, quando os iniciados, coroados de flores, se entregavam a uma alegre embriaguez, considerada possessão divina. É difícil para nós compreender a sacralidade de tal júbilo. E, no entanto, ele antecipava a beatitude de além-túmulo prometida aos iniciados no mistério de Dioniso.[16]

Textos tardios, que refletem a escatologia órfica, insistem no papel de Dioniso como rei dos tempos novos. Embora ainda criança, Zeus fê-lo reinar sobre todos os deuses do Universo (frag. órfico 207). A epifania da criança divina anuncia a nova juventude do Universo, a palingenesia cósmica.* (A criança como signo de renascimento e de renovação prolonga o simbolismo religioso do falo.) As esperanças ligadas ao triunfo de Dioniso, e portanto a uma regeneração periódica do mundo, implicam a crença num retorno iminente da Idade de Ouro. Isso explica a popularidade do título Novo Dioniso, que foi atribuído a diversas personalidades (ou que elas se atribuíram) no limiar da nossa era.[17]

207. Átis e Cíbele

O culto de Cíbele e os "mistérios" de Átis ilustram, ainda melhor que as outras formas religiosas contemporâneas, a diversidade estrutural das criações sincretistas. A deusa frígia introduzida em Roma em 205-204 a.C. para salvar

* "O conceito de palingenesia e a ideia de que um novo deus é um deus com reaparecimento periódico não eram apenas conceitos cujas afinidades eram evidentes com o conceito que estava implícito na alternância das epifanias e nos desaparecimentos (*aphanismoí*) de um deus que se manifestava através de suas parusias, anuais ou bienais (*trietêrídes*). No plano da duração cósmica, esse conceito deixa-se transpor com facilidade na forma de um ciclo de retorno em escala igualmente cósmica" (Jeanmaire, *Dionysos*, p.413-4). Sobre o simbolismo dionisíaco da criança, ver também Turcan, *Les sarcophages...*, p.394s., 405s., 433s.

a República, seriamente ameaçada pelos exércitos cartagineses (§168), tinha uma história multimilenar. A pedra negra na qual Cíbele estava ritualmente presente testemunha o arcaísmo do culto: a rocha é um dos mais antigos símbolos da Terra-Mãe. E é ainda um rochedo, em outras palavras, a grande mãe Cíbele, que se encontra na origem de Átis e de seu culto. Segundo o mito narrado por Pausânias (VII, 17: 10-2), um monstro hermafrodita, Agdístis, nasceu de uma pedra fecundada por Zeus.* Os deuses decidiram castrá-lo e transformá-lo na deusa Cíbele. De acordo com outra variante, do sangue do hermafrodita brotou uma amendoeira. Ao comer uma amêndoa, Nana,** filha do rio Sangário, ficou grávida e deu à luz uma criança, Átis. Já crescido, Átis estava celebrando suas núpcias com a filha do rei, quando Agdístis, que a amava, se introduziu na sala do banquete. A assistência foi tomada pela loucura, o rei amputou seus órgãos genitais e Átis fugiu, indo mutilar-se num pinheiro e encontrando a morte. Desesperado, Agdístis tentou ressuscitá-lo, mas Zeus se opôs ao seu desígnio; permitiu apenas que o corpo de Átis permanecesse incorruptível e o único sinal de vida foi o crescimento de seus cabelos e o movimento de seu dedo mindinho.*** Uma vez que Agdístis não passa de uma epifania da grande mãe andrógina, Átis é ao mesmo tempo filho, amante e vítima de Cíbele. A deusa deplora seu ciúme, arrepende-se e chora o amado.

Essa mitologia arcaica e os ritos cruentos que vamos evocar daqui a pouco constituem a origem de uma religião de salvação que se tornou extremamente popular nos primeiros séculos da Era Cristã em todo o Império Romano. É certo que o argumento mítico-ritual ilustrava o "mistério" da vegetação (cf. §12); o sangue e os órgãos sexuais ofertados a Cíbele asseguravam a fertilidade da Terra-Mãe. Mas, com o tempo, esse culto imemorial foi investido de novas significações religiosas; seus ritos cruentos tornaram-se meios de redenção. É provável que a função soteriológica do culto já fosse conhecida fazia algum tempo. Em Pessinonte havia uma confraria fechada, do tipo religião de mistérios.[18] Muito tempo antes de ter sido introduzido em Roma, o culto de Átis e de Cíbele propagou-se na Grécia, onde provavelmente sofreu certas modificações. Tanto na Grécia quanto em Roma, a repugnância aos ritos cruentos de castração e aos sacerdotes eunucos mantivera Átis numa posição subalterna. Durante muito tempo, o deus não gozou em Roma de nenhum culto público,

* Esse episódio lembra um mito hurrito-hitita: Kumarbi, "o pai dos deuses", fecundou uma rocha com seu sêmen; cf. §46.

** Nana é outra epifania da mãe (portanto de Agdístis).

*** De acordo com outra variante, Átis é morto por um javali; trata-se de uma tradição antiga, pois Heródoto (I, 34s.) narra-a sob uma forma evemerizada.

ainda que muitas estatuetas de terracota, datadas do século II a.C., atestem sua presença. Somente na época de Cláudio e seus sucessores, Átis e os ritos que ele havia instaurado foram guindados ao primeiro plano. Trata-se de um acontecimento cuja importância não tardaremos a destacar.

As festas eram celebradas no equinócio da primavera,* de 15 a 23 de março. No primeiro dia (*canna intrat*, "a entrada do caniço"), a confraria dos canóforos levava para o templo caniços cortados; segundo a lenda, Cíbele encontrara a criança Átis abandonada na margem do rio Sangário. Sete dias depois, a confraria dos dendróforos trazia da floresta um pinheiro cortado (*arbor intrat*). O tronco era enfaixado, como um cadáver, e no meio estava amarrada uma imagem de Átis. A árvore representava o deus morto. Em 24 de março, "o dia do sangue" (*dies sanguinis*), os sacerdotes (os galos) e os neófitos, ao som de flautas, címbalos e tamborins, entregavam-se a uma dança selvagem, flagelavam-se até sangrar, abriam os próprios braços com facas; no auge do frenesi, alguns neófitos amputavam seus órgãos viris e ofereciam-nos em oblação à deusa.

Às lamentações fúnebres da noite de 24 para 25 de março sucedia bruscamente uma explosão de alegria, quando, pela manhã, se anunciava a ressurreição do deus.[19] Era o dia da "alegria", *Hilaria*. Depois de um dia de "descanso" (*requietio*), em 27 de março realizava-se a grande procissão ao rio, onde se banhava a estátua de Cíbele (*lavatio*). Segundo certos autores, as iniciações individuais eram celebradas em 28 de março; o neófito era santificado pelo sangue de um touro ou de um carneiro sacrificados (*taurobolium* e *criobolium*). Ao que tudo indica, o sacrifício substituía o rito da automutilação do mista, pois este oferecia à deusa os órgãos genitais das vítimas. Era admitido na "alcova nupcial" (*pantós*, *cubiculum*) ou "sob o baldaquino" como esposo místico de Cíbele, tal como o sacerdote, o galo, que entrava nesse lugar sacrossanto para oferecer à mãe os restos de sua mutilação.[20]

No que tange à iniciação propriamente dita, o único documento de que dispomos são as palavras citadas por Clemente de Alexandria e que serviam de senha aos iniciados: "Eu comi no tamborim; bebi no címbalo; trouxe o *kérnos*; entrei sob o baldaquino" (*Protréptico*, II, 15). A analogia com o *súnthêma* de Elêusis é evidente (cf. §98); pode explicar-se quer por um empréstimo de uma parte ou da outra, quer pela derivação com base numa expressão comum utilizada em vários mistérios na época helenística. A expressão refere-se, sem

* As informações referentes ao calendário das festas são bastante tardias (séculos III e IV d.C.; cf. "Estado das questões", §207). No entanto, é importante apresentar a estrutura do culto em seu apogeu.

dúvida, aos rituais iniciatórios. O tamborim e o címbalo são os instrumentos favoritos de Cíbele. Como Átis era denominado "espiga colhida verde" (*Philosophoúmena*, V, 8), tudo leva a crer que a refeição ritual consistisse essencialmente em pão e vinho; de fato, Fírmico Materno (*De errore*, 18) interpreta-o como o equivalente demoníaco e funesto da ceia cristã. Quanto ao *kérnos*, é provável que, no culto iniciatório de Átis, esse vaso de terracota não fosse utilizado para uma oblação alimentar, mas para conduzir os órgãos sexuais do touro ou do carneiro à mãe, "sob o baldaquino".[21]

Como vamos ver, os mistérios de Átis e de Cíbele, pelo menos desde certa data, prometiam a "imortalidade" dos iniciados. No momento, é importante examinar mais de perto o significado dos principais ritos, isto é, as proibições alimentares e a autocastração dos galos. As religiões helenísticas dos mistérios, não obstante sua "espiritualização", haviam conservado muitos elementos arcaicos. Trata-se, aliás, de uma característica dos movimentos religiosos que exigem a iniciação individual. A omofagia, rito dionisíaco por excelência, era suscetível de reatualizar uma experiência religiosa específica aos caçadores primitivos (§124). No que respeita à iniciação nos mistérios de Elêusis, ela tornava possível a anamnese dos sacramentos arcaicos, em primeiro lugar o valor sacramental do trigo e do pão (§99). Em geral, pode-se dizer que as cerimônias de estrutura iniciatória redescobrem certos comportamentos arcaicos e revalorizam muitos objetos rituais obsoletos. Recordem-se as facas de sílex utilizadas para as circuncisões iniciatórias, ou o papel da carrapeta (*bull-roarer*) na mitologia e na iniciação órficas, ou a função religiosa do "segredo" (§99).

Os mistérios helenísticos apelam para comportamentos rituais arcaicos – música selvagem, danças frenéticas, tatuagens, absorção de plantas alucinógenas – a fim de forçar a aproximação da divindade, ou até de obter a *unio mystica*. Nos mistérios de Átis, o jejum imposto aos neófitos consiste principalmente na privação do pão,[22] porque o deus é "a espiga colhida verde". A primeira refeição iniciatória reduz-se, em suma, a experimentar o valor sacramental do pão e do vinho, o que raramente está ao alcance das populações urbanas. Quanto à automutilação dos galos e de alguns fiéis durante os transes extáticos, ela lhes assegura a castidade absoluta, em outras palavras, seu devotamento total à divindade.[23] Tal experiência é difícil de analisar; além das pulsões mais ou menos inconscientes que governam o neófito, deve-se levar em conta a nostalgia de uma androginia ritual, ou o desejo de aumentar a própria reserva de "forças sagradas" por uma deformidade insólita ou impressionante, ou mesmo a vontade de sentir-se lançado para fora das estruturas tradicionais da sociedade por uma *imitatio dei* total. Afinal, o culto de Átis e

Cíbele possibilitava a redescoberta dos valores religiosos da sexualidade, do sofrimento físico e do sangue. Os transes libertavam os fiéis da autoridade das normas e convenções; em certo sentido, era a descoberta da liberdade.

A tendência a recuperar experiências imemoriais era contrabalançada pelo esforço para "sublimar" o casal divino Átis-Cíbele e reinterpretar-lhes os cultos. Também desta feita estamos às voltas com um fenômeno próprio dos sincretismos religiosos contemporâneos: a vontade de recuperar as virtudes do mais remoto passado e de exaltar, conjuntamente, as criações mais recentes. A interpretação alegórica, laboriosamente praticada pelos teólogos e pelos filósofos dos primeiros séculos da Era Cristã, identificava Átis com os próprios princípios da Criação e do processo dialético vida-morte-renascimento. Paradoxalmente, Átis acaba por ser assimilado ao Sol e torna-se o centro da teologia solar, que gozou de tanta popularidade por volta do fim do paganismo. O primeiro sentido da iniciação – a assimilação mística ao deus – enriquece-se de valores novos. Uma inscrição romana de 376 proclama "renascido para a eternidade" aquele que efetuou o taurobólio e o criobólio.[24] Trata-se, tudo leva a crer, de uma influência cristã. Mas a promessa de "ressurreição" ou de "renascimento" estava implícita no argumento mítico-ritual da *Hilaria*. É provável que, confrontados com o sucesso da missão cristã, os teólogos dos mistérios tenham sublinhado com insistência a ideia da imortalidade, consequência da redenção efetuada por Átis. Seja como for, é certo que os imperadores romanos, sobretudo os últimos Antoninos, promoveram vigorosamente o culto frígio na esperança de deter o avanço do cristianismo.

208. Ísis e os mistérios egípcios

Os mistérios egípcios distinguem-se das outras associações religiosas similares, uma vez que lhes conhecemos a "origem" e as etapas de sua difusão na Ásia e na Europa. No começo do século II a.C., Ptolomeu Soter decidiu fortalecer seu reino com o auxílio de uma divindade aceita como suprema ao mesmo tempo pelos egípcios e pelos gregos. Elevou assim Serápis (Sarápis) à dignidade de grande deus nacional. Segundo a tradição transmitida por Plutarco (*Sobre Ísis*, 28), Ptolomeu vira em sonho a estátua do deus. Em 286 (ou em 278 a.C.), a estátua foi trazida de Sinope e instalada no templo que se acabava de erigir em Alexandria. A etimologia de Serápis e sua pátria de origem ainda são objeto de controvérsia. Deriva-se, em geral, seu nome de *Oserapis*, isto é, "Osíris-Ápis".[25] No que tange a seu culto, Ptolomeu Soter encarregou dois eruditos teólogos de estabelecer-lhe a estrutura: o sacerdote egípcio Mâneton e o grego Timóteo. O primeiro, autor de várias obras, entre as quais uma história do Egito, conhecia bem a cultura grega; o segundo, membro da célebre família dos Eumólpidas de Elêusis, era iniciado em vários mistérios.

O êxito do novo culto foi assegurado graças ao enorme prestígio que desfrutavam Ísis e Osíris. Como vimos no §33, os teólogos do Novo Império tinham elaborado uma grandiosa síntese religiosa, associando Osíris e Ré; considerados complementares, esses dois grandes deuses acabaram por ser identificados. A popularidade de Osíris não parava de aumentar, pois era ele o único deus egípcio que, assassinado, venceu a morte e foi "reanimado" pelos cuidados de Ísis e de Horus. Em Abido e alhures, certos argumentos rituais, representando diversos episódios de sua lenda, eram interpretados diante dos templos. Heródoto assistira, em Saís, a cerimônias desse gênero; assimilava-as aos mistérios gregos e foi por essa razão que se absteve de descrevê-las (II, 61).[26] Não existe a menor dúvida de que certos rituais secretos osirianos, efetuados no interior dos templos, referiam-se à vida futura.[27] Mas seria arriscado interpretar esses ritos secretos como verdadeiras cerimônias iniciatórias, praticadas em proveito de um indivíduo vivo, tendo em vista a sua "salvação". Por outro lado, é difícil conceber que um teólogo bem-informado como Mâneton não tenha incorporado aos mistérios de Ísis tradições religiosas mais antigas. Foi possível mostrar, por exemplo, que as aretalogias de Ísis não representam uma inovação recente; ao contrário, retomam fórmulas rituais arcaicas, relacionadas com a ideologia real.[28] Além disso, como não tardaremos a ver, os mistérios de Ísis são um prolongamento de certas cerimônias praticadas no Egito antigo.

Seria inútil, para o propósito deste livro, resumir a cronologia e as peripécias da difusão do culto para além das fronteiras do Egito. Propagado a princípio na Ásia Menor e na Grécia, ele penetrou na Itália no século II a.C. e, em Roma, no começo do século I. O culto egípcio tornou-se tão popular que, em diversas ocasiões, os romanos se opuseram ferozmente às decisões do Senado de demolir os templos. Como os outros mistérios da época helenística e imperial, os mistérios de Ísis e de Serápis comportavam festas públicas, um culto diário e ritos secretos, que constituíam a iniciação propriamente dita. Em suas linhas gerais, conhecem-se os dois primeiros sistemas cerimoniais. Quanto à iniciação, o testemunho de Apuleio, no livro XI das *Metamorphoses*, é, com razão, tido como o mais precioso documento sobre os mistérios de toda a literatura antiga.

As duas grandes festas públicas reatualizavam certos episódios do mito de Osíris e de Ísis. A primeira, o *Navigium* ou "Navio de Ísis", abria a navegação da primavera. A segunda, a *Inventio* de Osíris, era efetuada de 29 de outubro a 1º de novembro. Aos três dias de jejum, lamentações e pantomimas que representavam a busca de Osíris trucidado e esquartejado e os ritos funerários praticados por Ísis (cf. §29), sucediam a alegria e o júbilo dos fiéis, quando lhes era anunciado que o corpo do deus acabava de ser reencontrado, reconstituído e reanimado.* Os ofícios quotidianos eram celebrados na aurora e no período da tarde. De manhã bem cedo, abriam-se as portas do santuário e os espectadores podiam contemplar as estátuas dos deuses e assistir ao culto realizado pelos sacerdotes.

Segundo Apuleio, no dia antecipadamente fixado pela deusa, o pontífice asperge com água o neófito e comunica-lhe "em segredo algumas instruções que não são feitas para a indigna voz humana". Depois, diante de toda a assistência, recomenda-lhe que se abstenha, durante dez dias seguidos, de comer carne e de beber vinho. Na noite da iniciação, a massa de fiéis honra-o com presentes diversos; em seguida, vestido com um manto de linho, é conduzido pelo sacerdote para a capela mais recôndita do santuário.

> E tu, interessado leitor, acaso me perguntarás ansioso o que se disse e o que se fez em seguida? Eu o diria, se me fosse permitido; tu o saberias, se te fosse permitido ouvi-lo. ... No entanto, talvez seja um piedoso desejo o que te mantém em suspenso, e por isso não prolongarei por muito tempo a tua aflição. Portanto, ouve: mas crê, porque é verdade. Aproximei-me dos limites da morte; e, tendo pisado o portal de Prosérpina, voltei, arrastado através de todos os elementos. Em plena noite vi o Sol brilhar com todo o seu fulgor; pude contemplar, face a face, os deuses infernais e os deuses celestes e bem de perto os adorei. (*Metamorphoses*, XI, 23)

Trata-se, sem dúvida, de uma experiência de morte e ressurreição, mas cujo conteúdo específico se desconhece. O neófito desce aos Infernos e retorna atravessando os quatro elementos cósmicos; vê o Sol brilhando em plena noite, imagem que poderia referir-se a Osíris-Ré atravessando durante a noite o mundo subterrâneo; aproxima-se, em seguida, dos outros deuses, contempla-os e adora-os de perto. Tentou-se descobrir nessa frase enigmática alusões ao trajeto do neófito através de diferentes salas ornadas com estátuas de deuses e representando o mundo subterrâneo, e emergindo bruscamente num quarto intensamente iluminado. Outros estudiosos evocaram as experiências parapsicológicas ou a hipnose. De fato, tudo o que se pode afirmar é que o mista acaba por sentir-se identificado com Osíris-Ré ou com Horus. Porque, de manhã, vestido com as 12 roupas rituais que simbolizavam as 12 estações

* Os antecedentes remontam às representações sagradas celebradas em Abido na XII dinastia.

do zodíaco, o mista sobe a um estrado de madeira, bem no centro do templo, a cabeça cingida por uma coroa de ramos de palmeira. "Assim paramentado, à imagem do Sol, puseram-me ali como uma estátua" – e desse modo pôde ser visto pela multidão, diante da estátua de Ísis. Para o herói das *Metamorphoses*, esse dia foi "o dia de aniversário do meu renascimento no seio dos mistérios". A iniciação foi concluída, no terceiro dia, com um banquete ritual. No entanto, um ano depois, e sempre por solicitação da deusa, o neófito é introduzido nos "mistérios noturnos do deus supremo" (XI, 28), cerimônia provavelmente relacionada com a *Inventio* de Osíris. Por fim, uma nova visão da deusa recomenda-lhe uma terceira iniciação; mas, sobre essas últimas provas iniciatórias, Apuleio nada revela.

Como vimos (§33), no Egito antigo havia uma esperança de identificação póstuma com Osíris. Mas, por meio de sua iniciação nos mistérios, o neófito já obtinha *aqui embaixo* essa identificação mística com o deus; em outras palavras, o indivíduo *vivo* é que era "divinizado", e não a alma na sua condição *post mortem*. Assim como Osíris era "reanimado" por Ísis, a "divinização" do neófito era essencialmente obra da deusa. Nada sabemos acerca da "situação existencial" do mista; é certo, no entanto, que nenhum iniciado duvidava de sua sorte privilegiada, junto aos deuses, depois da morte. Se, no que tange à iniciação propriamente dita, estamos reduzidos a conjeturas, graças às informações de Apuleio, podemos entender a estrutura sincretista do novo culto. Os elementos egípcios exercem um papel importante: o argumento mítico-ritual de Ísis e de Osíris inspira as duas festas públicas e provavelmente, pelo menos em parte, os ritos iniciatórios; a elevação de Ísis à categoria de deusa universal, e até única, e de Osíris à dignidade de deus supremo, prolonga a tendência, já atestada na época arcaica (cf. §33), de promover diversas divindades ao mais alto dos planos. Por outro lado, a descida do mista aos Infernos e sua ascensão através dos elementos cósmicos denunciam uma concepção especificamente helenística.

A grande popularidade dos mistérios egípcios nos primeiros séculos da Era Cristã e o terem certos traços da iconografia e da mitologia da Virgem Maria sido tomados a Ísis denotam que se trata de uma criação religiosa autêntica e não de um *revival* artificial e esquecido. Devemos considerar os deuses dos mistérios como novas epifanias de Ísis e Osíris. Ademais, essas são interpretações helenísticas desenvolvidas pelos teólogos neo-órficos e neoplatônicos. Assimilado a Dioniso (também morto, esquartejado e ressuscitado), Osíris ilustrava admiravelmente a teologia neo-órfica: a cosmogonia concebida como um autossacrifício da divindade, como a dispersão do um no múltiplo, seguida da "ressurreição", ou seja, da incorporação do múltiplo à unidade primordial.[29]

A identificação mútua de todos os deuses conduz a um "monoteísmo" de tipo sincretista, que agradava aos teósofos da Antiguidade tardia. É significativo que tal universalismo "monoteísta" exalte sobretudo deuses eminentemente patéticos, como Dioniso e Osíris. No que se refere a Ísis e Osíris, são suas últimas interpretações e revalorações pelos teólogos dos mistérios e pelos filósofos neoplatônicos que, durante séculos, serão consideradas como exemplo do verdadeiro, e mais profundo, gênio religioso egípcio.

209. A revelação de Hermes Trismegisto

Sob a denominação de hermetismo, compreende-se a totalidade das crenças, ideias e práticas transmitidas na literatura hermética. Trata-se de uma coletânea de textos de desigual valor, redigidos entre o século III a.C. e o século III d.C. Distinguem-se duas categorias: os escritos pertencentes ao hermetismo popular (astrologia, magia, ciências ocultas, alquimia) e a literatura hermética erudita, em primeiro lugar os 17 tratados, em grego, do *Corpus Hermeticum*.[30] Apesar das suas diferenças de propósito, conteúdo e estilo, há entre os dois grupos de textos certa unidade de intenção, a qual evoca as relações entre o taoismo filosófico e o taoismo popular (§133) ou a continuidade entre as expressões "clássicas" e "barrocas" da ioga. Cronologicamente, os textos do hermetismo popular são os mais antigos, sendo que alguns deles datam do século III a.C. Quanto ao hermetismo filosófico, o seu desabrochar deu-se sobretudo no segundo século da Era Cristã.

Como era de prever, essa literatura reflete mais ou menos o sincretismo judaico-egípcio (e portanto também certos elementos iranianos); reconhece-se, ademais, a influência do platonismo; mas, desde o século II d.C., o dualismo gnóstico torna-se predominante. "Pelos seus atores, pelo seu cenário, pelos seus mitos, a literatura hermetista pretende ser egípcia. Essa pretensão, pelo menos para alguns textos antigos, baseia-se em certo conhecimento do Egito ptolomaico ou romano, conhecimento cuja realidade não devemos subestimar."[31] As personagens (Thoth, Agatodêmon, Amon etc.), os cenários (Mênfis e Tebas, Hermópolis, Saís, Assuã etc.), certos motivos da teologia faraônica (por exemplo, a emergência da Terra primordial em Tebas ou em Hermópolis), a familiaridade com as tradições egípcias antigas,* constituem indicações que devemos levar em conta. A identificação de Thoth com Hermes já era conhe-

* Efetivamente, os papiros restabeleceram as versões helênicas exatas de certos mitos, como, por exemplo, o da deusa Tefnut, em que Thoth-Hermes desempenha um papel; cf. Doresse, p.449.

cida por Heródoto (II, 152). Para os escritores da época helenística, Thoth era o patrono de todas as ciências, o inventor dos hieróglifos e um temível mágico. Teria criado o mundo por meio da palavra; por outro lado, os estoicos haviam identificado Hermes com o *lógos*.*

Os escritos do hermetismo popular exerceram um papel importante na época imperial. Em primeiro lugar, por seu caráter "operatório": numa época aterrorizada pela onipotência do destino, esses textos revelavam os "segredos da natureza" (a doutrina da analogia, as relações de "simpatia" entre os diversos níveis cósmicos), graças aos quais o *magus* se apropriava das suas forças secretas. Até o fatalismo astral podia ser aproveitado. Num dos escritos astrológicos, o *Liber Hermetis*,[32] não se encontrou alusão alguma ao problema da morte e da vida futura; o que importava eram os meios de viver feliz na Terra. Todavia, o conhecimento, e portanto o domínio da natureza, era possibilitado pela divindade. "Visto que se trata de descobrir toda uma rede de simpatias e antipatias que a natureza mantém em segredo, como penetrar esse segredo, se um deus não o revela?"[33] Por conseguinte, a ciência de tipo hermético constitui, ao mesmo tempo, um mistério e a transmissão iniciatória desse mistério; o conhecimento da natureza é obtido pela oração e pelo culto ou, em um nível inferior, por meio da sujeição mágica.[34]

Nesse *corpus* amorfo de receitas mágicas e de tratados referentes à magia natural e às ciências ocultas, voltamos por vezes a deparar com concepções características da literatura erudita. No *Kórê Kósmou* (14-18), a criação das almas é descrita como uma operação alquímica. A oração que serve de fecho ao *Asclepius* é reencontrada, em grego, numa receita mágica. A importância dessa literatura hermética "popular" não deve ser subestimada. Ela inspirou e alimentou a *Naturalis Historia* de Plínio o Velho e a famosa obra medieval conhecida como *Physiologus*; sua cosmologia e suas ideias mestras (a doutrina das simpatias e correspondências, em primeiro lugar a correspondência entre macrocosmo e microcosmo) tiveram considerável êxito desde a baixa Idade Média até aproximadamente o fim do século XVIII; voltamos a encontrá-las não só nos platônicos italianos e em Paracelso, como também em cientistas tão diferentes como John Dee, Ashmole, Fludd e Newton.[35]

Tal como acontece com a categoria dos textos populares, os escritos que constituem a literatura hermética erudita são tidos como revelados por Her-

* A.J. Festugière, *La révélation d'Hermès Trismégiste*, v.I, p.71s. Uma tradição que remonta aos primeiros Ptolomeus relatava que Thoth, o primeiro Hermes, viveu "antes do dilúvio"; o segundo Hermes, o Trismegisto, lhe sucedeu, e depois vieram seu filho Agatodêmon e seu neto Tat. Todas essas personagens são citadas no tratado *Kórê Kósmou*. A genealogia é autenticamente egípcia.

mes Trismegisto. Esses tratados diferem pelo gênero literário e, sobretudo, por sua doutrina. Já em 1914, Bousset observara que o *Corpus Hermeticum* apresenta duas teologias inconciliáveis; uma otimista (de tipo monista-panteísta), a outra pessimista, caracterizada por um forte dualismo. Para a primeira, o cosmo é belo e bom, porquanto é penetrado por Deus.[36] Ao se contemplar a beleza do cosmo, chega-se à divindade. Deus, que é ao mesmo tempo Um (*C.H.*, XI, 11; etc.) e Todo (XII, 22), é Criador, e recebe o nome de "Pai". O homem ocupa o terceiro lugar da tríade, depois de Deus e do cosmo. Sua missão é "admirar e adorar as coisas celestes, cuidar das coisas terrestres e governá-las" (*Asclepius*, §8). O homem é, em última análise, o complemento necessário da Criação; é "o ser vivo mortal, ornamento do Ser vivo imortal" (*C.H.*, IV, 2).

Por outro lado, na doutrina pessimista, o mundo é fundamentalmente mau, "não é obra de Deus, pelo menos do primeiro Deus, pois esse primeiro Deus mantém-se infinitamente acima de toda matéria, está oculto no mistério do seu ser: só podemos, portanto, atingir a Deus fugindo do mundo, devemos nos comportar aqui embaixo como um estrangeiro".[37] Lembremos, por exemplo, a gênese do mundo e o drama patético do homem segundo o primeiro tratado do *Corpus*, o *Poimandres*: o intelecto superior andrógino – o *noûs* – cria inicialmente um demiurgo que modela o mundo, em seguida o *Ánthrôpos*, o homem celeste; este último desce na esfera inferior, onde, "iludido pelo amor", se une à natureza (*Phúsis*) e gera o homem terrestre. Daí em diante, o *Ánthrôpos* divino cessa de existir como pessoa distinta, porque ele anima o homem: sua vida transforma-se na alma humana e sua luz converte-se em *noûs*. É por essa razão que, sozinho entre os seres terrestres, o homem é, ao mesmo tempo, mortal e imortal. No entanto, com o auxílio do conhecimento, o homem pode "tornar-se deus". Esse dualismo, que desvaloriza o mundo e o corpo, sublinha a identidade entre o divino e o elemento espiritual do homem; tal como a divindade, o espírito humano (*noûs*) caracteriza-se pela *vida* e pela *luz*. Como o mundo é "a totalidade do mal" (*C.H.*, VI, 4), temos de nos tornar "estrangeiros" no mundo (XIII, 1) para que possamos efetuar o "nascimento da divindade" (XIII, 7); de fato, o homem regenerado dispõe de um corpo imortal, é "filho de Deus, o Todo no Todo" (XIII, 2).

Essa teologia, solidária de uma cosmogonia e de uma soteriologia específicas, tem uma estrutura "gnóstica" por excelência (cf. §229). Seria, porém, imprudente vincular ao gnosticismo propriamente dito os tratados herméticos que compartilham o dualismo e o pessimismo. Certos elementos mitológicos e filosóficos de tipo "gnóstico" fazem parte do *Zeitgeist* da época: por exemplo, o menosprezo do mundo, o valor salvífico de uma ciência primordial, revelada por um Deus ou por um ser sobre-humano e comunicada sob o signo do segredo. Acrescentemos que a importância decisiva atribuída ao conhecimento, transmitida sob a forma de iniciação a alguns discípulos, lembra a tradição indiana (os Upanixades, o *Samkhya* e o Vedanta), assim como o "corpo imortal" do homem regenerado apresenta analogias com o hata-ioga, o taoismo e as alquimias indiana e chinesa.

210. Aspectos iniciatórios do hermetismo

Certos estudiosos (Reitzenstein e Geffcken) consideraram o hermetismo uma confraria religiosa em sentido próprio, com seus dogmas, ritos e liturgia, cujo livro santo teria sido o *Corpus Hermeticum*. Depois de Bousset, W. Kroll e Cumont, o venerando padre Festugière veio rejeitar essa hipótese. Em primeiro lugar, a presença de duas doutrinas contrárias e inconciliáveis é incompatível com a ideia de uma confraria formada por "um grupo de homens que escolheu deliberadamente um sistema de pensamento e de vida"; em seguida, não há vestígio, na literatura hermética, "de cerimônias particulares dos fiéis de Hermes. Nada que se assemelhe aos sacramentos das seitas gnósticas: nem batismo, nem comunhão, nem confissão dos pecados, nem imposição das mãos para consagrar ministros de culto. Não há clero: nenhuma aparência de organização hierárquica, de graus de iniciação. Distinguem-se tão somente duas classes de indivíduos: aqueles que ouvem a palavra e aqueles que a recusam. Ora, essa distinção tornou-se corrente, já tendo entrado na literatura desde pelo menos Parmênides."[38]

Contudo, se a hipótese de uma confraria secreta, hierarquicamente organizada, não se impõe, os grandes tratados do hermetismo erudito pressupõem a existência de grupos fechados, que comportam uma iniciação comparável à dos alquimistas e dos adeptos do tantrismo. Trata-se, para retomarmos a expressão do *Asclepius* (§25), de uma *religio mentis*. Deus "recebe puros sacrifícios espirituais" (*C.H.*, I, 3). Vislumbram-se, no entanto, uma atmosfera religiosa específica e certos comportamentos rituais: os discípulos reúnem-se num santuário; observam a regra do silêncio e guardam segredo sobre as revelações; a catequese é efetuada com gravidade cerimonial; as relações entre o instrutor e seus discípulos têm certa ressonância religiosa. O mito do batismo numa cratera indica familiaridade com os rituais dos mistérios.[39] Pode-se também presumir o conhecimento de certas práticas que têm por objetivo o êxtase: Hermes relata a seu discípulo Tat uma experiência extática que o leva a entrar num "corpo imortal", e Tat consegue imitá-lo (*C.H.*, XIII, 3, 13).

Pode-se dizer que estamos lidando com um novo modelo de comunicação das sabedorias esotéricas. Ao contrário das associações fechadas que apresentam uma organização hierárquica, ritos iniciatórios e a revelação progressiva de uma doutrina secreta, o hermetismo, tal como a alquimia, implica unicamente determinado número de textos revelados, transmitidos e interpretados por um "mestre" a alguns discípulos zelosamente preparados (vale dizer, tornados "puros" através da ascese, da meditação e de certas práticas cultuais). Cumpre não perder de vista que a revelação contida nos grandes tratados do *Corpus Hermeticum* constitui uma gnose suprema, ou seja, a ciência esotérica que assegura a salvação; o tê-la simplesmente compreendido e assimilado equivale a uma "iniciação".* Esse novo tipo de "iniciação", individual e puramente espiritual, possibilitada pela leitura atenta e pela meditação de um texto esotérico, desenvolveu-se na época imperial e, sobretudo, depois do triunfo do cristianismo. É consequência, de um lado, do imenso prestígio de que gozavam os "livros santos", tidos como de origem divina, e, de outro, após o século V de nossa era, do desaparecimento dos mistérios e do eclipse de outras organizações secretas. Na perspectiva desse novo modelo de iniciação, a transmissão das doutrinas esotéricas já não implica uma "corrente iniciatória"; o texto sagrado pode ser esquecido durante séculos, mas basta que seja redescoberto por um leitor competente para que sua mensagem se torne inteligível e atual.

A transmissão do hermetismo constitui um capítulo apaixonante na história do esoterismo: efetuou-se através das literaturas siríaca e árabe, e sobretudo graças aos sabeus de Harran, na Mesopotâmia, que sobreviveram no islã até o século XI.** Pesquisas recentes identificaram certos elementos hermetistas no *Parzival* de Wolfram von Eschenbach e em vários textos espanhóis do século XIII.[40] No entanto, o verdadeiro "renascimento" do hermetismo na Europa ocidental teve início com a tradução latina do *Corpus Hermeticum*, empreendida por Marsílio Ficino por solicitação de Cosme de Médicis, e concluída em 1463. Mas, como veremos no volume III, o redescobrimento do *Corpus Hermeticum*, constitui de fato uma nova interpretação, audaciosa e criadora, do hermetismo.

---

* Festugière analisou, oportunamente, um clichê característico da época helenística: a transposição de um rito dos mistérios cultuais como metáfora para o que o autor denomina "mistério literário". Contudo, tal transposição conserva ainda um valor religioso: estimula a atividade imaginária do leitor e lhe revela o sentimento profundo dos mistérios.

** Os sabeus tinham Hermes e Agatodêmon na conta de "profetas" e conheciam muito bem o IV tratado do *Corpus Hermeticum*, que tem por título "Cratera". Segundo Henry e Renée Kahane, "cratera" é o mesmo vocábulo que Graal.

211. A alquimia helenística

Os historiadores das ciências distinguem três períodos na formação da alquimia greco-egípcia:[41] 1) o período das receitas técnicas referentes às operações de mistura de metais, de tintura e de imitação do ouro (por exemplo, os Papiros de Leyden e de Estocolmo, que datam do século III a.C.); 2) o período filosófico, inaugurado muito provavelmente por Bolos de Mendes (século II a.C.) e que se manifesta nos *Phusikà kaì Mustiká*, tratado apócrifo atribuído a Demócrito; 3) finalmente, o período da literatura alquímica propriamente dita, o período de Zósimo (séculos III-IV d.C.) e dos seus exegetas (séculos IV-VII). Embora o problema da origem histórica da alquimia alexandrina ainda não esteja resolvido, pode-se explicar o brusco aparecimento dos *textos alquímicos* nos primeiros anos da Era Cristã como resultado do encontro entre a corrente esotérica representada pelos mistérios, o neopitagorismo e o neo-orfismo, a astrologia, as "sabedorias orientais reveladas", o gnosticismo etc., corrente esotérica produto sobretudo das pessoas cultas, da intelligentsia – e as tradições "populares", guardiãs dos segredos de ofício e de magias e técnicas de acentuada antiguidade. Verifica-se na China um fenômeno análogo com o taoismo e o neotaoismo, e na Índia com o tantrismo e a hata-ioga. No mundo mediterrâneo, essas tradições "populares" estenderam até a época helenística um comportamento espiritual de estrutura arcaica. Tal como vimos no §209, o interesse crescente pelas técnicas e ciências tradicionais relativas às substâncias, às pedras preciosas, às plantas, caracteriza todo esse período da Antiguidade.

A que causas históricas devemos atribuir o nascimento das práticas alquímicas? Sem dúvida, nunca o saberemos. Mas é duvidoso que a alquimia se tenha constituído em disciplina autônoma, tendo como ponto de partida as receitas para contrafazer ou imitar o ouro. O Oriente helenístico herdara da Mesopotâmia e do Egito todas as suas técnicas metalúrgicas, e sabe-se que, desde o século XIV antes de nossa era, os mesopotâmicos já eram capazes de avaliar a qualidade do ouro. Querer confinar uma disciplina que, durante dois mil anos, constituiu uma obsessão para o pensamento ocidental aos esforços desdobrados no sentido de contrafazer o ouro equivale a esquecer o extraordinário conhecimento que os antigos tinham dos metais e das ligas; equivale também a subestimar suas capacidades intelectuais e espirituais. A transmutação, principal meta da alquimia helenística, não era, no estado contemporâneo da ciência, um absurdo, porque a unidade da matéria já era havia muito tempo um dogma da filosofia grega. Mas é difícil acreditar que a alquimia tenha provindo das experiências empreendidas para validar esse dogma, e demonstrar experimentalmente a unidade da matéria. Não se veem com bons olhos uma técnica espiritual e uma soteriologia que haurem sua fonte numa teoria filosófica.

Por outro lado, quando o espírito grego se entrega com seriedade à ciência, testemunha um sentido extraordinário de observação e raciocínio. Ora, o que nos surpreende ao lermos os textos dos alquimistas gregos é sua falta de interesse pelos fenômenos físico-químicos, isto é, justamente a ausência de espírito científico. Como observa Sherwood Taylor:

> Todos aqueles que utilizavam o enxofre não podiam deixar de observar os curiosos fenômenos que se produzem depois de sua fusão e do subsequente aquecimento do líquido. Ora, ainda que o enxofre seja mencionado centenas de vezes, jamais se alude a qualquer de suas características que não seja sua ação sobre os metais. Existe aí um tal contraste com o espírito da ciência grega clássica, que temos de concluir que os alquimistas não se mostraram interessados pelos fenômenos naturais que não serviam a seus objetivos. No entanto, é um erro ver neles meros procuradores de ouro, porque o tom religioso e místico, sobretudo nas obras tardias, não se coaduna com o espírito dos que procuram riquezas. ... Não se encontrará na alquimia o menor esboço de uma ciência. ... O alquimista jamais recorre a técnicas científicas.[42]

Os textos dos antigos alquimistas mostram

> que esses homens não estavam interessados em fabricar ouro e, na verdade, não falavam do ouro real. O químico que se pusesse a examinar essas obras experimentaria a mesma sensação de um pedreiro que quisesse extrair informações práticas de uma obra de franco-maçonaria. (Sherwood Taylor, *A Survey*, p.138)

Se, portanto, a alquimia não podia nascer do desejo de falsificar ouro (o teste que certificava a qualidade desse metal já era conhecido havia pelo menos 12 séculos), nem de uma técnica científica grega (acabamos de ver a falta de interesse dos alquimistas pelos fenômenos físico-químicos enquanto tais), somos obrigados a buscar alhures as "origens" dessa disciplina *sui generis*. Muito mais do que a teoria filosófica da unidade da matéria, aquela que cristalizou a fé numa transmutação artificial, isto é, operada em laboratório, foi provavelmente a velha concepção da Terra-Mãe portadora de minerais-embriões (cf. §15). Foi o encontro com os simbolismos, as mitologias e as técnicas de mineiros, fundidores e ferreiros que ocasionou, ao que parece, as primeiras operações alquímicas. Mas é sobretudo a descoberta experimental da substância *viva*, tal como era sentida pelos artesãos, que deve ter desempenhado o papel decisivo. Com efeito, é a concepção de uma *Vida complexa e dramática da matéria* que constitui a originalidade da alquimia em relação à ciência grega clássica. Temos fundados motivos para supor que a *experiência* da *vida dramática* da matéria se tornou possível graças ao conhecimento dos mistérios greco-orientais.

O tema dos "sofrimentos", da "morte" e "ressurreição" da matéria é atestado desde o início na literatura alquímica greco-egípcia. A transmutação – o *opus magnum* que conduz à pedra filosofal – é alcançada fazendo-se passar a matéria por quatro fases, denominadas, segundo as cores que adquirem os ingredientes, *mélansis* (preto), *leúkosis* (branco), *xánthosis* (amarelo) e *iôsis* (vermelho). O "preto" (a *nigredo* dos autores medievais) simboliza a "morte". Convém, no entanto, sublinhar que as quatro fases do *opus* já são atestadas nos *Phusikà kaì Mustiká* pseudodemocritianos, no primeiro escrito propriamente alquímico, portanto (séculos II-I a.C.). Com um sem-número de variantes, as quatro (ou cinco) fases da obra (*nigredo*, *albedo*, *citrinitas*, *rubedo*, algumas vezes *viriditas*, outras *cauda pavonis*) mantêm-se em toda a história da alquimia árabe e ocidental.

Há ainda mais: é o drama místico do deus – a sua paixão, morte e ressurreição – que se vê projetado sobre a matéria para transmudá-la. Em síntese, o alquimista trata a matéria tal como a divindade era tratada nos mistérios: as substâncias minerais "sofrem", "morrem", "renascem" em outro modo de ser, isto é, são transmudadas. No seu *Tratado sobre a arte* (III, 1, 2-3), Zósimo narra uma visão que lhe acudiu em sonho: uma personagem de nome Íon lhe revela que foi atravessada por uma espada, cortada em pedaços, decapitada, esfolada, queimada ao fogo, e que suportou tudo isso "com o fito de poder transformar seu corpo em espírito". Ao despertar, Zósimo pergunta de si para consigo se tudo aquilo que viu em sonho não está relacionado com o processo alquímico da combinação da água, se Íon não é a figura, a imagem exemplar da água. Como demonstrou Jung, essa água é a *aqua permanens* dos alquimistas e suas "torturas" pelo fogo correspondem à operação de *separatio*.[43]

Observemos que a descrição de Zósimo evoca não apenas o desmembramento de Dioniso e outros "deuses moribundos" dos mistérios (cuja "paixão" é, de certa forma, comparável aos diversos momentos do ciclo vegetal, sobretudo as torturas, a morte e a ressurreição do "espírito do trigo"), mas apresenta surpreendentes analogias com as visões iniciatórias dos xamãs e, em geral, com o esquema básico de todas as iniciações arcaicas. Nas iniciações xamânicas, as provas, embora sofridas "em estado secundário", são por vezes de extrema crueldade: o futuro xamã assiste em sonho a seu próprio esquartejamento, a sua decapitação e morte.[44] Se levarmos em conta a universalidade desse esquema iniciatório e, por outro lado, a solidariedade entre os trabalhadores de metais, os ferreiros e os xamãs; se pensarmos que as antigas confrarias mediterrâneas de metalúrgicos e ferreiros dispunham, ao que tudo indica, de mistérios que lhes eram próprios – conseguiremos situar a visão de Zósimo num universo espiritual próprio das sociedades tradicionais. Ao mesmo tempo, avaliamos a grande inovação dos alquimistas: *eles projetaram sobre a matéria a função iniciatória do sofrimento.* Graças às operações alquímicas, assimiladas às "torturas", à "morte" e à "ressurreição" do mista, a substância é transmudada, isto é, alcança um modo de ser transcendental: converte-se em "ouro". O ouro, como se sabe, é o símbolo da imortalidade. A transmutação alquímica equivale, portanto, à perfeição da matéria[45] e, para o alquimista, ao término de sua "iniciação".

Nas culturas tradicionais, os minérios e os metais eram olhados como organismos vivos: falava-se de sua gestação, de seu crescimento e nascimento, falava-se até de seu casamento (cf. §15). Os alquimistas greco-orientais adotaram e revaloraram todas essas crenças arcaicas. A combinação alquímica do enxofre e do mercúrio é quase sempre expressa em termos de "casamento". Esse casamento, entretanto, é também uma união mística entre dois princípios cosmológicos. Aí reside a novidade da perspectiva alquímica: a vida da matéria já não é representada em termos de hierofanias "vitais", como na perspectiva do homem arcaico, mas adquire uma dimensão "espiritual"; em outras palavras: ao assumir a significação iniciatória do drama e do sofrimento, a matéria também assume o destino do espírito. As "provas iniciatórias" que, no domínio do espírito, conduzem à liberdade, à iluminação e à imortalidade, levam, no domínio da matéria, à transmutação, à pedra filosofal. Pode-se comparar essa revaloração audaciosa de um argumento mítico-ritual de que não resta memória (a gestação e o crescimento dos minérios no seio da Terra-Mãe; o forno assimilado a uma nova matriz telúrica, onde o minério conclui sua gestação; o mineiro e o metalúrgico, que se colocam no lugar da Terra-Mãe para acelerar e completar o "crescimento" dos minérios) com a "transmutação" dos velhos cultos agrários em religião de mistérios. Avaliaremos mais adiante as consequências desse esforço para "espiritualizar" a matéria, para "transmudá-la".[46]

NOTAS

1. Cf. Tarn, *Hellenistic Civilisation*, p.340.
2. Cf. A.D. Nock, *Conversion*, p.101, 288-9; J. Bergman, "I overcome fate, fate harkens to me", p.39s.

3. Cf. Nock, op.cit., p.102. Os rigores da sorte (*casus infestus*) não têm mais poder sobre os que servem e honram Ísis (Apuleio, *Met.*, XI, 15). Os gnósticos não são mais prisioneiros do *fatum* (Lactâncio, *Institutiones*, v.II, 16); pois o espírito (*noûs*) é o senhor do destino (*heimarménê*) assim como da lei (*Corp. Herm.*, 12, 9).
4. Fírmico Materno, *De errore profanarum religionum*, 18. Ver outros exemplos em Eliade, *Naissances mystiques*, p.236.
5. A. Dieterich, *Eine Mithrasliturgie*, p.10, apud *Naissances mystiques*, p.236.
6. Ver os documentos citados por F. Cumont, *Religions orientales*, p.219, nota 43, p.256, nota 52.
7. F. Cumont, *Textes et monuments figurés relatifs aux mystères de Mithra*, v.I, p.320s.
8. Cf. R. Reitzenstein, *Die hellenistische Mysterienreligionen*, p.29s.; S. Angus, *The Mystery Religions and Christianity*, p.106s.
9. Cf. Carl Schneider, *Kulturgeschichte des Hellenismus*, v.II, p.801.
10. Cf. H. Jeanmaire, *Dionysos*, p.425s.
11. Ver Cumont, *Les religions orientales*, p.197, fig.12; *Lux perpetua*, p.252, fig.6; cf. ibid., p.405-6.
12. F. Matz, *Dionysiake télété*, p.16. Cf. Boyancé, "Dionysiaka", p.35, nota 2; Eliade, *História das crenças e das ideias religiosas*, v.I, p.350s.
13. Boyancé, "Dionysiaka", p.55. Sobre os *crepundia*, ver também R. Turcan, *Les sarcophages romains à représentation dionysiaque*, p.407s.
14. Boyancé, p.45. Cf. Turcan, "Du nouveau sur l'initiation dionysiaque", p.108.
15. Boyancé, p.44. Outras cenas iniciatórias são analisadas por Turcan, *Les sarcophages...*, p.402s. Os célebres afrescos da Villa Item (a "Villa dei Misteri") em Pompeia relacionam-se provavelmente com o culto dionisíaco. Mas, contra a opinião daqueles que viam nos afrescos episódios iniciatórios, cuidam certos autores que tais afrescos não apresentam os mistérios e não ilustram o mito do deus ou as etapas de uma iniciação; cf. G. Zuntz, "On the Dionysiac Fresco in the Villa dei Misteri", p.180-1.
16. Cf. F. Cumont, *Religions orientales*, p.203; id., *Symbolisme funéraire*, p.372; id., *Lux Perpetua*, p.255s.
17. Jeanmaire (op.cit., p.416) cita Ptolomeu XI, o triúnviro Antônio e, mais tarde, Trajano, Adriano e Antônio.
18. Cf. Hepding, *Attis*, p.202s.; H. Graillot, *Le culte de Cybèle*, p.396s.
19. Vários autores relacionaram com essa cena um passo do escritor cristão Fírmico Materno (século IV), que descreve as lamentações noturnas em torno de uma estátua divina colocada sobre uma padiola. Subitamente, traz-se luz e um sacerdote consola os fiéis: "Coragem, mistas, o deus está salvo; também para vós, das dores virá a salvação" (*De errore profanorum religionum*, 22). Fírmico Materno não esclarece de que culto se trata, mas sua descrição parece mais apropriada a Osíris; cf. Hepding, *Attis*, p.106; Loisy, *Les mystères païens et le mystère chrétien*, p.102. Contudo, não se deve esquecer que existe uma analogia estrutural entre as duas religiões; cf. M.J. Vermaseren, *Cybele and Attis*, p.116.
20. Cf. Hepding, op.cit., p.190s. De acordo com outra interpretação, o *pantós* (literalmente, a "alcova da deusa") era uma caverna ou um lugar subterrâneo no próprio templo ou em suas proximidades; o mista, ao penetrar, efetuava um *descensus ad inferos*; ver Vermaseren, op.cit., p.117-8. Convém acrescentar que, nos tempos do império, o *taurobolium* e o *criobolium* podiam efetuar-se em todas as estações. Eram também celebrados em honra da saúde do imperador.

21. Seguimos a interpretação de Hepding, op.cit., p.190s., e de Loisy, *Les mystères païens*, p.109s. Cf. também Vermaseren, op.cit., p.118.
22. O que não implica a do faisão; "abstinência gulosa" (*gulosa abstinentia*), dizia são Jerônimo (Ep. CVII, *ad Lactam*), citado por Loisy, op.cit., p.89, nota 4.
23. Ver as observações pertinentes de Michel Meslin, "Réalités psychiques et valeurs religieuses dans les cultes orientaux", p.297. Esclareçamos que a devoção absoluta à divindade não implica necessariamente a automutilação sexual. A castidade cerimonial podia ser assegurada por um casamento simbólico. O segundo grau da iniciação mithríaca é denominado *Nymphus*, o mista torna-se a esposa do deus; no entanto, o rito é puramente espiritual; cf. Meslin, op.cit., p.302-3.
24. *Taurobolio criobolioque in aeternum renatus*; inscrição citada por Hepding, p.89. Às vezes, porém, reiteravam-se os taurobólios ao fim de 20 anos; cf. Loisy, op.cit., p.119s. Vermaseren, op.cit., p.106.
25. Ver, porém, Ruth Stiehl, "The origin of the cult of Sarapis".
26. O historiador demonstrara o mesmo escrúpulo a propósito dos mistérios de Samotrácia (II, 51), de Elêusis (II, 171) e do orfismo (II, 123).
27. Ver algumas indicações bibliográficas em F. Cumont, *Les religions orientales*, p.243-4, notas 96-101; cf. também A. Loisy, *Les mystères païens*, p.136s.; G. Nagel, "The 'mysteries' of Osiris in Ancient Egypt", p.24s. (textos do templo de Abido).
28. Jan Bergman, *Ich bin Isis*, p.121-240.
29. Cf. Macróbio, *In Somnium Scipionis*, I, 12.
30. Dispomos ainda da tradução latina, conhecida pelo nome de *Asclepius*, de um "Discurso perfeito" (*Lógos téleios*) cujo original se perdeu e de uma trintena de excertos conservados no *Anthologium* de Estobeu, c.500.
31. Jean Doresse, "L'hermétisme égyptianisant", p.442.
32. O original grego data do século III a.C.; cf. Festugière, op.cit., I, p.122s.
33. Festugière, *Hermétisme et mystique païenne*, p.43.
34. Ibid., p.44.
35. Ver v.III, §311; cf. *Forgerons et alchimistes* (2ª ed., revista e ampliada, 1977), p.147s., 181s.
36. O mundo é um "vivente imortal" (*Corpus Hermeticum*, VIII, 1); é denominado "deus" ou "grande deus"; é pelo mundo que se manifesta "o deus invisível" (*C.H.*, V, 2).
37. Festugière, *Hermétisme et mystique païenne*, p.37; cf., *Révélation*, v.I, p.84s.
38. Festugière, *Hermétisme*, p.38; cf. *Révélation*, I, p.81s.
39. Segundo o IV tratado do *Corpus Hermeticum*, no começo do tempo, Deus enchera de espírito (*noûs*) uma cratera: aqueles que nela mergulham tornam-se "homens perfeitos". Festugière demonstrou que se trata de uma mistura de dois ritos praticados nos mistérios: 1) a absorção de uma bebida sagrada tirada da cratera e 2) um banho de purificação e iniciação; cf. "Le baptême dans le cratère" (republicado em *Hermétisme et mystique païenne*, p.100-12), p.108.
40. R. e H. Kahane, *The Krater and the Grail: Hermetic Sources of the Parzifal*; id., "Hermetism in the Alfonsine tradition".
41. Ver M. Eliade, *Forgerons et alchimistes*, op.cit., p.123s.
42. F. Sherwood Taylor, *A Survey of Greek Alchemy*, p.110. Cf. também, do mesmo autor, "Origins of Greek Alchemy", p.42s.
43. C.G. Jung, "Die Visionen des Zosimus", p.153s.
44. Cf. M. Eliade, *Le chamanisme*, p.52s. e passim.

45. C.G. Jung, *Psychologie und Alchemie*, p.416s., fala da redenção, pela obra alquímica, da *anima mundi*, cativa na matéria. Essa concepção, de origem e estrutura gnósticas, foi sem dúvida compartilhada por alguns alquimistas: ela integra-se, por outro lado, em toda essa corrente de pensamento escatológico que devia culminar na concepção da *apokatástasis* [restauração] do cosmo. Mas, pelo menos em seus começos, a alquimia não postulava o aprisionamento da *anima mundi* na matéria, muito embora, obscuramente, esta ainda fosse sentida como a *Terra Mater*.
46. Ver volume III desta obra.

XXVII. Novas sínteses iranianas

212. Orientações religiosas na época dos arsácidas (247 a.C.-220 d.C.)

Após a queda do Império Aquemênida (330 a.C.), a religião iraniana viu-se arrastada no amplo e complexo movimento sincretista que caracteriza a época helenística (cf. §205). A reconquista da independência de parte do Irã pelo chefe parto Ársaces, que, proclamando-se rei em 247 a.C., fundou a nova dinastia nacional dos arsácidas, não interrompeu esse processo. Os partos, é certo, traziam consigo toda uma tradição religiosa e cultural derivada dos cavaleiros da estepe. Muito provavelmente certos elementos da ideologia real, que se ajustaram desde os arsácidas, representam a herança dessas tribos indomáveis que havia séculos levavam vida nômade na fronteira dos impérios. Contudo, a atração do helenismo mostra-se irresistível, e, pelo menos até o século I d.C., os arsácidas encorajam a helenização (deuses gregos são gravados em suas moedas). Lembremos, no entanto, que o modelo que se procurava imitar – o helenismo alexandrino – tinha por sua vez absorvido muitos elementos semíticos e anatólios.

Os documentos contemporâneos são numerosos e de grande variedade: obras de autores gregos e latinos, monumentos, inscrições, moedas. Mas as informações que eles ministram sobre as crenças e as ideias religiosas iranianas são deveras decepcionantes. A criatividade religiosa sob a dinastia dos arsácidas pode ser mais bem compreendida com o auxílio de documentos posteriores. As pesquisas recentes mostraram que os textos tardios exprimem crenças e ideias articuladas ou valorizadas na época parta. Era, aliás, o estilo da época: no rastro de inúmeros confrontos e intercâmbios culturais despontavam novas formas religiosas baseadas em concepções mais antigas.

Essencialmente, as fontes contemporâneas mostram-nos que: 1) Mithra era adorado em todo o Império e tinha vínculos especiais com os reis;[1] 2) os magos constituíam a casta dos sacerdotes imoladores que efetuavam sobretudo sacrifícios cruentos (vacas e cavalos); escreve Estrabão que os magos adoravam

Anahita, mas há indícios de que também participavam do culto de Mithra (tinham uma função nos seus mistérios); 3) o culto do fogo era muito popular; 4) nos séculos II e I a.C., circulava sob o título de *Oráculos de Histaspes* um apocalipse escrito em grego (Histaspes é a forma grega de Vishtaspa) dirigido contra Roma (cuja queda se anuncia), mas solidário da literatura escatológica iraniana.[2]

No entanto, as grandes criações religiosas da época parta são de outra ordem. É no primeiro século a.C. que os mistérios de Mithra começam a se difundir pelo mundo mediterrâneo (o primeiro documento data de 67 a.C.); é lícito conjeturar que, por volta da mesma época, delineia-se a ideia do rei messiânico, sempre relacionada a um argumento mítico-ritual elaborado em torno de Mithra; apesar das controvérsias, parece provável, como demonstrou Widengren, que o mito do salvador, tal como figura no hino gnóstico da Pérola, constituiu-se na época dos arsácidas. Finalmente, é também durante esse período que se desenvolve a teologia zurvanita e que se elaboram as ideias referentes ao tempo, à eternidade, à precedência da criação "espiritual" sobre a criação física e ao dualismo absoluto, concepções que serão sistematizadas, e às vezes laboriosamente organizadas, alguns séculos mais tarde, sob a dinastia dos sassânidas.

É importante não perder de vista a solidariedade fundamental entre todas essas formas religiosas. A variedade das expressões explica-se pela diferença entre os fins colimados. Seria inútil, por exemplo, buscar os elementos da ideologia régia nas manifestações correntes da religião popular ou nas especulações teológicas. Uma característica comum a todas essas criações é que, embora prolonguem concepções mais antigas, por vezes arcaicas, elas permanecem "abertas", no sentido de que continuam a desenvolver-se durante os séculos seguintes. Os *Oráculos de Histaspes* retomam motivos escatológicos clássicos, provavelmente de origem indo-iraniana (o encurtamento do ano, a decadência universal, a batalha final etc.), que serão elaborados nos apocalipses pálavis da época sassânida, em primeiro lugar no *Bahman Yasht*. Por outro lado, os *Oráculos* justificam suas profecias com base numa cronologia escatológica de sete mil anos, cada milênio dominado por um planeta, o que deixa transparecer a influência babilônica (cf. a série bem conhecida: sete planetas, sete metais, sete cores etc.). Contudo, a interpretação desse esquema cronológico é iraniana: durante os seis primeiros milênios, Deus e o espírito do mal lutam pela supremacia; o mal parece vitorioso, Deus envia o deus solar Mithra (= Apolo, Hélio), que domina o sétimo milênio; ao cabo desse último período, cessa o poder dos planetas e um incêndio universal renova o mundo.[3] Ora, essas mitocronologias com intenções escatológicas gozarão de grande popularidade no mundo ocidental no começo da Era Cristã.

A esperança escatológica também se deixa identificar nas tradições relativas ao nascimento de um rei-salvador, assimilado a Mithra. A concepção tradicional do rei divino e *kosmokrátôr*, mediador entre homens e deuses, se enriquece de novas significações soteriológicas; trata-se de uma evolução fácil de compreender numa época dominada pela espera do salvador. A biografia fabulosa de Mitridates Eupátor ilustra admiravelmente essa esperança escatológica: seu nascimento é anunciado por um cometa; o facho de luz cai sobre a criança recém-nascida, deixando apenas uma cicatriz; a educação do futuro rei constitui uma longa série de provas iniciatórias; no momento de sua coroação, Mitridates, como de resto tantos outros reis, é tomado por uma encarnação de Mithra.[4] Argumento messiânico análogo conforma a lenda cristã da natividade.

213. Zurvan e a origem do mal

Os problemas levantados por Zurvan e pelo zurvanismo ainda estão longe de ter solução. O deus é certamente arcaico.[5] Ghirshman pensa ter identificado Zurvan num bronze do Luristão, o qual representa o deus alado e andrógino dando à luz os dois gêmeos (que lhe saem dos ombros); três procissões, símbolos das três idades do homem, trazem-lhe em homenagem o *barsom*.[6] Se a interpretação é correta, depreende-se que o mito de Zurvan, na qualidade de pai de Ohrmazd e de Arimã, já era conhecido numa época muito mais antiga do que a data dos primeiros testemunhos escritos. Segundo a notícia de Eudemo de Rodes (segunda metade do século IV a.C), "os magos ... chamam o todo uno e inteligível ora de 'espaço', ora de 'tempo'; daí teriam nascido não só Ohrmazd e Arimã, como também a luz e as trevas".[7] A informação é importante: certifica-nos de que, por volta do término do período aquemênida, as especulações sobre o espaço-tempo como fonte comum dos dois princípios, o bem e o mal, encarnados em Ohrmazd e Arimã, eram familiares aos iranianos.

O termo avéstico para "tempo" é *thwâsa*, literalmente "o santo", ou "aquele que se apressa", e Widengren pensa que desde o início ele designava a abóbada celeste, epíteto próprio a um deus do Céu senhor dos destinos.[8] É, portanto, provável que Zurvan fosse originariamente um deus celeste, fonte do tempo e distribuidor da sorte e da má sorte, em última análise, senhor do destino.*

* Como, segundo Eudemo, Zurvan era adorado pelos magos, isto é, originariamente, na terra dos medos, é difícil decidir se o silêncio de Zaratustra se explica por razões polêmicas ou denota simplesmente a importância modesta – talvez até a ausência – desse deus do tempo e do destino nos meios em que vivia o profeta.

Seja como for, a estrutura de Zurvan é arcaica: esse deus lembra certas divindades primitivas em que coexistem polaridades cósmicas e antagonismos de todos os tipos.

No *Avesta* recente (textos redigidos provavelmente no século IV a.C.), Zurvan é poucas vezes mencionado, mas está sempre em relação com o tempo ou o destino. Um texto (*Videvdat*, 19:29) esclarece que, antes de atingir a ponte Cinvat (§103), "criada por Aúra-Masda", as almas dos justos e dos ímpios avançam "pelo caminho criado por Zurvan". A função escatológica do tempo-destino, ou seja, da duração temporal atribuída a cada indivíduo, é claramente sublinhada. Em outro passo, Zurvan é apresentado como o tempo infinito (*Videvdat*, 19:13 e 16); em outros trechos, distingue-se entre *Zurvan akarana*, "tempo infinito" e *Zurvan darego xvadhata*, "tempo longamente autônomo" (*Yasht*, 72:10).

Tudo isso pressupõe uma teoria sobre o brotar da duração temporal do seio da eternidade. Nas obras pálavis, o "tempo longamente autônomo" emerge do "tempo infinito" e, depois de ter durado 12 mil anos, a ele retorna (*Buruiahishn*, 1:20; *Denkart*, 282). A teoria dos ciclos constituídos por determinado número de milênios é antiga, mas foi expressa de maneira distinta na Índia, no Irã e na Mesopotâmia. Embora se tornasse popular aproximadamente no fim da Antiguidade e fosse utilizada em inúmeros apocalipses e profecias, a teoria dos milênios teve um impulso particular no Irã, sobretudo nos meios zurvanistas. De fato, são abundantes nos escritos zurvanistas as especulações sobre o tempo e o destino; são utilizadas tanto para explicar a origem do mal e sua predominância atual no mundo como para oferecer uma solução mais rigorosa ao problema do dualismo.

Em seu tratado *Ísis e Osíris* (46-7), Plutarco expõe, baseado em fontes do século IV a.C., a doutrina do "mago Zoroastro": "Oromazdes, nascido da mais pura luz", e "Aremanos, nascido das trevas", exercem, cada um por seu turno, o poder durante três mil anos e guerreiam ainda durante outros três mil anos. A crença de que o mundo terá uma duração de nove mil anos, dividida em três períodos iguais (à dominação de Ohrmazd sucede a de Arimã, seguida de três mil anos de luta), encontra-se num escrito tardio e cheio de elementos zurvanistas, o *Menok i Khrat* (VII:11). Visto que o zoroastrismo exclui a ideia de um período governado por Arimã, é provável que as fontes utilizadas por Plutarco se refiram às concepções zurvanistas. Ademais, Plutarco escreve que Mithra, que se situa entre Ohrmazd e Arimã (é por essa razão que recebe o qualificativo de "mediador"), ensinara os persas a oferecer a esses deuses sacrifícios característicos, em que uma oferenda de tipo ctônico-infernal é destinada ao "mau demônio" – o que também não constitui uma concepção zoroastriana.[9]

Zurvan não é mencionado por Plutarco, mas o mito dos gêmeos e a explicação de sua soberania alternada são apresentados em várias fontes tardias como especificamente zurvanistas. Segundo um padre armênio, Eznik de Kolb, enquanto nada existia, Zurvan (Zrwan, "o que significa 'destino' ou 'glória'") oferecera durante mil anos um sacrifício com o objetivo de ter um filho.[10] E como duvidara da eficácia de seu sacrifício ("Que utilidade poderá ter o sacrifício que ofereço?"), concebeu dois filhos: Ohrmazd, "em virtude do sacrifício oferecido", e Arimã, "em virtude da dúvida supracitada". Zurvan decidiu fazer do primogênito rei. Ohrmazd ficou sabendo do pensamento de seu pai e revelou-o a Arimã. Este rasgou o útero[11] e saiu. No entanto, quando declarou a Zurvan que era seu filho, este replicou: "Meu filho é perfumado e luminoso, e tu és tenebroso e fétido." Então nasceu Ohrmazd, "luminoso e perfumado", e Zurvan quis consagrá-lo rei. Arimã, porém, lembrou-lhe sua promessa de nomear rei o primogênito. Para não violar o juramento, Zurvan concedeu-lhe a realeza pelo período de nove mil anos, ao fim do qual Ohrmazd reinaria. Então, prossegue Eznik, Ohrmazd e Arimã "puseram-se a fazer criaturas. E tudo o que Ohrmazd criava era bom e certo, e o que Arimã fazia era mau e tortuoso". Notemos que os dois deuses são Criadores, embora a Criação de Arimã seja exclusivamente má. Ora, essa contribuição negativa para a obra cosmogônica (montanhas, serpentes e animais nocivos etc.) constitui elemento essencial em muitos mitos e lendas populares cosmogônicos, difundidos desde a Europa oriental até a Sibéria,[12] nos quais o adversário de Deus desempenha uma função.

Como afirma o importante tratado pálavi, o *Grande Bundahishn* (III, 20), "pelo cumprimento do sacrifício, foi produzida toda a Criação". Essa concepção e também o mito de Zurvan são decerto indo-iranianos, pois voltamos a encontrá-los na Índia. Para conseguir um filho, Prajapati ofereceu o sacrifício[13] *daksayana*, e também ele, ao efetuar o sacrifício, foi assaltado por uma dúvida ("Será que devo ou não oferecê-lo?"). Ora, Prajapati é o grande deus que produz o Universo com seu próprio corpo e representa igualmente o ano, o ciclo temporal (§76). A dúvida, com suas consequências desastrosas, constitui um erro ritual. *O mal é, pois, o resultado de um acidente técnico, de uma inadvertência do sacrificante divino.* O maligno não dispõe de um regime ontológico próprio: depende de seu autor involuntário, que se afadiga, aliás, por limitar antecipadamente o termo de sua existência.

O tema mitológico das consequências nefastas da dúvida tem numerosos paralelos nos mitos – atestados quase que no mundo inteiro – que explicam a origem da morte ou do mal pela falta de vigilância ou de previdência da parte do Criador. É palpável a diferença em relação à concepção mais antiga, também compartilhada por Zaratustra: Aúra-Masda engendra os dois espíritos, mas o *espírito mau escolhe livremente o seu modo de ser* (cf. §103). O senhor sábio não tem a responsabilidade direta pelo aparecimento do mal. Da mesma forma, em muitas religiões arcaicas, o ser supremo comporta uma *coincidentia oppositorum*, dado que constitui a totalidade do real. Mas, tanto no mito zurvanista quanto em outros mitos análogos, o mal é produzido, ainda que involuntariamente, pelo grande deus em pessoa. De qualquer modo, pelo menos na tradição transmitida por Eznik, Zurvan não desempenha papel algum na Criação cósmica: ele se reconhece como *deus otiosus*, uma vez que oferece a seus filhos gêmeos os símbolos da soberania (o *barsom* a Ohrmazd e, segundo o livro pálavi *Zatspram*, "um utensílio constituído da substância própria da sombra" a Arimã).

214. A função escatológica do tempo

Na medida em que nos podemos orientar nas camadas sucessivas dos textos pálavis e em suas alterações e seus retoques (efetuados quando o masdeísmo se tornou a Igreja oficial do Império Sassânida [226-635], e mesmo depois da conquista muçulmana), o zurvanismo parece ser mais uma teologia sincretista elaborada pelos magos medos[14] que uma religião independente. De fato, não se oferecem sacrifícios a Zurvan. De mais a mais, esse deus primordial é sempre mencionado em companhia de Ohrmazd e Arimã. Devemos esclarecer que a doutrina dos milênios, de um modo ou de outro, envolvia sempre Zurvan – seja como deus cósmico do tempo, seja simplesmente como símbolo, ou personificação, do tempo. Os nove mil ou 12 mil anos que constituem a história do mundo são interpretados em relação à própria pessoa de Zurvan. Segundo certas fontes siríacas,[15] Zurvan está cercado por três deuses, na realidade suas hipóstases, Ashoqar, Frashoqar e Zaroqar. Estes nomes explicam-se pelos epítetos avésticos *arshokara* ("que torna viril"), *frashokara* ("que torna esplêndido"), e *marshokara* ("que torna velho").[16] Trata-se, evidentemente, do tempo vivido tal como se deixa apreender nas três etapas da existência humana: juventude, maturidade e velhice. No plano cósmico, pode-se ligar cada um desses três momentos temporais a um período de três mil anos. Essa "fórmula dos três tempos" volta a ser encontrada nos Upanixades e em Homero.[17] Por outro lado, uma fórmula análoga é empregada nos textos pálavis; Ohrmazd, por exemplo, "é, era e será", e diz-se que o "tempo de Ohrmazd", *Zaman i Ohrmazd*, "era, é e será sempre".[18] Mas Zurvan (= Zaman) também é aquele "que era e será todas as coisas".[19]

Em suma, as imagens e os simbolismos temporais são atestados indiferentemente nos contextos zoroastriano ou zurvanista. Mesma situação no que concerne ao ciclo de 12 mil anos. Ele desempenha um papel nas especulações zurvanistas. Zurvan é apresentado como um deus com quatro rostos, e diferentes tétrades cosmológicas servem para circunscrevê-lo, o que convém a um antigo deus celeste do tempo e do destino.[20] Caso se reconheça o deus Zurvan no "tempo ilimitado", *Zaman i akanârak*, é óbvio que ele transcende Ohrmazd e Arimã, uma vez que se proclama: "O tempo é mais poderoso que as duas Criações."[21]

Podem-se acompanhar as polêmicas entre a ortodoxia masdeísta, que fortalecera progressivamente o dualismo, e a teologia zurvanista. A ideia de que Ohrmazd e Arimã são irmãos, gerados por Zurvan, é naturalmente condenada num passo do *Denkart*.[22] É por esse motivo que, nos livros pálavis ortodoxos, não se coloca o problema da origem dos dois adversários. Ohrmazd e Arimã existem desde a eternidade, mas o adversário deixará de ser em certo momento, no futuro. Compreende-se então por que, também para os masdeístas, o tempo e a doutrina dos milênios têm uma importância capital.

Segundo a teologia masdeísta, o tempo não somente é indispensável à Criação, mas é ele que torna possível a destruição de Arimã e a evicção do mal.[23] Com efeito, Ohrmazd criou o mundo para vencer e destruir o mal. A cosmogonia já pressupõe uma escatologia e uma soteriologia. Eis por que o tempo cósmico não é mais circular, mas linear: tem um começo e terá um fim. A duração temporal é consequência indireta do ataque de Arimã. Ao criar o tempo linear e limitado como o intervalo em que se realizará o combate contra o mal, Ohrmazd conferiu-lhe um sentido (escatologia) e uma estrutura dramática (guerra ininterrupta até a vitória final). Isso equivale a dizer que ele criou o tempo limitado como *história santa*. A grande originalidade do pensamento masdeísta é, aliás, interpretar a cosmogonia, a antropogonia e a pregação de Zaratustra como momentos constitutivos de uma única e mesma história santa.

215. As duas Criações: *menok* e *getik*

Segundo o primeiro capítulo do *Bundahishn*, Ohrmazd e Arimã existem desde a eternidade; mas enquanto Ohrmazd, infinito no tempo, é delimitado por Arimã no espaço, Arimã é limitado tanto no espaço quanto no tempo, pois em certo momento deixará de existir. Em outras palavras, no masdeísmo, Deus é originariamente finito, já que é circunscrito por seu contrário, Arimã.[24]

Essa situação se teria prolongado pela eternidade se Arimã não houvesse atacado. Ohrmazd responde criando o mundo, o que lhe permite tornar-se infinito também no espaço. Assim, Arimã contribui para a perfeição de Ohrmazd. Em outros termos, o mal, inconsciente e involuntariamente, contribui para o triunfo do bem, concepção que se encontra com muita frequência na história – e que apaixonava Goethe.

Em sua onisciência, Ohrmazd prevê o ataque e produz uma Criação "ideal" ou "espiritual". O termo utilizado, *menok*, é de difícil tradução, pois se refere tanto a um mundo perfeito quanto a um mundo embrionário. Segundo o *Datastan i Denik* (37:3s.), o que é *menok* é perfeito, e o *Denkart* (9:37, 5) afirma que o mundo, no começo, era imortal. Por outro lado, o *Bundahishn* (I, 6) descreve a Criação no estado *menok*, durante os três mil anos que ela havia durado, como "sem pensamento, sem movimento, impalpável".[25] No entanto, é sobretudo o caráter celeste e espiritual do estado *menok* que se enfatiza. "Eu vim do mundo celeste (*menok*)", lê-se num texto do século IV, "não foi no mundo terrestre (*getik*) que comecei a ser. Fui originariamente manifestado no estado espiritual, meu estado originário não é o estado terrestre".[26] Convém esclarecermos, no entanto, que não se trata de uma existência abstrata, de um mundo das ideias platônicas: o estado *menok* pode definir-se como um modo de ser simultaneamente espiritual e concreto.

Distinguem-se quatro etapas no drama cósmico e na história do mundo. Durante a primeira fase, verifica-se a agressão de Arimã e das trevas contra o mundo de luz de Ohrmazd. (Trata-se de um dualismo de tipo acósmico, pois, na doutrina de Zaratustra, Aúra-Masda é o Criador não só da luz, como das trevas; cf. *Yasna*, 44:5.) Antes de transportar a Criação do estado espiritual (*menok*) para o estado material (*getik*), Ohrmazd pergunta às *fravashis* (espíritos preexistentes que residem no Céu) se aceitam uma existência corpórea na Terra, a fim de combater as forças do mal,[27] e as *fravashis* assentem. Isso atesta o apego à vida encarnada, ao trabalho e, em última análise, à matéria, traço específico da mensagem de Zaratustra. A diferença em relação ao pessimismo gnóstico e maniqueísta é manifesta.* Com efeito, antes da agressão de Arimã, a Criação material (*getik*) era, em si mesma, boa e perfeita. O que a estraga é o ataque de Arimã, ao introduzir o mal. Seu resultado é o estado de "mistura" (*gumecishn*) em que se encontra agora toda a Criação, estado que só desaparecerá após a purificação final. Arimã e suas tropas demoníacas arruínam o mundo material penetrando-o e maculando-o com suas criações nocivas, e sobretudo instalando-se no corpo dos homens. Na verdade, certos textos dão

* Para o masdeísmo, o dualismo radical de Mani representava a heresia por excelência.

a entender que Arimã não responde à Criação material de Ohrmazd com uma Criação *getik* de ordem negativa: para estragar o mundo, basta que ele se introduza e o habite. "Por conseguinte, quando não habitar mais os corpos dos homens, Arimã será eliminado do mundo inteiro."[28]

A agressão de Arimã é descrita em termos patéticos: ele rompe a periferia do Céu, penetra no mundo material (*getik*), suja as águas, envenena a vegetação e provoca assim a morte do touro primordial.[29] Ataca Gayomart, o primeiro homem, e a prostituída o macula, e, por intermédio dele, macula todos os homens. (Entretanto, Gayomart estava predestinado a viver ainda 30 anos depois da agressão.) Mais tarde, Arimã lança-se sobre o fogo sagrado e o conspurca, provocando fumaça. Mas, no auge de seu poder, Arimã é um prisioneiro no mundo material, pois, ao se fechar, o Céu prende-o na Criação como numa armadilha.*

216. De Gayomart a Saoshyant

Gayomart é filho de Ohrmazd e de Spandarmat, a Terra; como outros macrantropos míticos, tem forma redonda e "brilha como o Sol" (cf. Platão, *O banquete*, 189 ds.). Ao morrer, surgem-lhe do corpo os metais; seu sêmen é purificado pela luz do Sol, e um terço dele cai no solo e produz o ruibarbo, de onde nascerá o primeiro casal humano, Mashye e Mashyane. Em outras palavras, o casal primordial nasce do ancestral mítico (Gayomart) e da Terra-Mãe, e sua primeira forma é vegetal – mitologema bastante difundido no mundo. Ohrmazd ordena-lhes que façam o bem, não adorem os demônios e se abstenham de alimento. Mashye e Mashyane proclamam Ohrmazd Criador, mas cedem à tentação de Arimã e bradam que é ele o autor da terra, da água e das plantas. Por essa "mentira", o casal é condenado e suas almas permanecerão no Inferno até a ressurreição.

Durante 30 dias, vivem sem alimento, mas, em seguida, mamam o leite de uma cabra e fingem desprazer; era uma segunda mentira, que fortaleceu os demônios. Podemos interpretar esse episódio mítico de duas maneiras: 1) ilustrando o pecado da "mentira" ou 2) ilustrando o pecado de ter comido, isto é, de fundar a condição humana; em numerosos mitos arcaicos, o casal primordial não necessita de alimento; além disso, segundo a crença iraniana, no fim do tempo, os homens renunciarão ao hábito de comer e beber.[30] Passados

* Arimã não pode mais atacar o Céu, pois as *fravashis*, armadas de lanças, defendem agora as "fortalezas do Céu"; cf. Zaehner, *Dawn and Twilight of Zoroastrianism*, p.270.

mais 30 dias, Mashye e Mashyane abatem uma rês e assam-na. Oferecem uma porção ao fogo e outra aos deuses, lançando-a para o ar, mas um abutre dela se apodera. (Pouco tempo depois, um cão é o primeiro a comer a carne.) Isso tanto pode significar que Deus não aceitou a oferenda quanto que o homem não deve ser carnívoro. Durante 50 anos, Mashye e Mashyane não sentem o menor desejo sexual. Contudo, unem-se numa relação carnal e geram dois gêmeos, "tão apetitosos" que a mãe devora um e o pai, o outro. Então Ohrmazd faz com que as crianças já não tenham sabor, a fim de que doravante os pais as deixem viver.[31] Mais tarde, Mashye e Mashyane têm outros casais de gêmeos, que se convertem nos ancestrais de todas as raças humanas.

O mito de Gayomart (avéstico *gaya maretan*, "vida mortal") é altamente significativo para se apreciar o trabalho dos teólogos zoroastrianos em sua reinterpretação da mitologia tradicional. Como Ymir ou Purusa, Gayomart é um macrantropo primordial e andrógino, mas seu suplício é diferentemente valorizado. Já não é a totalidade do mundo que é criada de seu corpo, mas somente os metais – em outras palavras, os planetas –, e, de seu sêmen, o ruibarbo, que dá origem ao primeiro casal humano. Assim como, na especulação judaica tardia, Adão é ao mesmo tempo dotado de atributos cosmológicos e de eminentes virtudes espirituais, Gayomart é guindado a uma posição excepcional. Na história santa masdeísta, alinha-se ao lado de Zaratustra e de Saoshyant. Com efeito, na Criação material (*gete*), é Gayomart quem primeiro recebe a revelação da boa religião.[32] E, por ter sobrevivido durante 30 anos à agressão de Arimã, pôde transmitir a revelação a Mashye e Mashyane, que mais tarde a comunicaram a seus descendentes. A teologia masdeísta proclama Gayomart como o homem justo e perfeito por excelência, igual a Zaratustra e a Saoshyant.[33]

Obra dos teólogos tardios, a exaltação de Gayomart acabou por remir a condição humana. Na verdade, o homem foi criado bom e dotado de alma e de um corpo imortal, exatamente como Gayomart. A morte foi introduzida no mundo material por Arimã, como consequência do pecado dos antepassados. Mas, como observa Zaehner,[34] para o zoroastrismo o pecado original é menos um ato de desobediência que um erro de julgamento: os antepassados enganaram-se ao ver em Arimã o Criador. Contudo, Arimã não logrou matar a alma de Gayomart, nem, por conseguinte, a alma dos homens. Ora, a alma é o mais poderoso aliado de Ohrmazd, pois no mundo material somente o homem dispõe de livre-arbítrio. Mas a alma só pode agir por meio do corpo por ela habitado; o corpo é o instrumento ou a "veste" da alma. Além disso, o corpo não é feito de trevas (como o afirmam os gnósticos), mas da mesma substância que a alma; na origem, o corpo era brilhante e perfumado, mas a concupiscência o tornou fétido. No entanto, depois do juízo escatológico, a alma reencontrará um corpo ressuscitado e glorioso.[35]

Em síntese, graças a sua liberdade de escolher entre o bem e o mal, o homem não apenas assegura sua salvação, mas pode colaborar na obra redentora de Ohrmazd. Como vimos no §104, todo sacrificante contribui para a "transfiguração" do mundo, restabelecendo em sua própria pessoa a condição de pureza que antecedia a "mistura" (*gumecishn*) produzida pelo ataque de Arimã. Porque, para o masdeísmo, a Criação material – isto é, a matéria e a vida – *é boa em si mesma* e merece ser purificada e restaurada. A doutrina da ressurreição dos corpos proclama o valor inestimável da Criação. Trata-se da mais rigorosa e audaz valoração religiosa da matéria que se conhece antes das "filosofias-químicas" ocidentais do século XVII (cf. volume III desta obra).

Durante os três mil anos que separam o assassínio de Gayomart e a emergência do casal primordial do advento de Zaratustra surgiu uma série de reinos lendários, dos quais os mais famosos são os de Yim (Yima), Azdahak e Freton. Zaratustra *aparece no centro da história*, a igual distância de Gayomart e do salvador futuro, Saoshyant. (Segundo uma tradição do século IV d.C., Saoshyant nascerá de uma virgem que se banhará no lago Kasaoya; as ondas desse lago conservam miraculosamente o sêmen de Zaratustra.) Como vimos (§104, 112), a renovação final (*frasho-kereti*) se realizará depois de um sacrifício efetuado por Saoshyant. Os livros pálavis descrevem de modo mais minucioso os episódios desse argumento escatológico. Em primeiro lugar, durante os últimos três milênios, os homens irão abster-se gradualmente de carne, leite e vegetais, até que por fim só se alimentem de água. Segundo o *Bundahishn*, é exatamente isso que acontece com os velhos ao se aproximarem da morte.

Na verdade, a escatologia retoma, a fim de anulá-los, os atos e feitos dos antepassados. É por esse motivo que a demônia Az (a Cobiça), já não tendo poder sobre os homens, será forçada a devorar demônios. À execução do touro primordial por Arimã corresponde o sacrifício escatológico do boi Hathayos efetuado por Saoshyant e por Ohrmazd. A poção preparada com sua gordura ou com sua medula misturada ao *haoma*-branco tornará imortais os homens ressuscitados. Por ser o primeiro homem, Gayomart será o primeiro ressuscitado. Os combates travados no começo serão reiterados: o dragão Azdahak reaparece e pede-se que Freton, que o vencera *in illo tempore*, seja ressuscitado. Defrontam-se os dois exércitos na batalha final, cabendo a cada combatente um adversário expressamente determinado. Arimã e Az são os últimos a cair sob os golpes de Ohrmazd e de Sroz.[36]

Segundo certas fontes, Arimã é para sempre reduzido à impotência; para outras, é empurrado para dentro do buraco pelo qual havia penetrado no mundo ou é abatido.[37] Um incêndio gigantesco faz com que os metais escorram das montanhas e, nesse rio de fogo – causticante para os maus, como o leite quente para os justos –, os corpos ressuscitados são purificados durante três dias. A combustão acaba por fazer desaparecer as montanhas, aterram-se os vales e tapam-se as aberturas que servem de comunicação com o Inferno. (A terra nivelada é, como se sabe, a imagem de um mundo paradisíaco, primordial e escatológico.) Depois da renovação, os homens, libertos do risco de pecar, viverão eternamente, gozando de beatitudes ao mesmo tempo carnais (as famílias, por exemplo, serão reunidas) e espirituais.

217. Os mistérios de Mithra

Segundo Plutarco (*Pompeu*, 24, 5), os piratas da Cilícia "celebravam em segredo os mistérios" de Mithra; vencidos e capturados por Pompeu, difundiram esse culto no Ocidente. Trata-se da primeira referência explícita aos mistérios de Mithra.[38] Ignora-se o processo que transformou o deus iraniano exaltado pelo *Mihr Yasht* (cf. §109) no Mithra dos mistérios. Seu culto desenvolveu-se provavelmente entre os *magoi* estabelecidos na Mesopotâmia e na Ásia Menor. Deus-paladino por excelência, Mithra tornara-se o protetor dos soberanos partos. O monumento funerário de Antíoco I de Comagena (69-34 a.C.) mostra o deus apertando a mão do rei. Mas o culto régio de Mithra não comportava, ao que parece, nenhum ritual secreto; desde o término da época aquemênida, as grandes cerimônias de *Mithrakana* eram celebradas em público.

A mitologia e a teologia dos mistérios de Mithra nos são acessíveis sobretudo graças aos monumentos figurados. Os documentos literários são pouco numerosos e referem-se sobretudo ao culto e à hierarquia dos graus iniciatórios. Um dos mitos relatava o nascimento de Mithra a partir de uma rocha (*de petra natus*), tal como o antropomorfo Ullikummi (§46), o frígio Agdístis (§207) e um célebre herói da mitologia osseta.[39] É por essa razão que a caverna desempenhava papel essencial nos mistérios de Mithra. Por outro lado, segundo uma tradição transmitida por Al-Biruni, às vésperas de sua entronização, o rei parto retirava-se para uma gruta e seus súditos aproximavam-se e veneravam-no como um recém-nascido, mais exatamente como uma criança de origem sobrenatural.[40] As tradições armênias falam de uma caverna onde Meher (isto é, Mihr, Mithra) se recolhia e de onde só se retirava uma vez por ano. O novo rei era Mithra reencarnado, renascido.[41] Voltamos a deparar esse tema iraniano nas lendas cristãs da natividade na gruta de Belém invadida de luz.[42] Em síntese, o nascimento miraculoso de Mithra fazia parte de um grande mito irano-sincretista do cosmocrata-redentor.

O episódio mitológico essencial comporta o roubo do touro por Mithra e seu sacrifício, executado, a julgar por certos monumentos, por ordem do Sol (*Sol*). A imolação do touro figura na quase totalidade dos baixos-relevos e pinturas mitríacos. Mithra desempenha a contragosto sua missão; girando a cabeça, agarra com uma das mãos as ventas do touro e, com a outra, enterra-lhe a faca no flanco. "Do corpo da vítima moribunda nasceram todas as ervas e plantas úteis. ... De sua medula espinal germinou o trigo que dá o pão, e de seu sangue, a vida, que produz a bebida sagrada dos mistérios."[43] No contexto zoroastriano, o sacrifício do touro por Mithra parece enigmático. Como vimos no §215, a execução do touro primordial é obra de Arimã. Um texto tardio (*Bundahishn*, VI, E, 1-4) narra, no entanto, os efeitos benéficos dessa imolação: do sêmen do touro primordial purificado pela luz da Lua nascem as espécies animais, e de seu corpo brotam as plantas. Através do prisma morfológico, essa "execução criadora" explica-se melhor numa religião de tipo agrário do que num culto de iniciação.[44] Por outro lado, como acabamos de ver (§216), no fim dos tempos, o boi Hathayos será imolado por Saoshyant e por Ohrmazd, e a bebida fabricada com sua gordura ou com sua medula tornará os homens imortais. Poderíamos, pois, aproximar o feito de Mithra desse sacrifício escatológico; nesse caso, poderíamos dizer que a iniciação nos mistérios antecipa a renovação final, vale dizer, a salvação do mista.[45]

A imolação do touro realiza-se na caverna, estando presentes o Sol e a Lua. A estrutura cósmica do sacrifício é indicada pelos 12 signos do zodíaco ou pelos sete planetas, e pelos símbolos dos ventos e das quatro estações. Duas personagens, Cautes e Cautopates, vestidas como Mithra, cada qual tendo na mão uma tocha acesa, assistem atentamente ao feito do deus; representam mais duas epifanias de Mithra na qualidade de deus solar (com efeito, o Pseudo-Dioniso fala do "triplo Mithra", *Epístola* 7).

As relações entre Sol e Mithra levantam um problema ainda sem solução; de um lado, embora sendo inferior a Mithra, Sol ordena-lhe que sacrifique o touro; de outro, Mithra é denominado, nas inscrições, *Sol invictus*. Certas cenas apresentam Sol ajoelhado diante de Mithra; outras mostram os deuses cumprimentando-se. De qualquer modo, Mithra e Sol selam sua amizade por meio de um banquete onde repartem a carne do touro. O festim teve por palco a caverna cósmica. Os dois deuses são servidos por ajudantes que trazem ao rosto máscaras de animais. Esse banquete constitui o modelo das refeições rituais, nas quais os mistas, ornados de máscaras que lhes indicam os graus iniciatórios, servem ao chefe (*pater*) do conventículo. Presume-se que, pouco tempo depois, deu-se a ascensão do Sol ao Céu, cena representada em vários baixos-relevos. Mithra, por seu turno, ascende ao Céu; certas imagens mostram-no correndo atrás do carro do Sol.

Mithra é o único deus que não compartilha o destino trágico das divindades dos mistérios. Pode-se concluir desse fato que o argumento da iniciação mitraica não comportava provas que evocavam a morte e a ressurreição. Antes da iniciação, os postulantes comprometiam-se por juramento (*sacramentum*) a guardar o segredo dos mistérios. Um texto de são Jerônimo (*Ep.* 107, *ad Laetam*) e muitas inscrições transmitiram-nos a nomenclatura dos sete graus da iniciação: corvo (*corax*), desposada (*nymphus*), soldado (*miles*), leão (*leo*), persa (*Perses*), correio do Sol (*heliodromus*) e pai (*pater*). A admissão aos primeiros graus era concedida também às crianças, desde os sete anos; ao que tudo indica, recebiam certa educação religiosa e aprendiam cantos e hinos. A comunidade dos mistas era dividida em dois grupos: os "servidores" e os "participantes", sendo este último grupo constituído pelos iniciados do grau *leo* em diante.[46]

Ignoramos os detalhes das iniciações nos diferentes graus. Em sua polêmica contra os "sacramentos" de Mithra (inspirados por Satanás!), os apologetas cristãos aludem ao "batismo" que, plausivelmente, introduzia o neófito na nova vida.[47] É provável que esse rito fosse reservado ao neófito que se preparava para o grau de *miles*.[48] Sabemos que lhe era apresentada uma coroa, mas o mista devia recusá-la, dizendo que Mithra "era sua única coroa".[49] Era em seguida marcado na testa com um ferro em brasa (Tertuliano, *De praescriptione haereticorum*, 40) ou purificado com uma tocha ardente (Luciano, *Menipo*, 7). Na iniciação ao grau de *leo*, deitava-se mel nas mãos do candidato e untava-se sua língua. Ora, o mel era o alimento dos bem-aventurados e dos recém-nascidos.[50]

Segundo o depoimento de um autor cristão do século IV, os candidatos tinham os olhos vendados, enquanto um bando frenético os cercava, alguns imitando o crocitar do corvo quando agita as asas e outros o rugido do leão. Certos candidatos, com as mãos atadas por tripas de frango, tinham de saltar por cima de um fosso cheio de água. Em seguida, aparecia alguém com uma espada, cortava as tripas e proclamava-se libertador.[51] Certas cenas de iniciação que figuram nas pinturas do *mithreum* de Cápua atestam a verossimilhança de algumas dessas provas iniciatórias. Uma das cenas mais bem conservadas é descrita da seguinte maneira por Cumont:

> O mista aparece sentado, despido, os olhos vendados, as mãos talvez amarradas atrás das costas. O mistagogo aproxima-se dele por trás, como se fosse empurrá-lo

> para a frente. Diante dele, um sacerdote, vestido à oriental, com a cabeça coberta por um grande barrete frígio, adianta-se, estendendo uma espada para o mista. Em outras cenas, o mista está ajoelhado, nu, e mesmo deitado no chão.[52]

Sabe-se também que o mista tinha de assistir a um homicídio simulado, e era-lhe apresentada uma espada tingida com o sangue da vítima.[53] Muito provavelmente, certos rituais iniciatórios comportavam combates contra um espantalho. Escreve o historiador Lamprídio que o imperador Cômodo maculou os mistérios de Mithra com um verdadeiro homicídio (*Commodus*, 9 = *Textes et monuments*, II, 21). Presume-se que, ao efetuar a iniciação de um *miles* na qualidade de "pai", Cômodo teria assassinado o candidato, em vez de apenas simular sua execução.

Cada um dos sete graus era protegido por um planeta: *corax* por Mercúrio, *nymphus* por Vênus, *miles* por Marte, *leo* por Júpiter, *Perses* pela Lua, *heliodromus* pelo Sol e *pater* por Saturno. As relações astrais acham-se claramente ilustradas nos *mithrea* de Santa Prisca e Óstia.[54] Por outro lado, Orígenes (*Contra Celsum*, VI, 22) alude a uma escada de sete travessas, compostas de diferentes metais (chumbo, estanho, bronze, ferro, liga, prata e ouro) e associadas às diferentes divindades (o chumbo a Cronos, o estanho a Afrodite etc.). Ao que tudo indica, essa escada desempenhava um papel ritual – papel que desconhecemos –, ao mesmo tempo que servia de símbolo ao conventículo de Mithra.

218. "Se o cristianismo tivesse sido detido..."

Quando se discutem os mistérios de Mithra, parece obrigatória a citação da famosa frase de Ernest Renan: "Se o cristianismo tivesse sido detido em seu crescimento por alguma doença mortal, o mundo teria sido mitraísta" (*Marc-Aurèle*, p.579). Renan impressionara-se provavelmente com o prestígio e a popularidade que os mistérios de Mithra desfrutavam nos séculos III e IV d.C.; estava decerto espantado com sua propagação por todas as províncias do Império Romano. Efetivamente, essa nova religião de mistérios seduzia pelo poder e pela originalidade. O culto secreto de Mithra lograra unir a herança iraniana ao sincretismo greco-romano. Em seu panteão, os principais deuses do mundo clássico ladeavam Zurvan e outras divindades orientais. Além disso, os mistérios de Mithra haviam assimilado e incorporado as correntes espirituais próprias da época imperial: a astrologia, as especulações escatológicas, a religião solar (interpretada pelos filósofos como monoteísmo solar). A despeito da herança iraniana, a língua litúrgica era o latim. Diversamente das outras religiões orientais da salvação, regidas por um corpo sacerdotal exótico (egípcio, sírio, fenício), os chefes dos mistérios, os *patres*, eram recrutados entre as populações itálicas e as das províncias romanas. De mais a mais, o mitraísmo diferençava-se dos outros mistérios pela ausência de ritos orgíacos ou monstruosos. Religião por excelência dos soldados, esse culto impressionava os profanos pela disciplina, temperança e moral de seus membros, virtudes que lembravam a velha tradição romana.

O mitraísmo teve prodigiosa difusão: da Escócia à Mesopotâmia, da África do Norte e da Espanha até a Europa central e os Bálcãs. A maioria dos santuários foi descoberta nas antigas províncias romanas da Dácia, Panônia e Germânia. (O culto não parece ter penetrado na Grécia e na Ásia Menor.) No entanto, cumpre ter em conta que um conventículo acolhia no máximo cem membros. Por conseguinte, mesmo em Roma, onde em certo momento existia uma centena de santuários, o número de adeptos não ultrapassava o total de dez mil.[55] O mitraísmo era quase exclusivamente um culto secreto reservado aos militares; sua propagação acompanhava os movimentos das legiões. O pouco que se sabe dos rituais iniciatórios lembra mais as iniciações das "sociedades de homens" indo-europeias (§175) do que as dos mistérios egípcios ou frígios, pois, como observamos, Mithra era o único deus dos mistérios que não conhecera a morte. E, único entre os outros cultos secretos, o mitraísmo não admitia as mulheres. Ora, numa época em que a participação feminina nos cultos de salvação alcançara um grau nunca antes conhecido, tal proibição tornava difícil ou até claramente improvável a conversão do mundo ao mitraísmo.

E, não obstante, os apologetas cristãos temiam a eventual "concorrência" do mitraísmo, porque viam nos mistérios uma imitacão diabólica da eucaristia. Justino (*Apologias*, 66) acusava os "maus demônios" de terem prescrito o uso sacramental do pão e da água; Tertuliano (*De praescriptione haereticorum*, 40) falava da "oblação do pão". Com efeito, a refeição ritual dos iniciados comemorava o banquete de Mithra e Sol após o sacrifício do touro. É difícil determinar se tais festins constituíam para os iniciados mitríacos uma refeição sacramental, ou se, antes, se assemelhavam a outros banquetes rituais bastante comuns na época imperial.[56] Seja como for, não se pode negar a significação religiosa dos banquetes mitríacos (nem, por outro lado, a dos outros cultos de mistérios), dado que seguiam um modelo divino. Denota-lhes o caráter sagrado o fato de os apologetas terem denunciado vigorosamente esses banquetes como imitações diabólicas da eucaristia. No que tange ao batismo iniciatório, ele era praticado também por outros cultos. Contudo, a semelhança com o mitraísmo revela-se ainda mais perturbadora para os teólogos cristãos dos séculos II e III; o sinal marcado na testa com um ferro em brasa lembrava-lhes a *signatio*, rito que completava o sacramento batismal; além disso, desde o século II, as duas religiões passaram a celebrar a natividade de seu deus no mesmo dia (25 de dezembro) e a compartilhar crenças semelhantes sobre o fim do mundo, o juízo final e a ressurreição dos corpos.

Mas essas crenças e os argumentos mítico-rituais pertenciam ao *Zeitgeist* da época helenística e romana. Tudo leva a crer que os teólogos das diferentes religiões sincretistas de salvação não hesitavam em recorrer a certas ideias e expressões cujo valor e fortuna haviam reconhecido (já citamos o caso dos mistérios frígios, §207). O que importava, em última análise, era a experiência pessoal e a interpretação teológica do argumento mítico-ritual revelado pela conversão e pelas provas iniciatórias (basta lembrar as numerosas valorizações dos sacramentos entre os não cristãos e na história do cristianismo).[57]

Vários imperadores defenderam o mitraísmo, movidos principalmente por razões políticas. Em Carnuto, no ano 307 ou 308, Diocleciano e outros *Augusti* consagram um altar a Mithra, "o benfeitor do Império". No entanto, a vitória de Constantino na ponte Múlvia, em 312, sela a sorte do mitraísmo. O culto recuperou o prestígio no curtíssimo reinado de Juliano; esse filósofo imperador declarava-se mitraísta. Depois de sua morte, em 363, instaurou-se um período de tolerância, mas o edito de Graciano, em 382, pôs termo ao apoio oficial ao mitraísmo. Como todas as religiões da salvação e os conventículos esotéricos, o culto secreto de Mithra, proibido e perseguido, desaparece como realidade histórica. Mas outras criações do gênio religioso iraniano continuam a penetrar no mundo em processo de cristianização. A partir do século III, o sucesso do maniqueísmo abala os alicerces da Igreja, e a influência do dualismo maniqueísta prolonga-se por toda a Idade Média. Por outro lado, muitas ideias religiosas iranianas – especialmente alguns motivos ou fórmulas da natividade, a angelologia, o tema do *magus*, a teologia da luz, certos elementos da mitologia gnóstica – acabarão por ser assimilados pelo cristianismo e pelo islã; em certos casos, podemos reconhecer seus traços desde a Alta Idade Média até o Renascimento e a época do Iluminismo.[58]

NOTAS

1. A divinização dos soberanos vivos, fenômeno característico da época helenística, é igualmente atestada entre os arsácidas; conhecem-se pelo menos três exemplos desse fato; cf. J. Duchesne-Guillemin, *La religion de l'Iran ancien*, p.225, com bibliografia.

2. J. Bidez-F. Cumont, *Les mages hellénisés*, v.I, p.217; G. Widengren, *Les religions de l'Iran*, p.228s.; J.R. Hinnells, "The Zoroastrian doctrine of salvation", p.147s.
3. F. Cumont, "La fin du monde selon les mages occidentaux", p.93s.; Bidez-Cumont, op.cit., v.I, p.218s.
4. Justino, XXXVII, 2; Plutarco, *Quaest. Conviv.*, I, 6, 2; Widengren, op.cit., p.266s.; id., "La légende royale de l'Iran antique", passim.
5. Widengren (*Hochgottglaube im alten Iran*, p.310) acreditou reconhecer o seu nome nas tábulas de Nuzi (séculos XIII-XII). Contudo, E.A. Speiser demonstrou que o nome deve ser lido *Zarwa(n)*, denominação de uma deusa hurrita; cf. *Annual of the American Schools of Oriental Research*, v.XV, 1936, p.99, notas 47-8.
6. Ghirshman, *Artibus Asiae*, 1958, p.37s.; Duchesne-Guillemin, op.cit., p.146.
7. O texto de Eudemo foi editado por Bidez-Cumont, op.cit., v.II, p.69-70; cf. v.I, p.62s.
8. Widengren, *Hochgottglaube*, p.232s.; Zaehner, *Zurvan, a Zoroastrian Dilemma*, p.89s.
9. O texto de Plutarco é discutido por Widengren, *Religions de l'Iran*, p.244s., que lembra também a bibliografia recente.
10. Eznik, *Contre les sectes*, livro II, cap. 8, *Zurvan*, p.438-9.
11. Eznik compreendeu perfeitamente que Zurvan era hermafrodita. Outros autores tardios, todavia, falam de certa "mãe" ou da "esposa" de Zurvan; cf. Zaehner, op.cit., p.63s., 423, 428. Ver os textos de Eznik e de Théodore bar Konai reproduzidos em Bidez-Cumont, op.cit., v.II, p.89-92 e Zaehner, p.421s. (cf. o debate deles, ibid., p.54s.).
12. Ver o nosso estudo "Le diable et le bon Dieu", *De Zalmoxis à Gengis Khan*, p.81-230.
13. Cf. S. Levi, *La doctrine du sacrifice dans les Brahmanas* (1898) p.138.
14. Widengren destacou as relações entre o zurvanismo e os magos medos; cf. *Religions de l'Iran*, p.320s.
15. Os textos são traduzidos por Zaehner, *Zurvan*, p.435, 439, 440s. Cf. comentário de Duchesne-Guillemin, p.186s., e de Widengren, op.cit., p.317s.
16. Nyberg, "Questions de cosmogonie et de cosmologie mazdéennes", p.89s.; Zaehner, *Zurvan*, p.221s.; Widengren, op.cit., p.317s.
17. Ver Widengren, op.cit., p.319, n 4; cf. Homero, *Ilíada*, I, 70.
18. Ver o texto trad. por Zaehner, op.cit., p.278.
19. Textos in Zaehner, op.cit., p.232 e 283; cf. Widengren, op.cit., p.318s.
20. Cf. Nyberg, "Questions de cosmogonie", p.57; Zaehner, op.cit., p.54, 97s.
21. Fragmento do primeiro capítulo do *Bundahishn*, apud trad. Widengren, op.cit., p.325.
22. *Denkart* (M 829; 1-5), a propósito da exegese do texto gáthico sobre os dois espíritos (*Yasna*, 30:3); cf. Duchesne-Guillemin, p.185s.
23. No *Bundahishn* (cap.1, 1; Zaehner, *Teachings of the Magi*, p.35), Ohrmazd tem ainda três nomes: tempo, espaço e religião. A quaternidade é adaptada do zurvanismo, mas é necessária para explicar a Criação; cf. Duchesne-Guillemin, p.309-10.
24. Zaehner, *Teachings of the Magi*, p.30.
25. Ver outros textos citados e comentados por Duchesne-Guillemin, op.cit., p.310-1; cf. também Mary Boyce, *A History of Zoroastrianism*, v.I, p.229s.
26. *Pand Namak i Zartusht* (= *O livro de conselhos de Zartusht*), estrofe 2, apud trad. franc. H. Corbin, "Le temps cyclique dans le mazdéisme", p.151.
27. *Bumdahishn*, cap.1, apud trad. Zaehner, *Zurvan*, p.336.
28. *Denkart*, v.VI, p.264, trad. S. Shaked, "Some notes on Ahreman", p.230.
29. De sua medula nascem as plantas alimentícias e medicinais, e seu esperma produz os animais úteis. Reconhece-se a lembrança de um mito de tipo "Hainuwele"; cf. §11.

Sobre o assassínio do touro, cf. Duchesne-Guillemin, op.cit., p.323-4; Mary Boyce, op.cit., p.138s., 231.

30. *Bundahishn*, trad. por Zaehner, *Teachings of the Magi*, p.145; cf. id., *Zurvan*, p.352.
31. *Greater Bundahishn*, XIV, §14, trad. Zaehner, *Teachings of the Magi*, p.73; outra tradução figura in A. Christensen, *Le premier homme et le premier roi*, v.I, p.19-20.
32. *Denkart*, 7:1, 4, trad. Molé, *Culte, mythe et cosmologie dans l'Iran ancien*, p.504.
33. Ver os textos citados por Molé e seu comentário, op.cit., p.485s.; 521.
34. *The Dawn and Twilight of Zoroastrianism*, p.267.
35. Ver os trechos do *Denkart*, tradução e comentários de Zaehner, op.cit., p.273s.
36. Ver *Bundahishn*, 34:23; Duchesne-Guillemin, op.cit., p.350s.; Zaehner, *Dawn and Twilight*, p.309s. Trata-se, sem dúvida, de um mito escatológico indo-europeu, conservado ainda na Índia bramânica e entre os germanos; cf. §§177, 192.
37. *Menok i Xrat*, 8: 11-15; *Denkart*, XII, 13: §297; cf. as outras fontes citadas por Duchesne-Guillemin, p.351, Zaehner, op.cit., p.314s. e 351, G. Widengren, *Rel. de l'Iran*, p.230s.
38. Todas as demais fontes, literárias, epigráficas e arqueológicas, sobre o culto e sua penetração no Ocidente remontam apenas aos primeiros séculos da Era Cristã.
39. Cf. G. Dumézil, *Légendes sur les Nartes*, p.192s.
40. Al-Biruni, *India*, trad. Sachau, v.II, p.10.
41. G. Widengren, *Iranisch-semitische Kulturbegegnung*, p.65; id., *Les religions de l'Iran*, p.269. Ver outros exemplos in S. Hartman, *Gayomart*, p.60, nota 2, p.180 e nota 6. Cf. também I. Gershevitch, in *Mithraic Studies*, p.85s., p.356.
42. Cf. M. Eliade, *Méphistophélès et l'androgyne*, p.61s.; id., *De Zalmoxis à Gengis-Khan;* p.37s.
43. F. Cumont, *Les mystères de Mithra* (2ª ed.), p.113. Cf. id., *Textes et monuments figurés relatifs aux mystères de Mithra*, I, p.179s., 186s.
44. G. Widengren lembra um ritual tardio babilônico, *Kalu*, que comporta o sacrifício de um touro destinado a assegurar a fecundidade cósmica; cf. *Iranisch-semitische Kulturbegegnung*, p.51s.
45. Para uma interpretação análoga da tauroctonia, ver J.R. Hinnels, in *Mithraic Studies*, p.305s. Ademais, desde H. Windischmann (1859), vários iranologistas observaram as flagrantes semelhanças entre Mithra e Saoshyant. Consultar por último Hinnels, op.cit., p.311 (nota 132).
46. Cf. Cumont, *Textes et monuments figurés*, I, p.317, e II, p.42, em que figura a citação de um fragmento de Porfírio, *De abstinentia*, IV, 16.
47. Tertuliano, *De praescriptione haereticorum*, 40 (cf. *Textes et monuments*, v.II, p.51).
48. Loisy, *Mystères païens et mystère chrétien*, p.173. Ignora-se a prova iniciatória específica ao *corax*; segundo Porfírio (*De abstinentia*, IV, 16), os "corvos" são auxiliares. (Lembremos que o corvo é o mensageiro que transmite a Mithra a ordem de Sol para imolar o touro.) Os emblemas específicos ao grau de *nymphus* eram uma tocha (a tocha dos casamentos), um diadema (alusão a Vênus) e uma candeia, símbolo da "luz nova" doravante acessível ao mista.
49. Tertuliano, *De corona*, 15 (= *Textes et monuments*, II, p.50).
50. Porfírio, *De antro nymph.* [*Perì toû en Odusseíai tôn numphôn ántrou*], 15 (= *Textes et monuments*, v.II, p.40). Colocava-se mel na língua dos recém-nascidos. Na tradição iraniana, o mel era originário da Lua. Cf. Cumont, op.cit., p.320.
51. Pseudo-Agostinho, *Quaest. Vet. et Novi Test.*, 114, 12 (= *Textes et monuments*, v.II, 8). Alguns autores duvidam da autenticidade dessa informação, mas, como diz Loisy,

"seu caráter grosseiro atesta-lhe a autenticidade; o que nosso autor diz levaria a supor que se dava sobre ela uma interpretação simbólica cujo sentido ele não chegou a conhecer ou não se deu ao trabalho de repetir" (op.cit., p.183).

52. F. Cumont, *Les religions orientales*, p.142, prancha XIII. Outros desenhos do *mithreum* de Cápua foram reproduzidos por Vermaseren, *Mithras*, figs. 51-3, p.132-3.

53. Cumont, *Les mystères de Mithra*, p.135.

54. Ferrua, *Il mitreo sotto la chiesa di Santa Prisca*, p.72s.; G. Becatti, *Scavi di Ostia*, v. II: *I Mitrei* (Roma, 1954), p.108s.

55. Cf. Widengren, "The Mithraic mysteries", p.453.

56. Cf. I.P. Kane, "The Mithraic cult meal in its Greek and Roman environment", p.343s.

57. Cf. John R. Hinnels, "Christianity and the mystery cults", p.20.

58. Ver volume III desta obra.

XXVIII. O NASCIMENTO DO CRISTIANISMO

219. "Um judeu obscuro": Jesus de Nazaré

No ano 32 ou 33 de nossa era, um jovem fariseu chamado Saulo, que se havia notabilizado pelo zelo com que perseguia os cristãos, dirigia-se a Damasco pela estrada que ligava esta cidade a Jerusalém.

> Subitamente uma luz do Céu brilhou ao seu redor, e, caindo por terra, ouviu uma voz que lhe dizia:
>
> — Saulo, Saulo, por que me persegues?
>
> Ele perguntou:
>
> — Quem és tu, Senhor?
>
> E a resposta foi:
>
> — Eu sou Jesus, a quem tu persegues; mas levanta-te e entra na cidade, onde te dirão o que te convém fazer.
>
> Os seus companheiros de viagem pararam emudecidos, ouvindo a voz, não vendo, contudo, ninguém. Então se levantou Saulo da terra e, abrindo os olhos, nada podia ver. E, guiando-o pela mão, levaram-no para Damasco. Esteve três dias sem ver, durante os quais nada comeu nem bebeu.*

Finalmente, um discípulo, Ananias, a quem Jesus instruíra numa visão, impôs-lhe as mãos, e Saulo voltou a ver. "A seguir, levantou-se e foi batizado. E depois de ter-se alimentado, sentiu-se fortalecido."[1]

Tais coisas aconteceram dois ou três anos depois da crucificação. (Ignora-se a data precisa da execução de Jesus: pode ter-se verificado em 30 ou 32. Por conseguinte, a conversão de Paulo pode ser fixada no mínimo em 32 e no máximo em 36.) Como veremos, a fé em Cristo ressuscitado constitui o

* Os trechos do Novo Testamento, sempre que possível, foram extraídos de *O Novo Testamento*, Sociedade Bíblica do Brasil, Rio, 1969, trad. João Ferreira de Almeida. (N.T.)

elemento fundamental do cristianismo de são Paulo.* Esse fato é de grande importância, pois suas Epístolas representam os primeiros documentos que relatam a história da comunidade cristã. Ora, todas as Epístolas são penetradas de fervor inigualável: a certeza da ressurreição, e portanto da salvação por Cristo. "Finalmente", escreveu o grande helenista Wilamowitz-Moellendorff, "a língua grega exprime uma viva e ardente experiência espiritual."[2]

Importa salientar outro fato: o pouco tempo – alguns anos – que medeia entre a experiência extática de Paulo e o acontecimento que revelou a vocação de Jesus. No ano 15 do principado de Tibério (portanto, em 28-29 d.C.), um asceta, João Batista, pôs-se a discorrer por toda a terra do Jordão, "pregando batismo de arrependimento para remissão de pecados" (Lucas, 3:1s.). O historiador Flávio Josefo descreve-o como um "homem honesto", que exortava os judeus a "praticar a virtude, a justiça e a devoção" (*Antiguidades judaicas*, 18, v.2, §116-9). De fato, era João Batista um verdadeiro profeta, iluminado, irascível e veemente, em revolta declarada contra as hierarquias política e religiosa judaicas. Líder de uma seita milenarista, anunciava a iminência do Reino, mas sem reivindicar o título de messias. Seu apelo foi coroado de grande êxito. Entre as pessoas que, aos milhares, acorriam de toda a Palestina para receber o batismo, encontrava-se Jesus, originário de Nazaré, na Galileia. Segundo reza a tradição cristã, João Batista reconheceu nele o messias.

Não sabemos por que motivo Jesus se fez batizar. É certo, porém, que o batismo lhe revelou a dignidade messiânica. Nos Evangelhos, o mistério dessa revelação é traduzido pela imagem do Espírito de Deus descendo como uma pomba e por uma voz dos céus, que dizia: "Este é o meu filho amado" (Mateus, 3:16; cf. Marcos, 1:11; Lucas, 3, 22). Logo depois do batismo, Jesus retirou-se para o deserto. Esclarecem os Evangelhos que ele foi "impelido para o deserto pelo Espírito", para ser tentado por Satanás (Marcos, 1:12; Mateus, 4:1-10; Lucas, 4:1-13). O caráter mitológico dessas tentações é evidente, mas seu simbolismo revela a estrutura específica da escatologia cristã. Morfologicamente, o argumento é constituído de uma série de provas iniciatórias, análogas às de Gautama Buda (cf. §148). Jesus jejua durante 40 dias e 40 noites, e Satanás o "tenta": pede-lhe primeiro milagres ("manda que estas pedras se transformem em pães"; leva-o a Jerusalém e coloca-o sobre o pináculo do Templo, dizendo-lhe: "Se és Filho de Deus, atira-te abaixo") e, em seguida, oferece-lhe o poder absoluto: "Todos os reinos do mundo e a glória deles." Em outras palavras, Satanás oferece-lhe o poder de destruir o Império Romano (e

* Na primeira Epístola aos coríntios (15:1-2), estabelece cuidadosamente a lista de todos aqueles a quem Cristo ressuscitado apareceu.

portanto o triunfo militar dos judeus anunciado pelos apocalipses) desde que Jesus se prostre diante dele.*

Jesus praticou o batismo durante algum tempo, tal como João Batista e provavelmente com maior sucesso (cf. João, 3:22-4; 4:1-2). Mas, ao saber que o profeta fora preso por Herodes, Jesus deixou a Judeia e dirigiu-se para sua terra natal. Explica Flávio Josefo que o gesto de Herodes fora de medo: receava a influência de Batista sobre a massa e temia uma rebelião. Seja como for, sua prisão deu azo à pregação de Jesus. Desde sua chegada à Galileia, proclamou Jesus o Evangelho, ou seja, a Boa Nova: "O tempo está cumprido e o Reino de Deus está bem próximo: arrependei-vos e crede no Evangelho."[3] A mensagem expressa a esperança escatológica que, com poucas exceções, dominava a religiosidade judaica fazia mais de um século. Depois dos profetas, depois de João Batista, predizia Jesus a iminente transfiguração do mundo: temos aí a essência de sua pregação (cf. §220).

Rodeado de seus primeiros discípulos, Jesus pregava e ensinava nas sinagogas e ao ar livre, dirigindo-se sobretudo aos humildes e aos deserdados. Empregava os processos didáticos tradicionais, reportando-se à história santa e às personagens bíblicas mais populares, indo buscar nas fontes imemoriais imagens e símbolos, e recorrendo sobretudo à linguagem figurada das parábolas. Como tantos outros "homens-divinos" do mundo helenístico, Jesus era médico e taumaturgo, curando toda espécie de doenças e aliviando os possuídos. É em decorrência de certos prodígios que ele se torna suspeito de feitiçaria, crime punido com a morte. "Ora, ele expele os demônios pelo poder de Belzebu, o maioral dos demônios", diziam alguns. "E outros, tentando-o, pediam dele um sinal do Céu."[4] A fama de exorcista e taumaturgo não foi esquecida pelos judeus; uma tradição do século I ou do século II menciona Yeshu, que "praticava a feitiçaria e desencaminhava Israel".[5]

A pregação de Jesus não tardou a preocupar os dois grupos política e religiosamente influentes, os fariseus e os saduceus. Os primeiros estavam irritados com as liberdades que o Nazareno adotava com relação à Torá. Quanto aos saduceus, estavam ciosos de evitar as desordens suscetíveis de eclodir em consequência de toda a propaganda messiânica. Com efeito, o Reino de

* Sem dúvida o argumento das "tentações" foi mais tarde incorporado às tradições fabulosas recolhidas nos Evangelhos, após o fracasso da insurreição de 66-70, isto é, depois da destruição do Templo pelos romanos. Mas, no horizonte simbólico em que se desenvolvia a Igreja, as "tentações" prefiguravam os milagres de Jesus (pouco tempo depois ele transformará a água em vinho e multiplicará os pães e os peixes) e o triunfo do cristianismo (porque, embora o Império Romano não tenha sido destruído por um levante armado, acabará por ser vencido, isto é, por tornar-se cristão).

Deus pregado por Jesus lembrava, para alguns, o fanatismo religioso e a intransigência política dos zelotes. Estes últimos recusavam-se a reconhecer a autoridade dos romanos porque, para eles, "só Deus era governador e senhor" (Josefo, *Ant. Jud.*, 18, 1, 6, §23). Pelo menos um dos doze apóstolos, Simão Cananeu,[6] era um antigo zelote (Marcos, 3:18). E Lucas narra que, após a crucificação, disse um discípulo: "Ora, nós esperávamos que fosse ele quem havia de redimir a Israel" (24:21).

Aliás, um dos episódios mais notáveis e mais misteriosos relatados pelos Evangelhos ressalta o mal-entendido a propósito do Reino proclamado por Jesus.[7] Após ter pregado uma parte do dia, Jesus fica sabendo que as cinco mil pessoas que o haviam seguido às margens do lago de Tiberíade estavam sem comida. Fê-las então sentar e, multiplicando milagrosamente alguns pães e alguns peixes, comeram todos juntos. Trata-se de um ato ritual arcaico, por intermédio do qual é afirmada ou restaurada a solidariedade mística de um grupo. No presente caso, a refeição em comum poderia significar a antecipação simbólica do *eschaton*, pois Lucas (9:11) esclarece que Jesus acabava de falar-lhes do Reino de Deus. Mas, exaltada por esse novo prodígio, a massa não compreendeu sua significação profunda e viu em Jesus o "profeta-rei" fervorosamente esperado, aquele que ia libertar Israel. "Percebeu, pois, Jesus que estavam para vir com o intuito de arrebatá-lo para o proclamarem rei" (João, 6:15). Dispersou então a multidão, retirou-se com os discípulos num barco e atravessou o lago de Tiberíade.

O mal-entendido poderia ser interpretado como uma revolta fracassada. Seja como for, Jesus foi abandonado pela multidão. Segundo João (6:66-7), somente os doze lhe permaneceram fiéis. Foi em companhia deles que, na primavera de 30 (ou de 33), Jesus decidiu celebrar a festa da Páscoa em Jerusalém. Muito já se discutiu – e ainda se discute – a finalidade dessa expedição. Provavelmente, Jesus queria proclamar sua mensagem no centro religioso de Israel a fim de forçar uma resposta decisiva num sentido ou no outro.[8] Quando ele estava perto de Jerusalém, as pessoas "pensavam que o Reino de Deus havia de manifestar-se imediatamente" (Lucas, 19:11). Jesus entrou na cidade como um rei messiânico (Marcos, 11:9-10), expulsou os que, no Templo, estavam vendendo ou comprando e pregou ao povo (11:15s.). No dia seguinte, entrou novamente no Templo e narrou a parábola dos lavradores homicidas que, após terem matado os servos enviados pelo seu senhor, agarraram e mataram-lhe o filho. "Que fará, pois, o dono da vinha? Virá, exterminará aqueles lavradores e passará a vinha a outros" (12:9).

Para os sacerdotes e os escribas, o sentido da parábola era transparente: os profetas foram perseguidos, e o último enviado, João Batista, acabava de ser morto. Segundo Jesus, Israel representava sempre a vinha de Deus, mas sua hierarquia religiosa estava condenada; o novo Israel terá outros chefes.[9] Além disso, Jesus dava a entender que era ele o herdeiro da vinha, o "filho amado" do senhor – proclamação messiânica que podia provocar sangrentas represálias do ocupante. Ora, como dirá o sumo sacerdote Caifás, "é melhor que morra um só homem pelo povo, e que não venha a perecer toda a nação" (João, 11:50). Fazia-se necessária uma pronta intervenção, sem, no entanto, alertar os adeptos de Jesus. A prisão devia efetuar-se durante a noite, em segredo. Às vésperas da Páscoa, Jesus celebrou a última refeição em companhia dos discípulos. Esse último ágape se tornaria o rito central do cristianismo: a eucaristia, cuja significação estudaremos adiante (§220).

"E, tendo cantado hinos, saíram para o monte das Oliveiras" (Mateus, 26:30). Dessa noite patética, a tradição conservou a lembrança de dois incidentes que ainda perturbam as consciências cristãs. Jesus anunciou a Pedro que, "antes que o galo cantasse", ele o negaria três vezes (Mateus, 26:34; cf. Marcos, 14:26-31). Ora, Jesus via em Pedro seu mais constante discípulo, aquele a quem caberia manter a comunidade dos fiéis. Sua negação decerto confirmava a fragilidade humana. No entanto, tal ato não anula de forma alguma a dignidade e as virtudes carismáticas de Pedro. O sentido desse incidente doloroso é evidente: na economia da salvação, tanto as virtudes quanto os pecados humanos não contam; o que importa é arrepender-se e não perder a esperança. Grande parte da história do cristianismo seria difícil de justificar sem o precedente de Pedro; sua negação e seu arrependimento (Mateus, 26:74) converteram-se, de certo modo, no modelo exemplar para toda e qualquer vida cristã.

Não menos exemplar é a cena seguinte, que se passa "num lugar chamado Getsêmani": Jesus leva consigo Pedro e outros dois discípulos, e diz-lhes: "A minha alma está profundamente triste até a morte; ficai aqui e vigiai comigo" (Mateus, 26:38). Afastando-se alguns passos, "prostrou-se sobre o seu rosto, orando e dizendo:

— Meu Pai: se possível, passe de mim este cálice! Todavia, não seja como eu quero, e sim como tu queres" (26:39).

Mas, ao voltar, achou os discípulos dormindo. Disse a Pedro: "Então, nem uma hora pudestes vós vigiar comigo?" (26:40). "Vigiai e orai", recomenda-lhes novamente. Debalde; ao voltar, "achou-os outra vez dormindo; porque os seus olhos estavam pesados" (26:41; cf. Marcos, 14:32-42; Lucas, 22:40-6). Ora, como sabemos desde a aventura de Gilgamesh (§23), vencer o sono, permanecer "acordado", constitui a mais dura das provas iniciatórias, porque visa à transmutação da condição profana, à conquista da "imortalidade". Em Getsêmani, a "vigília iniciatória" – embora se limite a algumas horas – revelou-se acima das forças humanas. Esse fracasso também se tornará um modelo exemplar para a maioria dos cristãos.

Pouco tempo depois, Jesus foi detido pela guarda do sumo sacerdote, provavelmente reforçada por soldados romanos. É difícil precisar a sequência dos acontecimentos. Os Evangelhos aludem a dois julgamentos separados. O sinédrio condenou Jesus por blasfêmia. Pois, interrogado pelo sumo sacerdote, "És tu o Cristo (isto é, o messias), o filho do Deus Bendito?", respondeu: "Eu sou" (Marcos, 14:61-2; cf. Mateus, 26:57-68; Lucas, 22:54, 66-71). O blasfemo era punido com a lapidação, mas não é certo que, na época, assistisse ao sinédrio o direito de infligir a pena capital. Seja como for, Jesus foi em seguida julgado por Pôncio Pilatos, prefeito da Judeia. Acusado de sedição ("És tu o rei dos judeus?"), ele foi condenado à morte por crucificação, suplício tipicamente romano. Exposto ao ridículo (vestido com um manto de púrpura e uma coroa de espinhos, os soldados o saudavam: "Salve, rei dos judeus!"), Jesus foi crucificado entre dois "bandidos". Com este termo – *lêistês* – Josefo costumava designar os insurretos. "Assim, o contexto da execução de Jesus era claramente a eliminação da revolta judaica contra o governo romano e seus colaboradores na Judeia. Toda e qualquer proclamação do advento do Reino de Deus implicava, aos olhos das autoridades de Jerusalém, a restauração de um reino judeu."[10]

A prisão, o processo e o suplício de Jesus dispersaram os fiéis. Pouco tempo depois da detenção, Pedro, seu discípulo preferido, negou-o três vezes. Não há dúvida de que a pregação de Jesus, e talvez até seu nome, se teriam perdido no esquecimento sem um episódio singular e incompreensível, exterior à fé: a ressurreição do supliciado. A tradição transmitida por Paulo e pelos Evangelhos atribui importância decisiva ao túmulo vazio e às numerosas aparições de Jesus ressuscitado. Qualquer que seja a natureza dessas experiências, elas constituem a fonte e o fundamento do cristianismo. A fé em Jesus Cristo ressuscitado transformou o pugilo de fugitivos desmoralizados num grupo de homens decididos e certos de serem invencíveis. Pode-se quase dizer que também os apóstolos conheceram a prova iniciatória da desesperança e da morte espiritual, antes de renascerem para uma vida nova e de se tornarem os primeiros missionários do Evangelho.

220. A Boa Nova: o Reino de Deus está bem próximo

Rudolph Bultmann referiu-se à "vulgaridade insuportável" das biografias de Jesus. De fato, os testemunhos são pouco numerosos e discutíveis. Os mais antigos – as Epístolas de Paulo – desprezam quase por completo a vida histórica de Jesus. Os Evangelhos sinópticos, redigidos entre 70 e 90, recolhem as tradições transmitidas oralmente pelas primeiras comunidades cristãs. Essas tradições, porém, dizem respeito tanto a Jesus quanto ao Cristo ressuscitado. Isso não lhes infirma necessariamente o valor documental, porque o elemento essencial do cristianismo, bem como, aliás, de toda religião que se atribui um fundador, é justamente a *memória*. É a *lembrança de Jesus* que constitui o modelo de todo cristão. Contudo, a tradição transmitida pelas primeiras testemunhas era "exemplar", e não unicamente "histórica"; ela conservava as estruturas significativas dos acontecimentos e da pregação, deixando de lado a lembrança exata da atividade de Jesus. Trata-se de fenômeno deveras conhecido, e não apenas na história das religiões.

Por outro lado, cumpre ter em conta que os primeiros cristãos, judeus de Jerusalém, constituíam uma seita apocalíptica dentro do judaísmo palestino. Estavam na espera iminente da segunda vinda de Cristo, a parusia; o que os preocupava era o *fim da história*, e não a historiografia da espera escatológica. Além disso, como era de prever, em torno da figura do mestre ressuscitado cristalizou-se bem cedo toda uma mitologia que lembra a mitologia dos deuses salvadores e do homem divinamente inspirado (*theîos ánthrôpos*). Essa mitologia, que evocaremos adiante (§222), é particularmente importante: ajuda-nos a compreender a dimensão religiosa específica ao cristianismo e também sua história posterior. Os mitos que projetaram Jesus de Nazaré num universo de arquétipos e figuras transcendentais são tão "verdadeiros" quanto seus gestos e palavras: esses mitos confirmam, de fato, a força e a criatividade de sua mensagem original. É, aliás, graças a essa mitologia e simbologia universais que a linguagem religiosa do cristianismo torna-se ecumênica e acessível para além do seu foco de origem.

Há um consenso em admitir que os Evangelhos sinópticos nos transmitiram o essencial da mensagem, em primeiro lugar a proclamação do Reino de Deus. Como evocamos na p.292, Jesus inicia seu ministério na Galileia, pregando a "Boa Nova vinda de Deus: 'O tempo está cumprido e o Reino de Deus está bem próximo'" (Marcos, 1:15).[11] O *eschaton* é iminente: "Em verdade vos afirmo que, dos que aqui se encontram, alguns há que, de maneira nenhuma, passarão pela morte até que vejam ter chegado com poder o Reino de Deus" (Marcos, 9:1; cf. 13:30). "Mas a respeito daquele dia ou da hora ninguém sabe; nem os anjos no Céu, nem o Filho, senão somente o Pai" (Marcos, 13:32).

No entanto, outras palavras de Jesus dão a entender que o Reino já chegou. Depois de um exorcismo, diz ele: "Se, porém, eu expulso os demônios pelo dedo de Deus, certamente é chegado o Reino de Deus sobre vós" (Lucas, 11:20). De outra feita, afirma Jesus que, desde o tempo de João Batista, "o Reino de

Deus sofre violência, e violentos o tomam pela força" (Mateus, 11:12). O sentido parece ser: o Reino é estorvado pelos violentos, mas já está presente.[12] Ao contrário da síndrome apocalíptica abundantemente evocada na literatura da época, o Reino advém sem cataclismo, ou até sem sinais exteriores. "Não vem o Reino de Deus com visível aparência. Nem dirão: 'Ei-lo aqui!'; ou: 'Lá está!', porque o Reino de Deus está dentro de vós" (Lucas, 17:20-1). Nas parábolas, o Reino é comparado ao amadurecimento progressivo da semente que cresce por si só (Marcos, 4:26-9), ao grão de mostarda (30-2), ao fermento que faz crescer a massa de farinha (Mateus, 13:33).

É possível que essas duas proclamações divergentes do Reino – num *futuro* muito próximo, no *presente* – correspondam a fases sucessivas do ministério de Jesus.[13] Pode-se igualmente conceber que elas exprimem duas traduções da mesma mensagem: 1) a iminência do Reino, anunciada pelos profetas e pelos Apocalipses, em outras palavras, "o fim do mundo histórico", e 2) a antecipação do Reino, efetuada por aqueles que, graças à mediação de Jesus, já vivem no presente atemporal da fé.[14]

É principalmente essa segunda tradução possível da mensagem que salienta a dignidade messiânica de Jesus. Não há dúvida de que seus discípulos o tinham reconhecido como messias, como o comprova a denominação de *khristós* (equivalente grego de "ungido", isto é, "messias"). Jesus nunca emprega esse termo em relação a si mesmo; aceita-o, no entanto, quando pronunciado por outros (Marcos, 8:29; 14:61). É provável que Jesus tenha evitado a denominação de messias para indicar a diferença entre a Boa Nova que pregava e as formas nacionalistas do messianismo judaico. O Reino de Deus não era a teocracia que os zelotes queriam instaurar pelas armas. Jesus definia-se sobretudo pela expressão Filho do Homem. Esse termo que, no princípio, não passava de um sinônimo de "homem" (cf. §203), acaba por designar – implicitamente na pregação de Jesus e explicitamente na teologia cristã – Filho de Deus.

Mas, à medida que podemos reconstituir, pelo menos em seus contornos gerais, a "personagem" Jesus, é à figura do servo sofredor (Isaías, 40-55; cf. §196) que a podemos comparar. "Nada autoriza a rejeitar como inautênticos os versículos em que fala das provações que o esperam. Todo o seu ministério se tornaria inexplicável se nos recusássemos a admitir que ele considerou e aceitou a eventualidade dos sofrimentos, da humilhação e, sem dúvida, da própria morte. Ao dirigir-se a Jerusalém, sem talvez afastar de todo a possibilidade de uma intervenção vitoriosa de Deus, Jesus assumiu os riscos do seu procedimento."[15]

"Não penseis", declara Jesus, "que vim revogar a lei ou os profetas: não vim para revogar, vim para cumprir" (Mateus, 5:17). Tal como os profetas, exalta a pureza do coração em detrimento do formalismo ritual; volta incansavelmente ao amor de Deus e do próximo. No Sermão da Montanha (Mateus, 5:3-12, Lucas, 6:20-3), Jesus evoca as beatitudes que aguardam os misericordiosos e os limpos de coração, os mansos e os pacíficos, os aflitos e os perseguidos por causa da justiça. Trata-se do texto evangélico mais popular fora do mundo cristão. E, todavia, para Jesus, Israel continua a ser sempre o povo eleito por Deus. É às ovelhas perdidas da casa de Israel que ele foi enviado (Mateus, 15:24) e só excepcionalmente volta-se para os pagãos: instrui seus discípulos que os evitem (Mateus, 10:5-6). Mas parece ter aceitado "todas as nações" para a instauração do Reino (Marcos, 13:10; Mateus, 8:11). Na esteira dos profetas e de João Batista, o ministério de Jesus colimava a transformação radical do povo judeu, ou seja, a emergência de um novo Israel, de um novo povo de Deus. O *Pater* (Lucas, 11:2-4; Mateus, 6:9-13) resume admiravelmente o "método" para chegar a esse objetivo. Expressão da devoção hebraica, a prece não emprega a primeira pessoa no singular, mas tão somente no plural: Pai *nosso*, o pão *nosso* de cada dia *nos* dai hoje, perdoai-*nos* os *nossos* pecados, livrai-*nos* do Maligno [*apò toû ponêroû*]. O conteúdo deriva da oração *kaddish* da antiga sinagoga; reflete a nostalgia de reencontrar uma experiência religiosa primitiva: a epifania de Javé como *Pai*. Mas o texto proposto por Jesus é mais conciso e comovente.[16] Toda prece, no entanto, deve estar penetrada da *verdadeira fé*, vale dizer, da fé testemunhada por Abraão (cf. §57). "Porque para Deus tudo é possível" (Marcos, 10:27). Da mesma forma, "tudo é possível ao que crê" (Marcos, 9:23). Graças à virtude misteriosa da fé abraâmica, o modo de ser do homem decaído muda de forma radical. "Por isso vos digo que tudo quanto em oração pedirdes, *crede* que recebestes, e *será assim convosco*" (Marcos, 11:24; cf. Mateus, 21:22). Em outras palavras, o novo Israel emerge misteriosamente pelo poder da fé abraâmica. Isso, aliás, explica o sucesso da missão cristã que prega a fé em Jesus Cristo ressuscitado.

Quando celebrou a última ceia com seus discípulos, Jesus "tomou do pão e, abençoando-o, o partiu e lhes deu, dizendo: 'Tomai, isto é o meu corpo.' Em seguida tomou um cálice e, tendo dado graças, o deu aos seus discípulos; e todos beberam dele. Então lhes disse: 'Isto é o meu sangue, o sangue da aliança, derramado em favor de muitos.'"[17] Um exegeta contemporâneo não hesitou em escrever: "Não existem outras palavras de Jesus mais firmemente atestadas."[18] Só Lucas narra a injunção de Jesus: "Fazei isto em memória de mim" (22:19). Embora Paulo confirme a autenticidade dessa tradição (I Coríntios, 11:24), não temos como provar que essas palavras foram pronunciadas por Jesus. O rito prolonga a liturgia doméstica judaica, em especial a consagração do pão e do vinho. Jesus praticava-o com frequência; quando publicanos e pecadores estavam presentes, a refeição proclamava provavelmente o Reino.*

Para os primeiros cristãos, "o partir do pão" (Atos dos Apóstolos, 2:42) constituía o ato cultual mais importante. Por um lado, era a reatualização da presença de Cristo e, por conseguinte, do Reino que ele instaurara; por outro lado, o rito antecipava o banquete messiânico do fim dos tempos. Mas as palavras de Jesus revelam um significado mais profundo: a necessidade de seu sacrifício voluntário a fim de assegurar a "nova aliança",** fundamento do novo Israel. Isso implica a convicção de que uma vida religiosa nova só surge por meio da morte sacrifical; a concepção, como se sabe, é arcaica e universalmente difundida. É difícil determinar se essa comunhão ritual com seu corpo e seu sangue era considerada por Jesus uma identificação mística com sua pessoa. É o que afirma Paulo (I Coríntios, 10:16; cf. 12:27; Romanos, 12:5; Efésios, 4:12), e, apesar da originalidade de sua linguagem e de seu pensamento teológicos, pode ser que ele prolongue uma tradição hierosolimita autêntica.*** Em todo caso, a refeição feita em comum pelos primeiros cristãos imitava o último ato de Jesus; era ao mesmo tempo um memorial da ceia e a repetição ritual do sacrifício voluntário do redentor.

Morfologicamente, a eucaristia lembra os ágapes cultuais praticados na Antiguidade mediterrânea, em particular nas religiões dos mistérios.[19] Seu objetivo era a consagração, e portanto a salvação dos participantes pela comunhão com uma divindade de estrutura misteriosófica. A convergência com o rito cristão é significativa: ilustra a esperança, bastante comum naquela época, de uma identificação mística com a divindade. Certos autores tentaram explicar a eucaristia pelas influências das religiões orientais da salvação, mas a hipótese não tem fundamento (cf. p.285). Na medida em que visava a uma *imitatio Christi*, o ágape primitivo constituía virtualmente um sacramento. Digamos desde já que esse rito central – o mais importante do culto cristão, com o batismo – inspirou, no curso dos séculos, teologias múltiplas e divergentes; ainda em nossos dias, a interpretação da eucaristia separa o catolicismo romano das Igrejas reformadas (cf. volume III desta obra).

---

* Certamente a presença dos "intocáveis" ofendia e exasperava os rigoristas judeus.

** A comunidade de Qumran considerava-se também beneficiária de uma Nova Aliança; cf. §223.

*** Paulo elabora essa ideia aprofundando-a; identifica a comunidade cristã, o novo Israel, com "o corpo de Cristo", cada cristão estando "em Cristo", exatamente como Cristo está "nele"; ver p.303.

221. O nascimento da Igreja

No dia de Pentecostes do ano 30, os discípulos de Jesus achavam-se juntos "quando, de repente, veio do Céu um som, como de um vento impetuoso, e encheu toda a casa onde estavam assentados. E apareceram, distribuídas entre eles, línguas como de fogo, e pousou uma sobre cada um deles. Todos ficaram cheios do Espírito Santo, e passaram a falar em outras línguas" (Atos dos Apóstolos, 2:1-4). As epifanias ígneas do espírito divino constituem tema bastante conhecido na história das religiões: voltamos a encontrá-las na Mesopotâmia (§20), no Irã (§104), na Índia (Buda, Mahavira etc., §152). Mas o contexto de Pentecostes visa a um objetivo mais preciso: o vento impetuoso, as línguas de fogo e a glossolalia lembram certas tradições judaicas relativas à teofania do Sinai (cf. §59).[20] Em outros termos, a descida do Espírito Santo é interpretada como uma nova revelação de Deus, análoga àquela do Sinai. No dia de Pentecostes, nasce a Igreja cristã. Somente depois de terem recebido o Espírito Santo os apóstolos começam a pregação do Evangelho e obram numerosos "prodígios e sinais" (Atos, 2:43).

Nesse dia, Pedro dirige à multidão o primeiro apelo para que se converta. Ele e seus companheiros apresentam-se como testemunhas da ressurreição de Jesus Cristo; foi Deus quem o ressuscitou (2:24, 32; etc.). O milagre já fora predito por Davi (2:31); a ressurreição é, pois, o acontecimento escatológico anunciado pelos Profetas (2:17-21). Pedro pede aos judeus que se arrependam e que "cada um deles seja batizado em nome de Jesus Cristo para a remissão dos seus pecados, de sorte que recebam o dom do Espírito Santo" (2:38). Esse primeiro discurso, que se tornou o modelo exemplar do *querigma* (a "proclamação" cristã), foi seguido de numerosas conversões (três mil, segundo os Atos, 2:41). Em outra ocasião (acabava ele de curar um coxo de nascimento; 3:1-9), Pedro exorta os judeus a reconhecer que se enganaram, de resto por ignorância, condenando Jesus, e a se arrepender, aceitando o batismo (3:13-19).

Os Atos dos Apóstolos permitem-nos vislumbrar a vida da primeira comunidade cristã de Jerusalém (que o autor designa com o termo grego *ekklêsía*). Aparentemente, os fiéis seguem ainda a disciplina religiosa tradicional (circuncisão das crianças de sexo masculino, purificações rituais, repouso do sabá, orações no Templo). Mas, em suas frequentes reuniões, perseveram na doutrina dos apóstolos e na comunhão, no partir do pão e nas orações, nos ágapes e preces de louvor (2:42, 46). No entanto, os Atos (que citam muitos exemplos da pregação aos incréus) nada informam sobre a instrução dada aos membros da comunidade. Quanto à organização econômica, esclarecem os Atos que "todos os que creram estavam juntos, e tinham tudo em comum.

Vendiam suas propriedades e seus bens, distribuindo o produto entre todos, à medida que alguém tinha necessidade" (2:44-5). Eles estavam na expectativa da segunda vinda de Cristo.

Apesar de sua estrita obediência aos usos mosaicos, os cristãos de Jerusalém suscitavam a hostilidade dos sumos sacerdotes e dos saduceus (4:1-3). Pedro e João foram presos quando pregavam no Templo, citados perante o sinédrio, mas soltos em seguida (4:1-3). Em outra ocasião, todos os apóstolos foram presos e depois soltos pelo sinédrio (5:17-41). Mais tarde, provavelmente em 43, um dos apóstolos foi decapitado por ordem de Herodes Agripa I (12:1s.), que queria contar com o apoio da casa de Ana. A atitude dos fariseus era mais moderada. Gamaliel – o senhor de Saulo – defende os apóstolos perante o sinédrio. Mas os fariseus, favoráveis aos convertidos de origem hierosolimita (os "hebreus"), eram hostis aos prosélitos recrutados entre os judeus das comunidades estabelecidas durante a diáspora (os "helenistas"); eles lhes censuravam o afastamento do Templo e da lei (6:13-4). Por essa razão foi lapidado, em 36-37, Estêvão, o primeiro mártir da fé cristã (7:58-60); "E Saulo consentia na sua morte" (8:1). No mesmo dia, os "helenistas" foram expulsos de Jerusalém e dispersos pelas regiões da Judeia e Samaria (8:1). Doravante, os apóstolos e seu chefe, Tiago, "o irmão do Senhor", defenderão o domínio da Igreja de Jerusalém.

Já se vislumbra certa tensão entre "hebreus" e "helenistas". Os primeiros são mais conservadores e legalistas, apesar de esperarem a parusia. Seguem fielmente o código judaico das prescrições rituais e representam por excelência o movimento designado pelo termo de judeo cristianismo.[21] É sua estrita obediência à lei que Paulo se recusa a admitir (cf. p.304). Na verdade, compreende-se mal um legalismo rabínico praticado justamente por aqueles que proclamavam a ressurreição de Cristo e se apresentavam como testemunhas dessa ressurreição. Os "helenistas" constituíam um pequeno grupo de judeus estabelecidos em Jerusalém e convertidos ao cristianismo. Não tinham em grande estima o culto celebrado no Templo. Em seu discurso, Estêvão exclama: "Não habita o Altíssimo em casas feitas por mãos humanas" (Atos, 7:48). A dispersão dos "helenistas" precipita o processo de missão entre os judeus da diáspora e, excepcionalmente, em Antioquia, entre os pagãos (11:19). É na diáspora que se desenvolve a cristologia. O título "Filho do Homem" – que em grego já não tem sentido – é substituído por "Filho de Deus" ou "Senhor" (*Kúrios*); o termo "messias" é traduzido para o grego (*khristós*) e acaba por transformar-se em nome próprio: Jesus Cristo.

Muito cedo, a missão dirige-se para os pagãos. Em Antioquia, na Síria, organiza-se a primeira comunidade importante de convertidos de origem pagã;

é nessa cidade que a designação de "cristãos" foi empregada pela primeira vez (Atos, 11:26).[22] Antioquia é o ponto de onde a missão cristã se irradia para o mundo helenístico. O confronto de um movimento messiânico judaico com a religiosidade e o pensamento gregos terá consequências decisivas para o desenvolvimento do cristianismo. O mérito inestimável de são Paulo foi haver compreendido bem os dados do problema e ter tido coragem de combater sem trégua para impor a única solução que considerava justa e coerente.

Nascido provavelmente no início do século I, em Tarso, na Cilícia,* veio estudar em Jerusalém com Gamaliel, "doutor da lei acatado por todo o povo" (Atos, 5:34). Ele próprio se descreve como um "hebreu de hebreus; quanto à lei, fariseu; quanto ao zelo, perseguidor da Igreja" (Filipenses, 3:5-6; cf. Gálatas, 1:13-4). Quando se encontrava em missão anticristã, Cristo apareceu-lhe no caminho de Damasco. Entre os que não conheceram Jesus, só ele recebeu o título de apóstolo. Foi, com efeito, convertido por Cristo ressuscitado: o Evangelho que pregava, não o recebeu nem aprendeu de um homem, "mas mediante revelação de Jesus Cristo" (Gálatas, 1:11-2, I Coríntios, 2:16). Tornado o "Apóstolo dos Gentios", empreendeu Paulo longas viagens missionárias através da Ásia Menor, de Chipre, da Grécia e da Macedônia. Pregou em numerosas cidades, fundou igrejas, residiu durante muito tempo em Corinto e em Roma. Denunciado por judeus e preso em Jerusalém, após dois anos de prisão foi entregue ao tribunal do imperador. Em Roma viveu dois anos em liberdade vigiada. Mas os Atos interrompem bruscamente a narrativa, e ignora-se o fim do apóstolo. Morreu mártir, em Roma, entre 62 e 64.

Apesar dos 15 capítulos (em 28) que lhe dedicam os Atos, apesar das 14 Cartas que lhe são atribuídas,** nosso conhecimento da vida, do apostolado e do pensamento de são Paulo permanece fragmentário. Sua interpretação profunda e pessoal do Evangelho era exposta oralmente, e é provável que de modo diferente, diante dos fiéis e dos incréus. As Epístolas não constituem de modo algum capítulos consecutivos de um tratado sistemático. Elas prolongam, esclarecem e precisam certas questões de doutrina ou de prática; questões cuidadosamente discutidas em seu ensinamento, mas que não foram compreendidas de modo correto pela comunidade, ou cujas soluções tipicamente paulianas foram criticadas e algumas vezes até rejeitadas por outros missionários. Dito isso, cumpre acrescentar, desde já, que as Cartas represen-

* Acrescenta ao seu nome bíblico Saulo o cognome romano Paulo, pois seu pai era cidadão romano.

** Concorda-se em reconhecer a autenticidade de cinco ou seis, entre as quais as mais importantes: a Epístola aos romanos, I e II Coríntios, Gálatas. Mas as outras Epístolas exprimem ou prolongam o mesmo pensamento pauliano.

tam o documento mais antigo e mais importante da Igreja primitiva; refletem as mais graves crises do cristianismo nascente, mas também a audácia criadora do primeiro teólogo cristão.

222. O Apóstolo dos Gentios

A teologia e o *querigma* de são Paulo derivam de sua experiência extática no caminho de Damasco. Por um lado, ele reconhece no Ressuscitado* o messias, o Filho enviado por Deus para libertar os homens do pecado e da morte. Por outro lado, a conversão estabelece uma relação de participação mística com Cristo. Paulo interpreta sua experiência como um análogo da crucificação (Gálatas, 2:19): possui agora "o pensamento de Cristo" (I Coríntios, 2:16) ou "o espírito de Deus" (7:40). Não hesita em proclamar: "Em mim Cristo fala!" (II Coríntios, 13:3; Romanos, 15:18). Alude a um arrebatamento místico "até o terceiro Céu" e às "revelações" que recebeu do Senhor (II Coríntios, 12:1-4, 7). Esses "sinais e prodígios" lhe foram concedidos pelo Espírito de Deus "para conduzir os gentios à obediência" (Romanos, 15:18). A despeito dessa experiência privilegiada, Paulo não reivindica, em absoluto, um regime excepcional, distinto dos outros. Todo crente efetua a união mística com Cristo pelo sacramento do batismo. Porque "os que fomos batizados em Cristo Jesus fomos batizados na sua morte. Fomos, pois, batizados com ele na morte pelo batismo; para que, como Cristo foi ressuscitado dentre os mortos pela glória do Pai, assim também andemos nós em novidade de vida" (Romanos, 6:3-4). Pelo batismo, o cristão "está em Cristo" (II Coríntios, 5:17); tornou-se membro de um corpo místico. Batizados num só Espírito, "todos nós fomos batizados em um corpo, quer judeus, quer gregos, quer escravos, quer livres. E a todos nós foi dado beber de um só Espírito" (I Coríntios, 12-3).

A morte e a ressurreição pela imersão na água constituem um argumento mítico-ritual bem conhecido, solidário de um simbolismo aquático universalmente atestado.[23] Mas são Paulo vincula o sacramento do batismo *a um acontecimento histórico recente: a morte e a ressurreição de Jesus Cristo.* Além disso, o batismo não somente assegura a vida nova do crente, mas realiza sua transformação em membro do corpo místico de Cristo. Tal concepção era inconcebível para o judaísmo tradicional. Distingue-se, por outro lado, das práticas batismais da época, como, por exemplo, a dos essênios, em que as múltiplas lustrações tinham valor essencialmente purificador (ver p.309). O

* Paulo foi o último a quem Cristo ressuscitado apareceu (I Coríntios, 15:8).

sacramento da eucaristia também é estranho ao judaísmo. Do mesmo modo que o batismo, a eucaristia integra o crente ao corpo místico de Cristo, a Igreja. Comungando com as espécies eucarísticas, ele se assimila ao corpo e ao sangue do Senhor (I Coríntios, 10:16-7; cf. 11:27-9). Para são Paulo, a salvação equivale à identificação mística com Cristo. Aqueles que estão na fé têm Jesus Cristo dentro de si (II Coríntios, 13:5). A redenção é operada por um dom gratuito de Deus: a encarnação, a morte e a ressurreição de Jesus Cristo.

A importância capital atribuída por são Paulo à graça (Romanos, 3:24; 6:14, 23 etc.) deriva provavelmente de sua própria experiência: a despeito de tudo o que tinha pensado e feito – até aprovar a lapidação de Estêvão –, Deus concedeu-lhe a salvação. Por conseguinte, é inútil para o judeu seguir as prescrições rituais e morais da Torá: o homem não pode, por si mesmo, conseguir a salvação. A rigor, foi depois da instauração da lei que o homem tomou consciência do pecado; antes de conhecer a lei, ele não sabia se era ou não um pecador (Romanos, 7:7s.). Estar sob a lei equivale a estar "sujeito aos rudimentos do Mundo" (Gálatas, 4:3). Isso é o mesmo que dizer que "todos quantos são das obras da Lei estão debaixo de maldição" (Gálatas, 3:10). Quanto aos pagãos, embora possam conhecer Deus pelas obras de sua Criação, "inculcando-se por sábios, tornaram-se loucos" e perderam-se na idolatria, fonte de aviltamento e perversão (Romanos, 1:20-32). Em suma, tanto para os judeus como para os pagãos, a redenção é operada exclusivamente pela fé e pelos sacramentos. A salvação é "o dom gratuito de Deus"; "a vida eterna em Cristo Jesus nosso Senhor" (Romanos, 6:23).*

Era inevitável que uma teologia desse gênero opusesse são Paulo aos judeo-cristãos de Jerusalém. Estes últimos exigiam a circuncisão prévia dos pagãos convertidos e vedavam-lhes a presença às refeições feitas em comum e à celebração da eucaristia. Depois de um conflito que Paulo (Gálatas, 2:7-10) e os Atos (15) relatam de maneira contraditória, os dois partidos, reunidos em Jerusalém, assumem um compromisso. Aos pagãos convertidos impõe-se que se abstenham apenas "das carnes sacrificadas a ídolos, bem como do sangue, da carne de animais sufocados e das relações sexuais ilícitas" (Atos, 15:29). É provável que essa decisão tenha sido tomada sem a presença de Paulo. O Apóstolo dos Gentios decerto não a teria aceito, porque ela conservava parte

* Convém esclarecer que a Epístola aos romanos – em que se acham desenvolvidas a teologia da graça e a soteriologia da cruz – é a obra mais importante de são Paulo. Muitos são os teólogos que consideram a Epístola aos romanos o mais importante livro do Novo Testamento. A exegese desse texto profundo, audacioso e enigmático, deu origem a numerosas especulações e provocou crises que, há 15 séculos, vêm dividindo e, ao mesmo tempo, renovando o cristianismo. Uma das teologias contemporâneas mais significativas foi implantada pelo famoso comentário de Karl Barth (ver volume III).

da observância judaica. De qualquer modo, a reunião de Jerusalém confirmava o êxito inesperado da missão cristã entre os pagãos, êxito que contrastava com o semifracasso sofrido na Palestina.

São Paulo, no entanto, teve também de enfrentar certas crises que ameaçavam as suas próprias igrejas, as comunidades que ele fundara. Em Corinto, os fiéis apetecem os dons espirituais, ou "carismas", recebidos do Espírito Santo. Trata-se, ademais, de prática religiosa bastante popular no mundo helenístico: a busca do *enthousiasmós*. Os "carismas" comportavam o dom de curar, o poder de operar milagres, a profecia, a glossolalia, o dom de interpretar as línguas etc. (I Coríntios, 12:4s.). Inebriados com seus êxtases e poderes, certos fiéis acreditavam ter alcançado a posse do Espírito, e portanto a liberdade; cuidavam que, doravante, tudo lhes seria permitido (6:12), até a prostituição (6:15-6).* Lembra-lhes Paulo que os corpos "são membros de Cristo" (6:15). Elabora, além disso, a hierarquia dos carismas: o mais importante é o do apóstolo, depois o do profeta, a que se segue, em terceiro lugar, o dom espiritual dos *didáskaloi* ou doutores (12:28; cf. 14:1-5). São Paulo, em suma, não rejeita a aspiração aos dons superiores, mas acrescenta: "Eu ainda vou mostrar-vos um caminho sobremodo excelente" (12:31). Segue-se o hino à caridade, uma das culminâncias do pensamento pauliano: "Ainda que eu fale as línguas dos homens e dos anjos, se não tiver caridade, serei como o bronze que soa, ou como o címbalo que retine. Ainda que eu tenha o dom de profetizar e conheça todos os mistérios e toda a ciência; ainda que eu tenha tamanha fé a ponto de transportar montes, se não tiver caridade, nada serei" etc. (13:1-13).

São Paulo, ao que tudo indica, aceitou a busca dos carismas porque compreendera a necessidade de traduzir a mensagem do Evangelho numa linguagem religiosa familiar aos meios helenísticos. Melhor do que ninguém, conhecia a dificuldade de pregar "um Cristo crucificado, escândalo para os judeus, loucura para os gentios" (I Coríntios, 1:23). A ressurreição dos corpos, crença compartilhada pela maioria dos judeus, parecia insensata aos gregos, interessados exclusivamente na imortalidade da alma.** Não menos difícil de

---

* O fenômeno é amplamente atestado na história das religiões indianas (cf. §146), e no gnosticismo (§230); encontramo-lo também em certas correntes místicas cristãs e islâmicas (cf. volume III desta obra).

** A ressurreição do redentor assegura a ressurreição dos cristãos (I Coríntios, 15:12s.). Paulo compartilha, da mesma forma, a concepção, de origem grega, de uma imortalidade obtida imediatamente após a morte (Filipenses, 1:23; cf. II Coríntios, 5:8). Contudo, a pós-existência não é puramente desencarnada; é o "corpo espiritual" (*pneumatikós*) que sobrevive à morte (ou, para usarmos sua expressão: que "ressuscita"; I Coríntios, 15:44s.). A doutrina do "corpo espiritual" é atestada em outras tradições (Índia, Tibete etc.). A originalidade de são Paulo está em ter associado a imortalidade à ressurreição; mas essa solução suscitou outros problemas.

compreender era a esperança de uma renovação escatológica do mundo; os gregos buscavam, por outro lado, os meios mais seguros de libertar-se da matéria. O apóstolo tenta adaptar-se; quanto mais profundamente penetra nos meios helenísticos, menos alude à espera escatológica. Destacam-se, além disso, inovações bastante significativas. Ele não somente emprega, com muita frequência, o vocabulário religioso helenístico (*gnôsis*, *mustêrion*, *sophia*, *kúrios*, *sôtêr*), como também adota certas concepções estranhas ao judaísmo e ao cristianismo primitivo. Assim, por exemplo, são Paulo faz sua a ideia dualista, fundamental para o gnosticismo, de um "homem psíquico" inferior e oposto ao "homem espiritual".* O cristão procura despojar-se do homem carnal para se tornar puramente espiritual (*pneumatikós*). Outro traço dualista contrapõe Deus ao mundo, dominado atualmente por seus "príncipes" (I Coríntios, 2:8), em outras palavras, pelos "rudimentos" (Gálatas, 4:3, 9). No entanto, a teologia de Paulo continua a ser fundamentalmente bíblica. Ele rejeita a distinção, em que insistem os gnósticos, entre o Deus supremo e redentor e o mau demiurgo, responsável pela Criação. O cosmo é dominado pelo mal em decorrência da queda do homem, mas a redenção equivale a uma segunda Criação, e o mundo recuperará sua perfeição inicial.

A cristologia de Paulo desenvolve-se em torno da ressurreição; esse acontecimento revela a natureza de Cristo: ele é o Filho de Deus, o redentor. O drama cristológico evoca um argumento soteriológico bem conhecido na época, mas cujas primeiras expressões são muito mais antigas:** o salvador desce à Terra vindo do Céu para benefício dos homens, e retorna ao Céu depois de cumprida sua missão.

Em sua carta mais antiga, a Primeira Epístola aos tessalonicenses, escrita em 51, de Corinto, Paulo revela uma "palavra do Senhor"[24] referente à parusia: "O Senhor mesmo, dada a sua palavra de ordem, ouvida a voz do arcanjo, e ressoada a trombeta de Deus, descerá dos Céus, e os mortos em Cristo ressuscitarão primeiro; depois nós, os vivos, seremos arrebatados juntamente com eles, entre nuvens, para o encontro do Senhor nos ares, e assim estaremos para sempre com o Senhor" (4:16-7). Seis anos mais tarde, em 57, lembra aos romanos que "a salvação está agora mais perto do que quando no princípio cremos. Vai alta a noite e vem chegando o dia" (Romanos, 13:11-2). No entanto,

---

* I Coríntios, 2:14-5: "O primeiro homem, formado da terra, é terreno; o segundo homem é do Céu" (15:47).

** As mitologias arcaicas conhecem vários tipos de seres sobrenaturais (filhos de Deus, demiurgos, heróis civilizadores, figuras messiânicas e milenaristas etc.) que descem para instruir ou salvar os homens e retornam em seguida ao Céu. Reconhecem-se concepções análogas nas teologias hinduísta (*avatar*) e budista (os bodisatvas).

a espera da parusia não deve perturbar a vida das comunidades cristãs. Paulo insiste na necessidade de trabalhar para merecer o pão que se come (II Tessalonicenses, 3:8-10), e pede respeito às leis vigentes, submissão às autoridades e o pagamento dos tributos e impostos devidos (Romanos, 13:1-7). As consequências dessa valorização ambivalente do *presente* (até o momento da parusia, a história prossegue e deve ser respeitada) não tardarão a se fazer sentir. Não obstante as inúmeras soluções propostas desde o fim do século I, o problema do *presente histórico* ainda preocupa o pensamento cristão contemporâneo.

A autoridade considerável de são Paulo na Igreja antiga, em grande parte, é fruto de uma catástrofe que abalou o judaísmo e paralisou o desenvolvimento da tendência judeo-cristã. Durante sua vida, a importância do apóstolo foi bem modesta. Contudo, pouco tempo depois de sua morte, explode, em 66, a guerra dos judeus contra Roma; essa guerra termina em 70, com a ruína de Jerusalém e a destruição do Templo.

223. Os essênios em Qumran

Quando ia acesa a guerra, no começo do verão de 68, um contingente do exército de Vespasiano atacou e destruiu o "mosteiro" de Qumran, situado em pleno deserto, às margens do mar Morto. Os defensores, ao que parece, foram trucidados; todavia, à véspera do desastre, tiveram tempo de esconder um número considerável de manuscritos em grandes vasos de argila. O achado desses manuscritos, entre 1947 e 1951, veio renovar nosso conhecimento sobre os movimentos apocalípticos judeus e as origens do cristianismo. Os eruditos identificaram na comunidade monástica do mar Morto a misteriosa seita dos essênios, até então conhecida unicamente pelas magras informações de Flávio Josefo, Fílon e Plínio o Velho.* Entre os manuscritos decifrados e tornados públicos até agora, encontram-se, ao lado dos comentários de certos livros do Antigo Testamento, alguns tratados originais. Destaquemos os mais importantes: o "Rolo da guerra dos filhos da luz contra os filhos das trevas", o "Tratado de disciplina", os "Salmos de agradecimento" e o "Comentário sobre Habacuc".

Com o auxílio desses novos documentos, pode-se reconstituir, em suas linhas gerais, a história da seita. Seus ancestrais eram os *hassidim*, de cujo

* As contradições entre as duas categorias de documentos – os manuscritos de Qumran e os testemunhos dos autores antigos – explicam-se, de um lado, pela informação insuficiente destes últimos e, de outro, pela complexidade dessa seita apocalíptica. A comunidade de Qumran não representa o essenismo em seu conjunto; parece certa a existência de núcleos essênios em outras regiões da Palestina.

fervor religioso, bem como do papel que tiveram na guerra dos macabeus, o leitor deve estar lembrado (cf. §202). O fundador da comunidade de Qumran, denominado por seus discípulos Mestre de Justiça, era um sacerdote zadoquita, pertencente, pois, à classe sacerdotal legítima e ultraortodoxa. Quando Simão (142-134 a.C.) foi proclamado "príncipe e sumo sacerdote perpétuo", e o ofício do sumo sacerdócio transferido irrevogavelmente dos zadoquitas para os hasmoneus, o Mestre de Justiça deixou Jerusalém acompanhado de um grupo de fiéis e refugiou-se no deserto de Judá. O "mau sacerdote" execrado nos textos qumranianos seria provavelmente Simão; ele perseguira, no exílio, o Mestre de Justiça e teria até planejado atacar Qumran, quando foi assassinado pelo governador de Jericó (I Macabeus, 16:11s.). As circunstâncias da morte do Mestre de Justiça são desconhecidas.[25] Seus discípulos e fiéis veneravam-no como mensageiro de Deus. Da mesma forma como Moisés possibilitara a Antiga Aliança, o Mestre de Justiça a havia renovado; ao fundar a comunidade escatológica de Qumran, ele antecipara a era messiânica.

Desde a publicação dos primeiros textos, os especialistas observaram analogias significativas entre as concepções e as práticas religiosas essênias e aquelas do cristianismo primitivo. Graças a esses novos documentos, conhecemos hoje o meio histórico e espiritual (o *Sitz im Leben*) de uma seita apocalíptica judaica. Os paralelos essênios esclarecem certos aspectos da pregação de Jesus e muitas expressões frequentemente empregadas pelos autores do Novo Testamento. Mas há também diferenças, e não menos importantes. A comunidade de Qumran era rigorosamente monástica; os primeiros cristãos viviam no mundo, constituíam uma comunidade missionária. As duas seitas eram apocalípticas e messiânicas: os essênios, tal como os cristãos, consideravam-se o povo da Nova Aliança. Esperavam, porém, um profeta escatológico (que, no Novo Testamento, já havia chegado na pessoa de João Batista) e dois messias: o messias-sacerdote, que os santificaria, e o messias-real, que conduziria Israel na guerra contra os gentios, guerra que o próprio Deus levaria a termo vitoriosamente. O "Rolo da guerra dos filhos da luz contra os filhos das trevas" constitui, de fato, o plano de batalha dessa conflagração escatológica. Uma mobilização de seis anos será seguida de 29 anos de guerra. O exército dos filhos da luz será constituído de 28 mil combatentes de infantaria e de seis mil cavaleiros, reforçados por grande número de anjos.[26] Os cristãos esperavam, por sua vez, a segunda vinda gloriosa de Cristo, como juiz e redentor do mundo; seguindo, no entanto, o ensinamento de Jesus, não compartilhavam a ideologia da guerra santa.

Tanto para os essênios como para os cristãos, o messias aparecerá no fim dos tempos e receberá um reino eterno; nas duas doutrinas messiânicas, os elementos sacerdotal, real e profético coexistem. Contudo, na literatura de Qumran, a concepção de um messias preexistente (o segundo Adão, o filho do homem) não é atestada; de mais a mais, o messias ainda não se tornou o redentor celeste, e as duas figuras messiânicas não estão unificadas, como na cristologia da Igreja primitiva.[27] Como personagem escatológica, o Mestre de Justiça inaugurou a Nova Idade. Seus discípulos atribuíam-lhe uma condição messiânica: a do mestre que revela o verdadeiro sentido, esotérico, das Escrituras, e que, além disso, é dotado de poderes proféticos. Certos textos dão a entender que o mestre ressuscitará no fim dos dias.[28] Mas, cuida um especialista, F.M. Cross, "se os essênios esperavam a volta de seu mestre como um messias sacerdotal, exprimiram sua esperança de forma extremamente indireta" (p.299), o que contrasta com a insistência com que o Novo Testamento desenvolve essa ideia.

A organização e os sistemas rituais das duas seitas apocalípticas apresentam surpreendentes semelhanças, mas apuram-se também certas diferenças não menos importantes. Os essênios constituíam uma comunidade ao mesmo tempo sacerdotal e leiga. A atividade religiosa (instrução, culto, exegese) era dirigida por sacerdotes hereditários; aos leigos incumbia a responsabilidade dos recursos materiais. O grupo dirigente denominava-se os *rabbîm* (literalmente, os "numerosos"), termo que voltamos a encontrar no Novo Testamento (a "assembleia" que escolhe seus representantes; cf. Atos, 15:12). Doze leigos e três sacerdotes formavam o círculo interior. O ofício mais elevado era o de "inspetor" (*mbaqqên*); esse chefe supremo devia comportar-se como um "pastor" ("Documento de Damasco", 13:7-9). Sua função lembra a do "pastor" ou *epískopos* entre os cristãos.

Em Qumran, o batismo iniciatório, que integrava o neófito na comunidade, era seguido das lustrações rituais que se realizavam todos os anos. Tal como o "partir do pão" para os cristãos, sua refeição coletiva era entendida pelos essênios como a antecipação do banquete messiânico.[29] Os membros da comunidade abstinham-se do casamento, pois todos se consideravam soldados na guerra santa. Não se tratava de um verdadeiro ascetismo, mas de uma ascese provisória, imposta pela iminência do *eschaton*.[30] Deve-se destacar outro ponto de semelhança: o método hermenêutico similar utilizado pelos exegetas essênios e pelos autores do Novo Testamento, sem analogias no judaísmo rabínico e na obra de Fílon. Aplicando um processo especial (*pesher*), os essênios vislumbravam nas profecias do Antigo Testamento referências precisas à história contemporânea e, por conseguinte, predições relacionadas com certos acontecimentos iminentes. Aqueles que tinham acesso ao "conhecimento", vale dizer, os iniciados na gnose apocalíptica revelada pelo Mestre de Justiça, sabiam que a guerra suprema estava a ponto de explodir. De resto, como vimos (§202), toda a literatura apocalíptica judaica exaltava o saber esotérico. Da mesma forma, mormente desde a segunda geração, os cristãos atribuíam um valor particular à gnose: estavam impacientes por decifrar os sinais anunciadores da parusia. Para os essênios, o conhecimento religioso era um conhecimento revelado, de ordem escatológica. Já se apontou uma concepção paralela nas Epístolas de Paulo e nos Evangelhos de Mateus e João. A instrução num grau superior, e até os sacramentos da comunidade, eram considerados esotéricos. Porque o Reino de Deus não é acessível à "carne", mas tão somente ao "espírito".[31] Em resumo, tanto entre os judeus quanto entre os cristãos, gnose secreta e esoterismo fazem parte do "método" apocalíptico. Depois da destruição de Qumran e da dispersão dos essênios, alguns sobreviventes reuniram-se provavelmente aos núcleos cristãos da Palestina. Em todo caso, as tradições apocalípticas e esotéricas mantiveram-se no cristianismo dos dois primeiros séculos, e encorajaram certas tendências gnósticas (cf. §228).

As analogias entre a linguagem teológica essênia e a linguagem do Evangelho de João são também notáveis. Voltamos a encontrar nos textos de Qumran muitas expressões especificamente joaninas, como, por exemplo, "luz da vida" (8:12), "filho da luz" (12:36), "aquele que pratica a verdade vem para a luz" (3:21), "o espírito da verdade e o espírito do erro" (Primeira Epístola de João, 4:6).[32] De acordo com a doutrina dos essênios, o mundo é o campo de batalha entre dois espíritos que Deus criou desde os primórdios: o espírito da verdade (também chamado "O Príncipe da Luz" e "O Anjo da Verdade") e o espírito da maldade ou da perversidade; este último não é outro senão Belial, o "Príncipe das Trevas", Satanás. A guerra entre esses dois espíritos e seus exércitos espirituais desenvolve-se também entre os homens e no coração de cada "filho da luz" ("Manual de disciplina", 4:23-6). Já se fez a aproximação entre o argumento escatológico essênio e certos textos joaninos. O "Manual de disciplina" (3:17-23) lembra que, embora sejam guiados pelo Príncipe da Luz, os filhos da justiça caem às vezes no erro, instigados pelo Anjo das Trevas. De modo semelhante, a Primeira Epístola de João fala dos "filhos de Deus" e dos "filhos do diabo", e exorta os fiéis a não se deixarem enganar pelo diabo (3:7-10, 4:1-6). Contudo, enquanto os essênios estão à espera da guerra escatológica, na literatura joanina, embora a luta ainda dure, a crise está superada, porque Jesus Cristo triunfou sobre o mal.

Convém assinalar outra diferença: na literatura joanina, o espírito é em geral interpretado como o espírito de Deus ou de Cristo (Primeira Epístola de João, 4:13); no "Manual de disciplina", o Príncipe da Luz ou o espírito da verdade aparece como o colaborador dos filhos da luz. No entanto, a figura do Paracleto evocada por João (14:17; 15:26; 16:13 etc.) parece derivar de uma teologia análoga à de Qumran. Cristo promete enviá-lo para testemunhar e interceder pelos fiéis, mas o Paracleto não falará em seu próprio nome. Uma função como essa, que não se esperava do Espírito Santo, sempre intrigou os exegetas. Os textos de Qumran permitem-nos compreender a origem do Paracleto; morfologicamente, ele é solidário de uma personagem da corte celeste de Javé, ou seja, o anjo ou mensageiro divino.[33] Todavia, as influências iranianas, em primeiro lugar o dualismo religioso e a angelologia, transformaram os dois anjos da corte de Javé (cf. §203) na encarnação de dois princípios contrários: bem/mal, verdade/mentira, luz/trevas. Os essênios, assim como o autor do *corpus* joanino, associavam-se a essa teologia e a essa escatologia palestinianas sincretistas, fortemente influenciadas pelo dualismo iraniano.

A despeito das numerosas semelhanças que acabamos de mencionar, o essenismo e o cristianismo primitivo apresentam estruturas distintas e buscam objetivos divergentes. A escatologia essênia deriva da tradição sacerdotal; a escatologia cristã mergulha suas raízes no profetismo do Antigo Testamento. Os essênios conservavam e fortaleciam o separatismo sacerdotal; os cristãos, em contrapartida, empenhavam-se em atingir todas as camadas sociais. Os essênios excluíam de seu banquete messiânico todos os que eram impuros e deformados física ou espiritualmente: para os cristãos, um dos sinais do Reino era justamente a cura dos inválidos (os cegos que veem, os mudos que falam etc.) e a ressurreição dos mortos. Por fim, a ressurreição de Jesus e o dom do Espírito Santo, a liberdade espiritual que sucedeu à disciplina da lei, constituem o "acontecimento" central que distingue essas duas comunidades messiânicas.[34]

224. A destruição do Templo; o retardamento da parusia

Recusando-se a envolver-se na guerra messiânica contra os romanos, parte dos judeo-cristãos é evacuada em 66 para Pela, na Transjordânia; outros refugiam-se nas cidades da Síria, da Ásia Menor, e em Alexandria. O significado da recusa não escapou aos insurretos: os cristãos* desvinculavam-se do destino nacional de Israel (Eusébio, *História eclesiástica*, III, 5, 3). O evento assinala a ruptura da Igreja com o judaísmo. No entanto, o judaísmo sobreviverá graças a um ato parecido. O mais importante chefe religioso do século,

* Quatro anos antes, em 62, Tiago o Justo, chefe da comunidade judeo-cristã em Jerusalém, morrera como mártir.

R. Jochanan ben Zaccai, que se opusera vigorosamente à insurreição armada, foi retirado num caixão durante o cerco da cidade. Pouco tempo depois, obteve a autorização de Tito para estabelecer uma escola elementar em Jabné, aldeia nas proximidades de Jafa. É graças a essa escola fundada por R. Jochanan que se salvarão os valores espirituais do povo judeu, vencido no plano nacional e ameaçado de desaparição.

A ruína da cidade santa e a destruição do Templo transformaram brutalmente a orientação religiosa dos judeus, o mesmo acontecendo com a dos cristãos. Para os primeiros, a destruição do Templo suscitou um problema ainda mais sério do que aquele que seus antepassados tiveram de enfrentar, seis séculos antes, pois os Profetas, ao predizerem a catástrofe, haviam, ao mesmo tempo, revelado sua razão: Javé preparava-se para castigar seu povo por causa de suas inúmeras infidelidades. Dessa vez, ao contrário, os Apocalipses tinham proclamado como certa a vitória final de Deus na batalha escatológica contra as forças do mal. A resposta a essa catástrofe inesperada e incompreensível foi dada em Jabné: o judaísmo continuará, mas "reformado", isto é, desembaraçado das vãs esperanças apocalípticas e dos messianismos, e seguindo exclusivamente o ensinamento dos fariseus (cf. §204). As consequências dessa decisão foram, em primeiro lugar, o revigoramento da lei e da sinagoga, a valorização dos *Mishna* e, finalmente, o Talmude. Contudo, a segunda destruição do Templo deixou profundas marcas no desenvolvimento do judaísmo; privados do santuário, o único espaço santo onde o *culto* podia efetuar-se, os fiéis viram-se reduzidos às *orações* e à *instrução* religiosa.[35]

Durante a guerra, também os cristãos conheceram uma ressurgência do entusiasmo apocalíptico: a esperança de que Deus não demorará a intervir, precipitando, precisamente, a segunda vinda de Cristo. O Evangelho de Marcos reflete e prolonga essa esperança apocalíptica.[36] Mas o retardamento da parusia dava origem a questões embaraçosas. Essencialmente, as respostas dadas podem ser classificadas em três categorias: 1) reafirma-se, de maneira ainda mais firme, a iminência da parusia (por exemplo, Epístola de Pedro); 2) a parusia é recuada para um futuro mais distante, e oferece-se uma justificativa teológica para esse intervalo de tempo prolongado: é o período reservado à atividade missionária da Igreja (por exemplo, os Evangelhos de Mateus e Lucas); 3) a parusia já se realizou, pois a crucificação e a ressurreição de Jesus constituem de fato o verdadeiro "acontecimento final" (*eschaton*) e a "nova vida" já é acessível aos cristãos (por exemplo, o Evangelho de João).[37]

É a terceira explicação que acabará por se impor. Ela, por outro lado, prolonga os paradoxos que os primeiros crentes tiveram de enfrentar: Jesus-messias não se distinguia em absoluto dos outros seres humanos; ainda que fosse o Filho de Deus, foi humilhado e morreu na cruz. A ressurreição, no entanto, confirmou sua divindade. E, todavia, essa prova incontestável não foi aceita por todos. (Para a maior parte dos judeus, a vinda do messias implicava necessariamente a libertação nacional e a transfiguração *evidente* do mundo.) Desse momento em diante, esperava-se a parusia para forçar a adesão dos incréus. O autor do Evangelho de João e o seu círculo de fiéis constituem uma resposta audaciosa à demora da parusia. O Reino de Deus já está implantado; não é automática e universalmente *evidente*, tal como o messias, encarnado na personagem histórica de Jesus, não o foi para a maioria dos judeus – e a divindade de Cristo ainda não o é para os não crentes. Trata-se, em suma, do mesmo processo dialético muito conhecido em toda a história das religiões: a epifania do sagrado num objeto profano constitui, ao mesmo tempo, uma camuflagem, porque o sagrado não é *evidente* para todos aqueles que se aproximam do objeto no qual ele se manifestou. Dessa vez, o sagrado – o Reino de Deus – manifestou-se numa comunidade humana bem circunscrita historicamente: a Igreja.

Essa revalorização da parusia abre numerosas possibilidades de experiência religiosa e de especulação teológica. Em vez do argumento familiar – a parusia como manifestação concreta e visível do triunfo de Deus, confirmada pelo aniquilamento do mal e pelo fim da história –, emerge a convicção de que a vida espiritual pode progredir e se completar *neste mundo*, e de que a história pode ser transfigurada; em outras palavras, a convicção de que a existência histórica é suscetível de alcançar a perfeição e a beatitude do Reino de Deus. É certo que o Reino será "evidente" em primeiro lugar aos crentes, mas toda comunidade cristã pode tornar-se o modelo exemplar de uma vida santificada e, portanto, um estímulo à conversão. Essa nova interpretação da dialética do sagrado, inaugurada pela identificação do Reino com a Igreja, ainda prossegue em nossos dias; de maneira paradoxal, ela se manifesta sobretudo pelas múltiplas "dessacralizações" (desmitizações dos Evangelhos e da tradição, vulgarização da liturgia, simplificação da vida sacramentária, tendências antimísticas e depreciação do simbolismo religioso, interesse exclusivo pelos valores éticos e pela função social das Igrejas etc.), "dessacralizações" que estão sendo executadas no mundo cristão contemporâneo (cf. v.III).

NOTAS

1. Atos dos Apóstolos, 9:3-5, 18-9. O autor dos Atos descreve mais duas vezes o encontro com Cristo ressuscitado no caminho de Damasco; 22:4-21; 26:12-20.

2. Ulrich von Wilamowitz-Moellendorff, apud G. Bornkamm, *Paul*, p.9-10.
3. Marcos, 1:15. Mateus, 4:17, fala do Reino dos Céus, mas as duas expressões são sinônimas.
4. Lucas, 11:15-6. Lucas viu bem que o pedido de um "sinal" e a acusação de feitiçaria constituíam uma unidade narrativa: os outros Evangelhos referem-nos separadamente; Marcos, 3:22; 8:11; Mateus, 12:24, 38; 16:1; cf. Dodd, *The Founder of Christianity*, p.179, nota 11.
5. Cf. B. *Sanhedrin*, 43a. O mesmo texto traz outras informações cuja importância apreciaremos adiante, pois são independentes das fontes cristãs. As fontes rabínicas são citadas e discutidas por J. Klausner, *Jesus of Nazareth*, p.17-47.
6. Cf. Brandon, *Jesus and the Zealotes*, p.44-7, 243-5.
7. O episódio é narrado pelos quatro Evangelhos (Marcos e Mateus o relatam duas vezes); Marcos, 6:30-44; 8:1-10; Mateus, 14:13-21, 15:32-9; Lucas, 9:10-7; João, 6:1-15.
8. Dodd, op.cit., p.139s.; R.M. Grant, *Augustus to Constantine*, p.43.
9. Cf. Dodd, op.cit., p.150.
10. Grant, op.cit., p.43. Refere a tradição rabínica que Jesus foi julgado pelas autoridades judaicas e condenado a ser enforcado na véspera da Páscoa; Klausner, *Jesus of Nazareth*, p.18s.
11. A exegese contemporânea aceita como autênticos quatro enunciados referentes ao Reino de Deus: Marcos, 1:15a; Lucas, 11:20; Lucas, 17:20-1; Mateus, 11:12. Cf. Perrin, *Rediscovering the Teachings of Jesus*, p.63s.; id., *The New Testament: An Introduction*, p.288s.
12. Cf. Ernst Käsemann, "The problem of historical Jesus", p.42s.; Perrin, op.cit., p.76s.
13. Marcel Simon, *Le judaïsme et le christianisme antique*, p.86.
14. Seguindo Bultmann, Perrin fala da "experiência da realidade existencial"; cf. *The New Testament*, p.290.
15. Simon, op.cit., p.87. Sobre a fusão das duas figuras ideais do messias e do servo sofredor na pessoa de Jesus, cf. Dodd, op.cit., p.103s.
16. Os exegetas insistem também na diferença entre as palavras do mais antigo texto *kaddish* ("Que Deus estabeleça o seu Reino durante a tua vida e durante os teus dias") e as empregadas por Jesus: "Que o teu Reinado chegue"; cf. Perrin, *Teachings*, p.57s., e a literatura citada ibidem.
17. Marcos, 14:22-4; cf. Mateus, 26:26; Lucas, 22:19; I Coríntios, 11:24. João (6:51) transmite uma versão paralela, baseada provavelmente em outra tradução do original aramaico da sentença.
18. Dodd, op.cit., p.10.
19. Ver, *inter alia*, A.D. Nock, *Early Gentile Christianity and its Hellenistic Backgroumd*, p.73s., 138s.
20. As fontes são citadas por E. Trocmé, *Le livre des Actes et l'histoire*, p.202s.
21. Norman Pervin atribui-lhes os relatos narrativos e os ditos de Jesus conservados no Evangelho; os judeo-cristãos caracterizam-se, ademais, por seu interesse pela profecia; cf. *The New Testament*, p.45s. Mas o problema é mais complexo; cf. Jean Daniélou, *Théologie du judéo-christianisme*, p.17s.; M. Simon e A. Benoît, op.cit., p.258s.
22. E. Peterson demonstrou a ressonância política do nome: "Os adeptos de Chrestos"; cf. *Frühkirche, Judentum und Gnosis*, p.64s. Suetônio, o primeiro autor latino que menciona a nova seita, narra [*Claudius*, XXV] que o imperador Cláudio expulsou os judeus de Roma em 49, por se haverem eles revoltado, "instigados por Chrestos" (*Judaei impulsore Chresto tumultuantes*).

23. Cf. *Traité d'histoire des religions*, §64s.; *Images et symboles*, cap.V.
24. Cf. I Coríntios, 15:51: "Eis que vos digo um mistério".
25. A. Dupont-Sommer, seguido por outros pesquisadores, acusa o "sacerdote ímpio" de ter instigado a seu assassínio; cf. *Les Écrits Esséniens*, p.375s. Entretanto, essa ação delituosa não é atestada nos documentos; ver a análise dos textos em F.M. Cross, *The Ancient Library of Qumran*, p.157-60.
26. Ver Y. Yadin, *The Scroll of the War of the Sons of Light against the Sons of Darkness*; Dupont-Sommer, op.cit., p.369s.
27. Cross, op.cit., p.221s. A Epístola aos hebreus apresenta Jesus como um messias ao mesmo tempo sacerdotal e real, segundo "a ordem de Melquisedeque" (6:20; 7:1-25; etc.). Cross mostra nessa interpretação o esforço da Igreja primitiva no sentido de adaptar a cristologia à espera messiânica dos essênios, ou, mais exatamente, de apresentar em uma única figura a realização de todas as nostalgias messiânicas do passado (op.cit., p.221).
28. O mais importante e o mais discutido é um trecho do "Documento de Damasco" que tece um comentário sobre Números, 21:18; ver as traduções e as análises em Dupont-Sommer, op.cit., p.145s., e Cross, op.cit., p.226s.
29. Cf. os textos citados e comentados por Cross, op.cit., p.85-91, 235-6.
30. Os textos são analisados por Cross, op.cit., p.96-9, 237-8. Cf. I Coríntios, 7:29-31: "O tempo se abrevia; ... que os casados sejam como se o não fossem."
31. Cf. *João*, 3:6: "Quem não nascer da água e do Espírito não pode entrar no Reino de Deus." Para o caráter esotérico do "conhecimento" (= gnose) na literatura de Qumran e no Novo Testamento, ver F. Nötcher, *Zur theologische Terminologie der Qumranische Texte*, p.15s.; W.D. Davies, "'Knowledge' in the Dead Sea scrolls and Mt. 11:25-30"; J. Jeremias, *Die Abendmahlworte Jesu*, p.58s.; K.G. Kuhn, "Die Sektenschrift und die iranische Religion", esp. p.299s.
32. Os termos equivalentes nos textos qumranianos são citados por Cross, op.cit., p.207, notas 13-17. O dualismo luz-trevas e sobretudo a exaltação da luz como a epifania por excelência do espírito indicam influência das ideias iranianas. No entanto, convém não esquecer que um conjunto de imagens desse tipo volta a ser encontrado no Antigo Testamento e em outras religiões semíticas; cf. M. Eliade, *Méphistophélès et l'androgyne*, p.64s.
33. Cross, op.cit., p.214, nota 82, lembra o protótipo cananeu do anjo mensageiro.
34. Ibid., p.241s.
35. Cf. Judah Goldin, "On change and adaptation in Judaism", p.290s.
36. Depois da catástrofe de 70, os cristãos começam a colecionar e a redigir as tradições hierosolimitas sobre a vida, o ministério, a morte e a ressurreição de Jesus; são os primeiros evangelhos.
37. Cf. Perrin, *Introduction*, p.41.

XXIX. PAGANISMO, CRISTIANISMO E GNOSE NA ÉPOCA IMPERIAL

225. *Jam redit et Virgo...*

Se o culto da grande mãe Cíbele contou com a proteção da aristocracia romana (cf. §168, p.254), o êxito das outras religiões orientais, introduzidas mais tarde, foi assegurado pelo proletariado urbano e pelo grande número de estrangeiros estabelecidos em Roma. Durante os dois primeiros séculos da República, a religião tradicional – ou seja, os cultos públicos – tinha perdido paulatinamente seu prestígio. Certas funções sacerdotais (por exemplo, o *flamen Dialis*) e muitas corporações religiosas haviam caído em desuso. Como em toda parte, na época helenística, a religiosidade desenvolvia-se sob o signo da deusa Fortuna (*Túkhê*) e do fatalismo astral (§205). A magia e a astrologia atraíam não somente as massas, mas também certos filósofos (os estoicos reconheciam a validade da astrologia). Durante as guerras civis, circulava um grande número de Apocalipses de origem oriental; os que eram conhecidos pelo nome de *Oráculos sibilinos* anunciavam a queda iminente do poderio romano. Além do mais, a velha obsessão do fim de Roma* parecia, agora, confirmada pelos acontecimentos sangrentos da história contemporânea. Horácio não dissimulava seu temor quanto ao destino próximo da urbe (*Epodo* XVI).

No momento em que César atravessava o Rubicão, o neopitagórico Nigídio Fígulo anunciou o começo de um drama cósmico-histórico que iria acabar

* "Em todas as crises históricas, dois mitos crepusculares inquietaram o povo romano: 1) a vida da urbe está terminada, já que sua duração estava limitada a determinado número de anos (o número 'místico' revelado pelas 12 águias vistas por Rômulo) e 2) o 'grande ano' assinalará o fim da história inteira, e portanto o fim de Roma, por meio de uma *ekpúrôsis* universal. A própria história de Roma incumbiu-se de desmentir esses temores até época muito avançada. Na verdade, 120 anos após a fundação de Roma, compreendeu-se que as 12 águias vistas por Rômulo não significavam 120 anos de vida histórica para a urbe, como muitos haviam receado. Ao cabo de 365 anos, pôde-se verificar que não se tratava de um 'grande ano', onde cada ano da urbe teria correspondido a um dia, e admitiu-se que o destino creditava a Roma outra espécie de 'grande ano', composto de 12 meses a 100 anos" (*Le mythe de l'éternel retour*, reed., p.157).

com Roma e mesmo com a espécie humana (Lucano, *Pharsalia*, 639, 642-5). Mas o reinado de Augusto, que sobrevivia após longas e desastrosas guerras civis, parecia instaurar uma *pax aeterna*. Os temores inspirados pelos dois mitos – a "idade" de Roma e o "grande ano" – revelavam-se, portanto, injustificados. Pois, de um lado, Augusto acabava de fundar novamente Roma, e por conseguinte não havia mais o que temer quanto a sua duração; e, de outro, a passagem da idade de ferro para a idade de ouro tinha se efetuado sem catástrofe cósmica. Com efeito, Virgílio substituiu o último *saeculum*, o do Sol – que provocaria a combustão universal –, pelo século de Apolo; evitava, assim, a *ekpúrôsis* e considerava as guerras civis o próprio indício da passagem da idade de ferro para a idade de ouro. Mais tarde, quando o reinado de Augusto pareceu ter realmente instaurado a idade de ouro, Virgílio esforçou-se por tranquilizar os romanos quanto à duração da urbe. Na *Aeneis* (I, 255s.), dirigindo-se a Vênus, Júpiter afiança-lhe que não fixará para os romanos nenhuma limitação espacial ou temporal: "O império dei-lhes sem fim" (*imperium sine fine dedi*). Depois da publicação da *Eneida*, recebeu Roma o nome de *urbs aeterna*, sendo Augusto proclamado o segundo fundador da urbe. Sua data natalícia, 23 de setembro, foi considerada "o ponto de partida do Universo de que Augusto salvou a existência e mudou a face".[1] Difunde-se então a esperança de que Roma pode regenerar-se periodicamente, *ad infinitum*. Assim é que, liberta dos mitos das 12 águias e da *ekpúrôsis*, Roma poderá estender-se, como anuncia Virgílio (*Aeneis*, VI, 798), até as regiões "que jazem além das rotas do ano e do Sol" (*extra anni solisque uias*).

Estamos diante de um supremo esforço para libertar a *história* do *destino astral* ou da *lei dos ciclos cósmicos*, e redescobrir, através do mito da renovação eterna de Roma, o mito arcaico da *regeneração anual* do cosmo por meio de sua *recriação periódica* (pelos sacrificantes ou pelo soberano). Trata-se também de uma tentativa de *valorizar a história no plano cósmico*; isto é, de considerar os acontecimentos e as catástrofes históricas como verdadeiras *combustões* ou *dissoluções cósmicas* que devem periodicamente pôr termo ao Universo com o fim de possibilitar sua regeneração. As guerras, as destruições e os sofrimentos provocados pela história já não são os *sinais anunciadores* da passagem de uma idade cósmica para outra, *mas constituem, elas próprias, essa passagem*. Assim, em cada época de paz, a história se renova e, por conseguinte, inicia-se um novo mundo; em última análise (como demonstra o mito constituído em torno de Augusto), o soberano *repete a criação do cosmo*.[2]

Na sua IVª *Égloga*, Virgílio anuncia que a idade de ouro está recomeçando no consulado de Asínio Polião (40 a.C., isto é, antes da vitória final de Otávio). "É o nascimento de um novo ciclo de séculos (*magnus ab integro saeculorum nascitur ordo*). Já torna a Virgem (*jam redit et Virgo*), tornam também os reinos de Saturno." Uma "raça de ouro" surge em todo o mundo, tendo por rei Apolo (5-10). Ora, Virgílio associa todos esses sinais, específicos ao retorno da idade de ouro, com o nascimento de uma criança cuja identidade se ignora, mas que numerosos intérpretes supõem ser o filho de Polião. Durante muito tempo se discutiu, e ainda se discute, o sentido desse poema inspirado e enigmático. Para nosso objetivo, basta-nos sublinhar o poder visionário de Virgílio: como um verdadeiro *vates*, captou o contexto ao mesmo tempo cósmico e religioso do fim das guerras civis, e adivinhou a função escatológica da paz instaurada pela vitória de Otávio Augusto.

O reinado de Augusto marca um renascimento criador da religião romana tradicional.[3] Segundo Suetônio (*Augustus*, 90-2), Augusto conduzia-se como um verdadeiro romano de outrora, levando em conta sonhos e outros avisos, observando as manifestações dos deuses, praticando a *pietas* em relação às divindades e aos homens. "É essa *religio*, e não a teologia estoica, que sempre ditou os atos decisivos do imperador. ... Pela *pietas* e pela *religio*, a atitude religiosa e os ideais do passado romano eram conscientemente retomados e renovados."[4] Augusto decretou que se restaurassem os santuários em ruína e mandou construir uma grande quantidade de novos templos. Tornou a prover cargos sacerdotais que permaneciam desocupados há muito tempo (por exemplo, o posto de *flamen Dialis*), ressuscitou veneráveis confrarias como a dos *Titii* (Tícios), dos *Luperci* (Lupercos) e dos *Alvares*. Os contemporâneos não duvidavam da autenticidade da mudança. "O advento da nova era foi celebrado não só nos cantos dos poetas como também nas manifestações públicas".[5] E as obras de arte do século de Augusto exprimem de maneira esplendorosa a renovação da experiência e do pensamento religiosos.

A história incumbiu-se de desmentir a "idade de ouro" desde a morte de Augusto, e os romanos recomeçaram a viver na expectativa de um desastre iminente. Contudo, o século de Augusto ficou sendo o modelo exemplar para a civilização do Ocidente cristão. Além disso, Virgílio e em parte Cícero inspiraram a teologia da literatura e, em geral, a teologia da cultura específica à Idade Média e que teve continuidade no Renascimento.

226. As tribulações de uma *religio illicita*

Depois de sua morte, Júlio César foi proclamado deus entre os deuses e, em 29 a.C., um templo lhe foi consagrado no Fórum. Os romanos consentiam na apoteose *post mortem* dos grandes chefes, mas recusavam-lhes a divinização em vida.* Augusto aceitou as honras divinas somente nas províncias; em Roma, era apenas "filho de Deus", *Divi filius*. No entanto, o *genius* imperial era venerado por ocasião dos banquetes oficiais e privados.

A deificação dos "bons" imperadores e, portanto, a organização do culto imperial generalizam-se depois de Augusto.** Tibério, porém, não foi deificado porque Calígula deixou de apresentar o requerimento ao Senado. Quanto a Calígula, tivera o cuidado de se fazer deificar antes de morrer, e sua memória foi condenada pelos senadores. Cláudio, Vespasiano e Tito conheceram a apoteose, o que não ocorreu com Galba, Óton e Vitélio, que não a mereciam, nem com Domiciano, inimigo do Senado. Uma vez fixado o aparato da sucessão, todos os grandes imperadores do século II foram divinizados, fato que não ocorreu no século III, quando os imperadores se sucediam com demasiada rapidez.[6]

Do século II em diante, a recusa a celebrar o culto imperial foi a causa mais notável das perseguições aos cristãos. No início, com exceção da carnificina ordenada por Nero, as medidas anticristãs foram encorajadas sobretudo pela hostilidade da opinião pública. No decurso dos dois primeiros séculos, o cristianismo foi considerado *religio illicita*; os cristãos eram perseguidos porque praticavam uma religião clandestina, que não contava com a autorização oficial. Em 202, Septímio Severo publicou o primeiro decreto anticristão proibindo o proselitismo. Pouco tempo depois, Maximino combateu a hierarquia eclesiástica, mas sem sucesso. Até o reinado de Décio, a Igreja desenvolveu-se em paz. No entanto, em 250, um edito desse imperador obrigou todos os cidadãos a oferecer sacrifícios aos deuses do Império. A perseguição foi de curto prazo, mas muito rigorosa, o que explica o grande número de abjurações. Contudo, graças a seus confessores e mártires, a Igreja passou vitoriosamente por esse transe. A repressão decidida por Valeriano em 257-258 foi acompanhada de um longo período de paz (260-303). O cristianismo conseguiu infiltrar-se por todo o Império e em todas as camadas sociais (até na família do imperador).

A última perseguição, a de Diocleciano (303-305), foi a mais longa e a mais sangrenta. Apesar da dramática situação do Império, a opinião pública mostrou-se, dessa vez, menos hostil com os cristãos. Ora, Diocleciano havia resolvido destruir essa religião exótica e antinacional, justamente para refor-

---

* Entretanto, César tinha sua estátua no Capitólio e outra no templo de Quirino, com a inscrição: *Deo invicto*. Em 44 a.C., recebera oficialmente o título de "divino Júlio".

** Não se trata de uma influência do Oriente helenístico. Cícero já escrevia que "os espíritos dos homens bravos e bons são intrinsecamente divinos" (*De Legibus*, II, 11, 27).

çar a ideia do Império; queria dar novo ânimo às velhas tradições religiosas romanas e, sobretudo, exaltar a imagem quase divina do imperador. Mas a herança da reforma de Augusto gradualmente se esboroara. Os cultos do Egito e da Ásia Menor gozavam de espantosa popularidade; além disso, eram beneficiados pela proteção oficial. Cômodo (185-192) fizera-se iniciar nos mistérios de Ísis e de Mithra, e Caracala (211-217) estimulara o culto do deus solar sírio, o *Sol invictus*. Alguns anos mais tarde, o imperador sírio Heliogábalo (Elagábalo), ele próprio sacerdote do deus de Êmeso, introduziu seu culto em Roma. Heliogábalo morreu assassinado em 222 e o deus sírio foi proscrito da urbe. No entanto, como veremos (p.355), Aureliano (270-275) logrou reintroduzir o culto do *Sol invictus*. Aureliano compreendera que era inútil exaltar apenas o grande passado religioso de Roma, e que, além disso, impunha-se integrar a venerável tradição romana numa teologia solar de estrutura monoteísta, a única religião que se estava tornando universal.

Já antes das grandes perseguições, por volta do fim do século II, vários teólogos e polemistas cristãos tentaram justificar e defender sua religião diante das autoridades e da intelligentsia pagã. Mas sua empresa estava fadada a fracassar. Ingênuos ou inábeis, certos apologistas (Taciano, Tertuliano) atacaram violentamente o paganismo e a cultura helenística. O mais importante, Justino (martirizado por volta de 165), empenhou-se em demonstrar que o cristianismo não desprezava a cultura pagã; fez o elogio da filosofia grega, mas lembrou que ela se inspirava na revelação bíblica. Retomando os argumentos do judaísmo alexandrino, Justino afirmou que Platão e os outros filósofos gregos conheceram a doutrina professada muito tempo antes deles pelo "profeta" Moisés. O fracasso dos apologistas era, aliás, previsível. Para as autoridades, o cristianismo não somente se tornava culpado de ateísmo e de lesa-majestade, mas era também suspeito de todas as espécies de crimes, desde a orgia e o incesto até o infanticídio e a antropofagia. Para a elite pagã, a essência da teologia cristã – a encarnação do salvador, seus sofrimentos e sua ressurreição – era simplesmente ininteligível. De qualquer modo, a intransigência fanática dessa nova religião de salvação tornava ilusória a esperança de uma coexistência pacífica com as religiões politeístas.

Para a missão cristã, as perseguições constituíam o maior risco; mas não era este o único perigo que ameaçava a Igreja. Os mistérios de Ísis e de Mithra, o culto do *Sol invictus* e o monoteísmo solar representavam uma competição temível, sobretudo porque gozavam da proteção oficial. Além disso, um risco mais sutil ameaçava a Igreja de dentro para fora: as diferentes heresias e, em primeiro lugar, o gnosticismo. As heresias e as gnoses já haviam aparecido desde o princípio do cristianismo. Na ausência de um cânone, o único meio de verificar a autenticidade das crenças e das práticas rituais era a tradição apostólica. Em 150, aproximadamente, todos os apóstolos já estavam mortos, mas a transmissão de seu testemunho era assegurada por certo número de textos que eles haviam redigido ou inspirado, e pela tradição oral.

Entretanto, as duas vias da tradição apostólica – escrita e oral – eram suscetíveis de acolher inovações mais ou menos equívocas. Ao lado dos quatro Evangelhos e dos Atos, aceitos por todas as comunidades cristãs,* circulavam outros textos nos quais apareciam os nomes dos apóstolos: o Evangelho de Tomás, o Evangelho da Verdade, o Evangelho do Pseudo-Mateus, os Atos de Pedro, de João etc. A maioria dessas obras, qualificadas de "apócrifas" (por conterem revelações que até então tinham permanecido "ocultas"), comportavam o relato de uma doutrina esotérica, comunicada aos apóstolos pelo Cristo ressuscitado e envolvendo o sentido secreto dos acontecimentos de sua vida. Era o testemunho desse ensinamento secreto, conservado e transmitido pela tradição oral, que invocavam os gnósticos.

227. A gnose cristã

O problema do esoterismo, e portanto da iniciação, iria provocar inúmeras controvérsias, principalmente e em primeiro lugar durante a crise deflagrada pelo gnosticismo. Diante das pretensões extravagantes de certos autores gnósticos, os Padres da Igreja, seguidos mais tarde pela maioria dos historiadores antigos e modernos, negaram a existência de um ensinamento esotérico praticado por Jesus e continuado por seus discípulos. Essa opinião, porém, é desmentida pelos fatos. O esoterismo, em outras palavras, a transmissão iniciatória das doutrinas e práticas reservadas a um número restrito de adeptos, é atestado em todas as grandes religiões na época helenística e nas proximidades da Era Cristã. Em graus variados, encontra-se o argumento iniciatório (ensinamento e ritos secretos, segregação dos fiéis, juramento de silêncio etc.) no judaísmo normativo e nas seitas judaicas, entre os essênios (por exemplo, o *Manual de disciplina*, IX, 16s.; VI, 13-23), entre os samaritanos e os fariseus.[7]

A prática de certo ensinamento esotérico é também mencionada no Evangelho de Marcos (cf. 4:10s.; 7:17s.; 10:10s.). Desde os primeiros tempos da Igreja

* É significativo que, na segunda metade do século II, esses textos foram adotados por todas as grandes igrejas da época como os únicos escritos que representavam a tradição apostólica. Desde então, o cristianismo passa a ter o seu cânone – o Novo Testamento – e torna-se uma "religião do Livro".

distinguem-se, no interior da comunidade, três graus, que pressupõem a aprendizagem iniciatória: os "iniciantes", "os que progridem" e os "perfeitos". Segundo Orígenes, "os evangelistas mantiveram oculta (*apókruphon*) a explicação que Jesus dava sobre a maior parte das parábolas" (*Comentário sobre Mateus*, XIV, 2). Ainda mais explícito é Clemente de Alexandria. Evoca seus mestres, que conservaram "a verdadeira tradição dos bem-aventurados ensinamentos, diretamente oriundos dos santos apóstolos Pedro, Tiago, João e Paulo, transmitidos de pai para filho, [e que] chegaram até nós graças a Deus" (*Strômateîs* [*Miscelâneas*], I, I, 11, 3). Trata-se de ensinamentos reservados a determinado número de fiéis e que, transmitidos oralmente (13, 2), devem permanecer secretos; esses ensinamentos constituem a tradição gnóstica (15, 2). Em outra obra, esclarece Clemente: "A Tiago o Justo, a João e a Pedro, o Senhor, depois de sua ressurreição, deu a gnose; deram-na estes aos outros apóstolos; os outros apóstolos deram-na aos 70, um dos quais era Barnabé."[8]

É impossível determinar o critério que presidia à seleção dos discípulos dignos de serem iniciados na gnose e, sobretudo, as circunstâncias e as etapas da iniciação. Certa instrução de tipo "esotérico" era gradualmente ministrada a todos os fiéis; tinha por objeto o simbolismo do batismo, da eucaristia e da cruz, os arcanjos, a interpretação do Apocalipse. No que tange aos segredos revelados aos "perfeitos" e àqueles em via de adquirir essa condição, referiam-se provavelmente aos mistérios da descida e da ascensão de Cristo através dos sete céus habitados pelos anjos (cf. Efésios, 4:9) e à escatologia individual, ou seja, ao itinerário místico da alma depois da morte. Ora, esse itinerário místico é vinculado pelo Pseudo-Dioniso à tradição oral dos apóstolos. "Depara-se-nos, assim, a existência de uma sucessão de mestres gnósticos ou mestres espirituais, distinta da sucessão dos bispos, que transmitem a fé dos apóstolos, ... mas que continuam a tradição carismática dos tempos apostólicos e dos apóstolos."[9]

No entanto, as tradições esotéricas dos apóstolos prolongam um esoterismo judaico relativo ao mistério da ascensão da alma e aos segredos do mundo celeste. Mas essas doutrinas voltam ainda a ser encontradas entre os mandeus. Além disso, são análogas a certas concepções escatológicas egípcias (cf. §53) e iranianas. Ao lado de outras ideias e crenças, diferentes daquelas compartilhadas pelo judaísmo e pelo cristianismo, nós as encontramos em muitos autores gnósticos, pagãos ou heterocristãos. Compreende-se por que, a partir de certo momento, a gnose e o esoterismo tornaram-se suspeitos aos olhos da hierarquia eclesiástica. Invocando o testemunho de uma tradição apostólica oral e secreta, certos gnósticos podiam introduzir no cristianismo doutrinas e práticas radicalmente opostas ao *ethos* do Evangelho. Não era o "esoterismo" e a "gnose" como tais que se revelavam perigosos, mas as "heresias" que se infiltravam sob o manto do "segredo iniciatório".

Sem dúvida, durante todo o tempo em que o "Livro" e os dogmas ainda não se haviam fixado, podia parecer abusivo qualificar de heréticas certas interpretações audaciosas do ensinamento de Cristo. Mas, em muitos casos, a "heresia" – isto é, a falsa interpretação da mensagem evangélica – era evidente; por exemplo, quando se rejeitava a validade do Antigo Testamento e se considerava Deus-Pai como um demiurgo malévolo e idiota. Da mesma forma, quando se condenava o mundo e se denegria a vida como criações acidentais ou demoníacas; ou quando se negavam a encarnação, a morte e a ressurreição do Filho. É verdade que também são Paulo julgava que este mundo era dominado por Satanás, e os apocalipses judaicos e cristãos prediziam a destruição iminente da Terra. Mas nem são Paulo nem os autores dos Apocalipses contestavam a origem divina da Criação.

228. Abordagens gnósticas

É difícil determinar a origem da corrente espiritual conhecida pelo nome de "gnosticismo". Cumpre, porém, distingui-lo das numerosas gnoses anteriores ou contemporâneas que faziam parte integrante das diferentes religiões da época (o zoroastrismo, os mistérios, o judaísmo, o cristianismo), gnoses que, como acabamos de ver, comportam um ensinamento esotérico. Acrescentemos que quase todos os temas mitológicos e escatológicos utilizados pelos autores gnósticos são anteriores ao gnosticismo *stricto sensu*. Alguns são atestados no Irã antigo e na Índia na época dos Upanixades, no orfismo e no platonismo; outros caracterizam o sincretismo de tipo helenístico, o judaísmo bíblico e intertestamentário, ou as primeiras expressões do cristianismo. Todavia, o que define o gnosticismo *stricto sensu* não é a integração mais ou menos orgânica de determinado número de elementos díspares, mas a reinterpretação audaciosa, e singularmente pessimista, de alguns mitos, ideias e teologúmenos de ampla circulação na época.*

Uma fórmula da gnose valentiniana, transmitida por Clemente de Alexandria, proclama que se alcança a libertação apreendendo "o que éramos

* Dessa maneira, por exemplo, os doutores gnósticos reinterpretaram o mito da descida de Cristo no mundo, destacando-o de seu contexto bíblico – o messias enviado pelo Deus Criador – e relacionando-o com uma "história secreta" inteiramente distinta (a Criação constitui uma sinistra tragédia e, por conseguinte, deve ser atribuída a um demiurgo ou a um ser demoníaco, verdadeira encarnação do mal).

e o que nos tornamos; onde estávamos e onde fomos lançados; para que fim nos precipitamos e de onde somos remidos; o que é o nascimento e o que é a regeneração" (*Extratos de Teódoto*, 78, 2). À diferença dos Upanixades, do *Samkhya-Yoga* e do budismo – que evitam cuidadosamente discorrer sobre a causa primeira da decadência humana –, o conhecimento redentor ensinado pelos gnósticos consiste, antes de mais nada, na revelação de uma "história secreta" (mais exatamente, que permaneceu secreta para os não iniciados): a origem e a criação do mundo, a origem do mal, o drama do redentor divino descido à Terra para salvar os homens, e a vitória final do Deus transcendente, vitória que se traduzirá pela conclusão da história e pela destruição do cosmo. Trata-se de um *mito total*: relata todos os acontecimentos decisivos, desde a origem do mundo até o presente, e, demonstrando sua interdependência, assegura a credibilidade do *eschaton*. Esse mito total chegou até nós em numerosas versões. Mencionaremos adiante algumas delas, insistindo sobretudo na mais grandiosa, aquela elaborada por Mani (§233).

Para voltarmos à fórmula valentiniana, o gnóstico ensina que seu *verdadeiro ser* (isto é, seu ser espiritual) é de origem e natureza divinas, ainda que, atualmente, se encontre preso num corpo; ensina também que ele habitava uma região transcendental, mas que foi depois projetado neste baixo mundo, que ele avança célere para a salvação e acabará por ser libertado de sua prisão carnal; descobre, enfim, que, enquanto seu nascimento equivalia a uma queda na matéria, seu "*re*nascimento" será de ordem puramente espiritual. Guardemos as ideias fundamentais: o dualismo espírito/matéria, divino (transcendente)/antidivino; o mito da queda da alma (= espírito, parcela divina), ou seja, a encarnação num corpo (assimilado a uma prisão); e a certeza da libertação (a "salvação") obtida graças à gnose.

À primeira vista, diríamos que temos um desenvolvimento desmedido, anticósmico e pessimista, do dualismo órfico-platônico.[10] Na realidade, o fenômeno é mais complexo. O drama da humanidade – a saber, a queda e a redenção – reflete o drama divino. Deus envia ao mundo um ser primordial, ou seu próprio filho, a fim de salvar os homens. Esse ser transcendente sofre todas as consequências humilhantes da encarnação, mas consegue revelar a alguns eleitos a verdadeira gnose redentora antes de retornar finalmente ao Céu. Certas variantes ampliam num sentido mais dramático a descida do filho ou do ser transcendente: este é capturado pelas forças demoníacas e, embrutecido pela imersão na matéria, esquece a própria identidade. Deus envia então um mensageiro que, "despertando"-o, ajuda-o a recuperar a consciência de si mesmo. (Trata-se do mito do "salvador salvo", admiravelmente relatado no *Hino da pérola*; cf. §230.)

Não obstante certos paralelos iranianos, o modelo *imediato* do salvador mensageiro de Deus é evidentemente Jesus Cristo. Os textos descobertos em 1945 em Nag Hammadi, no Alto Egito, demonstram a origem judeo-cristã de algumas escolas gnósticas importantes.[11] E, no entanto, suas teologias e suas morais são radicalmente distintas daquelas professadas pelo judaísmo e pelo cristianismo. À primeira vista, para os gnósticos, o verdadeiro Deus não é o Deus Criador, ou seja, Javé. A Criação é obra das forças inferiores, ou até diabólicas; ou, ainda, o cosmo é a contrafação um tanto quanto demoníaca de um mundo superior – concepções inconcebíveis não só para os judeus, como também para os cristãos. É certo que, no paganismo tardio, a cosmogonia perdera toda a significação religiosa positiva. Os gnósticos, porém, vão ainda mais longe. Não apenas a Criação do mundo já não é uma prova da onipotência de Deus; ela é explicada por um acidente sobrevindo nas regiões superiores, ou como resultado da agressão primordial das trevas contra a luz (cf. o mito maniqueísta, §233). Quanto à existência encarnada, em vez de enquadrar-se numa "história santa", como pensavam judeus e cristãos, confirma e ilustra a queda da alma. Para o gnóstico, o único objetivo digno de ser buscado é a libertação dessa parcela divina e sua ascensão para as esferas celestes.

Como vimos (§181s.), a "queda" do homem, isto é, a encarnação da alma, já preocupava os teólogos órficos e os pitagóricos: explicavam-na quer como a punição de um pecado cometido no Céu, quer como o resultado de uma escolha desastrosa feita pela própria alma. Nos primeiros séculos da Era Cristã, esses dois mitos foram ampliados e modificados por numerosos autores, gnósticos ou não.*

Sendo o mundo o resultado de um acidente ou de uma catástrofe, e estando dominado pela ignorância e regido pelas forças do mal, o gnóstico se vê completamente alienado de sua cultura e rejeita-lhe todas as normas e instituições. A liberdade interior obtida pela gnose permite-lhe dispor livremente de si próprio e proceder de acordo com sua vontade. O gnóstico faz parte de uma elite, resultado de uma seleção decidida pelo Espírito. Pertence à classe dos *pneumáticos* ou dos "espirituais" – os "perfeitos", os "filhos do rei" –, os úni-

* A ideia órfico-pitagórica da encarnação como castigo, combinada com o mito bíblico da queda dos anjos, foi utilizada por certos gnósticos cristãos ou semicristãos (Valentino, Marcião, Bardesane), por Mani, pelo autor do *Kórê Kósmou* e, ao que tudo indica, por Orígenes. No que tange à descida voluntária da alma, foi provocada pelo narcisismo – a alma ficou apaixonada por sua própria imagem refletida no mundo material – ou pela ambição. Essa concepção é atestada em Numênio de Apameia, no autor de *Poimandres*, em Plotino; cf. as referências reunidas por E.R. Dodds, *Pagan and Christian in an Age of Anxiety*, p.23-4.

cos que serão salvos.* Tal como os *rishis*, os *sannyasi* e os iogues, o gnóstico sente-se liberto das leis que governam a sociedade: situa-se para além do bem e do mal. E, prosseguindo na comparação com os fatos indianos, às técnicas sexuais e aos rituais orgiásticos das escolas tântricas da "mão esquerda" (cf. v.III, cap.XXXVIII) correspondem as orgias das seitas gnósticas libertinas (em primeiro lugar, os fibionistas[12]).

229. De Simão o Mágico a Valentino

Os apologistas cristãos denunciam Simão o Mágico como o primeiro herege e o pai de todas as heresias. Segundo certos historiadores, Simão não é um gnóstico *stricto sensu*, mas seus discípulos tornaram-se gnósticos depois da catástrofe de 70.[13] O apóstolo Pedro defrontou-se com o movimento simoniano em Samaria, onde Simão se proclamava "o Poder de Deus, chamado o Grande Poder".[14] Na verdade, ele era adorado como o "primeiro Deus", e sua companheira, Helena, descoberta por Simão num bordel, em Tiro, era considerada a última e a mais decaída encarnação do "Pensamento" de Deus (*Énnoia*); resgatada por Simão, Helena-*Énnoia* tornara-se o instrumento da redenção universal. Simão o Mágico interessa ao historiador de religiões sobretudo pela exaltação de Helena e pela mitologia que ela inspirou. A união entre o "mágico" e a prostituta assegura a salvação universal, visto que essa união é, na realidade, a reunião de Deus e da sabedoria divina.

A lembrança desse casal excêntrico, ao que tudo indica, deu origem à lenda de Fausto, o arquétipo do mágico. Com efeito, Simão era conhecido em Roma como *Faustus* ("o favorecido"), e sua companheira foi, numa existência anterior, Helena de Troia. Mas, nos primeiros séculos da Era Cristã, evocava-se sobretudo o supremo confronto entre o apóstolo Pedro e o mágico. Segundo a lenda, Simão anunciou em Roma sua ascensão ao Céu diante de uma enorme multidão de espectadores, mas a prece pronunciada pelo apóstolo o fez cair de maneira lamentável.

O exemplo de Marcião é instrutivo por diversas razões. Nasceu por volta de 85, no Ponto; filho do bispo de Sinope, manteve a maioria dos usos ortodoxos. No entanto, desenvolveu excessivamente o antijudaísmo pauliano.

---

* Uma segunda classe, os *psíquicos*, compreende os que têm uma alma (*psukhê*) e, como tais, são suscetíveis de ser atraídos para o alto; são, contudo, desprovidos de espírito (*pneûma*). Finalmente, a terceira classe, os "carnais" (*somáticos* ou *hílicos* [*hulikoí*]), acham-se totalmente imersos na matéria e condenados a desaparecer. A vã agitação dessas duas categorias de indivíduos impõe uma transmissão secreta, esotérica, do ensinamento.

Marcião rejeitou o Antigo Testamento e estabeleceu seu próprio cânone, reduzido ao Evangelho de Lucas e às dez Epístolas de Paulo. Acrescentou-lhes um manual, as *Antíteses*, onde expôs os princípios de sua teologia. Em Roma, nas alturas de 144, Marcião tentou sem sucesso obter a adesão dos presbíteros. Excomungado, elaborou sua doutrina num sentido sempre radical e fundou uma verdadeira Igreja. Excelente organizador, conseguiu converter grande número de comunidades cristãs da bacia do Mediterrâneo. Essa nova teologia teve uma fortuna apreciável e foi, por esse motivo, atacada sem trégua pelos autores ortodoxos. Todavia, desde o meado do século III, o marcionismo entrou em declínio e desapareceu, no Ocidente, em menos de cem anos.

Marcião compartilha o essencial do dualismo gnóstico, sem, entretanto, incluir as implicações apocalípticas. Seu sistema dualista contrapõe a lei e a justiça, instituídas pelo Deus Criador do Antigo Testamento, ao amor e ao Evangelho revelados pelo Deus bom. Este último envia seu filho, Jesus Cristo, para libertar os homens da escravidão da lei. Jesus reveste um corpo capaz de sentir e sofrer, embora não seja material. Em sua pregação, Jesus exalta o Deus bom, mas evita esclarecer que não se trata do Deus do Antigo Testamento. Por outro lado, é pela pregação de Jesus que Javé é informado da existência de um Deus transcendente. Vinga-se entregando Jesus a seus perseguidores. Mas a morte na cruz traz a salvação, pois, com seu sacrifício, Jesus resgata a humanidade do Deus Criador. No entanto, o mundo continua sob o domínio de Javé, e os fiéis serão perseguidos até o fim dos tempos. Só então é que o Deus bom se dará a conhecer: receberá os fiéis em seu Reino, enquanto o resto dos homens, bem como a matéria e o Criador, serão definitivamente destruídos.

Outro samaritano, Menandro, introduziu o gnosticismo em Antioquia. Apresentava-se como o redentor descido do Céu para salvar os homens (Ireneu, *Contra as heresias*, I, 23, 8). Os que eram por ele batizados tornavam-se superiores aos anjos. Seu herdeiro, Satornil (ativo em Antioquia entre 100 e 130, aproximadamente), opunha o Deus escondido ao Deus dos judeus, simples chefe dos anjos criadores. Condena o casamento, a que chama obra de Satanás (Ireneu, I, 24, 2). Sua teologia é dominada pelo dualismo. Segundo Ireneu, Satornil foi quem primeiro se referiu às duas categorias de homens, os que compartem e os que não compartem a luz celeste.

Cerinto, um judeo-cristão contemporâneo de João (Ireneu, III, 3, 4), ensina que o mundo foi criado por um demiurgo que ignorava o verdadeiro Deus: é a primeira expressão do gnosticismo *stricto sensu*. Segundo Cerinto, Jesus é filho de José e Maria; quando estava sendo batizado, Cristo desceu sobre ele sob a forma de uma pomba e revelou-lhe o Pai desconhecido; depois, antes da Paixão, tornou a subir para junto do Deus-Pai (Ireneu, I, 28).

O gnosticismo judeo-cristão, difundido na Ásia e na Síria, penetrou também no Egito. Cerinto estabeleceu-se em Alexandria, onde, por volta de 120, Carpócrates proclamou uma doutrina análoga: Jesus é filho de José, mas um "poder" o santificou (Ireneu, I, 23, 1). Aquele que recebe esse poder torna-se igual a Jesus e é capaz de realizar os mesmos milagres. Um traço específico à gnose de Carpócrates é seu amoralismo radical, "que parece decorrer da revolta gnóstica não somente contra o Deus judeu, mas contra a lei".[15] Basilides, outro alexandrino, contemporâneo de Carpócrates, dá a primeira síntese das doutrinas ensinadas pelos discípulos de Simão o Mágico. Elabora uma vasta e complexa cosmologia de tipo gnóstico, multiplicando de maneira notável os céus e os anjos que os governam: enumera 365![16] Basilides rejeita completamente a lei judaica: Javé é apenas um dos anjos criadores do mundo, embora se esforce por dominar e submeter todos eles (*Contra as heresias*, I, 24, 4).

O mais importante mestre gnóstico é sem dúvida Valentino, que figura entre os maiores teólogos e místicos de seu tempo. Nascido no Egito e educado em Alexandria, lecionou em Roma entre 135 e 160. Mas, como não lograsse alcançar o posto de bispo, rompeu com a Igreja e deixou a cidade.[17] Ao elaborar seu grandioso sistema, Valentino propôs-se explicar a existência do mal e a queda da alma, não numa perspectiva dualista – isto é, pela intervenção de um anti-Deus –, mas por meio de um drama que se instalou no próprio âmago da divindade. Nenhum resumo faz justiça à magnificência e à audácia da síntese valentiniana. Contudo, um resumo oferece a vantagem de omitir as inúmeras genealogias, "emanações" e "projeções" evocadas com patética monotonia para explicar a origem e relatar o drama de todas as realidades cósmicas, vitais, psíquicas e espirituais.[18]

Segundo Valentino, o Pai, primeiro princípio absoluto e transcendente, é invisível e incompreensível. Une-se à sua companheira, o pensamento (*Énnoia*), e gera os 15 pares de eões que, juntos, constituem o Pleroma.* O último dos eões, *sophia*, obcecado pelo desejo de conhecer o Pai, provoca uma crise em consequência da qual se instalam o mal e as paixões. Precipitadas do Pleroma, *sophia* e as criações aberrantes que ela havia ocasionado produzem uma sabedoria inferior. No alto, cria-se um novo par, Cristo e seu parceiro feminino, o Espírito Santo. Finalmente, restaurado em sua perfeição inicial, o Pleroma gera o salvador, conhecido também como Jesus. Ao descer às regiões inferiores, o salvador compõe a "matéria invisível" com os elementos hílicos (materiais) provenientes da sabedoria inferior, e, com os elementos psíquicos,

* O termo Pleroma (= *plêrôma*, "plenitude") designa o mundo espiritual em torno da divindade primordial; é constituído pela totalidade dos eões.

forma o demiurgo, isto é, o Deus do Gênese. Este último ignora a existência de um mundo superior e considera-se o único Deus. Cria o mundo material e compõe, animando-as com seu sopro, duas categorias de homens, os "hílicos" e os "psíquicos". Mas os elementos espirituais, oriundos da *sophia* superior, introduzem-se, sem saber, no sopro do demiurgo e dão origem à classe dos "pneumáticos".[19] A fim de salvar essas partículas espirituais presas na matéria, Cristo desce à Terra e, sem encarnar-se no sentido próprio do termo, revela o conhecimento libertador. Desse modo, despertados pela gnose, os pneumáticos, e *somente eles*, tornam a subir em direção ao Pai.

Como observa Hans Jonas, no sistema de Valentino a matéria tem uma origem espiritual e explica-se pela história divina. Com efeito, a matéria é um estado ou uma "afecção" do ser absoluto, mais exatamente a "expressão externa solidificada" desse estado. A ignorância (a "obcecação" de *sophia*) é a causa primeira da existência do mundo[20] – ideia que lembra as concepções indianas (compartilhadas por certas escolas vedanta e pelo *Samkhya-Yoga*). E, tal como na Índia, a ignorância e o conhecimento caracterizam dois tipos de ontologia. O conhecimento constitui a condição original do absoluto; a ignorância é consequência de uma desordem produzida dentro desse mesmo absoluto. No entanto, a salvação propiciada pelo conhecimento equivale a um acontecimento cósmico (cf. Jonas, p.175). A redenção do último "pneumático" será seguida da destruição do mundo.

230. Mitos, imagens e metáforas gnósticos

A amnésia (ou seja, o esquecimento da própria identidade), o sono, a embriaguez, o entorpecimento, a prisão, a queda e a saudade da terra natal alinham-se entre os símbolos e imagens especificamente gnósticos, embora não sejam criação dos mestres da gnose. Ao voltar-se para a matéria e ao desejar conhecer os prazeres do corpo, a alma esquece sua própria identidade. "Esquece sua morada de origem, seu verdadeiro centro, seu ser eterno."[21] A mais dramática e comovente apresentação do mito gnóstico da amnésia e da anamnese encontra-se no *Hino da pérola*, conservado nos Atos de Tomás. Um príncipe chega do Oriente para procurar no Egito "a pérola inigualável, que se acha no meio do mar, cercada pela serpente de sonoro sibilo". No Egito, ele é capturado pelos nativos da região. Dão-lhe iguarias para comer, e o príncipe esquece a própria identidade. "Esqueci-me de que era filho de rei e servi ao rei deles; esqueci-me da pérola pela qual meus pais me tinham enviado e pelo peso do alimento mergulhei em sono profundo." No entanto, os pais do príncipe souberam o que lhe havia acontecido e escreveram-lhe uma carta. "Desperta e levanta-te de teu sono, e ouve as palavras de nossa carta. Lembra-te de que és filho de rei. Vê em que servidão caíste. Recorda-te da pérola pela qual foste enviado ao Egito." A carta voou como uma águia, desceu sobre ele e converteu-se em palavras.

> Ao ouvir-lhe a voz e o sussurro, acordei e saí de meu sono. Apanhei-a, beijei-a, quebrei-lhe o lacre e a li. ... Lembrei-me de que nascera de pais reais. ... Lembrei-me da pérola pela qual fora enviado ao Egito e pus-me a encantar a serpente de sonoros sibilos. Encantando-a, eu a fiz adormecer, e depois pronunciei sobre ela o nome de meu pai; arranquei a pérola e preparei-me para retornar à casa de meu pai.[22]

Trata-se do mito do "salvador salvo", *salvator salvatus*, em sua versão mais feliz. Acrescentemos que, para cada motivo mítico, encontram-se paralelos nos diferentes textos gnósticos.[23] É fácil compreender o sentido das imagens. Tanto o mar como o Egito são os símbolos comuns do mundo material em que se viram presos a alma do homem e o salvador enviado para libertá-la. Ao descer das regiões celestes, o herói abandona sua "veste de glória" e enfia a "veste imunda", para não se distinguir dos habitantes da Terra; é o "envoltório carnal", o corpo em que ele se encarna. Em certo momento de sua ascensão, é acolhido por causa de sua gloriosa veste de luz, "semelhante a ele próprio", e compreende que esse "duplo" é seu eu verdadeiro. O encontro com seu "duplo" transcendente lembra a concepção iraniana da imagem celeste da alma, a daena, que se depara ao defunto no terceiro dia depois de sua morte (cf. v.I, §111 e bibliografia crítica). Como observa Jonas, a descoberta desse princípio transcendental no interior do próprio eu constitui o elemento central da religião gnóstica.[24]

O tema da amnésia ocasionada por uma imersão na "vida" (= a matéria) e da anamnese obtida pelos gestos, canções ou palavras de um mensageiro, encontra-se também no folclore religioso da Índia medieval. Uma das lendas mais populares relata a amnésia de Matsyendranath. Esse mestre iogue tomou-se de amores por uma rainha e instalou-se em seu palácio, esquecendo-se completamente da própria identidade, ou, segundo outra variante, caiu prisioneiro das mulheres "na terra de Kadali". Ao saber que Matsyendranath estava preso, seu discípulo, Goraknath, apresenta-se diante dele, sob a forma de uma bailarina, e põe-se a dançar, cantando canções enigmáticas. Pouco a pouco, Matsyendranath vai recordando-se de sua verdadeira identidade: compreende que a "via carnal" conduz à morte, que seu "esquecimento" era, no fundo, o esquecimento de sua natureza verdadeira e imortal, e que os "encantos de Kadali" representam as miragens da vida profana. Goraknath explica-lhe que foi a deusa Durga quem provocou o "esquecimento" que quase lhe custou a imortalidade. Esse sortilégio, acrescenta Goraknath, simboliza a eterna maldição da ignorância lançada pela "natureza" (isto é, Durga) sobre o ser humano.[25]

As "origens" desse tema folclórico remontam à época dos Upanixades. Deve-se lembrar o apólogo da *Chandogya Upanishad* (o homem capturado pelos ladrões e levado para longe de sua cidade, de olhos vendados) e o comentário de Samkara: os ladrões e a venda representam a ignorância e a ilusão; quem lhe retira a venda é o mestre que lhe revela o verdadeiro conhecimento; sua casa, para onde consegue voltar, simboliza seu *atman*, o eu, idêntico ao ser absoluto, Brahman (cf. p.51). O *Samkhya-Yoga* apresenta uma formulação similar: o eu (*purusa*) é por excelência um "estranho", que não tem a menor relação com o mundo (*prakrti*). Tal como para os gnósticos, o eu (o espírito, o *pneûma*) "é solitário, indiferente, simples espectador inativo" no drama da vida e da história (cf. §136s.).

As influências, num ou noutro sentido, não estão excluídas; contudo, é mais provável que estejamos lidando com correntes espirituais paralelas, que se desenvolvem a começar das crises deflagradas vários séculos antes, na Índia (os Upanixades), na Grécia e no Mediterrâneo oriental (o orfismo e o pitagorismo), no Irã e no mundo helenístico. Muitas imagens e metáforas utilizadas pelos autores gnósticos têm uma história e até uma pré-história veneráveis, e uma enorme difusão. Uma das imagens preferidas é a do sono assimilado à ignorância e à morte. Sustentam os gnósticos que os homens não apenas dormem, como gostam de dormir. "Por que motivo apreciareis sempre o sono e tropeçareis com aqueles que tropeçam?", interroga o *Ginza*.[26] "Porque quem tem ouvidos desperta do pesado sono", lê-se no Apocalipse de João.[27] Como veremos, o mesmo motivo é encontrado no maniqueísmo. Tais palavras, porém, não são monopólio dos autores gnósticos. A Epístola aos Efésios (5:14) contém esta citação anônima: "Desperta, tu que dormes, e levanta-te dentre os mortos, e Cristo te esclarecerá." Sendo o sono (*Húpnos*) o irmão gêmeo da morte (*Thánatos*), não só na Grécia como na Índia e no gnosticismo a ação de "despertar" tinha um significado "soteriológico" (no sentido lato do termo: Sócrates "desperta" seus interlocutores, às vezes contra a própria vontade destes).

Trata-se de um simbolismo arcaico e universalmente difundido. A vitória conquistada sobre o sono e a vigília prolongada constituem uma prova iniciatória muito típica. Em certas tribos australianas, os neófitos que estão sendo iniciados não devem dormir durante três dias, ou ainda ficam proibidos de se deitar antes da aurora.[28] Lembremo-nos da prova de iniciação em que o famoso herói Gilgamesh fracassa redondamente: não consegue permanecer acordado e perde a oportunidade de tornar-se imortal (cf. §23). Num mito norte-americano de tipo Orfeu e Eurídice, um homem logra descer aos Infernos onde reencontra a esposa que acabava de morrer. O senhor do Inferno promete-lhe que poderá levar a mulher de volta à Terra se for capaz de ficar de vigília a noite inteira. Mas por duas vezes, e mesmo depois de ter dormido durante o dia para não se sentir cansado, o homem não consegue vigiar até a aurora.[29] Vê-se, pois, que "não dormir" é não apenas triunfar sobre o cansaço físico, mas sobretudo dar prova de força espiritual. Permanecer "acordado", estar plenamente consciente, significa: *estar presente no mundo do espírito.* Jesus ordenava insistentemente a seus discípulos que vigiassem (cf., por exemplo, Mateus, 24:42). E a noite de Getsêmani tornou-se particularmente trágica pela incapacidade dos discípulos de vigiar com Jesus (cf. p.294.).

Na literatura gnóstica, a ignorância e o sono são igualmente expressos em termos de "embriaguez". O Evangelho de verdade compara aquele "que possui a gnose" com "uma pessoa que, depois de estar ébria, fica sóbria e, ao voltar a si, reafirma o que é essencialmente seu".[30] O "despertar" implica a anamnese, a redescoberta da verdadeira identidade da alma, isto é, o reconhecimento de sua origem celeste. "Desperta, ó alma de esplendor, do sono de embriaguez em que caíste", está escrito num texto maniqueísta. "Segue-me ao sítio glorioso onde residias no princípio." Na tradição mandeia, o mensageiro celeste dirige-se a Adão, depois de havê-lo despertado de seu sono profundo: "Não cochiles mais, nem durmas, não te esqueças daquilo de que te incumbiu o Senhor."[31]

No fim das contas, a maior parte dessas imagens – a ignorância, a amnésia, a prisão, o sono, a embriaguez – torna-se, na pregação gnóstica, metáfora para assinalar a *morte espiritual.* A gnose outorga a *verdadeira* vida, isto é, a redenção e a imortalidade.

231. O Paracleto martirizado

Mani nasceu no dia 14 de abril de 216, no Império da Babilônia, em Selêucia-Ctesifonte. Segundo a tradição, seu pai, Patek, ouviu durante três dias consecutivos uma voz que lhe ordenava que não comesse carne, não bebesse vinho e se mantivesse afastado das mulheres. Perturbado, Patek ligou-se a uma seita gnóstica batista, os elcesaítas.[32] A criança nasceu inválida (era provavelmente coxa). Ao completar quatro anos, o pai trouxe-a para sua companhia a fim de criá-la na comunidade elcesaíta. Durante mais de 20 anos (de 219-220 a 240), Mani cresceu e formou-se num meio de grande fervor judeo-cristão. Por conseguinte, não se deve menosprezar a importância dos elementos cristãos na síntese maniqueísta. E, no entanto, a vocação religiosa de Mani manifestou-se em oposição à teologia, à escatologia e aos rituais cristãos. Duas revelações, recebidas, respectivamente, aos 12 e aos 14 anos, revelando-lhe sua própria missão, forçaram-no a romper com a seita dos elcesaítas. O próprio Mani transmitiu-nos o conteúdo dessas revelações. Um anjo comunicou-lhe as mensagens do "Rei do Paraíso das Luzes" (o Deus supremo e bom do maniqueísmo). Na primeira mensagem, era-lhe pedido que abandonasse a comunidade de seu pai. Doze anos mais tarde, em 240, a segunda mensagem instava-o à ação: "Para ti é agora chegado o tempo de te manifestares publicamente e de proclamares bem alto a tua doutrina."[33]

Ignoramos quase tudo sobre o trabalho espiritual que transformou o jovem medíocre no infatigável apóstolo de uma nova religião de salvação. Desconhecemos também as razões que o levaram a empreender sua primeira viagem apostólica às Índias, de 240-241 até o princípio de 242 ou 243.[34] Em todo o caso, o contato com certos representantes da espiritualidade indiana teve consequências tanto para Mani como para a Índia. Convocado pelo novo rei, Chapur I, Mani dirige-se para Belapat (Gundechapur), a capital dos sassânidas. Chapur ficou profundamente impressionado com o profeta, e concedeu-lhe a liberdade de pregar, a ele e também a seus missionários, em todo o Império. Era o reconhecimento oficial da nova religião, e a data foi guardada com piedoso respeito: 21 de março de 242 (ou, segundo outro cálculo, 9 de abril de 243).

Poucas são as informações de que dispomos sobre a biografia de Mani durante o reinado de Chapur I, de 242 a 273. Isso equivale a dizer que ignoramos quase tudo sobre a vida do profeta, com exceção do início (as duas revelações, a "conversão" de Chapur) e do fim (a desgraça, a morte). O que parece certo é que manteve ótimas relações com o rei e fez longas viagens de pregação através de todo o Império Iraniano, até a sua extremidade oriental. Enviou, ademais, numerosas missões ao interior do Império e ao estrangeiro (Egito, Bactriana etc.).

Em abril de 272, morre Chapur e é substituído por seu filho Hormizd. Mani apressa-se em conseguir dele uma audiência. Obtém do novo soberano a renovação das cartas de proteção e a autorização de viajar para a Babilônia. Contudo, apenas um ano mais tarde, morre Hormizd e o trono é transmitido a seu irmão Bahram I. Intimado a apresentar-se diante do rei, Mani chega a Gundechapur depois de uma viagem que pode ser considerada "seu último giro pastoral", a "visita de despedida do apóstolo aos lugares de sua juventude e às igrejas por ele criadas".[35]

Com efeito, mal chegara, foi levado à barra dos tribunais pelo chefe dos magos, o inflexível mobede Karter: a pregação de Mani, sustenta o instaurador da intolerância masdeísta, afasta os súditos da religião oficial. A entrevista com o rei desenrola-se numa atmosfera carregada. Quando Mani proclama o caráter divino de sua missão, Bahram cresce sobre ele: "Por que essa revelação foi feita a ti, e não a nós, que somos os senhores do país?" Mani limita-se a responder: "Tal é a vontade de Deus."[36] Condenado, é posto a ferros e lançado na prisão. As correntes (três nas mãos, três nos pés, uma no pescoço) impedem-lhe qualquer movimento, e o peso delas (20kg, aproximadamente) causa atrozes sofrimentos. A paixão – que os maniqueístas designaram pelo termo cristão "crucificação" – prolonga-se por 26 dias.[37] Apesar disso, o profeta pôde receber a visita de seus correligionários, e a tradição conservou, retocando-os, muitos episódios edificantes. Mani faleceu em 26 de fevereiro de 277, aos 60 anos. O corpo foi esquartejado, a cabeça exposta à porta da cidade e os restos mortais atirados aos cães.

Logo depois da morte do profeta, Bahram ordenou uma impiedosa repressão do movimento. A Igreja maniqueísta parecia prestes a desaparecer para sempre. No entanto, ela não parou de progredir durante séculos, propagando-se para o Ocidente até a península Ibérica, e para o Oriente até a China.

232. A gnose maniqueísta

O maniqueísmo é, antes de tudo, uma gnose, e, como tal, insere-se na grande corrente gnóstica que acabamos de apresentar. Mas, ao contrário dos outros fundadores de seitas, Mani esforçou-se por criar uma religião universal, acessível a todos, e que não se limitasse a um ensinamento esotérico reservado aos iniciados. Ele reconhece o valor de certas religiões anteriores, embora as considere incompletas. Por outro lado, proclama ter incorporado à sua Igreja a essência de todas as Escrituras e de todas as sabedorias: "Como um rio se junta a outro rio para formar um caudal poderoso, assim se acrescentaram os velhos livros às minhas Escrituras; e eles formaram uma grande sabedoria, tal como não houve nas gerações precedentes."[38] Com efeito, Mani atribui um papel eminente a Jesus e converte em ideia sua a ideia do Paracleto; vai buscar na Índia a teoria da transmigração das almas; sobretudo, retoma as ideias centrais iranianas, em primeiro lugar o dualismo luz-trevas, e o mito escatológico. O sincretismo era uma síndrome característica da época. No caso de Mani, era também uma necessidade tática. Pretendia estender sua Igreja às duas extremidades do Império Persa. Viu-se, portanto, compelido a utilizar as linguagens religiosas familiares tanto às regiões orientais como às ocidentais. Entretanto, malgrado os elementos aparentemente heterogêneos, o maniqueísmo apresenta a unidade interna de uma criação poderosa e original.

Sendo uma religião universal, como o budismo e o cristianismo, o maniqueísmo era obrigado a ser, como essas duas igrejas, uma religião missionária. Segundo Mani, deve o pregador "errar perpetuamente pelo mundo, pregando a doutrina e guiando os homens na verdade".[39] Finalmente, e acomodando-se, ainda aqui, com o *Zeitgeist*, o maniqueísmo é uma "religião do Livro". Com o objetivo de evitar as controvérsias e as heresias que tinham abalado o zoroastrismo, o budismo e o cristianismo, Mani redigiu, por sua vez, os sete tratados que constituem o cânone. Com exceção do primeiro, o *Shabuhragan*, que compôs em médio-persa, os outros foram escritos em siríaco ou em aramaico oriental. Dessa produção maciça muito pouca coisa se conservou, e unicamente em traduções; mas o número e a variedade das línguas em que esses fragmentos chegaram até nós (sogdiano, copta, turco, chinês etc.) proclamam o êxito sem precedente da pregação maniqueísta.

Como em todas as gnoses, e como também ocorre no *Samkhya-Yoga* e no budismo, o caminho para a libertação abre-se com uma análise rigorosa da condição humana. Simplesmente por viver nesta terra, isto é, por ser provido de uma existência encarnada, o homem sofre, o que equivale a dizer que é presa do mal. A libertação só pode ser obtida através da gnose, a única verdadeira ciência, *aquela que salva*. De conformidade com a doutrina gnóstica, um cosmo dominado pelo mal não pode ser obra de Deus, transcendente e bom, mas de seu adversário. A existência do mundo pressupõe, pois, um estado anterior, pré-cósmico, tal como a condição patética, decaída, do homem supõe uma situação primordial beatífica. A essência da doutrina maniqueísta pode ser sintetizada em duas fórmulas: os *dois princípios* e os *três momentos*.[40] Ora, essas duas fórmulas constituem também o fundamento da religiosidade iraniana pós-gáthica. Pode-se, portanto, dizer que o maniqueísmo é a expressão iraniana, na época sincretista, da gnose. De um lado, Mani reinterpretou certas concepções tradicionais iranianas; de outro, incorporou a seu sistema muitos elementos de origens diversas (indiana, judeo-cristã, gnóstica).

Para os fiéis, o maniqueísmo não fornecia apenas uma moral e um método soteriológicos, mas também, e sobretudo, uma ciência total, absoluta. A salvação é o efeito inevitável da gnose. O conhecimento equivale a uma anamnese: o adepto reconhece-se como uma parcela de luz, portanto de natureza divina, porque existe consubstancialidade entre Deus e as almas. A ignorância é o resultado da mistura entre o espírito e o corpo, entre o espírito e a matéria (concepção dominante na Índia e em outros lugares desde o século V a.C.). No entanto, para Mani, como para todos os mestres gnósticos, a gnose redentora comportava ainda o conhecimento da história secreta (ou esquecida) do cosmo. O adepto obtinha a salvação porque *conhecia* a origem do Universo, a causa da Criação do homem, os métodos utilizados pelo Príncipe das Trevas e os contramétodos elaborados pelo Pai de Luz. A "explicação científica" de certos fenômenos cósmicos, em primeiro lugar as fases da Lua, impressionava os contemporâneos. Com efeito, no grande mito cosmogônico e escatológico elaborado por Mani, a natureza e a vida desempenham um papel importante: o drama da alma reflete-se na morfologia e no destino da vida universal.

233. O grande mito: a queda e a redenção da alma divina

No princípio, no "tempo anterior", as duas "naturezas" ou "substâncias", a luz e a escuridão, o bem e o mal, Deus e a matéria, coexistem separados por uma fronteira. No norte, reina o "Pai da Grandeza" (assimilado ao Deus Pai dos cristãos e, em terra iraniana, a Zurvan); no sul, o "Príncipe das Trevas" (Arimã ou, para os cristãos, o Diabo). Mas o "movimento desordenado" da matéria impele o Príncipe das Trevas para a fronteira superior de seu reino. Ao perceber o esplendor da luz, é inflamado pelo desejo de conquistá-la. É nesse momento que o Pai decide expulsar pessoalmente o adversário. "Evoca", isto é, projeta a partir de Si, a "Mãe da Vida", que, por seu turno, projeta uma nova hipóstase, o "homem primordial" (Ohrmizd nas transposições iranianas). Com seus cinco filhos, que são, na verdade, sua "alma", uma "armadura" feita de cinco luzes, o homem primordial desce à fronteira. Enfrenta as trevas, mas é vencido e seus filhos são devorados pelos demônios (os arcontes). Essa derrota assinala o começo da "mistura" cósmica, mas assegura, ao mesmo tempo, o triunfo final de Deus. Desse modo, a escuridão (a matéria) possui agora uma porção da luz, isto é, uma parte da alma divina, e o Pai, preparando sua libertação, toma, ao mesmo tempo, todas as providências para sua vitória definitiva contra as trevas.

Numa segunda Criação, o Pai "evoca" o espírito vivo, que, descendo para a escuridão, aperta a mão do homem primordial* e iça-o para sua pátria celestial, o paraíso das luzes. Vencendo os arcontes demoníacos, o espírito vivo serve-se de suas peles para modelar os céus, dos ossos para afeiçoar os montes, da carne e dos excrementos para conformar a Terra. (Reconhece-se aqui

* O aperto de mão se tornará o rito maniqueísta por excelência.

o velho mito da Criação por meio do sacrifício de um gigante ou monstro primordial, de tipo Tiamat, Ymir, Purusa.) Conclui, ademais, uma primeira libertação da luz, criando o Sol, a Lua e as estrelas, porções que ainda não haviam tido um contato excessivo com a escuridão.

Por fim, o Pai procede a uma última evocação e projeta, por emanação, o "terceiro mensageiro". Este organiza o cosmo numa espécie de máquina destinada a sugar e, no final, a libertar as partículas de luz ainda prisioneiras. Na primeira quinzena do mês, as parcelas sobem até a Lua, que se converte em Lua cheia; na segunda quinzena, a luz é transferida da Lua para o Sol; e, finalmente, para sua pátria celeste. No entanto, ainda restavam as partículas que foram engolidas pelos demônios. Então o mensageiro aparece aos demônios machos sob a forma de uma deslumbrante virgem nua, enquanto os demônios do sexo feminino o veem como um belo rapaz nu (interpretação sórdida, "demoníaca", da natureza andrógina do mensageiro celeste). Inflamados pelo desejo, os arcontes machos derramam seu sêmen e, com ele, a luz que haviam engolido. Ao cair em terra, o sêmen dá origem a todas as espécies vegetais. Quanto às demônias, que já estavam grávidas, ao verem o belo rapaz, abortam fetos que, lançados na terra, comem os rebentos das árvores, assimilando destarte a luz neles contida.

Alarmada diante da tática do terceiro mensageiro, a matéria, personificada na "concupiscência", decide criar uma prisão mais segura ao redor das partículas de luz ainda cativas. Dois demônios, um macho e uma fêmea, devoram todos os fetos abortados a fim de absorver a totalidade da luz e em seguida acasalam-se. Dessa forma, foram gerados Adão e Eva. Como escreve Henri-Charles Puech:

> Nossa espécie nasce, portanto, de uma sequência de atos repugnantes de canibalismo e sexualidade. Ela conserva os estigmas dessa origem demoníaca: o corpo, que é a forma animal dos arcontes; a *libido*, o desejo, que incita os homens a se unirem sexualmente e a se reproduzirem, ou seja, de acordo com o plano da matéria, a manterem indefinidamente em seu cativeiro a alma luminosa que a geração transmite, "transvasa" de corpo a corpo (op.cit., p.81).[41]

Mas, como a maior quantidade de luz se acha agora reunida em Adão, é ele, com sua descendência, que se torna o principal objeto da redenção. Repete-se o argumento escatológico: do mesmo modo como o homem primordial foi salvo pelo espírito vivo, Adão, degradado, sem conhecimento, é despertado pelo salvador, o "Filho de Deus", identificado com Ohrmizd ou com "Jesus a Luz". É a encarnação da inteligência salvadora ("o deus de *Noûs*", "o *Noûs*") que vem salvar em Adão a sua própria alma, perdida e acorrentada nas trevas (Puech, p.82).[42] Como nos demais sistemas gnósticos, a libertação comporta três estágios: o despertar, a revelação da ciência salvadora e a *anamnese*. "Examinou-se Adão a si próprio e soube que era." "A alma do Bem-Aventurado, que voltou a ser inteligente, ressuscitou."[43]

Esse argumento soteriológico torna-se o modelo exemplar de toda redenção pela gnose, presente e futura. Até o fim do mundo, uma parte da luz, ou seja, da alma divina, se esforçará para "despertar" e, finalmente, libertar a outra parte, emparedada no mundo, no corpo dos homens e dos animais, e em todas as espécies vegetais. São sobretudo as árvores, que contêm uma forte quantidade da alma divina, e que servem de forca ao Cristo sofredor, o *Jesus Patibilis*. Como dizia o maniqueísta Fausto, "Jesus, vida e salvação dos homens, está pendurado em todo pedaço de madeira".[44] A continuação do mundo prolonga a crucificação e a agonia do Jesus histórico. É verdade que as parcelas de luz, isto é, as almas dos mortos bem-aventurados, são continuamente transportadas para o Paraíso celeste pelos "navios" da Lua e do Sol. Mas, por outro lado, a redenção final é retardada por todos aqueles que não seguem a via indicada por Mani, ou seja, não evitam a procriação. Pois, como a luz está concentrada no esperma, cada criança que vem ao mundo não faz senão prolongar o cativeiro de uma parcela divina.

Na descrição do "terceiro tempo", o *final* escatológico, Mani recorre às imagens apocalípticas comuns em toda a Ásia ocidental e no mundo helenístico. O drama inicia-se por uma série de terríveis provas (denominadas pelos maniqueístas a "grande guerra"), que precedem o triunfo da Igreja da Justiça e o juízo final, quando as almas serão julgadas perante o tribunal (*bêma*) de Cristo. Depois de um curto reinado, Cristo, os eleitos e todas as personificações do bem subirão ao Céu. O mundo, inflamado e purificado por um incêndio de 1.468 anos, será destruído. As últimas parcelas de luz serão reunidas numa "estátua" que tornará a subir ao Céu.[45] A matéria, com todas as suas personificações, seus demônios e suas vítimas, os condenados, será aprisionada numa espécie de "bola" (o *bôlos*) e lançada no fundo de um fosso gigantesco, vedado por um rochedo. Dessa vez, a separação das duas substâncias será definitiva, pois a escuridão nunca mais poderá invadir o Reino da Luz.

234. O dualismo absoluto como *mysterium tremendum*

Já houve quem reconhecesse nessa grandiosa mitologia os temas essenciais da espiritualidade iraniana e da gnose helenística. Laboriosamente, com muitos detalhes, Mani "explica" as causas da decadência humana, narrando os diferentes episódios da queda e do cativeiro da alma divina na matéria. Comparadas, por exemplo, com o laconismo, ou até com o silêncio das gnoses indianas (sanquia-ioga e budismo), a teologia, a cosmogonia e a antropogonia maniqueístas parecem satisfazer qualquer questão relativa às "origens". Compreende-se por que os maniqueístas consideravam sua doutrina como mais "verdadeira", isto é, mais "científica" do que as outras religiões: é porque ela explicava a totalidade do real por meio de uma cadeia de causas e efeitos. Existe, na verdade, certa semelhança entre o maniqueísmo e o materialismo científico, antigo e moderno: tanto para um como para o outro, o mundo, a vida e o homem resultam do acaso. Mesmo o conflito entre os dois princípios era fruto de um acidente: o Príncipe das Trevas aproximou-se demasiado da luz em virtude daquilo a que Alexandre de Lícofron chamava de "movimento desordenado" da matéria. E, como acabamos de ver, todas as "Criações", desde a formação do mundo até o aparecimento do homem, não passam de gestos de defesa de um ou outro protagonista.

Raramente uma filosofia ou uma gnose acósmicas atingiram o trágico pessimismo que configura o sistema de Mani. O mundo foi criado com base numa substância demoníaca, os corpos dos arcontes (ainda que o *ato* cosmogônico tenha sido efetuado por um ser divino). E o homem é obra das forças demoníacas em sua mais repulsiva encarnação. É pouco provável que exista outro mito antropogônico mais trágico e mais humilhante. (Também dessa feita observa-se a analogia com a ciência contemporânea; para Freud, por exemplo, o canibalismo e o incesto contribuíram de maneira apreciável para fazer o homem tal como é.)

A existência humana, tal como a vida universal, não é mais que o estigma de um malogro divino. Com efeito, se o homem primordial tivesse vencido desde o começo, nem o cosmo, nem a vida, nem o homem teriam existido. A cosmogonia é um ato desesperado de Deus para salvar uma parte de si mesmo, assim como a Criação do homem é um ato desesperado da matéria para conservar cativas as parcelas de luz. Apesar de sua origem ignóbil, o homem torna-se o centro e o móvel do drama, porque traz em si uma parcela da alma divina.[46] Trata-se, no entanto, de um mal-entendido, pois Deus não se interessa pelo *homem* enquanto homem, mas pela *alma*, que é de origem divina e antecede o aparecimento da espécie humana. Em síntese, trata-se sempre do esforço de Deus para salvar a si mesmo; também nesse caso pode-se falar de um "salvador salvo". Esse é, aliás, o único momento em que a divindade se mostra atuante, pois em geral a iniciativa e a ação pertencem ao Príncipe das Trevas. É isso que torna tão patética a literatura maniqueísta, especialmente os hinos que descrevem a queda e as tribulações da alma. Certos salmos maniqueístas são de grande beleza, e a imagem de *Jesus Patibilis* alinha-se entre as mais comoventes criações da devoção humana.

Sendo o corpo de natureza demoníaca, Mani prescreve, pelo menos para os "eleitos",[47] o mais rigoroso dos ascetismos, ao mesmo tempo em que proíbe o suicídio. Uma vez aceitas as premissas – os dois princípios e a agressão primordial do mal –, o sistema inteiro parece solidamente constituído. Não se pode, não se *deve* valorizar religiosamente o que pertence ao adversário de Deus: a natureza, a vida, a existência humana. A "verdadeira religião" consiste em fugir do cárcere construído pelas forças demoníacas e em contribuir para o aniquilamento definitivo do mundo, da vida e do homem. A "iluminação" obtida pela gnose é suficiente para a salvação porque enseja certo comportamento que separa o fiel do mundo. Os ritos são inúteis, à exceção de alguns atos simbólicos (o beijo de paz, a saudação fraterna, o aperto de mão), das preces e dos cantos. A principal festa, o *bêma*, embora comemore a paixão de Mani, exalta a "tribuna" do apóstolo, ou seja, o ensino da gnose redentora.

Com efeito, a pregação, o "ensino", constituem a verdadeira atividade religiosa dos maniqueístas. No século III, mas sobretudo no século IV, multiplicam-se as missões em toda a Europa, na África do Norte e na Ásia Menor. O século V assinala certo recuo e, no século VI, o maniqueísmo parece ameaçado de desaparecer na Europa, mas continua sobrevivendo em determinados centros (por exemplo, na África durante o século VIII). De mais a mais, no Império Sassânida, ele inspira, no século V, o movimento de Mazdak, e é provável que os paulicianos na Armênia, no século VII, e o bogomilismo na Bulgária, no século X, tenham retomado certos temas maniqueístas (cf. v.III). Por outro lado, desde fins do século VII, uma nova e vigorosa investida leva a pregação à Ásia central e à China, onde o maniqueísmo sobrevive até o século XIV.[48] Acrescentemos que, direta ou indiretamente, as ideias cosmológicas maniqueístas exerceram certa influência na Índia e no Tibete (cf. v.III, cap.XXXIX). Além disso, certa "tendência maniqueísta" faz ainda parte integrante da espiritualidade europeia.

Todos esses êxitos da pregação não nos devem levar a perder de vista que o maniqueísmo foi considerado a heresia por excelência, e que foi violentamente criticado, não apenas pelos cristãos, pelos magos, pelos judeus e pelos muçulmanos, mas também por gnósticos como os mandeus, e pelos filósofos, como, por exemplo, Plotino.

NOTAS

1. J. Carcopino, *Virgile et le mystère de la IVᵉ églogue*, p.200.
2. M. Eliade, *Le mythe de l'éternel retour*, p.159-60.
3. Foi mérito de Franz Altheim ter insistido na autenticidade religiosa das reformas de Augusto; cf. *A History of Roman Religion*, p.350s.; *La religion romaine antique*, p.230s. As páginas que se seguem muito devem a suas análises.
4. Altheim, *La religion romaine...*, p.241.
5. Ibid., p.238.
6. As fontes são citadas por Robert Grant, *Augustus to Constantine*, p.17.
7. Ver as fontes citadas e comentadas por Morton Smith, *Clement of Alexandria and a Secret Gospel of Mark*, p.197-9. É com base nessa tradição das doutrinas e práticas secretas do judaísmo que será elaborada a literatura da *Merkabah*, em primeiro lugar os textos *Hekalat* (ibid., p.198).
8. Fragmento das *Hipóstases*, apud Eusébio, *Hist. Ecles.*, II, I, 3-4; cf. Jean Daniélou, "Les traditions secrètes des Apôtres", p.200.
9. J. Daniélou, op.cit., p.208s.
10. Cf. §181s. Lembremos que, para Platão, o demiurgo não é a encarnação do mal. O mundo é um "cosmo", sendo, portanto, perfeito e harmonioso. Para Plotino, assim como para os estoicos, os astros são deuses cuja contemplação facilita o relacionamento com os seres inteligíveis; cf. *Enéades*, II, 9; IV, 8; etc. No que se refere à encarnação da alma, ela é, para Plotino, uma "queda", já que a alma perde sua plenitude espiritual e sua autonomia (IV, 8, 5, 16); mas é ainda uma descida livremente consentida a fim de auxiliar as existências situadas no mundo inferior (IV, 8, 7, 1).
11. Assim, por exemplo, o Evangelho segundo Tomás encontrado em Nag Hammadi, constitui a versão completa dos *Logia* atribuídos a Jesus nos papiros de Oxirrinco e conhecidos desde 1897; cf. H.-Ch. Puech, *En quête de la gnose*, II, p.33s., 65s. e passim.
12. "Mais que de crítica ou contestação, trata-se aqui de revolta ... obstinada, violenta, de vasto alcance e graves consequências: contra a condição humana, a existência, o mundo, o próprio Deus. Ela tanto pode conduzir à imaginação de um acontecimento final que será *eversio*, *revolutio*, retorno e desarranjo da situação atual, substituição recíproca da esquerda e da direita, do exterior e do interior, do inferior e do superior, quanto ao niilismo: niilismo dos 'gnósticos libertinos' que, libertos de toda lei natural ou moral, usam e abusam de seus corpos e do mundo para profaná-los, 'esgotá-los, negá-los e destruí-los'; niilismo de um Basilides, para quem todo ser, toda coisa, o Universo tomado na totalidade de seu devir, estão fadados a encontrar na noite da 'grande ignorância', na paz do 'não ser', sua realização definitiva"; H.-Ch. Puech, *En quête de la gnose*, v.I., p.XXII.
13. Cf. R.M. Grant, *Gnosticism and Early Christianity*, p.70s.; J. Daniélou, *Nouvelle histoire de l'Eglise*, p.87.
14. Atos, 8:10. Entretanto, não se tem certeza de que o Mágico e o Simão dos Atos sejam a mesma pessoa; cf. Jonas, *The Gnostic Religion*, p.103.
15. J. Daniélou, *Nouvelle histoire de l'Eglise*, I, p.96.
16. Ver os textos reproduzidos e comentados por H. Leisegang, *La gnose*, p.143s. Cf. ainda as notas pertinentes de Grant, *Gnosticism and Early Christianity*, p.142s.
17. Até 1950, aproximadamente, as únicas fontes de que dispúnhamos sobre a teologia de Valentino eram os extratos e resumos conservados por Ireneu, Clemente de Ale-

xandria e Hipólito, que, aliás, tinham utilizado sobretudo as obras de seus discípulos. Mas o *Evangelho de verdade* encontrado em Nag Hammadi, embora não provenha do punho de Valentino, representa, sem dúvida, o seu pensamento. Outros textos de Nag Hammadi (por exemplo, o *Tratado das três naturezas* e a *Carta a Régio sobre a Ressurreição*) vinculam-se à escola valentiniana.

18. O fascínio exercido por tais genealogias e séries de manifestações em cadeia é um dos traços específicos da época. A tendência a multiplicar as etapas intermediárias e os agentes mediadores entre o absoluto e as diversas classes de realidades volta a ser encontrada nos filósofos (Plotino, por exemplo), mas, nos autores gnósticos – sobretudo Basilides, Valentino e Mani –, ela tornou-se ao mesmo tempo uma obsessão e um lugar-comum.

19. Temos aí a explicação da existência das três classes de homens, crença compartilhada por todos os gnósticos; cf. p.343.

20. Hans Jonas, *The Gnostic Religion*, p.174.

21. Doutrina de uma seita gnóstica tardia, os harranitas; cf. Jonas, op.cit., p.63.

22. O texto é traduzido e comentado, entre outros, por H. Leisegang, *La gnose*, p.247-8; Jonas, op.cit., p.112-24; R.M. Grant, *Gnosticism. A Source Book*, p.116s.

23. Jonas evoca alguns paralelos para a "veste imunda" e a "veste celeste", para a serpente, a carta e a ascensão; cf. op.cit., p.116s. Ver também H.-Ch. Puech, *En quête de la gnose*, II, p.118s. (*Annuaire du Collège de France*, 1962-63).

24. Op.cit., p.124. No Evangelho segundo Tomás (*logion* 84), Jesus diz a seus discípulos: "Quando virdes vossas imagens, produzidas diante de vós, as quais não morrem nem se manifestam, quão grande (será) o que tereis de suportar!" (trad. franc. Puech). A "imagem" (*eikôn*), isto é, o próprio eu (o eu transcendente), é ainda descrita como "anjo"; cf. Puech, op.cit., II, p.130s., 142s. O encontro do eu transcendente com o "anjo" pode ser comparado à experiência inefável da unidade *atman*-Brahman.

25. Cf. M. Eliade, *Le yoga*, p.311s.

26. Apud Jonas, op.cit., p.70. Em outro contexto, relata o *Ginza* como Adão "despertou de seu sono e ergueu os olhos para o lugar da luz"; cf. Jonas, p.74.

27. Cf. J. Doresse, *Les livres secrets des gnostiques de l'Egypte*, I, p.227. "Eu sou a voz que desperta do sono no eão da noite", assim começa um fragmento gnóstico conservado por Hipólito (*Refut.*, V, 14, 1).

28. M. Eliade, *Naissances mystiques*, p.44.

29. Cf. *Le chamanisme*, p.281s.

30. O *Evangelho de verdade*, 22:18-20; James M. Robinson, *The Nag Hammadi Library*, p.40 (trad. Georges W. MacRae).

31. Cf. Jonas, op.cit., p.83-4; Puech, op.cit., II, p.210-1; ver também Eliade, *Aspects du mythe*, p.159s.

32. Seita judeo-cristã heterodoxa, fundada no ano 100, na terra dos partos, por Elcesai.

33. *Fihrist*, p.50, trad. franc. H.-Ch. Puech, *Le manichéisme*, p.43. Segundo a tradição maniqueísta, o profeta deixou a seita batista por sua própria vontade. No entanto, parece mais provável que ele tenha sido excluído pela hierarquia.

34. "Acaso teria sido para esquivar-se a algum ato do governo, ao qual os começos da propaganda maniqueísta teriam preocupado? Ou teria sido para instruir-se nas crenças búdicas, ou ainda, ao contrário, para seguir as pegadas do apóstolo Tomás e conquistar para sua pregação as comunidades cristãs já estabelecidas na região?" (Puech, p.44).

35. Puech, *Le manichéisme*, p.50. Segundo a tradição, Mani dirigiu-se a seus companheiros: "Olhai-me e satisfazei-vos da minha pessoa, meus filhos, pois, no que diz respeito ao meu corpo, vou afastar-me de vós" (cf. François Decret, *Mani et la tradition manichéene*, p.67).
36. Puech, op.cit., p.51; cf. Decret, p.68.
37. Numa prece comovente, Mani implora a seu Deus: "Mostrei o caminho aos filhos da altura. Executei tua ordem, pela qual fui enviado a este mundo. Agora, deixe-me ir ao encontro da paz da libertação, a fim de que eu não veja mais o rosto dos inimigos e não lhes ouça mais a voz poderosa. Desta vez, dá-me a grande coroa da vitória" (F.C. Andreas, *Mitteliranische Manichaica aus Chinesisch-Turkestan*, III, p.863).
38. *Kephalia*, CLIV, trad. franc. H.-Ch. Puech, op.cit., p.69.
39. Al-Bêrûnî, *Chronology*, p.190; Puech, p.64.
40. Segundo um texto de Tourfân, traduzido por Pelliot (JA, 1913, p.110s.), quem quisesse "entrar na religião" devia saber que existem dois princípios, de naturezas absolutamente distintas, a luz e a escuridão, e três momentos: o momento anterior, quando o mundo ainda não viera a ser mundo e quando a luz estava separada das trevas; o momento mediano, intermediário, depois que as trevas atacaram a região da luz; e, finalmente, o momento ulterior, quando os dois princípios serão de novo separados.
41. Puech, op.cit., p. 81.
42. Ibid., p.82.
43. Théodore bar Kônai, in Fr. Cumont, *Recherches sur le manichéisme*, I, p.47: fragmento de Tourfân S 9, publicado por Henning, trad. Puech, p.82.
44. Expressão referida por santo Agostinho, *Contra Faustum*, XX, 2.
45. No entanto, segundo certas escolas maniqueístas, nem todas as almas ficarão para sempre prisioneiras da matéria.
46. Paradoxalmente, essa centelha divina está alojada no esperma. Mani retoma a ideia arcaica indo-iraniana da identidade espírito, luz, *semen virile*.
47. Tal como as demais seitas gnósticas, o maniqueísmo divide os fiéis numa classe inferior, os auditores ou catecúmenos, e uma elite, os "eleitos".
48. Em 763, o *qaghan* dos uigures converte-se e o maniqueísmo torna-se religião de Estado em todo o Império Uigure, até ser destruído pelos quirguizes em 840. Na China, "templos" maniqueístas são erguidos no século VII, e a "Religião da Luz" ainda estava ativa, ao lado do taoismo e do budismo, até o século XIV (Puech, p.64-7 e nota 257).

XXX. O CREPÚSCULO DOS DEUSES

235. Heresias e ortodoxia

A primeira teologia sistemática é consequência das crises que, ao longo do século II, abalaram perigosamente a Grande Igreja. Criticando as "heresias" das seitas gnósticas – em primeiro lugar, o dualismo anticósmico e a recusa da encarnação, da morte e da ressurreição de Jesus Cristo – é que os Padres foram elaborando paulatinamente a doutrina ortodoxa. Em essência, a ortodoxia baseava-se na fidelidade à teologia veteritestamentária. Eram os gnósticos considerados heréticos por excelência justamente porque repudiavam, no todo ou em parte, os próprios princípios do pensamento hebraico. Com efeito, havia incompatibilidade entre as ideias gnósticas – a preexistência da alma no seio do Um original, o caráter acidental da Criação, a queda da alma na matéria etc. – e a teologia, a cosmogonia e a antropologia bíblicas. Ninguém podia proclamar-se cristão sem partilhar as doutrinas do Antigo Testamento referentes à gênese do mundo e à natureza do homem: Deus iniciara a obra cosmogônica criando a matéria e concluiu-a criando o homem, corpóreo, sexuado e livre, à imagem e semelhança de seu Criador. Em outras palavras, o homem foi criado com as potencialidades de um deus. A "história" é a duração temporal durante a qual o homem aprende a praticar sua liberdade e a santificar-se; em suma, a fazer o aprendizado de seu ofício de deus,[1] pois o termo da Criação é uma humanidade santificada. Isso explica a importância da temporalidade e da história, e o papel decisivo da liberdade humana, porque o homem não pode ser convertido em deus contra a sua vontade.

Essas concepções foram adotadas pelo cristianismo. São Paulo exalta o novo nascimento assegurado por Cristo: "Se alguém está em Cristo, nova criatura é" (II Coríntios, 5:17); nem a circuncisão nem a incircuncisão tem valor, "mas o ser nova criatura" (Gálatas, 6:15), um "novo homem ou uma só humanidade nova" (Efésios, 2:15). Na expressão de Claude Tresmontant, "não se trata, nessa perspectiva, de retornar a nossa condição anterior, primitiva, como no mito gnóstico, mas, ao contrário, de tender, sem olhar para trás, para o que está adiante, para a Criação que vem e que se faz. O cristianismo não é uma doutrina do *retorno*, como a gnose e o neoplatonismo, mas uma doutrina da Criação."[2]

Paradoxalmente, apesar do atraso da parusia e do agravamento das perseguições, o cristianismo é tido como "religião otimista". A teologia elaborada contra os gnósticos glorifica a Criação, abençoa a vida, aceita a história, mesmo quando esta se reduz ao terror. Tal como R. Yochanan ben Zaccai, que assegurou, em sua escola de Jabné, a continuidade do judaísmo, a Igreja olhava o futuro com fé e esperança. Sem dúvida, como em breve veremos, certas atitudes que denotavam renúncia à vida (ascetismo, monaquismo, elogio da virgindade etc.) são aceitas e às vezes exaltadas nas diferentes igrejas. No entanto, numa época dominada pelo desespero e caracterizada por filosofias quase tão anticósmicas e pessimistas[3] como as filosofias dos gnósticos, a teologia e a práxis da Igreja distinguem-se por seu equilíbrio.

Para os Padres, a ortodoxia era solidária da sucessão apostólica: os apóstolos tinham recebido o ensinamento diretamente de Cristo e o haviam transmitido aos bispos e a seus sucessores.[4] No que tange à causa das heresias, para Ireneu e Hipólito ela se encontra na contaminação da Escritura pela filosofia grega.

Essa tese foi criticada, em 1934, por Walter Bauer.[5] O erudito alemão observa, antes de tudo, que a oposição ortodoxia-heresia se configura muito tarde, no começo do século II. O cristianismo primitivo era muito complexo, e recorria a expressões múltiplas e variadas. Na verdade, as primeiras formas cristãs estavam mais próximas daquelas tidas, mais tarde, por heréticas. Walter Bauer chega à conclusão de que três grandes centros cristãos – Edessa, Alexandria e a Ásia Menor – eram heréticos nos dois primeiros séculos; a ortodoxia somente foi introduzida mais tarde. O único centro ortodoxo foi, desde o começo, Roma. Por conseguinte, a vitória da ortodoxia na Antiguidade equivale à vitória do cristianismo romano.

> Assim, num cristianismo primitivo de formas moventes e múltiplas, de correntes diversas e quase sempre opostas, Roma consegue fixar uma forma própria que toma o nome de ortodoxia por ter logrado impor-se, e em face da qual as outras tendências serão qualificadas de heréticas.[6]

No entanto, como observa André Benoît, a explicação de Bauer continua sendo puramente histórica; não leva em consideração o conteúdo doutrinário específico à ortodoxia e à heresia. É mérito de H.E. Turner ter empreendido uma análise teológica dessas duas posições contrárias.[7] Segundo Turner, a heresia "distingue-se da ortodoxia, de um lado, por rejeitar as doutrinas explicitamente definidas pela Igreja e, de outro, por deteriorar o conteúdo específico da fé cristã; em suma, ela representa um desvio em relação à fé tradicional".[8]

> A ortodoxia aparece como um sistema de pensamento coerente e bem coordenado, ao passo que a heresia, afastando-se progressivamente das bases doutrinárias primitivas e introduzindo fatores de diluição, mutilação, distorção e arcaísmo, surge como um conjunto de teorias fragmentárias, inacabadas e, afinal, incoerentes.[9]

Sob o prisma da história do pensamento cristão,

> a vitória da ortodoxia é o triunfo da coerência sobre a incoerência, de certa lógica sobre elucubrações fantasistas, de uma teologia elaborada de maneira científica em face de doutrinas desorganizadas. ... A ortodoxia aparece ligada a uma instituição jurídica, a uma sociedade que tem sua história e sua política. Mas ela aparece também vinculada a um sistema de pensamento, a uma doutrina. Participa, ao mesmo tempo, da instituição jurídica e da teologia.[10]

Define-se, em suma, a ortodoxia: 1º) pela fidelidade ao Antigo Testamento e a uma tradição apostólica atestada pelos documentos; 2º) pela resistência aos excessos da imaginação mitificante; 3º) pela reverência em relação ao pensamento sistemático (em relação, portanto, à filosofia grega); 4º) pela importância atribuída às instituições sociais e políticas, em síntese, ao pensamento jurídico, categoria específica ao gênio romano. Cada um desses elementos suscitou criações teológicas significativas e contribuiu, numa proporção maior ou menor, para o triunfo da Grande Igreja. Contudo, cada um desses elementos provocou, em determinada época, na história do cristianismo, crises, muitas vezes bastante graves, e contribuiu para o empobrecimento da tradição primitiva.

236. A cruz e a árvore da vida

Por causa da polêmica antignóstica, o ensinamento esotérico e a tradição da gnose cristã foram quase sufocados na Grande Igreja. (Mais tarde, a hierarquia eclesiástica mostrará desconfiança análoga acerca das experiências místicas; cf. v.III.) É esse talvez o preço mais elevado que o cristianismo teve de pagar para salvaguardar a unidade da Igreja. Desse momento em diante, a gnose cristã e o ensinamento esotérico sobreviverão, diminuídos e camuflados, à margem das instituições oficiais. Certas tradições esotéricas (em primeiro lugar, as conservadas nos Apocalipses e nos apócrifos) terão grande difusão nos meios populares, mas acompanhadas de mitos e lendas derivados dos sistemas gnósticos heréticos, especialmente o maniqueísmo (cf. p.344s.).

Para o que se propõe este capítulo, seria inútil insistir em certas dificuldades da Igreja primitiva, como, por exemplo, as controvérsias sobre a questão pascal (fim do século II, aproximadamente) ou as questões disciplinares (por exemplo, o perdão dos fiéis culpados de graves pecados depois de terem sido submetidos ao batismo etc.).

Mais graves e mais significativas para a história geral das religiões são as controvérsias e as crises provocadas pelas formulações dogmáticas da cristologia, problema que examinaremos adiante. Observemos, por enquanto, que se podem distinguir duas tendências paralelas e complementares com o objetivo de incorporar a herança religiosa pré-cristã; assiste-se, dir-se-ia, a esforços repetidos e variados para conferir dimensão universal à mensagem de Cristo. A principal tendência, e a mais antiga, manifesta-se na assimilação e revaloração dos simbolismos e argumentos mitológicos de origem bíblica, oriental ou pagã. A segunda tendência, ilustrada sobretudo pelas especulações teológicas a partir do século III, esforça-se por "universalizar" o cristianismo com o auxílio da filosofia grega, em particular da metafísica neoplatônica.

São Paulo já conferia ao sacramento do batismo um simbolismo de estrutura arcaica: morte e ressurreição ritual, novo nascimento em Cristo. Os primeiros teólogos elaboraram o argumento: o batismo é uma descida no abismo das águas para um duelo com o monstro marinho; o modelo é a descida de Cristo no Jordão. Outra valorização é o batismo como *antítupos* do dilúvio. Segundo Justino, Cristo, novo Noé, saído vitorioso das águas, tornou-se o chefe de uma nova raça. A nudez batismal, também ela, comporta uma significação ao mesmo tempo ritual e metafísica: é o abandono da velha roupagem de corrupção e pecado, aquela com que Adão foi revestido depois da queda. Ora, todos esses temas são reencontrados em outras partes: as "águas da morte" são um *Leitmotiv* das mitologias páleo-orientais, asiáticas e oceânicas. A nudez ritual equivale à integridade e à plenitude: o "Paraíso" implica a ausência de "roupas", ou seja, a ausência de "desgaste" (imagem arquetípica do tempo). Os monstros abissais encontram-se em muitas tradições; a descida ao fundo do abismo é uma prova iniciatória dos heróis. Sem dúvida, para o cristão, o batismo é um sacramento porque foi instituído por Cristo. No entanto, ele não deixa de retomar o ritual iniciatório da prova (= luta contra o monstro), da morte e da ressurreição simbólicas (= o nascimento do novo homem).[11]

Ainda segundo são Paulo, pelo batismo obtém-se a reconciliação dos contrários: "não pode haver judeu nem grego, nem escravo nem liberto, *nem homem nem mulher*" (Gálatas, 3:28). Em outros termos, o batizado recupera a condição primordial de andrógino. A ideia é claramente expressa no Evangelho de Tomás: "E quando fizerdes do macho e da fêmea uma só coisa, de sorte que o macho não seja macho e que a fêmea não seja fêmea, ... nesse momento ingressareis no Reino."[12] Inútil insistir no arcaísmo e na difusão universal do símbolo do andrógino como expressão exemplar da perfeição humana. É provável que tenha sido por causa da enorme importância atribuída pelos gnósticos à androginia que esse simbolismo passou a ser cada vez menos invocado depois de são Paulo. Contudo, nunca chegou a desaparecer completamente da história do cristianismo.[13]

Ainda mais ousada é a assimilação pela imagística, pela liturgia e pela teologia cristãs do simbolismo da árvore do mundo. Também nesse caso estamos lidando com um símbolo arcaico e universalmente difundido. A cruz, feita com a madeira da árvore do bem e do mal, é identificada com a árvore cósmica ou a substitui; é descrita como uma árvore que "sobe da Terra aos Céus", planta imortal que "se ergue no centro do Céu e da Terra, sólido alicerce do Universo", "a árvore de vida plantada no Calvário". Numerosos textos patrísticos e litúrgicos comparam a cruz com uma escada, coluna ou montanha, expressões características do "centro do mundo". Temos aí a prova de que *a imagem do centro se impunha naturalmente* à imaginação cristã. Sem dúvida, a imagem da cruz como árvore do bem e do mal, e árvore cósmica, tem origem nas tradições bíblicas. É, porém, pela cruz (= o centro) que se opera a comunicação com o Céu e que, ao mesmo tempo, é "salvo" o Universo em sua totalidade. Ora, a noção de *salvação* nada mais faz que retomar e completar as noções de *renovação perpétua* e de *regeneração cósmica*, de *fecundidade* universal e de *sacralidade*, de *realidade absoluta* e, finalmente, de *imortalidade*, todas noções coexistentes no simbolismo da árvore do mundo.[14]

Outros temas arcaicos foram se incorporando gradualmente ao argumento da crucificação. Como Jesus foi crucificado no centro do mundo, no mesmo lugar em que Adão tinha sido criado e sepultado, o seu sangue, escorrendo sobre a "cabeça de Adão", batizou-o e remiu-o do seu pecado.[15] E já que o sangue do salvador alcançara a remissão do pecado original, a cruz (= árvore da vida) torna-se a fonte dos sacramentos (simbolizados pelo azeite de oliveira, pelo trigo e pela vide, aos quais estão associadas as ervas medicinais).[16] Esses temas mitológicos, elaborados principalmente pelos autores cristãos a partir do século III, têm uma pré-história longa e complexa: do sangue e do corpo de um deus ou de um ser primordial supliciado crescem plantas maravilhosas. Convém, no entanto, sublinhar desde já que esses argumentos e essas imagens arcaicas, retomados pelos autores cristãos, tiveram um sucesso inigualável no folclore religioso da Europa. Inúmeras lendas e canções populares falam das flores e ervas medicinais que medram sob a cruz ou em cima do túmulo de Jesus. Na poesia popular romena, por exemplo, o sangue do salvador produz o trigo, o santo óleo e a vide. "Minha carne caía,/ e lá onde caía/ o bom trigo surgia." "Pregos ele enterrava,/ e meu sangue jorrava,/ e onde ele escorria,/ o bom vinho fluía." "Das costas manaram/ sangue e água./ Do sangue e da água – a vide./ Da vide – frutos./ Dos frutos – o vinho:/ o sangue do Senhor para os cristãos."[17]

237. Rumo ao "cristianismo cósmico"

Reservamos para um dos últimos capítulos do volume III o estudo da significação do folclore cristão e de seu interesse para a história geral das religiões. É, porém, importante assinalar desde já o papel daquilo que denominamos a "universalização" da mensagem cristã por meio da imagística mitológica e de um processo contínuo de assimilação da herança religiosa pré-cristã. Lembremos, antes de mais nada, que a maioria dos símbolos evocados (batismo, árvore da vida, cruz assimilada à árvore da vida, origem das substâncias sacramentais – azeite, santo óleo, vinho, trigo – do sangue do salvador) prolongam e desenvolvem certos símbolos atestados no judaísmo normativo ou nos apócrifos intertestamentários. Trata-se, por vezes (por exemplo, a árvore cósmica, a árvore da vida), de símbolos arcaicos, já presentes na época neolítica e claramente valorizados no Oriente Próximo desde a cultura sumeriana.

Em outros casos, o que temos são práticas religiosas de origem pagã, que os judeus foram buscar na época greco-romana (por exemplo, o uso ritual do vinho, o símbolo da árvore da vida na arte judaica etc.).[18] Finalmente, um grande número de imagens, figuras e temas mitológicos utilizados pelos autores cristãos, e que se converterão nos assuntos prediletos dos livros populares e do folclore religioso europeu, derivam dos apócrifos judaicos. Em resumo, a imaginação mitológica cristã toma emprestados e desenvolve motivos e argumentos específicos à religiosidade cósmica, já tendo, porém, sofrido uma reinterpretação no contexto bíblico. Acrescentando sua própria valorização, a teologia e a imaginação mitológica cristãs só fizeram prolongar um processo que tivera início com a conquista de Canaã (cf. §60).

Em linguagem teológica, pode-se dizer que, integradas num argumento cristão, muitas tradições arcaicas obtêm sua "redenção". Trata-se, de fato, de um fenômeno de homologação de diversos e multiformes universos religiosos. Percebe-se um processo análogo – já no final da Antiguidade, mas sobretudo na alta Idade Média – na transformação de certos deuses ou heróis mitológicos em santos cristãos. Mais adiante analisaremos a significação do culto dos santos e de suas relíquias (cf. v.III, cap.XXXII). Devemos, porém, lembrar desde já uma das consequências desse culto: a "cristianização" das tradições religiosas pagãs – e portanto sua sobrevivência no âmbito da experiência e da imaginação cristãs – contribui para a unificação cultural do ecúmeno. Para nos limitarmos a um único exemplo, os inúmeros heróis e deuses matadores de dragões, da Grécia à Irlanda e de Portugal aos montes Urais, convertem-se todos no mesmo santo: são Jorge. Faz parte da vocação específica a todo universalismo religioso superar o provincialismo.* Ora, já no curso do século III, observam-se, em todo o Império, diversas tendências à autarcia e à autonomia que ameaçam a unidade do mundo romano.[19] Após o desmoronamento da civilização urbana, o processo de homologação e unificação das tradições religiosas pré-cristãs é chamado a desempenhar um papel de vulto.

O fenômeno é importante porque caracteriza a criatividade religiosa de tipo folclórico, que não prendeu a atenção dos historiadores das religiões. Trata-se de uma criatividade paralela à dos teólogos, místicos e artistas. Pode-se falar de um "cristianismo cósmico", porque, de um lado, o mistério cristológico é projetado sobre a totalidade da natureza, e porque, de outro, os elementos históricos do cristianismo são desprezados; insiste-se, em contrapartida, na dimensão litúrgica da existência no mundo. A concepção de um cosmo remido pela morte e pela ressurreição do salvador, e santificado pelos passos de Deus, de Jesus, da Virgem e dos santos, permitia que se reencontrasse, ainda que esporádica e simbolicamente, um mundo cheio das virtudes e belezas de que o mundo histórico se via despojado pelas guerras e pelos terrores por elas causados.[20]

Esclareçamos, no entanto, que o folclore cristão se inspira também em fontes mais ou menos heréticas e ignora, às vezes, mitos, dogmas ou argumentos de primordial importância para a teologia. É significativo, por exemplo, *que a cosmogonia bíblica tenha desaparecido no folclore europeu.* A única cosmogonia "popular" conhecida no sudeste da Europa é de estrutura dualista:

---

* Voltamos a encontrar processos similares na Índia (hinduização das figuras divinas e dos cultos aborígines), na China (principalmente no taoismo popular), no judaísmo (na época da conquista de Canaã e na Idade Média) e no islã.

põe em cena Deus e o Diabo.[21] Nas tradições europeias onde essa cosmogonia não é atestada, *não existe nenhum mito cosmogônico.*[22]

No volume III desta obra, voltaremos a estudar o problema da sobrevivência, no folclore europeu, das figuras e dos argumentos familiares aos apocalipses e aos apócrifos judaicos, cristãos e heréticos. A persistência dessa classe de tradições arcaicas até o século XX sublinha a importância delas no Universo religioso das populações rurais. É muito significativo, por exemplo, que um motivo mitológico frequentemente evocado no mandeísmo e no maniqueísmo, mas cuja origem é provavelmente sumeriana, ainda desempenha um papel essencial na mitologia da morte e no ritual funerário dos romenos e de outros povos da Europa oriental. Os escritos mandeus e maniqueístas falam das "alfândegas" situadas em cada um dos sete Céus, e dos "conferentes alfandegários" que examinam "a bagagem" da alma (isto é, suas obras e seus méritos religiosos) no curso de sua viagem celeste.[23] Ora, no folclore religioso e nos costumes funerários dos romenos, trata-se da "caminhada do morto" através das sete "alfândegas da atmosfera" (*vamile vazduhului*).

Citemos alguns símbolos e argumentos iranianos que foram assimilados tanto pela teologia como pela mitologia cristãs. A ideia iraniana da ressurreição dos corpos foi recebida com a herança judaica. "A comparação do corpo de ressurreição com uma vestimenta celeste lembra incontestavelmente as investiduras de que pulula a teologia masdeísta. E o fato de que os corpos dos justos brilharão explica-se da melhor forma possível pela religião persa da luz."[24] A imagística da natividade – a estrela ou a coluna de luz que brilha sobre a gruta – foi tirada do argumento iraniano (parto) do nascimento do *Kosmokrátôr*-Redentor. O Protoevangelho de Tiago (18:1s.) fala de uma luz ofuscante que inundava a gruta de Belém. Quando ela começou a se retirar, apareceu o Menino Jesus. Isso equivale a dizer que a luz era consubstancial com Jesus, ou era uma de suas epifanias.

No entanto, quem introduz elementos novos na lenda é o autor anônimo do *Opus imperfectum in Matthaeum*. Segundo ele, os doze reis magos viviam nas vizinhanças do "monte das Vitórias". Conheciam a revelação secreta de Seth referente à vinda do messias e, todos os anos, escalavam a montanha onde havia uma gruta com fontes e árvores. Nesse recanto, invocavam a Deus durante três dias, enquanto aguardavam o aparecimento da estrela. Ela acabou por aparecer sob a forma de uma criancinha que lhes disse que tomassem o rumo da Judeia. Guiados pela estrela, os reis magos viajaram durante dois anos. Ao voltarem para casa, relataram o prodígio de que foram testemunhas. E, quando o apóstolo Tomás lhes visitou as terras, os reis magos pediram para ser batizados.[25]

Com alguns desdobramentos muito sugestivos, essa lenda é reencontrada numa obra síria, a *Crônica de Zuqnin*. Somos por ela informados de que os doze "reis-sábios" vêm da região de Shyr, corrupção de Shyz, o lugar onde nasceu Zaratustra. O "monte das Vitórias" é uma réplica da montanha cósmica iraniana, Hara Barzaiti, ou seja, do *axis mundi* que é o elo entre o Céu e a Terra. É, portanto, no "centro do mundo" que Seth esconde o livro que contém a profecia sobre a vinda do messias, e é aí que a estrela anuncia o nascimento do *Kosmokrátôr*-Redentor. Ora, segundo as tradições iranianas, o *xvarna* que brilha sobre a montanha sagrada é o sinal anunciador do Saoshyant, o redentor miraculosamente nascido do sêmen de Zaratustra.[26]

238. O desenvolvimento da teologia

Como já dissemos, a teologia cristã, articulada durante a crise gnóstica do século II, define-se essencialmente por sua fidelidade ao Antigo Testamento. Ireneu, um dos primeiros e mais importantes teólogos cristãos, interpreta a redenção, isto é, a encarnação de Jesus Cristo, como o prosseguimento e o remate da obra iniciada com a criação de Adão, mas obstruída pela queda. Cristo recapitula a trajetória existencial de Adão a fim de libertar a humanidade das consequências do pecado. Contudo, enquanto Adão é o protótipo da humanidade decaída e condenada à morte, Cristo é o Criador e o modelo exemplar de uma nova humanidade abençoada pela promessa da imortalidade. Ireneu procura – e encontra – paralelos antitéticos entre Adão e Cristo: o primeiro foi criado com terra virgem, Cristo nasceu de uma virgem; Adão desobedeceu comendo o fruto da árvore proibida, Cristo obedeceu deixando-se supliciar na árvore da cruz etc.

Pode-se interpretar a doutrina da recapitulação como um duplo esforço para assimilar, de um lado, a revelação bíblica em sua totalidade e, de outro, para justificar a encarnação como sendo o remate dessa mesma revelação. As primeiras estruturas do calendário sagrado, isto é, do tempo litúrgico, são um prolongamento das instituições judaicas; mas existe ainda o *novum* cristológico. Justino designa o domingo como "o primeiro dia", relacionando-o, ao mesmo tempo, com a *ressurreição* e a *Criação do mundo*.

Esse esforço para sublinhar o caráter universal da mensagem cristã, associando-a com a história sagrada de Israel – a única história verdadeiramente universal –, prossegue paralelamente ao esforço no sentido de assimilar a filosofia grega. A teologia do *lógos*, mais precisamente o mistério de sua encarnação, abre à especulação perspectivas inacessíveis no horizonte do Antigo

Testamento. No entanto, essa audaciosa inovação não era isenta de riscos. O docetismo, uma das primeiras heresias, de origem e estrutura gnósticas, ilustra de maneira dramática a resistência contra a ideia da encarnação. Para os docetas (do verbo *dokéô*, "parecer"), o redentor não podia aceitar a humilhação de encarnar-se e de sofrer na cruz; segundo eles, Cristo "parecia" um homem porque revestira uma "aparência" de forma humana. Em outras palavras, a paixão e a morte foram sofridas *por algum outro* (o homem Jesus ou Simão de Cirene).

Os Padres tinham, entretanto, razão ao defenderem ferozmente o dogma da encarnação. Na perspectiva da história das religiões, a encarnação representa a última e mais perfeita hierofania: Deus encarnou-se integralmente num ser humano *concreto* e *histórico* – isto é, ativo numa temporalidade histórica bem circunscrita e irreversível – sem, porém, com isso encerrar-se em seu corpo (uma vez que o Filho é consubstancial com o Pai). Pode-se até dizer que a *kénôsis* de Jesus Cristo não somente constitui o coroamento de todas as hierofanias efetuadas desde o início dos tempos, mas também as *justifica*, isto é, demonstra-lhes a validade. Quando se aceita a possibilidade da encarnação do absoluto numa pessoa histórica, reconhece-se, ao mesmo tempo, a validade da dialética universal do sagrado; em outros termos, reconhece-se que as inumeráveis gerações pré-cristãs não foram vítimas de uma ilusão quando proclamaram a presença do sagrado, isto é, do divino, nos objetos e nos ritmos cósmicos.

Os problemas levantados pelo dogma da encarnação do *lógos* voltam a ser encontrados, com maior profundidade, na teologia trinitária. É certo que as especulações teologais tinham origem na *experiência cristã*. Desde os começos da Igreja, os cristãos conheciam Deus sob três figuras: 1º) o Pai, Criador e Juiz, que se revelara no Antigo Testamento; 2º) o Senhor Jesus Cristo, o Ressuscitado; 3º) o Espírito Santo, que tinha o poder de renovar a vida e de instituir o Reino. Contudo, no início do século IV, Ário, um sacerdote de Alexandria, propôs uma interpretação mais coerente e mais filosófica da Trindade. Ário não rejeita a Trindade, mas nega a consubstancialidade das três pessoas divinas. Para ele, Deus é *único* e é *incriado*; o Filho e o Espírito Santo foram criados *mais tarde* pelo Pai, e portanto lhe são inferiores. Ário retomava, por um lado, a doutrina do Cristo-Anjo, isto é, de Cristo identificado com o arcanjo são Miguel (doutrina atestada em Roma no começo do século II), e, por outro, certas teses de Orígenes que apresentam o Filho como uma divindade secundária. A interpretação de Ário teve certo sucesso, mesmo entre os bispos, mas, no Concílio de Niceia, em 325, adotou-se o símbolo que rejeita o arianismo. No entanto, a teologia de Ário teve ainda defensores bastante poderosos, e a controvérsia estendeu-se por mais de meio século.* Coube a Atanásio (morto em 373) elaborar a doutrina da consubstancialidade (*homoúsios*) do Pai e do Filho, doutrina resumida por santo Agostinho na expressão: *una substantia – tres personae*. Não se tratava de uma controvérsia entre teólogos: o dogma da Trindade apaixonava as multidões. Pois, se Jesus Cristo fosse apenas uma divindade secundária, como acreditar que ele tinha o poder de salvar o mundo?

A teologia trinitária nunca cessou de suscitar problemas; desde o Renascimento, as filosofias racionalistas definem-se primeiro por seu antitrinitarismo (cf. v.III). Contudo, a teologia trinitária tem o mérito de haver encorajado especulações audaciosas, forçando o cristão a se libertar dos limites da experiência e da lógica quotidianas.[27]

A santificação progressiva e, no final das contas, a divinização de Maria, são sobretudo obra da devoção popular. Por volta do fim do século I, data do Evangelho de João, a Igreja já havia reconhecido a significação religiosa de Maria. Preso à cruz, disse Jesus a sua mãe: "Mulher, eis aí o teu filho. ... Depois, disse ao discípulo: eis aí tua mãe!" (João, 19:25s.). A importância de Maria deriva de sua maternidade: ela é *Deipara*, "aquela que dá à luz o Deus". O termo é atestado pela primeira vez no começo do século III; mas, quando os monofisitas** o empregaram num sentido herético, *Deipara* foi substituído por um termo mais claro, *Theotókos*, "Mãe de Deus". No entanto, tratava-se sempre de uma Mãe-Virgem, e o dogma da virgindade perpétua de Maria foi proclamado no Concílio de Éfeso.***

Também nesse caso, compreende-se, tal como é na realidade, o trabalho de assimilação e revaloração de uma ideia religiosa arcaica, e universalmente difundida. Com efeito, a teologia de Maria, a Virgem-Mãe, retoma e aperfeiçoa as concepções imemoriais, da Ásia Menor e do Mediterrâneo, da *partenogênese* (faculdade de autofecundação) das grandes deusas (cf., por exemplo, Hera, §93). A teologia marial representa a transfiguração da mais antiga e mais significativa homenagem prestada, desde a pré-história, ao mistério religioso da feminidade. A Virgem Maria será identificada, no cristianismo ocidental, com a figura da sabedoria divina. Em contrapartida, a Igreja do Oriente desenvolverá, ao lado da teologia da *Theotókos*, a doutrina da sabedoria celeste, *sophia*, na qual se desenvolve a figura feminina do Espírito Santo.

---

* O arianismo foi definitivamente vencido em 388.

** Movimento herético (início do século V) cujos membros pensavam que, em Cristo, a humanidade e a divindade estão fundidas numa só entidade (*phúsis*).

*** No entanto, é somente por volta do ano 1000 que se encontra no Ocidente o dogma segundo o qual a Virgem teria sido concebida sem pecado.

Muitos séculos mais tarde, a sofianologia desempenhará, para as elites intelectuais da cristandade oriental, um papel similar ao neotomismo na renovação da filosofia católica.

239. Entre *Sol invictus* e *in hoc signo vinces*...

Como vimos (p.320), Aureliano (270-275) avaliara corretamente a importância de uma teologia solar de estrutura monoteísta para assegurar a unidade do Império. Reintroduziu o deus de Êmeso em Roma, modificando-lhe, porém, radicalmente a estrutura e o culto. Os elementos sírios foram eliminados com cuidado, e o serviço foi confiado a senadores romanos. Fixou-se o aniversário do *Deus Sol invictus* em 25 de dezembro, "dia de nascimento" de todas as divindades solares orientais.

O caráter universalista do culto e da teologia solares era reconhecido, ou pressentido, pelos fiéis gregos e romanos de Apolo-Hélio, assim como pelos adoradores de Mithra e dos Baal sírios. Ademais, os filósofos e os teósofos eram em grande número adeptos de um monoteísmo de estrutura solar. Com efeito, as tendências ao monoteísmo e ao universalismo, que caracterizam o fim do século III, tornam-se dominantes no século IV. Os numerosos sincretismos religiosos, os mistérios, o desenvolvimento da teologia cristã do *lógos*, o simbolismo solar aplicado, ao mesmo tempo, ao imperador e ao *Imperium*, ilustram o fascínio exercido pela noção do Um e pela mitologia da Unidade.

Antes de sua conversão, Constantino (306-337) era um fiel do culto solar e via no *Sol invictus* o fundamento de seu Império. O Sol é abundantemente representado sobre monumentos figurados, moedas e inscrições. No entanto, ao contrário de Aureliano, para quem o *Sol invictus* era o deus supremo, Constantino considerava o Sol o mais perfeito símbolo do Deus. A subordinação do Sol ao Deus supremo foi, muito provavelmente, a primeira consequência de sua conversão ao cristianismo; contudo, a ideia já fora expressa pelo neoplatônico Porfírio.[28]

Os testemunhos não são acordes acerca do sinal visto por Constantino antes da batalha decisiva na ponte Múlvia, na qual seu adversário, Maxêncio, encontrou a morte. Segundo Lactâncio, Constantino "foi advertido, durante o sono, de que mandasse marcar os escudos com o sinal celeste e assim entrasse em combate: obedeceu e fez que o nome de Cristo fosse inscrito nos escudos" (*De mortibus persecutorum*, 48). No entanto, em sua *Vita Constantini* (I, 28-9), Eusébio, bispo de Cesareia, relata uma história diferente:

> Já na metade do dia, quando o Sol começava a declinar, viu ele com seus próprios olhos – o mesmo Constantino o afirmou – o sinal da cruz resplandecendo no meio do Céu com uma luz mais intensa que a do Sol e no qual se liam as seguintes palavras: com ela vencerás. Diante dessa visão, ficaram transtornados de surpresa, ele e todos os soldados que o acompanhavam. ... Constantino pôs-se a perguntar de si para consigo o que podia ser essa visão, quando, na noite seguinte, o Cristo de Deus lhe apareceu durante o sono com o mesmo sinal que lhe fora mostrado no Céu e ordenou-lhe que fizesse emblemas militares calcados no modelo desse sinal visto no Céu, para dele se utilizar em combate como arma da vitória.

Ainda se discute a autenticidade desses testemunhos e questiona-se sobre se o sinal visto por Constantino era cristão ou pagão.[29] Seja como for, a conversão de Constantino assegurou a cristianização oficial do Império. Os primeiros símbolos cristãos começam a aparecer nas moedas desde 315, e as últimas imagens pagãs desaparecem em 323. A Igreja recebe um estatuto jurídico privilegiado; em outras palavras, o Estado reconhece a validade das sentenças do tribunal episcopal, inclusive em matéria civil. Alguns cristãos galgam os mais altos cargos e multiplicam-se as medidas restritivas contra os pagãos. Sob o governo de Teodósio o Grande (379-395), o cristianismo converte-se em religião de Estado e o paganismo é definitivamente proibido; os perseguidos transformam-se em perseguidores.

Na verdade, o cristianismo demonstrara sua força e vitalidade antes da conversão de Constantino. Por volta de 300, em Antioquia e Alexandria, a comunidade cristã era o grupo religioso mais amplo e mais bem organizado. Mais ainda, o antagonismo Igreja-Império ia progressivamente perdendo sua intransigência. Os últimos apologistas, Lactâncio (240-c.320) e Eusébio de Cesareia (263-c.339), proclamaram que o cristianismo era a única esperança de salvação do Império.

As causas do triunfo final da pregação cristã são múltiplas. Em primeiro lugar, a fé inabalável e a força moral dos cristãos, a coragem que demonstravam diante da tortura e da morte, coragem admirada até por seus maiores inimigos, Luciano de Samósata, Marco Aurélio, Galieno, Celso. Por outro lado, a solidariedade dos cristãos era inigualável; a comunidade tomava sob sua responsabilidade as viúvas, os órfãos, os velhos, e resgatava os prisioneiros dos piratas. Durante as epidemias e os cercos das cidades, eram os cristãos os únicos que cuidavam dos feridos e enterravam os mortos. Para todos os desarraigados do Império, para as massas desamparadas, para as vítimas da alienação cultural e social, a Igreja era a única esperança de obter uma identidade e de encontrar, ou reencontrar, um sentido para a existência. Já que não havia barreiras – social, racial e intelectual –, qualquer um podia tornar-se membro dessa sociedade otimista e paradoxal, na qual um cidadão poderoso, camareiro do imperador, se prosternava diante de um bispo, seu ex-escravo. É muito provável que nenhuma outra sociedade histórica tenha conhecido – nem antes, nem depois – o equivalente dessa igualdade, dessa caridade e desse amor fraterno vividos nas comunidades cristãs dos quatro primeiros séculos.

A inovação mais inesperada, e que teve apreciáveis consequências na história religiosa, cultural e social da Europa, foi o monaquismo, caracterizado pela separação do mundo e por um ascetismo muito rigoroso.[30] O fenômeno apareceu de maneira independente no século III, não apenas no Egito, como até bem pouco se acreditava, mas também na Palestina, na Síria e na Mesopotâmia.* Santo Antônio fundou o monaquismo egípcio, mas coube a Pacômio (c.290-347), em 320, organizar a vida monástica no deserto de Tebaida (onde, no fim do século IV, aproximadamente, havia por perto de sete mil monges). Como observa Peter Brown, os monges haviam voluntariamente escolhido "a anticultura" – o deserto e as grutas.[31] Seu prestígio considerável é consequência, de um lado, da vitória que alcançaram contra os demônios e, de outro, do seu domínio sobre os animais ferozes. Surge uma ideia nova: os monges, esses verdadeiros "santos", são bastante poderosos para subjugar os demônios e para, com suas preces, dobrar a vontade de Deus. De fato, só os monges tinham coragem de opor resistência a certas decisões do imperador. Encarapitado em sua coluna, são Simeão Estilita examinava os processos, profetizava, curava, admoestava e aconselhava os altos funcionários.

Cerca do final do século IV, desde a Mesopotâmia até o norte da África, assiste-se a uma onda de violências perpetradas pelos monges: em 388, incendeiam uma sinagoga em Calinico, perto do Eufrates, e aterrorizam as aldeias sírias onde havia templos pagãos; em 391, o patriarca de Alexandria, Teófilo, convoca-os para "purificar" a cidade do *Serapeum* (Serapeu), o grande templo de Serápis. Na mesma época, penetram à força nas casas dos pagãos para nelas procurar ídolos. E, em 415, um grupo de monges fanáticos comete um dos mais odiosos crimes registrados na história: lincham Hipátia, a nobre filósofa de Alexandria, a quem seu discípulo, o bispo Sinésio, evoca como "mãe, irmã, professora e benfeitora" (*Ep.* XVI).

* É verdade que o monaquismo egípcio desenvolveu-se rapidamente e, graças à literatura que lhe granjeou celebridade, teve considerável influência.

No Oriente, os bispos protegem os monges para consolidar sua própria situação; juntos, bispos e monges colocam-se à frente do povo e ditam suas opiniões. Como observa Peter Brown, "esses excêntricos transformam o cristianismo numa religião das massas".[32] Ainda mais espantosa parece a obra realizada, sobretudo no Ocidente, por seus sucessores, os monges da alta Idade Média (cf. v.III).

240. O ônibus que para em Elêusis...

Nenhum acontecimento histórico traduz melhor o fim "oficial" do paganismo do que o incêndio do santuário de Elêusis, em 396, por Alarico, rei dos godos. Mas, por outro lado, nenhum outro exemplo ilustra melhor o misterioso processo de ocultação e continuidade da religiosidade pagã. No século V, o historiador Eunápio, ele próprio iniciado nos mistérios de Elêusis, relata a profecia do último hierofante legítimo. Diante de Eunápio, o hierofante predisse que seu sucessor seria ilegítimo e sacrílego; não seria sequer cidadão de Atenas; ainda pior, seria alguém que, "consagrado a outros deuses", estaria preso por seu juramento "de presidir exclusivamente a suas cerimônias". Por causa dessa profanação, o santuário seria destruído e o culto das duas deusas desapareceria para sempre.

De fato, prossegue Eunápio, um alto iniciado nos mistérios de Mithra (onde ocupava a categoria de *Pater*) torna-se hierofante. Foi o último hierofante de Elêusis, porque, pouco tempo depois, os godos de Alarico infiltraram-se através do desfiladeiro das Termópilas, seguidos dos "homens de preto", os monges cristãos – e o mais antigo e mais importante centro religioso da Europa foi definitivamente destruído.[33]

No entanto, se o ritual iniciatório desapareceu em Elêusis, Deméter não abandonou o lugar de sua mais dramática teofania. É verdade que, no resto da Grécia, são Demétrio havia tomado seu lugar, tornando-se assim o padroeiro da agricultura. Mas, em Elêusis, falava-se, e ainda se fala, em santa Demetra, santa desconhecida alhures e que nunca foi canonizada. Até o princípio do século XIX, uma estátua da deusa era ritualmente coberta de flores pelos camponeses da aldeia, pois assegurava a fertilidade dos campos. Contudo, apesar da resistência armada dos habitantes, a estátua foi arrancada em 1820 por E.D. Clarke e oferecida à Universidade de Cambridge.[34] Ainda em Elêusis, em 1860, um sacerdote contou ao arqueólogo F. Lenormant a história de santa Demetra; era uma velha ateniense; um "turco" sequestrou-lhe a filha, mas um valente *pallikar* conseguiu libertá-la – e, em 1928, Mylonas ouviu a mesma história de uma nonagenária de Elêusis.[35]

O episódio mais emocionante da mitologia cristã de Deméter ocorreu no início de fevereiro de 1940 e foi abundantemente relatado e discutido pela imprensa ateniense.[36] Numa das paradas do ônibus Atenas-Corinto, subiu uma velha, "magra e ressequida, mas com grandes olhos bem vivos". Como não tivesse dinheiro para pagar a passagem, o cobrador a fez descer na estação seguinte; era precisamente a estação de Elêusis. Mas o motorista não conseguiu arrancar com o ônibus; finalmente, os passageiros decidiram cotizar-se para pagar o bilhete da velha. Ela tornou a subir no veículo, que, dessa vez, partiu. Disse-lhes então a velha: "Vocês deviam ter feito isso mais cedo, mas não passam de egoístas; e, já que estou aqui, vou dizer-lhes mais uma coisa: vocês serão castigados pela maneira como vivem, não terão mais plantas e até água lhes faltará!" "Mal havia concluído sua ameaça", prossegue o autor do artigo publicado no *Hestia*, "desapareceu. ... Ninguém a vira descer. Olhares eram trocados, olhava-se de novo a matriz das passagens para se convencer de que realmente um tíquete fora destacado."

Citemos, para finalizar, a avisada observação de Charles Picard:

> Creio que os helenistas, em geral, não poderão deixar de evocar, diante do episódio, certas lembranças do célebre *Hino homérico*, em que a mãe de Core, disfarçada de *velha* na morada de Céleo, o rei de Elêusis, também profetizava, e – numa crise de ira, censurando aos homens a sua impiedade – anunciava que terríveis catástrofes se abateriam sobre toda a região.[37]

NOTAS

1. Seguimos a interpretação do admirável exegeta do pensamento hebraico que é Claude Tresmontant; ver *La métaphysique du christianisme*, p.53s., e o *Essai sur la pensée hébraïque*, cap. I-II.
2. Cf. *La métaphysique du christianisme*, p.71. É significativo que os Padres tenham seguido em geral os princípios do judaísmo normativo, ignorando as especulações judaicas de tipo gnóstico.
3. Mencionemos o seguinte paradoxo, frequentemente silenciado pelos historiadores: os mais importantes mestres gnósticos, assim como Marcião e certos autores clássicos (Epicteto, Plutarco), elaboraram suas filosofias trágicas e acentuadamente pessimistas numa época de paz e prosperidade, o "século de ouro" dos Antoninos; cf. Dodds, *Pagan and Christian in an Age of Anxiety*, p.4.
4. Também os hereges invocavam o testemunho de um apóstolo (Basilides, por exemplo, valia-se do intérprete de Pedro e, portanto, do próprio Pedro), mas os Padres rejeitaram essas pretensas sucessões, por serem secretas e inverificáveis. Como se lê em Ireneu (*Contra as heresias*, 3, 4, 3), "antes de Valentino, não havia valentinianos, nem marcionitas antes de Marcião".

5. *Rechtglaubigkeit und Ketzerei im ältesten Christentum*. A 2ª ed., de 1964, tem trad. ing., *Orthodoxy and Heresy in Earliest Christianity* (1971). Ver a curta mas clara apresentação de André Benoît, *Le judaïsme et le christianisme antique*, p.297s.
6. A. Benoît, op.cit., p.300.
7. E.H.W. Turner, *The Pattern of the Christian Truth*; a obra é discutida por A. Benoît, p.302s.
8. A. Benoît, op.cit., p.303.
9. Ibid., p.306.
10. Ibid., p.307.
11. Cf. M. Eliade, *Traité d'histoire des religions*, §64-5; *Images et symboles*, p.199-212.
12. *Logion* 22, trad. franc. H.-Ch. Puech; cf. *Logion* 106; "Quando de dois fizerdes um, tornar-vos-eis filho do homem."
13. Ver M. Eliade, *Méphistophélès et l'androgyne*, p.129s.; Wayne A. Meeks, "The image of the androgyne: some uses of a symbol in earliest christianity", esp. p.180s. A mitologia do andrógino reaparece com Scotus Erigena, prossegue com Jacob Boehme, Baader e o romantismo alemão, e volta a ser atual em certas teologias contemporâneas.
14. Cf. *Traité d'histoire des religions*, §99s.; *Images et symboles*, p.213s.
15. Cf., por exemplo, *The Book of the Cave of Treasures*, p.53.
16. Ver as referências em nosso estudo "La mandragore et les mythes de la naissance miraculeuse", p.23s.
17. Textos citados in "La mandragore", p.24-6.
18. Ver E. Goodenough, *Jewish Symbols in the Greco-Roman Period*, VI, p.136s., XII, p.123s. (o uso religioso do vinho), VII, p.87s., XII, p.126s. (a árvore da vida). Contudo, o número de símbolos pagãos assimilados pelo judaísmo é muito maior: touro, leão, vitória, águia, concha, pássaro, barcos etc.; ver o resumo dos v.XI-XII no v.XII, p.132-83.
19. Cf. Roger Rémondon, *La crise de l'Empire Romain* (1970), p.322.
20. Sobre o "cristianismo cósmico", ver, de nossa autoria, *De Zalmoxis à Gengis-Khan*, cap.VII, esp. p.241s., e v.III desta obra.
21. Trata-se do mito designado por certos estudiosos como o "mergulho cosmogônico"; já o estudamos em *De Zalmoxis à Gengis-Khan*, cap.III, p.81-130.
22. É o caso da França; cf. Paul Sébillot, *Folklore de France* (1905), p.182.
23. Cf. textos citados por G. Widengren, *Mesopotamian Elements in Manicheism*, p.82s. ("The customers and the merchandise"), e R. Murray, *Symbols of Church and Kingdom*, p.174s., 247s.
24. J. Duchesne-Guillemin, *La religion de l'Iran ancien*, p.265.
25. *Patrologia Graeca*, LVII, col.637-8; cf. M. Eliade, *Méphistophélès et l'androgyne*, p.61s., com bibliografia.
26. Cf. *Méphistophélès et l'androgyne*, p.62-4.
27. Desse ponto de vista, podemos compará-la à metafísica de Nagarjuna (§189), à cabala e aos métodos dos mestres Zen (cf. v.III).
28. Cf. F. Altheim, *La religion romaine antique*, p.323s.; id., *Der unbesiegte Gott*, cap.V.
29. Ver o estado das questões in A. Benoît, *Le judaïsme et le christianisme antique*, p.308s.
30. A.-J. Festugière, *Les moines d'Orient*, I, *Culture et sainteté*; A. Vööbus, *History of Asceticism in the Syrian Orient*, I-II; J. Lacarrière, *Les hommes ivres de Dieu*.
31. Peter Brown, *The World of Late Antiquity*, p.101s.; cf. também, do mesmo autor, "The rise and function of the holy man in late Antiquity".

32. Ibid., p.107.
33. Eunápio, *Bíoi Sophistôn*, p.42s. (ed. Boissonade, 1822); cf. G.E. Mylonas, *Eleusis*, p.8; G. Kerényi, *Eleusis*, p.17-8.
34. J.C. Lawson, *Modern Greek Folklore and Ancient Greek Religion*, p.80s.
35. F. Lenormand, *Monographie de la voie sacrée éleusinienne*, p.399s.; Lawson, op.cit., p.81s.; Mylonas, op.cit., p.12.
36. Utilizamo-nos de um artigo publicado em *Hestia*, 7 fev 1940, e traduzido por Charles Picard, "Déméter, puissance oraculaire", p.102-3.
37. Picard, op.cit., p.103-4.

Estado das questões: bibliografia crítica

126. Da copiosa literatura sobre as culturas pré-históricas da China, vamos destacar: William Watson, *Early Civilization in China* (Londres, 1966; excelente introdução); Li Chi, *The Beginnings of Chinese Civilization* (Seattle e Londres, 1957; reed., 1968); Cheng Tê-k'un, *Archaeology in China*, I, *Prehistoric China* (Cambridge, 1959); William Watson, *Cultural Frontiers in Ancient East Asia* (Edimburgo, 1971; cf. sobretudo cap.1, "Neolithic frontiers in East Asia", p.9-37); Carl Hentze, *Funde in Alt-China. Das Welterleben in ältesten China* (Göttingen, 1967; sintetiza os pontos de vista do autor expostos em várias obras anteriores); Ping-ti Ho, *The Cradle of the East. An Inquiry into the Indigenous Origins of Techniques and Ideas of Neolithic and Early Historic China, 5000-1000 B.C.* (Hong Kong e Chicago, 1975).

Sobre o descobrimento do neolítico chinês (a cultura de Yang-chao), ver J.G. Andersson, *Children of the Yellow Earth* (Londres, 1934). Em seus trabalhos recentes, Ho sustenta a origem autóctone da agricultura, da metalurgia e da escrita chinesa; cf. *The Cradle of the East*, esp. p.341s. Por seu lado, Li Chi, depois de outros arqueólogos, apontou certas influências ocidentais (isto é, mesopotâmicas) na iconografia de Anyang (op.cit., p.26s.). Seja como for, não há dúvida de que a cultura chinesa, como todas as demais, foi progressivamente enriquecida por ideias e técnicas de origem ocidental, nórdica ou meridional. Por outro lado, como muitas vezes se tem repetido, a China é "uma janela para o Pacífico". A influência do simbolismo cosmológico chinês e das suas expressões artísticas deixa-se decifrar na arte religiosa de certas populações de Bornéu, Sumatra e da Nova Zelândia, assim como nas tribos da costa noroeste dos Estados Unidos. Ver, *inter alia*, *Two Studies of Art in the Pacific Area* (I: Mino Badner, "The protruding tongue and related motifs in the art style of the American Northwestern Coast, New Zealand and China"; II. Robert Heine-Geldern, "A note on relation between the art style of the Maori and of ancient China", *Wiener Beiträge zur Kulturgeschichte und Linguistik*, XV, Horn-Viena, 1966); *Early Chinese Art and the Pacific Basin. A Photographic Exhibition* (Nova York, 1968).

Sobre as concepções religiosas, cf. Hermann Köster, "Zur Religion in der chinesischen Vorgeschichte", *Monumenta Serica*, 14, 1949-55, p.188-214; Peng-ti Ho, op.cit., p.279s.; Bernhard Karlgren, "Some fecundity symbols in ancient China" (*Bulletin of the Museum of Far Eastern Antiquities*, n.2, Estocolmo, 1930, p.1-54); Carl Hentze, *Funde in Alt-China*, p.20s., 219s.; id., *Bronzegerät, Kultbauten, Religion im ältesten China der Shang-Zeit* (Antuérpia, 1951); id., *Das Haus als Weltort der Seele* (Stuttgart, 1961). Acerca do *death pattern*, cf. Hanna Rydh, "Symbolism in mortuary ceramics" (*Bulletin*..., 1, Estocolmo, 1929, p.71-121).

127. Sobre as culturas na Idade do Bronze, ver: Ch'eng Tê-k'un, *Archaeology in China,* II, *Shang China* (Cambridge, 1960); Kwang-Chih Chang, *The Archaeology of Ancient China*, p.185-225; William Watson, *Cultural Frontiers in Ancient East Asia*, p.38s (esp. p.42s.).

Sobre as ideias religiosas, ver Herlee G. Creel, *The Birth of China: A Study of the formative period of Chinese civilization* (Nova York, 1937), p.174-216; Chang, *The Archaeology of Ancient China*, p.251s.; Cheng Tê-k'un, *Archaeology in China*, II, p.213s.; Carl Hentze, *Bronzegerät, Kultbauten, Religion im ältesten China der Shang-Zeit*; W. Eichhorn, "Zur Religion im ältesten China", *Wiener Zeitschrift für indische Philosophie*, 2, 1958, p.33-53; F. Tiberi, "Der Ahnenkult in China", *Annali del Pontificio Museo Missionario Etnologico*, 27, 1963, p.283-475; Ping-ti Ho, op.cit., p.289s.; Tsung-tung Chang, *Der Kult der Shang-Dynastie im Spiegel der Orakelinschriften: Eine Paläographische Studie zur Religion im archaischen China* (Wiesbaden, 1970; cf. a crítica de Paul L.M. Serruys, "Studies in the language of the Shang oracles inscriptions", *T'oung Pao*, 60, 1974, p.12-120); M. Christian Deydier, *Les Jiaguwen. Essai bibliographique et synthèse des études* (Paris, 1976; inscrições divinatórias em ossos e carapaças de tartarugas); David N. Keightley, "The religious commitment: Shang theology and the genesis of Chinese political culture", HR, 17, 1978, p.211-25.

Sobre a escapulomancia, ver Eliade, *Le chamanisme* (2ª ed., 1968), p.142, nota 1 (bibliografia).

Sobre o simbolismo da máscara *tao-t'ieh*, ver os trabalhos de Carl Hentze, principalmente *Bronzegerät... des Shang-Zeit*, p.215s.; *Funde in Alt-China*, p.171s., 195s. e "Antithetische *T'ao-t'ieh*-motive", Ipek, 23, 1970-73, p.1-20.

Não menos significativo é o simbolismo da cigarra. Como a sua larva sai da terra (símbolo, portanto, da escuridão), a cigarra é um emblema da ressurreição; por esse motivo é colocada na boca do morto; cf. Hentze, *Frühchinesische Bronzen und Kultdarstellungen* (Antuérpia, 1937), p.37s. Alguns desenhos estilizados de cigarras estão inscritos na língua da máscara *tao-t'ieh*, demônio das trevas que criou a luz e a vida; ibid., p.66s.

128. Sobre a cultura dos Tcheu, ver Ch'eng Tê-k'un, *Archaeology in China*, III, *Chou-China* (Cambridge, 1963); Kwang-Chih Chang, op.cit., p.256s., 263s.

Sobre a religião na época dos Tch'u, cf. Ping-ti Ho, op.cit., p.322s.; Hentze, *Funde in Alt-China*, p.218s., e as obras citadas nos dois próximos parágrafos.

Nos "livros clássicos", encontra-se uma dezena de nomes do deus supremo, os mais famosos dos quais são Chang-ti ("Senhor do Alto") e Huang-ti ("Augusto Senhor"). Entretanto, na base de todos esses teônimos estão os apelativos Ti (Senhor) e T'ien (Céu). A estrutura celeste do deus supremo é evidente: Chang-ti é onividente (*Chi-king* III, 1, 7, 1), tudo ele ouve (V, 16, 3, 14); T'ien vigia os homens (*Chu-king* IV, 9, 1, 3), vê e ouve (III, 3, 5, 7), é clarividente (*Chi-king* III, 3, 2, 11-2), o seu decreto é infalível (*Chu-king* IV, 3, 2, 5), tudo compreende e observa (IV, 8, 2, 3) etc.

Quanto ao culto do deus supremo celeste, ver: B. Schindler, "The development of Chinese conceptions of supreme beings". *Asia Major: Introductory volume*, 1923, p.298-366; H.H. Dubs, "The archaic Royal Jou religion", *T'oung Pao*, 47, 1958, p.217-59; J. Shih, "The notion of God in the ancient Chinese religion", *Numen*, 16, 1969, p.99-138. Segundo Joseph Shih, Ti era um deus supremo e T'ien um deus pessoal. Sob a dinastia dos Tcheu, esses dois teônimos eram empregados indiferentemente para invocar o mesmo deus; cf. também, do mesmo autor, "Il dio supremo" ("La religione della Cina", in *Storia delle religioni*, V, Turim, 1971, p.497-577), p.539s.

Ao contrário das outras religiões, os livros sobre a história geral da religião chinesa são pouco numerosos. Assinalemos os mais úteis: L. Wieger, *Histoire des croyances religieuses et des opinions philosophiques en Chine depuis l'origine jusqu'à nos jours* (Hien-hien, 1917; obra muito pessoal, que exige consulta cautelosa); Jan J.M. de Groot, *The Religious System of China*, 6 vol. (Leyden, 1892-1910, reimpressão Taipei, 1964; insubstituível no que tange à documentação); Marcel Granet, *La religion des chinois* (Paris, 1922); Henri Maspero, *Les religions chinoises* (I de *Mélanges posthumes*, Paris, 1950); C.K. Yang, *Religion in Chinese Society* (Berkeley, 1967; obra importante, embora não constitua uma história geral da religião chinesa); D.H. Smith, *Chinese Religions* (Nova York, 1968; ver, porém, o comunicado de Daniel Overmyer, HR, 9, 1969-70, p.256-60); Laurence G. Thompson, *Chinese Religion: An Introduction* (Belmont, 1969; expõe sobretudo as ideias e práticas religiosas depois dos Han); Werner Eichhorn, *Die Religionen Chinas* (Stuttgart, 1973; admirável enfoque); Arthur P. Wolf (org.), *Religion and Ritual in Chinese Society* (Stanford, 1974). Uma exposição breve mas brilhante é a que nos deu Max Kaltenmark, "La religion de la Chine antique" e "Le taoïsme religieux", in Henri-Charles Puech (org.), *Histoire des Religions*, I (1970), p.927-57, 1.216-48.

Encontram-se análises pertinentes das crenças e instituições religiosas nos livros de Marcel Granet, *Fêtes et chansons anciennes de la Chine* (1919); *Danses et légendes de la Chine ancienne* (1926); *La pensée chinoise* (1934); cf. também Henri Maspero, *La Chine antique* (1927; nova ed., 1955).

Sobre a Terra-Mãe, ver Berthold Laufer, *Jade. A Study of Chinese Archaeology and Religion* (Field Museum, Chicago, 1912), p.144s. (para os pontos de vista contrários a esses, cf. B. Karlgren, "Some fecundity symbols in ancient China", p.14s.); Marcel Granet, "Le dépôt de l'enfant sur le sol. Rites anciens et ordalies mythiques", *Revue Archéologique*, 1922, reed. *Études sociologiques sur la Chine*, 1953, p.159-202). Segundo Edouard Chavannes (*Le T'ai Chan. Essai de monographie d'un culte chinois*, Paris, 1910, esp. p.520-5), a personificação do solo em grande deusa Terra seria fenômeno bastante recente: parece ter ocorrido mais ou menos no início da dinastia Han, no séc. II a.C.; antes dessa data, teriam existido apenas cultos locais, cristalizados em redor dos deuses do solo (op.cit., p.437). No entanto, mostrou Granet que esses deuses haviam substituído divindades femininas ou "neutras" muito antigas, que os tinham antecedido. Trata-se de fenômeno muito geral: cf. M. Eliade, "La terre-mère et les hiérogamies cosmiques" (1953; reed. in *Mythes, rêves et mystères*, 1957, p.207-53).

Para uma análise minuciosa das diferentes culturas provinciais e marginais, parcialmente integradas na cultura chinesa, ver Wolfram Eberhard, *Kultur und Siedlung der Randvölker Chinas* (supl., v.36, *T'oung Pao*; Leyden, 1942); *Lokalkulturen im alten China*, I (supl., v.37 do *T'oung Pao*, Leyden, 1943); II (*Monumenta Serica*, monografia 3, Pequim, 1943). Uma versão corrigida e aumentada do segundo volume de *Lokalkulturen* foi publicada com o título *The Local Cultures of South and East China* (Leyden, 1968).

Sobre o xamanismo chinês, ver Eberhard, *The Local Cultures*, p.77s., 304s., 468s.; cf. Eliade, *Le chamanisme* (2ª ed.), p.349s.; Joseph Thiel, "Schamanismus im alten China", *Sinologica*, 10, 1968, p.149-204; John S. Major, "Research priority in the study of Ch'u religion", HR, 17, 1978, p.226-43, esp. p.236s.

129. Os mais importantes textos cosmogônicos foram traduzidos por Max Kaltenmark, "La naissance du monde en Chine" (*La naissance du monde*, Sources Orientales, I, Paris, 1959), p.453-68. O problema da mitologia chinesa, esp. dos mitos cosmogônicos, foi discutido, segundo perspectivas divergentes, por Henri Maspero, "Légendes mythologiques dans le *Chou king*", JA, 204, 1924, p.1-100; Bernhard Karlgren, "Legends and cults of ancient China", *Bulletin of the Museum of Far Eastern Antiquities*, 18, 1946, p.199-365 (insubstituível no que se refere à riqueza documental; ver, contudo, a crítica do método de Karlgren na comunicação de W. Eberhard, *Artibus Asiae*, 9, 1946, p.355-64); Derk Bodde, "Myths of ancient China", in S.N. Kramer (org.), *Mythologies of the Ancient World*, Nova York, 1961, p.369-408); J. Shih, "The ancient Chinese cosmogony", *Studia Missionaria*, 18, 1969, p.111-30; N.J. Girardot, "The problem of creation mythology in the study of chinese religion", HR, 15, 1976, p.289-318 (análise crítica de algumas propostas recentes).

Sobre o mito de P'an-ku, ver Maspero, "Légendes mythologiques", p.47s.; Edouard Erkes, "Spuren chinesischer Weltschöpfungsmythen", *T'oung Pao*, 28, 1931, p.355-68; W. Eberhard, *The Local Cultures*, p.442-3; Bodde, p.382s.; Girardot, "The problem of creation mythology", p.298s.

A propósito da interrupção das comunicações entre a Terra e o Céu, ver Maspero, "Légendes mythologiques", p.95-6; id., *Les religions chinoises*, p.186s.; Bodde, "Myth of ancient China", p.389s.; cf. Eliade, *Mythes, rêves et mystères*, p.80s.

Sobre Niu-kua, cf. Bodde, op.cit., p.386s. Quanto ao mito de Yu o Grande, vencedor das águas transbordadas, cf. Marcel Granet, *Danses et légendes*, p.4-66s., 482s.

Sobre a origem e a estrutura cerimonial das cidades chinesas, ver Paul Wheatley, *The Pivot of the Four Quarters. A Preliminary Enquiry into the Origins and Character of the Ancient Chinese City* (Chicago, 1971), p.30s., 411s., e passim; cf. também Werner Müller, *Die heilige Stadt* (Stuttgart, 1961), p.149s.

Sobre a cosmologia e o simbolismo espacial, ver Granet, *La pensée chinoise*, p.342s.; Schuyler Camman, "Types of symbols in Chinese art", in Arthur F. Wright (org.), *Studies in Chinese Thought*, Chicago, 1953, p.195-221; id., "Evolution of magic squares in China", Jaos, 80, 1960, p.116-24; "The magic square of three in old chinese philosophy and religion", HR, I, 1961, p.37-80; Eliade, "Centre du monde, temple, maison" (*Le symbolisme cosmique des monuments religieux*, Série Orientale Roma, XIV, Roma, 1957, p.57-82); Hermann Köster, *Symbolik des chinesischen Universismus* (Stuttgart, 1958), esp. p.14s., 48s.; R.A. Stein, "Architecture et pensée religieuse en Extrême-Orient", *Arts Asiatiques*, 4, 1957, p.163-86; idem, "L'Habitat, le monde et le corps humain en Extrême-Orient et en Haute-Asie", JA, 245, 1957, p.37-74.

Sobre o *ming t'ang*, ver Granet, *La pensée chinoise*, p.102s., 178s., 250s.; R.A. Stein, "Architecture et pensée religieuse", p.164s.; H. Köster, *Symbolik*, p.34s., 49s.

130. Sobre a morfologia dos diferentes simbolismos da polaridade e da alternância, ver nosso estudo "Remarques sur le dualisme religieux: dyades et polarités" (1967; reed. *La nostalgie des origines*, Paris, 1971, p.249-336). Sobre a polaridade na cosmologia chinesa, ver Granet, *La pensée chinoise*, p.86s., 149s.; Carl Hentze, Bronzegerät, p.192s.; idem, *Tod, Auferstehung, Weltordnung* (Zurique, 1955), p.150s.; H. Köster, *Symbolik*, p.17s.

Ao analisar as canções de amor conservadas no mais antigo "livro clássico", o *Che-king*, Marcel Granet destacou a estrutura das festas sazonais celebradas pelos camponeses, provavelmente desde o neolítico (cf. *Fêtes et chansons anciennes de la Chine*). "Eram, na verdade, principalmente festas da juventude relacionadas com as festas do casamento: os dois grupos sexuais provinham de aldeias diferentes, em virtude do princípio de exogamia, e entregavam-se a desafios poéticos cujos temas eram obrigatórios e tirados da paisagem ritual. Esta era quase sempre uma paisagem de água e de montanha, e todos os seus elementos eram sagrados. ... [As festas] correspondiam a momentos críticos da vida camponesa, aqueles em que os agricultores mudavam de gênero de vida. A bela estação dispersava-os pelos campos, onde habitavam pequenas cabanas; durante o inverno, voltavam a encontrar-se na aldeia familial. Existe sem dúvida uma relação entre, de uma parte, os lugares santos das comunidades camponesas e, de outra, as montanhas, os rios e bosques sagrados do ritual clássico: uns e outros eram centros ancestrais e os principais santuários do culto feudal, templo dos antepassados, altares dos deuses do solo e das messes, não passavam de diversificações dos antigos lugares santos. Dessa maneira, certas práticas dos cultos reais nada mais são que transposições das festas camponesas" (Max Kaltenmark, "Religion de la Chine antique", p.952).

Sobre a noção de Tao, ver Granet, *La pensée chinoise*, p.300s.; Joseph Needham, *Science and Civilization in China*, II (1956), p.36s.; Köster, *Symbolik*, p.16s., 51s.; Ellen Marie Chen, "Nothingness and the mother principle in early chinese taoism", *International Philosophical Quarterly*, 9, 1969, p.391-405; Holmes Welch, *Taoism. The Parting of the Way* (1957; ed. rev., 1965), p.50s.; Max Kaltenmark, *Lao tseu et le taoïsme* (Paris, 1965), p.30s.; Wing-tsit Chan, *The Way of Lao tzu* (Nova York, 1963), p.31s.

Com referência aos fragmentos cosmogônicos do *Tao-tö-king*, cf. Norman J. Girardot, "Myth and Meaning in the *Tao te ching*: chapters 25 and 42", HR, 16, 1977, p.294-328, e bibliografia §129.

Sobre a "divindade do vale", "a fêmea obscura", cf. §132.

131. Confúcio foi o primeiro a utilizar seu ensinamento como meio de reforma espiritual e política. Ele não dava propriamente aulas, mas limitava-se a conversar com seus discípulos. Aos 50 anos, foi nomeado para um cargo na administração do reino, mas, pouco tempo depois, demitiu-se por ter percebido que não dispunha de poder algum. Decepcionado, pôs-se a viajar durante mais de dez anos por todos os estados do reino. Aos 67 anos, instado pelos ex-discípulos, resolveu retornar a sua terra natal, Lu, onde viveu ainda cinco anos.

A tradição atribui a Confúcio muitos textos, particularmente os "Livros clássicos", mas é bem pouco provável que ele os tenha redigido e duvida-se até que os tenha compilado. Uma coleção de suas anotações e conversas foi mais tarde publicada por seus discípulos sob o título *Lun yu* ("Palestras", geralmente traduzido para o inglês como *Analects*). Utilizamos as traduções de J. Legge, *The Analects of Confucius* (nova edição, Nova York, 1966), de L. Giles, *The Sayings of Confucius* (nova ed., Nova York, 1961) e de W.E. Soothill, *The Analects* (Londres, 1958). Ver também F.S. Couvreur, *Entretiens de Confucius et de ses disciples* (Paris, nova ed., s.d.); James R. Ware, *The Sayings of Confucius* (Nova York, 1955).

Da copiosa literatura sobre Confúcio, citemos: H.G. Creel, *Confucius and the Chinese Way* (Nova York, 1949; reed., 1960); Lin Yutang, *The Wisdom of Confucius* (Nova York, 1938); Liu Wu-chi, *Confucius, His Life and Times* (Nova York, 1955); Etiemble, *Confucius* (Paris, 1956); Daniel Leslie, *Confucius* (Paris, 1962); J. Munro, *The Concept of Man in Early China* (Stanford, 1969), p.49-83. ("The confucian concept of man"); Herbert Fingarette, *Confucius – The Secular as Sacred* (Nova York, 1972); e a seleção de estudos críticos publicados por Arthur F. Wright, *Confucianism and Chinese Civilization* (Nova York, 1967).

132. Existe um número bastante grande de traduções do *Tao-tö-king* (35 apenas em inglês, publicadas entre 1868 e 1955). Mais de uma vez, acudiu-nos a observação de Marcel Granet a propósito da trad. de Stanislas Julien (1842): "Perfeitamente consciencioso, não trai o texto, mas tampouco permite que ele seja compreendido" (*La pensée chinoise*, p.503, nota 1). Servimo-nos da trad. de Arthur Waley, *The Way and its Power* (Londres, 1934), por seus méritos literários, e da de Wing-tsit Chan, *The Way of Lao tzu* (Nova York, 1962), em virtude da riqueza e precisão do comentário. Entretanto, os fragmentos citados no texto reproduzem a trad. de Max Kaltenmark em seu admirável livrinho *Lao tseu et le taoïsme* (Paris, 1963).

As obras de Waley e de Chan contêm longas introduções, nas quais são examinados os numerosos problemas colocados pela história do texto. Cf. também Jan Yün Hua, "Problems of Tao and *Tao Te Ching*", *Numen*, 22, 1975, p.208-34 (o autor apresenta as últimas investigações de Fung Yu-lan sobre o taoismo antigo); idem, "The Silk Manuscripts on Taoïsm", *T'oung Pao*, 63, 1977, p.66-84 (sobre os manuscritos descobertos recentemente num túmulo datado de 168 a.C.). O comentário de Ho-shang-koung foi traduzido por Eduard Erkes, *Ho-shang-kung's Commentary on Lao-tse, Translated and Annotated* (Ascona, 1950).

Dentre as apresentações de conjunto, destaquemos: Henri Maspero, *Le taoïsme* (*Mélanges posthumes*, II, Paris, 1950); Fung Yu-lan, *History of Chinese Philosopby*, I (Princeton, 1952), p.170s.; Max Kaltenmark, *Lao Tseu et le taoïsme*; Holmes Welch, *Taoism. The Parting of the Way* (Boston, 1957; ed. rev., 1965); Nicole Vandier-Nicolas, *Le taoïsme* (Paris, 1965); Etiemble, "En relisant Lao-Tseu", *La Nouvelle Revue Française*, 171, 1967, p.457-76; Herrlee G. Creel, *What is Taoism?* (Chicago, 1970).

Parte das comunicações apresentadas no Colóquio sobre o Taoismo (Bellagio, 7-14 set 1968) foi publicada em *History of Religion*, 9, 1969-70, p.107-255. Ver sobretudo Holmes H. Welch, "The Bellagio Conference on Taoist Studies", p.107-36; Arthur F. Wright, "A historian's reflection on the taoist tradition", p.248-55. Sobre as orientações atuais no estudo do taoismo, ver Norman J. Girardot, "Part of the way: four studies on taoism", HR, 11, 1972, p.319-37.

Destaquemos alguns estudos recentes: Donald Munro, "The taoist concept of man", *The Concept of Man in Early China* (Stanford, 1969), p.117-39; J.J.L. Duyvendak, "The philosophy of Wu-wei", *Asiatische Studien*, I, 1947, p.81-102; Walter Liebenthal, "The immortality of the soul in chinese thought", *Monumenta Niponica*, 8, 1952, p.327-97; Max Kaltenmark, "Ling-pao: note sur un terme du taoïsme religieux", *Bibliothèque de l'Institut des Hautes Études Chinoises*, XIV, Paris, 1960, p.551-88; Kimura Eiichi, "Taoism and chinese thought", *Acta Asiatica*, 27, 1974, p.1-8; Michel Strickmann, "The longest taoist scriptures", HR, 17, 1978, p.331-54. As relações entre o "taoismo filosófico", tal como está expresso no *Tao-tö-king* e em Tchuang-tsé, e o "taoismo religioso", ou a busca da imortalidade por diversas técnicas de fisiologia sutil e pela alquimia, constituem um problema ainda controvertido. Alguns autores insistem nas diferenças que separam o "taoismo filosófico" do culto da imortalidade. Segundo esses autores (por exemplo, A.G. Graham, H.H. Welch, Fung Yu-lan), o primeiro grande período do taoismo filosófico foi degradado pela invasão de superstições (magia e religião popular) e de concepções e práticas budistas. O resultado dessa degradação é o "neotaoismo" ou a "religião taoista". Cf., *inter alia*, Creel, op.cit., p.1-24, 37s.; A.C. Graham, *The Book of Leih-tzu* (Londres, 1960), p.10s., 16s. (ver a crítica dessa posição por K. Schipper, em seu comunicado, *T'oung Pao*, N.S., 51, 1964, p.288-92). Em compensação, os sinólogos franceses e seus alunos (Granet, Maspero, Max Kaltenmark, C. Schipper, Anna Seidel etc.) ressaltam a solidariedade estrutural das duas "escolas taoistas". Cf. a discussão de algumas obras recentes, que ilustram esses dois enfoques metodológicos, in Norman Girardot, "Part of the way: four studies on taoism", p.320-4, e sobretudo o artigo de N. Sivin, "On the word 'taoist' as a source of perplexity. With special reference to the relations of science and religion in traditional China", HR, 17, 1978, p.303-30 (cf. p.313s., o exame de algumas interpretações recentes pelos estudiosos japoneses).

Sobre as concepções chinesas da imortalidade, ver Ying-shih Yu, "Life and immortality in the mind of Han China", HJAS, 25, 1964-65, p.80-92; Ellen Marie Chen, "Is there a doctrine of physical immortality in the *Tao te Ching?*", HR, 12, 1973, p.231-9. Joseph Needham salientou o caráter "mágico, científico, democrático e politicamente revolucionário" do taoismo (*Science and Civilization in China*, II, 1956, p.35). Segundo Needham, os taoistas eram hostis não somente ao confucionismo, mas também ao sistema feudal em sua totalidade (ibid., p.100; cf. p.100-32). Entretanto, N. Sivin colocou em dúvida a legitimidade dessas afirmações; ninguém conseguiu demonstrar o antifeudalismo dos taoistas, nem sua identificação com o começo de um movimento científico: cf. "On the word 'taoist'", p.309s.

Os escritos de Tchuang-tsé foram objeto de muitas traduções para as principais línguas europeias. A de James Legge, *The Writings of Kwan-zze* (SBE, 39-40. Londres, 1891), é a mais conhecida. Ver Burton Watson, *The Complete Works of Cbuang Tzu* (Nova York, 1968).

Sobre Tchuang-tsé, cf.: Arthur Waley, *Three Ways of Thought in Ancient China* (Londres, 1939, reed., Nova York, 1956), p.3-79; Yu-lan Fung, *Lao Tzu and Chuang Tzu. The Spirit of Chinese Philosophy* (Londres, 1947); A.C. Graham, "Chuang-tzu's essay on seeing things as equal", HR, 9, 1969-70, p.137-59.

133. Sobre as técnicas taoistas que visam à obtenção da imortalidade física, ver: Henri Maspero, *Le taoïsme*, p.89-116; Holmes Welch, *Taoism*, p.97s.; Max Kaltenmark, *Lao tseu et le taoïsme*, p.146s.

Sobre os imortais taoistas, ver: Lionel Giles, *A Gallery of Chinese Immortals* (Londres, 1948); Max Kaltenmark, *Le Lie-sien Tchouan. Biographies légendaires des immortels taoïstes de l'Antiquité* (Pequim, 1953).

Sobre a "libertação do cadáver", ver: H. Maspero, *Le taoïsme*, p.98s.; H. Welch, *Taoism*, p.108s.

Sobre o "voo mágico" de iogues e alquimistas; ver Eliade, *Le yoga*, p.402s.; idem, *Le chamanisme* (2ª ed.), p.439s.; *Forgerons et alchimistes* (nova ed., 1977), p.169-70.

Sobre a lenda das três montanhas santas que se encontram no meio do mar e das quais ninguém podia se aproximar, ver Ssu-ma Ts'ien, *Mémoires*, III, p.436-7: "Outrora ... houve pessoas que puderam visitá-las: é nelas que se encontram os bem-aventurados e a droga que não deixa morrer; nelas, todos os seres, as aves e os quadrúpedes são brancos, os palácios são feitos de ouro e prata; quando essas pessoas ainda não estavam lá, viam-nos de longe como uma nuvem; quando lá chegavam, as três montanhas santas estavam destruídas sob a água. ... Decididamente, não há ninguém que tenha podido abordá-las" (ver II, p.152-3). Trata-se de regiões pertencentes a uma geografia mítica, cristalizada depois de experiências extáticas imemoriais; cf. lendas hindus dos *rishis* que se lançavam aos ares em direção à misteriosa região do norte chamada *Çveladvipa*; do mesmo modo, o lago Anavatapta só podia ser atingido pelos que possuíam o poder sobrenatural de voar; Buda e os *arhats* chegavam a Anavatapta num piscar de olhos; ver *Le yoga*, p.397s.

O grou é por excelência a ave dos imortais; acreditava-se que vivia mais de mil anos e "sabia respirar com o pescoço dobrado, técnica que suaviza a respiração e é imitada pelos taoistas" (Kaltenmark, *Lao Tseu*, p.153). Ver também J. de Groot, *The Religious System of the Chinese*, IV, p.232-3, 295, 395. Sobre a dança dos grous, cf. Granet, *Danses et légendes*, p.216s.

Sobre os *Campos de cinábrio* e os "três vermes", ver Maspero, *Le taoïsme*, p.91s.; Welch, op.cit., p.106-9, 121, 130-2.

Sobre a antiguidade da prática respiratória na China, ver Helmut Wilhelm, "Eine Chon-Inschrift über Atemtechnik", *Monumenta Sinica*, 13, 1948, p.385-8.

Sobre a técnica que consiste em "alimentar a força vital", a monografia de Henri Maspero ainda é fundamental: "Les procédés de 'nourrir le principe vital' dans la religion taoïste ancienne", JV, 1937, p.177-252, 353-430; ver também *Le taoïsme*, p.107-4. Para uma análise comparativa das técnicas respiratórias indianas, islâmica e cristã (o hesicasma), ver *Le yoga*, p.71-8.

"A importância da respiração embrionária provém do fato de que o corpo do homem é feito de sopros. Na origem do mundo, os nove sopros misturados formavam o caos; quando o caos se dispersou, eles se separaram: os puros e sutis subiram e formaram o Céu, os impuros e grosseiros desceram e converteram-se na Terra. Os primeiros deuses, os maiores, criaram-se espontaneamente da união dos sopros; depois, foi a vez de se produzirem e gerarem os deuses menores. Mais tarde, o imperador amarelo, Huang-ti, fabricou os homens erguendo estátuas de pedra nos quatro pontos cardeais; ele as expôs a todos os sopros durante 300 anos; quando já estavam bem penetradas pelos sopros, puderam falar e mover-se e deram origem às diversas raças de homens. Dessa maneira, o corpo do homem é constituído dos sopros impuros que formaram a Terra, mas o sopro vital que o anima é o sopro puro que circula entre o Céu e a Terra. Para que possa tornar-se imortal, é preciso nele substituir inteiramente os sopros impuros por sopros puros; é esse o objetivo da respiração embrionária. Enquanto o homem comum, alimentando-se de cereais, substitui todos os dias a matéria de seu corpo por matéria também grosseira, o taoista, alimentando-se de sopros, a substitui por matéria cada vez mais pura" (Maspero, *Le taoïsme*, p.114).

Não nos devemos esquecer do paralelismo com a antropogonia e a escatologia órficas; cf. §181.

Para os taoistas, todo o corpo humano está cheio de divindades e de seres transcendentes; ver a descrição desse panteão em Maspero, *Le taoïsme*, p.116-37. A comunicação com os deuses pode fazer-se pela meditação mística e pelo êxtase; ibid., p.137-47.

Quanto às técnicas sexuais taoistas, ver: Joseph Needham, *Science and Civilization in China*, II (Cambridge, 1956), p.146-52; Akira Ishihara e Howard S. Levy, *The Tao of Sex. An Annotated Translation of the XXVIII Section of The Essence of Medical Prescriptions* (Tóquio, 1968, nova ed.: Nova York, 1970; convém esclarecermos que as técnicas analisadas não são exclusivamente taoistas).

Um texto traduzido por Maspero ("Les procédés", p.385) descreve da seguinte maneira a técnica de "fazer o sêmen voltar para que o cérebro se recomponha": "O princípio ... consiste em copular para que a essência (isto é, o sêmen) fique muito agitada, (depois), quando ela está a ponto de sair, pega-se rapidamente (o pênis) com os dois dedos médios da mão esquerda por trás dos testículos e adiante do ânus, e, com um aperto forte, expulsa-se demoradamente o sopro pela boca, ao mesmo tempo que se rilham os dentes várias vezes sem reter o sopro. Então, quando a essência é emitida, não pode sair, mas retorna da haste de Jade (o pênis) e sobe até entrar no cérebro. Esse processo é transmitido uns aos outros pelos imortais; bebendo sangue, juram não transmiti-lo a torto e a direito." Cf. também Van Gulik, *Erotic Colour Prints*, p.78.

Na *Biografia do homem real de pura-transcendência*, que Maspero pensa poder datar do séc. V d.C., o método do retorno do sêmen está colocado entre as cinco receitas do imortal mestre Tsiang. "Cumpre, pela meditação perfeita, afastar (qualquer) pensamento exterior; então, homens e mulheres poderão praticar o método da vida eterna. Esse processo reveste-se de segredo absoluto: só deve ser transmitido aos sábios! ... Todas as vezes que se pratica (esse processo) impõe-se entrar em meditação: temos, primeiro, de perder a consciência de nosso próprio corpo e também do mundo exterior." Depois de fazerem uma oração, "os homens mantêm (o espírito fixado sobre) os rins, que conservam firmemente a essência (o esperma) e destilam o sopro, o qual segue a coluna vertebral e sobe ao Ni-huan (o campo de cinábrio localizado na cabeça), no sentido inverso da corrente: é o que se denomina 'fazer voltar à origem' *huan-yuan*; as mulheres manterão (o espírito fixado sobre) o coração, nutrindo os espíritos, destilando um fogo imutável, fazendo descer o sopro desde os dois seios até os rins, de onde ele volta a subir pela coluna vertebral e vai também ao *Ni-huan*: é o que se denomina "transformar o real", *huan-tchen*. Ao fim de cem dias, chega-se à transcendência. Se alguém praticar (esse processo) durante um tempo muito prolongado, será convertido espontaneamente em homem real e, vivendo para todo o sempre, atravessará os séculos. É o método de não morrer" (trad. franc. Maspero, "Les procédés", p.386-7).

Sobre o "embrião misterioso" do novo corpo imortal, ver Welch, *Taoism*, p.108s., 120s.

Sobre as ligações entre as técnicas taoistas e a ioga tântrica, ver Eliade, *Le yoga*, p.253s., 400s.; Needham, *Science and Civilization*, II, p.425s.; R.H. van Gulik, *Sexual Life in Ancient China* (Leyden, 1961), p.339s.; J. Filliozat, "Taoïsme et yoga", JV, 257, 1969, p.41-88. Ver também Lu K'uan Yu, *Taoist Yoga. Alchemy and Immortality* (Londres, 1970; é a trad. ingl. do livro de um autor moderno: "No evidence of taoist origin or particular association is given", N. Sivin, HR, 17, p.319, nota 27).

134. Quanto à alquimia chinesa, o essencial da bibliografia acha-se em nossos livros *Le yoga* (Paris, 1954, nova ed., 1972, p.404-6) e *Forgerons et alchimistes* (nova ed. rev. e ampl., 1977), p.167-8, e sobretudo em Joseph Needham, *Science and Civilization in China*, V (Cambridge, 1974), p.2s., 381s. Destaquemos as obras mais importantes: A. Waley, "Notes on chinese alchemy", BSOAS, 6, 1930, p.1-24; Homer H. Dubs, "The beginnings of alchemy", *Isis*, 38, 1947, p.62-86; Nathan Sivin, *Chinese Alchemy: Preliminary Studies* (Cambridge, Massachusetts, 1968; ver nosso estudo em HR, 10, 1970, p.178-82); J. Needham, *Science and Civilization*, 3, V, 1976 (a história da alquimia será ainda abordada num próximo volume).

Entre as traduções dos textos alquímicos, destaquemos principalmente: Lu-Ch'iang Wu e Tenney L. Davis, "An ancient Chinese treatise on alchemy entitled *T'san T'ung Ch'i*, written by Wei Po-Yang about 142 A.D." (*Isis*, 1932, 18, p.210-89); idem, "Ko Hung on the Yellow and the White" (*Proceedings of the American Academy of Arts and Science*, 71, 1935, p.221-84). Este último trabalho contém a trad. dos caps. IV e VI do tratado de Ko Hung (Pao P'u-tzu); os caps. I-III estão traduzidos por Eugen Feifel,

Monumenta Serica, 6, 1941, p.113-211 (ver ibid., 9, 1944, em nova trad. do cap.IV, ainda por Feifel), e os caps.VII e XI por T.L. Davis e K.F. Chen, "The inner chapters of Pao-pu-tzu" (*Proceedings of American Academy of Arts and Science*, 74, 1940-42, p.287-325). Sobre o valor das traduções de T.L. Davis e seus colaboradores, ver J. Needham, *Science and Civilization*, t.V, II, p.6 e Nathan Sivin, *Chinese Alchemy*, p.15. James R. Ware fez uma trad. completa do *Nei P'ien* de Ko Hung, *Alchemy, Medicine and Religion in the China of A.D. 320: The Nei P'ien of Ko Hung* (Cambridge, Massachusetts, 1966; cf. nossas observações em HR, 8, 1968, p.84-5). A obra de Sivin, *Chinese Alchemy*, p.145-214, contém a trad. anotada de *Tan ching yao chueh* ("Essential formulas from the alchemical classics"), obra atribuída a Sun Ssu-mo (séc. VI d.C.). Ver também Roy C. Spooner e C.H. Wang, "The divine nine turn *Tan Sha* method, a chinese alchemical recipe" (*Isis*, 38, 1947, p.235-42).

Segundo H.H. Dubs, o primeiro documento seria de 144 a.C.; nesse ano, um edito imperial ameaça de execução pública todos os que forem apanhados em flagrante delito de contrafazer o ouro (o texto é reproduzido por Dubs, "The beginnings of alchemy", p.63). Mas, como bem mostrou Needham (*Science and Civilization*, t.V, II, p.47s.), a contrafação do ouro não constitui propriamente um "método" alquímico.

H.H. Dubs acredita que a origem da alquimia deva ser buscada na China do séc. IV a.C. Segundo esse autor, a alquimia só podia nascer numa civilização em que o ouro era pouco conhecido e em que se ignoravam os métodos de dosagem da quantidade do metal puro; ora, na Mesopotâmia, esses métodos eram difundidos desde o séc. XIV a.C., o que torna improvável a origem mediterrânea da alquimia (p.80s.). Mas essa opinião não foi aceita pelos historiadores da alquimia (ver, *inter alia*, F. Sherwood Taylor, *The Alchemists*, Nova York, 1949, p.75). Dubs acredita que a alquimia foi introduzida no Ocidente por viajantes chineses (p.84). Entretanto, segundo Laufer, não está afastada a hipótese de que a alquimia "científica" represente na China uma influência estrangeira (cf. Laufer, *Isis*, 1929, p.330-1). Acerca da penetração das ideias mediterrâneas na China, ver Dubs, op.cit., p.82-3, notas 122-3. Sobre a provável origem mesopotâmica da ideologia alquímica chinesa, cf. H.E. Stapleton, "The antiquity of alchemy" (*Ambix*, V, 1953, p.1-43), p.15s. Discutindo rapidamente a origem chinesa da alquimia (p.19-30), Sivin rejeita a hipótese de Dubs (p.22-3). A crítica mais radical foi apresentada por Needham (V, p.44s.), apesar de também ele, ainda que por razões diversas, sustentar que a alquimia é uma criação chinesa. Segundo Needham, a cultura da China antiga era o único meio onde podia cristalizar-se a crença num elixir contra a morte, obra suprema do químico (p.71, 82, 114-5). As duas concepções – a do elixir e a da fabricação alquímica do ouro – foram incorporadas à história pela primeira vez na China, no séc. IV a.C. (p.12s. etc.). Mas Needham reconhece que a relação entre o ouro e a imortalidade era conhecida na Índia antes do séc. VI a.C. (p.118s.).

Num artigo recente, N. Sivin acaba de chamar atenção para o caráter "panchinês" das técnicas taoistas e da alquimia; cf. "On the word 'taoist' as a source of perplexity", p.316s. No mesmo artigo, Sivin faz uma análise pertinente da importância de Ko Hung, considerado pela maioria dos cientistas "o maior alquimista da história chinesa" (Needham); cf. op.cit., p.323s.

Até estes últimos anos, os cientistas ocidentais consideravam a "alquimia externa" ou iatroquímica (*wai-tan*) "exotérica", e a "alquimia interna" ou ióguica (*nei-tan*) "esotérica". Se essa dicotomia é verdadeira para alguns autores tardios como Peng Hsiao (séc. IX-X), no início o *wai-tan* "era tão esotérico como o seu correspondente ióguico"

(Sivin, *Chinese Alchemy*, p.15, nota 18). Com efeito, Sun Ssu-mo, o grande iatroquímico do séc. VII, representante da "alquimia externa", situa-se inteiramente na tradição taoista: cf. o fragmento citado em *Forgerons et alchimistes*, p.98, segundo a trad. ingl. de Sivin, op.cit., p.146-8.

Quanto ao simbolismo alquímico da respiração e do ato sexual, cf. R.H. van Gulik, *Erotic Colour Prints of the Ming Period with an Essay on Chinese Sex Life from the Han to the Ch'ing Dynasty, B.C. 206-A.D. 1644* (Tóquio, 1951), p.115s.

Não só a morte de Lao-tsé (cf. nota 109) mas também seu nascimento são interpretados como uma cosmogonia; ver Kristofer Schipper, "The taoist body", HR, 17, 1978, p.355-86, esp. p.361-74.

Sobre a divinização de Lao-tsé, ver Anna K. Seidel, *La divinisation de Lao tseu dans le taoïsme des Han* (Paris, 1969); ver também, do mesmo autor, "The image of the perfect ruler in early taoist messianism. Lao tzu and Li Hung", HR, 9, 1969-70, p.216-47.

Sobre os movimentos taoistas de estrutura messiânica, ver: Paul Michaud, "The yellow turbans", *Monumenta Serica*, 17, 1958, p.47-127; Werner Eichhorn, "Description of the rebellion of Sun En and earlier taoist rebellions", *Mitteilungen des Instituts für Orientforschung*, 2, 1954, p.325-52; Howard S. Levy, "Yellow turban religion and rebellion at the end of the Han", Jaos, 76, 1956, p.214-27; R.A. Stein, "Remarques sur les mouvements du taoïsme politico-religieux au IIe siècle ap. J.-C.", *T'oung Pao*, 50, 1963, p.1-78. Cf. também cap. XXXV (bibliografia.).

135. Sobre a hinduização do subcontinente e a incorporação de elementos locais, ver: Eliade, *Le yoga, Immortalité et liberté* (1954), p.120s., 377s. (bibliografia); J. Gonda, *Les religions de l'Inde*, I (Paris, 1962), p.236s., 268 (bibliografia).

É bastante copiosa a literatura sobre a morfologia e a história do hinduísmo. Destaquemos as obras de maior utilidade: L. Renou e Jean Filliozat, *L'Inde classique*, I (1947); p.381-667; L. Renou, *L'Hindouisme* (coleção "Que sais-je?", 1951); J. Gonda, *Les religions de l'Inde*, I, p.257-421; Anne-Marie Esnoul, "L'Hindouisme" (H.-Ch. Puech, org., *Histoire des Religions*, I, 1970, p.996-1.104); idem, *L'Hindouisme* (antologia; 1973).

Ver também: J.E. Carpenter, *Theism in Mediaeval India* (Londres, 1926; precioso pela documentação); J. Gonda, *Aspects of Early Visnuism* (Utrecht, 1954); idem, *Change and Continuity in Indian Religion* (Haia, 1964); idem, *Visnuism and Sivaism: A Comparison* (Londres, 1970); Arthur L. Herman, *The Problem of Evil and Indian Thought* (Deli-Varanasi-Patna, 1976), p.146s.; Stella Kramrisch, "The Indian Great Goddess", HR, 14, 1975, p.235-65, esp. p.258s. (o andrógino e a deusa), 263s. (Devi); J.C. Heestermann, "Brahmin, ritual and renouncer", *Wiener Zeitschrift zur Kunde des Süd-und Ostasien*, 11, 1964, p.1-37; V.S. Agrawala, *Siva Mahadeva, the Great God* (Benares, 1966); Madeleine Biardeau, *Clefs pour la pensée hindoue* (Paris, 1972); Wendell Charles Beane, *Myth, Cult and Symbols in Sakta Hinduism. A Study of the Indian Mother Goddess* (Leyden, 1977), esp. p.42s., 228s.; Wendy Doniger O'Flaherty, *Asceticism and Eroticism in the Mythology of Siva* (Londres, 1973).

Ver também a bibliografia, cap.XXIV, §191-4.

136. Sobre o *Leitmotiv* "libertar-se do sofrimento", ver Eliade, *Le yoga*, p.27s.

Quanto às analogias entre o simbolismo indiano de sujeição aos laços e de libertação deles, e certos aspectos da mitologia gnóstica, ver Eliade, *Aspects du mythe* (1963), p.142s. ("Mythologie de la mémoire et de l'oubli").

137. Sobre a continuidade das ideias védicas nos Upanixades, cf. F. Edgerton, "The Upanishads: what do they seek, and why", Jaos, 49, 1929, p.97-121, esp. p.100s.

O problema geral da continuidade na religião indiana foi estudado por J. Gonda, *Continuity and Change* (ver esp. p.38s., 315s.).

Ananda K. Coomaraswamy salientou diversas vezes o caráter "tradicional" (isto é, independente dos vínculos históricos) da metafísica indiana. Cf. Roger Lipsey (org.), *Selected Papers*, Princeton, I-II, 1977.

138. Sobre o vedanta pré-sistemático, ver os caps. respectivos nas histórias da filosofia indiana de S.N. Dasgupta e de S. Radhakrishnan; H. de Glasenapp, *La philosophie indienne* (trad. franc. A.-M. Esnoul, 1951), p.126s.; William Beidler, *The Vision of Self in Early Vedanta* (Deli, Patna, Benares, 1975), esp. p.104s., 227s.

No §82 examinamos o paradoxo do Brahman "corpóreo" ("mortal") e "incorpóreo" ("imortal") nos Upanixades médios; lembramos, ademais, os antecedentes mitológicos dessa especulação metafísica (§68). Encontra-se uma tendência análoga para a *coincidentia oppositorum* na filosofia sanquia e esp. o "instinto teleológico" que incita a substância cósmica (*prakrti*) a contribuir para a libertação do espírito (*purusa*); cf. §140. Acrescentemos que a *coincidentia oppositorum* que caracteriza o Brahman (como totalidade do real ou ser absoluto) é também expressa em muitos mitos, sobretudo nos relacionados com a condição humana. Assim, por exemplo, as manifestações do mal (demônios, monstros etc.) emergem do próprio corpo do deus (em primeiro lugar dos seus excrementos); em outras palavras, tal como o bem, o mal é de origem divina: faz parte da divindade. Cf. os mitos bramânicos e purânicos citados e comentados por W.D. O'Flaherty, *The Origins of Evil in Hindu Mythology* (Berkeley, 1976), p.139s. Convém acrescentar que esse motivo é atestado em outras mitologias: o diabo ou a morte nascem da saliva, do excremento, ou da sombra do Criador; cf. Eliade, *De Zalmoxis à Gengis-Khan*, p.87s. (lenda búlgara), 87 (lenda morduína), 101 (mito vogul).

139. A bibliografia para os textos sanquia e seus comentários está registrada em nosso livro *Le yoga. Immortalité et liberté*, p.361-4. Acrescentar: Corrado Pensa (trad.), *Isvarakrsna, Samkhya-karika con il commento di Gaudapada* (Turim, 1960); Anne-Marie Esnoul (trad.), *Les strophes de Samkhya* (*Samkhya-karika*), com o comentário de Gaudapada. Texto sânscrito e trad. anotada (Paris, 1964).

Quanto à bibliografia crítica, cf. *Le yoga*, p.364. Acrescentar:

J.A.B. van Buitenen, "Studies in Samkhya", Jaos, 80, 1956, p.153-7; 81, 1957, p.15-25, 88-107; Pulinbihari Chakravarti, *Origin and Development of the Samkhya System of Thought* (Calcutá, 1952); Gerald James Larson, *Classical Samkhya. An Interpretation of its History and Meaning* (Deli-Varanasi-Patna, 1969). A obra de Larson contém uma revisão crítica das interpretações da filosofia sanquia desde Richard Garbe até S. Radhakrishnan (p.7-76).

Sobre as ideias sanquia nos Upanixades, ver Eliade, *Le yoga*, p.227s.; E.H. Johnston, "Some samkhya and yoga conceptions of the Svetasvatara Upanishad", JRAS, 1930, p.855-78; idem, *Early Samkhya* (Londres, 1937); J.A.B. van Buitenen, "Studies", esp. p.88s., 100s.; Larson, op.cit., p.99s.

Sobre a estrutura ontológica do *purusa* (o "Eu"), ver *Le yoga*, p.27s.; Larson, op.cit., p.181s.

Como vimos, o poder quase mágico da "gnose" (*vidya, jnana*) é incansavelmente exaltado nos Upanixades (cf. §80. Com efeito, é unicamente graças ao conhecimento metafísico [esotérico] que os *rishis* logram eliminar a "ignorância" (*avidya*) e obtêm a libertação, isto é, conseguem transcender a condição humana. Pode-se comparar a força quase mágica da "gnose", de um lado, aos poderes desencadeados pelos rituais e, do outro, aos "poderes maravilhosos" obtidos pela ascese ou pelas práticas ióguicas (cf. §76s.). Sobre esse ponto preciso, o sanquia prolonga as tradições védica e upanixádica. F. Edgerton destacou oportunamente o caráter "mágico" do conhecimento nos Upanixades; cf. *The Beginnings of Indian Philosophy* (Londres, 1965), p.22s. Ver também Corrado Pensa, "Some internal and comparative problems in the field of Indian religions" (*Problems and Methods of the History of Religions*, Leyden, 1971, p.102-22), p.114s.

A meditação de tipo sanquia foi analisada por Gerhard Oberhammer, *Strukturen yogischer Meditation* (Viena, 1977), p.17-56.

140. Sobre as modalidades e o "desenvolvimento" da substância (*prakrti*), ver Eliade, *Le yoga*, p.30s.

No que diz respeito à emergência do mundo, é importante assinalar a diferença entre o sanquia e a ioga. Enquanto para a ioga o mundo vem a ser mundo por causa da ignorância da estrutura real do espírito (cf. *Yoga-sutra*, II, p.23-4), cuidam os autores sanquia que a procissão (*parinama*) da substância (*prakrti*) é animada por um "instinto teleológico" para "proveito do *purusa*" (*Samkhya-karika*, p.31, 42 etc.; cf *Le yoga*, p.34s.). Pode-se comparar esse esforço da filosofia sanquia para ultrapassar o dualismo *purusa/prakrti* às especulações dos Upanixades, sobretudo os Upanixades médios (*Katha, Svetasvatara, Maitri*), sobre as duas modalidades do Brahman, "espiritual" e "material", "absoluto" e "relativo" etc.; cf. §82. Ver também C. Pensa, "Some internal and comparative problems", p.109s.

141. Ver os textos citados e comentados em *Le yoga*, p.42s., 100s.

142. Sobre as práticas da ioga, sua origem e história, cf. Eliade, *Le yoga*, p.57-108 (as técnicas da autonomia), 109-48 (a ioga e o bramanismo), 149-67 (a ioga e o hinduísmo). Sobre Patanjali e os textos da ioga clássica, cf. ibid., p.364-6. Ver ibid., p.366, uma lista das obras sobre a ioga publicadas até 1954. Destaquemos as mais importantes: S.N. Dasgupta, *A Study of Patanjali* (Calcutá, 1920); id., *Yoga as Philosophy and Religion* (Londres, 1924); id., *Yoga Philosophy in Relation to Other Systems of Indian Thought* (Calcutá, 1930); J.W. Hauer, *Die Anfänge der Yoga-Praxis* (Stuttgart, 1922); id., *Der Yoga als Heilweg* (Stuttgart, 1932); id., *Der Yoga. Ein indischer Weg zum Selbst* (Stuttgart, 1958); Alain Daniélou, *Yoga. The Method of Reintegration* (Londres, 1949); Jacques Masui, *Yoga, science de l'homme intégral* (in Jacques Masui, org., Paris, 1953); P. Masson-Oursel, *Le yoga* (Paris, 1954); T. Brosse, *Études expérimentales des techniques du yoga* (precedido de um estudo de J. Filliozat: *La nature du yoga dans sa tradition*, Paris, 1963); Jean Varenne, *Le yoga et la tradition hindoue* (Paris, 1973).

Os *Yoga-sutras*, com os comentários de Vyasa e de Vacaspatimishra, foram traduzidos por J.H. Woods, *The Yoga-System of Patanjali* (Cambridge, Massachusetts, 1914). Jean Varenne traduziu *Huit Upanishads du yoga* (Paris, 1971); a trad. do *Yoga-darshana Upanishad* está publicada no livro *Le yoga et la tradition hindoue* (p.232-55).

Os *Yoga-sutras* são constituídos de quatro caps. ou livros (*pada*): o primeiro, que contém 51 aforismos (*sutra*), é o "cap. sobre a ênstase ióguica" (*samadhipada*), o segundo, que compreende 55 aforismos, é chamado *sadhanapada* ("cap. sobre a realização"); o terceiro, de 55 *sutras*, trata dos "poderes maravilhosos" (*vibhuti*). Enfim, o quarto e último cap., o *kaivalyapada* (*kaivalya* = isolamento), tem apenas 34 *sutras* e representa provavelmente um acréscimo tardio.

Seja qual for a data de Patanjali (séc. II ou III a.C. ou mesmo séc. V de nossa era), as técnicas da ascese e da meditação expostas pelo autor dos *Yoga-sutras* certamente têm uma ancianidade considerável; não são suas descobertas, nem as de seu tempo; tinham sido postas à prova muitos séculos antes dele. Aliás, não está excluída a possibilidade de que o texto original dos *Yoga-sutras* tenha sido várias vezes alterado, a fim de adaptar-se a "situações filosóficas" novas. Esse texto básico foi estudado e comentado por numerosos autores. A primeira obra de que temos conhecimento é o *Yoga-bhashya* de Vyasa (séc. VI-VII), comentário anotado por Vacaspatimishra, em 850 aproximadamente, na sua *Tattvavaisaradi*. Esses dois textos alinham-se entre as mais importantes contribuições para a inteligência dos *Yoga-sutras*. Cf. Eliade, *Patanjali et le yoga* (Paris, 1962), p.10s.

143. Sobre as técnicas da ioga, ver Eliade, *Le yoga*, p.57-108; *Patanjali et le yoga*, p.53-101; J. Varenne, *Le yoga et la tradition hindoue*, p.114-50.

Quanto aos "refreamentos" (*yama*) e às "disciplinas" corporais e psíquicas (*niyama*), ver Eliade, *Le yoga*, p.58s.; Varenne, op.cit., p.121s.; Corrado Pensa, "On the purification concept in Indian tradition with special regard to yoga" (*East and West*, N.S., 19, 1969, p.1-35), esp. p.11s.

Sobre as posturas ióguicas (*asana*) e a disciplina da respiração (*pranayama*), ver *Le yoga*, p.62-75, 374; *Patanjali et le yoga*, p.5-7, 70; Varenne, op.cit., p.126-33.

Sobre a "concentração" ióguica (*dharana*) e a "meditação" (*dhyana*), cf. *Le yoga*, p.75-82, 374-5; Varenne, op.cit., p.141s.; Gerhard Oberhammer, *Strukturen yogischer Meditation* (Österr. Akad. d. Wiss., Phil.-hist. Klasse, 322 Band, Viena, 1977), p.71s., 135s.

144. Sobre o papel de Isvara na ioga clássica, cf. Dasgupta, *Yoga as Philosophy and Religion*, p.85s.; Eliade, *Le yoga*, p.83s. Ausente no Rig Veda, no Samaveda e no Yajurveda, Isvara é citado seis vezes no Atharva Veda. Mas é sobretudo nos mais antigos Upanixades e na *Bhagavadgita* que Isvara se apresenta como a meta de todos aqueles que buscam a libertação; cf. J. Gonda, *Change and Continuity in Indian Religion* (Haia, 1965), p.139s. (Isvara no Atharva Veda), p.144s. (nos Upanixades e na *Bhagavadgita*), p.158s. (Isvara na filosofia e na ioga clássica).

145. Sobre os *siddhi* ou os "poderes milagrosos", ver S. Lindquist, *Die Methoden des Yoga* (Lund, 1932), p.169-82; id., *Siddhi und Abhiñña. Eine Studie über die klassischen Wunder des Yoga* (Uppsala, 1935); J.W. Hauer, *Der Yoga*, p.326s.; *Le yoga*, p.94s., 375 (bibliografia); A. Janáček, "The methodical principles in yoga according to Patanjali's Yogasutra", *Ar Or*, 19, 1951, p.514-67, esp. p.551s.; C. Pensa, "On the purification concept in Indian tradition", p.6s., 16s.

Sobre o *samadhi*, cf. *Le yoga*, p.100s.; Hauer, *Der Yoga*, p.336s.; Varenne, op.cit., p.169s.; Oberhammer, *Strukturen yogischer Meditation*, p.135s.

Além da ioga "de oito membros", tal como é descrita por Patanjali (ou seja, a série de exercícios e de meditações, desde os "refreamentos" até o *samadhi*), a tradição indiana conhece a "ioga de seis membros" (*sadanga-yoga*). Nessa série, faltam os três primeiros "membros" (*yama, niyama, asana*), mas aparece um "membro" desconhecido da tradição patanjaliana: *tarka* (literalmente, "raciocínio", mas tendo aqui o sentido de "conhecimento supremo"). Ver: A. Zigmund-Cerbu, "The Sadangayoga", HR, B, 1963, p.128-34; C. Pensa, "Osservazzioni e riferimenti per lo studio dello *sadanga-yoga*" (Istituto Orientale di Napoli, *Annali*, 19, 1969, p.521-8). Esse sistema ióguico de "seis membros" exerceu papel importante no budismo tardio e no tantrismo. Ver Günter Grönbold, *Sad-anga-yoga* (Inaugural Dissertation, Munique, 1969), esp. p.118s. (*Kalacakra-Tantra*), 122s. (a série dos mestres que, segundo se diz, ensinaram o *Sadanga-yoga*).

146. Sobre a libertação final e a condição de um *jivan-mukta* ("liberto em vida"), ver *Le yoga*, p.100s.; cf. Roger Godel, *Essai sur l'expérience libératrice* (Paris, 1951); Varenne, op.cit., p.162-3. "Situando-se, por definição, 'para além do bem e do mal', esses super-homens não têm de levar em conta os valores mundanos: tudo lhes é permitido e é fácil imaginar que são muitos os iogues que, pretendendo (ou acreditando sinceramente) ter realizado o *samadhi*, disso se aproveitam para 'viver o seu paraíso' nesta terra. Metafisicamente, têm o direito de fazê-lo na medida em que seus atos são, ao mesmo tempo, sem causa e sem efeito. Sem causa, porque o *jivan-mukta* é, por definição, livre de todo e qualquer desejo (já que todas as *vasanas* foram destruídas); sem efeito, porque a alma libertada já não pode ser afetada pelo carma. Todo ato é, portanto, gratuito em tal situação, e é por esse motivo que se diz que o *jivan-mukta* se encontra em estado de solidão absoluta" (Varenne, p.162).

147. Da extensa bibliografia relativa à biografia de Sakyamuni, lembremos as obras mais importantes: E.J. Thomas, *The Life of Buddha as Legend and History* (Londres, 1927); A. Foucher, *La vie de Bouddha d'après les textes et les monuments de l'Inde* (Paris, 1949); H. von Glasenapp, *Buddha: Geschichte und Legende* (Zurique, 1950). O valor histórico das tradições foi analisado por Ernst Waldschmidt, "Die Ueberlieferung vom Lebensende des Buddha" (*Abh. d. Akad. der Wiss. in Göttingen*, Phil.-hist. Klasse, 3ª série, 29 e 30, 1944, 1948); E. Lamotte, "La légende du Bouddha", RHR, 134, 1947, p.37-71; id., *Histoire du bouddhisme indien des origines à l'ère Saka* (Louvain, 1958), p.16s.; André Bareau, "La légende de la jeunesse du Bouddha dans les Vinayapitaka anciens", *Oriens Extremus*, 9, 1962, p.6-33; id., *Recherches sur la biographie du Bouddha dans les Sutrapitaka et les Vinayapitaka anciens*, I: De la quête de l'éveil à la conversion de Sariputra et de Maudgalayana (Paris, 1963), II: "Les derniers mois, le Parinirvana et les funérailles" (Paris, 1970: Publication de l'École Française de l'Extrême-Orient); id., "The superhuman personality of the Buddha and its symbolism in the Mahaparinirvanasutra of the Dharmaguptaka", *Myths and Symbols. Studies in Honor of Mircea Eliade* (Chicago, 1959), p.9-21; id., "Le parinirvana du Bouddha et la naissance de la religion bouddhique", Befeo, 64, 1974, p.275-99. As últimas interpretações foram analisadas por Frank E. Reynolds, "The many lives of Buddha. A study of sacred biography and Theravada tradition", in Frank E. Reynolds e Donald Capps (orgs.), *The Biographical Process* (Haia, 1976), p.37-61. Depois de ter recordado as posições metodológicas características dos pesquisadores na segunda metade do séc. XIX e no começo do séc. XX – os "myth-oriented" (E. Senart, H. Kern, A.K. Coomaraswamy) e os "historicistas" (H. Oldenberg, T.W. e Caroline A.F. Rhys-Davids) –, Reynolds analisa algumas abordagens recentes que visam à integração das duas perspectivas: a perspectiva do "mito" e a da "história".

Benjamin I. Schwartz chamou oportunamente atenção para o caráter falacioso das interpretações sociológicas do surgimento do budismo e, em geral, dos movimentos da salvação. "If Buddhism did indeed emerge within an urban commercial environment, as Prof. Thapar suggests, it hardly strikes us as a particularly 'bourgeois' philosophy. While she stresses the political and social doctrine of early Buddhism, one has the feeling that the heart of Buddhism does not lie there"; cf. "The age of transcendence" (in *Wisdom, Revelation and Doubt: Perspectives on the First Millenium B.C., Daedalus*, primavera de 1975, p.1-7), p.4.

Sobre o simbolismo do "Grande Homem" (*mahapurusa*), ver: A.K. Coomaraswamy, "The Buddha's *cuda*, hair, and *usnisa*, crown", JRAS, 1928, p.815-40; Stella Kramrisch, "Emblems of the Universal Being", *Journal of Indian Society for Oriental Art* (Calcutá), 3, 1935, p.48-60; A. Wayman, "Contributions regarding the thirty-two characteristics of the Great Person", *Liebenthal Festschrift*, in K. Roy (org.), *Sino-Indian Studies*, 5, Santiniketan, 1957, p.243-60.

Voltamos a encontrar o tema dos "sete passos" na natividade de Maria; cf. o *Protoévangile de Jacques*, cap.VI, e o comentário de Henri de Lubac, *Aspects du bouddhisme* (Paris, 1951), p.126-7.

Já se aproximou a apresentação do bodisatva no templo de um episódio do Pseudo-Mateus (cap.XXIII): "Quando a Bem-Aventurada Maria entrou no templo (egípcio) com a criancinha, todos os ídolos foram lançados por terra." Contudo, os dois relatos mostram-se opostos: os ídolos egípcios são derribados para sempre, pois Cristo suprime o culto dos falsos deuses – ao passo que as divindades bramânicas se prosternam em homenagem ao futuro Salvador; cf. Foucher, *La vie du Bouddha*, p.55s.

O episódio do *rishi* Asita é extensamente relatado no *Latita-Vistara*, p.101s.; cf. tradução do passo em Foucher, op.cit., p.61-3, que refere também a iconografia pertinente, p.358. Comparou-se a profecia de Asita com o episódio do velho Simeão, que tomou nos braços o menino Jesus e abençoou a Deus ("pois os meus olhos viram a tua salvação, a qual preparaste"; Lucas, II, 8-20, 25-35); ver o comentário de Foucher, op.cit., p.63-4. Ver também J. Brinktrine, "Die buddhistische Asita – Erzählung als sog. Parallele zum Darstellung Jesu im Tempel", *Zeit. für Missionswissenschaft u. Religionswissenschaft*, 38, 1954, p.132-4; F.C.W. de Jong, "L'épisode d'Asita dans le Lalitavistara", *Asiatica. Festschrift F. Weller* (Leipzig, 1954), p.312-25; C. Regamey, "Encore à propos du Lalitavistara et de l'épisode d'Asita", *Asiatische Studien*, 27, 1973, p.1-34.

148. Sobre a busca da iluminação, ver: A. Foucher, *La vie du Bouddha*, p.112s.

Sobre os materialistas (Lokayata), ver a bibliografia citada em *Le yoga*, p.366-7. Acrescentar: Debiprasad Chattopadhyaya, *Lokayata. A Study in Ancient Indian Materialism* (Nova Délhi, 1959). A respeito da tentação por Mara, ver E. Windisch, *Mara und Buddha* (Leipzig, 1895), que traduziu grande número de relatos (p.87s.); cf. ibid., p.214s., a análise comparativa com a tentação de Jesus (Lucas, 4:1-13). As fontes budistas sobre Mara são citadas e comentadas por J. Masson, *La religion populaire dans le canon bouddhique pali* (Louvain, 1942), p.103-13, e E. Lamotte, *L'Enseignement de Vimalakirti* (Louvain, 1962), p.204-5, nota 121. Ver ainda J. Przyluski, "La place de Mara dans la mythologie bouddhique", J.A., 210, 1927, p.115-23; A. Wayman, "Studies in Yama and Mara", IIJ, 3, 1959, p.44-73, 112-31; T.O. Ling, *Buddhism and the Mythology of Evil* (Londres, 1962); J.W. Boyd, *Satan and Mara. Christian and Buddhist Symbols of Evil* (Leyden, 1975). G. Fussman demonstrou recentemente que, em certas regiões, Mara era um antigo deus supremo; cf. "Pour une problématique nouvelle des religions indiennes anciennes" (JA, 265, 1977, p.21-70), esp. p.52s.

149. As fontes sobre a iluminação são registradas por Foucher, op.cit., p.363-4. Sobre o simbolismo comparado da árvore do despertar, cf. H. de Lubac, *Aspects du bouddhisme*, p.55s. A respeito do "olho divino" (*divyacaksu*), ver as referências aos textos do cânone páli e da literatura posterior em E. Lamotte, *L'Enseignement de Vimalakirti*, p.168-9, nota 57. As fontes pális e sânscritas sobre o sermão de Benares são citadas por Lamotte, *Histoire*, I, p.28, nota 1. Sobre o *ropetrick* utilizado por Buda, cf. Eliade, *Méphistophélès et l'Androgyne*, p.200s. Sobre os "poderes maravilhosos" (*siddhi*) e sua proibição por Buda, ver *Le yoga*, p.181s., e, mais adiante, §159.

Acerca dos *arhats*, cf. A. Bareau, "Les controverses relatives à la nature de l'Arhat dans le bouddhisme ancien", IIJ, 1, 1957, p.241-50.

Sobre o simbolismo do *cakravartin* (= soberano universal), ver: J. Auboyer, "The symbolism of sovereignity in India according to iconography", *Indian Art and Letters*, 12, 1938, p.26-36; K.V. Soundara Rajan, "The Chakravarti concept and the Chakra (wheel)", *Journal of Oriental Research* (Madras), 27, 1962, p.85-90. Ver também A.J. Prince, "The concepts of Buddhahood in earlier and later Buddhism", in *Journal of the Oriental Society of Australia*, 7, 1970, p.87-118.

A respeito das primeiras conversões, ver A. Foucher, op.cit., p.211-40, 368-71. A história da primeira comunidade búdica (*samgha*) está relatada no *Mahavagga*, traduzido para o inglês por T.W. Rhys Davids e Hermann Oldenburg, *Vinaya Texts*, I (Oxford, 1881).

150. Os estados sucessivos da lenda de Buda são analisados por Lamotte, *Histoire*, p.718-56. Ver também os estudos de E. Waldschmidt citados anteriormente, §147. Sobre o cisma de Devadatta, ver A.M. Hocart, "Buddha and Devadatta", *Indian Antiquary*, 52, 1923, p.267-72; 54, 1925, p.98-9; E. Waldschmidt, "Reste von Devadatta-Episoden", ZDMG, 123, 1964, p.552s.; B. Mukherjee, *Die Ueberlieferung von Devadatta, der Widersacher des Buddha, in den Kanonischen Schriften* (Munique, 1966); E. Lamotte, "Le Bouddha insulta-t-il Devadatta?", BSOAS, 33, 1970, p.107-15.

Sobre a última refeição de Buda, ver A. Bareau, "La nourriture offerte au Bouddha lors de son dernier repas", in *Mélanges d'Indianisme... Louis Renou* (Paris, 1968), p.61-71; cf. id., "La transformation miraculeuse de la nourriture offerte au Bouddha par le brahmane Kasibharadvaja", in *Études tibétaines dédiées à Marcelle Lalou* (Paris, 1971), p.1-10.

Sobre os funerais de Buda, ver C. Vaudeville, "La légende de Sundara et les funérailles du Bouddha dans *l'Avadanasataka*", Befeo, 53, 1964, p.71-91.

Sobre as relíquias de Buda, ver: J. Przyluski, "Le partage des reliques du Bouddha", *Mélanges chinois et bouddhiques*, 4, 1935-36, p.341-67; B.C. Law, "An account of the six hair relics of the Buddha (Chakesadhatuvamsa)", *Journal of Indian History*, 30, 1952, p.193-204; E. Waldschmidt, "Der Buddha preist die Verehrungswürdigkeit seines Reliquien", republicado no volume *Von Ceylon bis Turfan* (Göttingen, 1967), p.417-27.

151. Sobre os ascetas e os religiosos contemporâneos de Buda, ver a bibliografia indicada em *Le yoga*, p.388-9. Acrescentar J. Filliozat, *L'Inde classique*, II, p.511-6; E. Lamotte, *Histoire*, I, p.6s.

152-153. As traduções mais importantes dos textos jainas são: H. Jacobi, *Gaina Sutras* (Oxford, 1887, SBF, XXII e XLV); W. Schubring, *Worte Mahaviras* (Göttingen, 1926, Quellen z. Religionsgeschichte, 14); id., *Die Jainas* (Tübingen, 1927, *Religionsgeschichtliches Lesebuch*, fasc.7.

Bibliografia e generalidades: C.L. Jain, *Jaina Bibliography* (Calcutá, 1945); L. Alsdorf, *Les études jaïna. Etat présent et tâches futures* (Paris, 1965); Josef Deleu, "Die Mythologie des Jinismus", in *Wörterbuch der Mythologie*, II, p.207-84 (ibid., p.212-3, Le Canon Jaïna). Estudos de conjunto: H. von Glasenapp, *Der Jainismus* (Berlim, 1925); A. Guérinot, *La religion djaina* (Paris, 1926); E. Leumann, *Buddha und Mahavira* (Munique, 1926); W. Schubrig, *Die Lebre der Jainas nach den alten Quellen dargestellt* (= Grundriss d. indoarischen Philologie u. Altertumskunde, III, 7, Berlim, 1935); C. della Casa, *Il Gianismo* (Turim, 1962); C. Caillar, *Les expiations dans le rituel ancien des religieux jaïna* (Paris, 1965); id., "Le jaïnisme" (*Histoire des religions*, I, 1970, p.1.105-45). Ver também bibliografia, §190.

Foi sobretudo a mitologia da dupla "natividade" de Mahavira que inspirou a arte e a iconografia jainas; cf. W.N. Brown, *Miniatures Paintings of the Jaina Kalpasutra* (Washington, Smithsonian Institution, 1934); T.N. Ramachandran, *Tiruparuttikunram and its Temples* (Madras, Government Press, 1934); Ananda K. Coomaraswamy, "The conqueror's life in Jaina Painting" (*Journal of the Indian Society of Oriental Art*, Calcutá, dez 1935, p.1-18).

Sobre a luz que ilumina a noite do nascimento de Mahavira, cf. *Akaranga Sutra*, II, 15, 7 [= *Gaina Sutras*, pt.I, trad. H. Jacobi, SBE, XXII, Oxford, 1884, p.191].

Sobre a mitologia e a iconografia de Parsva e dos Tirthamkaras, cf. Heinrich Zimmer, *Philosophies of India*, p.181-234; Josef Deleu, "Die Mythologie des Jinismus", p.252-3, 270-3.

154. Sobre Makhali Gosala e os ajivikas, ver a bibliografia indicada em *Le yoga*, p.389. A mais completa fonte sobre Gosala é o tratado jaina *Bhagavati*. A melhor monografia, que utiliza igualmente as fontes tamúlicas, é a de A.L. Basham, *History and Doctrines of the ajivikas. A Vanished Indian Religion* (Londres, 1951). Já se explicou o termo *ajivika* pela raiz *ajiva*, "maneira de viver ou profissão de uma classe de seres", mas poderia também derivar da expressão *a jivat*, "longo como a vida", alusão à doutrina fundamental que postulava um número considerável de existências antes de obter a libertação.

155. Grande número de textos páli é acessível em tradução inglesa. Destaquemos os mais importantes: *Dialogues of the Buddha* (*Dighanikaya*), trad. T.W. e C.A. Rhys Davids, 3v. (Oxford, 1899-1921: *Sacred Books of the Buddhists*, 2-4); *Further Dialogues of the Buddha (Majjhimanikaya)*, trad. lorde Chalmers, 2v. (Oxford, 1926-27, *Sacred Books of the Buddhists*, 5-6; *The Book of Kindred Sayings* (*Samyuttanikaya*), trad. C.A.F. Rhys Davids e F.L. Woodward (Londres, 1917-30, *Pâli Text Society, Translation Series*, 7, 10, 13-4, 16); *The Book of Gradual Sayings (Anguttaranikaya)*, trad. F.L. Woodward e E.M. Hare (Londres, 1932-36, *P.T.S. Translation Series*, 22, 24-7); *Minor Anthologies*, I, *Dhammapada*, *Khuddakapâtha*, trad. T.W. Rhys Davids (Oxford, 1931, *Sacred Books of the Buddhists*, 7); *Minor Anthologies*, II, *Udana "Verses of uplift" and Itivuttaka "As it was said"*, trad. F.L. Woodward (Oxford, 1935, *Sacred Books of the Buddhists*, 8).

Entre as antologias mais úteis, destaquemos: H.C. Warren, *Buddhism in Translation* (Cambridge, Massachusetts, 1896; várias reedições); Edward Conze, *Buddhist Texts through the Ages* (Oxford, 1954; Harper Torchbooks, Nova York, 1964); E. Conze, *Buddhist Scriptures* (Harmondsworth, 1959); E.J. Thomas, *Early Buddhist Scriptures* (Londres, 1935); Lilian Silburn, *Le bouddhisme* (Paris, 1977).

Uma bibliografia das traduções foi dada por André Bareau, "Le bouddhisme indien", in *Les religions de l'Inde*, III (Payot, 1966, p.9-246), p.240-3. Ver ibid., p.227-34, a "Histoire de l'étude du bouddhisme indien".

156. Existe uma literatura bastante rica sobre os princípios fundamentais da doutrina de Buda. As melhores exposições de conjunto são: Edward Conze, *Buddhism: Its Essence and Development* (Oxford, 1951; Harper Torchbooks, 1959, p.11-69; trad. franc., *Le bouddhisme dans son essence et son développement*, Payot, 1952, p.9-67); Walpola Rahula, *L'Enseignement du Bouddha d'après les textes les plus anciens* (Paris, 1961); A. Barreau, op.cit., p.13-82. Ver também M. Walleser, *Die philosophische Grundlage des älteren Buddhismus* (Heidelberg, 1904); Hermann Oldenberg, *Buddha, sein Leben, seine Lehre und seine Gemeinde* (Berlim, 1881, 9ª ed., 1921); id., *Die Lehre der Upanishaden und die Anfänge des Buddhismus* (Göttingen, 1915); E. Lamotte e J. Przyluski, "Bouddhisme et Upanishad", Befeo, 32, 1932, p.141-69; A.K. Warder, "On the relationship between early buddhism and other contemporary systems", BSOAS, 18, 1965, p.43-63.

157. Sobre a expressão das 12 causas, ver: Surendranath Dasgupta, *A History of Indian Philosophy*, I (Cambridge, 1922), p.84s.; A. Bareau, "Le bouddhisme indien", p.40s.; W. Rahula, op.cit., p.79s.; B.C. Law, "The formulation of the Pratityasamutpada", JRSA, 1937, p.287-92; A.C. Banerjee, "Pratityasamutpada", *Indian Historical Quarterly* (Calcutá), 32, 1956, p.261-4; Thera Narada, "Kamma, or the Buddhist law of causation", *B.C. Law Volume*, pt.II (Poona, 1946), p.158-75. Cf. também L. de la Vallée-Poussin, *Bouddhisme. Études et matériaux. Théorie des Douze Causes* (Gand, 1913).

Sobre a doutrina do *anatta*, ver L. de la Vallée-Poussin, *Nirvana* (Paris, 1925); E. Conze, *Le bouddhisme*, p.16s.; id., *Buddhist Thought in India* (Londres, 1962), p.34s.; W. Rahula, op.cit., p.77s. Cf. também Maryla Falk, "Nairatmya and Karman", in *Louis de la Vallée-Poussin Memoriat Volume* (Calcutá, s.d.), p.429-64.

Sobre os problemas propostos pelo budismo mais antigo, ver Frank Reynolds, "The two wheels of Dhamma: a study of early Buddhism" (in *The Two Wheels of Dhamma*, Chambersburg, Pensilvânia, 1972, p.6-30); cf. id. "A bibliographical essay on works related to early Theravada and Sinhalese Buddhism", ibid., p.107-21.

158. Uma excelente história das interpretações ocidentais do nirvana foi feita por Guy Richard Welbon, *The Buddhist Nirvana and Its Western Interpreters* (Chicago e Londres, 1968); cf. sobretudo os caps. sobre Hermann Oldenberg (p.194-220), T.W. e C.A.F. Rhys Davids (p.221-48) e a controvérsia entre L. de la Vallée-Poussin e Th. Stcherbatsky (p.248-96). Para a primeira interpretação de la Vallée-Poussin, ver *The Way to Nirvana: Six Lectures on Ancient Buddhism as a Discipline of Salvation* (Cambridge, 1917), *Nirvana* (Paris, 1925) e o artigo "Nirvana" in *Indian Historical Quarterly*, 4, 1928, p.347-8. Quanto às opiniões de Stcherbatzky, ver *The Central Conception of Buddhism and the Meaning of the Word "Dharma"* (Londres, 1923) e *The Conception of Buddhist Nirvana* (Leningrado, 1927). Entretanto, após longa controvérsia, cada um dos dois estudiosos deixou-se convencer pela interpretação do protagonista. Cf. Th. Stcherbatsky, "Die drei

Richtungen in der Philosophie des Buddhismus" (*Rocznik Orjentalistyczny*, 10, 1934, p.1-37; L. de la Vallée-Poussin, "Buddhica" (HJAS, 3, 1938, p.137-60).

Friedrich Heiler examinou o conceito do nirvana em termos de experiência religiosa: cf. *Die buddhistische Versenkung* (Munique, 1918).

Sobre o "caminho do nirvana" e o simbolismo da iniciação, ver M. Eliade, *Le yoga. Immortalité et liberté* (Paris, 1954; 6ª ed., 1975), p.169s. Acerca das relações entre a ioga e o budismo, ver L. de la Vallée-Poussin, "Le bouddhisme et le yoga de *Patanjali*" (*Mémoires chinois et bouddhiques*, 5, Bruxelas, 1937, p.223-42); M. Eliade, *Le yoga*, p.173s.; cf. ibid., p.382-3, bibliografia; acrescentar: Gerhard Oberhammer, *Strukturen yogischer Meditation* (Viena, 1977), p.102s.

159. Sobre as técnicas budistas de meditação, ver *Le yoga*, p.173s., e as bibliografias citadas, ibid., p.383s.; Grace Constant Lounsberry, *Buddhist Meditation in the Southern School* (Londres, 1950); E. Conze, *Buddhist Meditation* (Londres, 1956).

Sobre os *jhain* e os *dhammayoga*, ver L. de la Vallée-Poussin, "Musila e Narada" (*Mémoires chinois et bouddhiques*, 5, 1937, p.189-222). Sobre as "altas ciências" (*abhijna*), ver L. de la Vallée-Poussin, "Le Bouddha et les Abhijnas", *Le Muséon*, 44, 1931, p.335-42; Eliade, *Le yoga*, p.183s., 384 (bibliografia sobre os "poderes miraculosos").

160. Sobre os *arhats*, ver *Le yoga*, p.178s.; E. Conze, *Le bouddhisme*, p.91s.; A. Bareau, "Le bouddhisme indien", p.60s., 123s.; cf. também Isaline Horner, *The Early Buddhist Theory of Man Perfected: A Study of the Arhat* (Londres, 1936).

Sobre a estrutura mística do *asamskrta*, ver André Bareau, *L'Absolu en philosophie bouddhique. Evolution de la notion d'asamskrta* (tese de doutorado em Letras, Paris, 1951).

Sobre as imagens do aniquilamento do mundo condicionado ("a destruição da casa" por Buda e "o telhado fraturado" pelos *arhats*), ver M. Eliade, *Images et symboles*, p.100s.; idem, "Briser le toit de la maison: symbolisme architectonique et physiologie subtile" (in *Studies in Mysticism and Religion, presented to Gershom G. Scholem*, Jerusalém, 1967, p.131-9).

161. A copiosa literatura sobre a Itália primitiva e as origens de Roma está catalogada por Jacques Heurgon, *Rome et la Méditerranée occidentale jusqu'aux guerres puniques* (1969), p.7-50. A obra de Pietro de Francisci, *Primordia civitatis* (Roma, 1959), contém vários caps. sobre as estruturas sociais e as ideias religiosas arcaicas (p.107-405); úteis pela documentação, essas páginas devem, no entanto, ser lidas com cautela (ver a crítica de G. Dumézil, *Revue Belge de Philologie et d'Histoire*, 39, 1961, p.67s., e as observações de Pierangelo Catalano, *Contributi allo studio del diritto augurale*, I, Turim, 1960, p.402s., 542s.).

Uma primeira leva de povos ariófonos que conheciam a metalurgia do cobre e praticavam a incineração instalou-se no norte da Itália no segundo milênio: são eles os autores da civilização dita "dos *terramare*" ("de *terra mar(n)a*, 'terra gorda', por causa da riqueza em matérias orgânicas onde os camponeses vinham tradicionalmente colher suas espeltas"; Jacques Heurgon, *Rome et la Méditerranée occidentale*, p.64). Uma segunda leva, mais ou menos no final do segundo milênio, é a dos vilanovianos: eles utilizam o ferro e depositam as cinzas dos mortos em grandes urnas de terracota, encerradas no fundo de um poço. No começo do primeiro milênio, o Lácio era dominado por uma civilização de tipo vilanoviano.

Entre as histórias gerais, cumpre mencionar: A. Piganiol, *Histoire de Rome* (5ª ed., Paris, 1962); G. de Sanctis, *Storia dei romani*, I-II: *La conquista del primato in Italia* (2ª ed., Florença, 1956-60); L. Pareti, *Storia di Roma*, I (Turim, 1951); Robert E.A. Palmer, *The Archaic Community of the Romans* (Cambridge, 1970) – mas o autor critica Dumézil (cf., *inter alia*, p.154) sem o ter lido.

Depois da obra de G. Wissowa, *Religion und Kultus der Römer* (2ª ed., Munique, 1912), que continua a ser fundamental, foram publicadas várias exposições de conjunto da religião dos tempos reais e republicanos; ver sobretudo Cyril Bailey, *Phases in the Religion of Ancient Rome* (1932); Nicola Turchi, *La religione di Roma antica* (1939); A. Grenier, *Les religions étrusque et romaine* (1948); Franz Altheim, *A History of Roman Religion* (Londres, 1938; a ed. al. é de 1931); idem, *La religion romaine antique* (1955); Jean Bayet, *Histoire psychologique et politique de la religion romaine* (1951; 2ª ed., 1973); Kurt Latte, *Römische Religionsgeschichte* (1960; ver, porém, a crítica de A. Brelich, SMSR, 32, 1961, p.311-54, e as numerosas notas de G. Dumézil, *La religion romaine archaïque* (1966; 2ª ed., 1974); Pierre Boyancé, *Études sur la religion romaine* (Roma, 1972).

O leitor encontrará uma seleção de textos latinos traduzidos em *Religionsgeschichtliches Lesebuch*, fasc. 5: K. Latte, *Die Religion der Römer und der Synkretismus der Kaiserzeit* (Tübingen, 1927) e Frederick C. Grant, *Ancient Roman Religion* (Nova York, 1957). A trad. comentada de J.G. Frazer, *The Fasti of Ovid*, I-V (Londres, 1919), constitui uma mina inigualável de informações.

Sobre as religiões itálicas, paleovêneta, messápica e da Sicília antiga, ver a exposição geral de Aldo Luigi Prosdocimi, "Le religioni dell'Italia antica", in *Storia delle religioni* (6ª ed., Turim, 1971), II, p.673-724 (boa bibliografia). Cf. também F. Altheim, *A History of Roman Religion*, p.18-33 (*Rel. rom. antique*, p.7-33).

Sobre as Tábulas Eugubinas encontradas em Gubbio, na Úmbria, cujo texto descreve minuciosamente os rituais efetuados todos os anos por um colégio sacerdotal (purificação da cidade e lustração do povo), ver J.W. Poultney, *The Bronze Tables of Iguvium* (Baltimore, 1959, edição do texto e comentário); G. Devoto, *Tabulae Iguvinae* (Roma, 3ª ed., 1962); G. Dumézil, "Les trois grands dieux d'Iguvium" (in *Idées Romaines*, 1969, p.167-78; reproduz um artigo publicado em 1955); A.J. Pfiffig, *Religio Iguvina. Philologische und Religionsgeschichtliche Studien zu den Tabulae Iguvinae* (Viena, 1964).

Acerca da mitologia de Rômulo e Remo, ver: Michael Grant, *Roman Myths* (Londres e Nova York, 1971), p.91s.; Jaan Puhvel, "Remus et Frater" (HR, 16, 1975, p.146-57); Bruce Lincoln, "The Indo-European myth of Creation" (ibid., p.121-45), p.137s.

Além da versão mais popular – seu sequestro durante a tempestade –, relata outra tradição que, por comportar-se como tirano, Rômulo foi assassinado pelos senadores; os tiranicidas desmembraram-lhe depois o corpo e levaram os pedaços sob suas vestes; cf. Dioniso de Halicarnasso, *Rom. arch.*, 2, 56; Plutarco, *Rômulo*, 27; Ovídio, *Fasti*, 2, 497 etc. Puhvel compara essa versão com o desmembramento de Purusa, Ymir e Gayomart; no mito romano, esse episódio foi transferido de Remo para seu gêmeo, "porque um homem só pode ser morto uma vez" (op.cit., p.155).

Sobre o significado cosmogônico da fundação das cidades, cf. M. Eliade, *Le mythe de l'éternel retour* (nova ed., 1969), p.30s.; Werner Müller, *Die heilige Stadt* (Stuttgart, 1961), esp. p.9-51 (*Roma quadrata*). Sobre o simbolismo do sinal do augúrio (os 12 abutres avistados por Rômulo), ver Jean Hubeaux, *Les grands mythes de Rome* (1949), p.1-26; M. Eliade, *Le mythe de l'éternel retour*, p.157s.; G. Dumézil, *La religion romaine archaïque*, p.499-500.

162. Sobre a herança indo-europeia, ver G. Dumézil, *L'héritage indo-européen à Rome* (1949) e sobretudo *Mythe et épopée*, I (1968), p.259-437, onde são analisadas as tradições dos primeiros quatro reis; cf. também *Les dieux souverains des indo-européens* (1977), p.158s. Sobre o modelo mitológico da guerra dos sabinos, cf. *L'héritage indo-européen à Rome*, p.127s.; *Mythe et épopée*, I, p.290s.; *La religion romaine archaïque*, p.82s. Sobre os motivos mitológicos indo-europeus camuflados na "história" de Horácio e os Curiácios e na de Cocles e Cévola, ver G. Dumézil, *Horace et les Curiaces* (1942) e *Rel. rom. archaïque*, p.90 (onde se acham registrados os trabalhos anteriores do autor). Os dois mutilados, Cocles e Cévola, o Ciclope e o Canhoto, salvam sucessivamente Roma sitiada por Porsena, "um com o olhar prestigioso de sua vista, o outro sacrificando a mão direita diante do chefe etrusco numa atitude heroica de juramento fraudulento". Essa lenda tem seu paralelo no par formado pelo deus Caolho e pelo deus Maneta dos escandinavos, de Odin e de Thor, "o primeiro dos quais, por ter sacrificado um olho, recebeu, a título de compensação, o saber sobrenatural e o segundo salvou os deuses, entregando à fauce do demônio-lobo a sua mão direita" (Dumézil, *Rel. rom. arch.*, p.90).

Ver a discussão das teses de H.J. Rose (cf. esp. "Numen and mana", *Harvard Theological Review*, 1951, p.109-30) e de H. Wagenwoort (*Roman Dynamism*, 1950), em *Rel. rom. archaïque*, p.36s. (com a bibliografia anterior). Georges Dumézil analisou de maneira brilhante certo número de conceitos religiosos romanos – *ius*, *credo* e *fides*, *augur*, *maiestas* e *gravitas* – numa série de estudos reeditados em *Idées romaines* (1969), p.31-152. Cf. também P. Grimal, "'Fides' et le secret", RHR, 1974, p.141-55.

163. Sobre o caráter específico da experiência religiosa dos romanos, ver Pierre Grimal, *La civilisation romaine* (1960), p.85s.; cf. também Dario Sabbatucci, "Sacer" (SMSR, 23, 1951-52, p.91-101); H. Fugier, *Recherches sur l'expression du sacré dans la langue latine* (1963); R. Schilling, "Magie et religion à Rome", *Annuaire de l'École Pratique des Hautes Études*, 5ª seção, 1967-68, p.31-5.

A propósito da função religiosa dos prodígios, ver J. Bayet, "Présages figuratifs déterminants dans l'Antiquité gréco-latine" (*Hommages à F. Cumont*, Bruxelas, 1936, I, p.27-51; reproduzido em *Croyances et rites dans la Rome antique*, 1971, p.44-63); R. Bloch, *Les prodiges dans l'Antiquité classique* (1963); G. Dumézil, *Rel. rom. archaïque*, p.584s. (p.590, nota 1, bibliografia). Tito Lívio (XXI, 62) relata os prodígios sucedidos durante o inverno de 218 a.C., um dos mais dramáticos da guerra púnica: "No *Forum boarium* [feira de bois], um boi subira sem ajuda até um terceiro pavimento, de onde, em seguida, se precipitara"; "imagens de navios tinham brilhado no céu. O templo de Spes ... fora ferido pelo raio." A lança de Juno movera-se sozinha. No campo, avistaram-se ao longe fantasmas humanos vestidos de branco. Choveram pedras no Piceno etc. Consultados, os *Livros sibilinos* decretaram nove dias de sacrifícios. "Toda a cidade procedeu a cerimônias expiatórias: eram, a princípio, lustrações acompanhadas de sacrifícios; depois, uma oferenda de ouro com o peso de 40 libras foi levada ao templo de Juno, e uma estátua de bronze da deusa foi consagrada sobre o Aventino" etc. Ver E. de Saint-Denis, "Les énumérations de prodiges dans l'oeuvre de Tite-Live" (*Revue de Philologie*, 16, 1942, p.126-42).

Uma lista transmitida por Varrão enumera as entidades divinas que regiam os diversos momentos da atividade agrícola: Veruactor (para revolver o alqueive), Imporcitor (para abrir regos na terra), Institor (para as semeaduras), Oburator (para a lavoura de superfície), Occator (para a gradadura), Sarritor (para a sacha), Subruncinator (para a arrenda), Messor (para a seara), Connector (para o carreamento), Conditor (para a armazenagem), Promitor (para a desarmazenagem). A lista é tirada dos *Libri iuris pontificii* de Fábio Pictor, citado por Varrão num texto conservado por Sérvio (*ad Georg.*, I, 21); cf. J. Bayet, "Les *Feriae Sementinae*" (RHR, 1950, p.172-206, republicado em *Croyances et rites dans la Rome antique*, p.177-205), p.184; ver também as observações de G. Dumézil, *La religion romaine archaïque*, p.51s.

164. Sobre o culto privado, ver A. de Marchi, *Il culto privato di Roma antica*, 2 v., 1896-1903; G. Dumézil, *La rel. rom. arch.*, p.600-10. Cf. ainda Gordon Williams, "Some aspects of Roman marriage ceremonies and ideals", *Journal of Roman Studies*, 48, 1958, p.16-29; G. Piccaluga, "Penates e Lares", SMSR, 32, 1961, p.81-7; J.M.C. Toynbee, *Death and Burial in the Roman World* (1971). Sobre os manes, ver F. Bömer, *Ahnenkult und Ahnenglaube im alten Rom* (ARW, Beiheft, I, 1943), e a bibliografia coligida por Latte, op.cit., p.100, nota 2.

Os *lemures* que visitam as casas durante a festa *Lemuria* de maio não se identificam com as *larvae* que, em qualquer época do ano, vêm atormentar os vivos; cf. G. Dumézil, op.cit., p.373.

Os mortos retornam ainda nos dias 24 de agosto, 5 de outubro e 8 de novembro, quando se abre o *mundus*, o fosso que dá acesso ao mundo subterrâneo. "Quando o *mundus* se abre, é por assim dizer a porta das tristes divindades infernais que está aberta" (Varrão, apud Macróbio, *Saturnalia*, I, 16, 18). Mas o termo *mundus* designava também onde Rômulo havia lançado as primícias "de tudo o que é bom em nome do costume e necessário em nome da natureza", e igualmente um pouco da terra das regiões de origem dos seus companheiros (Plutarco, *Rômulo*, XI, 1-4; Ovídio, *Fasti*, IV, 821-4). Ver Stefan Weinstock, "Mundus *patet*", *Rheinische Museum*, 45, 1930, p.111-23; Henri Le Bonniec, *Le culte de Cérès à Rome* (1958), p.175-84; W. Müller, *Die heilige Stadt*, p.24-7, 33; Dumézil, op.cit., p.356-8.

A fórmula da *devotio* (Tito Lívio, VIII, 9-10) é reproduzida e comentada por Dumézil, op.cit., p.108s.

165. Em Roma, como em qualquer sociedade tradicional, as festas sacralizavam o tempo; isso explica a importância do calendário. Sobre o calendário romano, ver A. Grenier, *Rel. étrusque et romaine*, p.94s.; J. Bayet, *Histoire...* , p.89s. e 298 (bibliografia); G. Dumézil, *Fêtes romaines d'été et d'automne* (1975).

Sobre as festas sazonais e os deuses que as apadrinhavam, cf. L. Delatte, *Recherches sur quelques fêtes mobiles du calendrier romain* (Liège, 1957); G. Dumézil, *Rel. rom. arch.*, p.339s. Ver também Giulia Piccaluga, *Elementi spettacolari nei rituali festivi romani* (Roma, 1965).

A respeito dos sítios sagrados – *pomerium* (o lugar dos muros) e *templum* (lugar consagrado pela *inauguratio*) – ver Pierangelo Catalano, *Contributi allo studio del diritto augurale*, I, p.292s. (*pomerium*; nota 177, bibliografia), 248s., 305s. (*templum*).

Sobre os sacerdócios, ver J. Marquart e Th. Mommsen, *Handbuch der römische Alterthümner* (I-VII, 2ª ed., 1876-86), III, p.234-415; Wissowa, op.cit., p.479-549; K. Latte, *Römische Religionsgeschichte*, p.195-212, 397-411; G. Dumézil, *Rel. rom. arch.*, p.567-83. Sobre o *rex* e suas relações com os flâmines maiores, cf. G. Dumézil, "Le *rex* et les *flamines maiores*", in *The Sacred Kingship* (Leyden, 1959), p.407-17. Ver também G. Dumézil, "La préhistoire des flamines majeurs" (RHR, 118, 1938, p.188-200; reproduzido em *Idées romaines*, 1969, p.156-66).

Sobre o colégio pontifical e o *pontifex maximus*, ver G. Rohde, *Die Kultsatzungen der römischen Pontifices* (Religionsgeschichtliche Versuche u. Vorarbeiten, 25, Giessen, 1936); J. Bleicken, "Oberpontifes u. Pontifikal-Kollegium" (*Hermes*, 85, 1957, p.345-66).

Com referência às vestais, ver T.C. Wersfold, *The History of the Vestal Virgins of Rome* (2ª ed., 1934); G. Giannelli, *Il Sacerdozio delle Vestali romane* (Florença, 1933); F. Guizzi, *Aspetti juridici del sacerdozio Romano; il sacerdozio di Vesta* (1968).

Sobre os áugures e o colégio augural, ver A. Bouché-Leclercq, *Histoire de la divination dans l'antiquité*, IV (1882), p.160s.; Pierangelo Catalano, *Contributi allo studio del diritto augurale*, I (p.9-20, discussão crítica das teorias sobre as diferenças entre *augurium* e *auspicium*, desde Mommsen até I.M.J. Valeton e U. Coli; p.395-558, o *rex* e o direito augural; p.559-74, sobre os *Reges augures* latinos e sabinos, e os reis etruscos); G. Dumézil, *Rel. rom. arch.*, p.584-9.

A origem e a história dos *Livros sibilinos* são bastante obscuras. Segundo a lenda, foram adquiridos por Tarquínio, que os depositou no templo de Júpiter e designou uma comissão de dois membros encarregada de consultá-los, mas apenas quando isso fosse ordenado e unicamente com referência ao Estado. Em 367 a.C., foi criado o colégio permanente dos *decemviri*, cinco patrícios e cinco plebeus. Fosse qual fosse sua origem, os livros já estavam grecizados quando a Segunda Guerra Púnica lhes tornou mais frequente a consulta. Em 213 a.C., foram-lhes acrescentados os *carmina Marciana*. "Queimados sob o governo de Sula juntamente com o Capitólio, reconstituídos ou refundidos por comissões enviadas através do mundo em toda a parte onde havia sibilas, especialmente na Eritreia, expurgados no tempo de Augusto e transferidos de Júpiter a Apolo, do Capitólio para o Palatino, de novo revistos na época de Tibério, foram queimados no começo do séc. V de nossa era por Estilicão: desapareceu então o colégio que os imperadores haviam honrado" (G. Dumézil, op.cit., p.594). Sobre a origem dos *Livros sibilinos*, ver também J. Gagé, *Apollon Romain* (Paris, 1955), p.26-38, 196-204; cf. R. Bloch, "Les origines étrusques des *Livres sibyllins*" (*Mélanges A. Ernout*, 1940, p.21-8).

Sobre as sodalidades, ver Wissowa, op.cit., p.550-64; G. Dumézil, *Rel. rom.*, p.579s. Sobre os feciais, cf. Jean Bayet, "Le rite du fécial et le cornouiller magique" (1935; republicado in *Croyances et rites dans la Rome antique*, 1971, p.9-44). Quanto ao *ius fetiale*, cf. G. Dumézil, *Idées romaines* (1969), p.63-78. Sobre os *salii*, ver R. Cirilli, *Les prêtres danseurs de Rome: étude sur la corporation sacerdotale des saliens* (1913); G. Dumézil, *Rel. rom.*, p.285-7, 581-2. Sobre os 12 *Fratres Arvales*, cf. G. Wissowa, "Zum Rituel der Arvalbrüder", *Hermes*, 52, 1917, p.321-47; E. Norden, *Ausrömischen Priesterbüchern* (1939), p.109-268; Al. Pasoli, *Acta fratrum Arualium* (1950; texto e comentário).

Os ritos principais dos *fetiales* consistiam em exigir reparação em nome de Roma; se não obtivesse satisfação, o *fetialis* regressava e, ao cabo de 33 dias, declarava cerimonialmente a guerra, lançando em solo inimigo uma lança ou um corniso (Tito Lívio, I, 32, 5-14; etc.).

Os *salii*, "sacerdotes-dançarinos", abriam ritualmente a estação bélica no dia 1º de março. Percorriam a cidade e, nos locais consagrados, entregavam-se a danças cheias de contorções, em que cantavam um *carmen* (tornado incompreensível no fim da República) em honra dos deuses. Ao final de cada dia de dança, realizava-se um festim. A partir de 9 de março, os ritos tornavam-se mais espetaculares: corridas de cavalos, lustração das armas e das trombetas de guerra etc. No mês de outubro, os *salii* celebravam o encerramento da estação guerreira mediante lustrações das armas (para poupar a cidade dos miasmas do sangue derramado). Tentou-se reconstituir o texto do *carmen saliare*; ver L. Bayard, "Le chant des saliens, essai de restitution" (*Mélanges des Sciences Rel. des Facultés Catholiques de Lille*, 2, 1945, p.45-58).

Os 12 *Fratres Arvales* tinham seu centro de culto no bosque sagrado da "deusa" (*Dea Dia*), a 7,5km de Roma. As cerimônias anuais eram celebradas durante três dias no mês de maio: a primeira e a última em Roma, a segunda, a mais importante, no centro cultual. No bosque sagrado, os irmãos imolavam duas porcas prenhes (*porciliae*, símbolos de fecundidade por excelência) e consumiam-lhes a carne. Em seguida, coroados de espigas e com os rostos cobertos por um véu, dirigiam-se em procissão para o templo; diante do santuário, passavam as espigas de mão em mão. Depois de uma refeição vegetariana, trancavam-se no templo e cantavam invocações aos Lares e a Marte. (O texto do *carmen arvale*, num latim muito arcaico, só com muita dificuldade pode ser interpretado.) As invocações eram seguidas de uma dança e de corridas de cavalos. Cf. também Ileana Chirassi, "Dea Dia e fratres arvales" (SMSR, 39, 1968, p.191-291).

Sobre os *Lupercalia*, ver L. Deubner, "Lupercalia" (ARW, 13, 1910, p.481s.); A.K. Michels, "The topography and interpretation of the Lupercalia" (*Trans. Amer. Phil. Assoc.*, 54, 1953, p.35-9, com copiosa bibliografia); M.P. Nilsson, "Les Luperques" (*Latomus*, 15, 1956, p.133-6); Ugo Bianchi, "Luperci" (*Dizionario epigrafico di Antichità romane*, v.IV, Roma, 1958, p.1-9); G. Dumézil, *Rel. rom. arch.*, p.352s. O nome da confraria contém de fato o nome do lobo, mas a formação é obscura: cf. G. Dumézil, *Rel. rom. arch.*, p.352 e nota 2. J. Gruber deriva *lupercus* de um "*lupo-sequos", isto é, "*qui lupum sequitur*" (*Glotta*, 39, 1961). Tratar-se-ia de um *Männerbund* herdado da proto-história. Ver F. Altheim, *A History of Roman Religion*, p.206-17; id., *Römische Religionsgeschichte*, I, p.131s. Similarmente, A. Alföldi considera os *luperci* vestígios de um *Männerbund*; de maneira específica, a confraria que teria desempenhado papel decisivo na fundação do Estado romano; cf. *Die trojanischen Urahnen der Römer* (Rektoratsprogr. d. Univ. Basel für das Jahr 1956). Para Kerényi, os *luperci* simbolizavam ao mesmo tempo os lobos (a forma primitiva da confraria, de origem nórdica) e os bodes (influência meridional); cf. "Wolf u. Ziege am Fest der Lupercalia", *Mélanges Marouzeau* (1948), p.309-17 (artigo reproduzido em *Niobe*, Zurique, 1949, p.136-47).

Plutarco (*Rômulo*, 21, 10) descreve um rito de tipo iniciatório: depois do sacrifício das cabras, dois rapazes de origem nobre são levados à presença dos *luperci*; "uns tocam-lhes a fronte com a faca ainda a escorrer sangue, enquanto outros logo os enxugam com um pedaço de lã embebido de leite: e é mister que os rapazes riam depois de terem sido enxugados."

O caráter iniciatório da confraria foi analisado por G. Dumézil, *Le problème des centaures* (Paris, 1929), p.203-22. Consultar Gerhard Binder, *Die Aussetzung des Königskindes: Kyros und Romulus* (Meisenheim am Glan, 1964), p.90-115, esp. p.98s.

Sobre a corrida dos dois grupos de *luperci*, cf. G. Piccaluga, "L'aspetto agonistico dei Lupercalia" (SMSR, 33, 1962, p.51-62).

Acerca de *februum*, *Februarius* e *Faunus*, ver G. Dumézil, *Le problème des centaures*, p.195s.; A. Brelich, *Tre variazioni romane sul tema delle origini* (Roma, 1956), p.95-123; Binder, op.cit., p.80s.; G. Dumézil, *Rel. rom. arch.*, p.353s.

Sobre os sacrifícios, ver S. Eitrem, *Opferritus u. Voropfer der Griechen u. Römer* (1913); Wissowa, op.cit., p.380s.; Latte, op.cit., p.379-92.

G. Dumézil destacou a analogia estrutural entre o sacrifício dos *suovetaurilia* (compreendendo a imolação de porcos, ovinos e touros), sacrifício próprio do culto de Marte, e a *sautramani*, oferecida a Indra; cf. *Tarpeia* (1947), p.117-58; *Rel. rom. arch.*, p.247-51.

Sobre o ritual do cavalo de outubro, sacrificado a Marte, e as semelhanças com o *asvamedha* reservado à classe dos guerreiros (cf. §73), ver finalmente G. Dumézil, *Rel. rom. arch.*, p.225-39 e *Fêtes romaines d'été et d'automne* (1975), p.179-219.

Mais tarde (fim do séc. V?), sob a influência dos etruscos (que, aliás, seguiam um modelo grego), introduzem-se em Roma os *lectisternia*, caracterizados pela presença sensível do deus a quem se oferecia o sacrifício. "O objetivo de todo sacrifício é alimentar o deus no altar. Servir-lhe uma refeição é outra coisa" (G. Dumézil, *Rel. rom. arch.*, p.559). Com efeito, o deus (sua estátua cultual) estava deitado num leito perto da mesa que lhe era servida. "Os *lectisternia* foram, a princípio, servidos fora do templo: os homens podiam assim ver, com os próprios olhos, esses protetores comumente presos no outro lado de uma *cella*" (ibid.).

166. Sobre os *di indigetes* e os *di novensiles*, cf. Wissowa, *Religion u. Kultus* (2ª ed., 1912), p.18s., 43, e as fontes citadas por A. Grenier, *Les religions étrusque et romaine*, p.152.

Sobre a fórmula da *devotio* transmitida por Tito Lívio (VIII, 9, 6) e contra Latte (que vê uma forja do sumo pontífice), cf. G. Dumézil, *Rel. rom. arch.*, p.108s.

Quanto à tríade arcaica, ver a exposição de Dumézil, *Rel. rom. arch.*, p.187-290, com a bibliografia dos trabalhos anteriores (em primeiro lugar: *Jupiter, Mars, Quirinus*, 1941; *Naissance de Rome*, 1944; *L'Héritage indo-européen à Rome*, 1948; *Mythe et épopée*, I, 1968, p.259-437). G. Wissowa já tinha chamado a atenção sobre a existência da tríade pré-capitolina: cf. *Religion und Kultus*, p.23, 133-4. Segundo K. Latte, trata-se de um grupamento tardio e acidental (*Römische Religionsgeschichte*, p.37, 195 etc.); ver, no entanto, a crítica de Dumézil, *Rel. rom. arch.*, p.154s.

Nas circunstâncias em que Júpiter parece ser agrário ou guerreiro, cumpre levar em conta o *modo* de suas intervenções (G. Dumézil, *Rel. rom. arch.*, p.193). "Política e direito, poder e justiça têm, pelo menos idealmente, numerosos pontos comuns: outro elemento tanto do prestígio de Júpiter como de Zeus e dos deuses soberanos da Índia védica – Varuna e Mitra – é seu papel de testemunha, fiador, vingador dos juramentos e dos pactos, não só na vida privada, mas também na vida pública, e no comércio entre cidadãos ou com os estrangeiros" (ibid., p.190).

Sobre Marte, ver G. Dumézil, op.cit., p.215-56. Para uma orientação radicalmente distinta, cf. Udo W. Scholz, *Studien zum altitalischen und altrömischen Marskult und Marsmythos* (1970). Sobre o sacrifício do cavalo de outubro, e contra a interpretação agrarista de H.J. Rose (*Some Problems of Classical Religion: Mars* [Oslo, 1958], p.1-17), ver Dumézil, *Rel. rom. arch.*, p.223-38.

Sobre Quirino, cf. G. Dumézil, op.cit., p.259-82 e A. Brelich, "Quirinus: una divinità romana alla luce della comparazione storica" (SMSR, 36, 1965, p.63-119). Carl Koch apresentou uma interpretação antidumeziliana em "Bemerkungen zum römischen Quirinuskult" (*Zeitschrift für Rel. u Geistesgeschichte*, 5, 1953, p.1-25).

Acerca de Vesta, ver O. Huth, *Vesta, Urtersuchungen zum indo-germanischen Feuerkult* (1943); A. Brelich, *Geheime Schutzgottheit von Rom: Vesta* (Albae Vigiliae, N.F., 7, Zurique, 1949); G. Dumézil, "Aedes Rotunda Vestae" (*Rituels indo-européens à Rome*, 1954, p.26-43) e outros trabalhos resumidos em *Rel. rom. arch.*, p.319-32.

Sobre Jano, cf. L.A. Lackay, "Janus" (*Univ. of California Publications on Classical Philology*, 15, 1956, p.157-82); R. Schilling, "Janus, le dieu introducteur " (*Mélanges d'archéologie et d'histoire de l'École Française de Rome*, 1960, p.89-100); G. Capdeville, "Les épithètes cultuelles de Janus" (ibid., 1973, p.395-436); G. Dumézil, *Rel. rom. arch.*, p.333-9.

Sobre a tríade capitolina, ver a exposição de conjunto em G. Dumézil, op.cit., p.291-317. Cf. também U. Bianchi, "Disegno storico del culto capitolino nell'Italia romana e nelle provincie dell'Impero" (*Monumenti antichi dei Lincei*, 8, 1949, p.347-415); id., "Questions sur les origines du culte capitolin" (*Latomus*, 10, 1951, p.341-66).

A respeito de Juno, cf. G. Dumézil, *Rel. rom. arch.*, p.299-310; id., "Junon et l'Aurore" (*Mythe et épopée*, III, 1973, p.164-73). Para a etimologia do nome, ver E. Benveniste, "Expression indo-européenne de l'éternité", *Bull. Soc. Linguistique*, 38, 1937, p.103-12. Ver também M. Renard, "Le nom de Junon", *Phoibos*, 5, 1951, p.141-3; id., "Juno historia", *Latomus*, 12, 1953, p.137-54.

Sobre as festas apadrinhadas por Juno, em primeiro lugar as *Nonae Caprotinae* e os *Matronalia*, ver G. Dumézil, p.301-13. Cf. também J. Gagé, *Matronalia. Essai sur les organisations cultuelles des femmes dans l'ancienne Rome* (Col. Latomus, LX, 1963).

No que se refere à etimologia de Minerva, cf. A. Meillet, *De i.-e. radice *men "mente agitare"* (1897), p.47.

167. Sobre os etruscos, o essencial encontra-se em algumas publicações recentes: M. Pallottino, *Etruscologia* (6ª ed., Milão, 1968); R. Bloch, *Les Etrusques* (1954); J. Heurgon, *La vie quotidienne chez les etrusques* (1961); H.H. Sculard, *The Etruscan Cities and Rome* (Londres, 1967); L. Banti, *Il mondo degli etruschi* (2ª ed., Roma, 1969).

A "questão etrusca" é discutida nos artigos de M. Pallottino, "Nuovi studi sul problema delle origini etrusche" (*Studi Etruschi*, 29, 1961, p.3-30) e "What do we know today about the Etruscan language?" (*Intern. Anthropological Linguistic Review*, v.I, 1955, p.243-53). Ver também H. Hencken, *Tarquinia, Villanovans and Early Etruscan* (Cambridge, Massachusetts, 1968), II, p.601-46; id., *Tarquinia and Etruscan Origins* (Londres, 1968).

Sobre a religião dos etruscos, ver os estudos de: A. Grenier, *La religion étrusque* (= *Mana*, III, 2, 1948, p.3-79); R. Herbig, *Götter und Dämonen der Etrusker* (Heidelberg, 1948); F. Altheim, *A History of Roman Religion*, p.46-92, 485-94; idem, *La religion romaine antique*, p.33-50; G. Dumézil, *La religion romaine archaïque*, p.611-80; G. Cl. Giglioli e G. Camporeale, "La religione degli Etruschi", *Storia delle Religioni* (6ª ed., refundida e aumentada), II, p.539-672 (boas referências bibliográficas nas p.655-61, 670-2).

Os textos dos autores clássicos estão registrados e analisados por Giglioli, op.cit., p.544-52, 652-54.

Sobre a origem dos etruscos na Ásia Menor (Heródoto, I, 94) e as inscrições de Lemnos, ver A. Piganiol, "Les Etrusques, peuple d'Orient", *Cahiers d'Histoire mondiale*, I, 1953, p.329-39; G. Dumézil, op.cit., p.614-9.

Sobre os deuses etruscos e sua *interpretatio graeca*, cf. G. Devoto, "Nomi di divinità etrusche", *Studi Etruschi*, 6, 1932, p.243-80 (Fufluns); 7, 1933, p.259-66 (Culsans); 14, 1940, p.275-80 (Vertumno); L. Banti, "Il culto del cosiddetto 'Tempio dell'Apollo' a Veii e il problema delle triadi etrusco-italiche", *Studi Etruschi*, 17, 1943, p.187s.; J.D. Beazly, "The world of the Etruscan mirror", *Journal of Hellenic Studies*, 69, 1949, p.1-17; F. Messerschmidt, "Griechische und Etruskische Religion", SMSR, 5, 1929, p.21-32; Eva Fiesel, *Namen des griechischen Mythos im Etruskischen* (1928; ver as observações de E. Benveniste, *Rev. Philol.*, 56, 1930, p.67-75 e de G. Dumézil, *Rel. rom. arch.*, p.660-1); Dumézil, ibid., p.658-76.

No santuário de Pirgos (um dos portos de Cere), foram descobertas recentemente uma inscrição púnica e, ao lado, tábulas inscritas em etrusco, datadas de cerca de 500 a.C.

O texto púnico contém a homenagem do rei etrusco à deusa fenícia Astarte, assimilada a Uni(-Juno). É mais uma prova da maleabilidade da teologia etrusca, pronta a acolher uma expressão mítico-ritual do mundo semítico e a homologá-la a uma divindade nacional. Cf. A. Dupont-Sommer, "L'inscription punique récemment découverte à Pyrgi (Italie)", JA, 252, 1964, p.289-302; a trad. (p.292) é reproduzida e comentada por G. Dumézil, *Rel. rom. arch.*, p.665s. Ver a bibliografia posterior em J. Heurgon, "The inscriptions of Pyrgi", *Journal of Roman Studies*, 56, 1966, p.1-14; G. Camporeale, in *Storia delle Religioni*, II, 1971, p.671.

Sobre as técnicas de divinação, o livro de A. Bouché-Leclercq, *Histoire de la divination dans l'Antiquité*, IV (Paris, 1882), p.3-115, continua a não ter substituto.

O conteúdo dos diferentes *libri* é apresentado e comentado nos três volumes de C.O. Thulin, *Die etruskische Disziplin* I. *Die Blitzlehre* (Göteborgs Högskolas Arsskrift, 11, 1905, p.I-XV, 1-128); *Die Haruspicium* (ibid., 12, 1906, p.1-54); III. *Ritualbücher und zur Geschichte und Organisation der Haruspices* (ibid., 15, 1909, p.1-158).

Os textos de Plínio e de Sêneca sobre a teoria dos raios dependem da mesma fonte (Cecina). Júpiter dispunha sozinho de três categorias distintas de raios. Os outros oito tipos de raios eram manejados pelos deuses correspondentes a Juno, Minerva, Vulcano, Marte e Saturno, e a três outras divindades que permaneceram ignoradas. Ver Bouché-Leclercq, op.cit., IV, p.32-61; Thulin, *Die Blitzlehre*, p.47-68; A. Biedl, "Die Himmelsteilung nach der 'disciplina etrusca'" (*Philologus*, N.H., 40, 1931, p.199-214); A. Piganiol, "Sur le calendrier brontoscopique de Nigidius Figulus" (*Studies... in honor of A.C. Johnson*, 1951, p.79-87); id.; "Les Etrusques, peuple d'Orient", p.640-1; S. Weinstock, "Libri Fulgurales" (*Papers of the British School at Rome*, 19, 1951, p.122-42); R.B. Bloch, *Les prodiges dans l'Antiquité classique* (1963), p.149s.; G. Dumézil, op.cit., p.624-35. As analogias com a doutrina e a técnica orientais são igualmente discutidas por G. Furlani, "Il *bidental* etrusco e un'inscrizione di Tiglatpilesar I d'Assiria" (SMSR, 6, 1930, p.9-49); id., "Fulmini mesopotamici, ittiti, greci ed etruschi" (*Stud. Etr.*, 5, 1931, p.203-31).

Sobre os *libri haruspicini* e o modelo de bronze achado em Placência (Piacenza), ver Bouché-Leclercq, op.cit., p.61-74; Thulin, op.cit., v.II; G. Furlani, "Epatoscopia babilonese ed epatoscopia etrusca" (SMRS, 4, 1928, p.243-85); idem, "Mantica babilonese ed etrusca" (*Tyrrhenica, Saggi di studi Etruschi*, 1957, p.61-76). Para um estudo comparativo, ver: *La divination en Mésopotamie et dans les régions voisines* (XIVe Rencontre Assyriologique Internationale, 1967); J. Nougayrol, "Haruspicine étrusque et assyro-babylonienne" (*Comptes Rendus de l'Acad. d. Inscriptions*, 1955, p.508-17); idem, "Le foie d'orientation BM 50494" (*Révue d'Assyriologie*, 62, 1958, p.31-50); E. Laroche, "Eléments d'haruspicine hittite" (*Revue hittite et asianique*, 12, 1952, p.19-48); R. Bloch, "Liberté et détermination dans la divination romaine" (*Studi in onore di Luisa Banti*, Roma, 1965, p.63s.); idem, "La divination en Etrurie et à Rome" (in *La Divination*, I, Paris, 1968, p.197-232).

As 40 divindades cujos nomes estão inscritos no modelo do fígado de bronze descoberto em Placência acham-se provavelmente agrupadas segundo certa ordem que ainda não se conseguiu reconstituir. Dispomos de outra classificação do panteão, nomeadamente a transmitida por Marciano Míneo Félix Capela no tratado *De nuptiis Philologiae et Mercurii* (I, 41-61). Trata-se de um texto tardio (séc. V d.C.), coberto de especulações gregas e greco-romanas; ele é, entretanto, valioso pela apresentação clara e minuciosa dos deuses divididos entre as 16 regiões celestes. (A fonte principal parece ter sido a tradução dos rituais etruscos efetuada por um contemporâneo de Cícero, Nigídio Fígulo.) Thulin não duvidava de que havia uma correspondência entre as personagens divinas inscritas nas 16 seções do fígado de Placência e as 16 regiões de Marciano Capela (cf. *Die Götter des Martianus Capella und der Bronzeleber von Piacenza*, Berlim, 1906). Mas Stefan Weinstock ressaltou a apreciável contribuição da astrologia helenística; cf. "Martianus Capella and the cosmic system of the Etruscans" (*Journal of Roman Studies*, 36, 1946, p.101-29). Para uma análise das três primeiras *regiones*, vale dizer, as de Júpiter, ver G. Dumézil, op.cit., p.672-6.

Sobre a demonologia e as crenças funerárias, cf. S. Weinstock, "Etruscan demons", in *Studi in onore di Luisa Banti*, p.345-50; C.C. van Essen, *Did Orphic Influence on Etruscan Tomb Painting Exist?* (Amsterdam, 1927); idem, "La tomba del cardinale" (*Studi Etruschi*, 2, 1928, p.83-132); F. de Ruyt, *Charun, démon étrusque de la mort* (Bruxelas, 1934); M. Pallottino, "Il culto degli antenati in Etruria ed una probabile equivalenza lessicale etrusco-latino" (*St. Etr.*, 26, 1958, p.49-83); J.-M. Blázques, "La tomba del cardinale y la influencia órfico-pitagórica en las creencias etruscas de ultratumba" (*Latomus*, 26, 1965, p.3-39).

Em certas cenas tumulares, um demônio segura um livro ou um rolo, ou nele está escrevendo. Os poucos caracteres que se logrou decifrar indicam o nome e a idade do defunto. Trata-se, ao que parece, de "uma espécie de passaporte para o além" (F. de Ruyt, p.160). Sobre as analogias egípcias, cf. §33 (Estado das questões).

168. Sobre a tríade do Aventino, ver H. Le Bonniec, *Le culte de Cérès à Rome des origines à la fin de la République* (Paris, 1958) e G. Dumézil, *La religion romaine archaïque*, p.379s. "O culto do Aventino seria também um testemunho da vitória da plebe e resultaria de um dos primeiros entre os numerosos compromissos que, pouco a pouco, deviam assegurar a essa classe social a igualdade política e religiosa, e, no início do séc. V, desde a fundação, já se teria formado o quadro clássico: os edis plebeus que funcionavam nas dependências do templo, aí acumulando os arquivos da plebe, os textos dos plebiscitos e, mais tarde, por precaução, a cópia dos *senatus consulta* da ordem rival" (ibid., p.384). Cf. também F. Altheim, *La religion romaine antique*, p.186. É provável que a associação de três divindades agrárias, duas femininas e uma masculina, seja proveniente da Magna Grécia; ver Dumézil, p.448.

Por ocasião dos *Cerialia*, além do sacrifício de porcas, praticava-se um "jogo" bárbaro: soltavam-se, no circo, raposas "que tinham presas ao dorso tochas ardentes" (Ovídio, *Fasti*, 4, 679-82). A interpretação desse rito é controvertida; cf. Dumézil, p.380.

Sobre a etimologia de Líber, ver E. Benveniste, "Liber et liberi", *Rev. Études Latines*, 14, 1936, p.52-8. Sobre o culto, ver A. Bruhl, *Liber pater, origine et expansion du culte dionysiaque à Rome et dans le monde romain* (Paris, 1953), esp. p.13s. As informações de santo Agostinho sobre os *Liberalia*, em parte calcadas em Varrão, são examinadas por Bruhl, p.17s. Franz Altheim defende a origem grega do deus Líber (*Terra Mater*, Giessen, 1931, p.15s.): ver a crítica de Bruhl, p.23s. Sobre a *interpretatio graeca* dos *Cerealia*, ver Jean Bayet, "Les 'Cerealia', alteração de um culto latino pelo mito grego" (*Revue Belge de Philologie et d'Histoire*, 1951, p.5-32, 341-66; republicado in *Croyances et rites dans la Rome antique*, 1971, p.89-129).

A respeito das influências gregas, ver Franz Altheim, *A History...*, p.34s., 149s.; idem, *La religion romaine antique*, p.201s.; G. Dumézil, *La religion romaine archaïque*, p.450s. Sobre as influências celtas, cf. Altheim, *La rel. rom. antique*, p.103s., 189s.

Sobre Apolo, ver J. Gagé, *Apollon Romain. Essai sur le culte d'Apollon et le développement du "ritus graecus" à Rome, des origines à Auguste* (Paris, 1955).

Sobre Vênus, ver R. Schilling, *La religion romaine de Vénus depuis les origines jusqu'au temps d'Auguste* (Paris, 1954); idem, "Les origines de la Vénus romaine" (*Latomus*, 17, 1958, p.3-26; respostas às críticas de A. Ernout e P. Grimal). Ver também G. Dumézil, *Rel. rom. arch.*, p.422-4, 471-4.

Acerca da *evocatio*, ver V. Basanoff, *Evocatio. Étude d'un rituel militaire romain* (Paris, 1947); R. Bloch, "Héra, Uni, Junon en Italie centrale" (*Comptes rendus de l'Académie des Inscriptions*, 1972, p.384-96). Outros exemplos célebres de *evocatio*: Vertumnus, "evocado" de Volsínios em 264 a.C., e Tanit púnica de Cartago, em 146 a.C., por Cipião Emiliano (Macróbio, *Sat.*, III, 9).

Sobre os prodígios de 207 a.C. enumerados por Tito Lívio, ver J. Cousin, "La crise religieuse de 207 avant J.-C." (RHR, 126, 1943, p.15-41). A religião durante a Segunda Guerra Púnica é brilhantemente apresentada por G. Dumézil, *Rel. rom. arch.*, p.457-87. Sobre a *transvectio* de Cíbele, ver H. Graillot, *Le culte de Cybèle, mère des dieux, à Rome et dans l'empire romain* (Paris, 1912), p.38s. Quanto às sodalidades da deusa e a sua significação política, ver ibid., p.90s. Sobre o culto em Roma e nas províncias, ver F. Gumont, *Les religions orientales dans le paganisme romain* (4ª ed., 1929), p.17s., 208s. Cf. ainda Th. Köves, "Zum Empfang der Magna Mater in Rom" (*Historia*, 12, 1963, p.321-47); F. Bömer, "Kybele in Rom" (*Rheinisches Museum*, 71, 1964, p.130-51).

As fontes e a bibliografia crítica sobre a questão das bacanais são adequadamente analisadas por A. Bruhl, *Liber Pater*, p.82-116. Acrescentar: J. Bayet, "Le phénomène religieux dionysiaque" (= *Croyances et rites...*, p.241-74, a propósito do livro de Bruhl); J. Festugière, "Ce que Tite-Live nous apprend des mystères de Dionysos" (*Mélanges d'archéologie et d'histoire, de l'École Française de Rome*, 66, 1954, p.79-99); Latte, op.cit., p.270, nota 5 (bibliografia); G. Dumézil, op.cit., p.511-6.

169. Em relação à pré-história dos celtas, ver M.E. Marien, "Où en est la question des champs d'urnes?" (*L'Antiquité classique*, 17, 1948, p.413-4); E. Sprockhoff, "Central european Urnfield culture and Celtic La Tène", *Proceedings of the Prehistoric Society*, 1955, p.257-81; P. Bosch-Gimpera, *Les Indo-Européens. Problèmes archéologiques* (trad. R. Lantier, Payot, 1961), p.241s.; G. Devoto, *Origini indeuropee* (Florença, 1962), p.289s.; Stuart Piggott, *Ancient Europe* (Edimburgo, 1963), p.215s. (excelente bibliografia, p.261-6); id., *The Druids* (Londres, 1968), p.9-24; Richard Pittioni, "Das Mittel-Metallikum – Die Frünzeit der indogermanischen Einzelvölker Europas", *Anzeiger d. Öst. Akad. d. Wissenschaften*, Phil.-hist. Klasse, 1972, 5, p.14-29.

Da apreciável literatura sobre a história e a cultura dos celtas, destaquemos: H. Hubert, *Les celtes*, 2v. (1932); A. Grenier, *Les gaulois* (Paris, 1945); T. O'Rahilly, *Early Irish History and Mythology* (Dublin, 1946); T.G.E. Powell, *The Celts* (Londres, 1958); Jan de Vries, *Kelten und Germanen* (Berna e Munique, 1960); J. Philip, *Celtic Civilization and Its Heritage* (Praga e Nova York, 1962); C.F.C. Hawkes, "The Celts: report on the study of their culture and their mediterranean relations, 1942-62", in *Rapports et Commentaires*, VIIIᵉ Congrès International d'Archéologie Classique, Paris, 1963, p.3-23; Nora Chadwick, *The Celts* (Pelican Books, 1966; ver contudo Piggott, *The Druids*, p.193); Anne Ross, *Pagan Celtic Britain. Studies in Iconography and Tradition* (Londres, 1967); Helmut Birkhan, "Germanen und Kelten bis zum Ausgang der Römerzeit", *Österreichische Akad. d. Wissenschaften, Phil.-hist. Klasse*, 272, 1970, p.1-636; Jean-Jacques Hatt, *Les Celtes et les Gallo-Romains* (Archaeologia Mundi, Genebra, Paris, Munique, 1970; excelentes ilustrações).

Os textos gregos e latinos sobre a religião céltica foram editados por J. Zwicker, *Fontes historiae religionis celticae*, 3v. (Berlim, 1934-36); uma seleção, em trad. al., foi publicada por Wolfgang Krause, *Die Kelten* (*Religionsgeschichtliches Lesebuch*, 2ª ed., Tübingen, 1929, 46p.). Ver a bibliografia sobre as outras fontes (inscrições gaulesas, esculturas, estatuetas de bronze, representações divinas nos vasos decorados) em Paul-Marie Duval, *Les dieux de la Gaule* (Payot, 1976), p.129-30.

Obras de conjunto sobre as religiões dos celtas: M.-L. Sjoested, *Dieux et héros des celtes* (Paris, 1940); J. Vendryès, "La religion des Celtes" (*Mana, Les religions de l'Europe ancienne*, v.III, Paris, 1948, p.239-320; bom catálogo dos deuses); A. Rees e B. Rees, *Celtic Heritage. Ancient Tradition in Ireland and Wales* (Londres, 1961); J. de Vries, *Keltische Religion* (Stuttgart, 1961; trad. franc.: *La religion des celtes*, Payot, 1963); Anne Ross, *Pagan Celtic Britain* (excelente bibliografia, p.489-503); Françoise Le Roux, "La religion des Celtes" (*Histoire des religions*, Encyclopédie de la Pléiade, I, 1970, p.780-840); Paul-Marie Duval, *Les dieux de la Gaule* (1976, ed. rev. e ampl. da obra publicada em 1957).

Sobre os santuários proto-históricos e o simbolismo do espaço sagrado, cf. K. Schwarz, "Zum Stand der Ausgrabungen in der Spätkeltischen Viereckshanze von Holzhausen" (*Jahresbericht d. Bayerische Bodendenkmalpfl.*, 1962, p.21-77); Piggott, *Ancient Europe*, p.320s. Sobre o simbolismo do centro e a "geografia sagrada" na Irlanda medieval, cf. A. e B. Rees, *Celtic Heritage*, p.146s.

Sobre o culto dos crânios, ver P. Lambrechts, *L'Exaltation de la tête dans la pensée et dans l'art des celtes* (Bruges, 1954), e sobretudo Anne Ross, *Pagan Celtic Britain*, p.94-171, fig. 25-86 e pranchas 1-23 (p.155s., a continuidade do culto após a conversão ao cristianismo).

170. Sobre o arcaísmo da cultura céltica e o paralelismo com a Índia antiga, ver G. Dumézil, *Servius et la Fortune* (1942); Myles Dillon, "The archaism of Irish tradition", *Proceedings of the British Academy*, 33, 1947, p.245-64; id., "The Hindu Act of Truth in Celtic tradition", *Modern Philology*, 44, 1947, p.137-40; idem, "Celt and Hindu", *Vishveshvaranand Indological Journal*, I, set 1963, p.1-21; J.E. Caerwyn Williams, "The court poet in medieval Ireland", *Proc. Brit. Acad.*, 57, 1971, p.85-135. Ver também D.A. Binchy, "The linguistic and historical value of the Irish law tracts", *Proceedings of the British Academy*, 29, 1943; C. Watkins, "Indo-European metrics and archaic Irish verse", *Celtica*, 6, 1963, p.194s.; R. Schmidt, *Dichtung und Dichtersprache in indogermanischer Zeit* (Wiesbaden, 1967), p.61s. Em seu livro póstumo, *Celts and Aryans* (Simla, 1975), Myles Dillon retomou o problema em seu conjunto: morfologia e sintaxe (p.32s.), poesia cortesã e tradição heroica (p.52s.), instituições sociais (p.95s.), religião (125s.). Ver também Hans Hartmann, *Der Totenkult in Irland* (Heidelberg, 1952); K.H. Jackson, *The Oldest Irish Tradition: A Window on the Iron Age* (Cambridge, 1964); H. Wagner, "Studies in the origin of early Celtic tradition", *Eriu*, 26, 1975, p.1-26.

Sobre a tripartição social entre os celtas, ver G. Dumézil, *L'Idéologie tripartie des Indo-Européens* (Bruxelas, 1958), p.11: "Se conciliarmos os documentos que descrevem a situação social da Gália pagã decadente conquistada por César e os textos que nos informam sobre a Irlanda pouco depois de sua conversão ao cristianismo, aparecerá, sob o **rig* (o equivalente fonético exato do sânscrito *raj-*, latim *reg-*), um tipo de sociedade assim constituído: 1) dominando tudo, mais forte do que as fronteiras, quase tão supranacional quanto a classe de brâmanes, a classe dos druidas (**dru-uid*), isto é, dos 'muito sábios', sacerdotes, juristas, depositários da tradição; 2) a aristocracia militar, proprietária única do solo, a *flaith* irlandesa (cf. gaulês *vlato*-, alemão *Gewalt* etc.), propriamente (força, poder), o exato equivalente semântico do sânscrito *ksatra* [xátria], essência da função guerreira; 3) os criadores de animais, os *bó airig* irlandeses; homens livres (*airig*) que se definem apenas como possuidores de vacas (*bó*)." T.G. Powell retomou a demonstração de G. Dumézil (*Jupiter, Mars, Quirinus*, p.110-23) em seu estudo "Celtie origins: a stage in the enquiry" (*J. of the Royal Anthrop. Institute*, 78, 1948, p.71-9); cf. S. Piggott, *The Druids*, p.88.

"Os irlandeses concebiam a história de sua ilha como uma sucessão de invasões; o penúltimo povo invasor, o dos Tuatha Dé Danann, 'tribos da deusa Dana', é de fato formado pelos antigos deuses do paganismo, especialmente aqueles deuses que os celtas haviam herdado de seus antepassados indo-europeus." O estado-maior dos Tuatha Dé Danann é composto do grande deus Dagda, devotado à alta magia druídica, de Ogma, o deus paladino, de Lug ("o deus de todos os ofícios") e de Dian Cecht, o médico, e Goibniu, o ferreiro. A terceira função em sua modalidade mais necessária, a agricultura fornecedora de alimento e riqueza, estava representada pelos habitantes anteriores da ilha, os Fomore, "seres demoníacos que os Tuatha Dé Danann derrotaram, mataram em grande parte, domesticando os demais. E foi como fecho dessa guerra, da célebre vitória que conquistaram em Mag Tuired, que os invasores Tuatha Dé Danann decidiram poupar a vida ao chefe dos vencidos, em troca da revelação dos segredos que deveriam assegurar a prosperidade agrícola e pastoral da Irlanda" (G. Dumézil, *Mythe et épopée*, I, 1968, p.289; cf. nota 1, as referências aos trabalhos anteriores); Jan de Vries seguiu a interpretação duméziliana em *La religion des Celtes*, p.157s. Ver também Mylles Dillon, *Celts and Aryans*, p.96s.

Ver outros exemplos de tradições épicas irlandesas envolvendo a estrutura trifuncional em *Mythe et épopée*, I, p.602-12 ("Le trio de Macha"), 616-23 ("Les trois oppressions de l'île de Bretagne"). As analogias estruturais entre o mito das "rainhas Medb" e o mito da indiana Madhavi, filha do rei universal Yayati, foram analisadas no cap. V de *Mythe et épopée*, II (1971), p.331-53. Ver também "Le puits de Nechtan", *Mythe et épopée*, III (1973), p.27-34.

Sobre o valor do testemunho de César, ver o trabalho útil mas hipercrítico de Michel Rambaud, *L'Art de la déformation historique dans les* Commentaires *de César* (2ª ed. rev. e aum., Paris, 1966), sobretudo as páginas relativas à religião (p.328-33). "Através do seu quadro da religião gaulesa, o procônsul, conquistador da Gália e sumo pontífice em Roma, sugeria a política subsequente" (p.333).

Sobre as colunas ditas de "Júpiter sobre os ombros do gigante", ver Werner Müller, *Die Jupitergigantensäulen und ihre Verwandten* (Meisenheim am Glan), 1975, com rica bibliografia (p.113-27). Acerca do simbolismo da roda, cf. W. Müller, p.46s.; ver também A. Ross, op.cit., p.347s., 475s.; R. Pettazzoni, "The wheel in the ritual simbolism of some Indo-European peoples", in *Essays on the History of Religion* (Leyden, 1954), p.95-109; J.J. Hatt, "Rota flammis circumsepta, à propos du symbole de la roue dans la religion gauloise", *Revue Archéologique de l'Est*, 1951, p.82-7.

Sobre Dagda, ver J. Vendryès, "La religion des Celtes", p.263; F. Le Roux, "Notes sur le Mercure celtique", *Ogam*, 4, 1952, p.289s.; J. de Vries, op.cit., p.45s.

Sobre Lug, cf. J. Vendryès, "La religion des Celtes", p.278, 313; J. de Vries, op.cit., p.58s.; P.M. Duval, *Les dieux de la Gaule*, p.27s.; R. Pettazzoni, "Il dio gallico a tre teste", in *L'onniscienza di Dio* (Turim, 1955), p.286-316; R. Lantier, in *Wörterbuch der Mythologie*, v.II, p.132s., 138s., 141s.

Com relação ao Marte gaulês, ver: J. de Vries, op.cit., p.64s.; P. Lambrechts, *Contributions*, p.126s.; E. Thevenot, *Sur les traces des Mars celtiques entre Loire et Mont Blanc* (Dissertationes archaelogicae Gandenses, Bruges, 1955); F. Benoît, *Mars et Mercure. Nouvelles recherches sur l'interprétation gauloise des divinités romaines* (Aix-en-Provence, 1959).

Sobre Ogmios, ver Françoise Le Roux, "Le dieu celtique aux liens: de l'Ogmios de Lucien à Ogmios de Dürer", *Ogam*, 12, 1960, p.209-234, que discute igualmente os trabalhos anteriores; J. de Vries, op.cit., p.73-9; P.M. Duval, *Les dieux de la Gaule*, p.79-82. Quanto a Ogma, seu nome "trai uma fonética não gaélica e deve explicar-se como um empréstimo do gaulês Ogmios": M.L. Sjoestedt, "Légendes épiques irlandaises et monnaies gauloises" (*Études Celtiques*, I, 1936, p.1-77), p.7. Por outro lado, Ogmios parece ser um empréstimo do grego *ógmos*, "linha, fila, sulco"; mas esse teônimo de origem grega esconde uma realidade religiosa céltica.

O deus Ogme é dito "pai dos ogãs", caracteres alfabéticos utilizados particularmente nas 360 inscrições funerárias encontradas sobretudo na Irlanda e no País de Gales, e que datam dos séc. V e VI. Ver J. Vendryès, "L'écriture ogamique et ses origines", *Études Celtiques*, 4, 1939, p.83-116 (com rica bibliografia); sobre o emprego aritmético desses sinais, cf. L. Gerschel, "Origine et premier usage des caractères ogamiques", *Ogam*, 9, 159, p.151-73. Ver, como mais recente fonte de consulta, James Carney, "The invention of the Ogom Cipher", *Eriu*, 26, 1975, p.53-65.

Sobre "Apolo", ver J. Vendryès, op.cit., p.261s., 287 (divindades associadas a Apolo); F. Le Roux, "Introduction à une étude de l''Apollon' celtique", *Ogam*, 12, 1960, p.59-72; J. de Vries, *Religion des Celtes*, p.79-86.

Sobre "Minerva", ver J. Vendryès, op.cit., p.2615s; J. de Vries, op.cit., p.86s.

171. Sobre os deuses gauleses citados por Lucano, ver P.M. Duval, "Teutates, Esus, Taranis", *Études Celtiques*, 8, 1958-59, p.41-58; id., "Le groupe de bas-reliefs des 'Nautae Parisiaci'", *Monuments Piot*, 48, 1956, p.78-85; E. Thevenot, "La pendaison sanglante des victimes offertes à Esus-Mars", *Hommages à Waldemar Déonna* (Liège, 1957), p.442-9; J. de Vries, op.cit., p.53s., 105s.; Françoise Le Roux, "Des chaudrons celtiques à l'arbre d'Esus, Lucain et les Scholies bernoises", *Ogam*, 7, 1955, p.33-58; id., "Taranis, dieu celtique du Ciel et de l'Orage", *Ogam*, 10, 1958, p.30-9; 11, 1959, p.307-24; Anne Ross, "Esus et les trois 'grues'", *Études Celtiques*, 9, 1960-61, p.405-38; J.J. Hatt, "Essai sur l'évolution de la religion gauloise", *Revue des Études Anciennes*, 67, 1965, p.80-125 (reconstituição sistemática, pouco convincente).

As glosas medievais conservadas em *Commenta Bernensis* são contraditórias. Teutates é identificado com Mercúrio e, em outro lugar, com Marte; Esus com Marte e Mercúrio, Taranis com Dis Pater e Júpiter.

Sobre o tema do rei irlandês que morre num incêndio da casa, finalmente afogado numa cuba, ver Clémence Ramnoux, "La mort sacrificielle du roi", *Ogam*, 6, 1954, p.209-18.

Análise linguística e histórico-cultural de Taranis in H. Birkhan, *Germanen u. Kelten*, p.311s.

Sobre Cernunnos, ver P.P. Bober, "Cernunnos: origin and transformation of a celtic divinity", *American Journal of Archaeology*, 55, 1951, p.13-51; J. de Vries, op.cit., p.112s. (com bibliografia); Anne Ross, *Pagan Celtic Britain*, p.180s. Sobre a cena gravada do vale Cammonica, cf. F. Altheim e E. Trautmann, "Keltische Felsbilder der Val Cammonica", *Mitt. d. dt. archaeologischen Institut. röm. Abt.*, 54, 1939, p.1s. Sobre o simbolismo religioso do cervo, ver M. Eliade, *Images et symboles*, p.216; *De Zalmoxis à Gengis-Khan*, p.140s. (com bibliografia); Otto Höffler, *Siegfried, Arminius und die Symbolik* (Heidelberg, 1960), p.32s. e notas 66-94; Helmut Birkhan, op.cit., p.453-7. Sobre os ritos que contêm máscaras de cervos, na Europa cristã, ver Waldemar Liungmann, *Traditionswanderungen: Euphrat-Rhein* (FF Communication, 118, Helsinque, 1937), p.735s.

Sobre as *Matres* e *Matronae*, ver J. Vendryès, op.cit., p.275s.; p.288, nota 9; J. de Vries, op.cit., p.122s.; P.M. Duval, *Les dieux de la Gaule*, p.55s.; Anne Ross, op.cit., p.265s.

M.L. Sjoestedt destacara a importância da união ritual do deus-chefe e da deusa-mãe no dia do ano (*Samain*), quando "renasce o ano céltico"; esse *hieròs gámos* era "a garantia da vitalidade renascente da tribo" (*Dieux et héros des Celtes*, p.57). O tema do *hieròs gámos* entre o soberano irlandês e a deusa territorial (epifania da Terra Mater) foi abundantemente tratado pelos celtizantes. Ver em último lugar: Proinsias Mac Caba, "Aspects of the theme of king and goddess in Irish literature", *Études Celtiques*, 7, 1956, p.76-114, 356-413; 8, 1958, p.59-65; Rachel Bromwich, "Celtic dynastic themes and the Breton lays", *Ét. Celtiques*, 9, 1960, p.439-74; A. Ross, op.cit., p.292s. Ver também os trabalhos de A.C.L. Brown e A.K. Coomaraswamy citados adiante.

F.R. Schröder foi quem primeiro chamou a atenção para um passo da *Topographia Hibernica* (c.1185) de Geraldus Cambrensis: entre os kenelcunil, tribo de Ulster, o rei acasala-se com uma égua branca diante de seus súditos. A égua é depois abatida, tem a carne cozinhada e, com o conteúdo da panela, prepara-se um banho para o rei. Este, então, reparte a carne e bebe o líquido no qual se banhou, diretamente com a boca; cf. "Ein altirischer Krönungsritus und das indogermanische Rossopfer", *Zeit f. Celtische Philologie*, 16, 1927, p.310-2. Schröder havia comparado esse ritual de consagração régia com o *asvamedha* (cf. §73). O problema foi reestudado, na perspectiva duméziliana, por J. Puhvel, "Aspects of equine functionality", *Myth and Law among the Indo-Europeans* (1970), p.159-72 (ver, porém, G. Dumézil, *Fêtes romaines d'été et d'automne*, p.216-9).

Sobre Epona e Rhiannon, ver H. Hubert, "Le mythe d'Epona", *Mélanges Vendryès* (Paris, 1925), p.187s.; P. Lambrechts, "Epona et les Matres", *L'Antiquité Classique*, 19, 1950, p.103s.; Jean Gricourt, "Epona-Rhiannon-Macha", *Ogam*, 6, 1954, p.25-40, 75-86, 165-88 (o mito de Rhiannon, equivalente britânico de Epona, corresponde na Irlanda ao mito de Macha). Tal como Gricourt, J. Puhvel acredita que as deusas territoriais apresentavam originariamente traços hipomorfos; cf. "Aspects...", p.165s. Georges Dumézil reconhecera nas três Macha uma vidente, uma guerreira e uma camponesa-mãe; em outras palavras, elas representavam as três funções sociais: a do sacerdote, a do guerreiro e a do camponês; cf. "Le trio des Macha" (*Mythe et épopée*, I, p.602-12), p.603.

Numa das versões de "a horrível velha e o jovem herói", a fada (= deusa) explica a significação do beijo que realiza sua metamorfose: "Exatamente como, no início, tu me viste feia e, em seguida, muito bela, assim se apresenta a realeza. Ela não pode ser conquistada sem luta, mas no fim a soberania é agradável e esplêndida". Sobre esse tema, ver Ananda Coomaraswamy, "On the loathly bride", *Speculum*, 20, 1945, p.391-404 (estudo comparativo que utiliza sobretudo as fontes indianas). A.C.L. Brown analisou amplamente o tema da "horrível fada que representa a soberania" nos romances bretões do Graal; cf. o cap.VII de sua obra, *The Origin of the Grail Legend* (Cambridge, 1943).

Sobre a importância religiosa da mulher entre os celtas e os antigos germanos, ver Helmut Birkhan, *Germanen und Kelten*, p.487s.

172. A maior parte das informações sobre o estatuto e as cerimônias dos druidas gauleses é tributária da *História* de Posidônio (livro 23). Essa obra está perdida, mas Estrabão (c.63 a.C.-21 d.C.), Diodoro da Sicília (que escreveu entre 60-30 a.C.), Ateneu (séc. II d.C.) e Júlio César (que dispunha também de outras fontes) dela reproduziram e resumiram longos trechos. J.J. Tierney conseguiu identificar esses empréstimos em seu estudo "The Celtic ethnography of Posidonius", *Proceedings of the Royal Irish Academy*, 60, 1959-60, p.180-275 (os textos estão publicados nas p.225-46, acompanhados de trad. ingl., p.247-75). Sobre a importância de Posidônio para a etnologia dos celtas, ver também Arnaldo Momigliano, *Alien Wisdom. The Limits of Hellenization* (Cambridge, 1975), p.67s.

Além disso, dispomos de algumas informações transmitidas por Plínio o Velho (*Nat. Hist.*, XVI, 249) e dos comentários de vários autores tardios (séc. I-IV d.C.), que constituem, segundo a expressão de Nora Chadwick, "a tradição alexandrina"; cf. *The Druids* (Cardiff e Connecticut, 1966); ver também Stuart Piggott, *The Druids* (1968), p.88s.

Existe copiosa literatura sobre os druidas, em grande parte inutilizável. O livro de T.D. Kendrick, *The Druids: A Study in Keltic Prehistory* (Londres, 1927), deve ser mencionado por sua perspectiva ultrapositivista: segundo esse autor, os druidas eram "feiticeiros" (ver observações pertinentes de Françoise Le Roux, "Contribution à une définition des druides", *Ogam*, 12, 1960, p.475-86, esp. p.476s.). Convém consultar: Jan de Vries, "Die Druiden", *Kairos*, 2, 1960, p.67-82; idem, *La religion des Deltes*, p.212s.; F. Le Roux, *Les druides* (Paris, 1961); Nora Chadwick, op.cit.; S. Piggott, *The Druids* (todas essas obras apresentam bibliografias bastante completas; o livro de Piggott, p.123s., contém, além disso, a história da imagem romântica dos druidas a partir do séc. XVII).

As informações dadas por César são as mais preciosas, pois, durante seu consulado na Gália, verificara pessoalmente a autoridade espiritual e o poder político dos druidas. Aliás, eram numerosos os que em Roma conheciam a Gália e que podiam, por conseguinte, tê-lo acusado de exagero.

As literaturas vernaculares da Grã-Bretanha e da Irlanda constituem fonte inestimável para o conhecimento do druidado. Ver os trabalhos de Myles Dillon, D.A. Binchy, J.E.C. Williams e K.H. Jackson, já citados (§170), e Françoise Le Roux, *Les druides*. A diferença notada por certos autores clássicos, entre druidas, bardos e vates, não é atestada entre os celtas insulares (cf. F. Le Roux, op.cit., p.14s.).

César escreve que a doutrina dos druidas "foi elaborada na Britânia, e de lá, pensa-se, transportada para a Gália, e ainda hoje a maioria dos que dela querem ter um conhecimento mais minucioso vão até lá para melhor informar-se" (*De Bello Gallico*, VI, 13, 11s.). Essa observação deu lugar a várias hipóteses extravagantes (algumas relembradas por J. de Vries, op.cit., p.218-20). Mas o druidado é uma instituição céltica herdada, tanto na Gália como na Grã-Bretanha, de um passado comum; J. de Vries analisa as razões que se podem vislumbrar por trás dessa informação de César.

César acrescenta que as pessoas vinham de todas as partes "ao lugar consagrado do país dos carnutos", para submeter a arbitragem os seus conflitos. Mas, como os processos dos cidadãos eram geralmente resolvidos pelos druidas da comunidade respectiva, é provável que se tratasse de conflitos políticos entre as tribos. A assembleia do *locus consecratus* constituía uma instância "supracional"; cf. Hubert, *Les Celtes*, II, p.227; J. de Vries, *Rel. des Celtes*, p.215-6.

Sobre a proibição de registrar por escrito a tradição sagrada, ver. M. Winternitz, *Geschichte d. indischen Litteratur*, I (Leipzig, 1968), p.31; G. Dumézil, "La tradition druidique et l'écriture, le vivant et le mort", RHR, 122, 1940, p.125-33; S. Gandz, "The dawn of literature", *Osiris*, 7, 1969, p.261s. Sobre a transmissão oral na Irlanda, ver D.A. Binchy, "The background to early Irish literature", *Studia Hibernica*, I, 1961, p.21s.; A. e B. Rees, *Celtic Heritage*, p.20s.

Sobre o *locus consecratus* e os templos, ver F. Le Roux, *Les druides*, p.109s.; J. de Vries, *Rel. des Celtes*, p.201s. (com bibliografia); R. Lantier, in *Wörterbuch d. Mythologie*, parte II, p.147s. Sobre o culto, cf. J. de Vries, op.cit., p.228s. (sacrifícios), p.233s. (festas); R. Lantier, op.cit., p.151s.

Sobre os diferentes significados do sacrifício humano, cf. *De Zalmoxis à Gengis-Khan*, p.56s.

Sobre as analogias entre as concepções religiosas dos celtas e as dos geto-dácios, ver §178-9.

173. Para a interpretação das gravuras rupestres escandinavas, ver D. Almgren, *Nordische Felszeichnungen als religiöse Urkunden* (Frankfurt, 1934: a edição sueca veio a lume em 1926); Peter Gelling e Hilda Ellis Davidson, *The Chariot of the Sun and Other Rites and Symbols of the Northern Bronze Age* (Nova York, 1969), p.9-116.

As principais fontes da religião germânica estão reunidas, em trad. al., por W. Baetke, *Die Religion der Germanen in Quellenzeugnissen* (1937). Os textos originais acham-se organizados por F.R. Schröder, *Quellenbuch zur germanischen Religionsgeschichte* (1933). A melhor edição comentada do pequeno tratado de Tácito é a de Rudolf Murch, *Die GERMANIA des Tacitus* (Heidelberg, 1937; 2ª ed., 1959).

Encontra-se uma análise sucinta das fontes medievais – a *Edda*, as sagas, a *Edda* de Snorri Sturluson (c.1179-1241) e *Gesta Danorum* de Saxo Grammaticus (n.1150) – na obra de E.O.G. Turville-Petre, *Myth and Religion of the North* (Londres, 1964), p.1-34, 287-90, 321-3 (cf. p.321-3, bibliografia sobre diferentes ed. e trad.).

Utilizamos as traduções de F. Wagner, *Les poèmes héroïques de l'Edda* (Paris, 1929) e *Les poèmes mythologiques de l'Edda* (Liège, 1936). Ver também: C.A. Mastrelli, *L'Edda* (trad. integral ricamente comentada, Florença, 1952); Jean I. Young, *The Prose Edda of Snorri Sturluson* (Berkeley, 1966); Henry Adams Bellows, *The Poetic Edda* (Nova York, 1968).

As melhores apresentações gerais são as de Werner Bentz, "Die altgermanische Religion", in W. Stammler, *Deutsche Philologie im Aufriss* (1957), col.2.467-2.556; Jan de Vries, *Altgermanische Religionsgeschichte*, I-II (2ª ed., Berlim, 1956-57); e de Turville-Petre, *Myth and Religion of the North* (1964). Análises pertinentes podem ser encontradas em Helmut Birkhan, *Germanen und Kelten bis zum Ausgang der Römerzeit* (Viena, 1970), esp. p.250-343 (o deus celeste entre os germanos e os celtas).

Georges Dumézil abordou várias vezes o estudo comparativo da religião germânica na perspectiva indo-europeia; cf., em primeiro lugar, *Les dieux des Germains* (1959), *Loki* (1948; uma segunda edição refundida foi publicada em alemão em 1959), *La saga de Hadingus* (1953); nova ed. ampl., 1970, *Du mythe au roman*); *Les dieux souverains des Indo-Européens* (1977), p.86s. Ver também Edgar Palomé, "The Indo-European component in Germanic religion", in Jaan Puhvel (org.), *Myth and Law among the Indo-Europeans* (Berkeley, 1970), p.55-82; Uno Strutynski, "History and structure in Germanic mithology: some thoughts on Einar Haugen's critique of Dumézil", in C.J. Larson, *Myth in Indo-European Antiquity* (Berkeley, 1974), p.29-50; cf. Edgar Palomé, "Approaches to Germanic mythology", ibid., p.51-65.

Orientação completamente distinta é a de Karl Helm, *Altgermanische Religionsgeschichte*, I (1913), II, 1-2 (1937-53); cf. discussão metodológica com G. Dumézil (bibliografia, *Les dieux des Germains*, p.38). Ver também Peter Buchholz, "Perspectives for historical research in Germanic religion", HR, 8, 1968, p.111-38 (resistência em relação ao método duméziliano, p.114, nota 7); W. Baetke, *Das Heilige in Germanischen* (1942); R.L.M. Derolez, *Les dieux et la religion des Germains* (trad. franc., Payot, 1962); H.R. Ellis Davidson, *Gods and Myths of Northern Europe* (Penguin Books, Harmondsworth, 1964).

Numa série de estudos, Alois Closs apresentou a religião germânica na perspectiva da etnologia histórica; cf. "Neue Problemstellungen in der germanischen Religionsgeschichte", *Anthropos*, 29, 1934, p.477-96; "Die Religion des Semonenstammes", *Wiener Beiträge zur Kulturgeschichte und Linguistik*, 4, 1936, p.549-674; "Die Religion der Germanen in ethnologischer Sicht" (in *Christus und die Religionen der Erde*, II, Viena, 1951, p.271-366); "Historische Ethnologie und Germanistik. Das Gestaltproblem in der Völkerkunde", *Anthropos*, 51, 1956, p.833-91.

Sobre a cosmogonia, ver F.R. Schröder, "Germanische Schöpfungsmythen", I-II, in *Germanisch-Romanische Monatschrift*, 19, 1931, p.1-26, 81-99; Jan de Vries, *Altgerm. Relig.*, II, p.359-71; idem, "Ginnungagap", *Acta Philologica Scandinavica*, 5, 1930-34, p.41-66. Cf. também Kurt Schier, "Die Erdschöpfung aus dem Urmeer und die Kosmogonie der Völospa", in *Märchen, Mythos, Dichtung. Festschrift Friedrich von der Leyen* (Munique, 1963), p.303-34 (estudo comparativo, utilizando riquíssima documentação); Bruce Lincoln, "The Indo-European myth of Creation", HR, 15, 1976, p.121-45; e bibliografia, §73, 75, 76.

Sobre a criação do primeiro casal humano, ver J. de Vries, *Altgermanische Religionsgeschichte*, p.268s.; K. Helm, "Weltwerden und Weltvergehen in altgermanischer Sage, Dichtung und Religion", *Hessische Blätter für Volkskunde*, 38, 1940, p.1-35 (com rica bibliografia); Otto Höfler, "Abstammungstraditionen", in *Reallexikon der germanischen Altertumskunde*, I, p.18-29. Sobre a antropogonia a partir das árvores, ver G. Bonfante, "Microcosmo e macrocosmo nel mito indoeuropeo", *Die Sprache*, 5, 1959, p.1-8.

174. As principais fontes sobre a guerra dos Ases e Vanes são: *Völuspá*, 21-4; *Skaldskaparmal*, cap. IV; *Ynglingasaga*, I, 2, 4-5; Saxo Grammaticus, *Gesta Danorum*, I, 7. Foram traduzidas e comentadas por G. Dumézil, *Tarpeia* (1947), p.253-69; *Les dieux des Germains*, p.10-4. A interpretação dessa guerra como "historicização" de um poema mitológico indo-europeu foi dada por Dumézil em *Tarpeia*, p.247-91; *Loki* (1948), p.97-106; *L'Héritage indo-européen à Rome* (1949), p.125-42; *Les dieux des Germains*, p.3-37. A interpretação foi aceita por J. de Vries, *Altgerm. Rel.*, II, p.208-14, e por W. Betz, "Die altgerm. Rel.", col.2.475.

Sobre Odin-Wodan, ver as exposições de J. de Vries, op.cit., II, p.27-106; W. Betz, op.cit., col. 2.485-2.495 (as duas obras com excelentes bibliografias), e G. Dumézil, *Les dieux des Germains*, p.40-64. Cf. também G. Dumézil, *Les dieux souverains des Indo-Européens*, p.189-99; Turville-Petre, op.cit., p.35-74; Derolez, op.cit., p.70-91; Davidson, op.cit., p.48-72, 140-57. Richard L. Auld propôs recentemente uma interpretação psicológica, "The psychological and mythic unity of the God, Odhinn", *Numen*, 33, fasc. 2, ago 1976, p.144-60. Em seu livro *Contributions to the Study of Odhin, especially in his relation to agricultural practices in modern popular lore* (*FF Communications*, 94, Helsinque, 1931), Jan de Vries mostrou o perigo que há em explicar a religião dos antigos germanos com o auxílio do folclore (cf., esp., p.62-3).

Os romanos homologaram Odin-Wodan a Mercúrio e os germanos traduziram *dies Mercurii* por "dia de Wodan". As razões dessa homologação não são claras. Lembrou-se o fato de que Odin era, como Mercúrio, o protetor dos comerciantes. Além disso, Mercúrio era o psicopompo por excelência, e Odin acabou por assimilar a função de um deus dos mortos. Mas o que mais aproxima as duas divindades são suas faculdades "espirituais", em particular seu domínio dos poderes mágicos e suas ligações com as técnicas ocultas (cf. §92). Acerca de Odin suspenso à árvore cósmica, ver A.G. Hamel, "Odhinn hanging on the tree", *Acta Philologica Scandinavica*, 7, 1932, p.260-88; Konstantin Reichardt, "Odin am Galgen", in *Wächter und Hüter. Festschrift für Hermann J. Weigand* (1957), p.15-28. O autossacrifício de Odin e a aquisição da sabedoria oculta foram analisados por Jere Fleck, "Odhinn's self-sacrifice: a new interpretation, I: The ritual inversion", *Scandinavian Studies*, 43, 2, 1971, p.119-42; "II: The ritual landscape", ibid., 43, 4, 1971, p.385-413.

Sobre o culto de Odin-Wodan, ver J. de Vries, *Altgerm. Rel.*, II, p.48s.; Turville-Petre, p.64s., 70s. A respeito dos sacrifícios humanos em honra de Odin, ver ibid., p.48s.; cf. também James L. Sauvé, "The divine victim: aspects of human sacrifice in Viking Scandinavia and Vedic India" (*Myth and Law among the Indo-Europeans*, Berkeley, 1970, p.173-91).

Sobre o xamanismo entre os antigos germanos, ver M. Eliade, *Le chamanisme* (2ª ed.), p.299-305. Acrescentar: Peter Buchholz, *Schamanische Züge in der altisländischen Ueberlieferung* (Aula inaugural, Saarbrücken, 1968); Alois Closs, "Der Schamanismus bei den Indoeuropäern" (*Gedenkschrift für Wilhelm Brandenstein*, Innsbruck, 1968, p.289-302), esp. p.298s.; Karl Hauck, *Goldbrakteaten aus Sievern* (Munique, 1970), p.444s. Contra as interpretações "xamanistas" de Odin, ver Jere Fleck, "The knowledge-criterion in the *Grimnismál*: The case against 'shamanism'", *Arkiv för nordisk filologi*, 86, 1971, p.49-61.

As fontes sobre Sleipnir, o cavalo de oito patas, e os dois corvos são analisadas por J. de Vries, op.cit., II, p.63s.; Turville-Petre, op.cit., p.57s. Ver também Ellis Davidson, *Gods and Myths*, p.145s.

Sobre o *seidhr*, cf. Eliade, *Le chamanisme* (2ª ed.), p.303s.; Peter Buchholz, *Schamanistische Züge*, p.43s.

Quanto às outras versões do mito de Kvasir, ver Derolez, op.cit., p.87s.; Turville-Petre, op.cit., p.45s.

Sobre Yggdrasill, a árvore cósmica e o simbolismo do centro do mundo, ver de Vries, *Altgerm. Rel.*, II, p.380; Eliade, *Le chamanisme*, p.211-25. Cf. Turville-Petre, op.cit., p.279.

Como as fiandeiras (*Klothes*) ou as *Moîrai* (cf. §87), as nornas "fiam" o destino dos homens (*Traité de l'histoire des religions*, v.1, §58). Os nomes que·designam o destino (escandinavo antigo *urdh*, anglo-saxão *wyrd*, alemão *wurd*) aproximam-se do latim *vertere*, "voltar". Sobre o destino, a deusa do destino e as nornas, ver J. de Vries, *Altgermanische Rel.*, I, p.267s.

175. Sobre a *wut*, "furor", e seus análogos indo-europeus – a *ferg* céltica, o *ménos* dos heróis homéricos –, ver G. Dumézil, *Horace et les Curiaces* (Paris, 1942), p.16s. Sobre as iniciações dos jovens guerreiros nas sociedades indo-europeias, ver Dumézil, ibid., p.34s.; cf. Eliade, *Naissances mystiques. Essai sur quelques types d'initiation* (Paris, 1959), p.174s. Sobre os *berserkir*, ver as bibliografia registradas, ibid., p.174-82, notas 1-11. Acrescentar: Klaus von See, "Berserker", *Zeitschrift für deutsche Wortforschung*, N.F., 2, 1961, p.129-35; A. Margareth Arendt, "The heroic pattern: old germanic helmets" (in Edgar C. Polomé (org.), *From Old Noyse Literature and Mythology: A Symposium*, Austin, Texas, 1969, p.130-99); M. Eliade, "Les Daces et les loups", *De Zalmoxis à Gengis-Khan*, 1970, p.13-30; Mary R. Gerstein, "Germanic *Warg*: the outlaw as Werwolf", *Myth in Indo-European Antiquity*, p.131-56.

Sobre a licantropia ritual, ver *De Zalmoxis à Gengis-Khan*, p.26s.

Sobre as analogias entre os *berserkir* e os jovens *hamatsa* – membros da Sociedade dos Canibais entre os Kwakiutl –, ver Dumézil, *Horace et les Curiaces*, p.42s.; Eliade, *De Zalmoxis à Gengis-Khan*, p.26s.

Sobre as valquírias e o Valhala, ver documentação e bibliografia in J. de Vries, *Altgerm. Rel.*, II, p.58s.; H.R. Ellis Davidson, *Gods and Myths*, p.61s.

176. Sobre Tyr (Tiwaz, Ziu), ver J. de Vries, *Altgerm. Relig.*, II, p.13s. Os germanistas insistem geralmente na função de Tyr como deus da guerra; cf. Derolez, op.cit., p.107s.; Davidson, op.cit., p.57s. Sobre o aspecto jurista de Tyr e suas relações com as assembleias pacíficas (*thing*) dos germanos, ver J. de Vries, op.cit., II, p.13s.; G. Dumézil, *Les dieux des Germains*, p.68s.; id., *Les dieux souverains*, p.196s.

No cap. 9 da *Germania*, escreveu Tácito que os principais deuses são Mercúrio, Marte e Hércules, isto é, Wodan-Odin, Tyr (Tiwaz) e Thor (Donar). No cap. 39, apresentando os sêmnones, a principal tribo dos suevos, conta o historiador romano que, numa época determinada, os delegados da população sueva reuniam-se num bosque sagrado; lá imolavam vítimas humanas a um deus que Tácito chama de *regnator omnium deus*. Há um século, os estudiosos tentaram provar que esse deus supremo era Tyr ou Wodan; ver a história dessa controvérsia em R. Pettazzoni, "Regnator omnium deus" (*Essays on the History of Religion*, Leyden, 154, p.136-50; o texto italiano foi publicado em SMSR, 19-20, 1943-46, p.142-56), p.137s.; cf. Hildebrecht Hommel, "Die Hauptgottheiten der Germanen bei Tacitus", ARW, 37, 1941, p.144-73; J. de Vries, *Altgerm. Relig.*, II, p.32s.; M. Eliade, *Images et symboles* (1952), p.136s. Pettazzoni rejeita as duas identificações (Tyr ou Wodan); para o estudioso italiano, trata-se do *numen* impessoal da floresta sagrada (op.cit., p.145). Deve-se, porém, levar em consideração que os suevos constituíam a mais importante tribo dos hermíones, epônimo derivado do nome Irmin-Hermin (cf. A. Closs, "Die Religion des Semnonenstammes", p.653s.). Ora, Rudolf de Fulda, autor de *Translatio S. Alexandri*, redigido entre 863 e 865, escreveu que os saxões veneravam uma alta coluna de madeira, chamada na língua deles de *Irminsul*, e em latim de *universalis columna*, pois ela sustenta o mundo inteiro. (Ver outras referências a Irmin e Irminsul em R. Meissmer, "Irminsul bei Widukind von Corvey", *Bonner Jahrbücher*, 139, 1934, p.34-5; Heinz Löwe, "Die Irminsul und die Religion der Sachsen", *Deutsches Archiv für Geschichte des Mittelalters*, 5, 1942, p.1-22.) Irmin era, portanto, um deus celeste; com efeito, muitas populações arcaicas representam seu deus celeste e supremo numa coluna que, simbolicamente, sustenta o Céu. Após outros autores, H. Löwe identifica Irmin com o *regnator omnium deus* (op.cit., p.15). Por conseguinte, os germanos adoravam um deus celeste e supremo chamado Irmin ou Tiwaz-Ziu (cf. H. Hommel, op.cit., p.151), deus que foi suplantado mais tarde por Wodan-Odin. Ver a excelente análise de Werner Müller, *Die Jupitergigantensäulen und ibre Verwandtes* (Meisenheim am Glan, 1975), esp. p.88s.

Sobre Thor, ver J. de Vries, *Altgerm. Relig.*, II, p.107s.; G. Dumézil, *Les dieux des Germains*, p.67s.; *L'idéologie tripartie des Indo-Européens*, p.54s.; *Aspects de la fonction guerrière chez les Indo-Européens* (1956), p.69s.; E.O.G. Turville-Petre, op.cit., p.75s.; F.R. Schröder, "Thorr, Indra, Herakles", *Zeitschrift f. deutsche Philologie*, 76, 1957, p.1s. Ver também Ellis Davidson, "Thor's Hammer", *Folklore*, 74, 1963.

A bibliografia sobre Baldr é imensa; ver em primeiro lugar J. de Vries, op.cit., II, p.214-38; W. Betz, "Die altgerm. Religion", col.2.502-2.508; G. Dumézil, *Les dieux des Germains*, p.93s.; Otto Höfler, "Balders Bestattung und die nordischen Felszeichnungen", *Anzeiger d. Oesterreichischen Akademie der Wissenschaften*, Phil.-Hist. Klasse, 88, 1951, p.343-72; Turville-Petre, op.cit., p.196s. A interpretação de Baldr como gênio da fecundidade agrária, proposta por Mannhardt e Frazer, foi retomada por F.R. Schröder, "Balder u. der zweite Merseburger Spruch", *Germanisch-Romanische Monatsschrift*, 34, 1953, p.166-83; a teoria foi criticada por J. de Vries, "Der Mythos von Balders Tod", *Arkiv för Nordisk Filologi*, 70, 1955, p.41-60 (mas a interpretação de J. de Vries – a morte de Baldr como mito correspondente a um ritual de iniciação dos jovens guerreiros – não foi aceita por Dumézil; cf. *Les dieux des Germains*, p.104). Para uma análise exaustiva do tema do *mistilteinn*, ver Jonathan Z. Smith, "When the bough breaks", HR, 12, 1973, p.342-72, esp. p.350-70. Na esteira de S. Bugge, vários estudiosos aproximaram Baldr de Cristo; cf. Derolez, p.126s.; Turville-Petre, p.119s. Para Dumézil, Baldr realça a função de Tyr ("esse Mitra escandinavo degenerado"), cf. *Les dieux des Germains*, p.93.

Sobre outro deus dos Ases, Heimdallr, a documentação é fragmentária. É o vigia dos deuses e é dotado de clarividência; nasceu de nove mães. Existe uma hostilidade entre Heimdallr e Loki, e no fim do mundo eles se matarão mutuamente. As fontes sobre Heimdallr são analisadas por B. Pering, *Heimdallr* (1941); cf. J. de Vries, *Altgerm. Rel.*, II, p.238s.; id., "Heimdallr, dieu énigmatique", *Études Germaniques*, 10, 1955, p.257-68. Deve-se consultar o livro de Ake Ohlmarks, *Heimdallr und das Horn* (Uppsala, 1937) pela rica documentação que apresenta; sua explicação naturalista (Heimdallr = Sol; o chifre = Lua) é ingênua. Georges Dumézil interpreta Heimdallr como um "deus primeiro" análogo a Vayu e a Jano; cf. "Remarques comparatives sur le dieu scandinave Heimdallr", *Études Celtiques*, 1959, p.263-83.

177. Sobre os deuses Vanes, cf. J. de Vries, op.cit., II, p.163-208, 307-13; W. Betz, op.cit., col.2.508-2.520; Dumézil, *Les dieux des Germains*, p.117-27; Turville-Petre, op.cit., p.156-79, 325 (bibliografia).

Sobre Nerthus-Njördhr, ver Helmut Birkhan, *Germanen und Kelten*, p.544s.; E. Polomé, "A propos de la déesse Nerthus", *Latomus*, 13, 1954, p.167s.; G. Dumézil, *La saga de Hadingus, du mythe au roman* (1953; nova ed. ampl.: *Du mythe au roman*, 1970): o autor mostra que Hadingus é uma cópia épica de Njördhr e seus mitos, cf. também "Njördhr, Nerthus et le folklore scandinave des génies de la mer", RHR, 147, 1955, p.210-26, estudo reproduzido em *Du mythe au roman*, p.185-96.

Sobre Freyr e Frigg, ver bibliografia relativa aos deuses Vanes e as exposições de J. de Vries (op.cit., II, p.302s.), Derolez (op.cit., p.139s.) e Davidson (op.cit., p.92-127).

Sobre Loki, a literatura existente é considerável. As teorias formuladas até 1931 foram examinadas por J. de Vries, *The Problem of Loki* (FF *Communications*, 110, Helsinki, 1933), p.10-22; cf. também *Altgerm. Rel.*, II, p.255s. J. de Vries aproxima Loki do *trickster*, figura característica da mitologia norte-americana. F. Ström (*Loki. Ein mythologischer Problem*, Göteborg, 1956) vê nesse deus uma hipóstase de Odin, seu "irmão de leite". Utilizando os documentos folclóricos escandinavos, A.B. Rooth concluiu que a forma originária de Loki era a de uma aranha (*locke*, em sueco dialetal); cf. *Loki in Scandi-*

navian Mythology (Lund, 1961). Ver também J. de Vries, "Loki... und kein Ende" (*Festschrift für F.R. Schröder*, Heidelberg, 1959, p.1s.); Alois Closs, "Loki und die germanische Frömmigkeit", in *Kairos*, 1960, p.89-100. Georges Dumézil dedicou a esse problema um livro importante, *Loki* (1948), cuja 2ª ed., consideravelmente modificada, saiu em alemão em 1959. Ver também: *Les dieux des Germains*, p.94s. Dumézil destacou um paralelo caucasiano no drama que opõe Loki a Baldr: o mau Syrdon consegue matar o belo herói Sozryko com o auxílio de um estratagema aparentemente inofensivo; cf. *Loki*, p.169s.

Sobre o mito escatológico escandinavo, o especialista dinamarquês Axel Olrik publicou um livro muito valioso pela rica documentação: *Ragnarök: Die Sagen vom Weltuntergang* (trad. W. Ranisch, Berlim, 1922). Segundo Olrik, a concepção do *ragnarök* teria sido influenciada por alguns mitos caucasianos e pelas escatologias persa e cristã. R. Reitzenstein atribuía um papel importante às influências maniqueístas; cf. "Weltuntergangsvorstellungen", in *Kyrkohistorisk Arsskrift*, 24, 1924, p.129-212; idem, "Die nordischen, persischen u. christlichen Vorstellungen vom Weltuntergang", in *Vorträge der Bibliothek Warburg*, 1923-24, Leipzig-Berlim, 1926, p.149-69. Mas Dumézil mostrou que se trata do mito escatológico indo-europeu atestado na Índia (o Mahabharata), no Irã e na tradição escandinava; ver *Les dieux des Germains*, p.212s. Cf. Stig Wikander, "Germanische und indo-iranische Eschatologie", *Kairos*, 1960, p.83-8. Sobre o *ragnarök*, ver também J. de Vries, *Altgerm. Rel.*, II, p.397s.; J.S. Martin, *Ragnarök* (Assen, 1972).

As ideias sobre a existência *post mortem* e a mitologia da morte são analisadas por G. Neckel, *Walhall. Studien über germanischen Jenseitsglauben* (Dortmund, 1931), H.R. Ellis, *The Road to Hel* (Cambridge, 1943) e R. Th. Christiansen, *The Dead and the Living* (1946).

Observações pertinentes sobre a iniciação guerreira, o destino do herói e a simbiose paganismo-cristianismo, no estudo de H. Margaret Arent, "The heroic patern: old germanic helmets, Beowulf and Grettis saga"; in *From Old Norse Literature and Mythology: A Symposium* (Edgar C. Polomé, Austin, 1969), p.130-99.

Sobre a cruz de Gosforth, ver K. Berg, "The Gosforth cross", *Journal of the Warburg and Courtauld Institutes*, 21, 1951, p.27s. (excelentes reproduções fotográficas).

Sobre a realeza sagrada, Otto Höfler publicou obra sugestiva e muito erudita: *Germanische Sakralkönigtum*, I: *Der Runenstein von Rök und die germanische Individualweihe* (Tübingen, 1953; cf. igualmente seu artigo in *The Sacral Kingship*, Leyden, 1959, p.664s.). Ver o relatório de J. de Vries in *Germanisch-Romanische Monatschrift*, 34, 1953, p.183s., e nossas observações in *Critique*, 83, abr 1954, p.328s. A importância da inscrição rúnica do monumento de Rök prende-se a que o autor, Varin, guardião de um santuário, "consagra" seu filho não a um deus, costume amplamente atestado nas tradições germânicas, mas a um rei dos godos, chamado Teodorico. Ora, Varin ergue o monumento na Suécia, e Teodorico havia reinado na Itália, em Verona, *vários séculos antes*. No entanto, esclarece o texto da inscrição, Teodorico "ainda agora decide sobre a sorte das batalhas". Participa das liças armado de ponto em branco, escudo ao ombro, montado em seu corcel. Teodorico não era tão somente um rei que conhecera, durante a vida e depois da morte, a glória e a apoteose; para todo o mundo germânico, convertera-se em personagem mítica: sob o nome de Diederich de Berne, era ainda popular no séc. XIX e mesmo no séc. XX. Esses fatos eram muito conhecidos, mas a inscrição de Rök prova que já não se trata de "literatura" nem de folclore, mas de uma crença religiosa viva: ao erguer seu monumento, Varin executava um *ritual*, que implicava a crença na *sacralidade do rei*.

Sobre a realeza germânica, ver também K. Hauck, "Herrschaftszeichnen eines Wodanistischen Königtums", in *Jahrbuch f. fränkische Landesforschung*, 14, 1954, p.9-66; J. de Vries, "Das Königtum bei den Germanen", *Saeculum*, 7, 1956, p.289-310.

178. Sobre a proto-história e a história dos trácios, ver monografia de Joseph Wiesner, *Die Thraker* (Stuttgart, 1963). A obra de W. Tomaschek, "Die alten Thraker" (*Sitzungsberichte Akad. Wien*, 130, 1893), continua fundamental. Podem-se encontrar informações dispersas mas úteis sobre certas ideias religiosas nos trabalhos recentes a respeito da língua dos trácios, em primeiro lugar os de D. Detchew, *Die Thrakischen Sprachreste* (Viena, 1957): I.I. Russu, *Limba Traco-Dacilor* (2ª ed., Bucareste, 1963); C. Poghirc (org.), *Thraco-dacica* (Bucareste, 1971); id., *Studii de tracologie* (1976).

Raffaele Pettazzoni apresentou uma visão de conjunto em "La religione dell'antica Tracia", in *Serta Kazaroviana* (= Bulletin de l'Institut Archéologique Bulgare, v.16, Sófia, 1950), p.291-9, estudo republicado em tradução inglesa, in *Essays on the History of Religions* (Leyden, 1954), p.81-94. Ver também Furio Jesi, "Su Macrobio *Sat.*, I, 18: uno schizzo della religione tracica antica" (*Studii Clasice*, 11, Bucareste, 1969, p.178-86).

Sobre o culto trácio de Ares, ver Wiesner, op.cit., p.101s. e notas 36s. Sobre Bendis-Ártemis, cf. ibid., p.106s. e as fontes citadas nas notas 48s.

Acerca de Zbelsurdos, ver G. Seure, "Les images thraces de Zeus Keraunos: Zbelsurdos, Gebeleizis, Zalmoxis", REG, 26, 1913, p.225-61; A.B. Cook, *Zeus*, II, 1 (Cambridge, 1925), p.817-24.

Sobre o "Dioniso" trácio, o que de melhor se escreveu até agora foi o cap. VIII da obra de Erwin Rohde, *Psyché* (trad. franc. Auguste Raymond, Payot, 1928, p.264-93). Ver também Wiesner, op.cit., p.102s.

Sob o nome de Sabázio, o culto do "Dioniso" trácio difundiu-se até a África (já no séc. IV a.C.); ver Charles Picard, "Sabazios, dieu thrace-phrygien: expansion et aspects nouveaux de son culte" (*Revue Archéologique*, 1961, II, p.129-76); cf. também M. Macrea, "Le culte de Sabazius en Dacie" (*Dacia*, N.S., 3, 1959, p.325-39); E. Lozovan, "Dacia Sacra" (HR, 7, 1968, p.209-43), p.215-9.

Sobre o culto sincretista de Sabázio ("a mão de Sabázio", a assimilação a Javé etc.), ver W.O.E. Oesterley, "The cult of Sabazios", in S.H. Hooke (org.), *The Labyrinth* (Londres, 1925), p.115-58.

A respeito dos ascetas e contemplativos traco-getas, ver M. Eliade, *De Zalmoxis à Gengis-Khan*, p.50s.

As representações do herói cavaleiro na Bulgária foram inventariadas por Gavril I. Kazarow, *Die Denkmaeler des Thrakischen Reitergottes in Bulgarien*, 2v. (Dissertationes Pannonicae, Budapeste, 1938). Ver também: G. Kasarow, "Zum Kult des Thrakischen Reiters in Bulgarien", in *Wissenschaftliches Zeitschrift der Karl Marx Universität*, 3, 1953-54, p.135-7; Charles Picard, "Nouvelles observations sur diverses représentations du héros cavalier des Balkans", RHR, 150, 1956, p.1-26; R. Pettazzoni, "The religion of ancient Thrace", p.84s.

179. Os geto-dácios descendem diretamente dos trácios da Idade do Bronze. Estendiam-se muito além das fronteiras atuais da Romênia. As escavações recentes revelaram sítios geto-dácios a leste até o Dniéster; ao sul até os Bálcãs, ao norte e a oeste até a Hungria, a Eslováquia sul-oriental e a Sérvia. No séc. I a.C., sob o reinado de Boerebista, o Estado dácio atingiu seu poder máximo. Mas os romanos, que, por volta do fim do séc. III, haviam penetrado na península Balcânica, chegaram ao Danúbio na época de Augusto. O segundo rei importante dos dácios, Decébalo, combateu com sucesso os romanos no reinado de Domiciano (89), mas foi vencido pelas legiões de Trajano em duas guerras sangrentas (101-2, 106-7) e suicidou-se. A Dácia foi então transformada em província romana. Da rica bibliografia sobre a proto-história e a história da Dácia, assinalemos: Vasile Pârvan, *Getica* (Bucareste, 1926); id., *Dacia. An Outline of the Early Civilization of the Carpatho-Danubian Countries* (Cambridge, 1928; ver também trad. romena Radu Vulpe, 4ª ed., Bucareste, 1967, com importantes acréscimos e bibliografia crítica do tradutor, p.159-216); Hadrian Daicoviciu, *Dacii* (Bucareste, 1965); id., *Dacia de la Buerebista la cucerirea romana* (Bucareste, 1972); R. Vulpe, *Asezari getice in Muntenia* (Bucareste, 1966); I.H. Crisan, *Burebista si epoca sa* (1975). Sobre a expansão dos trácios e dos geto-dácios e a relação deles com os citas, ver M. Dusek, "Die Thraker im Karpatenbecken", *Slovenska Archaelogia*, 22, 1974, p.361-428.

Segundo Estrabão (304: VII, 3, 12), chamavam-se os dácios inicialmente *dáoi*. Ensina-nos uma tradição conservada por Hesíquio que *dáos* era o nome frígio do "lobo". Portanto os dácios, em tempos mais remotos, davam a si mesmos a denominação de "lobos" ou "aqueles que são semelhantes aos lobos". Ora, o lobo era o modelo exemplar do guerreiro: a imitação do comportamento e do aspecto exterior do lobo caracterizava as iniciações militares e as confrarias secretas de guerreiros. Parece, pois, provável que o nome étnico dos dácios derive, em última análise, do epíteto ritual de uma confraria guerreira. Ver M. Eliade, "Les Daces et les loups", *De Zalmoxis à Gengis-Khan*, p.13-30.

Sobre as crenças religiosas dos geto-dácios, ver: I.I. Russu, "Religia Geto-Dacilor. Zei, credinte, practici religioase", *Anuarul Institutului de Studii Clasice*, V, Cluj, 1947, p.61-137, e a bibliografia cit. Em nossa obra *De Zalmoxis à Gengis-Khan*, p.32, nota 1.

Sobre Gebelêizis, ver *De Zalmoxis à Gengis-Khan*, p.58-61, e a bibliografia registrada nas notas 87-97. Acrescentar: C. Poghirc, "Considérations philologiques et linguistiques sur Gébéléizis" (*Academia Litterarum Bulgarica*, Thracia II – Serdicae, 1974, p.357-60). O autor propõe para esse teônimo a leitura *Nebeleizis; a primeira parte do vocábulo aproxima-se do grego *nephélê*, latim *nebula*, anglo-saxão *nifol*, que significa "nuvem, céu tormentoso", ao passo que a segunda parte significa "deus"; cf. p.359.

Sobre Zálmoxis, ver a bibliografia citada em *De Zalmoxis à Gengis-Khan*, p.32, nota 1. Cf. ibid., p.34s., a análise do argumento mítico-ritual que se pode vislumbrar no texto de Heródoto, IV, 94-6.

A respeito dos extáticos, taumaturgos e "filósofos-xamãs" gregos, com os quais muitos estudiosos compararam Zálmoxis, ver *De Zalmoxis...*, p.42-52.

Desde Jacob Grimm até Neckel e Jan de Vries, certos germanistas fizeram um paralelo entre o tema da ocultação de Zálmoxis e a morte de Freyr, deus da fertilidade, mas a comparação não se impõe; cf. *De Zalmoxis...*, p.54-5.

Hipólito relata uma lenda segundo a qual Zálmoxis teria difundido a doutrina pitagórica entre os celtas (*Philosophumena*, II, 25), o que prova mais uma vez a importância atribuída à tradição que definia a religião de Zálmoxis pela crença na imortalidade da alma. H. Hubert fizera uma aproximação entre o druidismo e as confrarias trácias e geto-dácias; cf. *Les Celtes depuis l'époque de la Tène*, p.283. É sobretudo a importância do sumo sacerdote, a crença na imortalidade e a ciência sagrada de tipo iniciatório dos druidas que evocam paralelos geto-dácios. Por outro lado, cumpre considerar certas influências célticas, já que os celtas habitaram durante algum tempo as regiões ocidentais da Dácia; cf. V. Pârvan, *Getica*, p.461s.; idem, *Dacia, Civilizatiile antice din tarile carpato-danubiene* (4ª ed., Bucareste, 1967), p.103s., 183s.; H. Daicoviciu, *Dacii*, p.61s.

Sobre a *Getica* de Jordanes, cf. *De Zalmoxis à Gengis-Khan*, p.70s. e nota 127. Acrescentar: Norbert Wagner, *Getica. Untersuchungen zum Leben des Jordanes und zur frühen Geschichte der Goten* (Berlim, 1967).

Sobre os "templos-observatórios" de Sarmizegetuza e de Costesti, ver C.D. Daicoviciu, "Le problème de l'État et de la culture des Daces à la lumière des nouvelles recherches" (*Nouvelles études d'histoire présentées au Xᵉ Congrès de sciences historiques*, Bucareste, 1955, p.121-37), p.126s.; Hadrian Daicoviciu, "Il tempio-calendario dacico di Sarmizecetuza", *Dacia*, N.S., IV, Bucareste, 1960, p.231-54; id., *Dacii*, p.194s., 210s.

Sobre a história ulterior de Zálmoxis na historiografia mitificante da Idade Média (os getas confundidos com os godos etc.), ver nosso livro, p.157-60.

180. Os textos foram editados por O. Kern, *Orphicorum Fragmenta* (Berlim, 1922); trad. parciais W.K.C. Guthrie, *Orpheus and the Greek Religion* (Londres, 1935; 2ª ed., 1952), p.59s., 137s., e G. Arrighetti, *Frammenti Orfici* (Turim, 1959). Boa edição dos hinos órficos por G. Quandt, *Orphei Hymni* (Berlim, 1941); trad. parcial, abundantemente comentada, por G. Faggin, *Inni Orfici* (Florença, 1949). Ver também G. Dottin, *Les argonautiques d'Orphée* (Paris, 1930).

A análise crítica das fontes foi efetuada, em perspectivas radicalmente distintas, por Guthrie, op.cit., p.29s., e por I.M. Linforth, *The Arts of Orpheus* (California University Press, 1941), passim. R. Böhme, *Orpheus, der Sänger und seine Zeit* (Berna e Munique, 1970), retomou o exame meticuloso das mais antigas informações textuais. Ver também K. Ziegler, "Orphische Dichtung", Pauly-Wissowa, XVIII, 1942, col.1.321-1.417.

Uma bibliografia completa das obras modernas, até 1922, foi coligida por Kern, *Orphicorum Fragmenta*, p.345s.; foi atualizada até 1942 por Martin P. Nilsson, "Early orphism and kindred religions movements" (*Opuscula Selecta*, II, Lund, 1952, p.628-83; reed. ampl. de artigo publicado in HTR, 28, 1935, p.181-230), nota 1, p.628-30. Para as investigações recentes, ver K. Prümm, "Die Orphik im Spiegel der neueren Forschung", *Zeit. f. Katholische Theologie*, 78, 1956, p.1-40. Da copiosa literatura sobre Orfeu e o orfismo, assinalemos: E. Mass, *Orpheus. Untersuchungen zur Griechischen, Römischen, Altchristlichen Jenseitsdichtung u. Religion* (Munique, 1895); Otto Kern, *Orpheus: Eine Religionsgeschichtliche Untersuchung* (Berlirn, 1920); A. Boulanger, *Orphée: Rapports de l'orphisme et du christianisme* (Paris, 1925), esp. p.17-67; Vittorio Macchioro, *Zagreus: studi intorno all'orfismo* (Florença, 1930; deve ser consultado com cautela); P. Boyancé, *Le culte des muses* (1937), p.33-61; Nilsson, "Early orphism…"; id., *Geschichte d. Griech. Rel.*, I (3ª ed., 1967), p.678-99, II (2ª ed., 1961), p.246-431; Guthrie, *Orpheus and the Greek Religion*; id., *The Greeks and their Gods*, p.307-32; I. Linforth, *The Arts of Orpheus*, E.R. Dodds, *The Greeks and the Irrational* (Berkeley, 1951), p.146s.; R. Pettazzoni, *La religion dans la Grèce antique* (Paris, 1953), p.108-31; Louis Moulinier, *Orphée et l'orphisme à l'époque classique* (Paris, 1955); Dario Sabbatuci, *Saggio sul misticismo greco* (Roma, 1955), p.69-126; Walter Burkert, "Orpheus und die Vorsokratiker", *Antike und Abendland*, 14, 1968, p.93-114; idem, *Griechische Religion der archaischen und klassischen Epoche* (Stuttgart, 1977), p.440-7 ("Orpheus und Pythagora").

A origem trácia de Orfeu, já defendida por Estrabão e por Plutarco, foi retomada por E. Rohde (*Psyché*), por E. Mass (*Orpheus*) e por P. Perdrizet (*Cultes et mythes du Pangée*, 1910). A. Boulanger, porém, observou com propriedade que "os traços mais característicos do orfismo – consciência do pecado, necessidade de purificação e de redenção, castigos infernais – nunca foram observados entre os trácios" (*Orphée*, p.47, nota 1). Ver também R. Böhme, *Annales Univ. Saraviensis*, 9, 1956, p.3s. A.J. van Windeken sugere que os "hiperbóreos" eram originariamente um grupo religioso com tendências órficas, antes de serem designados como um povo mítico; cf. "Les hyperboréens", *Rheinische Museum*, 100, 1957, p.164-9.

M. Detienne propôs recentemente uma nova interpretação do mito da perda de Eurídice; cf. "Orphée au miel" (*Quaderni Urbinati di Cultura Classica*, 12, 1971, p.7-23), p.17s. O assassinato de Orfeu foi tema favorito dos pintores do séc. V; cf. Guthrie, *Orpheus*, p.64-5, e fig. 4, prancha IV, e Moulinier, p.14, nota 2 (lista conforme o catálogo de sir John Beazley, *Attic Red-Figures Vase-Paintings*, Oxford, 1942). Quanto à cabeça de Orfeu sobre os vasos, cf. Guthrie, prancha 5, fig.7 (a), p.35s.

181. Sobre o mito platônico da alma encerrada no corpo (*sôma*) como num túmulo (*sêma*), e suas relações com o orfismo, cf. as análises e os comentários efetuados sob perspectivas divergentes por Guthrie, *Orpheus*, p.214s.; id., *The Greeks and Their Gods*, p.311s.; Linforth, op.cit., p.147s. etc.; Perceval Frutiger, *Les mythes de Platon* (Paris, 1930), p.259s.; F. Cumont, *Lux perpetua* (Paris, 1949), p.245s.; Moulinier, op.cit., p.24s.

Sobre a "vida órfica", ver Guthrie, op.cit., p.263-6; Dodds, *The Greeks and the Irrational*, p.149s.

Sobre a mística órfica, ver Dario Sabbatuci, *Saggio sul misticismo greco*, p.41s. Quanto ao sentido das práticas vegetarianas órficas, ver Guthrie, *Orpheus*, p.197s.; Sabbatuci, op.cit., p.69s.; Marcel Detienne, "La cuisine de Pythagore", *Archives de Sociologie des Religions*, 29, 1970, p.141-62; id., *Les Jardins d'Adonis* (Paris, 1972), p.85s. e passim.

Os documentos referentes às teogonias e cosmogonias órficas estão traduzidos e comentados por Guthrie, *Orpheus*, cap. IV; Alderinck, *Crisis and Cosmogony: Post-Mortem Existence in the Eleusinian and Orphic Mysteries* (dissertação inédita, Universidade de Chicago, 1974), cap. VI; cf. também R. Mondolfo, "Intorno al contenuto dell'antica teogonia orfica", *Rivista di Filologia Classica*, 59, 1931, p.433-61; F. Dümmler, "Zu orphische Kosmologie", *Archiv f. Gesch. d. Phil.*, 7, 1948.

Para as analogias com as cosmogonias fenícia e egípcia, ver Ugo Bianchi, "Protogonos", SMSR, 1957, p.119s.; RHR, 1961, p.26s.; S. Morenz, *Aegypten und die altorphische Kosmogonie* (1950).

Em seu livro *Die Trennung von Himmel und Erde: Ein vorgriechischer Schöpfungsmythus bei Hesiod und den Orphiker* (Tübingen, 1942; reimpr., Darmstadt, 1968), Willibald Staudacher distingue duas cosmogonias órficas originais, a primeira baseada no motivo da noite (Eudemo e Platão, *Timeu*, 40c e 41a), e a outra no tema do ovo primordial (Aristófanes, *As aves*, 650-713, Jerônimo e Helânico); essas duas tradições foram amalgamadas na cosmogonia das *Rapsódias* (p.85s.). O papiro Derveni, descoberto em 1962, revelou uma teoria independente, que exalta a força cosmogônica e a soberania absoluta de Zeus. Esse papiro foi editado por S.C. Kapsomenos e traduzido para o alemão por Walter Burkert, "Orpheus und der Vorsokratiker. Bemerkungen zum Derveni-Papyrus und zum pythagoreischen Zahlenlehre", *Antike und Abendland*, 13, 1967, p.93-114 (trad., p.94-6), e R. Merkelbach, "Der orphische Papyrus von Derveni", *Zeitschrift für Papyrology und Epigraphik*, I, 1967, esp. p.23-30 (trad.). Há trad. ingl. comentada por Alderinck, op.cit., cap. VI.

Sobre os mitos dos titãs fulminados por Zeus, ver v.1, §125. O nascimento dos homens a partir das cinzas dos titãs deu origem a inúmeras controvérsias. Nilsson, *Geschichte d. griech. Religion*, I, p.686s., aceita a antiguidade do mito; ao contrário, Linforth, *Arts*, p.331, acredita que não há nenhum elemento convincente para se fixar a idade dessa tradição. A hipercrítica de Moulinier, op.cit., p.44s., chega a um resultado claramente negativo: "Plutarco foi quem primeiro ... viu que o mito dos titãs que devoram Dioniso se relaciona com nosso próprio nascimento: os homens que comem carne serão castigados, como, aliás, já o foram" (p.59, referindo-se a *Sobre a carne como alimento*, p.996 e; Kern, 210, p.231). Em contrapartida, Dodds, tendo em conta *todas* as referências ao mito, reconhece que: "Acho difícil resistir à conclusão de que a história completa era conhecida de Platão e de seu público" (p.156; cf. p.176, notas 132 e 135). Dodds atribui certa importância ao testemunho de Xenócrates. Para a discussão desse passo, cf. P. Boyancé, "Xénocrate et les orphiques", *Rev. Études Anciennes*, 50, 1948, p.218-25. J.C.G. Strachan, "Who *did* forbid suicide at *Phaedo* 62b?" (*Classical Quarterly*), N.S., n.20, 1970, p.216-20, filia o fragmento de Xenócrates a uma fonte órfica. Por outro lado, Olimpiodoro assevera que a obra de Platão "está cheia de ecos dos escritos de Orfeu" (*Fédon*, 70c; Kern, *Or. Fr.*, 224). Ver também H. Jeanmaire, *Dionysos*, p.391s. Ugo Bianchi interpreta o mito de Zagreu e o passo das *Leis*, 701c-d sobre "a velha natureza dos titãs" como um "pecado anterior", cometido por seres sobre-humanos, e que precede a existência humana; cf. "Péché originel et péché antécédent", RHR, 170, 1966, p.118s.

182. Sobre os Infernos órficos, ver Kern, in R.E., *s.v.* "Mysterien", col.1.287; F. Cumont, *Lux perpetua*, Paris, 1949, p.245s.; M. Treu, "Die neue 'orphische' Unterweltbeschreibung und Vergil", *Hermes*, 82, 1954, p.24-51. Sobre a escatologia órfica, ver Guthrie, op.cit., p.164s., 183s.; R. Turcan, "L'âme-oiseau et l'eschatologie orphique", RHR, 155, 1959, p.33-40; Walter Burkert, *Lore and Science in Ancient Pythagorism* (Cambridge, Massachusetts, 1972), p.125s. (ed. orig.: *Weisheit und Wissenschaft*, Nurembergue, 1962).

Sobre a teoria platônica da reencarnação, ver R.S. Bluck, "The *Phaedrus* and reincarnation", *American Journal of Philology*, 79, 1958, p.156-64; id., "Plato, Pindar and metempsychosis", ibid., p.405-14.

A origem órfica das lamelas de ouro encontradas na Itália e em Creta, geralmente admitida até cerca de 1930, foi contestada por Wilamowitz, *Glaube des Hellenen*, II, p.202s.; A. Boulanger, "Le salut selon l'orphisme", *Mémorial Lagrange* (Paris, 1940), p.71; id., *Orphée et l'orphisme*, p.23; Ch. Picard, "Remarques sur l'Apologue dit de Prodicos", *Revue Archéologique*, 6ª série, t.42, 1953, p.23; G. Zuntz, *Persephone. Three Essays on Religion and Thought in Magna Graecia* (Oxford, 1971), p.318s. (ver, porém, a crítica de R. Turcan, RHR, abr 1973, p.184). Todos concordam agora em chamar a essas lamelas "órfico-pitagóricas"; ver, *inter alia*, Konrad Ziegler, "Orphische Dichtung", RE, v.18, 2, cols. 1.386-1.388; Guthrie, *Orpheus*, p.171-82; F. Cumont, *Lux perpetua*, p.248, 406; Walter Burkert, *Science and Lore in Ancient Pythagoreanism*, p.113, nota 21 (com bibliografia).

Os textos foram editados por Diels-Kranz, *Die Fragmente der Vorsokratiker* I B 17-21; e por Kern, *Orp. Fr.* 32. Trad. ingl. Gilbert Murray, "Critical appendix on the orphic tablets", in J. Harrison, *Prolegomena to the Study of Greek Religion*, p.664-6, e Guthrie, *Orpheus*, p.172s. A melhor edição das lamelas de ouro – que ele considera de origem pitagórica – e a mais rigorosa análise do texto foram feitas por Günther Zuntz, *Persephone. Three Essays on Religion and Thought in Magna Graecia*, p.275-393.

A respeito da "sede do morto", ver André Parrot, *Le "Refrigerium" dans l'au-delà* (Paris, 1937); M. Eliade, "Locum refrigerii…", *Zalmoxis*, I, 1938, p.203-8; Th. Gaster, *Thespis* (ed. 1961), p.204s.; G. Zuntz, *Persephone*, p.370s.

Sobre "o esquecimento" e a "memória" na Grécia Antiga, ver M. Eliade, *Aspects du mythe*, p.147s., utilizando o artigo de J.-P. Vernant, "Aspects mythiques de la mémoire en Grèce", *Journal de Psychologie*, 1959, p.1-29; cf. Marcel Detienne, *Les maîtres de vérité dans la Grèce ancienne* (Paris, 1967), p.9-27 ("La mémoire du poète"), p.125s., com bibliografia muito rica.

"Vagabundo exilado da divina morada", assim se apresentava Empédocles, "fui outrora rapaz e moça, bebida e pássaro, mudo peixe no mar" (*Purificações*, fr. 117). Ao falar de Pitágoras, descrevia-o Empédocles como "homem de ciência extraordinária", pois "ali onde se estendia com todo o poder de seu espírito, via facilmente o que havia sido em dez, vinte existências humanas" (ibid., frag. 129; cf. comentário de Ettore Bignone, *Empedocle*, Turim, 1926, p.483s.). Os iogues e *rishis* indianos tinham lembrança de algumas de suas existências anteriores, mas Buda foi o único que conheceu *todas*. É uma forma de dizer que apenas Buda era onisciente; cf. M. Eliade, *Le yoga*, p.186s. Acrescentemos que os xamãs pretendem lembrar-se de suas existências anteriores, o que indica o arcaísmo da prática; cf. Eliade, *Mythes, rêves et mystères*, p.21.

O essencial da lenda de Arísteas de Proconeso é relatado por Heródoto, IV, 14. Deixado como morto em sua cidade, foi encontrado na estrada de Cizico. Sete anos depois, teria reaparecido em Proconeso, recitando um poema épico no qual narrava suas aventuras: "possuído por Febo", chegou até junto dos issedones, onde foi informado sobre os vizinhos destes últimos, os arimaspes ("homens que só teriam um olho") e os hiperbóreos. Desapareceu pela segunda vez, mas Heródoto acrescenta que, 240 anos depois, manifestou-se em Metaponto, na Itália meridional, e ordenou que os habitantes erguessem um altar a Apolo e "construíssem ao lado desse altar uma estátua com o nome de Arísteas de Proconeso". Disse-lhes que já havia acompanhado Apolo, sob a forma de um corvo, quando o deus certa vez esteve em Metaponto. "Dito isso, desapareceu." Examinemos alguns traços nitidamente xamânicos: o êxtase suscetível de ser confundido com a morte, a bilocação, a aparição sob a forma de corvo. Sobre Arísteas, ver bibliografia registrada em M. Eliade, *De Zalmoxis à Gengis-Khan* (Paris, 1970), p.45, nota 44, e W. Burkert, *Lore and Science*, p.147-9. J.D.P. Bolton, em seu livro *Aristeas of Proconnesus* (Oxford, 1962), apresenta uma interpretação "historicista" da lenda. Outra personagem lendária, Hermotimo de Clazômenas, tinha o poder de abandonar o corpo durante vários anos. No curso desse longo êxtase, viajava para longe e, ao voltar, anunciava o futuro. Certo dia, porém, enquanto jazia inanimado, seus inimigos queimaram-lhe o corpo, e sua alma nunca mais regressou (cf. *De Zalmoxis…*, p.45, nota 45).

Podem-se identificar certos traços xamânicos nas lendas de Epimênides de Creta, de Formião e de Leônimo (cf. *De Zalmoxis…*, p.46; W. Burkert, op.cit., p.152). Certos estudiosos acrescentaram os nomes de Parmênides e Empédocles. H. Diels já fizera a comparação entre a viagem mística, descrita por Parmênides em seu poema, e as viagens extáticas dos xamãs siberianos; o tema foi retomado, com argumentos diversos, por Meuli, Morrison, Burkert e Guthrie (cf. *De Zalmoxis…*, p.46 e notas 48-50). Quanto a Empédocles, escreve Dodds que seus fragmentos representam "a única fonte de primeira mão com base na qual ainda podemos formar certa ideia do que teria sido realmente um xamã grego" (*The Greeks and the Irrational*, p.145). Essa interpretação foi rejeitada por Charles H. Kahn: "A alma de Empédocles não deixa seu corpo como a de

Hermotimo e a de Epimênides. Ele não cavalga uma flecha, como Ábaris, nem aparece sob a forma de um corvo, como Arísteas. Nunca o vemos em dois lugares ao mesmo tempo, e ele nem sequer desce aos Infernos, como Orfeu e Pitágoras" ("Religion and natural Philosophy in Empedocles' doctrine of the soul", *Archiv f. Geschichte der Philosophie*, 42, 1962, p.3-35, esp. p.30s.). No entanto, Empédocles é conhecido por certos prestígios mágicos: pode em particular controlar as tempestades e trazer as chuvas (frag. 111, cf. outras referências em Burkert, op.cit., p.153-4). A prática é específica aos xamãs turcos, mongóis e islandeses; cf. John Andrew Boyle, "Turkish and Mongol shamanism in the Middle Ages" (*Folklore*, 83, 1972, p.177-93), p.184s.; Stefan Einarsson, "Harp song, heroic poetry..." (*Budklavlen*, 42, ago 1965, p.13-28), p.25-6. Acrescentemos que se trata de prática que ultrapassa os limites do xamanismo *stricto sensu*.

Para o estudo do "xamanismo" pitagórico, ver W. Burkert, p.120s. (rica bibliografia); J.A. Philip, *Pithagoras and Early Pythagoreanism* (Toronto, 1966), p.159s.; M. Detienne, *La notion de Daimon dans le pythagorisme ancien* (Paris, 1963), p.60s.

Sobre as diferenças entre as duas categorias de pitagóricos – os *acusmatici* (considerados "inferiores") e os *mathematici* (que representam a ciência esotérica do mestre) –, ver W. Burkert, op.cit., p.166s., 192s. Cf. também M. Detienne, "Des confréries des guerriers à la société pythagoricienne", RHR, 163 (1963), p.127-31.

A existência de uma "seita" ou dos conventículos órficos, aceita por Guthrie, *Orpheus*, p.203s., e por Cumont, *Lux perpetua*, p.240, 244, 405-6, foi contestada, depois de Gruppe e Wilamowitz, por Festugière (em seu estudo "L'orphisme et la légende de Zagreus", *Revue Biblique*, 44, 1935, p.366-96). Podem-se, todavia, comparar os "grupos secretos" órficos às associações não menos secretas dos adeptos tântricos.

183. Da rica bibliografia crítica sobre os mitos de Platão, assinalemos: Karl Reinhardt, *Platon's Mythen* (Bonn, 1927); Perceval Frutiger, *Les mythes de Platon* (Paris, 1930); P.-M. Schuhl, *Études sur la fabulation platonicienne* (Paris, 1947); Ludwig Edelstein, "The function of the myth in Plato's Philosophy", *Journal of History of Ideas*, 10, 1949, p.463s.; W.J.W. Koster, *Le mythe de Platon, de Zarathoustra et des Chaldéens* (Leyden, 1951); Paul Friedländer, *Plato*, I (Princeton, 1958, 2ª ed., 1969), p.171-212.

Sobre Ferecides de Siros e as prováveis influências orientais sobre sua cosmologia e antropologia, ver M.L. West, *Early Greek Philosophy and the Orient* (Oxford, 1971), p.1-75.

Sobre as crenças na imortalidade celeste, as fontes antigas e os estudos críticos modernos foram admiravelmente analisados por Walter Burkert, *Lore and Science in Ancient Pythagorism*, p.358s. A interpretação de Louis Rougier, *L'Origine astronomique de la croyance pythagoricienne en l'immortalité céleste des âmes* (Cairo, 1935), segundo o qual a origem da ideia não deve ser buscada na imaginação religiosa, mas na "revolução astronômica de Pitágoras" (p.21s.), é examinada de forma crítica e rejeitada por Burkert, op.cit., p.358, nota 41.

Acerca das similaridades entre a filosofia de Pitágoras e a filosofia de Platão, ver W. Burkert, p.43s., 53s., 81s. Sobre o *Timeu* interpretado como documento pitagórico, ver ibid., p.64s., 84s. As eventuais influências orientais em Platão são discutidas por Joseph Bidez, *Eos ou Platon et l'Orient* (Bruxelas, 1945), caps. 5 e 9, e Jula Kerschensteiner, *Platon und der Orient* (Stuttgart, 1945), p.147s., que as contesta.

Já observamos antes a analogia entre uma imagem de Platão (as "asas da alma") e o pensamento indiano. Acrescentemos que, para Platão, tal como para o sanquia-ioga e o Vedanta, as "pretensas virtudes" perdem o valor ao lado da faculdade suprema da alma, que é aquela da contemplação do eterno (*A República*, IV, 428s.). O dever do sábio perfeito é completar sua vida interior tendo em vista sua libertação. A mais alta ciência aplicada ao ser verdadeiro conduz à libertação; conhecer Deus é tornar-se divino.

Convém assinalar um paralelo bastante imprevisto na doutrina da anamnese. Tal como ensina Platão no *Mênon* (81), também para os australianos *saber é lembrar-se*. Durante sua iniciação, o neófito aprende os mitos que relatam as atividades dos antepassados totêmicos no começo dos tempos. Ensina, depois, que ele próprio é a reencarnação de um desses antepassados. Na mitologia de um herói particular, ele descobre sua própria biografia fabulosa, seus feitos durante a época primordial. Certos objetos materiais (rochedos, *tjurungas* etc.) são provas de sua existência anterior e gloriosa na Terra. (Para Platão, os objetos exteriores ajudam a alma a reencontrar o conhecimento que ela compartilhava durante sua existência supraterrestre.) Entre os aruntas, o ato supremo da iniciação consiste na revelação, pelo pai do neófito, da identidade mística entre o jovem e o objeto sagrado (*tjurunga*). "Ó jovem, vê este objeto. É o teu próprio corpo. É o antepassado que eras quando, durante a tua existência anterior, peregrinavas. Depois, desceste à gruta sagrada vizinha, para nela repousar" (T.G.H. Strehlow, apud Eliade, *Religions australiennes*, p.103s.).

Em outra oportunidade, esboçamos o processo de erosão dos mitos gregos (cf. *Aspects du mythe*, p.186s.). Lembremos alguns fragmentos de Xenófanes (nascido por volta de 565): "No dizer de Homero e Hesíodo, os deuses fazem todas as espécies de coisas que os homens têm por infamantes: adultério, roubo, mútua fraude" (B 11, B 12). Ele critica com inteligência o antropomorfismo dos deuses: "Se os bois, os cavalos e os leões tivessem mãos, e pudessem, com elas, pintar e produzir obras como os homens, os cavalos pintariam figuras de deuses semelhantes a cavalos, e os bois semelhantes a bois, e lhes emprestariam os corpos que eles mesmos têm" (B 15).

A mitologia de Homero e Hesíodo continuava, no entanto, a interessar aos letrados de todo o mundo helenístico. Os mitos, porém, já não eram aceitos literalmente: buscava-se encontrar agora as suas "significações ocultas", os "subentendidos" (*hupónoiai*; o termo *allêgoría* só foi utilizado mais tarde). Graças ao método alegórico, desenvolvido sobretudo pelos estoicos, Homero e Hesíodo foram "salvos" aos olhos das elites gregas, e os deuses homéricos conseguiram conservar um elevado valor cultural. Outro método, o evemerismo, contribuiu para o salvamento do panteão e da mitologia homéricas. No começo do séc. III a.C., Evêmero publicou um romance sob a forma de viagem filosófica, *Hierà anagraphê* (*História sagrada*), cujo sucesso foi imediato e considerável. Evêmero acreditava haver descoberto a origem dos deuses: eram eles antigos reis divinizados. Tratava-se ainda de uma possibilidade "racional" de conservar os deuses de Homero. Esses deuses tinham agora uma "realidade", que era de ordem histórica (mais exatamente, pré-histórica); seus mitos representavam a lembrança confusa, ou transfigurada pela imaginação, dos feitos dos reis primitivos.

É importante acrescentar que a "mitologia da alma" articulada por Platão jamais perdeu sua força sedutora. No entanto, a interpretação alegórica de certos mitos platônicos não logrou interessar a ninguém, exceto aos eruditos.

184. Para uma apresentação de conjunto da vida e da obra de Alexandre, ver W.W. Tarn, *Alexander the Great*, 2v. (Cambridge, 1948; o primeiro volume foi reimpresso em 1956; o segundo comporta um estudo das fontes e numerosos apêndices); A.R. Burn, *Alexander the Great and the Hellenistic World* (2ª ed. rev., Nova York, 1962); F. Schachermeyr, *Alexander der Grosse: Ingenium und Macht* (Viena, 1949); F. Altheim, *Alexander und Asien: Geschichte eines geistiges Erbe* (Tübingen, 1953; trad. franc.: *Alexandre et l'Asie*, Payot, 1954); R.D. Milns, *Alexander the Great* (Londres, 1968); Peter Green, *Alexander the Great* (Londres, 1970; nova ed. rev. e ampl.: *Alexander of Macedon*, Pelican Books, 1974); Rolin Lane Fox, *Alexander the Great* (Londres, 1973). As obras de Peter Green e R.L. Fox contêm ricas bibliografias críticas; apresentam, além disso, a análise das pressuposições historiográficas de Droysen, Tarn e alguns outros biógrafos de Alexandre. Em *Alexander the Great: The Main Problems* (Cambridge, 1966), C.T. Griffith reproduziu alguns estudos recentes assinados pelos mais competentes especialistas. Destaquemos as contribuições de C.A. Robinson, E. Badian e G. Walser (o artigo deste último – "Zur neueren Forschung ueber Alexander der Grossen", p.345-88 – foi publicado em 1956). Ver também J.R. Hamilton, *Plutarch: Alexander. A Commentary* (Oxford, 1969).

Para a história geral, ver: P. Jouguet, *L'Impérialisme macédonien et l'hellénisation de l'Orient* (Paris, 1926); G. Glotz, P. Roussel e R. Cohen, *Histoire grecque*, v.IV: *Alexandre et l'hellénisation du monde antique* (Paris, 1938; 2ª ed., 1945); M. Rostovtzeff, *Social and Economic History of the Hellenistic World*, I-III (Oxford, 1941; nova ed. rev., 1953).

Sobre a civilização helenística, ver: W.W. Tarn, *Hellenistic Civilization* (Londres, 1927; 3ª ed. rev. pelo autor e G.T. Griffith, 1952); Moses Hades, *Hellenistic Culture: Fusion and Diffusion* (Nova York, 1959); id., "From nationalism to cosmopolitanism", *Journal of the History of Ideas*, 4, 1943, p.105-11; Carl Schneider, *Kulturgeschichte des Hellenismus*, II (Munique, 1969); obra monumental, dotada de exaustiva bibliografia (p.989-1.106). Schneider distingue quatro períodos na história da civilização helenística: 1) até c.280 a.C., período caracterizado pelo aparecimento do primeiro deus universal helenístico, Sarápis, pelo início do culto dos grandes deuses adorados como protetores das dinastias etc.; 2) o período entre 280 e 220 a.C., a época mais brilhante do helenismo; 3) o tempo das tensões e inquietações escatológicas (220-168 a.C.), caracterizado pelo desenvolvimento da literatura apocalíptica, dos cultos misteriosóficos egípcio e asiático e do dionisismo; 4) a conquista romana, de 168 a 30 a.C., durante a qual muitos templos são destruídos ou saqueados, sacerdotes são deportados etc.; contudo, as tradições religiosas helenísticas sobrevivem nos centros de iniciação: Elêusis, Samotrácia, Andânia, Delos (p.770-2; ver também a síntese final, p.963-88).

Sobre o Oriente Próximo na época helenística, ver: Samuel K. Eddy, *The King is Dead: Studies in the Near Eastern Resistance to Hellenism, 334-31 B.C.* (Lincoln, 1961); F.E. Peters, *The Harvest of Hellenism: A History of the Near East from Alexander the Great to the Triumph of Christianity* (Nova York, 1970).

Sobre a divinização dos soberanos, ver adiante, §205.

Acerca da difusão da educação grega, ver H.-I. Marrou, *Histoire de l'éducation dans l'Antiquité* (Paris, 1948; 2ª ed., 1965), p.139s.; W.W. Tarn, *Hellenistic Civilization*, p.268s.; M. Hadas, *Hellenistic Culture*, p.59s.; C. Schneider, *Kulturgeschichte des Hellenismus*, I, p.5 ("Jugend und Erziehung").

O encontro do judaísmo bíblico com o "iluminismo" helenístico será analisado no cap. XXV, esp. §202. Ver também: Tarn, op.cit., p.210s.; M. Hadas, op.cit., p.30s., 72s.

A bibliografia sobre a religião na época helenística está registrada no cap. XXVI, §205-10.

Ouçamos W.W. Tarn: "The philosophy of the hellenistic world was the Stoa; all else was secondary" (*Hell. Civil.*, p.326). Os textos foram editados por H. von Arnim, *Stoicorum veterum fragmenta*, I-IV (1903-5, 1924; reed., Stuttgart, 1968); trad. ital. N. Festa, *Frammenti degli Stoici antichi* (1932-35, reed., Hildesheim, 1971); e R. Anastasi, *I Frammenti morali di Crisippo* (Pádua, 1962); trad. franc. E. Bréhier, *Les stoïciens* (Paris, 1962); cf. também trad. al. M. Pohlenz, *Stoa und Stoiker* (Zurique, 1950).

A obra fundamental ainda é a de M. Pohlenz, *Die Stoa*, I-II (Göttingen, 1948-49; 2ª ed., 1964; trad. ital., Florença, 1957). Ver também J.M. Rist, *Stoic Philosophy* (Cambridge, 1969); C. Rodis-Lewis, *La morale stoïcienne*, (Paris, 1970); R. Hoven, *Stoïcisme et stoïciens face au problème de l'au-delà* (Paris, 1971); e a bibliografia registrada por Léon Robin, *La pensée grecque et les origines de l'esprit scientifique* (nova ed., 1973), p.477-8, e por P.M. Schuhl (ibid., p.501-3).

Os fragmentos de Epicuro foram reunidos por Hermann Usener, *Epicurea* (1887; reed. em Roma, 1963). Ver também C. Arrighetti, *Epicuro: Opere* (ed. e trad. ital., Turim, 1960). Para nosso objetivo, da considerável literatura crítica, importa citar a obra de A.J. Festugière, *Epicure et ses dieux* (1946; 2ª ed., 1968).

Sobre os cínicos, ver a bibliografia essencial em L. Robin, op.cit., p.464-5.

Na época helenística, a filosofia de Aristóteles goza sobretudo de um prestígio científico; na Idade Média, porém, terá marcante influência sobre as teologias cristã, islâmica e judaica. A metafísica de Aristóteles, também ela, evoca a do sanquia-ioga. O homem é constituído de corpo (*sôma*), alma (*psykhê*) e espírito (*noûs*), o "que em nós pensa e cria" (*Do espírito*, 429a, 23). O espírito existe desde sempre, e penetra "de fora para dentro no homem no momento em que este é formado" (*Da geração dos animais*, 136b, 28). O espírito é transcendente ao organismo vivo do homem, que ele dirige, ao mesmo tempo que permanece inacessível às influências psíquicas; é denominado "o divino no homem" (*Do espírito*, 408b, 29). Efetivamente, o *noûs* assemelha-se a Deus, que é, para Aristóteles, a realidade absoluta, incondicionada, eterna; sendo "imóvel", a atividade de Deus é puramente espiritual (*Ética a Nicômaco*, 1.178b, 7-22; *Sobre o Céu*, 292b, 4s.). Da mesma forma, a única atividade do espírito consiste em pensar. A personalidade humana não é determinada pelo espírito. Indiferenciado e igual a si mesmo, o espírito não tem nenhuma relação com as personalidades às quais é atribuído. Não tendo nascimento, também não conhece a morte (*Sobre o Céu*, 279b, 20). Quando sobrevém a morte, o *noûs* recupera sua condição anterior. Entretanto, não nos é possível conhecer, e até imaginar, a modalidade dessa existência desencarnada; o espírito não tem qualquer atividade racional nem a menor lembrança; o único predicado que lhe podemos atribuir é o de *ser* (*Do espírito*, 408b, 18s.). Por conseguinte, o homem não pode experimentar, no além, o desejo de libertar-se, e a crença na imortalidade é destituída de sentido. Foi precisamente essa parte da doutrina de Aristóteles que deu origem a inúmeras controvérsias durante a Idade Média.

Convém salientarmos mais uma vez as analogias, de um lado, com as especulações dos Upanixades e do Vedanta sobre a natureza do *atman*, e, de outro, com a estrutura e o destino do *purusa* no sanquia-ioga (cf. §141). Observemos, no entanto, uma diferença, que é fundamental, entre a doutrina de Aristóteles e as metafísicas indianas; para estas últimas, a libertação do espírito (*atman*, *purusa*) implica a autoconsciência e a beatitude (cf. *saccitananda*).

Sobre Alexandre e a Índia, ver H.G. Rawlinson, *Intercourse between India and the Western World* (2ª ed., Nova York, 1972); A.K. Narain, "Alexander and India", *Greece and*

Rome, 12, 1965, p.155-65; F.F. Schwartz, "Neue Perspective in den griechischindischen Beziehungen", *Orientalistische Literaturzeitung*, 67, 1972, p.18s.

Acerca dos primeiros contatos culturais entre a Índia e o Ocidente, ver bibliografia em *Le yoga* (nova ed., 1972), p.419s.; acrescentar F.F. Schwartz, "Candragupta-Sandrakottos. Eine historische Legende in Öst und West", *Das Altertum*, 18, 1972, p.85-102; H. Scharff, "The Maurya Dynasty and the Seleucids", *Zeit. f. vergleichende Sprachforschung*, 85, 1971, p.211-25. O artigo de F.F. Schwartz, "Arrian's *Indike* on India: intention and reality" (*East and West*, 25, 1975, p.180-200), discute as mais recentes contribuições para o estudo desse problema.

Sobre as tradições relativas às conversas de Alexandre com os brâmanes, ver Friedrich Pfister, "Das Nachleben der Ueberlieferung von Alexander u. den Brahmanen", *Hermes*, 68, 1941; p.143-69; Günther C. Hansen, "Alexander u. den Brahmanen", *Klio*, 43-5, 1965, p.351-80; J.D.M. Derrett, "Greece and India: the *Milindapanha*, the Alexander-romance and the Gospels", *Zeit. f. Religions u. Geistesgeschichte*", 19, 1967, p.33-64; id., "The history of 'Palladius' on the races of India and the Brahmans", *Classica et Mediaevalia*, 21, 1960, p.64-135.

185. Existe uma bibliografia considerável sobre o budismo e a história das seitas búdicas. O essencial está registrado nas obras de L. de la Vallée-Poussin, *Le dogme et la philosophie du bouddhisme* (Paris, 1930); id., *Nirvana* (1925); idem, *La morale bouddhique* (1927); E. Conze, *Buddhism, Its Essence and Development* (Oxford, 1951); trad. franc.: *Le bouddhisme* (Paris, 1952); id., *Buddhist Thought in India* (Londres, 1962); Sukumar Dutt, *Buddha and the Five After Centuries* (Londres, 1957); E. Frauwallner, *Die Philosophie des Buddhismus* (Berlim, 1956); E. Lamotte, *Histoire du bouddhisme indien*, t.I, *De l'origine à l'ère Saka* (Louvain, 1958); A. Bareau, "Le bouddhisme indien", *Les religions de l'Inde*, t.III (Paris, Payot, 1966), p.7-246 (p.234-43, bibliografia).

Sobre a literatura dos *Sutras* em língua páli, cf. a exposição de J. Filliozat em Renou e Filliozat, *L'Inde classique*, II, p.323-51; A. Bareau, "Le bouddhisme indien", p.30-40. Sobre a formação do cânone, cf. Lamotte, *Histoire*, I, p.155-209.

No Concílio de Rajagrha as duas coleções dos textos – *Sutrapitaka* e *Vinayapitaka* – foram recitadas em coro por todos os participantes. De acordo com certas tradições, ter-se-ia também recitado o *Abbidharmapitaka*, a "corbelha da doutrina suprema" (ou "quintessência da doutrina"), de sorte que o cânone completo, o *Tripitaka*, já estava organizado desde essa época, o que é inverossímil; cf. A. Bareau, op.cit., p.27.

Sobre a importância de Sariputra, ver A. Migot, "Un grand disciple du Bouddha, Sariputra" (Befeo, XLVI, 1954, p.405-554).

Acerca de Ananda, ver as referências às fontes em G.P. Malalasekera, *Dictionary of Pali Proper Names*, 2 v. (Londres, 1937-38), I, p.249-68.

Sobre Upali, que sabia de cor a disciplina, ver os documentos citados por E. Lamotte, *L'Enseignement de Vimalakirti* (Louvain, 1962), p.170-1, nota 62.

Sobre os concílios, ver: J. Przyluski, *Le concile de Rajagrha* (Paris, 1926-28), mas algumas de suas hipóteses (a interdição de Ananda seria o vestígio de um rito de expulsão do bode expiatório etc.) são inverossímeis; A. Bareau, *Les premiers conciles bouddhiques* (Paris, 1955); M. Hofinger, *Étude sur le concile de Vaisali* (Louvain, 1946); E. Lamotte, *Histoire du bouddhisme indien*, I, p.297-319; E. Frauwallner, *Die buddhistischen Konzilien* (ZDMG, CII, 1952, p.240-61); ver também Charles S. Prebish, "A review of scholarship on the buddhist councils", *Journal of Asian Studies*, 33, 1974, p.239-54; Janice

J. Nattier e Charles S. Prebish, "Mahasamghika origins: the beginnings of buddhist sectarianism", HR, 16, 1977, p.237-72.

Sobre as divergências no cânone, cf. A. Bareau, in *Les religions de l'Inde*, III, p.84s.

Sobre o aparecimento das diversas seitas, cf. Lamotte, *Histoire*, I, p.571-606; A. Bareau, *Les sectes bouddhiques du Petit Véhicule* (Saigon, 1955); N. Dutt, *Early Monastic Buddhism*, v.II (Calcutá, 1945), p.47-206; Prebish, "Mahasamghika origins". Ver também T.O. Ling, *Buddhism and the Mythology of Evil. A Study in Theravada Buddhism* (Londres, 1962).

186. Sobre a Índia no tempo de Alexandre Magno e o Império dos Maurya, cf. L. de la Vallée-Poussin, *L'Inde aux temps des Mauryas et des barbares* (Paris, 1930); E. Lamotte, "Alexandre et le bouddhisme" (Befeo, XLIV, 1945-50, p.147-62); A.K. Narain, *The Indo-Greeks* (Oxford, 1957); W.W. Tarn, *The Greeks in Bactria and India* (2ª ed., Cambridge, 1951).

Acerca de Asoka, cf. J. Bloch, *Les inscriptions d'Asoka* (Paris, 1950); E. Lamotte, *Histoire*, p.319-40; A. Bareau, *Les sectes bouddhiques*, p.33-5. A obra de Przyluski, *La légende de l'empereur Asoka dans les textes indiens et chinois* (Paris, 1923), é ainda utilizável pela excelente tradução dos textos. "No apogeu de seu poder, Asoka foi o maior dos príncipes de seu tempo. Nem a Roma do meado do séc. III a.C. nem o Egito dos Ptolomeus alcança a grandeza e o poder do Império Indiano, o reino dos selêucidas cede sob a pressão dos partos, a China ainda luta contra a dinastia dos Ts'in, que vai conferir-lhe sua unidade. Se, nesse tempo, Asoka permaneceu desconhecido de todos esses povos apesar dos esforços que tentou do lado do Ocidente, foi porque, em sua época, nenhum deles conhecia nem podia ver alguém a não ser a si mesmo na história. Seu poder, no entanto, não é seu único título de glória; bem poucos príncipes souberam empregar no governo a inspiração de uma religião liberal com tanto equilíbrio quanto ele" (J. Filliozat, *L'Inde classique*, I, p.220-1).

Acerca da inscrição bilíngue greco-aramaica encontrada em Kandahar, ver D. Schlumberger, L. Robert, A. Dupont-Sommer e E. Benveniste, "Une bilingue gréco-araméenne d'Asoka", J.A., 246, 1958, p.1-48. A respeito de duas outras inscrições recentemente encontradas, cf. D. Schlumberger, "Une nouvelle inscription grecque d'Asoka", *Comptes rendus des séances de l'Académie des Inscriptions et Belles-Lettres*, 1964, p.1-15; A. Dupont-Sommer, "Une nouvelle inscription araméenne d'Asoka trouvée dans la vallée du Lagman (Afghanistan)", ibid., 1970, p.15.

187. Sobre o estupa e o culto das relíquias, ver: M. Benisti, "Étude sur le *stupa* dans l'Inde ancienne" (Befeo, L, 1960, p.37-116); A. Bareau, "La construction et le culte des *stupa* d'après les Vinayapitaka" (ibid., p.229-74); S. Paranavitana, "The stupa in Ceylon" (*Memoirs of the Archaeol. Survey of Ceylon*, v.V, Colombo, 1946); Akira Hirakawa, "The rise of Mahayana Buddhism and its relation to the worship of stupas", *Memoirs of the Research Department of Toyo Bunko*, 22, 1963, p.57-106. John Irwin demonstrou que os pilares de Asoka prolongam uma longa tradição religiosa, dominada por um simbolismo cosmológico comparável àquele da Mesopotâmia: "'Asokan' pillars: a reassessment of the evidence", I-III, *The Burlington Magazine*, 65, nov 1973, p.706-20; 66; dez 1974, p.712-27; 67, out, 1975, p.631-43.

Sobre o *caitya*, cf. V.R. Ramchandra Dikshitar, "Origin and early history of caityas" (*Indian Historical Quarterly*, XIV, 1938, p.440-51); e bibliografia, M. Eliade, *Le yoga*, p.412.

Sobre o simbolismo dos templos búdicos, continua a ser indispensável a grande obra de Paul Mus, *Barabudur*, 2v. (Hanói, 1935).

No que tange à origem e ao desenvolvimento da imagem de Buda, ver A.K. Coomaraswamy, "Indian origin of the Buddha image", Jaos, 46, 1926, p.165-70; id., "Origin of the Buddha image", *Art Bulletin*, 9, 1927, p.1-42; P. Mus, "Le Bouddha paré. Son origine indienne. Sakyamuni dans le Mahayanisme moyen", Befeo, 28, 1928, p.153-280; O.C. Gangoly, "The antiquity of the Buddha-image, the cult of the Buddha", *Ostasiatische Zeitschrift*, NF, 14, 1937-38, p.41-59; E. Benda, *Der vedische Ursprung des symbolischen Buddhabildes* (Leipzig, 1940); B. Rowland, "Gandhara and late antique art: the Buddha-image", *American Journal of Archaeology*, 46, 1942, p.223-36; id., *The Evolution of the Buddha Image* (Nova York, 1963).

Sobre a continuidade do simbolismo védico na imagística budista, ver Paul Mus, Befeo, 1929, p.92s.; A.K. Coomaraswamy, "Some sources of Buddhist iconography" (*Dr. B.C. Law Volume*, 1945, parte I, p.1-8); id., "The nature of Buddhist art" (*Figures of Speech or Figures of Thought*, Londres, 1946, p.161-99), esp. p.180s. Sobre as analogias entre as representações de Buda e de Cristo nos séc.I-V, cf. Benjamin Rowland, "Religious art East and West" (HR, 2, verão de 1962, p.11-32). Trata-se, segundo Rowland, da herança comum de um simbolismo que remonta a uma época muito mais antiga. Cristo e Buda são apresentados como mestres por excelência (usando a toga do orador grego), ou carregados de símbolos solares e com proporções gigantescas, a fim de ressaltar-lhes a natureza transcendental. Cf. também B. Rowland, "Buddha and the Sun God" (*Zalmoxis*, I, 1938, p.69-84).

Acerca da vida monástica, cf. Nalinaksha Dutt, *Early Monastic Buddhism* (ed. rev.), Calcutá, 1960; Charles Prebish, *Buddhist Monastic Discipline: The Sanskrit Pratimoksa Sutras of the Mahasamghikas and the Mulasarvastivadins* (Pensilvânia, 1975).

Sobre a literatura do *Abhidharmapitaka*, cf. L. de la Vallée-Poussin, "Documents d'Abhidharma, traduits et annotés", parte I (Befeo, 1930, p.1-28, 247-98); II-III, in *Mélanges chinois et bouddhiques*, I, 1932, p.65-125; IV-V, ibid., 1937, p.7-187; Mahathera Nyanatiloka, *Guide through the Abhidharma-Pitaka* (2ª ed., Colombo, 1957); A. Bareau, "Le bouddhisme indien", p.93-106. Cf. também H.V. Guenther, *Philosophy and Psychology in the Abhidharma* (Luknow, 1967); *L'Abhidharmakosa de Vasubandhu*, trad. L. de la Vallée-Poussin, 6v., Paris, 1923-31.

Devemos esclarecer, no entanto, que o *Abhidharma* se propunha clarificar o espírito com o auxílio de uma teoria filosófica consistente, e não encorajar as especulações. Seu objetivo final era, portanto, soteriológico.

188. Sobre a cronologia, a literatura e a bibliografia da *Prajñaparamita*, ver a excelente apresentação de Edward Conze, *The Prajnaparamita Literature* (Gravenhage, 1960), que compreende igualmente uma lista de traduções em línguas europeias. O próprio Conze dela publicou vários volumes; cf. *Selected Sayings from the Perfection of Wisdom* (Londres, 1955).

Sobre o Mahayana, cf. E. Conze, *Buddhist Thought in India* (Londres, 1962), p.195-237; A. Bareau, *Les religions de l'Inde*, III, p.141-99; id., *L'Absolu en philosophie bouddhique* (Paris, 1951); E. Lamotte, "Sur la formation du Mahayana" (*Festschrift Friedrich Weller*, Leipzig, 1954, p.377-96). As mais importantes traduções em línguas europeias dos textos do Mahayana estão catalogadas por A. Bareau, op.cit., p.242-3.

Segundo a tradição mahayanista, depois da morte do Bem-Aventurado, reuniram-se os discípulos em Rajagrha sob a direção de Mahakasyapa, e compilaram as "três corbelhas"; durante esse tempo, os grandes bodisatvas ganharam o monte Vimalasvabhava e, com a ajuda de Ananda, compilaram os *Mahayanasutra*. Estes últimos foram depositados em escaninhos, entre os Deva, os Naga ou os Gandharva. Somente 500 anos depois do *parinirvana*, quando a lei estava em declínio, Nagarjuna descobriu no palácio dos Naga sete cofres cheios de *Mahayanasutra*. Em 90 dias, memorizou-os e começou a transmiti-los aos leigos; sobre essa tradição fabulosa, cf. Lamotte, *L'Enseignement de Vimalakirti*, p.67-8.

Sobre o bodisatva, ver por último W. Rahula, "L'idéal du bodisatva dans le Theravada et le Mahayana", JA, t.259, 1971, p.63-70. Nos primeiros séculos de nossa era, os autores mahayana referiam-se a Sravaka, Pratyekabuddha e bodisatva. Um Sravaka (literalmente, "discípulo") pratica o ensinamento de Buda e termina por alcançar o nirvana; um Pratyekabuddha (Buda individual) realiza sozinho o nirvana, mas não é capaz de revelar a verdade aos outros, como o faz um Buda plenamente desperto. Um bodisatva é uma pessoa capaz de atingir o nirvana, mas a isso renuncia para o bem dos outros (ibid., p.65-6).

Análises dos diversos bodisatvas em E. Conze, *Le bouddhisme*, p.123s.; A. Bareau, op.cit., p.169s.; J. Rahder, *Dasabhumikasutra et Boddhisattvabhumi*, Paris, 1962; L. de la Vallée-Poussin, *Vijnaptimatratasiddhi*, v.I, p.721-42; e sobretudo a trad. amplamente comentada de Etienne Lamotte, *L'Enseignement de Vimalakirti* (Louvain, 1962).

Sobre Maitreya, cf. H. de Lubac, *Amida* (Paris, 1955), p.82s., e os textos citados e comentados por E. Lamotte, *L'Enseignement de Vimalakirti*, p.189-92, nota 89. Sobre Manjusri, ver por último E. Lamotte, "Manjusri", *T'oung Pao*, 48, 1960, p.1-96.

Acerca de Avalokitesvara, ver M. Th. de Mallmann, *Introduction à l'étude d'Avalokitesvara* (Paris, 1948); H. de Lubac, *Amida*, p.104s. Certo número de estudiosos (Sylvain Lévi, sir Charles Eliot, J. Przyluski, Paul Pelliot, Mlle de Mallmann) destacaram os elementos iranianos de Avalokitesvara; cf. a discussão em H. de Lubac, op.cit., p.237s. Não faltam, entretanto, antecedentes indianos: cf. J. Filliozat, JA, t.239, 1951, p.81; RHR, 1950, p.44-58.

Sobre Amitabha e Sukhavati, ver H. de Lubac, op.cit., p.32-48, 78-119 e passim.

O artigo de P. Demiéville, citado na nota 12, apareceu em Befeo, t.24, 1924, e separata de 258p.

Nenhum dos outros budas tem a grandeza e a eficácia de Amitabha. Mais tarde, todos esses budas e bodisatvas são descritos acompanhados dos deuses, sobretudo de Brahman e Indra e das diversas personificações femininas de Prajnaparamita, ou das Tara (deusas cujo nome significa "Estrela" e "Salvadora"). Essa nova budologia prolonga as teorias pré-mahayanistas sobre a natureza supramundana dos budas. Parece definitivamente constituída por Asanga, no séc. IV, cf. *Vijnaptimatratasiddhi*, trad. franc. L. de la Vallée-Poussin, t. II, p.762-813; *Hobogirin*, fasc. II, p.174-85.

Os "campos de Buda" (*buddhakshetra*) são os inúmeros universos onde se manifesta a compaixão de um buda. Distinguem-se os universos puros, impuros e mistos. Nosso universo, Saha, é apresentado como perigoso e miserável; foi nele, entretanto, que Sakyamuni alcançou a perfeita iluminação. Mas, "puros ou impuros, os *buddhakshetra* são todos 'Terras de Buda' e, como tais, perfeitamente puros. A distinção entre campos puros e campos impuros é puramente subjetiva. Os budas transformam à vontade uma terra impura em terra pura e vice-versa" (Lamotte, *L'Enseignement*, p.399). Ver também o artigo "*Butsudu*" in *Hobogirin*, p.198-203.

O culto dos budas e dos bodisatvas compreende homenagens e louvores, o esforço de pensar continuamente neles, pedidos para renascer um dia como Buda perfeito, mas sobretudo a repetição do nome deles, método que se tornou muito popular na Índia e em todos os países onde se difundiu o Mahayana. Os doutores discutiram os méritos respectivos desses dois métodos: *a fé* num Buda ou *a repetição ritual do seu nome*. De fato, essas duas "inovações" mahayanistas têm uma longa pré-história na Índia e, sob seu caráter "popular", escondem-se ideias rigorosamente articuladas sob a eficácia das palavras sagradas e dos "pensamentos de compaixão". Ver também E. Reynolds, "The several bodies of the Buddha: Reflections on a neglected aspect of Theravada Tradition", HR, 16, 1977, p.374-89.

189. Sobre Nagarjuna e Madhyamika, ver bibliografia de Frederick J. Streng, *Emptiness. A Study in Religious Meaning* (Nashville, 1967), p.237-45. Sobre a vida de Nagarjuna, cf. ibid., p.237-8, e a bibliografia estabelecida por E. Lamotte, "Introduction" ao *Traité* (Louvain, 1944), p.XI-XIV. Lamotte demonstrou que, para Kumarajiva e sua escola, Nagarjuna situa-se entre 243 e 300 d.C. (*Vimalakirti*, p.76). Sobre as obras de Nagarjuna e aquelas que lhe foram atribuídas, cf. Streng, op.cit., p.238-40. *Mulamadhyamakakarikas* e *Vigrahavyartani* estão traduzidos por Streng, ibid., p.181-227. O *Mahaprajnaparamitasastra* (*Tratado da grande virtude de sabedoria*), trad. franc. E. Lamotte, 2v. (Louvain, 1944, 1949), contém a trad. dos caps. 1-30 da versão chinesa de Kumarajiva. É provável que a obra comporte suplementos acrescentados por Kumarajiva. As traduções em línguas europeias de outras obras são citadas por Streng, p.238-40. O texto dos *Madhyamikakarikas* encontra-se nos comentários sânscritos, tibetanos e chineses dessa obra. O comentário mais valioso é sobretudo o de Candrakirti (*Prasannapada*). Os 27 caps. de *Prasannapada* foram traduzidos para o alemão, o inglês e o francês, por diferentes autores (Stcherbatsky, S. Schayer, E. Lamotte, J. de Jong e J. May; ver Streng, p.240). J. May, *Candrakirti Prasannapada Madhyamakavrtti: Douze chapitres traduits du sanscrit et du tibétain* (Paris, 1959), merece menção especial.

A respeito da filosofia de Nagarjuna, ver Stcherbatsky, *The Conception of Buddhist Nirvana*, p.1-68; La Vallée-Poussin, "Réflexions sur le Madhyamaka" (*Mélanges chinois et bouddhiques*, II, 1933, p.1-59, 139-46); T.R.V. Murti, *Central Philosophy of Buddhism* (Londres, 1955), com as observações de J. May, IIJ, 3, 1959, p.102-11; Richard H. Robinson, *Early Madhyamika in India and China* (Madison e Londres, 1967), p.21-70, e sobretudo a obra de Streng, p.43-98, 139-52.

190. Para uma breve história do cânone e da Igreja jaina, cf. L. Renou, *L'Inde Classique*, II, p.609-39. Para a filosofia jaina, cf. O. Lacombe, ibid., p.639-62 e a bibliografia registrada acima, §152. Acrescentar: Y.R. Padmarajiah, *A Comparative Study of the Jaina Theories of Reality and Knowledge* (Bombaim, 1963). Ver também Mrs. S. Stevenson, *The Heart of Jainism* (Oxford, 1915); S.B. Deo, *History of Jaina Monachism from Inscriptions & Literature* (Poona, 1956); R. Williams, *Jaina Yoga. A Survey of the Mediaeval Sravakacaras* (Londres, 1963); U.P. Shah, *Studies in Jaina Art* (Benares, 1955); V.A. Sangave, *Jaina Community. A Social Survey* (Bombaim, 1959).

191. Atualmente, o texto é acessível na edição crítica estabelecida sob a direção de Vishnu S. Sukthamkar e S.K. Belvalkar: *The Mahabharata. For the first time critically edited* (Poona: Bhandarkar Oriental Research Institute, 1933-66).

As velhas traduções inglesas de P.C. Roy (Calcutá, 1882-89) e M.N. Dutt (Calcutá, 1895-1905) ainda são úteis, enquanto se aguarda a publicação integral da versão de J.A.B. van Buitenen (Chicago University Press, 1973s.).

Para a história das interpretações do poema, ver Alf Hiltebeitel, *Krsna and the Mahabharata. A Study in Indian and Indo-European Symbolism* (tese de doutorado, inédita, Universidade de Chicago, 1973), p.134-90. Entre as contribuições mais importantes, mencionemos as de Adolf Holtzmann (o jovem): *Das Mahabharata und seine Theile*, I-IV (Kiel, 1892-93), E.W. Hopkins, *The Great Epic of India. Its Character and Origin* (1901), Joseph Dahlmann, *Genesis des Mahabharata* (Berlim, 1899), G.J. Held, *The Mahabharata: An Ethnological Study* (Londres-Amsterdam, 1935), V.S. Sukkhamkar, *The Meaning of the Mahabharata* (1945, publ. em Bombaim, 1957), Georges Dumézil, *Mythe et épopée*, I-II (Paris, 1968, 1971), Alf Hiltebeitel, *The Ritual of Battle. Krishna in the Mahabharata* (Cornell University Press, 1976). J. Bruce Long publicou recentemente bibliografia anotada: *The Mahabharata. A Selected Annotated Bibliography* (South Asia Occasional Papers and Theses, 3, Cornell University, 1974).

Em 1947, Stig Wikander mostrou num artigo em sueco que os deuses, pais dos *Pandava*, formavam um grupo bem estruturado, védico ou pré-védico, e que o casamento coletivo dos heróis correspondia a um teologema relativo ao mesmo grupo divino. O artigo – "La légende des Pandava et la substructure mythique du Mahabharata" – foi traduzido e anotado por G. Dumézil, *Jupiter, Mars, Quirinus*, IV (Paris, 1948), p.37-53, 55-85. Ver *Mythe et épopée*, I, p.42s. (A primeira parte desse livro – p.31-257 – dedica-se à análise do MBh na perspectiva da mitologia indo-europeia.)

192. Sobre as analogias do MBh com as escatologias iraniana e escandinava, ver G. Dumézil, *Mythe et épopée*, I, p.218s.; Stig Wikander, "Germanische und Indo-Iranische Eschatologie", *Kairos*, II, 1960, p.83-8.

Os trabalhos de Dumézil são discutidos por Madeleine Biardeau, "Études de mythologie hindoue: cosmogonies puraniques", II (Befeo, 55, 1969, p.59-105, esp. p.97-105; ver também *Annuaire de l'École des Hautes Études*, V[e] section, 1969-70, p.168-72) e Alf Hiltebeitel, *Krishna and the Mahabharata*, cap. XVII e "The Mahabharata and hindu eschatology", HR, 12, 1972, p.95-135; cf. *The Ritual of Battle*, p.300-9.

Sobre o *pralaya* na epopeia, ver Biardeau, "Études", II e III (Befeo, 57, 1971, p.17-89); sobre *bhakti* e *avatara*, cf. "Études", IV, ibid., 63, 1976, p.111-263.

Ver também David Kinsley, "Through the looking glass: divine madness in the Hindu religious traditions", HR, 13, 1974, p.270-305.

193. Sobre as ideias sanquia e ioga no *Mahabharata*, ver M. Eliade, *Le yoga*, p.153s. e as bibliografias citadas, ibid., p.157, nota 1, p.379-80. Num de seus intermináveis discursos didáticos, Bhisma afirma que: "O sanquia e a ioga vangloriam-se de ser seu método o melhor meio (*karana*). ... Considero verdadeiros ambos esses ensinamentos. ... Eles têm em comum a pureza, a repressão (dos desejos) e a piedade para com todos os seres: mas as opiniões filosóficas (*darsana*) não são idênticas no sanquia e na ioga" (XII, 11.043s.). Certamente, trata-se de um estágio pré-sistemático dos dois *darsana*. O sanquia não é apresentado como o método para distinguir e separar o espírito (*purusa*) da experiência psicomental, ponto de partida do sistema de Isvara Krishna.

194. É imensa a literatura existente sobre a *Bhagavadgita*, ver bibliografia Eliade, *Le yoga*, p.380-1; cf. Bruce Long, op.cit., p.16-9. Citamos a trad. de Émile Sénart (Paris, 1922).

Entre as traduções comentadas, são indispensáveis as de Franklin Edgerton (Harvard Univ. Press, 2v., 1952) e R.C. Zaehner (Oxford Univ. Press, 1969).

Sobre a técnica ióguica na *Bhagavadgita*, ver *Le yoga*, p.165s.

195. Sobre a "separação" da essência celeste, obtida pelo sacrifício (*yasna*), ver G. Gnoli, "Lo stato di 'maga'" (*Annali dell'Istituto Orientale di Napoli*, 15, 1965, p.105-17) e os outros trabalhos do mesmo autor, citados no §104. Cf. também M. Eliade, "Spirit, light and seed" (HR, 11, 1971, p.1-30), esp. p.18s.

Sobre a alternância dos princípios antagônicos, ver M. Eliade. *La nostalgie des origines* (Paris, 1971), p.307s.

196. A história do povo judeu depois do exílio inspirou uma literatura considerável. Mencionemos alguns trabalhos recentes; K. Galling, *Studien zur Geschichte Israels im persischen Zeitalter* (Tübingen, 1964); E. Bickerman, *From Ezra to the Last of Maccabees: Foundations of Post-Biblical Judaism* (Nova York, 1962); I.L. Myres, "Persia, Greece and Israel" (*Palestine Exploration Quarterly*, 85, 1953, p.8-22). Para uma visão geral da história religiosa, ver Georg Fohrer, *History of Israelite Religion* (Nashville-Nova York, 1972), p.330-90.

Sobre o *Dêutero-Isaías*, ver como fonte de consulta mais recente a obra extremamente rica de P.-E. Bonnard, *Le second Isaïe, son disciple et leurs éditeurs* (*Isaïe, 40-68*), Paris, 1972.

Já se apontaram influências iranianas em certos passos do *Dêutero-Isaías*. Assim, por exemplo, Isaías, 50:11 fala dos que "acendem o fogo", expressão equivalente ao termo avéstico *athravan*. Ver bibliografia, David Winston, "Iranian component in the Bible, Apocrypha and Qumran" (HR, 5, 1966, p.183-216), p.187, nota 13. Ainda mais evidente é a influência iraniana nos caps. 44 e 45, cuja semelhança com os "Cilindros de Ciro" e o *Yasna* 44 já foi observada. Cf. Morton Smith, "II Isaiah and the Persians", Jaos, 83-4, 1963, p.415-21 e bibliografia cit. por Winston, p.189, nota 17.

Sobre os *Cantos do Servo*, ver I. Engnell, "The 'Ebed Yahweh Songs' and the suffering Messiah in 'Deutero-Isaiah'" (*Bulletin of the John Rylands Library*, 1948, p.54-96); C. Lindhagen, *The Servant Motif in the Old Testament* (Uppsala, 1950); J. Lindblom, *The Servant-Songs in Deutero-Isaiah* (1951); C.R. North, *The Suffering Servant in Deutero-Isaiah* (1942; 2ª ed., Londres, 1956) e seu comentário em *The Second Isaiah* (Oxford, 1965); H.A. Rowley, *The Servant of the Lord* (Londres, 1952); S. Mowinckel, *He That Cometh* (Nova York, 1955), p.187-260; W. Zimmerli e J. Jeremias, *The Servant of God* (2ª ed., Londres, 1965).

197. Sobre o profeta Ageu, ver Théophane Charry, O.F.M., *Agée-Zacharie-Malachie* (Paris, 1969, Col. Sources Bibliques); F. Hesse, "Haggai" (*Rudolph Festschrift*, 1961, p.109-34); K. Koch, "Haggais unreines Volk" (*Zeit. f. Alttestamentliche Wissenschaft*, 79, 1967, p.52-66).

Acerca de Zacarias, cf. T. Charry, op.cit., K. Galling, *Studien...*, p.109-26; Otto Eissfeldt, *The Old Testament: An Introduction* (trad. ingl., Oxford-Nova York, 1965), p.429-40 (rica bibliografia, p.429, 762).

Sobre o desenvolvimento da escatologia, ver: G. Hölscher, *Der Ursprung der Jüdischen Eschatologie* (Giessen, 1925); P. Volz, *Die Eschatologie der jüdischen Gemeinde in neutestamentlichen Zeitalter* (2ª ed., Tübingen, 1934); G. Fohrer, "Die Struktur der alttestamentliche Eschatologie" (*Studien zur alttestamentliche Prophetie*, 1967, p.32-58). Ver também bibliografia cit., §198.

198. Sobre as concepções bíblicas do messias, ver H. Gressmann, *Der Messias* (Göttingen, 1929); A. Bentzen, *King and Messiah* (Londres, 1955; trad. de *Messias, Moses redivivus, Menschensohn*, Zurique, 1948); L.E. Browne, *The Messianic Hope in Its Historical Setting* (1951); H. Ringgren, "König und Messias" (*Zeit. f. alttest., Wiss.*, 64, 1952, p.120-47); T.W. Manson, *The Servant-Messiah* (Cambridge, 1952); S. Mowinckel, *He That Cometh*, p.280s.; Joseph Klausner, *The Messianic Ideas in Israel from Its Beginning to the Completion of the Mishnah* (Nova York, 1955); G. Fohrer, *Messiasfrage und Bibelverständnis* (1957). Ver também bibliografia cit., §203. Quanto às concepções rabínicas, cf. G.F. Moore, *Judaism in the First Century of the Christian Era* (Cambridge, Massachusetts, 1927, 1930; reed., 1971), II, p.349s.; Gershom Scholem, *The Messianic Idea in Judaism* (Nova York, 1971), p.1-78.

Sobre as relações entre a ideologia real das grandes monarquias orientais e o motivo mítico do rei-redentor entre os israelitas, ver G. Widengren, "Early Hebrew myths and their interpretation" (S.H. Hooke, *Myth, Ritual and Kingship*, Oxford, 1958, p.149-203), p.168s.; id., *Sakrales Konigtum im Alten Testament und im Judentum* (Stuttgart, 1955), p.30s.

199. A história da redação do Pentateuco é bastante complicada; estado das questões e bibliografia in O. Eissfeldt, *The Old Testament*, p.155-240; cf. ibid., p.241-300, a análise textual dos mais antigos livros históricos (Josué, Juízes, Samuel, Reis).

A cronologia de Esdras e de Neemias suscita numerosos problemas; ver J. Wright, *The Date of Ezra's Coming to Jerusalem* (Londres, 1947); id., *The Building of the Second Temple* (Londres, 1958); A. Gelston, "The foundations of the Second Temple" (VT 16, 1966, p.232s.); H. Rowley, "The chronological order of Ezra and Nehemia" (*The Servant of the Lord*, Londres, 1952, p.131s.); id., "Nehemiah's mission and its historical background" (*Bulletin of the John Rylands Library*, 37, 1955, p.528s.); H. Cazelles, "La mission d'Esdras" (VT 4, 1954, p.113s.); S. Mowinckel, *Studien zu dem Buche Ezra-Nehemia*: I-III (Oslo, 1964-65); F. Michaeli, *Les Livres des Chroniques, d'Esdras et de Néhémie* (Neuchâtel, 1967). Segundo Kellermann, seguido por Morton Smith, Esdras precedeu Neemias; cf. U. Kellermann, *Nehemia: Queller, Ueberlieferung und Geschichte* (*Zeit. f. Alttest. Wiss.*, Beihefte 102, Berlim, 1967); id., "Erwägungen zum Problem der Esradatierung" (*Zeit. f. Alttest. Wiss.*, 80, 1968, p.55s.); Morton Smith, *Palestinian Parties and Politics that Shaped the Old Testament* (Nova York e Londres, 1971), p.120s. Quanto à história do texto, ver O. Eissfeldt, p.541-59.

Durante a missão de Esdras e de Neemias, consolida-se a oposição entre os "partidos" dos exclusivistas (ou "nacionalistas") e dos sincretistas (ou "universalistas"). A oposição existia, certamente, antes do cativeiro, mas ela assume um caráter político no tempo de Esdras e Neemias.

O pequeno livro de Jonas, composto no séc. IV, ilustra admiravelmente a tendência "universalista": Deus envia o profeta a Nínive, para anunciar que a cidade será destruída por causa das iniquidades de seus habitantes. Como, no entanto, os ninivitas se arrependem, Javé renuncia à punição. Em outras palavras, *Javé preocupa-se com todos os povos*. (Alguns autores reconheceram o mesmo espírito no livro de Rute.) Mas o qualificativo "universalista" pôde também ser aplicado aos partidários da *assimilação* (religiosa, cultural, racial). Essa tendência sincretista, já popular no tempo da monarquia, atingirá seu apogeu na época helenística.

200. Para a história da Palestina na época helenística, ver S. Liberman, *Greek in Jewish Palestine* (Nova York, 1942); id., *Hellenism in Jewish Palestine* (Nova York, 1950); F.-M. Abel, *Histoire de la Palestine depuis la conquête d'Alexandre jusqu'à l'invasion arabe,* v.I (*De la conquête d'Alexandre jusqu'à la guerre juive*), 1952. Um excelente estudo panorâmico foi feito por Victor Tcherikover, *Hellenistic Civilization and the Jews* (Nova York, 1970; trad. do hebr.). Ver também W.W. Tarn, *Hellenistic Civilization* (3ª ed., 1952; reed., Nova York, 1961), cap.VI: "Hellenism and the Jews" (p.210s.); Samuel K. Eddy, *The King is Dead, Studies in the Near Eastern Resistance to Hellenism*, 334-41 B.C. (University of Nebraska Press, Lincoln, 1961), esp. p.183-256.

Para a história religiosa, o livro de W. Bousset e H. Gressmann, *Die Religion des Judentums im späthellenistischen Zeitalter*, 3ª ed. (Tübingen, 1926; reed. 1966), conserva ainda todo o seu valor. O problema foi tratado brilhantemente na erudita obra de Martin Hengel, *Judentum und Hellenismus* (1968; 2ª ed., Tübingen, 1973; citamos a trad. ingl., *Judaism and Hellenism. Studies in Their Encounter in Palestine during the Early Hellenistic Period,* 2v., Filadélfia, 1974). Marcel Simon e André Benoît fizeram uma excelente apresentação sintética da questão, apoiada por boa bibliografia, em *Le judaïsme et le christianisme antique, d'Antiochus Epiphane à Constantin* (Paris, 1968).

Morton Smith destacou a antiguidade e a importância da influência grega na Palestina, tanto em Jerusalém (onde uma guarnição grega esteve instalada de 320 a 290, e de novo em 218 e 199) como nas aldeias (*Palestinian Parties...*, p.57s.). Martin Hengel contribui com uma documentação suplementar; cf. *Judaism and Hellenism*, I, p.6-106, II, p.2-71 (cap.I: "Early hellenism as a political and economic force; cap.II: Hellenism in Palestine as a cultural force and its influence on the Jews).

Sobre a personificação da sabedoria (*hokma*) e suas analogias nas literaturas sapienciais orientais, ver: W. Schencke, *Die Chokma (sophia) in der jüdischen Hypostasenspekulation* (Cristiânia, 1913); P. Humbert, *Recherches sur les sources égyptiennes de la littérature sapientiale d'Israël* (Neuchâtel, 1929); W. Baumgartner, "Die israelitische Weisheitliteratur" (*Theologische Rundschau*, N.F., 5, 1933, p.258-88); J. Fichtner, *Die altorientalische Weisheit in ihrer israelitisch-jüdischen Ausprägung* (Giessen, 1933); H. Ringgren, *Word and Wisdom* (Lund, 1947); W.F. Albright, "Some Canaanite-Phoenician sources of Hebrew wisdom" (*Wisdom in Israel and the Ancient Near East*, supl. Vetus Test., 3, Leyden, 1955, p.1-15); G. von Rad, *Wisdom in Israel* (Nashville e Nova York, 1972; a ed. al. é de 1970); H. Conzelmann, "The mother of wisdom" (J.M. Robinson (org.), *The Fature of Our Religious Past*, Londres e Nova York, 1971, p.230-43); Hengel, I, p.153s., II, p.97s.

201. Sobre o *Coélet*, ver J. Pedersen, "Scepticisme israélite" (RHPhR, 10, 1930, p.317-70); R. Gordis, *Koheleth: The Man and His World* (Nova York, 1951); K. Galling, *Die Krisis der Aufklärung in Israel* (Mainzer Universitätsreden, 1952); H.L. Ginsburg, *Studies in Koheleth* (Nova York, 1960); H. Gese, "Die Krisis der Weisheit bei Koheleth" (*Les sagesses du Proche Orient Ancien. Travaux du Centre d'Histoire des Religions de Strasbourg*, Paris, 1963, p.139-51); O. Loretz, *Qoheleth und der alte Orient* (Freiburg, 1964); M. Dahood, "Canaanite-Phoenician influence in Qoheleth" (*Biblica*, 33, 1952, p.30-52); id., "Qoheleth and recent discoveries" (ibid., 42, 1961, p.359-66); David Winston, "The book of wisdom's theory of cosmogony" (HR, 11, 1971, p.185-202); R. Braun, *Koheleth und sein Verhältnis zur literarischen Bildung und Popularphilosophie* (Beihefte zur *Zeitschrift für die Alttestamentlische Wissenschaft*, 130, Erlangen, 1973); M. Hengel, *Judaism and Hellenism*, I, p.115-29 e bibliografia, v.II, p.77-87 (notas 51-102). Para a análise histórica do texto, ver Eissfeldt, *The Old Testament*, p.491-9.

Sobre Ben Sira, ver trad. comentada por G.H. Box e W.O.E. Oesterley, in R.H. Charles, *Apocrypha and Pseudoepigrapha of the Old Testament* (Oxford, 1913), v.I, p.268-517. A análise histórica do texto figura em O. Eissfeldt, op.cit., p.595-9, com rica bibliografia. Nossa interpretação muito deve a Martin Hengel, op.cit., I, p.130-55, II, p.88-96.

O método de Ben Sira apresenta certa analogia com as concepções estoicas; em primeiro lugar, a certeza de que o mundo e a existência humana se desenvolvem segundo um plano determinado por Deus (cf. §184). Além disso, Sira compartilha com o estoicismo a ideia de que o cosmo é penetrado por uma força racional, que é precisamente a divindade; cf. M. Pohlenz, *Die Stoa* (2ª ed., Göttingen, 1964), I, p.72. Por outro lado, a filosofia de Zenão emerge de uma visão religiosa semítica que tem muito em comum com o pensamento do Antigo Testamento; cf. Pohlenz, I, p.108. Dessa maneira, a assimilação das ideias estoicas pelos judeus, desde Ben Sira e Aristobulo até Fílon, era de fato a retomada de uma herança oriental; cf. Hengel, I, p.149, 162. Não devemos, no entanto, exagerar a importância das influências gregas. Há muito já se reconheceram os paralelos entre o célebre cap. 24 de Ben Sira e as aretalogias* de Ísis. W.L. Knox notava "a surpreendente afinidade (da sabedoria) com uma Astarte síria com os traços de Ísis" (cf. "The divine wisdom", *Journal of Theological Studies*, 38, 1937, p.230-7; o trecho citado encontra-se na p.235). Cf. também H. Ringgren, *Word and Wisdom*, p.144s.; H. Conzelmann, "The mother of wisdom" (J.M. Robinson, *The Future of Our Religious Past*, Londres e Nova York, 1971, p.230-43); Hengel, I, p.158s., II, p.101s. (bibliografia supl., nota 331). Não está afastada a hipótese de que o culto de Ísis tenha sido conhecido em Jerusalém no séc. III e de que as escolas judaicas de sabedoria tenham transferido para a sabedoria divina a aretalogia de Ísis-Astarte; cf. Hengel, I, p.158. Como, no entanto, já observamos (p.229), a sabedoria não é a *páredros*** de Deus, mas sai de sua boca. Ver W. Schenke, *Die Chokma (sophia) in der jüdischen Hypostasenspekulations*, J. Fichtner, *Die altorientalische Weisheit in ihrer israelitisch-jüdischen Ausprägung*, id., "Zum Problem Glaube und Geschichte in der israelitisch-jüdischen Weisheitliteratur" (*Theologische Literaturzeitung*, 76, 1951, p.145-50); J.M. Reese, *Hellenistic Influence on the Book of Wisdom and its Consequences* (Roma, 1970); B.L. Mack, *Logos und Sophia. Untersuchungen zur Weisheitstheologie im hellenistischen Judentum* (Göttingen, 1973).

É importante lembrar que, entre o séc. III a.C. e o séc. II de nossa era, atestam-se concepções similares não somente no mundo oriental-helenístico, mas também na Índia budista e hinduísta: assiste-se à personificação religiosa e mitológica da "ciência" (*prajna*, *jnana*) como meio supremo de libertação. O processo tem sequência na Idade Média, tanto na Índia como na Europa cristã (cf. v.III).

* Do grego άςεταλογία, relato de fatos maravilhosos, recitação de *hieroì lógoi*. (N.T.)

** O grego άδεδδος significa, segundo o *Dictionnaire grec-français* de M.A. Bailly, "aquele que está sentado ao lado de, que está associado a", ou ainda "aquele que ocupa o segundo lugar, portanto inferior, em se falando dos deuses inferiores cujas estátuas eram erguidas ao lado das estátuas dos deuses mais poderosos" (latim *paredrus* (*os*): "aquele que acompanha alguém, assessor"). (N.T.)

A tradução do Pentateuco, empreendimento grandioso e sem igual na Antiguidade, tornara possível uma literatura judaica redigida diretamente em grego. Em 175-170 a.C., Aristobulo, o primeiro "filósofo" judeu, escreveu uma obra didática e apologética em honra do jovem soberano Ptolomeu VI Filométor. A julgar pelos fragmentos conservados, o autor expunha uma teoria audaciosa, que mais tarde voltaria a ser abundantemente utilizada: a doutrina judaica, tal como se encontra formulada na Bíblia, representa a única verdadeira filosofia. Pitágoras, Sócrates e Platão já a conheciam, e tomaram-lhe emprestados os princípios. Quando os poetas e os filósofos gregos falam de "Zeus", referem-se ao verdadeiro Deus. "Pois todos os filósofos são acordes em que, sobre Deus, é preciso ter concepções santas, e isso interessa enormemente à nossa comunidade" (apud Eusébio, *Praeparatio evangelica,* 13, 12:7s.). Entretanto, a sabedoria de Moisés é proclamada como nitidamente superior às doutrinas filosóficas gregas, por ser de origem divina; cf. Hengel, I, p.163s., e as referências citadas, II, p.106-10, notas 375-406.

Pouco tempo depois, o autor da *Carta de Aristeu* exprime ainda mais claramente a tendência de assimilar a ideia bíblica de Deus à concepção grega ("universalista") da divindade. Os gregos e os judeus "adoram o mesmo deus – o senhor e Criador do Universo, se bem que lhes deem nomes diferentes, Zeus ou Dis" (*Arist.*, 15-6). Os gregos instruídos em filosofia teriam, havia muito tempo, professado o monoteísmo. Em conclusão, o autor considera o judaísmo idêntico à filosofia grega. Ver a trad. ingl. e o comentário de M. Hadas, *Aristeas to Philocrates: Jewish Apocryphal Literature* (Nova York, 1951) e a ed. de A. Pelletier, *Lettre d'Aristée à Philocrate* (Sources Chrétiennes, 89, Paris, 1962); cf. V. Tcherikover, "The ideology of the letter of Aristeas" (*Harvard Theological Review*, 51, 1958, p.59-85); Hengel, I, p.264, II, p.176.

202. Para a história da Palestina entre Antíoco IV Epífano e Pompeu, ver a bibliografia anteriormente citada, §200. Acrescentar: E. Bickerman, "Un document relatif à la persécution d'Antiochus IV Epiphane" (RHR, 115, 1937, p.188-221); id., *Der Gott der Makkabäer* (Berlim, 1937); id., "Anonimous gods" (*Journal of the Warburg Institute*, I, 1937-38, p.187-96); B. Mazar, "The Tobiads" (*Israel Exploration Journal*, 7, 1957, p.137-45, 229-38); J.A. Goldstein, "The tales of the Tobiads" (*Christianity, Judaism and Other Greco-Roman Cults: Studies for Morton Smith*, v.III, Leyden, 1975, p.85-123).

Para as perseguições de Antíoco e a guerra de libertação, ver as fontes citadas na nota 31. No fim das contas, a "reforma" desejada por Antíoco – inspirada, aliás, pelos filo-helenos – visava à transformação de Jerusalém numa *pólis* grega; cf. Hengel, I, p.278. Traduções recentes e comentários dos Livros dos Macabeus: F.M. Abel, *Les Livres des Maccabées*, 2ª ed. (Paris, 1949); S. Zeitlin, *The First Book of the Maccabees* (Nova York, 1950); id., *The Second Book of the Maccabees* (1954); J.G. Bunge, *Untersuchungen zum zweiten Makkabäerbuch* (Bonn, 1971). Análises críticas e bibliografia: Eissfeldt, *The Old Testament*, p.576-82, 771.

Sobre a identificação de Javé com as concepções gregas de Deus, ver Hengel, op.cit., I, p.261s.; acrescentar: Marcel Simon, "Jupiter-Yahvé. Sur un essai de théologie pagano-juive" (*Numen*, 23, 1976, p.40-66). Convém acrescentar que os primeiros testemunhos dos autores gregos – Hecateu de Abdera, Teofrasto, Megástenes, Clearco de Solos – apresentavam os judeus como um povo de "filósofos"; cf. a análise das fontes em Hengel, I, p.225s.

O. Plöger demonstrou que os *hassidim* têm uma longa história; o movimento é atestado no séc. III e pode-se presumir que se tenha iniciado sob o domínio persa; cf.

Theocracy and Eschatology (Oxford, 1968), p.23s., 42-52. Sobre os *hassidim*, ver Hengel, I, p.175s., II, p.118s.

Sobre a apocalíptica judaica, ver: W. Bousset, *Die Jüdische Apokalyptik* (Berlim, 1903); P. Volz, *Die Eschatologie der Jüdischen germeinde in neutestamentlichen Zeitalter*, 2ª ed. (Tübingen, 1934); H.H. Rowley, *The Relevance of Apocalyptic*, 2ª ed. (Londres, 1950); id., *Jewish Apocalyptic and the Dead Sea Scrolls* (Londres, 1957); S.B. Frost, *Old Testament Apocalyptic: Its Origins and Growth* (Londres, 1952); Rudolf Mayer, *Die Biblische Vorstellung vom Weltenbrand* (Bonn, 1956); D.S. Russell, *The Method and Message of Jewish Apocalyptic* (Londres, 1964); H.D. Betz, "Zum Problem des religionsgeschichtlichen Verständnisses der Apokalyptik" (*Zeitschrift für Theologie und Kirche*, 63, 1966, p.391-409); Hengel, op.cit., I, p.181s.

Sobre o livro de Daniel, ver R.H. Charles, *A Critical and Exegetical Commentary on the Book of Daniel* (Oxford, 1929); W. Baumgartner, "Ein Vierteljahrhundert Danielforschung" (*Theologische Rundschau*, N.F., 11, 1939, p.59-83; 125-44; 201-28); L.S. Ginsburg, *Studies in Daniel* (Nova York, 1948); A. Bentzen, *Daniel* (2ª ed., Tübingen, 1952); O. Eissfeldt, op.cit., p.512-29 (rica bibliografia, p.512-3, 768-9); André Lacoque, *Le Livre de Daniel* (Neuchâtel-Paris, 1976).

Sobre o tema *vaticinia ex eventu*, ver E. Oswald, "Zum Problem der *vaticinia ex eventu*" (*Zeit. f. d. Alttestamentlische Wissenschaft*, 75, 1963, p.27-44).

Sobre as influências iranianas no *Livro de Daniel*, ver I.W. Swain, "The theory of the four monarchies: opposition history under the Roman Empire" (*Classical Philology*, 35, 1940, p.1-21); David Winston, "The Iranian component in the Bible, Apocrypha and Qumran: a review of evidence" (HR, 5, 1966, p.183-217), p.189-92. O problema das influências orientais é discutido por Hengel, I, p.181s. Convém ressaltar que numerosos temas já se encontram nos profetas.

Sobre o "Grande Ano", ver Eliade, *Le mythe de l'éternel retour* (nova ed., 1969), p.65s.; B.L. von Waerden, "Das Grosse Jahr und die ewige Wiederkehr" (*Hermes*, 80, 1952, p.129-55).

Sobre os quatro reinos e os quatro animais, ver H.H. Rowley, *Darius the Mede the Four Word Empires in the Book of Daniel* (Cardiff, 1935), p.161s.; W. Baumgartner, "Zu den vier Reichen von Daniel 2" (*Theologische Zeitschrift*, I, 1945, p.17-22); A. Caquot, "Sur les quatre Bêtes de Daniel VII" (*Semitica*, 5, 1955, p.5-13).

203. Sobre a síndrome do fim do mundo, ver M. Eliade, *Le mythe de l'éternel retour*, p.133s. Ver também a bibliografia, sobre a apocalíptica citada §202, e T.F. Glasson, *Greek Influence in Jewish Eschatology, with Special Reference to the Apocalypses and Pseudoepigraphs* (Londres, 1961).

Acerca da ressurreição dos corpos, ver R.H. Charles, *Eschatology* (1899; reed., Nova York, 1963), p.78s., 129s., 133s.; A. Nicolainen, *Der Auferstehungsglaube in der Bibel und ihrer Umwelt* (1944); E.F. Sutcliffe, *The Old Testament and the Future Life* (1946); R. Martin-Achard, *De la mort à la résurrection d'après l'Ancien Testament* (1956); K. Schubert, "Die Entwicklung der Auferstehungslehre von der nachexilischen bis zur frührabbinischen Zeit" (*Biblische Zeitschrift*, N.F., 6, 1962, p.177-214).

A doutrina iraniana da ressurreição é atestada claramente no séc. IV a.C.; cf. Teopompo (F. Jacoby, *Fragmente der Griechischen Historiker*, 115 F64) e §112.

Os apócrifos e os pseudoepígrafos do Antigo Testamento foram traduzidos por R.H. Charles e seus colaboradores no v.II de *Apocrypha and Pseudepigrapha* (Oxford, 1913).

Seguimos essa trad. para *IV Esdras, I Enoc*, os *Salmos de Salomão, O Testamento dos 12 Patriarcas* e o *Apocalipse Siríaco de Baruc*. Consultamos igualmente J.T. Milik, *The Books of Enoch* (1976) e Pierre Bogaert, *L'Apocalypse syriaque de Baruch*, I-II (1969). Ver também A.M. Denis, *Introduction aux pseudoépigraphes grecs de l'Ancien Testament* (Leyden, 1970).

Sobre o "Filho do Homem" ver a bibliografia analítica em E. Sjöberg, *Der Menschensohn im äthiopischen Henochbuch* (Lund, 1946), p.40s.; acrescentar: S. Mowinckel, *He That Cometh*, p.346-450; C. Colpe, in *Theologische Wörterbuch zum Neuen Testament*, VIII, p.418-25; J. Coppens, *Le Fils de l'Homme et les saints du Très-Haut en Daniel VIII, dans les Apocryphes et dans le Nouveau Testament* (Bruges-Paris, 1961); F.H. Borsch, *The Son of Man in Myth and History* (Filadélfia, 1967). Para as significações da expressão "Filho do Homem" no Novo Testamento, ver §221.

Sobre Satanás, cf. Bousset-Gressmann, *Die Religion des Judentums in späthellenistischer Zeitalter*, p.332s.; Ringgren, *Word and Wisdom*, p.169s. (com bibliografia); Bo Reicke, *The Disobedient Spirits and Christian Baptism* (Copenhague, 1948); B.L. Randelini, "Satana nell'Antico Testamento" (*Bibbia e Oriente*, 5, 1968, p.127-32).

Sobre a ascensão de Enoc, cf. G. Widengren, *The Ascension of the Apostle and the Heavenly Book* (Uppsala, 1950), p.36s.

Os textos rabínicos e os *midrashim* referentes ao Novo Testamento estão traduzidos e comentados por [H.L. Strack e] P. Billerbeck, *Kommentar zum Neuen Testament aus Talmud und Midrash*, I-VI (Munique, 1922-1961).

Sobre as influências iranianas nos apócrifos e nos pseudoepígrafos, ver D. Winston, "The Iranian component", p.192-200.

204. Sobre a apocalíptica como defesa contra o terror da história, ver Eliade, *Le mythe de l'éternel retour*, p.133s.

Sobre a tradição enóquica, ver: P. Grelot, "La légende d'Hénoch dans les Apocryphes et dans la Bible". (*Recherches de Science Religieuse*, 46, 1958, p.5-26; 181-210); id., "La géographie mythique d'Hénoch et ses sources orientales" (RB, 65, 1958, p.33-69); id., "L'eschatologie des Esséniens et le Livre d'Hénoch" (*Revue de Qumran*, I, 1958-59, p.113-31); J.T. Milik, "Problèmes de la littérature hénochique à la lumière des fragments araméens de Qumran" (*Harvard Theological Review*, 64, 1971, p.333-78).

Acerca dos fariseus, cf.: W.L. Knox, *Pharisaism and Hellenism in Judaism and Christianity*, II: *The Contact of Pharisaism with Other Cultures* (Londres, 1937) e sobretudo L. Finkelstein, *The Pharisees*, I-II (1938; 3ª ed., Filadélfia, 1962). Ver também Hengel, op.cit., I, p.169-75 ("Wisdom and Torah in pharisaic and rabbinic judaism"), J. Neusner, *The Rabbinic Traditions about the Pharisees before 70*, v.I-III (Leyden, 1971) e W.B. Davies, *Torah in the Messianic Age and for the Age to Come* (*Journal of Bibl. Lit. Monograph Ser.*, 7, 1952).

Sobre o proselitismo judaico, ver: W. Braude, *Jewish Proselyting* (Brown University Studies VI, Providence, 1940) e Hengel, I, p.168s. (com bibliografia recente).

Hengel observa, com razão, que o judaísmo teve sua maior influência histórica durante a época helenístico-romana. "A guerra de libertação contra os selêucidas e a luta difícil contra Roma são provavelmente únicas no mundo antigo" (I, 309). Único, também, o esforço de proselitismo, que foi imitado e prosseguido pelo cristianismo primitivo. Entretanto, a "antologia da Torá" e o rigoroso legalismo dos fariseus levaram, por um lado, à suspensão do surto missionário e, por outro, ao trágico desentendimento em relação ao cristianismo. A pequena comunidade judaico-cristã consegue manter-se na Palestina com grande dificuldade e observando exclusivamente a Torá. A acusação da apostasia sincrético-helenística influencia ainda em nossos dias as interpretações judaicas de Paulo (Hengel, I, 309, mencionando J. Klausner, L. Baeck e H.J. Schoeps; cf. II, p.205, nota 315). Para H.J. Schoeps, por exemplo, Paulo é "um judeu da diáspora alienado da fé de seus pais" (*Paul*, Londres, 1961, p.261). Citando esse passo, observa Hengel que a compreensão rígida e apologética da Torá, tão afastada da mensagem dos profetas, era irreconciliável com a proclamação escatológica universal do Evangelho, e teve de ser ignorada (ibid., p.309). Mas, para os defensores da Torá, os cristãos assemelham-se aos renegados judeus que, entre 175-164 a.C., incitavam à apostasia e à assimilação (ibid., p.314).

205. As religiões na época helenística estão apresentadas na excelente obra de Carl Schneider, *Kulturgeschichte des Hellenismus*, II (Munique, 1969; p.838s., os deuses estrangeiros), com abundante bibliografia. Ver também os textos traduzidos e comentados por F.C. Grant, *Hellenistic Religion: the Age of Syncretism* (Nova York, 1953). A obra de Karl Prümm, *Religionsgeschichtliches Handbuch für den Raum der altchristlichen Umwelt* (Freiburg im Breisgau, 1943), contém uma exposição geral, munida de rica bibliografia, sobre as realidades religiosas na época helenística e romana. Ver também: A.D. Nock, *Conversion: the Old and the New in Religion from Alexander the Great to Augustin of Hippo* (Oxford, 1933); id., *Essays on Religion and the Ancient World*, I-II (Oxford, 1972); Johannes Leipoldt e Walter Grundmann, *Umwelt des Urchristentum*, I (Berlim, 1965), esp. p.68s., 101s.; V. Ciliento, *Trasposizioni dell'antico. Saggi su le forme della grecità al suo tramonto* (Milão-Nápoles, 1961-66); id., *Comprensione della religione antica* (Nápoles, 1967); *Studi di storia religiosa delle tarda antichità* (Messina, 1968).

Sobre o sincretismo religioso, ver: R. Pettazzoni, "Sincretismo e conversione" (*Saggi di storia delle religioni e della mitologia*, Roma, 1946, p.143-51); Helmer Ringgren, "The problem of syncretism", *Syncretism* (Sven S. Hartman, Estocolmo, 1969), p.7-14; A.S. Kapelrud, "Israel's Prophets and their confrontation with the canaanite religion", ibid. id., p.162-70; J. van Dijk, "Les contacts ethniques dans la Mésopotamie et les syncrétismes de la religion sumérienne", ibid., p.171-206; Ian Bergman, "Beitrag zur *Interpretatio Graeca*: Aegyptische Götter in griechischer Uebertragung", ibid., p.207-27; *Le syncrétisme dans les religions grecque et romaine* (Travaux du Centre d'Études Supérieures spécialisé d'Histoire des Religions à Strasbourg, Paris, 1972); G. Widengren, "Cultural influence, cultural continuity and syncretism", in Pearson (org.), *Religious Syncretism in Antiquity. Essays in Conversation with Geo Widengren* (Missoula, Montana, 1975, p.1-20); F. Dunand e P. Lévêque (orgs.), *Les syncrétismes dans les religions de l'Antiquité, Colloque de Besançon*, 1973 (Leyden, 1975).

Acerca da astrologia e o fatalismo astral, ver: Karl Prümm, *Religionsgeschichtliches Handbuch für den altchristlichen Umwelt*, p.404s. (com a literatura anterior); R.P. Festugière, *La révélation d'Hermès Trismégiste*, I (1944), p.89-122; Franz Cumont, *Astrology and Religion among the Greeks and the Romans* (Nova York, 1912); id., *L'Egypte des Astrologues* (Bruxelas, 1973); id., *lux Perpetua* (1949), p.303s.; H. Ringgren (org.), *Fatalistic Beliefs* (Estocolmo, 1967), esp. o estudo de Ian Bergmann, "I overcome fate, fate harkens to me", p.33-51; C. Schneider, *Kulturgeschichte des Hellenismus*, II, p.907-19.

Na época romana, a moda dos horóscopos generaliza-se tanto em Roma quanto no Império. Augusto publica seu horóscopo e são cunhadas moedas com a imagem do capricórnio, a sua constelação zodiacal.

A mitologia e a teologia dos sete planetas deixaram traços nos sete dias da semana, nos sete anjos do Apocalipse, na noção dos sete Céus e dos sete Infernos, na escada ritual de sete degraus no culto de Mithra etc.

Para o culto dos soberanos, ver: E. Bickermann, "Die römische Kaiserapotheose", ARW, 27, 1929, p.1-24; Lily R. Taylor, *The Divinity of the Roman Emperor* (Middletown, 1931); Mac Evance, *The Oriental Origin of Hellenistic Kingship* (Chicago, 1934); D.M. Pippidi, *Recherches sur le culte impérial* (Bucareste, 1939); id., "Apothéose impériale et apothéose de Pérégrinos", SMSR, 20, 1947-48, p.77-103; Karl Prümm, *Religions-geschichtliches Handbuch*, p.54-66 (rica bibliografia); L. Cerfaux-J. Tondriau, *Le culte des souverains dans la civilisation hellénistique* (Paris, 1958); *Le culte des souverains dans l'Empire romain* (= Entretiens Hardt, XIX, Vandoeuvres, Genebra, 1973).

As fontes literárias sobre os mistérios foram publicadas por N. Turchi, *Fontes mysteriorum aevi hellenistici* (Roma, 1923). Em que pese sua tendência apologética, a obra de Karl Prümm, *Religionsgeschichtliches Handbuch*, p.215-356 ("Die Mysterienkulte in der antiken Welt") continua indispensável pela documentação e bibliografia. Uma seleção dos monumentos e documentos iconográficos foi publicada recentemente por Ugo Bianchi: *The Greek Mysteries* (Leyden, 1976).

Estudos de conjunto sobre as religiões dos mistérios: R. Reitzenstein, *Die hellenistischen Mysterienreligionen nach ihren Grundgedanken u. Wirkungen* (3ª ed., 1927): N. Turchi, *Le religioni misteriosofiche del mondo antico* (Roma, 1923); R. Pettazzoni, *I Misteri. Saggio di una teoria storico-religiosa* (Bolonha, 1924); S. Angus, *The Mystery-Religions and Christianity* (Londres, 1925); H.R. Willoughby, *Pagan Regeneration. A Study of Mystery Initiation in the Graeco-Roman World* (Chicago, 1929); F. Cumont, *Les religions orientales dans le paganisme romain* (4ª ed., 1929); A. Loisy, *Les mystères païens et le mystère chrétien* (2ª ed., Paris, 1930).

Ver também: *The Mysteries. Papers from the Eranos Yearbooks* (Nova York, 1955); M. Eliade, *Naissances mystiques, Essai sur quelques types d'initiation* (1959), p.230s.; A.D. Nock, "Hellenistic mysteries and christian sacraments" (*Mnemosyne*, 1952, p.117-213; estudo reproduzido in *Early Gentile Christianity and Its Hellenistic Background*, Harper Torchbook, Nova York, 1964, p.109-46); R. Merkelbach, *Roman und Mysterium in der Antike* (Munique e Berlim, 1962); P. Lambrechts, "L'importance de l'enfant dans les religions à mystères", *Latomus*, 28, 1957, p.322-33; G. Freymuth, "Zum Hieros Gamos in den antiken Mysterien", *Museum Helveticum*, 21, 1964, p.86-95; F. Cumont, *Lux perpetua* (Paris, 1949), p.235s.; L. Bouyer, "Le salut dans les religions à mystères", *Revue des Sciences Religieuses*, 27, 1953, p.1-16; cf. também bibliografia, §206-8.

206. Sobre Dioniso no meio helenístico e na época greco-romana, ver: U. von Wilamowitz-Moellendorff, *Die Glaube der Hellenen*, II (1932), p.261s.; H. Jeanmaire, *Dyonisos. Histoire du culte de Bacchus* (Paris, 1951), p.417s. (e bibliografia cit. p.497s.); C. Schneider, *Kulturgeschichte d. Hellenismus*, II, p.800-10, 1.097s. (bibliografia); M.P. Nilsson, *The Dionysiac Mysteries in the Hellenistic and Roman Age* (Lund, 1957); id., *Geschichte d. griechischen Religion*, II (2ª ed. ampl., 1961), p.360-7; R. Turcan, *Les sarcophages romains à représentation dionysiaque: Essai de chronologie et d'histoire religieuse* (Paris, 1966).

Sobre o Dioniso criança, cf. D. Costa, "Dionysos enfant, les bacchoi et les lions", *Revue Archéologique*, 39, 1952, p.170-9; Turcan, *Les sarcophages romains*, p.394s. Sobre a apoteose de Sêmele, ver: P. Boyancé, "Le disque de Brindisi et l'apothéose de Sémélé", *Revue des Études Anciennes*, 44, 1942, p.195-216; Nilsson, *The Dionysiac Mysteries*, p.4

e 14; P. Boyancé, "Dionysos et Sémélé", *Atti della Pontificia Accademia Romana di Archeologia*, 38, 1965-66, p.79s.

Sobre as iniciações nos mistérios dionisíacos, cf. bibliografia in Schneider, op.cit., p.1.101. Ver sobretudo: F. Matz, *Dionysiake télété. Archäologische Untersuchungen zum Dionysos-Kult in hellenistischen und römischer Zeit* (1964); G. Zuntz, "On the Dionysiac fresco in the Villa dei Misteri at Pompey", *Proceedings of the British Academy*, 49, 1963, p.177-202; R. Turcan, "Un rite controuvé de l'initiation dionysiaque", RHR, 158, 1960, p.140-3; id., "Du nouveau sur l'initiation dionysiaque", *Latomus*, 24, 1965, p.101-19; id., *Les sarcophages romains*, p.408s.; P. Boyancé, "Dionysiaca. À propos d'une étude récente sur l'initiation dionysiaque", *Revue des Études Anciennes*, 68, 1966, p.33-60.

Sobre o papel das cavernas no culto das tiases dionisíacas, ver: P. Boyancé, "L'antre dans les mystères de Dionysos", *Rendiconti della Pontificia Accademia di Archeologia*, 33, 1962, p.107-27; Claude Bérard, *Anodoi. Essai sur l'imagerie des passages chtoniens* (Bibliotheca Helvetica Romana, XIII, Institut Suisse de Rome, 1974), p.58s., 144s.; id., in *Mélanges d'Histoire ancienne et d'archéologie offerts à Paul Collart* (Lausanne, 1976), p.61-5.

Ver também F. Cumont, *Études sur le symbolisme funéraire des Romains* (1942), p.370s.; id., *Lux perpetua*, p.250s.

207. Apresentações sucintas dos mistérios frígios em: R. Pettazzoni, *I Misteri*, p.102-49; A. Loisy, *Les Mystères païens*, p.83-120; F. Cumont, *Les religions orientales*, p.43-68, 220-30; K. Prümm, *Religionsgeschichtliches Handbuch*, p.255-63 (com bibliografia anterior); C. Schneider, *Kulturgeschichte d. Hellenismus*, II, p.856s.

As fontes escritas (literárias e epigráficas) relativas ao culto de Átis foram coligidas e comentadas por H. Hepding, *Attis, seine Mythen u. sein Kult* (Giessen, 1903). O livro de H. Graillot, *Le culte de Cybèle, mère des dieux, à Rome et dans l'Empire Romain* (Paris, 1912), ainda permanece indispensável. M.J. Vermaseren, *Corpus Cultus Cybelae Attisque*, v.1, 1977. O mesmo autor publicou *The Legend of Attis in Greek and Roman Art* (Leyden, 1966) e *Cybele and Attis. The Myth and the Cult* (trad. hol. A.M.H. Lemmers, Londres, 1977); esta última obra contém farta bibliografia. Ver também P. Lambrechts, *Attis: Van herdersknaap tot god* (Bruxelas, 1962; cf. p.61-74, resumo em francês).

Sobre a proto-história de Kubaba-Cíbele, ver: R. Eisler, "Kubaba-Kybele", *Philologus*, 1909, p.118-209; S. Laroche, "Koubaba, déesse anatolienne, et le problème des origines de Cybèle"; *Eléments orientaux dans la religion grecque ancienne* (Paris, 1960), p.113-28; Vermaseren, *Cybele and Attis*, p.13-24; Dario M. Cosi, "La simbologia della porta nel Vicino Oriente: per una interpretazione dei monumenti rupestri frigi", *Annali della Facoltà di Lettere e Filosofia*, I (Florença, 1976), p.113-52, esp. p.123s.

Sobre o culto de Cíbele e de Átis na época romana, ver: P. Boyancé, "Sur les mystères phrygiens: 'J'ai mangé dans le tympanon. J'ai bu dans la cymbale'", *Revue des Études Anciennes*, 37, 1935, p.161-4; J. Carcopino, "La réforme romaine du culte de Cibèle et d'Attis" (*Aspects mystiques de la Rome païenne*, Paris, 1942, p.49-171); P. Lambrechts, "Les fêtes 'phrygiennes' de Cybèle et d'Attis" (*Bulletin de l'Institut d'Histoire Belge de Rome*, 27, 1952, p.141-70); E. van Doren, "L'évolution des mystères phrygiens à Rome", *Antiquité Classique*, 22, 1953, p.79-88; Charles Picard, "Les cultes de Cybèle et d'Attis" (*Numen*, 4, 1957, p.1-23); P. Romanelli, "Magna Mater e Attis sul Palotino", *Hommages à Jean Bayet* (Bruxelas, 1964 = Col. Latomus, 70), p.619-26; A. Brelich, "Offerte e interdizioni alimentari nel culto della Magna Mater a Roma", SMSR, 36, 1965, p.26-42; D.

Fishwick, "The Cannophori and the March Festival of Magna Mater", *Transactions and Proceedings of the American Philological Association*, 97, 1966, p.193-202; Dario M. Cosi, "Salvatore e salvezza nei Misteri di Attis", *Aevum*, 50, 1976, p.42-71.

A controvérsia em torno do significado e da função ritual do *pantós* (*cubiculum*) está resumida por Vermaseren, op.cit., p.117.

Sobre o *taurobolium*, ver R. Duthoy, *The Taurobolium. Its Evolution and Terminology* (Leyden, 1969), com a literatura anterior.

A. Loisy chamou atenção para um mito relatado por Clemente de Alexandria (*Protrept.*, II, 15) e que servia de comentário às palavras: "Comi no tamborim; ... entrei sob o baldaquino." Zeus usou de um ardil para unir-se à mãe dos deuses (Cíbele) "a fim de aplacar a cólera da deusa quando esta viesse a saber que ele dela abusara, Zeus atirou-lhe sobre o regaço os testículos de um carneiro, como se houvesse mutilado a si mesmo para expiar a ofensa cometida. Arnóbio, narrando esse mito, diz que Zeus se transformara em touro para unir-se à mãe" (*Mystères païens*, p.110).

Sobre os sacerdotes (galos), ver Vermaseren, op.cit., p.98s. e a literatura citada ibid., p.200s. Sobre a castração como identificação com a divindade, ver Michel Meslin, "Réalités psychiques et valeurs religieuses dans les cultes orientaux, Ier-IVe siècles" (*Revue Historique*, 512, out-dez 1974, p.289-314), p.295s.

Sobre as relações entre os mistérios frígios e o cristianismo, ver: M.J. Lagrange, "Attis et le christianisme", RB, 16, id., "Attis ressuscité", RB, 36, 1927, p.561-6; A. Loisy, op.cit., p.108s.; Vermaseren, *Cybele and Attis*, p.180s.

Ver também Hugo Rahner, "Christian mysteries and pagan mysteries" (*Greek Myths and Christian Mystery*, Londres-Nova York, 1963, p.1-45) e bibliografia, §205.

208. Sobre os mistérios egípcios, ver F. Cumont, *Les religions orientales*, p.69-94, 231-48; A. Loisy, *Les Mystères païens*, p.121-56; K. Prümm, *Religions-geschichtliches Handbuch*, p.268-80; Georges Nagel, "The 'Mysteries' of Osiris in Ancient Egypt", *The Mysteries*, p.119-34 (o texto francês foi publicado em *Eranos-Jahrbuch*, 1944); Curt Schneider, *Kulturgeschichte d. Hellenismus*, II, p.840s.

Sobre Serápis, ver P.M. Fraser, "Two studies on the cult of Serapis in the Hellenistic World", *Opuscula Atheniensia*, 3, 1960, p.1-54; id., "Current problems concerning the early history of the cult of Serapis", *Opuscula Atheniensia*, 7, 1967, p.23-45; Ruth Stiehl, "The origin of the cult of Sarapis", HR, 1963, p.21-33; Ladislaws Vidman, *Isis und Sarapis bei den Griechen u. Römern* (Berlim, 1979); J.E. Stambaugh, *Sarapis under the Early Ptolomies* (Leyden, 1972); W. Hornbostel, *Sarapis. Studien zur Ueberlieferungsgeschichte, den Erscheinungsformen und Wandlungen der Gestalt eines Gottes* (Leyden, 1973).

Sobre Heródoto e os "mistérios" egípcios, ver os comentários de A.B. Lloyd, *Herodotus*, livro II, partes I-II (Leyden, 1975-76).

Existe uma copiosa literatura sobre o culto de Ísis e sua difusão no Império Romano; ver R. Merkelbach, *Isisfeste in griechischrömischer Zeit. Daten und Riten* (Meisenheim am Glam, 1963); M. Münster, *Untersuchungen zur Göttin Isis* (Berlim, 1968); R.E. Witt, *Isis in the Graeco-Roman World* (Londres e Ithaca, 1971; livro um tanto decepcionante); S.K. Heyob, *The Cult of Isis among Women in the Graeco-Roman World* (Leyden, 1975). Cf. também: R. Harder, "Karpokrates von Chalkis und die memphitische Isispropaganda" (*Abhandl. d. Preussischen Akad, d. Wissenschaften*, Phil.-Hist. Klasse, 1943: 14, Berlim, 1944); D. Vandebeek, *De interpretatio Graeca van de Isisfigur* (Studia Hellenistica 4, Louvain, 1946).

Entre as publicações recentes sobre a difusão do culto, citemos: G. Grimm, *Zeugnisse aegyptischer Religion und Kunstelemente im römischen Deutschland* (Leyden, 1969); P.F. Tchudin, *Isis in Rom* (Aarau, 1962); Tan Tinh Tram, *Le culte d'Isis à Pompéi* (Paris, 1964); Françoise Durand, *Le culte d'Isis dans le bassin oriental de la Méditerranée*, I-III (Leyden, 1973); M. Malaise, *Les conditions de pénétration et de diffusion des cultes égyptiens en Italie* (Leyden, 1972).

Sobre as aretalogias de Ísis, ver D. Müller, "Aegypten und die griechischen Isis-Aretalogien" (*Abhand. d. Sächsischen Akad. d. Wissenschaften*, Philol.-hist. Klasse, 53, 1, 1961); Jan Bergman, *Ich bin Isis. Studien zum memphitischen Hintergrund der griechischen Isisaretalogien* (Uppsala, 1968); cf. as observações de Jonathan Smith em HR, 11, 1971, p.236s.; ibid., nota 10, p.241-2, com rica bibliografia.

Sobre a iniciação no culto de Ísis, ver: M. Dibelius, "Die Isisweihe bei Apuleius und verwandte Initiationsriten", *Botschaft und Geschichte* (Tübingen, 1965), II, p.30-79 (estudo publicado em 1917); V. von Gonzenbach, *Untersuchung zu den Knabenuieihen im Isiskult* (Bonn, 1957); J. Gwyn Griffiths, *Apuleius of Madauros. The Isis-book* (Leyden, 1975). Ver ainda J. Baltrusaitis, *La quête d'Isis. Introduction à l'égyptomanie. Essai sur la légende d'un mythe* (Paris, 1967).

209. Os textos herméticos foram editados e traduzidos por A.J. Festugière e A.D. Nock, *Hermès Trismégiste*, I-IV (Paris, 1945-54). A trad. ingl. de W. Scott e A.S. Ferguson, *Hermetica*, I-IV (Oxford, 1924-36), preciosa por suas notas e seus comentários, deve ser consultada com cautela, pois os autores trabalharam sobre um mau texto.

Uma excelente apresentação e explicação foram feitas por Jean Doresse, "L'hermétisme égyptianisant" (*Histoire des Religions*, II, Paris, 1972, p.430-97; cf. p.433-41, o inventário dos textos). A obra fundamental de Festugière, *La révélation d'Hermès Trismégiste*, I-IV (Paris, 1944-54), continua indispensável. O mesmo autor reuniu certo número de estudos – entre os quais "L'Hermétisme" (1948) e "Hermetica" (1938) – no volume *Hermétisme et mystique païenne* (1967). Ver também: K. Prümm, *Religionsgeschichtliches Handbuch*, p.540-605; G. van Moorsel, *The Mysteries of Hermes Trismegistos* (Utrecht, 1955); Hugo Rahner, *Greek Myths and Christian Mystery* (Londres e Nova York, 1963), p.190s.

Os textos do hermetismo popular foram longamente analisados, interpretados e traduzidos em parte no primeiro volume de *La Révélation d'Hermès Trismégiste: L'Astrologie et les sciences occultes*. Sobre a estrutura alquímica da criação das almas no tratado *Kórê Kósmou*, ver artigo de Festugière publicado em *Pisciculi* (Münster, 1939), p.102-16, e reproduzido em *Hermétisme et mystique païenne*, p.230-48.

Os escritos do hermetismo filosófico diferem entre si pelo gênero literário: *Poimandres* é uma aretalogia, isto é, o relato de uma manifestação miraculosa (*aretê*) da divindade (aqui, o *Noûs* divino); encontram-se fragmentos de cosmogonia e *lógoi* de ensinamento (cf. Festugière, *Révélation*, II, p.28s.); os tratados I e XIII descrevem a experiência de uma divinização (são sobretudo dois tratados que contêm a revelação da salvação hermética; cf. Festugière, *Hermétisme et mystique païenne*, p.34s., 38s.).

A teologia otimista encontra-se exposta nos tratados V, VII e IX do *Corpus Hermeticum*, e a doutrina pessimista está apresentada nos tratados I, IV, VI, VII e XIII. Mas, às vezes, as duas orientações coexistem no mesmo livro. As afinidades egípcias do *Corpus Hermeticum* foram ressaltadas por Reitzenstein (R. Reitzenstein e H.H. Schaeder, *Studien zum antiken Syncretismus*; Leipzig-Berlim, 1926, p.43-4); Philippe Derchain

("L'authenticité de l'inspiration égyptienne dans le *Corpus Hermeticum*", RHR, 161, 1962, p.172-98); Martin Krause ("Aegyptisches Gedankengut in der Apokalypse des Asclepius", ZDMG, *Supplementa*, I, 1969, p.48-57) e Jean Doresse, "Hermès et la gnose, à propos de l'Asclepius copte"; e, finalmente, "L'Hermétisme égyptianisant", p.442-50.

Da mesma forma, vislumbraram-se certas influências das fontes judaicas; *Corpus Hermeticum*, I, cita o Gênese, ver C.H. Dodd, *The Bible and the Greeks* (1935), p.99s.; Scott, *Hermetica*, I, p.54s. Cf. também Marc Philonenko, "Une allusion de l'*Asclepius* au livre d'Hénoch" (*Christianity, Judaism and Other Greco-Roman Cults, Studies for Morton Smith*, II, Leyden, 1975, p.161-3).

O *Poimandres* foi estudado por R. Reitzenstein, *Poimandres. Studien zur griechisch-ägyptischen und frühchristlichen Literatur* (Leipzig), 1904; Festugière, *Révélation*, v.IV, p.40s.; Hans Jonas, *The Gnostic Religion* (1958, 2ª ed. rev., 1963), p.147-73; E. Haenshen, *Gott und Mensch* (Tübingen, 1965), p.335-77. Na biblioteca gnóstica de Nag Hammadi encontrou-se uma coletânea de textos herméticos em dialeto do Alto Egito, entre os quais vários longos fragmentos de um proto-Asclépio; cf. J. Doresse, "Hermès et la gnose à propos de l'Asclepius copte" (*Novum Testamentum*, I, 1956, p.54-9); id., *Les livres secrets des gnostiques d'Egypte* (Paris, 1958), p.256s.; id., "L'hermétisme égyptianisant", p.434.

210. A existência das confrarias herméticas foi sustentada por R. Reitzenstein, *Poimandres*, p.248s. (sobre a "Poimandres-Gemeinde") e aceita por Geffcken, *Der Ausgang des griechischrömischen Heidentums* (Heidelberg, 1920), p.20s. Ver a crítica dessa hipótese por Festugière, *La révélation d'Hermès Trismégiste*, I, p.81-4; *Hermétisme et mystique païenne*, p.37-8.

Sobre a transposição dos mistérios cultuais em mistérios literários, ver Festugière, *L'Idéal religieux des Grecs et l'Evangile*, p.116-32; *Révélation*, p.82s.; *Hermétisme et mystique païenne*, p.103s. Ver também R.D. Nock, "The question of Jewish mysteries", *Gnomon*, XIII, 1937, p.156-65, reproduzido in *Essays on Religion and the Ancient World* (Oxford, 1972), I, p.459-68.

Sobre a "iniciação" hermética, ver G. Sfameni Gasparro, "La gnosi ermetica come iniziazione e mistero", SMSR, 36, 1965, p.53-61; H. e R. Kahane, *The Krater and the Grail: Hermetic Sources of the Parzival* (Urbana, 1965), p.40s.

Sobre as relações entre o hermetismo e o essenismo, ver F.M. Braun, "Essénisme et hermétisme", *Revue Thomiste*, 54, 1954, p.523-58; cf., do mesmo autor, "Hermétisme et johanisme", *Revue Thomiste*, 55, 1955, p.22-212; 56, 1956, p.259-99.

A literatura hermética dos sabeus é analisada por Scott, *Hermetica*, IV, p.248-76 (o autor recorreu sobretudo aos dois volumes de D.A. Chwolsohn, *Die Ssabier und Ssabismus*, São Petersburgo, 1856); ver também Festugière-Nock, *Hermès-Trismégiste*, IV, p.145-6; J.B. Segal, "The Sabian mysteries", E. Bacon (org.), *Vanished Civilizations* (Nova York-Londres, 1963), p.201-20.

Sobre a literatura hermética árabe, ver o apêndice de L. Massignon no primeiro tomo de *La Révélation d'Hermès-Trismégiste*, p.384-99, e Henry e Renée Kahane, *The Krater and the Grail: Hermetic Sources of the Parzifal*, p.116-22.

No séc. XII, na esteira de maciças traduções de obras árabes, o hermetismo começou a ser conhecido na Europa; cf. H. e R. Kahane, p.130s. A influência hermetista sobre o *Parzival* de Wolfram von Eschenbach e a derivação do termo *graal* (taça, vaso, bacia) do vocábulo *crater* foram ressaltadas por H. e R. Kahane, *The Krater and the Grail*, passim. Cf. ainda, dos mesmos autores, "Hermetism in the Alfonsine tradition", *Mélanges offerts à Rita Lejeune* (Gembloux, I, p.443-5). Os resultados de H. e R. Kahane foram aceitos por Henry Corbin, *En Islam iranien*, II (1971), p.143-54.

Sobre a trad. latina do *Corpus Hermeticum* e sua importância no Renascimento, ver Frances A. Yates, *Giordano Bruno and the Hermetic Tradition* (Chicago, 1964), e o v.III desta obra.

211. Para uma visão geral da alquimia, ver M. Eliade, *Forgerons et alchimistes* (1956; 2ª ed. corrigida e ampl., 1977). Sobre a alquimia helenística, cf. ibid., p.122s. e bibliografia cit. p.174-5. Entre os trabalhos mais recentes, mencionemos: R.P. Festugière, *La révélation d'Hermès Trismégiste*, I (1944), p.216-82; F. Sherwood Taylor, "A survey of Greek alchemy" (*Journal of Hellenic Studies*, 50, 1930, p.103-39); id., "The origins of Greek alchemy", *Ambix*, I, 1937, p.30-47; id., *The Alchemists* (Nova York, 1949); R.P. Multhauf, *The Origins of Chemistry* (Londres, 1966), p.103-16; W.J. Wilson, "Origins and development of Greco-Egyptian alchemy" (*Ciba Symposia*, III, 1941, p.926-60); J. Lindsay, *Hellenistic Alchemy* (Londres, 1970).

No que concerne às receitas técnicas de metalurgia e de ourivesaria atestadas já no séc. XVI a.C. (por exemplo, o Papiro Ebers), elas comportavam certamente um contexto hierúrgico – pois, nas sociedades tradicionais, as operações eram acompanhadas de um ritual. Os papiros de Leyden e de Estocolmo, que contêm receitas puramente "químicas" (ver, como última fonte de consulta, Multhauf, *The Origins of Chemistry*, p.96s., com bibliografia recente), foram encontrados num túmulo, em Tebas, ao lado dos papiros mágicos nºs XII e XIII (publicados por Preisendanz). R.G. Forbes citou numerosos exemplos de uma "linguagem secreta" utilizada, na Mesopotâmia, na redação das receitas para a manufatura do vidro (já no séc. XVII a.C.) e do lápis-lazúli sintético, assim como nas receitas médicas; cf. *Studies in Ancient Technology*, I (Leyden, 1955), p.125. A advertência muitas vezes repetida nos textos médicos mesopotâmicos do séc. VII a.C.: "Aquele que sabe pode mostrar ao que sabe, mas aquele que sabe não deve mostrar ao que não sabe" – já é encontrada nas receitas para a fabricação do vidro no período cassita, dez séculos antes; cf. Forbes, op.cit., p.127. Na literatura alquímica helenística, são abundantes as objurgatórias e os juramentos que proíbem que se comuniquem aos profanos as verdades esotéricas. Ostanes "ocultou os mistérios com a mesma cautela que teve para esconder a pupila de seus olhos; ordenou que não fossem entregues aos discípulos que não se mostrassem dignos de sabê-los etc."; ver outros exemplos em J. Bidez e F. Cumont, *Les Mages hellénisés* (Paris, 1938), II, p.315s. A obrigação do segredo do *opus alchymicum* manteve-se desde o fim do mundo antigo até nossos dias. Por outro lado, a comunicação dos "segredos de ofício" por via escrita é uma ilusão da historiografia moderna. Se há uma literatura que pretendeu "revelar os segredos", esta é sem dúvida a literatura tântrica. Ora, nessa massa considerável de escritos, nunca se encontram as indicações práticas indispensáveis ao *sadhana*:* nos momentos decisivos, é necessário dispor de um mestre, ao menos para verificar a autenticidade da experiência.

H.E. Stapleton cuida que a origem da alquimia alexandrina deve ser buscada não no Egito helenístico, mas na Mesopotâmia, em Harran; é aí que se situa o autor do *Tratado de Agatodêmon*, texto escrito provavelmente em 200 a.C., e portanto, segundo Stapleton, antes de *Phusikà kaì Mustiká*; cf. "The antiquity of alchemy", *Ambix*, V, 1953,

* Método de "realização" espiritual. (N.T.)

p.1-43. Essa hipótese que, entre outras, explica o progresso da alquimia árabe, ainda é objeto de controvérsia. Numa série de estudos recentes, H.J. Shepard viu no gnosticismo a principal fonte da mística alquímica; cf. "Gnosticism and alchemy" (*Ambix*, IV, 1957, p.86-101) e bibliografia in *Forgerons et alchimistes*, p.174-5.

C.G. Jung comentou a visão de Zósimo no estudo "Die Visionen des Zosimos", republicado in *Von den Wurzeln des Bewusstseins* (Zurique, 1954), p.137-216. O texto da "visão" encontra-se em M. Berthelot, *Collection des alchimistes grecs* (textos), p.107-12, 115-8; cf. nova trad. ingl. de F. Sherwood Taylor, *Ambix*, I, p.88-92. A *separatio* é expressa nas obras alquímicas como o desmembramento de um corpo humano; cf. Jung, op.cit., p.154, nota 27. Sobre a "tortura" dos elementos, ver ibid., p.211.

212. Boas exposições sobre a história política e cultural dos partos podem ser lidas em Franz Altheim, *Alexandre et l'Asie* (trad. franc., Paris, 1954), p.275s.; R. Ghirshman, *Parthes et Sassanides* (Paris, 1962); I. Wolski, "Les Achémenides et les Arsacides", *Syria*, 43, 1966, p.65-89; id., "Arsakiden und Sasaniden", *Festschrift für Franz Altheim* (Berlim, 1969), I, p.315-22.

Todas as apresentações gerais da história religiosa iraniana, citadas no v.1 desta *História das crenças...*, §100, contêm capítulos sobre a época parta. Ver sobretudo: J. Duchesne-Guillemin, *La religion de l'Iran ancien* (Paris, 1962), p.224s.; G. Widengren, *Les religions de l'Iran* (trad. franc., Paris, 1968), p.201s.; id., *Iranisch-semitische Kulturbegegnung in parthischer Zeit* (Colônia e Opladen, 1960); id., "Juifs et Iraniens à l'époque des Parthes", *Vetus Testamentum*, supl. IV, 1957, p.197-240; id., "Iran and Israel in parthian times", *Temenos*, II, 1966, p.139-77; Stig Wikander, *Feuerpriester in Kleinasien u. Iran* (Lund, 1946).

Sobre o *Oráculo de Histaspes*, ver Widengren, *Les religions de l'Iran*, p.228s.; J. Bidez-F. Cumont, *Les mages hellénisés* (Paris, 1934), I, p.228s. John R. Hinnells considera esse *Oráculo* de acordo com a teologia zoroastriana; cf. "The Zoroastrian doctrine of salvation in the Roman World" (*Man and his Salvation. Studies in Memory of S.C.F. Brandom*, Manchester, 1973, p.125-48), p.146s. Cf. F. Cumont, "La fin du monde selon les mages occidentaux", RHR, jan-jun 1931, p.64-96.

Sobre a realeza na época arsácida e o simbolismo iniciatório na biografia fabulosa de Mitridates Eupátor, ver Widengren, "La légende royale de l'Iran antique", *Hommages à Georges Dumézil* (Bruxelas, 1960), p.225-37, e *Les religions de l'Iran*, p.266s.

213. Sobre a estrutura arcaica de Zurvan, ver G. Widengren, *Hochgottglaube im alten Iran* (Uppsala, 1938), p.300s.; cf. também *Religions de l'Iran*, p.244s., 314s. Os textos sobre Zurvan foram traduzidos e comentados por R.C. Zaehner, *Zurvan. A Zoroastrian Dilemma* (Oxford, 1955); cf. também, do mesmo autor, *The Teachings of the Magi* (Londres, 1956).

Da vasta literatura sobre o zurvanismo, além das obras de Zaehner, Widengren e Duchesne-Guillemin, destaquemos: M. Molé, "Le problème zurvanite", JA, t.247, 1959, p.431-70; Ugo Bianchi, *Zaman i Ohrmazd* (Turim, 1958), p.130-89; Gherardo Gnoli, "Problems and prospects of the studies on Persian religion" (*Problems and Methods of the History of Religions*, Leyden, 1971, p.67-101), p.85s.

Sobre os mitos cosmogônicos, difundidos desde a Europa oriental até a Sibéria, em que o adversário de Deus desempenha um papel, ver M. Eliade, *De Zalmoxis à Gengis-Khan* (1970), p.81-130 (as lendas iranianas são analisadas nas p.109-14).

Na sequência do mito narrado por Eznik, *Contre les sectes* (trad. de Zaehner, *Zurvan*, p.438-9), Ohrmazd, após ter criado o mundo, não sabia como fazer o Sol e a Lua. Arimã, esse, o sabia e falou sobre isso aos demônios: Ohrmazd devia dormir com a mãe, para criar o Sol, e com a irmã, para fazer a Lua. Um demônio apressou-se em comunicar a receita a Ohrmazd; cf. Eliade, *De Zalmoxis à Gengis-Khan*, p.109-10 e as notas 80-1. Ora, como demonstrou Widengren, *Religions de l'Iran*, p.321, os magos eram conhecidos por suas práticas incestuosas. A sequência do mito conservado por Eznik contém uma contradição, pois Ohrmazd, que se mostrara o "Criador bem-sucedido" ("tudo o que Ohrmazd criava era bom e direito"), revela-se totalmente incapaz de completar sua Criação; "fadiga mental" que caracteriza certos tipos de *dii otiosi* (cf. *De Zalmoxis*..., p.110s. e passim). Esse episódio foi provavelmente introduzido como mito etiológico, para justificar o comportamento dos magos partos.

214. Vamos estudar as religiões na época sassânida no v.III (ver também, adiante, §216). Encontra-se uma boa exposição in Widengren, *Les religions de l'Iran*, p.273s., e Duchesne-Guillemin, op.cit., p.276s. Entretanto, não se deve esquecer que várias concepções atestadas nos textos tardios datam somente da época aquemênida; cf., *inter alia*, G. Widengren, "The problem of the sassanid Avesta", in F.F. Bruce e E.G. Rupp (orgs.), *Holy Book and Holy Tradition* (Manchester University Press, 1968), p.36-53.

Sobre a doutrina dos milênios e a fórmula dos três tempos (*arshohara*, *frashokara* e *marshokara*), ver H.S. Nyberg, "Questions de cosmogonie et de cosmologie mazdéenne" (JA, 214, 1929, p.193-310; 219, 1931, p.1-134), p.89s.; id., *Die Religionen des alten Iran* (Leipzig, 1938), p.380s. Sobre o tempo limitado e o papel das luminárias, ver M. Molé, *Culte, mythe et cosmologie dans l'Iran ancien* (Paris, 1963), p.395s.

215. Sobre as duas criações, ver, além dos livros de Nyberg, Duchesne-Guillemin, Zaehner e Widengren, *s.v. menok* e *getik*, G. Gnoli, "Osservazioni sulla dottrina mazdaica della creazione" (*Annali dell'Istituto Orientale di Napoli*, N.S., 13, 1963, p.163-93), p.180s.; S. Shaked, "Some notes on Ahreman, the evil spirit, and his creation" (*Studies in Mysticism and Religion Presented to Gershom G. Scholem*, Jerusalém, 1967, p.227-34); id., "The notions *mênôg* and *gêtig* in the pahlavi texts and their relation to eschatology", *Acta Orientalia*, 32, 1971, p.59-107; Mary Boyce, *A History of Zoroastrianism*, I (Leyden, 1975), p.229s. Ver também Henry Corbin, "Le temps cyclique dans le mazdéisme et dans l'ismaélisme" (*Eranos-Jahrbuch*, 20, 1955, p.150-217).

216. As fontes sobre o mito de Gayomart acham-se parcialmente traduzidas e comentadas in A. Christensen, *Les types du premier homme et du premier roi dans l'histoire légendaire des Iraniens* (Leyden-Uppsala, 1917-34), I, p.19s., S.S. Hartmann, *Gayomart, étude sur le syncrétisme dans l'ancien Iran* (Uppsala, 1953; pouco convincente), e M. Molé, *Culte, mythe et cosmologie*, p.280s., 409s., 447s.

Boas exposições por Duchesne-Guillemin, op.cit., p.208s., 324s.; Zaehner, *Dawn and Twilight*, p.180, 232, 262s.; M. Molé, op.cit., p.484s. (crítica da tese de Hartmann). K. Hoffmann destacou as semelhanças com uma personagem védica semidivina, Martanda ("semente mortal"); cf. "Martanda und Gayomart", *Münchener Studien zur Sprachwissenschaft*, II, 1957, p.85-103.

Sobre o tema macrocosmo-microcosmo e suas relações com a cosmogonia e com Gayomart, ver Anders Olerud, *L'Idée de macrocosmos et de microcosmos dans le* Timée *de Platon* (Uppsala, 1951), p.144s. e Ugo Bianchi, *Zaman i Obrmazd, lo zoroastrismo nelle sue origini e nella sua essenza* (Turim, 1958), p.190-221 (p.194s., a crítica de Olerud).

No meio judeu, encontram-se especulações análogas a propósito de Adão. Um texto dos *Oráculos sibilinos* (III, 24-6), datado do séc. II ou I a.C., explica o nome de Adão como um símbolo do cosmo: A = *anatolê*, Oriente; D = *dúsis*, Ocidente; A = *árktos*, Norte; M = *mêsembreía*, Sul. Cf. também o *Livro de Enoc Escravo* (Charles, *The Apocrypha*, Oxford, 1913, II, p.449); o alquimista Zósimo, *Comentaires autentiques*, §II, trad. frac. Festugière, *La révélation d'Hermès Trismégiste*, I (Paris, 1944), p.269.

Sobre o mito dos homens-plantas que nascem do sêmen de um ser inocente sacrificado ou enforcado, ver M. Eliade, "Gayomart et la mandragore", *Ex Orbe religionum. Studia Geo Widengren Oblata*, II (Leyden, 1972), p.65-74.

Segundo uma tradição mais antiga conservada no *Bundahishn*, Gayomart resistiu ferozmente aos agressores e, antes de sucumbir, causou-lhes perdas apreciáveis. Na mitologia maniqueísta, o homem primordial, Gehmurd (Gayomart), era o chefe da resistência contra o ataque do Maligno; cf. G. Widengren, "The death of Gayomart" (*Myths and Symbols. Studies in Honor of Mircea Eliade*, Chicago, 1969, p.179-93), p.181. Ver também, do mesmo autor, "Primordial man and prostitute: a zervanite motif in the Sassanid Avesta", *Studies in Mysticism and Religion, Presented to Gershom G. Scholem*, p.337-52.

Sobre Gayomart como homem perfeito, ver M. Molé, *Culte, mythe et cosmologie*, p.469s. Segundo Molé, "O macrantropo masdeísta não é Gayomart: ele aparece de preferência como uma epifania de Ohrmazd" (ibid., p.410).

As diferentes expressões do elemento imperecível do homem (*ahu*, "vida", *urvan*, "alma", *baodhah*, "conhecimento", *daena* e *fravashi*) são analisadas por Duchesne-Guillemin, op.cit., p.327s., que lembra também o essencial da bibliografia crítica.

Quanto aos futuros salvadores e à renovação final, ver Duchesne-Guillemin, p.343-54 (curta análise das contradições discerníveis na escatologia, p.352-3); G. Widengren, *Les religions de l'Iran*, p.127s.; Molé, op.cit., p.412s. e bibliografia em *História das crenças...*, v.I, §111-2.

217. Os dois volumes de Franz Cumont, *Textes et monuments figurés relatifs aux mystères de Mithra*, I, II (Bruxelas, 1896, 1898), continuam a ser indispensáveis. O mesmo autor publicou um livrinho de síntese, *Les mystères de Mithra* (Bruxelas, 1900, 3ª ed., 1913); ver também *Les religions orientales dans le paganisme romain* (4ª ed., Paris, 1929), p.131s., 270s. O último trabalho de Cumont sobre o mitraísmo, concluído provavelmente em maio de 1947, três meses antes de sua morte, só foi publicado em 1975: "The Dura Mithraeum", in E.D. Francis (org.), *Mithraic Studies* (Manchester, 1975), p.151-214. Uma análise crítica da interpretação de Cumont foi feita por R.L. Gordon, "Franz Cumont and the doctrines of mithraism", ibid., p.215-48. Stig Wikander já havia criticado a reconstituição de Cumont no primeiro fascículo (o único editado) dos seus *Études sur les mystères de Mithra* (Lund, 1950; ver, porém, as observações de Widengren, *Stand und Aufgaben der iranischen Religionsgeschichte*, Leyden, 1955, p.114s.).

O corpo das inscrições e dos monumentos foi publicado por M.I. Vermasseren, *Corpus inscriptionum et monumentorum religionis mithriacae*, I-II (Haia, 1956, 1960). Ver, do mesmo autor, *Mithras, the Secret God* (Londres e Nova York, 1963, trad. hol.).

Exposições sumárias por A. Loisy, *Les mystères païens et le mystère chrétien* (2ª ed., 1930), p.157-98, R. Pettazzoni, *I Misteri* (Bolonha, 1924), p.220-81, J. Duchesne-Guillemin,

La religion de l'Iran ancien, p.248-56, G. Widengren, "The mithraic mysteries in the greco-roman world with special regard to their iranian background" (*La Persia e il mondo greco-romano*, Accademia Nazionale dei Lincei, 1966, p.433-55, com referências aos trabalhos anteriores do autor), R.C. Zaehner, *The Dawn and Twilight of Zoroastrianism*, p.128s. Ver também K. Prümm, *Religionsgeschichtliches Handbuch für den Raum der altchristlichen Umwelt* (Freiburg im Breisgau, 1943), p.281s.

As atas do primeiro Congresso Internacional de Estudos Mitríacos, realizado em Manchester em 1971, foram publicadas sob a direção de John R. Hinnells: *Mithraic Studies* (Manchester University Press, 1971). O segundo Congresso teve por sede Teerã, em 1975. Ver também *The Journal of Mithraic Studies*, 1975s.

Em várias de suas obras, G. Widengren destacou os elementos iranianos presentes nos mistérios de Mithra: ver por último "The mithraic mysteries", passim, R. Merkelbach identificou outros traços de origem iraniana; cf. "Zwei Vermutungen zur Mithrasreligion", *Numen*, 6, 1959, p.154-6. Sobre a entronização do rei parto e as tradições armênias sobre Meher, ver. G. Widengren, *Iranisch-semitische Kulturbegegnung in parthischer Zeit* (Colônia e Opladen), p.65s.; S. Hartman, Gayomart (Uppsala, 1953), p.60, nota 2, p.180 e nota 6. Cf. Eliade, *De Zalmoxis à Gengis-Khan* (1970), p.37s.

Em seu estudo "Mithra-Verehrung, Mithras-Kult und die Existenz iranischer Mysterien", *Mithraic Studies*, p.378-405, Carsten Colpe circunscreve a origem dos mistérios à região do Ponto e de Comagena; para esse autor, trata-se de um culto sincretista com orientação política, de data mais recente (séc. II d.C.).

Sobre os episódios que põem em cena Mithra e o touro *antes* da imolação, ver Duchesne-Guillemin, op.cit., p.250 e M.I. Vermaseren, *Mithras, the Secret God*, p.79s.; essas aventuras aparecem quase exclusivamente nos monumentos da Europa central, entre o Reno e o Danúbio.

Acerca dos Cautos e dos Cautopates, ver como mais recente fonte de consulta Leroy A. Campbell, *Mithraic Iconography and Ideology* (Leyden, 1968), p.29s., e Martin Schwartz, "Cautes and Cautopates, the mithraic torch bearers", *Mithraic Studies*, p.406-23; esses dois estudos citam o essencial da literatura anterior.

Nas representações do sacrifício do touro, Mithra aparece com a cabeça virada, "como se olhasse para trás, e muitas vezes apresenta singular expressão de tristeza; em geral, um corvo, à esquerda, inclina-se para o seu lado; com frequência, no ângulo à esquerda, encontra-se a imagem do Sol, e, à direita, a figura da Lua; embaixo, lançando-se em direção ao sangue que jorra da ferida, está um cão e também uma serpente; um escorpião pinça os testículos do animal moribundo e pica-os com a cauda; às vezes uma formiga também toma parte na festa; ou então, debaixo do touro, acha-se representada uma cratera: um leão parece guardá-la ou nela beber, ao passo que, do outro lado, a serpente parece fazer o mesmo. ... O rabo do touro, levantado, termina num feixe de espigas: assinalam-se ainda alguns monumentos onde são espigas que jorram, em vez de sangue, da ferida do touro" (Loisy, *Les mystères païens*, p.185-6, resumindo Cumont).

Da copiosa literatura dedicada a Mithra *tauroktónos*, convém citar: Vermaseren, op.cit., p.67s.; id., "A unique representation of Mithras", *Vigiliae Christianae*, 4, 1950, p.142-256; L.A. Campbell, *Mithraic Iconography*, p.247s.; John R. Hinnells, "Reflections on the Bull-slaying scene", *Mithraic Studies*, p.290-312 (o autor rejeita a interpretação de Cumont, segundo a qual os animais presentes ao sacrifício do touro – o cão, a serpente e o escorpião – representariam o conflito entre o bem e o mal).

Para o sacrifício de animais por ocasião do *Mihragan* entre os zoroastrianos do Irã, ver Mary Boyce, "*Mihragan* among the Irani zoroastriens", *Mithraic Studies*, p.106-18.

Sobre os sete graus da iniciação mitríaca, ver: F. Cumont, *Textes et monuments figurés*, I, p.314s.; G. Widengren, "The mithraic mysteries", p.448s.; Campbell, op.cit., p.303s. Durante muito tempo, leu-se o segundo grau como *cryphius* em vez de *nymphus*, apesar de nenhum manuscrito de Jerônimo (*Ep. ad Laetam*, 107, 10) trazer *cryphius*; este último termo é, entretanto, atestado nas inscrições mitríacas de San Silvestro; cf. Bruce M. Metzger, "The second grade of mithraic initiation", *Historical and Literary Studies* (1968), p.25-33. Ver também W. Vollgraff, "Les cryfii des inscriptions mithraïques", *Hommage à Waldemar Deonna* (Bruxelas, 1957), p.517-30.

No que tange à iniciação descrita por um autor do séc. IV (Pseudo-Agostinho, *Quaest. veto et novi Test.*, 114, 12), certos estudiosos hesitam em considerá-la autêntica; cf. F. Saxl, *Mithras. Typengeschichte Untersuchungen* (Berlim, 1931), p.67, nota 2. Em compensação, após Loisy (op.cit., p.183), Prümm (*Handbuch*, p.290) e J. Leipold (in Leipold-W. Grundmann, *Die Umwelt des Christentums*, v.III, Berlim, 1967, p.35) reconhecem nesse texto a descrição de provas iniciatórias reais.

Os afrescos do *mithreum* de Cápua foram reproduzidos em cores por M.J. Vermasseren, *Mithriaca*, I: *The Mithraeum at Sa. Maria Capua Vetere* (Leyden, 1971). Ver também, do mesmo autor, *Mithriaca*, II: *The Mithraeum at Ponza* (1974).

218. Existe rica bibliografia sobre a difusão dos mistérios de Mithra no Império Romano. Ver F. Cumont, *Textes et monuments*, e M.I. Vermaseren, *Corpus inscriptionum*, I-II. Cf. também Vermaseren, *Mithriaca*, I-II; W. Blawatzky e G. Kochelenko, *Le culte de Mithra sur la côte septentrionale de la mer Noire* (Leyden, 1966); V.J. Walters, *The Cult of Mithras in the Roman Provinces of Gaul* (Leyden, 1974); G. Ristow, *Mithras in römischen Köln* (Leyden, 1974); C.M. Daniels, "The role of the roman army in the spread of practice of mithraism", *Mithraic Studies*, p.249-74; Nicolae Mitru, "Mithraismul în Dada", *Studii Teologice* (Bucareste), série II, v.23, 1971, p.261-73.

R. Merkelbach cuida que a cosmogonia mitríaca foi inspirada pelo *Timeu* de Platão. Cf. "Die Kosmogonie der Mithra-Mysterien" (*Eranos-Jahrbuch*, 34, Zurique, 1966, p.219-58), p.249s. Ver também R. Turcan, *Mithras Platonicus. Recherches sur l'hellenisation philosophique de Mithra* (Leyden, 1975).

Uma análise comparativa das refeições cultuais na Antiguidade foi feita por J.P. Kane, "The mithraic cult meal in its greek and roman environment", *Mithraic Studies*, p.313-51 (ver esp. p.341s.). Ver também A.D. Nock, "Hellenistic mysteries and christian sacraments", *Mnemosyne*, série 4, 5, 1952, p.177-213 (estudo reproduzido in *Essays on Religion and the Ancient World*, Oxford, 1972, p.791-820), e bibliografia cit. adiante, §220.

Sobre o testemunho dos apologetas cristãos, ver Carsten Colpe, "Die Mithrasmysterien und die Kirchenväter", *Romanitas et Christianitas, Studia I.H. Waszink* (Amsterdam-Londres), p.29-43.

219. A maioria das obras sobre Jesus de Nazaré, que se vêm multiplicando em ritmo cada vez mais rápido desde o início do séc. XIX, apresenta interesse sobretudo pela ideologia e pela metodologia dos seus autores. Pode-se encontrar uma história crítica e detalhada dos trabalhos publicados desde Hermann E. Reimarus (1779) até Wilhelm Wrede (1901) no livro de Albert Schweitzer, *Von Reimarus zu Wrede: Eine Geschichte der Leben-Jesu-Forschung* (Tübingen, 1906; 6ª ed., 1951); utilizamos a trad. ingl., *The Quest* *of the Historical Jesus* (1910), reeditada em 1968, com introdução de James M. Robinson, preciosa para a análise de alguns trabalhos posteriores (Maurice Goguel, R. Bultmann, Karl Barth, F. Buri etc.).

Assinalemos algumas obras: G. Bornkam, *Jesus von Nazareth* (Stuttgart, 1956); Ethelbert Stauffer, *Jesus: Gestalt und Geschichte* (Berna, 1957); J. Jeremias, *Das Problem des historischen Jesus* (Stuttgart, 1960); H. Conzelmann, G. Eberling, E. Fuchs, *Die Frage nach dem historischen Jesus* (Tübingen, 1959); V. Taylor, *The Life and Ministry of Jesus* (Londres, 1954); C.H. Dodd, *The Founder of Christianity* (Londres-Nova York, 1970). Ver também: J. Moreau, *Les plus anciens témoignages profanes sur Jésus* (Bruxelas, 1944); E. Trocmé, *Jésus de Nazareth vu par les témoins de sa vie* (Paris, 1971); F. Trotter (org.), *Jesus and the Historians (Colwell Festschrift)*, Filadélfia, 1968; W. Kümmel, "Jesusforschung seit 1950", *Theologische Rundschau*, 31, 1966, p.15s., 289s.

As mais antigas "Vidas de Jesus", desde os Evangelhos até Orígenes, são analisadas por Robert M. Grant, *The Earliest Lives of Jesus* (Nova York, 1961). Para as informações transmitidas por outras fontes além dos Evangelhos, ver Roderic Dunkerley, *Beyond the Gospels* (Harmondsworth, 1957). Joseph Klausner abordou o problema na perspectiva do judaísmo; ver *Jesus of Nazareth* (trad. hebr., Londres, 1925) e *From Jesus to Paul* (trad. hebr., Nova York, 1943). Boa apresentação de conjunto sobre Jesus e o nascimento do cristianismo, com bibliografia e estado das questões, é a de Marcel Simon, in M. Simon e A. Benoît, *Le judaisme et le christianisme antique* (Paris, 1968), p.33s., 81s., 199s. Ver também Robert M. Grant, *Augustus to Constantine* (Nova York, 1970), p.40s.; Norman Perrin, *The New Testament: An Introduction* (Nova York, 1974), p.277s.

Os discípulos de João Batista continuaram a formar uma seita distinta, rival da comunidade cristã. Ver M. Goguel, Jean-Baptiste (Paris, 1928); J. Steinmann, *St. Jean-Baptiste et la spiritualité du désert* (Paris, 1955); J. Daniélou, *Jean-Baptiste, témoin de l'Agneau* (Paris, 1964); J.A. Sint, "Die Eschatologie des Täufers, die Täufergruppen und die Polemik der Evangelien", in K. Schubert (org.), *Von Messias zum Christos* (Viena, 1964), p.55-163.

Sobre os milagres de Jesus e as relações com a magia e a teurgia helenísticas, ver: L. Bieler, *Theios aner*, I-II (Viena, 1935, 1936); H. van der Loos, *The Miracles of Jesus* (Leyden, 1965); O. Böcher, *Christus Exorcista* (Stuttgart, 1972); G. Petzke, *Die Traditionen über Apollonius von Tyana und das Neue Testament* (Leyden, 1970); Morton Smith, "Prolegomena to a discussion of aretalogies, divine men, the Gospels and Jesus", *Journal of Biblical Literature*, 40, 1971, p.174-99; J. Hull, *Hellenistic Magic and the Synoptic Tradition* (Naperville, 1974); Jonathan Z. Smith, "Good news is no news: aretalogy and Gospel", *Christianity, Judaism and Other Greco-Roman Cults. Studies for Morton Smith*, I (Leyden, 1974), p.21-38. Ver também §220.

As fontes gregas e semíticas sobre as relações de Jesus com os fariseus foram traduzidas e comentadas por John Bowler, *Jesus and the Pharisees* (1973).

Sobre o reinado de Herodes Antipas, ver H. Hoecher, *Herod Antipas* (Cambridge, 1972). Sobre os zelotes e suas relações com Jesus e o judeo cristianismo, ver o livro sugestivo, mas controvertido, de S.C.F. Brandon, *Jesus and the Zealots* (Manchester, 1967). O ideal dos zelotes é "o de uma teocracia, cuja instauração deve coincidir com a dos tempos messiânicos, ou talvez neles ter início. ... A força de suas convicções religiosas é incontestável. É ela que anima o seu nacionalismo" (M. Simon, *Le judaïsme et le christianisme antique*, p.214).

Acerca do julgamento de Jesus, ver E. Bammel (org.), *The Trial of Jesus (Moule Festschrift)*, Londres, 1970. Cf. também A. Jaubert, "Les séances du sanhédrin et les récits de la passion", RHR, 166, 1964, p.143-63, 167, 1965, p.1-33. Uma análise penetrante e original da ressurreição foi feita por A. Ammassari, *La Resurrezione, nell'insegnamento, nelle profezie, nelle apparizioni di Gesù* (Roma, I, 2ª ed., 1967; II, 1976).

220. Sobre a pregação de Jesus referente à iminência do Reino de Deus, ver T.W. Manson, *The Teaching of Jesus* (Cambridge, 1931, 2ª ed., 1937); N. Perrin, *The Kingdom of God in the Teaching of Jesus* (Londres, 1963); id., *Rediscovering the Teaching of Jesus* (Nova York, 1967), p.54-108 (ver também bibliografia anotada, ibid., p.249s.).

O Reino já está *presente*; cf. E. Käsemann, "The problem of the historical Jesus", *Essays on New Testament Themes* (Londres, 1964), p.15-47; N. Perrin, *Rediscovering the Teaching of Jesus*, p.76s. (análise comentada das exegeses recentes), e M. Simon, op.cit., p.85s.

Sobre a eucaristia, ver: Oscar Cullmann, *Le culte dans l'Eglise primitive* (Paris, 1945), p.12s.; K.G. Kuhn, "Repas cultuel essénien et Cène chrétienne", in *Les manuscrits de la Mer Morte* (Colóquio de Estrasburgo, 1957), p.85s.; Jean Daniélou, *Théologie du judéo-christianisme* (Tournai, 1958), p.387s.; M. Simon, op.cit., p.184s. Para um estudo comparativo, ver A.D. Nock, *Early Gentile Christianity and Its Hellenistic Background* (Nova York, Torchbook, 1964), p.109-46; o artigo "Hellenistic mysteries and christian sacraments" foi publicado em *Mnemosyne*, série IV, 5, 1952.

Existe uma diferença significativa entre as curas espetaculares, os exorcismos e os milagres efetuados por Jesus, e os feitos similares atestados nas tradições helenísticas (por exemplo, Apolônio de Tiana) e judaicas (cf. alguns exemplos do Talmude da Babilônia citados por Perrin, *Rediscovering the Teaching of Jesus*, p.135). Jesus insiste sempre "*na fé que salva*" (cf. Marcos, 5:34; 10:52, Lucas, 7:50; 17:19 etc.). Depois de haver Jesus curado a criança possuída por um demônio, perguntaram-lhe os discípulos: "Por que motivo não pudemos nós expulsá-lo? Por causa da pequenez da vossa fé – respondeu Jesus. Pois em verdade vos digo que, se tiverdes fé como um grão de mostarda, direis a este monte: – Passa daqui para acolá, e ele passará. *Nada vos será impossível*" (Mateus, 17:19-20; cf. Lucas, 17:6). Ora, como observamos, essa valorização da fé está completamente ausente na literatura helenística e nas tradições recolhidas no Talmude da Babilônia; cf. Perrin, *Rediscovering the Teaching of Jesus*, p.130-42 e os trabalhos recentes citados ibid. id., p.130, nota 1, 131, notas 1-6 etc.

221. Sobre o nascimento da Igreja e os Atos dos Apóstolos como fonte histórica, ver: J. Dupont, *Les problèmes du Livre des Actes d'après les travaux récents* (Louvain, 1950); E. Haenchen, *Die Apostelgeschichte* (Göttingen, 1956); E. Trocmé, *Le Livre des Actes et l'histoire* (Paris, 1957).

Acerca da comunidade de Jerusalém, ver os estudos de L. Cerfaux, reunidos em *Recueil Lucien Cerfaux*, II (Gembloux, 1954), p.63-315; P. Gaetcher, *Petrus und seine Zeit* (Innsbruck, 1957); O. Cullmann, *Peter: Disciple, Apostle, Martyr* (1962, trad. ingl. da 2ª ed. rev. e ampl. de *Petrus*, 1960). Sobre as relações entre a Igreja primitiva e o judaísmo normativo e sectário, ver: E. Peterson, *Frübkirche, Judentum und Gnosis* (Leyden, 1959); M. Simon, *Verus Israel* (Paris, 1948, 2ª ed., 1964).

Os Atos dos Apóstolos mencionam apenas o chefe da primeira comunidade cristã de Jerusalém, Tiago, "o irmão do Senhor" (Ep. aos Gálatas, 1:19), contra o qual se insurge Paulo (Gálatas, 2:12). Suas relações com o judaísmo rabínico são evidentes (não bebia vinho, jamais se barbeava, passava a vida no Templo etc.). Como o partido de Tiago acabou por desaparecer depois da guerra de 66-70, sua lembrança apagou-se. Mas outros documentos (o Evangelho dos Hebreus, o Evangelho de Tomás, os Pseudoclementinos etc.) apresentam Tiago como a mais importante personagem da Igreja; cf. S.G.F. Brandon, *The Fall of Jerusalem and the Christian Church* (Londres, 1951), p.126-54; J. Daniélou, *Nouvelle histoire de l'Eglise*, I (Paris, 1963), p.37-8.

Sobre o judeo cristianismo, ver: H.J. Schoeps, *Theologie und Geschichte des Judenchristentum* (Tübingen, 1949); Jean Daniélou, *Théologie du judéo-christianisme* (Tournai, 1957), esp. p.17-101; M. Simon et al., *Aspects du judéo-christianisme: Colloque de Strasbourg* (Paris, 1965). Boa visão de conjunto em M. Simon e A. Benoît, *Le judaïsme et le christianisme antique*, p.258-74. Acrescentar: M. Simon, "Réflexions sur le judéo-christianisme", *Studies for Morton Smith*, II, Leyden, 1975, p.53-76 (exame crítico de alguns trabalhos recentes). O judeo cristianismo caracteriza-se por sua vinculação exclusiva à observância da lei judaica; fidelidade que se traduz mais tarde por "uma espécie de fossilização. Alguns judeo-cristãos tornaram-se heréticos pelo simples motivo de que se mantiveram afastados da evolução doutrinal da grande Igreja e não aceitam, ou simplesmente ignoram, as majorações e os enriquecimentos que o dogma cristão conheceu em relação ao simples querigma primitivo, particularmente desde o instante em que o pensamento grego lhe emprestou suas estruturas e seus conceitos. Sua aversão a Paulo, tão característica da posição que adotavam, é motivada talvez por sua atitude em face da lei. Ela, no entanto, mantinha-os ao mesmo tempo afastados das explicações cristológicas, que têm como ponto de partida o pensamento pauliano. Permanecem, tanto em matéria de doutrina como no plano da observância, os herdeiros imóveis da comunidade primitiva. São herdeiros de modo por assim dizer negativo, por deficiência" (Marcel Simon, *Le judaïsme et le christianisme antique*, p.270).

As razões invocadas pelos judeus para rejeitar o cristianismo são examinadas por D.R.A. Hare, *The Theme of Jewish Persecution of Christianity in the Gospel According to St. Matthew* (Cambridge, 1967), p.1-18.

222. Durante duas gerações, as interpretações da conversão e da teologia de são Paulo eram dominadas, de um lado, por uma distinção demasiado rígida entre o judaísmo palestino e o judaísmo helenístico, e, de outro, pelas avaliações demasiado pessoais dessas duas formas do judaísmo. Assim, por exemplo, Albert Schweitzer opunha são Paulo, a quem considerava beneficiário da estrutura religiosa palestina, a são João, completamente integrado na tradição do judaísmo helenístico (cf. *Die Mystic des Apostels Paulus*, Tübingen, 1930); enquanto um exegeta judeu, C.J.G. Montefiore, colocava Paulo entre os exilados da diáspora; se tivesse conhecido o judaísmo, puro e superior, da Palestina, concluía Montefiore, Paulo nunca teria abraçado o Evangelho (cf. *Judaism and St. Paul*, Londres, 1914). Posições análogas são defendidas por Joseph Klausner, *From Jesus to Paul* (trad. hebr., W.F. Stinespring, Londres, 1943; reed.: Nova York, 1961); S. Sandmel, *A Jewish Understanding of the New Testament* (Nova York, 1956), p.33-51; H.J. Schoeps, *Paulus* (Tübingen, 1959).

Mas as pesquisas recentes mostraram, de uma parte, a profunda influência helenística sobre a ideologia e o vocabulário rabínicos, e, de outra, a presença dos conceitos semíticos nos escritos helenísticos. A velha dicotomia entre o judaísmo palestino e o judaísmo helenístico não é mais defensável (cf. bibliografia, §200, 204). E, ao mesmo tempo, apaga-se a oposição entre as duas formas de religiosidade cristã – pauliana e joanina –, oposição brilhantemente elaborada por A. Schweitzer. Ver W.D. Davies, *Paul and Rabbinic Judaism. Some Elements in Pauline Theology* (Londres, 1948; reed. Harper

Torchbook, Nova York, 1967, com nova introdução: "Paul and Judaism since Schweitzer", p.VII-XV). Ao escutar o chamado do Cristo ressuscitado, Paulo não se considerava de modo algum um apóstata. Mas redefinia a verdadeira natureza de Israel e da lei, na perspectiva de um judeu que acabava de descobrir o messias em Jesus Cristo. Para Paulo, o que doravante caracterizaria o "povo de Deus" já não era a obediência à lei, mas a fé em Cristo. Era de certa forma a realização do universalismo religioso judeu; pois, graças ao Cristo-Messias, o "povo de Deus" podia efetuar a reconciliação universal ("nem grego, nem judeu, nem homem, nem mulher" etc.) e preparar a renovação do mundo, a "nova Criação".

Da vasta literatura recente destaquemos: M. Dibelius e W.G. Kümmel, *Paulus* (2ª ed., Berlim, 1956); J. Dupont, *Gnosis. La connaissance religieuse dans les Epîtres de saint Paul* (Louvain, 1949); A.D. Nock, *St. Paul* (3ª ed., Londres, 1948); L. Cerfaux, *La théologie de l'Eglise suivant saint Paul* (2ª ed., Paris, 1948); W.C. Van Unnik, *Tarsus or Jerusalem* (Londres, 1952); E. Earle Ellis, *Paul and his Recent Interpreters* (Grand Rapids, Michigan, 1961); id., "Paul and his opponents. Trends in the research", *Studies for Morton Smith*, I (Leyden, 1975), p.264-88 (esp. p.284s.); J.W. Drane, *Paul, Libertine or Legalist: A Study in the Theology of the Major Pauline Epistles* (Londres, 1975); K. Stendhal, *Paul among Jews and Gentiles* (Filadélfia, 1976); E.P. Sanders, *Paul and Palestinian Judaism* (Filadélfia, 1977). Ver também a discussão de algumas teses recentes no estudo de W.D. Davies, "Paul and the people of Israel", *New Testament Studies*, 24, 1977, p.4-39.

223. Assinalemos algumas traduções dos Manuscritos do mar Morto: T.H. Gaster, *The Dead Sea Scriptures in English Translation* (Nova York, 1956); G. Vernes, *The Dead Sea Scrolls in English* (Harmondsworth, Penguin Books, 1962); J. Carmignac et al., *Les textes de Qumran traduits et annotés*, I-II (Paris, 1961, 1963). Ver também: A.S. van der Ploeg, *Le rouleau de la guerre. Traduit et annoté avec une Introduction* (Leyden, 1969); Y. Yadin e C. Rabin, *The Scroll of the War of the Sons of Light against the Sons of Darkness* (Londres e Nova York, 1962). Além disso, podem-se encontrar numerosos textos traduzidos e comentados nas obras de J.M. Allegro, F.M. Cross, A. Dupont-Sommer etc.

Entre as apresentações de conjunto, as mais úteis são: J.M. Allegro, *The Dead Sea Scrolls* (Harmondsworth, 1956); Y. Yadin, *The Message of the Scrolls* (Londres, 1957); H. Bardtke, *Die Sekte von Qumran* (Berlim, 1958, 2ª ed., 1961); F.M. Cross, Jr., *The Ancient Library of Qumran and Modern Biblical Studies* (Nova York, 1958; 2ª ed. rev. e ampl., 1961); O. Cullmann, J. Daniélou et al., *Les Manuscrits de la Mer Morte. Colloque de Strasbourg* (Paris, 1958); R.K. Harrison, *The Dead Sea Scrolls: An Introduction* (Nova York, 1961); A. Dupont-Sommer, *Les écrits esséniens découverts près de la Mer Morte* (Paris, 1959; 2ª ed., 1965); E.F. Sutcliffe, *The Monks of Qumran as Depicted in the Dead Sea Scrolls* (Londres, 1960); H. Ringgren, *The Faith of Qumran. Theology of the Dead Sea Scrolls* (Filadélfia, 1963).

A bibliografia das obras relativas aos manuscritos de Qumran até o início de 1957 foi publicada por Ch. Buchard, *Bibliographie zu den Handschriften von Toten Meer* (Berlim, 1957). O autor continuou a atualizá-la na *Revue de Qumran*. Uma lista seletiva das publicações (1951-64) aparece em A. Dupont-Sommer, *Les écrits esséniens* (2ª ed., 1965), p.442-4; cf. também R.K. Harrison, *The Dead Sea Scrolls*, p.151-8.

Sobre as relações com o cristianismo, ver: J. Daniélou, *Les Manuscrits de la Mer Morte et les origines du christianisme* (Paris, 1956); K. Stendhal (org.), *The Scrolls and the New Testament* (Nova York, 1957); H. Kosmala, *Hebräer, Essener, Christen* (Leyden,

1959); L. Mowry, *The Dead Sea Scrolls and the Early Church* (Chicago, 1962); J. van der Ploeg et al., *La secte de Qumran et les origines du christianisme* (Bruges e Paris, 1959); M. Black, *The Scrolls and Christian Origins* (Edimburgo e Nova York, 1961); id., *The Scrolls and Christianity* (Londres, 1969); J.H. Charlesworth (org.), *John and Qumran* (Londres, 1972). Ver também: F. Notscher, *Zur theologischen Terminologie der Qumran Texte* (Borin, 1956); W.D. Davies, "'Knowledge' in the Dead Sea Scrolls and Matthew II:25-30", in *Christian Origins and Judaism* (Filadélfia, 1962), p.31-66; J. Jeremias, *Die Abendmahlsworte Jesu* (2ª ed., Göttingen, 1949), p.58s.

Sobre as relações com o Irã, ver: K.G. Kuhn, "Die Sektenschrift und die iranische Religion", *Zeitschrift für Theologie und Kirche*, 49, 1952, p.296-316; H. Michaud, "Un mythe zervanite dans un des manuscrits de Qumran", VT, 5, 1955, p.137-47; David Winston, "The iranian component in the Bible, Apocrypha and Qumran: a review of the evidence", HR, 5, 1966, p.183-216; S. Shaked, "Qumran and Iran: further considerations", *Israel Oriental Studies*, 2, 1972, p.433-46; Richard N. Frye, "Qumran and Iran: the State of Studies", *Studies for Morton Smith*, III (Leyden, 1975), p.167-73 (bastante cético quanto à argumentação de David Winston e outros pesquisadores, Frye aceita, no entanto, a tese de Shaked; cf. p.172-3).

Sobre o método de interpretação *pesher*, ver bibliografia de Cross, *The Ancient Library of Qumran*, p.218, nota 38; acrescentar Lawrence H. Schiffman, *The Halakha at Qumran* (Leyden, 1975). Acerca da guerra entre os dois espíritos, ver: Y. Yadin e C. Rabin, *The Scrolls of the War*, p.29s. e passim; H.S. van der Ploeg, *Le rouleau de la guerre*; Cross, op.cit., p.210s. (nota 25, bibliografia); S. Shaked, "Qumran et Iran", p.437s.

Sobre a figura do Paracleto, ver o excelente estudo comparativo de O. Betz, *Der Paraklet. Fürsprecher im häretischen Spätjudentum, im Johannes-Evangelium und in neu gefundenen gnostischen Schriften* (Leyden-Colônia, 1963).

224. Sobre R. Jochanan ben Zaccai, ver as monografias de Jacob Neusner, *Life of Rabban Yohanan ben Zakkai* (Leyden, 1962); *Development of a Legend: Studies in the Traditions Concerning Yohanan ben Zakkai* (Leyden, 1970). Acrescentar: N. Sed, "Les traditions secrètes et les disciples de Rabban Yohannan ben Zakkai", RHR, 184, 1973, p.49-66.

Sobre as consequências da destruição do Templo, ver G.F. Moore, *Judaism in the First Centuries of the Christian Era*, I-II (Cambridge, Massachusetts, 1927, 1930), I, p.93s., II, p.3s., 116s.; cf. Judah Goldin, "Of change and adaptation in judaism", HR, 4, 1965, p.269-94; Jacob Neusner, *From Politics to Piety: The Emergence of Pharisaic Judaism* (Englewood Cliffs, 1973); Sheldon R. Isenberg, "Power through Temple and Torah in greco-roman period", *Studies for Morton Smith*, III, p.24-52.

Sobre as consequências da catástrofe de 70 para o cristianismo, ver L. Gaston, *No Stone on Another. Studies in the Significance of the Fall of Jerusalem in the Synoptic Gospels* (Leyden, 1970); N. Perrin, *The New Testament*, p.40s., 136s.

Sobre as relações entre cristãos e judeus, ver: Robert A. Kraft, "The multiform jewish heritage of early christianity", *Studies for Morton Smith*, III, p.174-99; Wayne A. Meeks, "'Am I Jew?' Johannine christianity and judaism", ibid., I, p.163-86; cf. também G.W. Bruchanam, "The present state of scholarship on Hebrews", ibid.id., I, p.229-330. Sobre as relações entre cristãos e judeus no Império Romano, ver Marcel Simon, *Verus Israel* (Paris, 1948, 2ª ed., 1964).

Sobre o prazo da parusia, ver Norman Perrin, *The New Testament: An Introduction*, p.40-51, 197-8; A.L. Moore, *The Parousia in the New Testament* (Leyden, 1966).

Sobre a origem da cristologia, ver: R.H. Fuller, *The Foundation of New Testament Christology* (Londres, 1965); Martin Hengel, *Der Sohn Gottes. Die Enstehung der Christologie und die jüdisch-hellenistische Religionsgeschichte* (2ª ed. rev. e ampl., Tübingen, 1977); C.F.D. Moule, *The Origin of Christology* (Nova York, 1977).

Existe uma copiosa literatura sobre a teologia do Novo Testamento. O leitor poderá consultar a introdução de N. Perrin, *The New Testament* (p.353-9, bibliografia) e o livro de Rudolf Bultmann, *Theology of the New Testament*, I-II (trad. ingl., Nova York, 1951, 1955; obra penetrante e de cunho pessoal, mas com bibliografia crítica, I, p.357-68; II, p.253-60).

Indispensável para os problemas discutidos neste capítulo: Gerhard Delling et al., *Bibliographie zur jüdisch-hellenistischen und inter testamentarischen Literatur: 1900-1970* (2ª ed., Berlim, 1975).

225. Sobre a penetração dos cultos orientais em Roma e no Império Romano, ver: F. Cumont, *Les religions orientales dans le paganisme romain*, 4ª ed. (Paris, 1929); A.D. Nock, *Conversion. The Old and the New in Religion from Alexander the Great to Augustine of Hippo* (Oxford, 1933; reed., 1961), p.66s., 99s., 122s.; cf. também bibliografia, §205-8.

Sobre os *Oráculos sibilinos*, ver bibliografia cit., §165, e A. Peretti, *La Sibilla babilonese nella propaganda ellenistica* (Florença, 1942); A. Kurfess, *Die Sibyllinische Weissagungen* (Munique, 1951); V. Nikiprowetzki, *La troisième Sibylle* (Paris-Haia, 1970), esp. cap. IV ("La doctrine"), p.71s.; John J. Collins, *The Sibylline Oracles of Egyptian Judaism* (Missoula, Montana, 1974; a doutrina do grande ano no mundo helenístico, p.181s.). Sobre a apocalíptica e suas relações com as escolas e a sabedoria, ver bibliografia §202-4; acrescentar J.Z. Smith, "Wisdom and Apocalyptik", *Religious Syncretism in Antiquity: Essays in Conversation with Geo Widengren* (Missoula, 1975), p.131-56; John J. Collins, "Cosmos and salvation; jewish wisdom and Apocalyptic in the hellenistic age", 1977, p.121-42.

Sobre a IV *Écloga*, ver: Ed. Norden, *Die Geburt des Kindes* (Berlim, 1924); J. Carcopino, *Virgile et le mystère de la IVᵉ Eglogue* (Paris, 1930; nova ed. ampl., 1943); Henri Jeanmaire, *La Sibylle et le retour de l'âge d'or* (Paris, 1939).

Os dois mitos sobre o destino de Roma são examinados por Jean Hubaux, *Les grands mythes de Rome* (Paris, 1945), e M. Eliade, *Le mythe de l'éternel retour* (nova ed., 1969), p.157s.

Sobre a *Pax Augusta*, ver Charles Norris Cochrane, *Christianity and Classical Culture* (Oxford-Nova York, 1940; nova ed. corrigida e ampl., 1944), p.1-26.

Sobre as reformas religiosas de Augusto, ver Franz Altheim, *A History of Roman Religion* (Londres, 1938), p.321-410; id., *La religion romaine antique* (trad. fr., 1955), p.223s.

226. Uma excelente síntese sobre a época imperial foi feita por Robert M. Grant, *Augustus to Constantine. The Thrust of the Christian Movement into the Roman World* (Nova York, 1970).

Sobre o culto dos soberanos, ver bibliografia, §205.

Para as relações entre a Igreja e o Império, ver E. Peterson, *Der Monotheismus als politisches Problem* (Leipzig, 1935); G. Kittel, *Christus und Imperator* (Stuttgart-Berlim, 1939); E. Stauffer, *Christus und die Cäsaren*, 2ª ed. (Hamburgo, 1952); J.M. Hornus, *Evangile et Labarum. Étude sur l'attitude du christianisme primitif devant les problèmes de l'État, de la guerre et de la violence* (Genebra, 1960).

Boas sínteses sobre a confrontação entre o cristianismo e a tradição clássica in C.N. Cochrane, *Christianity and Classical Culture* (2ª ed., 1944), e H. Chadwick, *Early Christian Thought and the Classical Tradition* (Oxford, 1966). Ver também W. Jaeger, *Early Christianity and Greek Paideia* (Cambridge, Massachusetts, 1962); J. Carcopino, *De Pythagore aux Apôtres* (Paris, 1956). A obra de Pierre de Labriolle, *La réaction païenne* (5ª ed., Paris, 1942), ainda é de grande utilidade.

Sobre a conversão ao cristianismo, ver: A.D. Nock, *Conversion*, p.187s., 297s. (fontes e bibliografia); Gustave Bardy, *La conversion au christianisme durant les premiers siècles* (Paris, 1949); A. Tuck, *Evangélisation et catéchèse aux deux premiers siècles* (Paris, 1962); Paul Aubin, *Le problème de la "conversion". Étude sur un thème commun à l'hellénisme et au christianisme des trois premiers siècles* (Paris, 1963).

Sobre a expansão cristã, a obra de A. von Harnack, *Mission und Ausbreitung in der ersten drei Jahrhunderten*, 4ª ed. (Leipzig, 1924), permanece insubstituível; ver também R. Liechtenhan, *Die urchristliche Mission* (Zurique, 1946); Jean Daniélou e Henri Marrou, *Nouvelle Histoire de l'Eglise*, I: *Des origines à Grégoire le Grand* (1963), p.112-340.

Sobre as perseguições, ver: P. Allard, *Histoire des persécutions*, 5 v. (3ª ed., Paris, 1903-1908), antiquada, mas muito útil; H.C. Babut, *L'adoration des empereurs et les origines de la persécution de Dioclétien* (Paris, 1916); H. Grégoire, *Les persécutions dans l'Empire Romain* (Bruxelas, 1951, 2ª ed. ampl., 1964); J. Moreau, *Les persécutions du christianisme dans l'Empire Romain* (1956; excelente síntese); W.H.C. Frend, *Martyrdom and Persecution in the Early Church* (Oxford, 1965); G.E.M. de Ste Croix, "Why were the early christians persecuted?", *Past and Present*, 26, 1961, p.6-31. Cf. também N.H. Baynes, "The great persecution", *Cambridge Ancient History*, XII, 1939, p.646-77; G.E.M. de Ste Croix, "Aspects of the great persecution", *Harvard Theological Review*, 47, 1954, p.75-113.

Os mais importantes apologistas são Teófilo de Antioquia (c.180), autor de um escrito, *A Autólica*, o sírio Taciano (*circa* 165), Tertuliano (o *Apologeticum* foi redigido em 197), Minúcio Félix (autor de *Octavius*), e sobretudo Justino Mártir.

Acerca dos apologistas, ver: M. Pellegrino, *Gli Apologetici del II secolo*, 2ª ed. (Brescia, 1943); id., *Studi sull'antica Apologetica* (Roma, 1947); E.R. Goodenough, *The Theology of Justin Martyr* (Iena, 1923); W.H. Shotwell, *The Exegesis of Justin* (Chicago, 1955); P. Prigent, *Justin et l'Ancien Testament* (1964).

Da enorme literatura sobre a tradição apostólica, citemos: R.P.C. Hanson, *Tradition in the Early Church* (Londres, 1963) e M. Pellegrino, *La tradizione nel cristianesimo antico* (Turim, 1963). O ponto de vista católico é representado, *inter alia*, por A. Deneppe, *Der Traditionsbegriff* (Münster, 1947), e Yves Congar, *La tradition et les traditions* (Paris, 1960); para a posição da teologia protestante, ver: O. Cullmann, *La tradition* (Neuchâtel-Paris, 1953), E. Flessemann-Van Leer, *Tradition and Scripture in the Early Church* (Assen, 1954), e G.C. Blum, *Tradition und Sukzession. Studien zum Normbegriff des apostolischen von Paulus bis Irenäus* (Berlim, 1963); cf. também A. Ehrhardt, *The Apostolic Succession in the First Two Centuries of the Church* (Londres, 1953; posição anglicana).

Georg Kümmel expôs recentemente a história das pesquisas neotestamentárias em seu livro *Das Neue Testament: Geschichte der Erforschung seiner Probleme* (1970; trad. ingl., *The New Testament: The History of Investigation of Its Problems*, Nashville-Nova York, 1972; rica bibliografia, p.407-65). Para uma exposição sucinta, ver R.M. Grant, *The Formation of the New Testament* (Londres, 1965); o mesmo autor publicou uma obra mais ampla, *Historical Introduction to the New Testament* (Nova York e Evanston, 1963). Ver também A. Riesenfeld, *The Gospel Tradition and His Beginnings* (Londres, 1957) e a bibliografia cit., §221s.

227. As fontes sobre o esoterismo (= ensinamento e ritos secretos) no judaísmo normativo e nas seitas judaicas, entre os essênios, os samaritanos e os fariseus são citadas por Morton Smith, *Clement of Alexandria and a Secret Gospel of Mark* (Cambridge, Massachusetts, 1973), p.197-9 (a obra é preciosa pela extensa documentação; mas a tese do autor – o batismo iniciatório efetuado por Jesus e as práticas libertinas que reivindicavam para si essa tradição secreta – foi geralmente rejeitada pelos exegetas). Ver ibid., id.p.199s., a análise das fontes sobre o ensinamento secreto de Jesus.

Sobre o esoterismo judaico, ver G. Scholem, *Jewish Gnosticism, Merkabah Mysticismus and Talmudic Tradition* (Nova York, 1966); id., "Jaldabaoth reconsidered", *Mélanges H.-Ch. Puech*, p.405-21; Jean Daniélou, *Théologie du judéo-christianisme* (Paris, 1957), p.121s. Ver também Morton Smith, "Observations on Hekhalot Rabbati", in A. Altmann (org.), *Biblical and Other Studies* (Cambridge, Massachusetts, 1963), p.142-60; James M. Robinson (org.), *Jewish Gnostic Nag Hammadi Texts* (Berkeley, 1975).

O padre Jean Daniélou examinou as fontes do esoterismo cristão em seu estudo "Les traditions secrètes des apôtres", *Eranos-Jahrbuch*, 31, 1962, p.199-215. Para esse autor, "as tradições esotéricas dos apóstolos são a continuação no cristianismo de um esoterismo judaico que existia no tempo dos apóstolos e que concerne ao domínio muito definido dos segredos do mundo celeste" (op.cit., p.211). Ver também G. Quispel, "Gnosis and the new Sayings of Jesus", *Eranos-Jahrbuch*, 38, 1969, p.261-95.

Sobre a gnose cristã, ver: J. Dupont, *Gnosis. La connaissance religieuse dans les Epîtres de saint Paul* (Louvain, 1949); Stanislas Lyonnet, "Saint Paul et le gnosticisme. L'Epître aux Colossiens", *Origini dello gnosticismo*, p.528-31; H.J. Schoeps, *Aus frühchristlicher Zeit* (Tübingen, 1950); id., *Urgemeinde, Judenchristentum, Gnosis* (Tübingen, 1956); H.B. Bartch, *Gnostisches Gut und Gemeindetradition bei Ignatius von Antiochen* (Gütersloh, 1940). Ver também M. Simonetti, *Testi, gnostici cristiani* (Bari, 1970), e bibliografia, §221.

228. As pesquisas sobre a gnose e o gnosticismo tiveram progressos significativos nos últimos 40 anos; entretanto, o problema das origens da corrente designada como "gnosticismo" não está ainda resolvido. Para Adolf Harnack, o gnosticismo – tal como se manifesta no séc. II de nossa era – representa uma helenização radical do cristianismo ("eine akute Hellenisierung des Christentum"). É essa, aliás, a tese dos teólogos cristãos – em primeiro lugar Ireneu de Lião e Hipólito de Roma – para os quais o gnosticismo era uma heresia diabólica, produzida pela deformação da doutrina cristã sob a influência da filosofia grega. Mas numa obra que continua fundamental, *Hauptprobleme der Gnosis* (Göttingen, 1907), Wilhelm Bousset propõe uma explicação totalmente oposta: analisando numa perspectiva comparativa os temas especificamente gnósticos (o dualismo, a noção de salvador, a ascensão extática da alma), encontra para eles uma origem iraniana. O gnosticismo é, pois, para Bousset, um fenômeno pré-cristão que englobou também o cristianismo. R. Reitzenstein desenvolve e precisa essa hipótese em vários trabalhos, dos quais o mais importante é *Das iranische Erlösungsmysterium* (Leipzig, 1921). Reitzenstein reconstrói o mito iraniano do "salvador salvo", cuja expressão mais ordenada se acha no *Hino da pérola* dos Atos de Tomás (cf. §230). A origem iraniana da gnose, criticada por certos orientalistas e por historiadores das religiões, foi aceita, corrigida e aperfeiçoada por G. Widengren; ver sobretudo o seu estudo "Les origines du gnosticisme et l'histoire des religions" (*Le origini dello Gnosticismo*, Colloquio di Messina, Leyden, 1967, p.28-60), em que o estudioso sueco examina também outras hipóteses mais recentes.

A obra de Hans Jonas, *The Gnostic Religion: The Message of the Alien God and the Beginnings of Christianity* (Boston, 1958, ed. ampl., 1963), é fundamental pela penetrante análise filosófica do "fenômeno gnóstico". Jonas é o primeiro historiador da filosofia que estudou o gnosticismo, depois de H. Leisegang e Simone Pétrement; mas *La gnose* (Leipzig, 1924; 3ª ed., 1941; trad. fr., 1951), de Leisegang, é útil sobretudo pelas longas citações dos textos, e a obra de Simone Pétrement traz como título: *Le dualisme chez Platon, les gnostiques et les manichéens* (Paris, 1947). No que tange aos começos do movimento gnóstico, Jonas distingue dois tipos de gnose, derivados de dois meios culturais diferentes: sírtio-egípcio e iraniano (a hipótese é criticada por Widengren, op.cit., p.38s.).

O livro de Robert M. Grant, *Gnosticism and Early Christianity* (Nova York, 1959), constitui uma excelente introdução: é precioso pelas análises pertinentes de alguns sistemas gnósticos. Grant explica o aparecimento do gnosticismo pela crise do pensamento apocalíptico judaico após a catástrofe dos anos 70. Essa hipótese, aceita entre outros pelo padre Jean Daniélou, foi criticada, *inter alia,* por Jacob Neusner, "Judaism in late Antiquity" (*Judaism*, 15, 1966, p.230-40), p.236s.

Para Giles Quispel, a gnose é uma religião universal (cf. *Gnosis als Weltreligion*, Zurique, 1951), mas os diferentes sistemas gnósticos do séc. II derivam das especulações apocalípticas judaicas e judaico-cristãs (cf. seus estudos reunidos em *Gnostic Studies*, I-II, Leyden, 1973). As importantes contribuições de Henri-Charles Puech para a história e a fenomenologia da gnose, publicadas desde 1934 em diferentes revistas eruditas e no *Annuaire du Collège de France*, foram reeditadas recentemente sob o título: *En quête de la gnose: I. La gnose et le temps, II. Sur l'Evangile selon Thomas* (Paris, 1978). Devemos uma menção especial aos estudos sobre Plotino, sobre a fenomenologia da gnose e sobre gnose e tempo (I, p.55-116; 185-214, 215-70).

Uma boa explanação foi feita por R. Mc L. Wilson, *The Gnostic Problem* (Londres, 1958); o autor analisa sobretudo os elementos judaicos e cristãos presentes nas diferentes escolas gnósticas: cf. também sua contribuição ao Colóquio de Messina, "Gnosis, gnosticism and the New Testament" (*Le origini dello gnosticismo*, p.511-27).

Os participantes do Colóquio Internacional sobre as origens do gnosticismo propuseram delimitar bem as significações dos termos *gnose* e *gnosticismo*: o "gnosticismo" designa "certo grupo de sistemas do séc. II a.C., que todo o mundo concorda em denominar assim". Ao contrário, a "gnose" significa "conhecimento dos mistérios divinos reservado a uma elite" (*Le origini dello gnosticismo*, p.XXIII). Por ocasião do Colóquio de Messina, foi possível verificar mais uma vez o número e a variedade das hipóteses sobre as "origens" do gnosticismo. Em seu estudo "Perspectives de la recherche sur les origines du gnosticisme" (*Origini*, p.716-46), Ugo Bianchi esboçou uma morfologia dos temas gnósticos, analisando também sua distribuição geográfica e eventuais relações históricas. Ver também, do mesmo autor: "Le problème des origines du gnosticisme" (ibid. id., p.1-27).

Entre as numerosas comunicações no Colóquio de Messina, destaquemos: H. Jonas, "Delimitation of the gnostic phenomenon – typological and historical" (*Origini*, p.90-108); A. Bausani, "Letture iraniche per l'origine e la definizione tipologica di gnosi" (ibid., p.251-64); G. Gnoli, "La gnosi iranica. Per una impostazione del problema" (ibid., p.281-90: o autor examina sobretudo o maniqueísmo); R. Grahay, "Eléments d'une mythopée gnostique dans la Grèce classique" (p.323-39); M. Simon, "Eléments gnostiques chez Philon" (p.359-76); H. Ringgren, "Qumran and gnosticism" (p.379-88); H.J.

Schoeps, "Judenchristentum und gnosis" (p.528-37); G. Quispel, "Makarius und das Lied von der Perle" (p.625-44).

Sobre Plotino e a gnose, ver o estudo de H.-Ch. Puech, *Enquête de la gnose*, I, p.55-116; sobre as relações entre o dualismo platônico (sobretudo na interpretação de Plotino) e o dualismo gnóstico, ver E.R. Dodds, *Pagan and Christian in an Age of Anxiety. Some Aspects of Religious Experience from Marcus Aurelius to Constantin* (Cambridge, 1965), p.24s., 83s.

O descobrimento dos manuscritos gnósticos numa talha em Nag Hammadi, no Alto Egito, e a história bastante movimentada de como foi adquirido, decifrado e publicado foram narrados por Jean Doresse, *Les livres secrets des gnostiques d'Egypte*, I: *Introduction aux écrits gnostiques coptes découverts à Khenoboskion* (Paris, 1958), p.133s., e, com detalhes desconhecidos, por John Dart, *The Laughing Savior* (Nova York, 1976). Ver também James Robinson, "The Jung Codex: the rise and fall of a monopoly", *Religious Studies Review*, 3, 1977, p.17-30. A ed. completa, *The Facsimile Edition of the Nag Hammadi Codices*, foi concluída em 1976. Edições críticas de alguns textos, acompanhadas de traduções e comentários, foram publicadas paulatinamente, desde 1956, mas a única trad. completa (infelizmente desprovida de notas e comentários) é a editada sob a direção de James M. Robinson, *The Nag Hammadi Library* (Nova York, 1977).

A biblioteca descoberta em Nag Hammadi deu lugar a inúmeros trabalhos. Ver David M. Scholer, *Nag Hammadi Bibliography*, 1948-69 (Leyden, 1971), e os relatórios anuais no jornal *Novum Testamentum*. Uma análise extremamente erudita das novas publicações – edições críticas, traduções e contribuições à história e à exegese dos textos – foi feita por Carsten Colpe: "Heidnische, jüdische und christliche Überlieferung in den Schriften aus Nag Hammadi", *Jahrbuch für Antike und Christentum*, 16, 1973, p.106-26; 17, 1974, p.109-25; 18, 1975, p.144-65; 19, 1976, p.120-38.

Entre os trabalhos dedicados à análise e à interpretação dos novos textos, citemos: W.C. van Unnik, *Newly Discovered Gnostic Writings* (Naperville, 1960); Alexander Böhlig, *Mysterion und Wahrheit* (Leyden, 1968), p.80-111, 119-61; Martin Krause (org.), *Essays on the Nag Hammadi Texts in Honour of Alexander Böhlig* (Leyden, 1972); M. Tardieu, *Trois mythes gnostiques. Adam, Eros et les animaux d'Egypte dans un écrit de Nag Hammadi* (II, 5), Paris, 1974. Ver também os estudos de Henri-Charles Puech, reunidos no segundo tomo de sua obra *En quête de la gnose: sur l'Evangile selon Thomas* (Paris, 1978). O leitor encontrará no mesmo tomo (p.11-32) a trad. franc. do Evangelho segundo Tomás (publicada pela primeira vez, com aparato crítico e comentário, em 1959). Outra trad., ricamente anotada, foi feita por Jean Doresse, *L'Evangile selon Thomas ou les paroles secrètes de Jésus* (Paris, 1959). Cf. também o excelente comentário de J.-E. Ménard, *L'Evangile selon Thomas* (Leyden, 1975). Sobre esse texto importante, ver ainda: Robert M. Grant, *The Secret Saying of Jesus* (Nova York, 1960); R. Mc L. Wilson, *Studies in the Gospel of Thomas* (Londres, 1960); B. Gartner, *The Theology of the Gospel of Thomas* (Londres, 1961).

Um dos textos mais discutidos e várias vezes traduzido é o *Evangelho da Verdade*; cf. trad. W.W. Isenberg, in R.M. Grant, *Gnosticism*, p.146-61; e a de George W. MacRae, in J.M. Robinson, *The Nag Hammadi Library*, p.37-49.

Sobre o Evangelho de Filipe (= *Nag Hammadi Library*, p.131-51, trad. W.W. Isenberg), ver R. Mc L. Wilson, *The Gospel of Philip* (Londres, 1962); J.-E. Ménard, *L'Evangile selon Philippe* (Paris, 1967).

Várias antologias de textos gnósticos, traduzidos e anotados, foram publicadas nos últimos 15 anos. Destaquemos: Robert M. Grant, *Gnosticism. A Sourcebook of Heretical Writings from the Early Christian Period* (Nova York, 1961); Werner Foerster, *Die Gnosis*, I-II (Zurique, 1969, 1971).

229. Sobre Simão o Mágico, ver Grant, *Gnosticism and Early Christianity*, p.70-96; H. Leisegang, *La gnose*, p.48-80; L. Cerfaux, "Simon le Magicien à Samarie", *Recherches de Science Religieuse*, 27, 1937, p.615s.; L.H. Vincent, "Le culte d'Hélène à Samarie", *Revue Biblique*, 45, 1936, p.221s.; H. Jonas, *The Gnostic Religion*, p.103-11, 346 (bibliografia).

Sobre as origens da lenda do Doutor Fausto, cf. E.M. Butler, *The Myth of the Magus* (Cambridge, 1948); Gilles Quispel, "Faust: symbol of Western man", *Eranos-Jahrbuch*, 35, 1966, p.241-65, retomados em *Gnostic Studies*, II (Leyden-Istambul, 1973), p.288-307.

A obra de Marcião, as *Antíteses*, perdeu-se, mas seu conteúdo nos é revelado pelo tratado de Tertuliano, *Adversus Marcionem*. Numerosos escritores ortodoxos refutaram o marcionismo; citemos, entre eles, Justino, Ireneu e Dioniso de Corinto.

O livro de Adolph von Harnack, *Marcion; das Evangelium vom fremden Gott* (Leipzig, 2ª ed., 1924), não foi ultrapassado. Ver também E.C. Blackmann, *Marcion and his Influence* (Londres, 1948); H. Leisegang, *La gnose*, p.185-91; Hans Jonas, *The Gnostic Religion*, p.130-46; Grant, op.cit., p.121s.

Sobre o judeo cristianismo heterodoxo, ver J. Daniélou, *Théologie du judéo-christianisme* (Tournai, 1958), p.68-98; sobre Cerinto, ibid., p.80-1. Sobre Carpócrates, ver H. Leisegang, *La gnose*, p.176s.; Morton Smith, *Clement of Alexandria and a Secret Gospel of Mark*, p.261-78. Sobre Basilides, ver Leisegang, *La gnose*, p.136-75; Wilson, *The Gnostic Problem*, p.123s.; Grant, op.cit., p.142s.

Sobre Valentino e sua escola, ver: F.M. Sagnard, *La gnose valentinienne et le témoignage de saint Irénée* (Paris, 1947); A. Orbe, *Estudios valentinianos*, I-IV (Roma, 1955-1971; trata-se, de fato, de um estudo comparativo muito erudito das teologias gnósticas e cristãs); H. Jonas, *The Gnostic Religion*, p.174-205; cf. também a bibliografia sobre o Evangelho da Verdade. Entre os escritos pertencentes à escola valentiniana, convém mencionar o tratado *De Ressurrectione (Epistula ad Rheginum)*; utilizamos a trad. e o comentário de Malcolm Lee Peel, *The Epistle to Rheginos. A Valentinian Letter on Resurrection* (Filadélfia, 1969). Esse pequeno texto (menos de oito páginas) é particularmente importante porque constitui o primeiro documento gnóstico de Nag Hammadi dedicado à escatologia individual (isto é, a morte e a pós-existência da pessoa).

Valentino é o único mestre gnóstico cujos discípulos têm nomes conhecidos. Um de seus discípulos, Herácleon, redigiu o primeiro comentário ao Evangelho de João; Orígenes respondeu-lhe, escrevendo seu próprio comentário. Aliás, são esses discípulos que desenvolveram seu sistema, de tal maneira que é difícil determinar os contornos da doutrina original de Valentino. Sobre as diferentes expressões da teologia valentiniana, ver R. Grant, *Gnosticism and Early Christianity*, p.134s.

Sobre as seitas gnósticas libertinas, em primeiro lugar os fibionitas (cujas orgias foram descritas por Epifânio, *Panárion*, 26, 17:1s.), ver Stephen Benko, "The libertine gnostic sect of the phibionites according to Epiphanius", *Vigiliae Christianae*, 2, 1967, p.103-19; Alfonso M. di Nola, *Parole segrete di Gesù*, p.80-90; M. Eliade, *Occultism, Witchcraft and Cultural Fashions* (Chicago, 1976), p.109s., 139-40.

A seita gnóstica dos mandeus sobrevive ainda numa pequena comunidade de 13 mil a 14 mil fiéis, no sul do Iraque. Seu nome deriva do termo *mandâyê* ("gnósticos").

Dispõe-se de um grande número de obras; os dois *Ginzâ* ("Tesouro"), o Livro de João, um livro canônico de preces e outros textos cultuais, obtidos sobretudo graças ao entusiasmo e à energia de lady E.S. Drower. É provável que as práticas religiosas (em primeiro lugar, o batismo e a missa dos mortos), assim como a teologia dos mandeus, datem de um período muito antigo, que antecede a pregação de Jesus Cristo. Entretanto, a origem e a história da seita são ainda insuficientemente conhecidas. Trata-se provavelmente de uma seita judaica herética, em oposição ao judaísmo ortodoxo e fortemente influenciada pelas ideias gnósticas e iranianas. Como escreve Kurt Rudolph: "É um ramo, organizado em seita batista, da corrente gnóstica judeo-síria, que se tornou uma comunidade fechada de vida e de linguagem que conservou, até os nossos dias, documentos muito preciosos de uma crença desaparecida."

A literatura (textos e estudos críticos) é considerável: ver E.S. Drower, *The Mandaeans of Irak and Iran* (Oxford, 1937, reed., Leyden, 1962); K. Rudolph, *Mandäische Quellen*, in W. Foerster (org.), *Die Gnosis*, II (Zurique, 1971, p.171-418); id., *Die Mandäer*, I-II (Göttingen, 1960-61); ver também a apresentação de conjunto feita pelo mesmo autor: "La religion mandéenne", in H.-Ch. Puech (org.), *Histoire des religions*, II (Paris, 1972), p.498-522.

230. O *Hino da pérola* deu lugar a longa controvérsia. A origem iraniana do mito foi sustentada sobretudo por R. Reitzenstein, *Das iranische Erlösungsmysterium* (Bonn, 1921), p.72s.; G. Widengren, "Der iranische Hintergrund der Gnosis" (*Zeitschrift für Religions- und Geistesgeschichte*, 4, 1952, p.97-114), p.105s.; id., *Religionsphänomenologie* (Berlim, 1969), p.506s. Encontram-se boas análises em Jonas, *The Gnostic Religion*, p.116s.; Erik Peterson, *Frühkirche, Judentum und Gnosis* (Roma-Friburgo, 1959), p.204s.; Alfred Adam, *Die Psalmen des Thomas und das Perlenlied als Zeugnisse vorchristlicher Gnosis*, Berlim, 1959; H.-Ch. Puech, *En quête de la gnose*, II, p.118s., 231s. Ver também A.T.J. Klijn, "The so-called Hymn of the Pearl", *Vigiliae Christianae*, 14, 1960, p.154-64; G. Quispel, *Makarius, das Thomaseangelium und das Lied von der Perle* (Leyden, 1967).

Sobre o simbolismo da pérola nas culturas arcaicas e orientais, ver M. Eliade, *Images et symboles*, p.164-98; M. Mokri, "Les symboles de la perle", JA, 1960, p.463-81. Quanto à pérola identificada com Cristo nos teólogos cristãos, ver C.M. Edsman, *Le baptême de feu* (Leipzig-Uppsala, 1940), p.190s.; Eliade, *Images et symboles*, p.195s.

As lendas de Matsyendranath e de sua amnésia são analisadas em nosso livro *Le yoga*, p.308s.; ver bibliografia das fontes, ibid., p.403. Os temas do exílio, do cativeiro num país estrangeiro, do mensageiro que acorda o prisioneiro e o convida a fugir, encontram-se num opúsculo de Sohrawardi, *Récit de l'exil occidental*, brilhantemente analisado por Henry Corbin, *En Islam iranien*, II (1971), p.270-94.

Sobre o mito do "salvador salvo", ver as obras de R. Reitzenstein e de G. Widengren citadas anteriormente; cf. também as críticas apresentadas por C. Colpe, *Die religionsgeschichtliche Schule* (Göttingen, 1961).

Sobre as imagens e os símbolos especificamente gnósticos, ver Hans Jonas, *The Gnostic Religion*, p.48-99; G. MacRae, "Sleep and awakening in gnostic texts" (*Origini dello gnosticismo*, p.496-510); H.-Ch. Puech, *En quête de la gnose*, II, p.116s. Ver também M. Eliade, *Aspects du mythe* (Paris, 1963), p.142s.

231. A história dos estudos maniqueístas constitui um capítulo importante da história das ideias na Europa; temos apenas de nos lembrar do interesse filosófico e das controvérsias apaixonadas suscitadas pela *Histoire critique de Manichée et du Manichéisme* (2 tomos, Amsterdam, 1734-39), de Isaac de Beausobre, e pelos artigos de Bayle em seu *Dictionnaire*; ver J. Ries, "Introduction aux études manichéennes. Quatre siècles de recherches", *Ephemerides Theologicae Lovanienses*, 33, 1957, p.453-82; 35, 1959, p.362-409; sobre os trabalhos publicados no séc. XX, cf. H.S. Nyberg, "Forschungen über den Manichäismus", *Zeitschrift für neutestamentliche Wissenschaft*, 34, 1935, p.70-91; Raoul Manselli, *L'eresia del male* (Nápoles, 1963), p.11-27. A melhor exposição de conjunto ainda é o livro de H.-Ch. Puech, *Le Manichéisme. Son fondateur, sa doctrine* (Paris, 1949); as notas (p.98-195) constituem uma excelente documentação. O mesmo autor apresenta uma nova síntese no cap. "Le Manichéisme", in: *Histoire des Religions*, II, 1972, p.523-645. Ver também G. Widengren, *Mani und der Manichaismus* (Urban-Bücher 57, Stuttgart, 1962; citemos a trad. ingl., *Mani and Manichaeism*, Londres e Nova York, 1965); O. Klima, *Manis Zeit und Leben* (Praga, 1962); François Decret, *Mani et la tradition manichéenne* (Paris, 1974). Podem ser ainda consultados com proveito: A.V.W. Jackson, *Researches in Manichaeism, with Special Reference to the Turfan Fragments* (Nova York, 1932); A.H. Schraeder, "Urform und Fortbildungen des manichäischen Systems", *Vorträge der Bibliothek Warburg*, 1924-25 (Leipzig, 1927), p.65-157; U. Pestalozza, "Appunti sulla vita di Mani" (*Reale Istituto Lombardo di Lettere*, série II, v.67, 1934, p.417-79, republicado em suas *Nuovi Saggi di religione mediterranea*, Florença, 1964, p.477-523). Para a bibliografia das obras recentes, cf. L.J.R. Ort, *Mani. A Religio-Historical Description of His Personality* (Diss., Leyden, 1967), p.261-77; Puech, "Le manichéisme", p.637-45.

O episódio da voz ouvida por Patek foi-nos transmitido por Ibn an-Nadîm (*Fihrist*, p.83-84, trad. Flügel). Sobre a seita batista à qual se convertera Patek, ver a discussão das fontes em Puech, *Le Manichéisme*, p.40-2, e notas 146-56; G. Widengren, *Mani*, p.24-6.

O achado recente de um Códice grego, cuja origem siríaca ascende ao séc. V, permite identificar a seita batista: trata-se dos elcesaítes, movimento gnóstico judeo-cristão fundado por Elcesai no reinado de Trajano. Ver: A. Henrichs e L. Koenen, "Ein griechischer Mani-Codex", *Zeitschriit f. Papyrologie und Epigraphik*, 5, 1970, p.97-216; Hans J.W. Drijvers, "Die Bedeutung das Kölner Mani-Codex für die Manichäismusforschung", in: *Mélanges... Henri-Charles Puech*, 1974, p.471-86; Gilles Quispel, "Mani the Apostle of Jesus Christ" (*Epektasis. Mélanges... Cardinal Jean Daniélou*, 1972, p.667-72); R.N. Frye, "The Cologne Greek Codex about Mani", *Ex Orbe Religionum* (Festschrift G. Widengren), I, p.424-29; F. Decret, *Mani*, p.48s.

As duas revelações foram consignadas por Mani em seu livro *Shâhuhragân* (cf. al-Bêrûnî, *Chronology of Ancient Nations*, trad. ingl. de Edward Sachau, Londres, 1879, p.190). Segundo o testemunho de um *Kephaloïon* copta, Mani recebeu uma única revelação, aos 12 anos de idade: o Espírito Santo, o Paracleto prometido por Jesus, desceu e revelou-lhe o "mistério" que durante muito tempo permaneceu oculto, isto é, o conflito entre luz e trevas, a origem do mundo, a criação de Adão, em suma, o essencial do que se tornou mais tarde a doutrina maniqueísta; cf. *Kephalaia* (= H.J. Polotsky, *Manichaeische Handschriften*, I, Stuttgart, 1934), cap.I, p.14-5.

Sobre a data do encontro com Chapur I, cf. Puech, op.cit., p.46 e as notas 179-84; a data de 9 de abril foi calculada por S.H. Taqizadeh. Sobre a última viagem de Mani, cf. W.B. Henning, "Mani's last journey", BSOAS, X, 1942, p.941-53. Quanto a certos detalhes atrozes da morte de Mani (foi esfolado vivo etc.), sua autenticidade parece suspeita; cf. Puech, p.54-6.

232. Os escritos de Mani foram analisados por P. Alfaric, *Les Ecritures manichéennes*, I-II, Paris, 1918-1919; sobre os achados ulteriores e as publicações de F.W.K. Müller, E. Chavannes, P. Pelliot, W.B. Henning etc., ver Puech, *Le Manichéisme*, p.144s. (notas 240s.), id., in *Histoire des Religions*, II, p.547s., Widengren, op.cit., p.151-3; cf. também Ort, *Mani*, p.32s. Além de *Shâhuhrâgan*, dedicado a Chapur e composto em médio-persa, Mani escreveu em siríaco ou em aramaico oriental *O Evangelho Vivo*, *O Livro dos Mistérios*, a *Pragmateia* (ou "Tratado"), *O Tesouro de Vida*, *O Livro dos Gigantes* e as *Cartas* (Puech, *Le Manichéisme*, p.67 e nota 262). Entre os textos atribuídos ao profeta, os mais importantes são os *Kephalaïa* ou "Capítulos". O leitor encontrará textos traduzidos e comentados in A. Adam, *Texte zum Manichäismus* (Berlim, 1954), C.R.C. Allberry, *A Manichaean Psalm-Book* (Stuttgart, 1938); E.M. Boyce, *The Manichaean Hymn Cycles in Parthian* (Oxford, 1954); H.J. Polotsky, *Manichäische Homilien* (Stuttgart, 1934); H.J. Polotsky e A. Böhlig, *Kephalaia* (Stuttgart, 1940); F. Decret, *Mani*, p.58 e passim.

233. O mito é apresentado por Puech, *Le Manichéisme*, p.74-85, Widengren, op.cit., p.43-69, Hans Jonas, *The Gnostic Religion* (2ª ed., Boston, 1963), p.209-31. Ao insistir no caráter iraniano do maniqueísmo (ver também *Les religions de l'Iran*, p.331-41), G. Widengren fez uma análise judiciosa dos antecedentes mesopotâmicos de algumas personagens e episódios do mito; cf. *Mesopotamian Elements in Manichaeism* (Uppsala, 1946), p.14-21, 25, 53 (a "Mãe da Vida"), p.31s. (o "Príncipe das Trevas"), p.74s. (o "Mensageiro") etc. Ver também W. B. Henning, "Ein manichäischer Kosmogonischer Hymnus", NGWG, 1932, p.214-28; id., "A Sogdian fragment of the Manichaean cosmogony", BSOAS, 12, 1948, p.306-18; A.V.W. Jackson, "The doctrine of the *Bolos* in Manichaean eschatology", Jaos, 58, 1938, p.225-34; Hans J.W. Drijvers, "Mani und Bardaisan. Ein Beitrag zur Vorgeschichte des Manichäismus" (*Mélanges... Henri-Charles Puech*, p.459-69).

Sobre o "Príncipe das Trevas", ver o importante estudo de H.-Ch. Puech, "Le Prince des Ténèbres et son Royaume", *Satan* (Paris, 1948), p.136-74. Sobre o episódio "a sedução dos Arcontes", cf. F. Cumont, *Recherches sur le Manichéisme*, I (Bruxelas, 1908), p.54-68, e Puech, *Le Manichéisme*, p.172 (nota 324). Sobre a equivalência luz (espírito), *semen virile*, cf. M. Eliade, "Spirit, light and seed", *History of Religions*, 11, ago 1971. Para o mito sobre as origens das plantas do sêmen de um ser primordial, cf. M. Eliade, "La mandragore et les mythes de la 'naissance miraculeuse'", *Zalmoxis*, 3, 1940-42, p.3-48; id., "Gayomart et la mandragore", *Ex Orbe Religionum*, II, p.65-74; id., "Adam, le Christ et la mandragore", *Mélanges... H.-Ch. Puech*, p.611-6.

234. A imagem do *Jesus Patibilis* e sobretudo a ideia de que a confecção do pão constitui um pecado, já que implica a "tortura" dos cereais (cf. Puech, *Le Manichéisme*, p.90), lembram algumas crenças arcaicas, solidárias da religiosidade agrária (§11s.)

Sobre a difusão do maniqueísmo, ver U. Pestalozza, "Il manicheismo, presso i Turchi occidentali ed orientali", *Reale Istituto Lombardo di Scienze e Lettere*, série II, v.57, 1934, p.417-79 (reproduzido in *Nuovi Saggi di Religione Mediterranee*, p.402-75); G. Messina, *Christianesimo Buddhismo Manicheismo nell'Asia Antica* (Roma, 1947); H.S. Nyberg, "Zum Kampf zwischen Islam und Manichäismus", OLZ, 32, 1929, col. 425-41; O. Maenchen-Helfen, "Manichaeans in Siberia" (*Univ. of California Publications in Semitic Philology*, XI, 1951, p.311-26); M. Guidi, *La lotta tra l'Islam et il Manicheismo* (Roma, 1927); W.B. Henning, "Zum zentralasiatischen Manichäismus", OLZ, 37, 1934, col. 1-11; id., "Neue Materialen zur Geschichte des Manichäismus", ZDMG, 40, 1931, p.1-18. O livro de E. de Stoop, *Essai sur la diffusion du manichéisme dans l'Empire Romain* (Gand, 1909), está ultrapassado; ver as referências bibliográficas mais recentes em Puech, op.cit., p.148, nota 257 e Widengren, *Mani*, p.155-7. Cf. P. Brown, "The diffusion of manicheism in Roman Empire", *Journal of Roman Studies*, 59, 1969, p.92-103; F. Decret, *Aspects du manichéisme dans l'Afrique romaine* (Paris, 1970). Para a bibliografia sobre os movimentos conhecidos como "neomaniqueístas", ver v.III, cap. XXXVI.

235. Sobre o pensamento religioso hebraico, ver Claude Tresmontant, *Essai sur la pensée hébraïque* (Paris, 1953); sobre a estrutura bíblica da teologia cristã, ver, do mesmo autor, *La métaphysique du christianisme et la naissance de la philosophie chrétienne* (Paris, 1961), p.21s. Sobre o tema "à imagem e semelhança" de Deus, ver J. Jervell, *Imago Dei, Gen. I*, 26 f., *im Spätjudentum, in der Gnosis u. in den paulinischen Briefen* (Göttingen, 1960).

Sobre as controvérsias acerca da "ortodoxia", ver: Walter Bauer, *Rechtglaubigkeit und Ketzerei im ältesten Christentum* (Tübingen, 1939, 2ª ed., 1964), trad. ingl., *Orthodoxy and Heresy in Earliest Christianity* (1971); E.H.W. Turner, *The Pattern of the Christian Truth* (Londres, 1954); A. Benoît, in M. Simon e A. Benoît, *Le Judaïsme et le Christianisme antique* (Paris, 1968). "É preciso doravante renunciar a uma visão simplista e monolítica das origens cristãs. Embora invocasse em seu favor a fé em Cristo, o cristianismo não a exprimiu de uma forma única e idêntica: basta que se considerem, no caso, as pesquisas feitas sobre as diferentes teologias contidas no próprio Novo Testamento: teologia pauliana, teologia joanina…", A. Benoît, op.cit., p.300.

236. Sobre o simbolismo e a mitologia aquáticas, ver M. Eliade, *Traité d'Histoire des Religions*, §64, 65; *Images et Symboles*, p.109s. Sobre o simbolismo do batismo cristão, ver: J. Daniélou, *Sacramentum futuri* (Paris, 1950), p.13-20, 55-85; id., *Bible et liturgie* (1951), p.29-173; Hugo Rahner, *Greek Myth and Christian Mystery* (Londres, 1963), p.69-88.

Sobre o simbolismo do andrógino no cristianismo primitivo e entre os gnósticos, ver M. Eliade, *Méphistophélès et l'Androgyne* (Paris, 1962), p.128s.; acrescentar: A. di Nola, *Parole Segrete di Gesù* (Turim, 1964), p.60s.; Wayne A. Meeks, "The image of the androgyne: some uses of a symbol in earliest christianity", HR, 13, 1974, p.165-208 (rica bibliogr.); Derwood Smith, "The Two made One: some observations on Eph. 2:14-18", *Ohio Journal of Religious Studies*, I, 1973, p.34-54; Robert Murray, *Symbols of Church and Kingdom. A Study in Early Syriac Tradition* (Cambridge, 1975), p.301s. Uma boa antologia de textos é a de Ernst Benz, *Adam: Der Mythus des Urmenschen* (Munique, 1955). Entre os autores contemporâneos, citemos o teólogo católico Georg Koepgen, *Die Gnosis des Christentums* (Salzburg, 1939), que considera andróginos tanto Cristo como a Igreja e os sacerdotes (p.316s.). Também para Nicolas Berdiaev, o homem perfeito do futuro será andrógino, como o foi Cristo: cf. *The Meaning of the Creative Act* (1916; trad. ingl., 1955), p.187.

Sobre o simbolismo da árvore cósmica e do "centro do mundo", ver *Traité d'histoire des religions*, §99s.; *Images et symboles*, p.55s., 213s. Sobre o simbolismo da cruz como árvore cósmica ou árvore da vida, ver as referências citadas em *Images et symboles*, p.213s.; acrescentar H. Rahner, op.cit., p.46-68 ("The mystery of the ross").

Sobre a "cabeça de Adão" sepultada no Gólgota e batizada pelo sangue do Senhor, ver *The Book of the Cave of Treasures* (trad. do siríaco por E.A.W. Budge, Londres, 1927), p.53.

Sobre as lendas das plantas milagrosas que medram sob a cruz, ver: M. Eliade, "La mandragore et les mythes de la 'naissance miraculeuse'", *Zalmoxis*, 3, 1940-42, p.3-48 (cf. notas bibliográficas, p.44-5); id., "Adam, le Christ et la mandragore", *Mélanges... H.-Ch. Puech* (Paris, 1974), p.611-6.

Sobre a lenda da vide nascendo do sangue do Salvador, ver: M. Eliade, "La mandragore...", p.24s.; N. Cartojan, *Cartile populare in literatura româneasca*, v.II (2ª ed., 1973), p.113s.

Sobre as lendas relativas à origem do santo óleo ("remédio de Vida") na literatura siríaca, no mandeísmo e no maniqueísmo, ver: G. Widengren, *Mesopotamian Elements in Manichaeism* (Uppsala, 1946), p.123s.; Robert Murray, *Symbols in Church and Kingdom*, p.95s., 320s.

Sobre a difusão das lendas similares (Seth e a cruz, a busca do azeite e do santo óleo etc.), no Ocidente, ver Esther Casier Quinn, *The Quest of Seth for the Oil of Life* (Chicago, 1962).

237. O longo e complexo processo de assimilação da iconografia religiosa pagã e de seu simbolismo pelo judaísmo, na época helenística e romana, foi brilhantemente apresentado por Edwin R. Goodenough, nos 12 volumes de seu *opus magnum*: *Jewish Symbols in the Graeco-Roman Period* (Nova York, 1953-1965). Cf. também Morton Smith, "The image of God: notes on the hellenization of judaism, with special reference to Goodenough's work on Jewish symbols", *Bulletin of the John Rylands Library*, 40, 1958, p.473-512.

Sobre o "cristianismo cósmico", ver M. Eliade, *De Zalmoxis à Gengis-Khan* (Paris, 1970), cap. VII.

Sobre as cosmogonias dualistas atestadas no folclore da Europa oriental, ver *De Zalmoxis...*, cap. III.

O problema da contribuição iraniana ao cristianismo foi apresentado sumariamente por J. Duchesne-Guillemin, *La religion de l'Iran ancien* (Paris, 1962), p.264s. (cf. p.264, notas 2-3, bibliografia).

As mais antigas fontes cristãs que situam a natividade numa caverna são o *Protoevangelho de Tiago* (18:1s.), Justino Mártir e Orígenes. Justino atacava os iniciados nos mistérios de Mithra, que, "incitados pelo diabo, pretendiam efetuar suas iniciações num lugar a que chamavam *speleum*" (*Diálogo com Trífon*, cap.78). Esse ataque prova que, já no séc. II, os cristãos percebiam a analogia entre o *speleum* mitríaco e a gruta de Belém.

Sobre o *Opus imperfectum in Matthaeum* e a *Crônica de Zuqnin*, ver: Ugo Monneret de Villard, *Le leggende orientali sui Magi evangelici* (Roma, 1952), p.62s.; G. Widengren, *Iranisch-semitische Kulturbegegnung in parthischer Zeit* (Colônia-Opland, 1960), p.70s.; M. Eliade, *Méphistophélès et l'androgyne* (Paris, 1962), p.60s.

238. Sobre o desenvolvimento da teologia cristã, a bibliografia é considerável. Ver algumas indicações bibliográficas in J. Daniélou e H.-I. Marrou, *Nouvelle histoire de l'Eglise*, I, p.544-55. Destaquemos: J. Daniélou, *Message évangélique et culture hellénistique aux IIe et IIIe siècles* (Tournai, 1961); M. Werner, *Die Entstehung des christlichen Dogmas problemgeschichtlich dargestellt* (2ª ed., Tübingen, 1954); H.A. Wolfson, *The Philosophy of the Church Fathers* (Cambridge, Massachusetts, 1956); E.F. Osborn, *The Philosophy of Clement of Alexandria* (Cambridge, 1957); J. Daniélou, *Origène* (Paris, 1950); H. de Lubac,

Histoire et Esprit. L'intelligence de l'Écriture d'après Origène (Paris, 1950); H. Crouzel, *Théologie de l'image de Dieu chez Origène* (Paris, 1956); A. Houssiau, *La christologie de saint Irénée* (Louvain, 1955); A. Benoît, *Saint Irénée. Introduction à l'étude de sa théologie* (Paris, 1960); R.P.C. Hanson, *Origen's Doctrine of Tradition* (Londres, 1954); C. Tresmontant, *La métaphysique du christianisme et la naissance de la philosophie chrétienne* (Paris, 1961).

Sobre Ário e o Concílio de Niceia, ver: H. Marrou, in *Histoire de l'Eglise*, I, p.290s., 551-3 (bibliografia); W. Telfer "When did the Arian controversy begin?", *Journal of Theological Studies* (Londres), 47, 1946, p.129-42; 48, 1949, p.187-91.

Sobre a mariologia, ver: F. Braun, *La mère des fidèles. Essai de théologie johannique* (Paris, 1953); J. Galot, *Mary in the Gospel* (1964); Karl Rahner, *Mary, Mother of the Lord* (1958); E. Schillebeeckx, *Mary, Mother of the Redemption* (1964); H.C. Graef, *Mary. A History of Doctrine and Devotion*, I-II (1963, 1966).

239. Sobre o *Sol Invictus* e a religião solar, ver: F. Altheim, *La religion romaine antique* (trad. franc., 1955), p.298s.; id., *Der unbesiegte Gott* (Hamburgo, 1957), esp. caps. V-VII; G.H. Halsberghe, *The Cult of Sol Invictus* (Leyden, 1972).

Sobre a conversão de Constantino e sua política religiosa, ver: A. Piganiol, *L'Empereur Constantin* (Paris, 1932: o autor vê em Constantino um sincretista); A. Alföldi, *The Conversion of Constantin and Pagan Rome* (Oxford, 1948); W. Seston, *Dioclétien et la Tétrarchie* (Paris, 1946); H. Kraft, *Konstantin religiöse Entwicklung* (Tübingen, 1955); cf. também as obras de F. Altheim citadas acima, sobretudo *Der unbesiegte Gott*, cap. VII. Uma boa síntese foi feita por André Benoît, in M. Simon e A. Benoît. *Le judaïsme et le christianisme antique* (Paris, 1968), p.308-34. "Quaisquer que sejam a significação exata e as origens do sinal visto por Constantino, é evidente que os historiadores tenderão a dar-lhe uma explicação compatível com a sua compreensão geral da questão constantiniana. Para os que pensam que Constantino aderiu efetivamente ao cristianismo em 312, o sinal só pode ser cristão (cf., entre outros, Alföldi e Vogt). Os que pensam que Constantino não aderiu ao cristianismo em 312 consideram o sinal quer como pagão, quer como cristão, e utilizado para congraçar os fiéis (cf. Gregório). Enfim, os que cuidam que, desde 312, Constantino evolui numa perspectiva sincretista consideram o sinal constantiniano como ambíguo, polivalente, capaz de exprimir ao mesmo tempo o paganismo e o cristianismo" (A. Benoît, op.cit., p.328).

Sobre a história do cristianismo no séc. IV, ver a síntese de H.-I. Marrou, in J. Daniélou e H.-I. Marrou, *Nouvelle histoire de l'Eglise. I: Des origines à Saint Grégoire le Grand* (Paris, 1963), p.263-372, 547-59 (bibliografia).

Sobre as relações entre o cristianismo e o paganismo, ver: P. de Labriolle, *La réaction païenne*, 5ª ed. (Paris, 1942); E.R. Dodds, *Pagan and Christian in an Age of Anxiety. Some Aspects of Religious Experience from Marcus Aurelius to Constantine* (1965); A. Momigliano (org.), *The Conflict between Paganism and Christianity in the Fourth Century* (Oxford, 1963), particularmente H.-I. Marrou, "Synesius of Cyrene and alexandrian neoplatonism" (p.126-50); H. Bloch, "The pagan revival in the West at the end of the Fourth Century" (p.193-218); Peter Brown, *The World of Late Antiquity. From Marcus Aurelius to Muhammad* (Londres, 1971), p.34s.

Sobre as origens e os primeiros desenvolvimentos do monaquismo, ver H.-I. Marrou, op.cit., p.310-20 (bibliografia, p.553-5); A. Vööbus, *History of Ascetism in the Syrian Orient: I. The Origin of Asceticism. Early Monasticism in Persia; II. Early Monasticism in Mesopotamia and Syria* (Louvain, 1958, 1960); D. Chitty, *The Desert a City* (Oxford, 1966); Peter Brown, "The rise and function of the Holy Man in late Antiquity", *Journal of Roman Studies*, 61, 1971, p.80-101 e o cap. VIII de seu livro *The World of Late Antiquity* (p.96-114). Ver também as traduções anotadas feitas por A.J. Festugière, *Les Moines d'Orient*, I-IV (Paris, 1961-66) e a obra ricamente ilustrada de Jacques Lacarrière, *Les hommes ivres de Dieu* (Paris, 1961).

240. O fragmento de *Bíoi sophistôn* de Eunápio sobre as pregações do último hierofante legítimo foi traduzido por C. Kerényi, *Eleusis* (Nova York, 1967), p.17-8; ver também George E. Mylonas, *Eleusis and the Eleusinian Mysteries* (Princeton, 1961), p.8.

Acerca das sobrevivências pagãs em Elêusis, ver: F. Lenormand, *Monographie de la voie sacrée éleusinienne* (Paris, 1864), I, p.398s. (a lenda de santa Demetra relatada por Lenormand foi traduzida para o inglês por A.B. Cook, que acrescentou uma bibliografia; cf. *Zeus*, I, 1914, p.173-5); John Cuthbert Lawson, *Modern Greek Folklore and Ancient Greek Religion. A Study of Survivals* (Cambridge, 1910, reed., Nova York, 1964), p.79s. Sobre o episódio de 7 de fevereiro de 1940, ver Charles Picard, "Déméter, puissance oraculaire", RHR, 122, 1940, p.102-24.

Índice remissivo

1ª EDIÇÃO [2011] 8 reimpressões

ESTA OBRA FOI COMPOSTA POR LETRA E IMAGEM EM MINION PRO
E IMPRESSA EM OFSETE PELA GRÁFICA BARTIRA SOBRE PAPEL ALTA ALVURA
DA SUZANO S.A. PARA A EDITORA SCHWARCZ EM ABRIL DE 2024